青评果 2020年

资产评估行业青年研究项目成果精编

中国资产评估协会 | 编

中国财经出版传媒集团
中国财政经济出版社

《青评果——2020 年资产评估行业青年研究项目成果精编》

编 委 会：耿　虹　张更华　杨松堂

主　　编：张更华

编　　辑：陈明海　韩　艳　赵梦彤　张　吉

序

资产评估行业在党的坚强领导下，已走过三十多年的岁月，在不断自我革新的过程中，通过实践一步步走出了产学研相结合，体系较为成熟的发展路径。在我国开启全面建设社会主义现代化国家新征程的大背景下，资产评估行业作为现代高端服务业，在服务国有资产管理、防范重大金融风险、保障社会公共利益和维护国家经济安全等方面发挥着重要作用。面对新阶段、新形势下经济社会发展和财政改革对资产评估行业的新要求，中国资产评估协会积极响应，组织开展各项研究，为解决行业热点难点问题提供支持的同时，也为行业持续高速发展保驾护航。

青年是资产评估行业创新发展的生力军，是未来带领行业发展的预备队。2021 年 4 月 19 日，习近平总书记在清华大学考察时强调，广大青年要肩负历史使命，坚定前进信心，立大志、明大德、成大才、担大任，努力成为堪当民族复兴重任的时代新人，让青春在为祖国、为民族、为人民、为人类的不懈奋斗中绽放绚丽之花。

基于为青年人才提供学习机会，为资产评估行业发掘、培养优秀青年人才的目的，中国资产评估协会于 2018 年启动了“资产评估行业青年研究项目”。二年来，已经有多位青年才俊通过该项目，展现出了出色的研究能力和宝贵的奉献精神。希望有志于此的青年们再接再厉、把握机遇，将创新凝聚到每一滴汗水中，把担当刻印在每一步脚印下，在新时代、新发展的背景下努力前行，助力开创资产评估行业光明的未来。

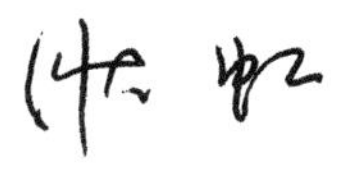

2021 年 8 月

目录

基于资产评估法和评估准则的估值报告管理研究
——以国有资产评估管理中估值报告应用为例

李春芳　周　越　柴　山　应丽云　蒋梦莹

摘　要：近年来资本市场上各类估值报告越来越多地出现在人们的视野，报告使用人对于其与评估报告的区别无从得知；评估机构对于何时应该出具估值报告、应如何规范、估值报告的法律责任如何界定等问题有些无所适从；监管部门对于估值报告如何管理、依据什么进行管理也毫无头绪。本课题以估值报告目前使用情况、与评估报告存在主要差异及出具估值报告的内部动因为切入点，采用理论研究、系统分析、实证调查等方式，通过结合资产评估法和资产评估准则的要求，探讨在资产评估法和资产评估准则要求下估值报告的应用、评估机构如何规范出具估值报告及监管部门如何管理估值报告等问题，并以国有资产管理过程中估值报告管理为例对估值报告的应用及管理进行深入的探讨，最终提出了本课题的结论和建议，以期通过对上述问题的探索为资产评估机构更好地服务于市场经济，为促进资产评估行业健康持续发展提供建议和对策。

关键词：估值报告；应用；管理

一、引言

（一）选题的目的和意义

《上市公司重大资产重组管理办法》于2014年11月23日颁布并实施，随后《公开发行证券的公司信息披露内容与格式准则第26号——上市公司重大资产重组》也进行了修订。上述两个文件在资本市场的重大资产重组中引入“估值机构”与“估值报告”的概念，从而近年来资本市场上出现了各类估值报告。报告使用人对于估值报告与评估报告的区别无从得知；评估机构对于何时应该出具估值报告，估值报告主要适用于哪些场景，应如何规范，估值报告的法律责任如何界定等问题有些无所适从；监管部门对于估值报告如何管理、依据什么进行管理也毫无头绪。在资产评估法和资产评估准则的要求下，对估值报告的合理运用及规范管理进行理论和实践上的研究与探索具有重大意义。

第一，研究并购重组估值报告的背景，厘清证券市场上估值报告的市场定位，探讨可出具估值报告的使用场景。

作者单位：坤元资产评估有限公司

第二，通过对估值报告与资产评估报告各自应用场景、报告披露内容的对比分析，探讨当前评估法和评估准则下，估值报告应如何规范出具。

第三，探讨监管部门对估值报告的监管要点，研究评估机构开展估值业务的可行性和合理性。

第四，结合出现的新经济模式，探索估值报告应用场景，创新评估方法，开拓科创板企业估值等估值报告新业务。

（二）研究的主要内容

1. 第一部分：文献综述

通过现有文献中的相关研究和探讨，结合当前实务的具体操作，对估值和评估在理论界和实务界如何界定进行明确。

2. 第二部分：估值报告现状分析

根据估值报告的实践情况，选取估值报告遵循、经济行为、基本要素、关键构成、估值技术、披露要求等相关要素与评估法、准则及监管要求比对，分析其使用背景、经济行为、报告构成、估值技术、监管意见的差异，重点就资产评估机构出具估值报告与资产评估报告存在的主要差异，结合其出具报告的内在动因、报告实质、后续风险等，层层分析梳理，探索估值报告在当前法律环境下的应用空间和存在问题。

3. 第三部分：估值报告应用探讨

对照法律、法规、相关制度及监管要求分析估值报告的披露信息规范及应用范围；结合市场出现的新经济模式和监管要点，探索估值报告的应用场景。结合资产评估法和资产评估准则的规定，参考监管机构的相关要求，分析统计历史上的估值报告信息披露的亮点及与监管要求相比的不足，探索如何规范化出具估值报告。

4. 第四部分：国有资产评估管理中估值报告应用

以国有资产评估管理中估值报告应用为例，通过对现有国资管理中的资产评估与估值问题进行深度剖析，具体分析估值和资产评估目前尚存在的主要问题。在此基础上，对于现阶段国有资产评估管理中估值报告如何应用提出了相应的对策和建议。

5. 第五部分：结论及建议

在初步分析结果基础上，结合资产评估法、准则及监管规制，对评估机构出具估值报告行为，给出估值报告构成及要素组成等的具体建议，为相关监管机构、委托方及评估机构日常监管、经济活动与估值服务提供有益参考。

（三）研究的思路和方法

1. 本课题的研究思路

本课题将首先分析厘清理论界和实务中对于估值和评估是如何进行界定的，在此基础上对（实践中）估值报告关键要素进行分类归集，重点聚焦于对评估机构出具估值报告与其他估值报告的差异及各自特点的梳理分析。其次，对资产评估法及资产评估准则规制下的资产评估报告和估值报告的相关要素进行比对分析，理清各类报告的实践定位。再次，结合市场出现的新经济模式和监管要点，探索估值报告的应用场景。然后，在此基础上以国有资产管理中估值报告管理为例，对目前法律、法规环境下，估值报告使用提出了自己的看法和建议。最后，课题组基于上述研究，对评估机构出具的估值报告的内容构成、技术思路、方法选取、披露内容等和如何进行管理提出建议和措施。

2. 本课题的研究方法

本课题组主要采用了文献梳理法、案例研究法、比较分析法、调查问卷法等研究方法。

（四）创新之处

本课题的研究，应用了本行业最前沿的数据、资料，在研究内容和研究方法等方面都有一定的创新。

1. 研究当前估值报告的出具背景，厘清证券市场上估值报告的市场定位，探讨可出具估值报告的使用场景。

2. 通过对估值报告与资产评估报告应用场景、披露内容的对比分析，探讨在现有资产评估法和资产评估准则下，估值报告应如何规范出具。

3. 探讨监管部门管理估值报告的重点及方式方法，探索评估机构开展估值业务的标准和规范，保护社会公共利益。

4. 结合出现的新经济模式，探索估值报告应用场景，创新评估方法，开拓科创板企业估值等估值报告新业务。

二、报告正文

（一）文献综述

1. 估值与资产评估

目前，我国资产评估专业服务已涵盖国有资产、资本市场、金融、司法、税收、会计计量、资本跨界合作等众多领域、多种经济行为、各种资产类型，是中国特色社会主义市场经济不可或缺的专业服务行业之一，是维护国有资本权益、规范资本市场运作、防范金融系统风险、保障社会公共利益和国家经济安全的重要手段之一。

估值，作为引入资本市场和国有资产管理的概念，出现时间较短，目前相关的研究文献还比较少。现有文献中通常将估值作为评估的同义词，罕有对估值的理论基础与内涵等的专项研究。姜楠（2010）指出，资产评估亦称评估、估价或估值，即认为评估与估值是同一事物的不同称谓。少量文献对资产评估机构从事的评估业务与财务顾问从事的估值业务进行了对比分析，比如朱军等（2013）从资产评估与财务顾问估值的理论基础、常用方法、应用差异等方面进行研究，认为资产评估与财务顾问估值具有相同的理论基础，在结果方面的差异是由于资产评估需反映基准日时点的资产价值，受到时效性的约束，调整空间较小，而财务顾问估值受时效性约束较小，在价值调整方面操作更为灵活。赵立新（2011）和朱军等（2013）认为，资产评估和财务顾问估值所使用的理论基础和方法体系并无差别，只是在实务中，由于委托方、估值目的和工作侧重点的不同，在具体价值确定工作中存在一些技术性差异。国外并购重组业务中，是否聘请第三方估值公司通常取决于交易量规模，规模较小的通常自己评估，规模较大的可能会聘请会计师事务所、独立财务顾问或者投资银行协助评估（Frykmanand Tolleryd，2003）。

对现有文献进行梳理可以发现：资产评估与估值两个概念的内涵、理论基础和路径较为相似，具体方法技术也具有共通性，两者的主要差异是报告出具机构和报告用途的不同。常见的估值主要包括独立财务顾问、证券公司等出具的用于验证交易定价公允性和合理性的交易估值，因财务目的为确定公允价值而进行的财务估值，以及境外发生转让或者受让产权、以非货币资产出资、非上市公司国有股东股权比例变动、合并分立、解散清算等经济行为时进行的估值等。

2. 目前与估值相关的法律、法规统计及引入背景分析

从1991年11月16日国务院令第91号发布的《国有资产评估管理办法》，到2016年12月1日起实施《中华人民共和国资产评估法》，以及《资产评估基本准则》等各评估准则，相关法律、法规、规章、规范性文件对资产评估进行了非常多的规定，但鲜有对估值的规定。

根据与估值相关法律法规的统计，从有关文件中与估值或估值报告相关的规定可以看出，估值报告主要用于下列情形：

（1）在交易价格已确定的情况下，分析定价的公允性和合理性

按照2014年10月23日证监会发布的《上市公司重大资产重组管理办法》的规定，相关资产以资产评估结果作为定价依据的，应由资产评估机构出具资产评估报告；相关资产不以资产评估结果作为定价依据的，应通过估值分析交易定价的公允性和合理性，这是资本市场的相关监管可以采用估值机构出具估值报告的主要监管依据。

（2）标的公司位于境外，相关核查验证工作难以开展情况下的交易定价

按照国务院国资委《中央企业境外国有产权管理暂行办法》《企业国有资产评估项目备案工作指引》，中央企业及其各级子企业独资或者控股的境外企业在进行与评估或者估值相应的经济行为时，其交易对价应当以经备案的评估或者估值结果为基准，国资备案管理可以对境外产权变动涉及的评估报告或者估值报告予以备案。由于标的资产位于境外，国内评估机构对当地相关法律法规的规定不能完全了解，获取各项评估所需资料及对其进行核查验证的工作难度大，部分评估程序难以执行，难以满足出具资产评估报告的条件，故可由评估机构出具估值报告或由财务顾问等投资咨询机构出具估值报告。

（3）标的公司为已上市公司，其市场价格容易取得，定价较为简单

按照国务院国资委、财政部、证监会联合发布的《上市公司国有股权监督管理办法》（国资委 财政部 证监会令第36号），股份转让价格可根据中介机构出具的上市公司股票价格的合理估值结果确定。标的公司为上市公司，有公开透明的市场交易价格，其公允价值易于获取，定价较为简单，监管部门容易把握，故在换股吸收合并等上市公司国有股权交易中常选用财务顾问出具估值报告。

（二）估值报告现状分析

1. 估值报告与资产评估报告差异分析

通过对已出具的资产评估报告和估值报告进行比较，两者主要的差异分析如下：

（1）出具报告的主体存在差异

本课题收集了2017年至2020年6月公开信息可查询的估值报告共245个，剔除部分重复项目后共计186个报告案例，其中评估机构出具的有161个，非评估机构出具的有25个。

实务中，证券公司、投资银行以及咨询公司等非评估机构也出具过估值报告。各机构出具估值报告数量占比分布如图 1 所示。

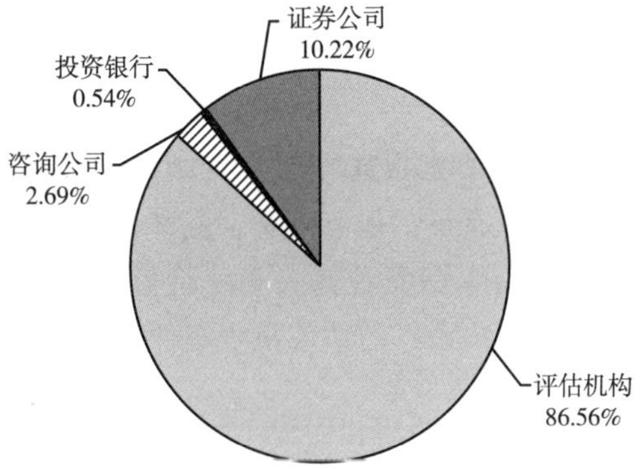

图 1　估值报告占比分布图

实践中，资产评估报告的出具主体一般是资产评估机构，是指由财政部门或其他主管机构授予的具备资产评估行业执业资质的评估公司、评估事务所等执业机构。而对可出具估值报告的估值机构目前尚未有明确统一的定义。2014 年 10 月 23 日证监会发布的《上市公司重大资产重组管理办法》（证监会令第 109 号），是目前来看引入“估值报告”和“估值机构”这两个概念最具影响力和权威性的规范性文件。传统意义上的估值机构，主要包括了资产评估机构、会计师事务所、独立财务顾问、投资咨询机构及其他咨询机构等。

（2）目的及应用场景存在差异

从目的来看，资产评估报告的目的基本上是为特定的经济行为提供公允价值的参考依据。而估值报告目的较为宽泛，既包括分析交易价格是否合理，也包括为经济行为提供价值参考，难以一概而论。

从应用场景看，资产评估报告一般是为经济行为提供定价参考依据，一般在经济行为完成之前出具。估值报告则不同，甚至会以经济行为实现后的企业（资产）状态为基础得出结论，或直接就实际交易价格出具验证结论。估算的价值到底是经济行为完成前价值，还是其后价值，估值目的是提供最终交易价格的参考依据，还是事后用以验证交易价格的合理性，没有统一规定，容易造成估值报告使用中的混淆与误解。

根据本课题收集的估值报告案例，对评估机构出具估值报告的应用场景分布如图 2 所示。

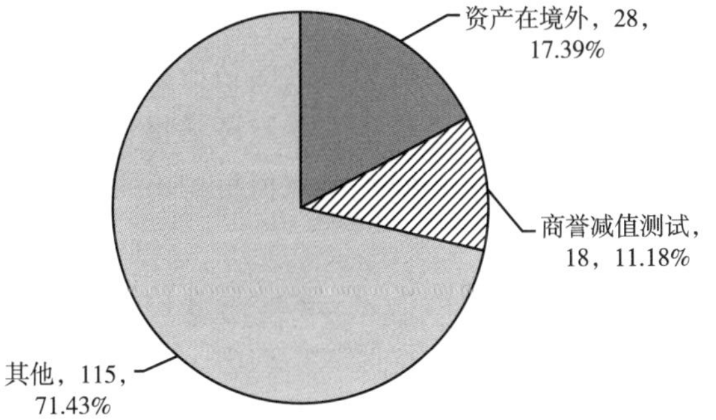

图 2　估值报告应用场景分布图

（3）报告披露的信息存在差异

经过多次修订，现有的资产评估准则体系已较为充分全面地对评估报告格式、报告内容及结论披露方式等进行了详尽规范。在评估结论方面，资产评估报告通常采用确定的数值作为评估结论，涉及境外的企业国有资产评估报告的，其评估结论偶尔会采用区间值方式，但根据相关规定其最终的评估结论应当为固定值（即选取其中最大可能值）。

而估值报告在报告格式和基本要素披露方面没有既定的标准，不相统一。报告格式方面，由于对估值报告的信息披露未有统一规范可循，资产评估机构、独立财务顾问、咨询机构等出具的报告差异较大。基本要素信息披露方面，估值报告明显简单，甚至遗漏重要因素，具体根据本课题收录的评估机构出具的估值报告案例显示（如图3所示）。

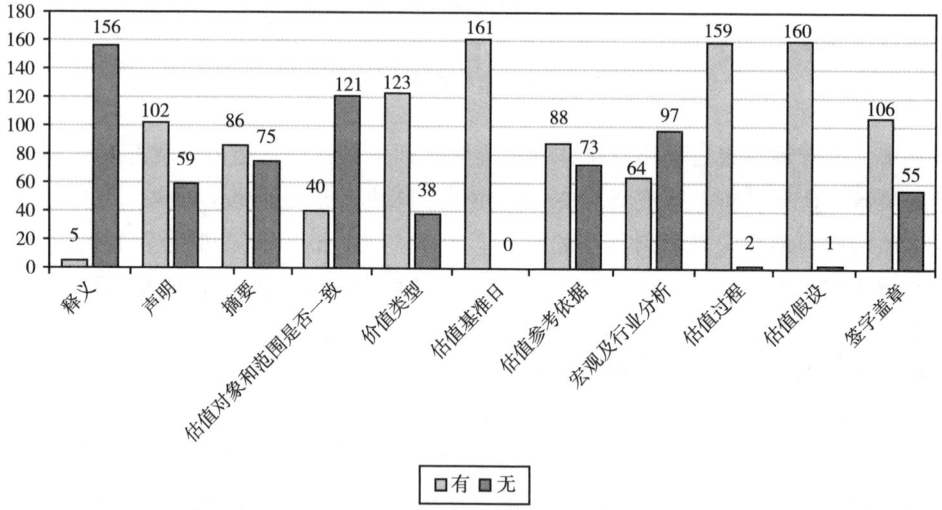

图3　估值报告要素分布图

（4）技术规范存在差异

资产评估的理论基础及其技术体系较为完善。在实务中，资产评估报告各组成部分均要求有规可依，有据可查。而估值报告很少能找到相对应的指导性及约束性的文件规范。

鉴于未有基本遵循与操作指引，估值报告在技术规范方面尚处于真空地带，估值机构出具报告时往往没有明确的技术路径可依。由此，估值报告往往出现价值类型把握不准，方法选择相对随意，关键指标及参数的选取不尽合理，估值过程、依据、假设不够齐全，结论及特别事项披露不够充分等问题。不同估值机构出具的估值报告形式各异，从本课题统计案例来看，一般较大的评估机构所出具的估值报告基本与评估报告的格式及要素相同，但由于估值报告本身不存在较为明确的参照标准，同一家估值机构不同时点所出具的估值报告也存在一定差别。

总体来说，与资产评估相比，估值的优势主要体现在以下几个方面：报告中对投资价值类型、市场法等方法的运用更多，比如本次所收集的161个案例中有十几个案例采用了投资价值作为价值类型，有48个案例选用了市场法进行估值；行业分析相对深入，敏感性分析及情景分析频度较高、更具个性化，结论的表达形式更为多样化，受法律、法规等规范、限制相对较少，自由发挥空间更大。此外，估值机构例如独立财务顾问相对资产评估机构，对相关行业了解更为透彻，具有天然优势。

2. 出具估值报告内在动因分析

（1）资产评估机构出具估值报告的动因分析

从出具估值报告的主体来看，资产评估机构具备较好的专业胜任能力，因此是所有主体中占比最高的，且一直保持高比重。选择以估值报告替代评估报告的内在动因，可以从规避风险及节约成本两个角度来分析。

实务中，当出现现场勘查程序受限、企业涉密、主要资产权属不清晰、财务核算不完善、重要证据难以取得等情形，使得依据现有的法律、法规及评估准则，评估程序难以执行或受限，无法出具评估报告之时，因可以规避现有法律、法规和相关准则对于评估报告的要求，估值报告成为一种替代选择，这是评估机构出具估值报告的主要内在动因。

除评估程序受限无法出具评估报告的主要动因外，实务中，迎合委托方特殊要求，也是资产评估机构出具估值报告的动因之一。委托方特殊要求主要指其对于报告出具时间、特殊假设、评估结论、披露内容等方面的要求。比如委托方对出具报告的时间性要求较为严苛，导致资产评估机构若严格按照资产评估报告规范执行，可能无法及时完成评估程序或存在评估程序受限的情况，因而难以出具评估报告。但估值报告无相应规范限制，按时出具具备可实现性。又如，在报告披露方面，对于一些可能影响评估结论的重要事项，依据现有评估准则体系，必须充分披露，但委托方可能不希望其见诸报告。此时，出具不受规范约束的估值报告成为一种选择。

对于项目成本费用的把控，近年来也成了出具估值报告的主要动因之一。在招标限价、机构间压价竞争的市场环境下，评估项目收费下降较为明显。由于评估报告的出具需要履行完整的程序，操作成本较高，而估值报告不受过多限制，可以相应简化程序、压减成本，因此，当项目收费过低时，资产评估机构会倾向于出具估值报告。

综上，对于资产评估机构而言，同样的项目，在现行法律、法规和准则体系下，若满足必要前提，无论从规避风险角度，还是从节约成本角度分析，出具估值报告都是“较优”选择。资产评估立法后，监管日趋严格，资产评估机构出具评估报告后将面临更大的责任和风险，而目前对于估值报告，鲜有行业规范与监管要求，出具估值报告存在套利空间。

（2）非资产评估机构出具估值报告的动因

对于非资产评估机构而言，按照现行法律法规及相关准则规定，其不具备出具资产评估报告的资格，因而仅能出具估值报告。从业务范围看，由于估值报告尚无统一的技术标准，法律风险小，监管强度低，套利空间大，非资产评估机构如独立财务顾问，可利用其信息渠道广、市场敏感度高的特点，进入估值领域，拓展业务范围和收入来源。

（3）委托方等对估值报告的需求动因

资产重组、联合投资、海外并购等方式日渐成为国有企业积极参与国际竞争、走出国门做大做强的重要途径。随着我国企业并购浪潮的兴起，其“走出去”步伐和节奏正在持续加快，跨境评估（估值）及需体现企业并购协同效应的评估（估值）项目层出不穷，其需求也与日俱增。鉴于资产评估机构受准则体系、内控制度的规制要求较高，报告出具时间长、成本高、需要资料多、结论及披露规定严格，部分机构欠缺境外执业能力，故部分委托方倾向于出具估值报告，甚至是非评估机构出具的估值报告。此外，估值报告处于监管真空状态，后续法律风险较低，也是委托方及其他当事方要求出具估值报告的内在动因之一。

（三）估值报告应用探讨

1. 估值报告的应用现状分析

目前，评估机构出具的估值报告，多涉及上市公司，并主要集中于其并购重组领域，其价值类型较多采用投资价值。

从2015年至今的实践情况来看，上市公司并购重组中估值报告多由财务顾问作为估值机构出具，项目多集中于上市公司换股合并（如南北车合并、宝武合并、青岛海尔收购通用电气等案例），同时也出现了部分评估机构出具估值报告的现象。认为以估值报告之名行评估报告之实，可防范监管风险的理解是错误的，已有针对该类行为的处罚案例。如证监会对元正评估的处罚中，认为其出具的美利纸业报告名为咨询报告，但在依据、程序、方法、格式等方面，与评估报告无明显差异，故报告出具仍属评估行为，由于未遵循评估准则，故对其开具了罚单。

但并非说评估机构不得出具估值报告，备受关注的中粮地产（000031. SZ）与大悦城地产（00207. HK）的重组方案于2018年12月获得中国证监会审核通过，北京中企华资产评估有限公司出具了相应估值报告，该估值报告的出具符合国务院国资委36号令的相关条款要求，但该种情况不具有普遍性。

据一系列的评估准则规制，当程序受限且难以量化具体影响的，不得出具评估报告。那此等情形下，可否出具估值报告呢？我们认为，估值报告并非并购重组中“带病”评估项目的替代方式，程序受限且影响作价的估值报告应予杜绝。

那么，资本市场中大量的并购重组或者IPO行为中，估值报告有无频度较高的应用场景呢？经对有关法律法规及日常实践的研习，我们认为估值报告有其存在的合理性和必要性，在具有显著协同效应的并购重组定价和新经济、新业态、新模式企业价值确定时，估值报告因其更具灵活性及针对性特征，有其用武之地。

2. 估值报告应用展望

（1）具备协同效应并购重组情境下的估值报告应用

同一标的资产，源于并购者各自的战略目的、管理方式、税赋、资本结构、期望报酬等禀赋差异，价值可能大相径庭，此时，针对特定收购方，通常选择投资价值类型。

粗略统计，有近三成的上市公司并购重组主要是为了产业整合，而产业整合中最常见的并购目的是寻求协同效应。协同效应往往将带来收购方与被收购方整体价值的提升，囿于传统思维或监管惯性，完全聚焦于标的公司自身价值，而未能厘定对并购方的增量价值的评估报告，并不能完全满足市场的内在需要。基于此，结合实践分析，我们认为，在上市公司并购重组领域内，考虑了完整的协同效应，特别是横跨并购交易双方（增量）价值的投资价值类型的估值报告，具有可操作性与合理性。

（2）新经济、新业态、新模式企业价值厘定情境下的估值报告应用

现今，中国在中低端产品制造成本方面，已无明显优势，亟待精准投资、高效运营，加快培养一大批新一代信息技术、高端制造、新能源、新材料、节能环保、生物制药的先进企业及产业，重构合理高效的供给端，借此带动消费端的全新升级，提升经济发展的质量。我们欣喜地看到，在此背景下，科创板应运而生，其直面科技前沿、经济主战场及国家重大需求的主旨指明了中国新经济的发展方向。

估值人员正致力于加深对新经济、新业态、新模式企业的发展背景及产业逻辑的理解，对于不同生命周期、不同产业类型、不同营运特征的企业，量体裁衣，针对性地采用各类行之有效的方法，特别是对于导入期企业、创新药企业、亏损企业等，以及创新类企业中经常出现的职工期权池（ESOP）及可转换可赎回优先股等金融工具，不断加快估值模型的研发，积极利用估值特长，有效服务资本市场中各方发现价值、创造价值，以守护新经济的快速、高效发展，成效初显。

鉴于科创企业在诸多方面与传统企业存在巨大差异，传统评估方法及报告体例难以完全满足价值发现的内在与厘定需求，基于此，依据行业特征、生命阶段、企业个性等要素，在符合法律法规以及监管要求的大前提下，采用更具针对性的估值方法，出具体例更为灵活的估值报告，将更契合交易各方需求。由此，在新经济、新业态、新模式行业及企业领域，特别是涉及科创企业估值方面，估值报告大有可为。

3. 估值报告应用中关键要素——估值方法探讨

相较传统的评估报告，估值报告体例更具灵活性，更为重要的是，其对应的估值方法与参数，可适当突破传统评估范畴，依据行业及企业特点予以适当创新，以有效凸显新经济、新业态、新模式企业的真正价值，更好地满足资本市场中各方个性化的合理需求。

因此，厘清该等应用场景的估值报告出具，需重点梳理前述企业，特别是科创企业的估值方法。

（1）科创企业估值方法总览

一般而言，企业估值的常用方法包括两类：一类为相对估值方法，传统估值中较多采用P/E估值法、P/B估值法及EV/EBITDA估值法等；二是绝对估值方法，多采用资产基础法及收益法，其中后者多由基于股利及自由现金流的贴现模型构成。

然而，鉴于科创企业具有高成长、高风险、无形资产占比较大、前期投入大，并往往处于生命周期的导入期或稳定前期，暂时亏损或微利，未来盈利存在较大的不确定性，且可比企业较少或不存在的特点，由此，传统估值方法可能存在适用性较差甚至估值失真的情形，面临较大挑战，需采用更为多元、更具针对性的估值方法，例如P/S估值法、EV/S估值法、EV/FCF、EV/EBITDAR、PEG估值法、RNAV估值法等。此外，针对不同行业、不同阶段的企业，可相应采用更为特殊的估值方法。

各类常用的估值方法具有各自优缺点，具体见表1。

表 1　　　　常用估值方法的优缺点

类型	名称	优点	缺点
相对估值法	P/E 模型	计算简便，考虑了公司的经营风险和未来收益预期，以及公司、行业的成长性	EPS 受会计报表编制和企业生命周期的变化的影响较大，盈利为负的企业无法使用
	P/B 模型	每股净资产通常为正且相对每股收益更稳定	无法准确衡量无形资产的价值，不适用于净资产规模小的企业，不适用于测算公司成长性
	P/S 模型	营业收入指标不会为负值，适用范围较广，销售收入相对净利润和净资产精确度更高	营收不能反映企业创造价值能力，对于成本波动较大的企业预测精度较低
	PEG 模型	更好地考虑了企业的成长性，可以优化对高市盈率企业的估值	忽视企业当前的盈利能力，不能对亏损企业进行估值，企业未来增长率不易准确估计
	EV/EVITDA	排除了折旧摊销、税率和资本结构的影响，更注重业务收入	不适用固定资产变化快的企业，计算较复杂，忽略企业的成长性
绝对估值法	股利贴现模型	理论非常完善，模型设定也很简便，在数据精确时模型解释力很强	现实中股利和公司的内在价值关联性不确定，部分公司不发放股利，成长性好的公司可能会减少股利增加留存收益用于扩大投资
	现金流贴现模型	现金流是现代公司经营中关注的重点，通过自由现金流量估计避免了股利带来的问题	现金流和加权平均资本成本的估计都可能有误差，长期来看贴现率的偏差会对估值造成较大影响

来源：上海证券交易所资本市场研究所《科创企业估值方法研究》。

鉴于此，估值方法应结合行业、企业及生命阶段特征予以确定。

（2）不同行业及生命周期企业的估值方法简述

企业生命周期具体包括初创期（导入期）、成长期、成熟期和衰退期等 4 个阶段，各阶段企业具有各自特征，常规估值方法及参数难以完全匹配，需结合实际情况，选取合理的估值方法。具体如表 2 所示。

表 2　　　　不同生命周期的企业估值方法

阶段	特征	使用方法
初创期	行业空间和客户黏度是评估关键。大多还未开始盈利，规模不大且业绩具有高度不确定性	期权定价中的 BS 模型，VM 指数，实物期权法以及 PS 估值
成长期	营收快速增长是关键。企业面临的风险较初创期小，营收增速往往会大于净利润增速，其中对于研发支出相对较高的高科技或医药行业，其净利润往往会被研发支出所抵消，此时的企业会有大量的无形资产和尚处研发中的技术。因此要关注企业能否跨越盈亏平衡点	PS，EV/SALES，PEG，同时对高新科技产业可以采用一些非财务指标，如研发人员比重，研发支出占比等反映公司的未来竞争力
成熟期	业绩和现金流是关键。进入成熟期的企业产品销售进入稳定流程，因此营收和净利润增速放缓，市场占有率基本定型，着重分析其净利润的增速变化	多种估值最为常用时期，DCF、PE、PB、PS、EV/EBITDA、RNAV 等估值方法均可使用
衰退期	当下重于未来，需要注意公司的资产情况	重置成本法、清算法

来源：上海证券交易所资本市场研究所《科创企业估值方法研究》。

各行业企业的估值方法亦各有特点。具体来看，按资产轻重分类，重资产企业往往偏重P/B模型、EV/EBITDA模型等估值方法，而轻资产企业则偏重P/E模型等估值方法；按是否具有周期性来看，周期性企业较多采用P/B模型，而非周期性企业则较少受估值方法的限制；按业务多元化状况分析，多元化企业较多依据各子业务所在阶段、行业特点，采用不同的估值方法，并汇总形成总体估值结果，即总体采用了SOTP法（分部估值法）；从资本结构来看，若企业的财务杠杆与行业平均水平差异较大，较采用EV类指标更为妥当。

根据行业估值实践，可依据轻资产或重资产经营模式并结合企业生命周期，采用不同的估值方法。具体来看，对于成长期的轻资产公司，例如IC设计、IC设备类企业，可否将现有资源转化为有效收入尤为关键，因此EV/S模型、P/S模型等估值方法较为合适；对于成长期的重资产公司，例如IC制造类企业，企业的折旧、摊销、财务费用较大，当现金流转正之时，收益可能仍为负数，使用EV/EBITDA可以较好地体现企业的合理价值。

（3）采用估值报告的典型行业——创新药行业估值分析

对于医药公司，往往依据所处阶段的不同，采用不同的估值方法。其中：成熟期企业具有稳定收益，多采用P/E模型；当专利到期后，医药产品收入往往呈断崖式下跌，此时清算法具有一定的应用场景；对于新药研发阶段企业，鉴于研发周期长、风险高、投资巨大等特征，其估值体系与传统医药制造估值体系相比，具有十分明显的区别。

总体来看，新药企业的估值方法较多，主流方法有（基于风险投资回报率的）收益法、rNPV（Risk Adjusted Net Present Value）、决策树模型等，实物期权模型（Real Option）、成本法与市场法亦有少量应用。具体来看，处于不同阶段的新药企业，其估值方法亦有较大差异，具体如图4所示。

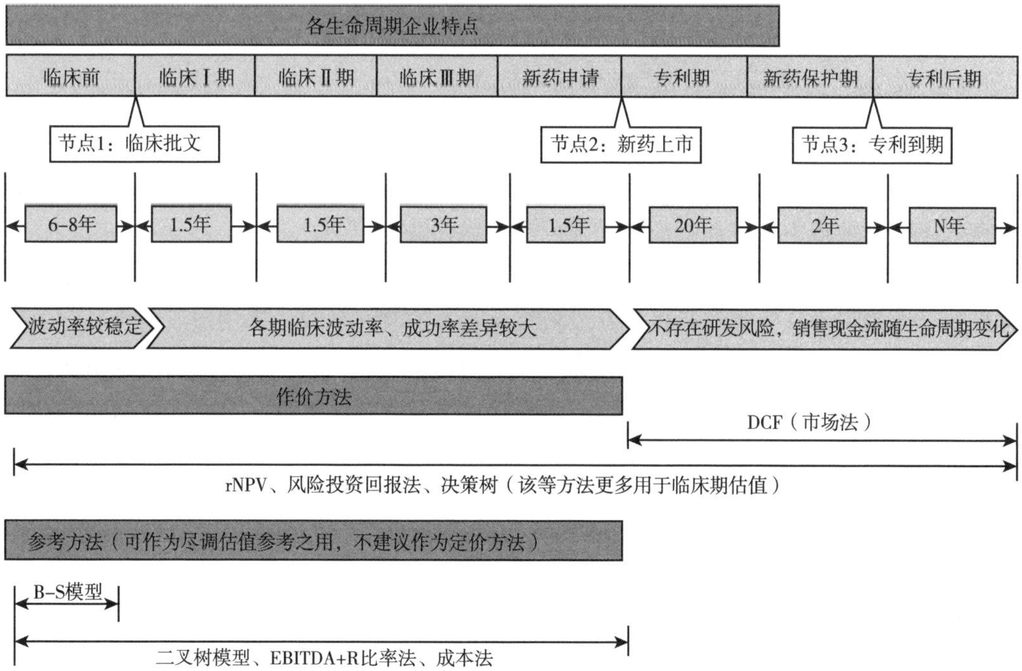

图4　不同阶段新药企业估值方法

鉴于新药研发具有重大不确定性，不同阶段的研发成功概率不同，因此，对于新药企业，相较常规收益法，可从如下两个方面进行风险校正：

一是采用风险投资回报法，重点在于依据新药所处阶段及自身特征，根据市场投资者所要求的投资回报率，选取合理的折现率予以折现。其中，对应折现率选取可参见图5。

项目	新药研发阶段	临床前阶段	Ⅰ期临床阶段	Ⅱ期临床阶段	Ⅲ期临床阶段	NDA	新药上市期	市场扩张期	市场成熟期
税后贴现率经验值（%）	80	60	50	40	25	22.5	15–17.5	10–12.5	7.5

图5　不同阶段新药企业折现率参考数据

二是rNPV法，重点需关注折现率及临床成功率，即折现率不考虑研发失败风险，同时根据待估新药的临床风险（LOA：临床试验通过率），对企业估值做风险校正。实践中，其应用较为普遍。

此外，决策树亦是可供选择的估值方法。该方法通过各情境下的概率及现金流分析，并经针对性决策后得出估值，相对直观并易被接受。新药企业决策树的路径可参见图6。

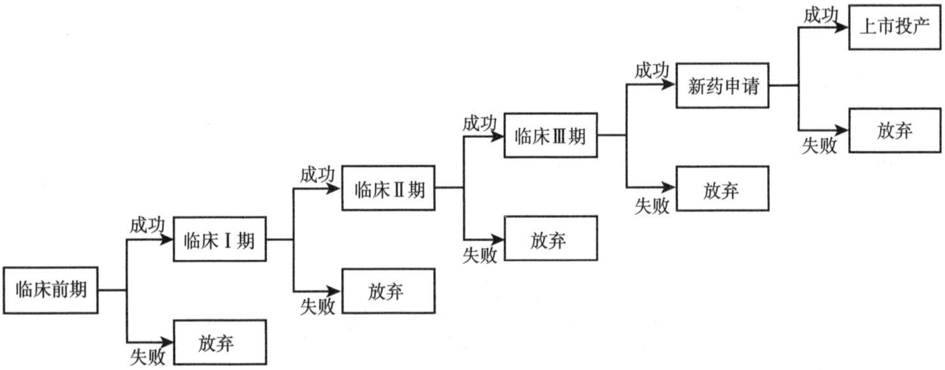

图6　决策树路径图

理解决策树的重点是厘清树的节点、时间、现金流和概率。同时，估值人员应该知晓，决策树考虑了失败概率，因此折现率无须再次考虑失败风险。

实物期权法是一种补充方法。实物期权法主要包括二叉树与B－S模型两种模型。其主要思想是，通过识别、管理和行使与其投资组合相关的看涨期权，来创造股东价值。通过实物期权的行使，可以有效遏制不确定性或对冲不利风险。然而，传统的实物期权估值模型的一个主要缺点是过于复杂，且往往难以满足模型的需具备风险对冲工具、无市场摩擦等假设前提，如应用场景不符或参数使用不当，其结果容易失真，且部分参数与现实世界存在一定差异，难以通过大量实践验证。

对于专注于研发阶段特别是临床前阶段新药开发的企业，由于项目的波动风险主要源于药物分子本身的药理学特性，新药项目的波动风险相对稳定，且极少有现金流入，欧式期权模型估值应等于美式期权，因此B－S模型具有可尝试性，但和其他方法验证使用更宜。

二叉树模型使用频度相对较高。在新药企业估值中，一般认为新药价值的运动是由大量的小幅度二值运动构成，可用离散的随机游走模型模拟出价格波动可能遵循的运动路径，同时，基于风险中性定价原理或者无套利定价原理，可计算出每个结点处的价格，再根据结点处期权的价格，从末端推导出其最终价值。图 7 为某新药企业的计算模型（鉴于篇幅，故选取步数较少）。

二叉树模型（某内分泌新药）	
新药成功下现值	200 000
波动率	36%
无风险折现率	3.5%
研发总周期（年）	8.0
步数（半年为1步）	16
期权价值（万元）	16 319

研发阶段		基准日	临床前期		临床一期			临床二期			临床三期				新药申请			
最终成功率		10.6%																
各期成功率		100%	100%	80%	100%	100%	60%	100%	100%	40%	100%	100%	100%	65%	100%	100%	100%	85%
各期研发支出		200		1 000			5 000			10 000				400				200
年份（年）		基准日	0.5	1	1.5	2	2.5	3	3.5	4	4.5	5	5.5	6	6.5	7	7.5	8
步数		0	1	2	3	4	5	6	7	8	9	10	11	12	13	14	15	16
	0	200 000	257 978	332 764	429 230	553 660	714 162	921 192	1,188 238	1 532 698	1 977 015	2 550 136	3 289 399	4 242 970	5,472,972	7,059,543	9 106 047	11 745 817
	1		155 052	200 000	257 978	332 764	429 230	553 660	714 162	921,192	1 188 238	1 532 698	1 977 015	2 550 136	3,289,399	4,242,970	5 472 972	7 059 543
	2			120 205	155 052	200 000	257 978	332 764	429 230	553 660	714 162	921 192	1 188 238	1 532 698	1 977 015	2 550 136	3 289 399	4 242 970
	3				93 190	120 205	155 052	200 000	257 978	332 764	429 230	553 660	714 162	921 192	1 188 238	1 532 698	1 977 015	2 550 136
	4					72 246	93,190	120 205	155 052	200 000	257 978	332 764	429 230	553 660	714 162	921 192	1 188 238	1 532 698
	5						56 010	72 246	93 190	120 205	155 052	200 000	257 978	332 764	429 230	553 660	714 162	921 192
	6							43 422	56 010	72 246	93 190	120 205	155 052	200 000	257 978	332 764	429 230	553 660
	7								33 663	43 422	56 010	72 246	93 190	120 205	155 052	200 000	257 978	332 764
新药价值树	8									26 098	33 663	43 422	56 010	72 246	93 190	120 205	155 052	200 000
	9										20 233	26 098	33 663	43 422	56 010	72 246	93 190	120 205
	10											15 685	20 233	26 098	33 663	43 422	56 010	72 246
	11												12 160	15 685	20 233	26 098	33 663	43 422
	12													9 427	12 160	15 685	20 233	26 098
	13														7 309	9 427	12 160	15 685
	14															5 666	7 309	9 427
	15																4 393	5 666
	16																	3 405
	0	16 319	22 586	30 435	51 746	68 154	89 344	199 590	258 537	334 591	1 091 956	1 408 599	1 817 036	2 343 978	4 551 865	6 500 347	7 739 973	9 983 774
	1		11 668	16 352	29 238	38,863	51 562	118 366	153 766	199 448	656 157	846 465	1 091 944	1 408 587	2 735 828	[illegible]	[illegible]	[illegible]
	2			7 887	15 390	21 259	28 854	69 548	90 796	118 224	394 230	508 608	656 145	846 453	1 680 501	2 167 451	2 795 922	3 606 304
	3				7 187	10 678	15 206	40,207	52 950	69 406	236 805	305 547	394 218	508 595	1 009 941	1 302 629	1 680 296	2 167 445
	4					4 318	7 003	22 572	30 203	40 065	142 189	183,502	236 793	305 534	606 876	782 849	1 009 836	1 302 623
	5						2 073	11 973	16 531	22 430	85 322	110 149	142 176	183 489	364 684	470,447	606 870	782 843
	6							5 603	8 314	11 831	51 143	66 063	85 309	110 137	219 120	282,685	364 678	470 441
	7								3 376	5 461	30 601	39,566	51 131	66 050	131 633	169 836	219 115	282 680
期权价值树	8									1 632	18 255	23 640	30 589	39 553	79 050	102 010	131 627	169 830
	9										10 834	14 068	18 242	23 628	47 447	61 245	79 045	102 004
	10											8 316	10 822	14 056	28 453	36 745	47 441	61,240
	11												6 362	8 303	17 036	22 019	28 447	36 739
	12													4 846	10 175	13 168	17 031	22 013
	13														6 051	7 849	10 169	13 163
	14															4 652	6 045	7 843
	15																3 567	4 646
	16																	2 725

图 7　某新药企业价值二叉树模型

由前文可知，新药企业估值方法灵活，途径多样，传统评估方法特别是评估报告体例，难以完全满足委托方及相关当事方价值发现的需求，亦不排除传统评估方法及对应报告无法合理体现和揭示新药等科创类企业的内在价值及定价逻辑，因此，按图索骥，未能与时俱进地采用符合估值对象特征的估值方式，一味出具传统的评估报告，可能无法满足市场各方的所有需求。

基于此，我们以为，在新经济、新业态、新模式企业中，采用创新的估值方法并适当地出具估值报告，具有可操作性。

综上，我们认为，在符合相关法律法规和监管实践的大前提下，在具有显著协同效应的并购重组定价和新经济、新业态、新模式企业价值确定时，基于更高的灵活性及更强的针对性，依据交易各方的交易逻辑、条款设计，以及资本市场的价值发现机理内在需求，辅之以贴合经济实质的假设及情景分析，估值报告拥有一定的应用场景，符合报告使用人及各方需求，大有用武之地。

4. 出具估值报告的规范

（1）出具估值报告的前提和限制

从前面的分析可知，资产评估机构出具估值报告的内在动因主要是规避风险和节约成本，不加分析盲目地只出于内在动因就出具估值报告，则可能会出现那样被处罚的状况。只在出现相关法律法规规定的可以出具估值的三种情形的情况下，评估机构才可以出具估值报告。不然没有相关法律法规作为依据，慎用估值报告的形式。

（2）估值报告披露要素

《公开发行证券的公司信息披露内容与格式准则第 26 号——上市公司重大资产重组（2018 年修订）》第六十五条对估值报告的内容做了规定。从其规定可以看出，估值报告的内容基本与评估报告的内容相同，不同的是特别增加了“估值参数及其他影响估值结果的指标和因素”这一部分在资产评估中一般在评估说明中描述的内容。

除上述涉及上市公司的估值报告外，对涉及国资的估值报告具体应包括哪些内容尚无明文规定，我们认为可参照上述规定的内容进行撰写，以便使用人正确理解估值结论。

（四）国有资产评估管理中估值报告应用

1. 国资国企改革中估值存在的问题

（1）估值尚未全面纳入国有资产管理法律法规体系

国有资产管理体系中，一系列法律法规明确要求对于国有改制、转让等经济行为，应当进行评估。具体如表 3 所示。

表 3　国有资产管理体系中涉及评估的相关法律法规

法律法规	文号
《企业国有资产法》	（2008 年人大常委会第五次会议）
《国有资产评估管理办法》	（1991 年国务院令第 91 号）
《国有资产评估管理若干问题的规定》	（2001 年财政部令 14 号）
《企业国有资产监督管理暂行条例》	（2003 年国务院令第 378 号）
《企业国有资产评估管理暂行办法》	（2005 年国资委第 12 号令）
《企业国有产权向管理层转让暂行规定》	（国资发产权〔2005〕78 号）
《关于进一步规范国有企业改制工作的实施意见》	（国办发〔2005〕60 号）
《关于加强企业国有资产评估管理工作有关问题的通知》	（国资委产权〔2006〕274 号）
《金融企业国有资产评估监督管理暂行办法》	（2007 年财政部令第 47 号）
《关于中央企业国有产权置换有关事项的通知》	（国资发产权〔2011〕121 号）
《中央企业境外国有资产监督管理暂行办法》	（2011 年国资委令第 26 号）
《中央企业境外国有产权管理暂行办法》	（2011 年国资委令第 27 号）
《关于加强中央企业境外国有产权管理有关工作的通知》	（国资发产权〔2011〕144 号）
《企业国有资产交易监督管理办法》	（2016 年国资委、财政部令第 32 号）
《中央企业投资监督管理办法》	（2017 年国资委令第 34 号）
《国务院国资委以管资本为主推进职能转变方案》	（国办发〔2017〕38 号）
《上市公司国有股权监督管理办法》	（2018 年国资委、财政部、证监会令第 36 号）

然而，对于估值行为及估值报告等，却仅有少量文件提及，涉及估值的文件内容多集中于中央企业境外产权变动、国有股东非公开协议转让上市公司股份、国有股东受让上市公司控股权、中央企业股权投资项目等经济行为领域（如表 4 所示）。其他领域和经济行为均包

含资产评估，未将估值纳入法律法规体系和监管范围。

表 4　　提及估值的国有资产管理文件及相关内容

序号	文件名称	条款	内容
1	国资委令第 27 号——《中央企业境外国有产权管理暂行办法》	第十条	中央企业及其各级子企业独资或者控股的境外企业在境外发生转让或者受让产权、以非货币资产出资、非上市公司国有股东股权比例变动、合并分立、解散清算等经济行为时，应当聘请具有相应资质、专业经验和良好信誉的专业机构对标的物进行评估或者估值，评估项目或者估值情况应当由中央企业备案；涉及中央企业重要子企业由国有独资转为绝对控股、绝对控股转为相对控股或者失去控股地位等经济行为的，评估项目或者估值情况应当报国资委备案或者核准。 中央企业及其各级子企业独资或者控股的境外企业在进行与评估或者估值相应的经济行为时，其交易对价应当以经备案的评估或者估值结果为基准。
2	国资发产权〔2011〕144 号——《关于加强中央企业境外国有产权管理有关工作的通知》	第六条	规范评估机构选聘，完善境外国有资产评估管理工作规定“中央企业及其各级子企业独资或者控股的境外企业发生《境外产权办法》第十条规定的应评估或者估值的经济行为时，应当聘请具有相应资质、专业经验、良好信誉并与经济行为相适应的境内外专业机构对标的物进行评估或者估值。其中：选择的境内评估机构应当具有国家相关部门确认的专业资质；选择的境外评估或估值机构应当遵守标的物所在国家或地区对评估或估值机构专业资质的相关规定。评估或者估值情况应当按照《境外产权办法》相关规定进行备案或核准。报送备案或核准的评估或者估值报告书及其相关说明等资料应为中文文本。
3	国资委令第 34 号——《中央企业投资监督管理办法》	第十五条	中央企业应当根据企业发展战略和规划，按照国资委确认的各企业主业、非主业投资比例及新兴产业投资方向，选择、确定投资项目，做好项目融资、投资、管理、退出全过程的研究论证。对于新投资项目，应当深入进行技术、市场、财务和法律等方面的可行性研究与论证，其中股权投资项目应开展必要的尽职调查，并按要求履行资产评估或估值程序。
4	国资委、财政部、证监会令第 36 号——《上市公司国有股权监督管理办法》	第三十三条	国有股东非公开协议转让上市公司股份存在下列特殊情形的，可按以下原则确定股份转让价格：（一）国有股东为实施资源整合或重组上市公司，并在其所持上市公司股份转让完成后全部回购上市公司主业资产的，股份转让价格由国有股东根据中介机构出具的该上市公司股票价格的合理估值结果确定；
		第五十五条	国家出资企业、国有资产监督管理机构批准国有股东受让上市公司股份时，应当审核以下文件：（五）财务顾问出具的尽职调查报告和上市公司估值报告（适用于取得控股权的）；
5	国资发产权〔2013〕64 号——《企业国有资产评估项目备案工作指引》	第二十九条	备案管理单位审核境外评估或估值报告，应当关注评估或估值机构的选聘是否符合《中央企业境外国有产权管理暂行办法》（国资委令第 27 号）和《关于加强中央企业境外国有产权管理有关工作的通知》（国资发产权〔2011〕144 号）等规定。
		第三十条	对境外企业国有资产评估或估值项目，备案管理单位应当关注评估或估值机构是否协助企业进行尽职调查、询价，是否参与交易过程。经济行为涉及的交易对价是否以评估或估值结果为基础，确有差异的是否具有充足合理的理由。

续表

序号	文件名称	条款	内容
5	国资发产权〔2013〕64号——《企业国有资产评估项目备案工作指引》	第三十一条	审核境外评估及估值机构出具的评估或估值报告，应当关注其是否明示了所依据的评估准则，是否合理参考了境内评估准则及要求。评估或估值结果是否以人民币为计量币种。使用其他币种计量的，是否注明了该币种与人民币在评估基准日的汇率。如果评估或估值结果为区间值的，应关注是否在区间之内确定了一个最大可能值，并说明确定依据。
		第三十二条	备案管理单位可以使用备案表或者备案确认函的方式对境外评估或估值机构出具的评估或者估值报告予以备案。备案确认函应当简要描述评估项目有关情况，包括评估行为各当事方及经济行为、评估基准日、评估结果使用有效期、评估对象账面价值等内容，明确评估结果区间值及最大可能值，明确评估行为各当事方的权、责、利等执行情况。

（2）资产评估法律、行政法规、执业准则未明确涵盖估值

《中华人民共和国资产评估法》（以下简称《资产评估法》）作为资产评估行业的根本法规，并未对估值及估值报告予以定义。

财政部及其他评估行政管理部门颁发的部门规章，以及资产评估准则体系，亦少有提及估值报告。具体如表5所示。

表5　资产评估主管部门文件及评估准则对于评估及估值报告的规制

法律法规、准则	对于评估及估值报告的相关规制
《资产评估行业财政监督管理办法》（财政部令第86号）	资产评估机构及其资产评估专业人员根据委托对单项资产、资产组合、企业价值、金融权益、资产损失或者其他经济权益进行评定、估算，并出具资产评估报告的专业服务行为和财政部门对资产评估行业实施监督管理，适用本办法……涉及国有资产或者公共利益等事项，属于本办法第二条规定范围有法律、行政法规规定需要评估的法定资产评估业务，委托人应当按照资产评估法和有关法律、行政法规的规定，委托资产评估机构进行评估
资产评估准则体系	资产评估准则明确以资产评估报告名义出具书面专业报告，应遵守资产评估准则，未提及估值及估值报告。仅在《金融不良资产评估指导意见》这一具有特殊应用领域的评估指南中有过提及除资产评估报告以外的其他报告类型（价值分析报告），但也未提及估值报告

（3）现有国有资产管理相关法律法规尚未厘清资产评估报告与估值报告边界

如前文分析，目前资产评估报告与估值报告多共存于中央企业境外产权变动、国有股东转让或受让上市公司股份、中央企业股权投资项目等经济活动中。然而，针对该等领域，现有国有资产管理、证券类法律法规未能明确两种报告的边界，具体表现为：评估报告与估值报告的定位及使用场景不明确、估值报告属性比较模糊、出具报告的主体混乱、基本要素不全、估值方法及技术不严谨、报告内容及特别事项信息缺失等问题。

由此，鉴于估值报告尚未纳入现有资产评估准则体系，叠加前述监管现状，较易造成两种报告适用场景不清、估值报告出具者混乱、鉴证或咨询性质不明、技术规范及监管约束缺失、相关各方法律责任无规可循等诸多问题。总体来看，估值报告整体较为杂乱，甚至被过

度滥用，部分报告披着估值的外衣，却行评估之实，规避责任的同时，其公允性存疑，易造成国有资产流失或各方利益受损。国有资产管理和资本市场行政主管部门亟须厘清评估报告与估值报告边界，保障国有资产保值增值，更好地维护各方利益。

（4）现阶段估值报告缺乏有效监管

资产评估准则体系对于程序受限的评估业务，做出了相关规定，针对程序受限评估项目，普遍要求在评估程序、评估方法、特别事项、工作底稿予以记录、说明与披露，并规定若程序受限事项对评估结论产生重大影响或者无法判断其影响程度的，不得出具资产评估报告。

从现阶段估值报告的实际出具情况来看，部分机构因相关时间、资料、程序等受限，或对于评估假设、定价存在特殊要求，较难满足《资产评估法》及资产评估准则等对评估报告出具的规范要求，转而出具估值报告，寄望于规避执业风险，并造成国有资产流失。

（5）现阶段估值报告较难满足所有国有资产产权变动、国有权益变化等行为的应用场景及责任厘定内在需求

近年来，国有企业国有资本布局、运行、监管不断完善，国有资产交易流程、法律责任认定日趋严格，形成一套较为完善、系统的法律法规体系，国有资本保值增值、风险控制成效显著。国有资产管理法律法规针对国有资产交易，就交易流程、评估报告备案或核准、交易对价的确定、法律责任等亦予以了明确规定，除部分涉及境外产权变动、非公开协议转让或受让上市公司控股权、股权投资项目外，一般均要求参考评估报告结论或以评估报告结论予以定价，并对于相关各方责任予以严格的认定。

从国有资产交易的实际应用场景、监管机构及出资企业等当事方操作实务及对应法律责任角度分析，除少量有法可依、有章可循的（可采用估值报告的）情形外，现阶段以估值报告作为国有资产交易作价依据，可操作性不强。

2. 国资国企改革中资产评估存在主要问题

（1）资产评估地位与作用还不相匹配

2016 年《资产评估法》颁布实施后，评估行业市场分割的局面得到了一定改善。但囿于历史因素限制，目前评估行业各类职业资格仍由财政部、住建部、自然资源部分别管理。不同类别评估机构设立条件不一、对应职业资格考试门槛不同、执业标准和监管力度各异，评估仍未形成统一市场，资质分立，多头管理，客观上难以匹配法律赋予资产评估的职责。

（2）评估机构执业质量和服务水平有待提升

从国有企业等委托方角度看，最需要的是一站式服务，管理起来高效、简洁、准确。如果由国有企业将所有资产按类型分割为三类，再委托给不同类型的机构进行评估，既降低了效率、增加了评估成本，还容易造成重复评估、遗漏评估等诸多管理问题。从评估程序来看，完成执业准则所规定的时间和人力成本是固定的，与部分委托方追求“短平快”的要求存在天然矛盾。此外，一些评估机构执业水平和报告质量不高，主要靠降低收费标准进行市场竞争，容易造成劣币驱逐良币的问题，最终影响国资国企改革成效以及资本市场的健康发展。

（3）资产评估理论和方法创新相对滞后

近年来，新经济和战略新兴产业蓬勃发展，面对新事物、新情况，资产评估理论和方法

供给不足、创新不够。一是对于涉及新经济、新业态、新科技、新金融，新技术背景下的评估，缺乏理论支撑和技术路径，行业整体研究能力不足，主动性和创新力不够，成果转化体制机制还不健全。二是评估行业对海外法律体系、财税体制、物权产权、员工权益，语言文化等了解不多、研究不够，保障和支撑国资国企“走出去”能力不足。三是行业自身对某些评估理论及方法缺乏共识。例如：对市场价值与投资价值的理解，对市场法、实物期权、其他衍生方法在企业、无形资产与金融资产评估中的应用，折现率、分成率、波动率等参数的内涵与计算途径，不同市场、生命周期下资产评估方法与参数选择与分析理解不深，研究不透。

3. 估值报告在国资管理应用中的建议

（1）估值具有特殊作用，但现阶段不宜直接纳入法律法规体系

中国作为世界第二大经济体，在世界经济与新技术、新经济舞台中占据着越来越重要的地位。国资国企“走出去”将成为一种历史必然。基于此，必须不断完善现有国有资产管理的相关法律法规，使其更好地顺应国际形势及经济发展规律。由前文分析可知，估值报告是根据国有企业到境外投资面临不同的法律、准则，无法履行正常的资产评估程序出具的报告，尚无较为固化的格式。从现行资产评估监管法规制度看，财政、国资部门依法依规对资产评估报告实施相应监管，对于估值报告则缺乏明确的监管依据。但估值报告确实对国有资产监管部门和企业经济行为决策起到了支撑作用。因此，可考虑按照“边探索，边完善”的原则，在部门规章或更低层面予以明确，待时机成熟后再纳入更高层面的法律法规体系中去。

（2）统一对估值的认知，厘清估值与资产评估的边界

从上文的分析可知，估值从技术路径和方法层面其实与资产评估并无实质性差异。实际上，在国资管理层面上，估值是程序受限的资产评估，在某种程度上可以理解为估值报告是资产评估报告的特殊替代品。因此，国有资产行政管理部门要在资产评估制度层面基础上，细化和明确估值目的、基本要素、方法参数、报告应用、法律责任等要素，厘清估值与资产评估的边界以及资产评估机构出具估值报告的权利、责任和义务，规范评估机构出具估值报告的行为，规范委托人、评估报告使用人和评估机构的关系。此外，国有资产行政管理部门可以根据市场需要，前瞻性、针对性地开展新业态下资产评估或估值的准则、法规、法律体系建设，规范出具估值报告的前提条件、必要格式要素等，避免出现法律空白。

（3）创新监管方式，保障评估行业健康发展

国有资产监督管理部门应按照“效力等同、义务对等、监管一致”的原则，建立健全监管体系。凡是法律法规规定的，都应纳入监管范围。部门间的协同和配合还需要进一步强化，可以依照现有的法律法规各个部门之间进行联合监管。国有资产监督管理部门应加强与资产评估行政管理部门的联动，按照资产评估法的相关规定，全面监管在国有资产评估（估值）领域内出具报告的情况。此外，国有资产监督管理部门也可以调整思路，采取更灵活有效的监管方式。针对经济行为涉及特殊交易架构的项目，评估审核中可以适当接受除市场价值外的价值类型、评估结果区间值及情景分析等方式手段。

（4）强化评估理论技术研究及应用

解决国资国企改革难题非常关键的部分是对现有评估理论的创新及新评估技术的研发与

应用。国资监管部门、国有企业、资产评估行业应加强协作，鼓励制度创新、理论创新、方法创新。比如在国资管理中比较突出的投资价值评估问题。长期以来，国有企业是单纯的卖方市场，评估价是国有产权交易的决定性参考，但现在国有企业已经不再是单纯的卖方市场，在收购非国有企业的股权、拟上市公司一轮二轮引进投资方、国有股东受让上市公司股份等行为中，买卖双方对于标的资产的定价，会发生复杂的博弈，买卖双方不可能严格按照评估价值确定交易价格，这给国有资产监管部门的审批工作带来很大的挑战。新形势下，国资监管部门如何有效运用资产评估结论，科学处理实现国有资产的市场价值、投资价值和防止国资流失的关系问题值得深入探讨。

综上，我们认为，解决当前国有资产管理中面临的资产评估与估值问题，需要评估行业主管部门、国有资产管理部门、国有企业及评估机构各方共同努力，从法律环境建设、监管理念创新、评估服务能力发展及各方责任意识提升等多角度发力，为复杂形势下国资国企改革提供强有力的保障。

（五）结论与建议

上文从目前实务界对评估和估值的内涵的理解入手，通过分析目前出具的估值报告与评估报告主要差异、出具估值报告的内在动因、估值报告和评估各自的优劣势，探索基于资产评估法和评估准则下，估值报告应用场景、关键估值技术和应用规范，并以现有监管体系下国有资产管理中估值报告应用为例，深入探讨估值报告的应用和管理；在此基础上，本课题组形成以下结论及建议：

1. 厘定估值报告与资产评估报告的界限

根据前述估值现状及应用场景分析，估值与资产评估在技术路径和实现方法上并无实质区别。从上文我们对估值报告出具的背景和动因分析来看，当前市场上的估值业务大部分是资产评估程序受限导致无法出具资产评估报告转而出具估值报告的产物。如果任由该现象蔓延，将出现规避监管的评估法律漏洞，不利于证券市场的健康发展，也不利于国有资本的健康运营。

因此，行业主管部门应当提高监管强度，切实采取措施加强对估值报告的行业监管，避免“劣币驱逐良币”后果的发生。在当前评估法律法规框架下，应将评估机构的估值业务纳入行业监管范围，估值报告应等同于评估报告监管，厘清评估机构出具估值报告的权利、责任和义务，规范评估机构出具估值报告的行为，规范委托人、报告使用人和评估机构的关系，避免出现制度上的“寻租”空间。

2. 出台估值相关制度，规范估值报告的应用

从现有的涉及估值的法律、法规分析，估值业务目前还没有明确的法律定义和法律渊源。因此，在当前的法律环境下，尚不具备评估机构出具估值报告的空间，评估机构出具的估值报告都应当纳入评估行业的管理范畴内。

为了适应行业主管部门需要根据市场出现的新情况，针对性地加大对资产评估法配套法规的建设，健全评估机构从事估值业务的相关管理制度；同时，在立法层面积极推动对非评估机构出具估值报告行为立法监管。

对于实践中确需估值报告作为评估报告补充的情形，也需要通过法律法规及准则体系的整体出台与修订，来规范出具估值报告的应用范围、前提条件、必要格式要素等，以防止估值报告被过度滥用。

3. 在新形势下，对法定评估业务创新监管方式

法定评估业务的监管，既要依照资产评估法的规定，纳入资产评估的行业监督体系中，有利于中国资产评估事业的整体发展，也要依照具体法律法规规定，从国有出资人或社会利益监督的角度出发，理顺法定评估业务管理中的各个环节，有效掌握资产在复杂经济活动中的价值变动。我们建议：

首先，评估行政管理部门应加强与外部监督管理部门的联动，按照资产评估法的相关规定，严格监管在法定评估领域内评估机构出具估值报告的情况。在具体评估配套规定制定中，应将评估机构出具的估值报告等同评估报告监督管理，防止在国有资产交易审批领域或公共利益交易监管流程中出现估值报告的监管政策套利空间。

其次，外部监督管理部门需要调整制定与评估管理相关的资产管理规定，以适应新的法律环境和经济状况。例如，目前国资评估配套规定仅针对并规范从事国资评估业务的评估机构，因此，在具体交易等审批环节，如涉及非评估机构出具估值报告的，建议在相应的国资交易管理规定中增加估值报告与评估报告“效力等同、义务对等、监管一致”的规定，具体可参考证券监督主管部门在重大资产重组行为中对于估值报告和评估报告的监管规定。

最后，在具体投资、交易审批环节，外部监督管理部门也可以调整思路，采取更灵活有效的监管方式。例如，针对经济行为涉及特殊交易架构的项目，评估审核中可以适当接受除市场价值外的价值类型、评估结果区间值及情景分析等方式手段。针对尽调条件受限的特殊项目，可以试行不将评估（或估值）结果作为事前审批的必要条件，而更侧重于事中、事后的监管。

4. 加强技术研发和推广，满足市场不同层次的需求

理论创新和技术进步是在复杂经济环境下解决业务发展困境的必然选择，资产评估行业应加强技术研发协作，鼓励制度创新、理论创新、方法创新。

首先，评估理论的创新和评估技术不断升级是评估机构亟须重视的首要问题。面对不断出现的新业态、新技术、新金融（衍生）产品，应主动学习研究其理论基础，在评估实践中有意识地借鉴并应用相关模型。评估行业内需要进一步加强新业务的研讨和论证，特别是针对已开展、已完成新业务的长期跟踪研究和经验总结交流。另外，国内评估机构还需要加强与境外同行的交流与沟通，从国际竞争与合作的角度改善国际评估环境，致力于提高国资境外业务中我国评估行业的话语权。

其次，评估数据库的建设也是评估行业的当务之急。特别是在境外业务中，具体业务所需的参数数据有赖于长期日常积累，因此评估数据库的建设是一项持续性的工作。当前大数据产业已经呈现爆发态势，未来评估行业如何利用大数据技术提高评估技术水平，甚至利用大数据实现评估机构的转型升级，都是当前新形势下的研究课题。短期内，评估机构可以尝试与大数据研究机构合作，针对资产评估领域特点研发数据应用软件，为资产评估及其监督管理提供新的思路和方法。

最后，评估行业应统一评估人才的培养建设体系，从整体上提高从业人员的执业素养和技术水平。评估技术的研发以及应用推广，需要具备高素质、专业化、外向型的综合人才队伍来实现。面对日益复杂的外部经济环境，市场对评估的新需求不断涌现，评估行业应以需求为导向，在学校专业设置和培养、人才招聘、后续教育培训、专业技术研讨、研发团队构建等方面对评估人才队伍进行完整的体系化建设，使评估行业在规范资本市场、防范金融风险、维护国资权益、保障公共利益等社会经济的各方面起到相应的作用。

参考文献

[1] 袁杰，李承，魏莉华等．中华人民共和国资产评估法释义［M］．北京：中国民主法制出版社，2016：17—27.

[2] 纪益成．企业价值评估与公司估值的关系研究［J］．会计之友，2018（9）：2—8.

[3] 北京证监局课题组．上市公司重大资产重组估值报告问题研究［J］．中国资产评估，2019（1）：11—14.

[4] 王军辉，杨冬梅．重大重组业务披露准则评估或估值条款解读［J］．中国资产评估，2017（10）：22—24.

[5] 李彦甫．行业特征与行业特定估值模型研究［J］．经济与管理研究，2016（10）：126—137.

[6] 刘灿灿，徐明瑜，岳修奎等．企业并购中的协同效应分析——基于投资价值估值案例的研究［J］．中国资产评估，2018（10）：50—56.

[7] 李小荣，薛艾珂．公司并购重组估值与评估孰优孰劣？——基于估值报告与评估报告的对比研究［J］．中央财经大学学报，2017（9）：53—66.

[8] 陈志军，吴震．论我国国有资产评估监管的新模式——基于博弈论视角［J］．福州大学学报，2013（6）：23—27.

[9] 李小荣，王新然，田粟源．出具并购重组估值报告的动因研究——来自调查问卷的证据．中央财经大学学报，2019（12）：50—62.

企业价值收益法评估的特有风险研究

——以医药企业为例

管考磊　翁逍逍　吕小亮　孙金山

摘　要： 随着我国经济发展和资本市场完善，收益法在企业价值评估中的应用越来越普遍，收益法折现率中特有风险是一个重要的参数。根据资产评估实务的调查分析，目前资产评估人员大部分根据经验来判断特有风险的取值，主观性较强，因此对特有风险的研究就显得十分有必要。本文通过对目前企业价值评估中特有风险相关文献的梳理，分析了这些方法的优缺点，提出了基于BP神经网络的特有风险评估方法。首先对特有风险的影响因素进行分析；然后根据医药企业的特点分析医药企业具体的特有风险影响因素，并将影响因素的指标进行因子分析降维，得到医药企业在BP神经网络模型中的输入指标，构建BP神经网络模型对其进行训练和检验；最后以WBD制药为例进行案例分析，将其相关数据代入到模型中，验证该模型求取特有风险的合理性和可靠性。该模型对实务评估应用具有较好的应用价值。

关键词： 收益法；特有风险；BP神经网络；医药企业；价值评估

一、引言

（一）选题的目的和意义

1. 选题的背景与目的

随着我国经济的持续发展，资本市场的活跃程度越来越高，特别是科创板的推出，形成了主板、中小板、创业板以及科创板多层次的资本市场格局，对企业融资和投资者带来了很大的便利，同时我国资本市场中并购重组、混合所有制改革、供给侧结构性改革以及国际国内经济双循环的市场特征，一般认为资产评估的方法主要有成本法、市场法和收益法。根据2018年上市公司重大资产重组交易案例分析，采用收益法对标的企业进行评估占到案例总数的73.7%。由此可见，收益法是企业价值评估中最常用的方法，然而采用收益法评估的难点分别为收益额确定、折现率确定以及收益年限确定。对于折现率的确定，资产评估专业人员绝大多数采用资本资产定价模型对股权资本成本进行计算，根据证监会2019年资产评估市场分析报告，并购重组的评估方法以资产基础法和收益法组合为主，评估结论以收益

作者单位：管考磊、翁逍逍、孙金山，江西财经大学；吕小亮，中联国际评估咨询有限公司

法评估结果为主，显示了收益法为资本市场提供价值参考的重要性。

在收益法评估参数中，折现率是重要的一个参数，它微小的变化将会带来折现值较大的变化，而特有风险是构成折现率的主要因素之一，特有风险的取值事关企业价值评估的大小，所以普遍受到评估行业的关注。目前学者对于无风险利率以及 β 系数进行了大量研究，但是对特有风险的研究还很少。在实务中，目前还没有一套标准的评估特有风险模型，资产评估专业人员大部分采用经验判断法来确定特有风险的值，根据胡晓明等人的研究表明，在所统计的企业价值评估说明中，大多数样本都明确说明被评估对象的特定风险系数，其均值为 2.38%，主要分布在 1%—5%，大部分是主观判断的结果。根据证监会 2019 年资产评估市场分析报告，并购重组收益法折现率总体基本体现了行业风险情况，但不同企业之间的差异较为明显，在并购重组委审核的 118 宗并购交易案例中，化学原料及化学制造业的折现率最大差异为 5.45%，这种情况的出现是由于缺乏统一的标准和可靠的计量模型，导致人为操纵特有风险值从而影响评估结果，所以目前特有风险的取值还存在企业风险因素考虑过于简单，缺乏相应的证据来做支撑，主观性较强的问题。随着评估技术的发展，有必要回顾整理过去特有风险测算的一些做法，在此基础上尝试更有效的方法来测算企业特有风险，为实务应用提供更可靠的计量工具。为了聚焦所涉及的研究问题，提高研究结论的可靠性和有效性，本课题将医药企业收益法评估中特有风险作为研究对象，重点研究医药企业特有风险的影响因素以及评估方法。

本课题研究目的是在分析特有风险的概念、理论的基础上，总结实务界现阶段特有风险的取值做法，根据文献资料梳理分析过去特有风险的测算方法，并在此基础上结合评估技术的新发展，尝试提出更有效的测试工具，为评估实务在测算企业特有风险参数时提供应用参考。

2. 本课题研究的意义

理论意义：本课题从企业特有风险的角度出发，以企业、企业价值以及风险为起点，剖析企业特有风险的内涵，为测算特有风险提供基础。同时，根据评估技术的新发展，尝试构建分析测算特有风险的方法，从特有风险理论出发，结合医药企业的特殊性，分析医药企业特有风险的影响因素，并对当前特有风险评估方法进行分析，寻求适合当前我国医药企业评估特有风险的方法，为特有风险的测算提供方法上的拓展，为后续企业价值评估做更深入的研究奠定基础，因此本课题具有较强的学术价值。

实践意义：本课题以实务中的企业价值评估折现率测算遇到的现实问题为导向，针对企业特有风险测算主观性强、操作方法简单的现实状况，尝试在统计特有风险现状确定的基础上，构建企业特有风险的测算方法，一方面为确定企业价值评估折现率参数的取值提供现实指导，使评估结果更为客观合理；另一方面提高资产评估专业人员的技术水平，深化他们对企业特有风险的认识，为实务界更客观合理地测算折现率参数提供支撑，因此本课题具有较强的应用价值。

（二）国内外文献综述

国内外学者对企业价值评估收益法的运营研究普遍比较成熟，对体现特有风险折现率参数研究也具有一定的深度，根据对国内外文献的梳理和分析，有关折现率以及特有风险的研究主要体现在以下四个方面。

1. 收益法中有关折现率特有风险文献综述

冯军（2011）认为折现率作为企业价值评估收益法中重要的评估参数。聂晓军、王琳（2012）、郭倩（2015）、龚光明、禹东勇（2015）分析了公司特有风险与融资约束的关系，认为企业特有风险水平的增加会导致企业获得外部融资的难度和边际成本增加，而上市公司会计信息质量有助于减少环境不确定性导致的信息问题和代理矛盾，能够缓解企业的融资约束程度。吕红梅（2015）、胡晓明（2014）采用上市公司数据进行实证分析，特有风险的调整值主要分布在0—5%，但也有个别风险调整值为0的情况，并采用因子分析法对2009年底前上市的67家饮料行业进行综合评价，指标设定有企业规模风险、企业产品阶段风险、企业经营风险和企业内部治理风险，以实例的方式分析了A企业的风险调整值为2.59%。兰东（2016）、夏旭（2018）、曹俊帮（2017）、孟凡鑫（2018）、汪沧海、周越（2019）引入了案例对税前折现率及税后折现率的相互关系进行解析以及实证分析，得出折现率的测算受多种因素的影响，难以对其取值做精确的估计，需要分行业分并购情形对折现率取值进行计算。

2. 特有风险概念与影响因素文献综述

关于特有风险的概念，相关学者从不同的角度对特有风险概念进行界定。有的学者从非系统性角度对于特有风险的概念进行阐述。Demsetz、Lehn（1985）认为特有风险是监管企业经营环境的噪音的成本。Roll（1988）、埃文斯、毕晓普（2003）认为特有风险是非系统风险，属于目标企业本身的风险。汪海粟（2005）、叶少锋（2000）、Shannon P. Pratt、Roger J. Grabowski（2010）认为特有风险是指已经实现回报率中不能由公司特性解释的部分。

还有的学者认为特有风险是被评估企业与其他企业的差异。何红渠（2003）、谢虹（2007）、陈健（2008）、康新贵（2010）、徐爱农（2012）认为特有风险溢价是无法从β值或规模溢价中获得的溢价。聂晓军（2014）认为特有风险是个股所特有的，是可以通过市场组合分散的。

关于特有风险的影响因素，学者从不同的角度进行研究。早期学者主要研究公司规模与特有风险之间的关系。赵强（2001）指出特有风险因素与公司规模有关，公司资产规模大，投资风险就会相应减小，并说明资产规模在16亿元以下，特有风险与资产规模呈现负线性关系。Ibbotson Associate（2006）研究表明，企业规模与投资风险呈负相关关系；Grabowski（2011）、马晓国（2005）、魏锋（2008）、于磊（2012）认为专利资产的特有风险与技术风险、生产风险和市场风险有关。

另外一些学者采用财务因素与非财务因素相结合的方式研究特有风险的影响因素。邱坛（1998）、Vuolteenaho（2002）、埃文斯和毕晓普（2003）、王少豪、刘登清（2004）认为企业特有风险一般由财务风险、管理风险、行业风险等构成。Ferreira和Laux（2007）、龚光明（2013）、花冯涛（2016）认为特有风险与公司信息质量有关，公司信息质量越低，特有风险水平就越高。邓晋升（2013）、田一彤（2016）、孙会霞（2019）认为医药企业的特有风险与经营风险、投资风险、企业规模、产品类型、销售模式等因素有关。

3. 特有风险与资本资产定价模型关系文献综述

国内外一些学者对特有风险与CAPM模型的关系进行研究。埃文斯、毕晓普（2003）、管伯渊、苏一纯（2003）总结了美国评估界常用的折现率计算方法，其中提到了 Ibotson 扩展方法，Ibbotson 扩展方法实际上是对 CAPM 模型的补充和改进。

4. 特有风险评估方法文献综述

国内外学者将评估特有风险的方法主要分为定性与定量两种类型。大多数的学者从定量分析的角度评估特有风险。Fama、French（1993）、滋维·博迪等（2000）、赵强（2008）提出采用线性回归分析的方式得出超额收益率与净资产之间的回归方程。龚光明（2013）、胡晓明（2014）、康新贵（2010）通过对目标公司和行业（或相关类似企业）的财务指标对比分析，计算目标公司有别于行业（或相关类似企业）平均水平的差异程度，确定目标公司的特有风险报酬率。另外，还有学者还提出了其他的方法，如吴景阳（2011）等认为可以采用敏感分析法、情景分析法、蒙特卡洛模拟法、决策树法和实物期权等方法对资本预算项目的特有风险进行处理。

5. 有关 BP 神经网络应用的文献综述

BP 神经网络这个概念是由 1943 年的生物学家教授 Meculloch 和数学家教授 Pitts 首先提出的。20 世纪 80 年代以来，对于 BP 神经网络的研究一直在不断进行，经过这么多年的迅猛发展，BP 神经网络在实证研究应用方面都获得了丰硕的研究成果。有些学者提出把现代优化的理论与 BP 算法结合起来，Peng H、Ling X（2008）提出将 LM 与 BP 神经网络结合的方式。

而在实际运用方面，BP 神经网络运用在很多领域。在宏观经济方面，胡章明（2006）、刘国宏（2005）和王映乔（2007）分别利用 BP 神经网络在房地产价格指数预测、宏观经济预测和汇率变动中进行研究。在财务管理方面，姜法竹、石坤（2011）运用 BP 神经网络模型为支撑构建适应于企业经营风险的预警系统，证实了 BP 网络是可以用来风险预警的，具有一定的实践应用价值。王颖等人（2015）利用 BP 神经网络对大型国际工程财务风险控制进行评价。曾嵘欣（2018）利用贵州省地方法人银行的 500 户信贷企业财务数据，改进 BP 神经网络模型，模拟构建信用风险度量模型。在资产评估领域，较为典型的应用研究有罗天晴（2007）、肖启俊（2013）利用 BP 神经网络对股权价值和船舶价格进行评估。付扬扬、仇晓洁（2019）利用 BP 神经网络对创业板的价值进行评估。

6. 文献评述

综上所述，虽然国内外学者对于特有风险的研究开始较早，但是对特有风险评估方法的研究还是较少。

通过对文献进行梳理可以发现，对于特有风险概念的界定，国内外学者主要从非系统风险、企业风险以及与其他企业差异三个方面进行研究。国内外学者对于整体的特有风险影响因素研究较为深入，但是处于不同行业的各个企业必然会面临不同的特有风险，而目前学者对于不同行业之间是否存在较大差异方面的研究较少。对于特有风险的评估方法上，学者将其分为定性分析和定量分析两种方法。定性分析方法在运用时不能排除主观因素的影响，计算结果的准确性稍差。而定量分析方法所考虑的因素不够全面，可能会导致结果精度较差。BP 神经网络运用在很多领域，但是在资产评估领域上却很少有所涉及。在前人研究的基础之上，本课题从以下两个方面对特有风险进行了研究：一是要对特有风险的概念进行清晰的界定，明确特有风险的影响因素，针对特定行业特有风险的影响因素进行进一步分析，这样有助于构建特有风险评估模型。二是对特有风险测算方法进一步完善。在实务中，资产评估专业人员大部分采用定性方法来评估特有风险，该方法不能排除主观因素的影响。有些学者采用定量分析方法所考虑的影响特有风险因素太少，也会影响取值的合理性。因此也要探寻合理的方法来弥补现有评估方法的不足。

（三）研究的主要内容

1. 企业特有风险的相关概念界定与文献综述

企业特有风险存在于资产评估、投资、金融以及会计等不同的学科领域，这里需要对企业、企业价值以及企业特有风险的内涵进行界定，以确定本课题研究的对象与范围。同时本课题还将对现有的相关文献进行梳理，分析企业特有风险的研究现状，综合判断企业特有风险评估需要解决的关键问题。

2. 企业特有风险参数的影响因素分析

课题以现实问题为导向，针对现阶段企业价值评估中特有风险的确定基本依靠资产评估专业人员主观判断的现实情况，从财务因素和非财务因素两个方面研究分析实务中企业特有风险参数的参数确定方式、考虑因素、确定依据和取值范围，剖析取值的合理性，并为后续的研究提供实证支撑。

3. 企业特有风险评估方法分析

对企业特有风险参数的确定，需要对特有风险的本质进行分析，并在此基础上分析企业特有风险的评估方法，综合分析特有风险主要依靠评估人员的职业判断和经验总结，评估方法常用的主要有经验判断法、Grabowski－king 模型等，非常用方法主要有沃尔评分法、风险累加法等，并以某一行业为例，说明这些具体方法优缺点，讨论各种模型的适用性，为模型的构建与选择打下基础。

4. BP 神经网络测算模型的构建与参数选取

通过分析企业特有风险参数的内涵和特征，根据资产评估最新技术的发展，以医药行业中的企业为例，尝试采用 BP 神经网络构建参数测算模型，并在此基础上分析模型参数设置需要注意的问题，以及参数具体求取路径。

5. 典型案例分析

运用所构建的模型，选取上市公司 WBD 制药作为典型案例，采用上述构建的模型估算企业特有风险参数值，并采用行业评估增值率平均值作为参数值进行比较，论证测算参数值的合理性。

二、报告正文

（一）相关概念界定与收益法概述

1. 收益法企业价值评估相关概念界定

（1）企业与企业价值评估

企业是依法成立的，以盈利为目的，在形式上表现为由各种要素资产构成并能够持续经营的自负盈亏的经济实体。现代企业不仅是一个经济组织，它的存在还必须接受一定的法律法规的约束。世界上各个国家均对企业从法律角度进行界定，如我国有关法律对企业的界定，均强调企业是依法成立的社会经济组织，明确了企业的法律属性。与其他资产相比，企业具有盈利性、持续经营性、整体性和权益可分性的特点。

企业价值的内涵极其丰富，它可以是一种理念，反映企业追求市场发展能力和市场竞争优势的战略意图；也可以是一个指标，衡量企业在某种经济行为发生时，所处市场状态下的价值量大小。企业价值还可以指企业的社会价值，表明企业为社会创造财富、提供就业、满足国家宏观调控的作用大小；也可以是指企业的经济价值，即将企业本身作为一种特殊商品，通过一定的途径来货币化表示。对于投资者来说，企业的价值是进行投资决策的主要依据，表现为企业能为投资者带来的投资回报，这种回报可能是企业的现金分红，可能是企业股权的转售价值，也可能是该企业为投资者拥有的其他企业带来的协同效应；对于企业经营管理者而言，企业价值是企业价值驱动管理的核心。不同条件下，企业价值有不同的表现形式。

根据我国《资产评估执业准则——企业价值》中的规定，企业价值评估，是指资产评估机构及其资产评估专业人员遵守法律、行政法规和资产评估准则，根据委托对评估基准日特定目的下的企业整体价值、股东全部权益价值或者股东部分权益价值等进行评定和估算，并出具资产评估报告的专业服务行为。企业整体价值是指企业总资产减去企业负债中的非付息债务价值后的余值，或者用企业所有者权益加上企业全部付息债务价值来表示。

企业价值评估是一项综合性评估，其价值大小取决于企业的整体获利能力，需要将被评估企业当作一个整体，测算其现实的和潜在的获利能力并充分考虑影响获利能力的各因素。无论评估的是哪种价值形式，都是特定情况下企业获利能力的市场表现。整体性是企业价值评估区别于其他资产评估的一个重要特征。因为企业价值评估强调的是从整体上计量企业全部资产形成的整体价值，而不是简单估计单项资产的收益或估计单项资产的价值。也就是说，企业价值不是企业各项单项资产的简单相加，企业单项资产的价值之和也并不一定是企业价值。构成企业的各个要素资产虽然具有不同性能，但只有在服从特定系统目标的前提下，以恰当的方式形成有机联系构成企业整体，其要素资产的功能才能充分发挥。企业是整体与部分的统一，部分只有在整体中才能体现出其价值。

（2）企业风险及特有风险的含义

根据百度百科的信息，风险一词的由来是在远古时期，人们出海捕鱼祈求神灵保佑，在出海捕鱼时能够有所收获，由于海风无法做出确定性的预测而存在危险，所以将风险表示无法预测的风险。另一种说法认为风险一词是国外翻译过来的词语，理解为客观存在的危险，主要是自然现象、航海遇到礁石、风暴等事件。无论风险一词是怎么来的，现在基本可以确定是未来结果的不确定性或者损失。其具体含义包含以下几点：一是风险是事项未来可能结果发生的不确定性；二是风险表示损失的损害程度；三是风险可以用事件发生的概率来度量。显然企业风险就是企业在经营过程中出现的不确定性。

2006 年国资委在发布《中央企业全面风险管理指引》中，将企业风险定义为：“未来的不确定性对企业实现其经营目标的影响”，阐述了风险的可度量性、偶然性与必然性、复杂性与隐蔽性、相对性与可变性、客观性等方面的特征。在资产评估领域，要对企业价值进行评估，通常采用折现率来表示风险。股权现金流的折现率通常采用CAPM模型，该模型反映了被评估企业获得预期报酬的能力，衡量的是企业获利能力的大小。

本课题研究的特有风险，是在特定的被评估企业中存在，有别于行业共性的、能够影响企业经营绩效的各类风险的总称，这种风险在运用折现率模型时，要能够合理地估计和测算。

2. 收益法评估模型的描述

在运用收益法时进行评估过程中，会涉及很多参数，其中最主要的参数有三个，分别是：收益额、折现率和收益期限。这里主要阐述折现率风险。

折现率是指将未来各期收益折算成现值的比率。从本质上讲，折现率是一种期望投资报酬率，是投资者在投资风险一定的情况下对投资所期望的回报率，即投资者要求的报酬率。

在测算股权资本成本时，最常用的方法是利用资本资产定价模型进行计算。计算公式为：

$$R_e = R_f + \beta \times (R_m - R_f) + R_s$$

其中：

R_e——股权资本成本

R_f——无风险报酬率

β——企业风险系数（贝塔系数）

R_m——市场预期报酬率

$(R_m - R_f)$——市场风险溢价

R_s——企业特有风险

（1）无风险报酬率。无风险报酬率是投资无风险资产所获得的投资回报率，表示即使在风险为零时，投资者仍期望就资本的时间价值获得的补偿。无风险（或风险为零）必须具备两个条件：一是没有违约风险或违约风险可以忽略，投资者可以毫无损失地获得投资本金和投资收益；二是没有投资和再投资风险，能够在特定时间内按预期完成投资或再投资。因此，所谓的无风险（或风险为零）投资是指既没有违约风险也没有投资和再投资风险的投资。

（2）β系数。β系数是衡量一种证券或一个投资组合相对于总体市场的波动性的一种风险评价工具。风险是实现未来收益的不确定性，资本市场理论把风险分为系统风险和非系统风险。系统风险由综合因素导致，个别企业或投资者无法通过多样化投资予以分散。

（3）市场风险溢价。市场风险溢价也称为股权超额风险回报率，是对于一个充分风险分散的市场投资组合，投资者所要求的高于无风险报酬率的回报率。而股票交易市场通常被认为是充分风险分散的市场，因此，市场风险溢价也可理解为股票市场所期望的超过无风险报酬率的部分。

（4）企业特有风险。企业特有风险是衡量被评估企业与可比上市公司风险差异的一个指标。特有风险是被评估企业独特于其他企业的风险。企业特有风险具体计算思路：在调整前的资本资产定价模型得出的报酬率基础上，加上调整系数或减去调整系数来实现。与可比上市公司相比，被评估企业的特定风险因素主要包括企业规模、企业所处经营阶段、主要产品所处的发展阶段、企业经营业务或产品的种类及区域分布、企业内部管理和控制机制、管理人员的经验与资历、对主要客户及供应商的依赖等。

在进行企业价值评估时常用的折现率为加权平均资本成本。加权平均资本成本是指将企业来自各种渠道的资本成本，按照各自在总资本中的比重进行加权平均。企业的总资本也称为企业的全投资，包括企业权益资本和债务资本。因此，加权平均资本成本也称为全投资折现率，等于企业权益资本的回报率与债务资本的回报率的加权平均值。具体计算公式为：

$$WACC = \frac{E}{D+E} \times R_e + \frac{D}{D+E} \times R_d \times (1-T)$$

其中：

$WACC$——加权平均资本成本

R_e——权益资本成本

R_d——债务资本成本

E——股权

D——付息债务

T—所得税税率

根据收益口径与折现率口径相匹配的要求，加权平均资本成本匹配于企业自由现金流量等全投资口径的收益指标。在企业自由现金流量不变的前提下，企业价值最大化的目标要通过加权平均资本成本最小化来实现。

（二）收益法特有风险的影响因素与评估方法分析

1. 收益法评估中特有风险的影响因素分析

收益法评估企业特有风险的影响因素，可以从基于财务视角的因素和非财务视角的因素（这里简称为财务因素和非财务因素）这两个方面进行分析。

（1）影响特有风险的财务因素

影响特有风险的财务因素主要有盈利能力、营运能力、成长能力、偿债能力。

（2）影响特有风险的非财务因素

一般而言，影响特有风险的非财务因素包括行业地位、区位、主营的产品或服务、人员团队、品牌、市场占有率、对关键客户的依赖、分销能力等。这里主要分析行业地位、区位、主营的产品或服务。

①行业地位。行业地位体现一个企业在整个行业中的竞争地位。一般来说，一个企业在整个行业中处于领先地位，则其市场份额也会较高，客户黏性较高，获得收益的能力较强。相反，如果企业在行业中处在劣势地位，则企业收益能力较低。

②区位。区位有两层含义：一方面是指企业的位置。位置本身是一种资源，如果企业处在一个运输较为便利、能够快速触及消费者的区位上，企业的销售能力较比其他企业更快、更强；另一方面是指企业的位置与其他社会资源的联系。企业是一个有机的社会单元，其存在需要不断地与社会其他不同单元发生联系。在生产环节企业需要与上游企业进行生产资料的交换，在销售环节企业需要与下游企业或消费者进行商品交换，在运行过程中企业还需要

与合作伙伴、竞争者、政府职能部门进行交付活动。因此，企业是否有一个较好的与其他资源的联系方式，也关系企业的正常运转和生产销售，从而影响企业的收益水平。

③主营的产品或服务。企业的主营产品或服务主要体现在其竞争性上，竞争性主要表现在三个方面：第一是产品或服务的成本优势，成本优势是指产品在与同类产品对比中产品成本较低从而带来价格优势，可以获得更多的市场，赚取更多利润，从而提升收益能力；第二是技术优势，技术优势分为核心技术优势和非核心技术优势。通过技术对市场功能进行细分即差别化竞争，在差别化竞争中，可通过技术优势改变材料来源，获得更好的产品质量，可通过研发团队的研发能力获得技术优势，具有较高研发能力的团队可以改变产品的外观、形状、工艺等品质，研发出差别化产品，核心技术优势带给企业更高的市场占有率，在核心技术上占有优势的企业收益能力更强；第三是质量优势，质量优势是指企业的独特产品或产品质量超过了同类产品的平均水平，凭借产品质量获得竞争优势，赢得市场份额，提升收益能力。

2. 收益法评估中特有风险的评估方法分析

（1）收益法评估中特有风险评估的常用方法分析

根据文献的整理，并与实务界专家的访谈得知，目前实务中评估特有风险的常用方法有经验判断法和 Grabowski - king 模型。

①经验判断法

在收集的 77 份医药企业的资产评估说明中，有 70% 的评估报告是采用经验判断法来评估特有风险。经验判断法是目前实务中最常用的一种评估特有风险的方法。经验判断法是指资产评估专业人员根据企业的具体情况如经营情况、所处的行业及市场情况以及企业内部控制等情况来确定特有风险的值。

在对特有风险进行经验判断时，有的资产评估报告采用了对特有风险的影响因素进行分解打分的方式。他们对每种影响因素的权重进行赋值，然后加权得到特有风险的值，具体计算过程如表 1 所示。

表 1　　南京某医药公司特有风险计算明细表

名称	分值	权重	结果	备注
经营风险	4	0.3	1.2	生产能力逐步接近满负荷状态，生产经营的组织、管理和质控存在较大不确定性风险因素影响。
市场风险	4	0.3	1.2	市场份额快速扩大过程存在较大风险。
技术风险	4	0.2	0.8	需要新品种陆续投放市场以维持可持续发展，新品种的研发和实施存在较大风险。
治理风险	3	0.2	0.6	公司规模快速扩大过程存在一定的治理风险。
总计	15	1	3.8	

数据来源：南京某医药资产评估说明。

②Grabowski - king 模型

Grabowski - king 模型是以超额收益作为研究对象，研究超额收益与企业净资产之间的关系，通过对其进行回归，发现企业净资产规模与企业规模超额回报率呈一定的线性关系。而我国资产评估界实务专家赵强参考 Grabowski - king 上述的研究思路，对沪深 1996—2006

年的数据进行分析，得到关于超额收益率与净资产之间的线性回归的方程如下：

$$R_s = 3.139\% - 0.2485\% \times NA(R^2 = 90.89\%, NA \leqslant 10\text{亿})$$

其中：

R_s——超额收益率

NA——公司净资产账面价值

Grabowski - king 模型的优点是考虑了企业规模对企业特有风险的影响，计算结果受人为操控因素较小，计算本身失误或出错概率较低。其缺点是未考虑除企业规模以外的因素对企业特有风险的影响。

（2）收益法评估中特有风险评估的非常用方法分析

除了上述介绍两种特有风险评估的常见方法以外，还有一些其他的方法也可以用于评估特有风险。这些方法包括沃尔评分法、风险累加法等。

①沃尔评分法

沃尔评分法是亚历山大·沃尔在 1928 年提出的综合评价企业财务状况的方法。将该方法运用到特有风险的评估中的具体思路如下：首先需要构建一个评价体系，基于评价被评估企业的财务状况和经营情况分别对每个指标涉及的行业情况进行分析，得到各指标的标准值、平均值和优秀值作为标的公司比较的基数。根据这个基数来进行调整，将基础分加上调整分，得到标的公司得分∂，经过计算得到特有风险的值，具体公式为：

$$Q = \frac{100 - \partial}{100} \times \beta \times (r_m - r_f)$$

其中：

∂——标的公司得分

β——标的公司所在行业的系统风险

$(r_m - r_f)$——市场风险溢价

②风险累加法

风险累加法是指当被评估企业属于非上市公司，评估人员将特有风险分解成公司规模溢价 RP_s 和特别风险溢价 RP_u。具体计算公式为：

$$R_s = RP_s \pm RP_u$$

其中：

R_s——特有风险

RP_s——公司规模溢价

RP_u——特别风险溢价

风险累加法的优点在于进行超额收益率的计算时所采用的样本时间跨度较大，样本量十分大，数据来源是上市公司，数据更加可靠，更加具有说服力。而其缺点为对于特别风险溢价的确定主观性太强，评估结果容易受到资产评估专业人员的经验的影响。

（3）收益法特有风险评估的 BP 神经网络模型分析

BP 神经网络是一种多层次前馈神经网络，它是指信号传递的方向是前向传递，而误差信息的传递是相反的。信号前向传递是指信号在传递过程中，首先经过输入层，然后再到隐含层进行数据的处理，最后经由输出层导出。在整个信息传递处理的路径中，神经元的影响力只能在下一层神经元中发挥作用。而反向传播是以误差信息作为传递指令的，也就是说只有当输出层得出的信息偏离期望值时才会发生。此时，BP 神经网络通过设定误差调整其相关参数值，从而使输出值与期望值之间保持合理的误差水平。

该模型方法优势明显，其可以用于较多领域。其优势在于该模型可以接受任意种类的输入值，且不需要知道输入数据之间存在何种关系。

因此该模型对于特有风险评估而言，它具有较好的广泛性以及适应性。而且该模型主要通过对输入数据进行学习研究，结果是比较可观的。然而该方法同时也存在着一些弊端：首先该模型无法在得到最终的权值大小后，对输入指标的整体性做出说明；其次该模型由于对输入数值的相关性要求不强，模型在建模过程中往往具有较为明显的任意性，因此需要后期长时间的人工处理；最后该模型完全基于样本集进行学习、调整、发现规律，因此样本集的信息准确性、全面性以及代表性都会影响模型最终的学习结果的好坏。

3. 医药企业收益法评估中特有风险评估方法的改进思路

对于目前特有风险评估的优缺点进行分析之后，针对现有方法存在的缺点，提出基于 BP 神经网络的特有风险评估方法，该方法仍然不失为一种估计特有风险较好的方法。

基于 BP 神经网络的评估方法主要是为了解决目前特有风险评估方法中所遇到的难点问题，包括一些方法主观性太强、考虑指标不够全面等问题。运用 BP 神经网络来计算特有风险的主要思路如下：首先分析影响特有风险的重要因素，确定最终的输入指标和输出指标，搜集与被评估公司同行业的上市公司的相关数据，然后对样本数据进行处理，接着对模型中的参数进行设置，构建 BP 神经模型，经过程序内部不断学习完善，得出特有风险的仿真模型，然后再将被评估企业的相关数据带入到模型中，得到被评估企业的特有风险值。整个模型的运行过程通过 Python 3. 7 编程实现，具体的方法和步骤如图 1 所示。

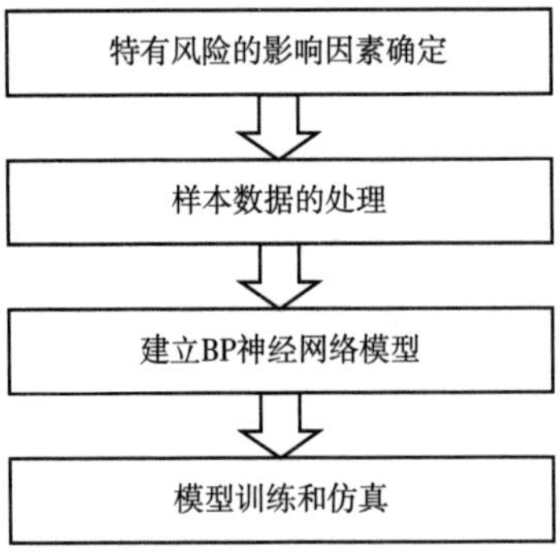

图 1　BP 神经网络评估特有风险的步骤

（三）基于 BP 神经网络的医药企业特有风险评估过程

这里首先介绍 BP 神经网络对于医药企业特有风险的评估过程，BP 神经网络评估特有风险的评估原理，接着对 BP 神经网络的输入指标和输出指标进行确定，其次对样本数据进行处理，构建医药企业特有风险评估模型，最后对该模型进行训练和检验。

1. 基于 BP 神经网络医药企业特有风险指标的选取

（1）输入指标选取

本课题选取的医药企业特有风险的输入指标是影响医药企业特有风险的因素。在确定输入指标之前，我们首先来分析一下医药行业的特点。

①行业规模差异明显，且规模对企业的盈利水平影响大

2018 年我国医药行业规模总资产达到 32 913.1 亿元，较上年同期增长 5.99%。而在 2018 年医药企业规模以上的数量仅为 7 581 个。虽然医药行业整体发展向好，但是行业内整体企业规模较小，而且行业当中的规模差距明显。老的药物市场竞争激烈，医药企业要想获得高的回报就要不断研发新药，新药研发的成本和风险非常高，不是一般的企业可以承受，只有少数制药巨头才有能力组织医药的研究和开发，并因此在同行业竞争中取得优势和获取垄断利润。

②技术门槛高，对研发能力要求高

医药行业作为高新技术行业的代表，涵盖医学、生物学、化学等多个学科，是多学科的产物。并且医药市场与人体健康直接相关，受到的监管越来越严格，所以，医药市场的进入壁垒还是比较高的，这也使得医药行业的技术门槛高。由于上市流通的高要求以及产品更新的高速度，使得与其他行业相比，无形资产对于该行业的发展显得格外重要。而无形资产与公司的研发投入密切相关，与发达国家相比，我国医药行业研发资金的投入严重不足，研发支出仅占销售收入的 3%，而国外的医药企业研发支出占到销售收入的 10%—15%。对于知识密集型的医药企业来说，只有加强研发投入，才能加大市场份额。

结合医药行业的特点，本课题将特有风险的影响因素分为财务因素与非财务因素。

财务因素分为盈利能力、偿债能力、发展能力、营运能力以及企业规模。

最终得到影响医药企业特有风险的影响因素指标体系，如表 2 所示。

表 2　医药企业特有风险的影响因素指标体系

一级指标	二级指标	一级指标	二级指标
偿债能力	流动比率 x_1	发展能力	营业利润增长率 x_7
	资产负债率 x_2	主要客户的依赖程度	主要客户比例 x_8
盈利能力	营业利润率 x_3	企业规模	营业收入对数 x_9
	总资产报酬率 x_4	创新能力	研发支出所占比例 x_{10}
	毛利率 x_5		研发人员所占比例 x_{11}
营运能力	总资产周转率 x_6	—	—

（2）输出指标选取

本课题研究的是特有风险，参照龚光明等人的研究将特有风险按照 CAPM 模型进行分离，将特有风险分解成行业因素、市场因素与企业因素，并对企业的个股收益率、行业收益率与市场收益率进行回归。在提取完回归方程中的残差，计算其标准差后，用计算出回归残差的标准差来衡量公司特有风险水平。并将其作为 BP 神经网络的输出指标，具体公式为：

$$R_{i,y,t}=a_{0,y,t}+a_{1,y,t}R_{w.i,t}+a_{2,y,t}R_{ind,y,t}+\varepsilon_{i,y,t}$$

其中:

$R_{i,y,t}$——第 i 个企业在第 y 年第 t 周的个股收益率

$R_{w,y,t}$——第 i 个企业所在的行业在第 y 年第 t 周的行业周收益率

$R_{ind,y,t}$——表示第 y 年第 t 周的市场周收益率

$\varepsilon_{i,y,t}$——残差

$$R_{D,y}=\sigma_y=\sqrt{\frac{\sum_{t=1}^{m}(\varepsilon_{i,y,t}-\bar{\varepsilon}_{y,t})^2}{m-1}}$$

其中:

$R_{D,y}$——企业特有风险

m——实际交易周数

2. 基于 BP 神经网络医药企业特有风险的样本选取与前期处理

(1) 样本选取

样本数据的可靠性、真实性、准确性关系到模型仿真结果的精度。就非上市公司来说,由于这类公司不用定期公布财务数据,外界难以获得该类公司的财务信息,也就无法给出相关的财务指标。对此要想确定非上市公司的特有风险只能通过寻找与被评估公司处于同一行业,公司规模、主营业务、经营模式等相类似的上市公司作为可比公司,并搜集其相关财务数据作为模型样本进而确定非上市公司的特有风险。这就要求在选取样本的时候遵循可替代原则,尽量使得选取的样本在行业类型、发展规模、所处阶段等方面与被评估企业保持一致。

①样本对象的选取

我们在对样本进行选择的时候要选择相对平稳、正常的上市公司(非退市、*ST*、涨停、跌停等),在常规状态下寻找某种相关关系,否则,模型只能适用于特殊情况下的预测,会使模型的应用范围有限,难以进行有效推广。

②样本的规模选取

应用数据的规模将会直接影响模型的效果。样本数据的个数越多,模型的推广能力就越强,但会使得局部趋势的精度下降,同时还会增加模型的运算难度。样本数据过小会导致模型推广能力不强,因此,在建模中合理确定数据规模是非常重要的。本课题选取了国内 *A* 股 144 家医药企业上市公司 2019 年 12 月 31 日的相关数据作为样本(具体上市公司名称见附表 2 样本数据),其中 120 个样本为学习样本,24 个样本为检测样本,样本的描述性统计如表 3 所示。

表 3　描述统计量

指标	N	极小值	极大值	均值	标准差
流动比率	144	0.6370	13.566	2.9568	2.3299
资产负债率	144	0.0591	0.745	0.3179	0.1621
营业利润率	144	-5.2920	1.4969	0.0027	0.6494

续表

指标	N	极小值	极大值	均值	标准差
总资产报酬率	144	-0.6457	0.3723	0.02297	0.1312
毛利率	144	-4.8982	0.7818	-0.0718	0.6327
总资产周转率	144	0.0890	1.1830	0.5687	0.2236
营业利润增长率	144	-6.8282	6.8195	-0.1531	1.2863
主要客户比例	144	0.0427	0.9138	0.33484	0.2040
营业收入对数	144	19.0402	24.4665	21.5426	1.1019
研发费用所占比例	144	0.0036	0.4820	0.0553	0.0489
研发人员所占比例	144	0.0010	0.4461	0.1288	0.0824
特有风险	144	0.0201	0.0693	0.0409	0.0107

（2）样本的前期处理

①样本的归一化处理

研究中根据指标特点以及程序运行中收敛速度的需要，将所有的数据进行归一化处理，公式为：

$$x' = \frac{x-\mu}{\sigma}$$

其中：

μ——均值

σ——标准差

②因子分析

由于输入指标太多，会导致 BP 神经网络结构过于复杂。本课题利用因子分析法的优点，使用因子分析降维之后的数据作为 BP 神经网络的输入样本，提高了神经网络的效率和可靠性。

因子分析的基本目的就是用少数几个因子去描述许多指标或因素之间的联系，即将相关比较密切的几个变量归在同一类中，每一类变量就成为一个因子，以较少的几个因子反映原资料的大部分信息。进行因子分析，将数据输入软件，运行软件，得到的结果如表 4 和表 5 所示。

表 4　　解释的总方差

成分	初始特征值			提取平方和载入		
	合计	方差的%	累积%	合计	方差的%	累积%
1	2.62	23.815	23.815	2.62	23.815	23.815
2	2.41	21.913	45.728	2.41	21.913	45.728
3	1.341	12.193	57.921	1.341	12.193	57.921
4	1.229	11.172	69.093	1.229	11.172	69.093
5	1.043	9.479	78.572	1.043	9.479	78.572

续表

成分	初始特征值			提取平方和载入		
	合计	方差的%	累积%	合计	方差的%	累积%
6	0.622	5.652	84.224			
7	0.559	5.085	89.309			
8	0.442	4.015	93.324			
9	0.346	3.147	96.471			
10	0.234	2.13	98.601			
11	0.154	1.399	100			

参照提取的原则，78.572%的方差被解释，且被提取的因子特征值均大于1，说明转换后的因子结构保留了较多的原始信息，将其作为反映原指标的信息量可以认为是有效的，故初步确定因子个数为5，也就是说原来的11个指标可以综合成5个公共因子。

表5　　　　旋转成分矩阵

	成分				
	1	2	3	4	5
流动比率	-0.078	-0.906	-0.108	0.042	0.002
资产负债率	0.07	0.919	0.095	-0.084	-0.004
营业利润率	0.943	0.033	0.04	0.014	-0.006
总资产报酬率	0.891	0.099	0.004	0.04	-0.048
毛利率	0.887	0.033	-0.067	0.025	0.034
总资产周转率	-0.059	0.081	0.727	-0.169	0.259
营业利润增长率	-0.005	-0.018	0.112	-0.008	0.926
主要客户比例	-0.035	0.045	-0.809	0.007	0.323
营业收入对数	-0.001	0.3	0.726	-0.079	0.273
研发费用所占比例	0.037	0.047	-0.045	0.87	-0.079
研发人员所占比例	0.027	-0.182	-0.142	0.806	0.063

我们把所有的变量归为5个公因子，我们分别命名为 Fi（$i=1, 2, 3, 4, 5$）。其中：F1在原始变量中营业利润率、总资产报酬率、毛利率的因子载荷系数相对较高，因此可以用它来反映盈利能力。

3. 基于BP神经网络的医药企业特有风险的评估过程

（1）BP神经网络模型的结构设计

BP智能评价方法的结构设计需要确定以下节点数：输入变量的数目，隐含层、输出的节点数以及隐含层数目。

①输入层确定

BP网络模型输入变量是医药企业的特有风险的影响因素，所以本课题将因子分析之后的 5 个输入指标作为节点，进行处理，作为神经网络输入层的神经元。

②隐含层确定

根据 1989 年 Nielson 证实的一个隐含层的 BP 网络可以任意精度逼近一个连续函数，所以选择 1 个隐含层。

③输出层确定

输入指标为医药企业的特有风险，因而本课题把输出节点设置为 1。

④隐含节点数确定

根据大量的训练最终发现隐含层节点数为 6 时，误差最小，故选择隐含层节点数为 6。

（2）BP 神经网络模型的函数和参数确定

①传递函数

BP 神经网络的传递函数包括线性传输函数（purelin）、饱和线性传输函数（satlins）、双曲正切 S 型传输函数（tansig）、S 型传输函数（logsig）等。本课题选取线性整流函数。线性整流函数能够更加有效率地梯度下降以及反向传播并且能够避免梯度爆炸和梯度消失问题。

②训练函数

BP 神经网络不同的训练函数都有其相应的训练算法。如：traingd 是采用梯度下降法进行训练的函数，trainbfg 是采用拟牛顿算法进行训练的函数，trainrp 是采用弹性梯度下降法进行训练的函数。本课题由于采用的训练函数是 trianbfg，即基于拟牛顿算法的训练函数。

③误差精度

网络模型是指输出值之间的实际值和尺寸误差的误差精度，BP 神经网络模型建立时设置的误差精度一般选择 10－3 和 10－5，实际上可以根据需要进行调整。

4. 基于 BP 神经网络的医药企业特有风险的模型训练和检验

（1）BP 神经网络的训练

在 BP 神经网络训练之前，需要对参数进行设置。在本研究中根据模型的复杂程度，样本数据的数量，以及程序的运行情况，对参数进行设置。将迭代次数设置为 10 000，调用 trainbfg 函数，对 BP 神经网络进行训练。通过对医药企业样本数据进行训练，构建 BP 神经网络特有风险的仿真模型。由模型运行结果发现，特有风险大额预测值均大于 0，这可能是调用 trainbfg 函数，以及网络层数、输入层神经元个数、隐含层（中间层）神经元数目、输出层神经元个数确定的结果，BP 神经网络无法解释内部如何运行。

（2）BP 神经网络的检验

BP 神经网络的仿真过程，实质上是神经网络以输入数据作为学习素材，通过按照设定算法计算数值，得出相应网络输出的过程。

为了检验模型的仿真效果，康芝药业作为检测样本，得到仿真值 2.88%，与输出值 2.97% 相差较小，在合理的误差范围内，说明该模型的仿真效果是比较理想的。因此可将其应用于接下来的案例分析中，并通过实际案例来验证 BP 神经网络在实际业务处理过程中的应用价值和参考价值。

（四）案例分析

本章首先对 WBD 制药的案例背景进行介绍，利用 BP 神经网络模型对 WBD 制药的特有风险进行计算，最后对得到的结果进行分析。

（1）案例的数据整理

①WBD 制药财务情况

1）盈利能力

关于盈利能力，本课题选取总资产报酬率、营业利润率以及销售毛利率来进行衡量，如表 6 所示。

表 6　　WBD 制药盈利能力表现

项目	2016 年	2017 年	2018 年
总资产报酬率	11.86%	6.41%	14.07%
营业利润率	17.73%	13.63%	25.71%
销售毛利率	79.63%	77.05%	78.14%

数据来源：2018 年 WBD 制药审计报告。

2）偿债能力

本课题选择通过资产负债率、流动比率来衡量 WBD 制药的偿债能力，如表 7 所示。

表 7　　WBD 制药偿债能力表现

项目	2016 年	2017 年	2018 年
资产负债率	54.41%	44.31%	38.19%
流动比率	1.22	1.46	1.74

数据来源：2018 年 WBD 制药审计报告。

3）发展能力

本课题主要是通过营业利润增长率来衡量发展能力，如表 8 所示。

表 8　　WBD 制药发展能力表现

项目	2016 年	2017 年	2018 年
营业利润增长率	—	-37.91%	146.10%

数据来源：2018 年 WBD 审计报告。

4）营运能力

本课题主要是通过总资产周转率来衡量营运能力，如表 9 所示。

表 9　　WBD 制药营运能力表现

项目	2016 年	2017 年	2018 年
总资产周转率	0.6728	0.5872	0.6568

数据来源：2018 年 WBD 制药审计报告。

②WBD 制药企业规模

WBD 制药近几年发展迅速，规模不断扩大。本课题选取每年末的 WBD 制药的营业收入对数指标来观察其规模，如表 10 所示。

表 10　　WBD 制药营业收入对数

项目	2016 年	2017 年	2018 年
营业收入（元）	698 738 803. 78	564 227 319. 20	736 219 717. 68
营业收入对数	20. 3648	20. 1510	20. 4170

数据来源：2018 年 WBD 制药审计报告。

③WBD 制药研发情况

WBD 制药十分重视药品研发和创新。为了更好地研发产品，WBD 制药特别成立专门的技术中心，并配备较强专业水平的科研团队。截止到 2018 年底，公司研发人员有 128 人，占到公司员工总数的 20. 16%。此外，公司还与其他研究机构建立产学研合作关系，公司形成了以自主研发为主、合作研发为辅、技术引进为有效补充的产业化研发模式。WBD 制药 2016 年至 2018 年的研发费用情况见表 11。

表 11　　WBD 制药研发费用

项目	2016 年	2017 年	2018 年
研发费用（万元）	4 742. 13	3 544. 55	4 641. 94
营业收入（万元）	69 873. 88	56 422. 73	73 621. 97
占比	6. 79%	6. 28%	6. 31%

数据来源：2018 年 WBD 制药审计报告。

根据 WBD 制药上述情况的表述，将相关的数据整理如表 12 所示。

表 12　　案例数据整理

变量名称	数据	变量名称	数据
流动比率	1. 7400	营业利润增长率	1. 4610
资产负债率	0. 3819	主要客户的依赖程度	0. 2866
营业利润率	0. 2571	营业收入对数	20. 4170
总资产报酬率	0. 1407	研发支出所占比重	0. 0631
毛利率	0. 7814	研发人员所占比例	0. 2016
总资产周转率	0. 6568	—	—

1）WBD 制药特有风险计算

由于所选取的变量的量纲和数量级有所不同，所以在进行特有风险计算之前要对所选取的变量数据进行归一化，这样方便后续的运算，也能提高 BP 神经网络运行时的收敛速度。本课题在计算 WBD 制药的特有风险之前，要先构建医药企业特有风险的模型。本课题将 144 家医药公司中的 120 家作为样本集进行训练，剩余的 24 家作为测试集进行测试，最后得到构建好的医药企业特有风险模型。

这里首先将影响 WBD 制药特有风险的 11 个因素的原始数据输入到构建好的模型中，对原始数据进行归一化处理；然后将处理好的数据代入到因子分析模型中，计算得到 WBD 制药特有风险输入指标；最后将输入指标代入到已经训练好的 BP 神经网络模型中，得到 WBD 制药特有风险的预测值。

通过 Python 3.7 运行程序进行医药企业特有风险的仿真，最后得出 WBD 制药的特有风险仿真值为 0.02135，也就是说通过 BP 神经网络确定的 WBD 制药的特有风险为 2.135%。

2）案例结果分析

原有的资产报告中 WBD 制药的特有风险为 2%，与 BP 神经网络确定的特有风险相比，相差 0.135%。本课题仅改变评估说明中 WBD 制药的特有风险的取值，并对 WBD 制药的评估说明中折现率计算的参数取值进行整理，具体参数取值如表 13 所示。

表 13　折现率参数取值

项目	取值	项目	取值
无风险利率	3.80%	E/(D+E)	0.8812
β 系数	0.8650	D/(D+E)	0.1188
市场风险溢价	7.19%	税率	15%
债务资本成本	5.20%	—	—

数据来源：WBD 制药资产评估说明。

利用 BP 神经网络模型计算出的 WBD 制药特有风险为 2.135%，根据资本资产定价模型，可得到 WBD 制药的股权资本成本：

80% +0.8650 ×7.19% +2.135% =12.15%

根据上述公式，可计算出 WBD 制药的加权平均资本成本：

0.8812 ×12.15% +0.1188 ×5.2% ×(1 −15%) =11.23%

在计算 WBD 制药企业自由现金流现值时，仅改变评估说明中的特有风险取值，其他参数取值均不改变。WBD 制药在 2018 年 12 月 31 日的企业自由现金流，计算过程如表 14 所示。

表 14　WBD 制药企业自由现金流现值计算　　单位：万元

	2019 年	2020 年	2021 年	2022 年	2023 年	2024 年及以后
企业自由现金流量	12 180.43	21 469.37	25 828.24	30 682.36	36 111.84	36 606.60
折现率	11.23%	11.23%	11.23%	11.23%	11.23%	11.23%
折现系数	0.8990	0.8083	0.7267	0.6533	0.5873	5.2301
现金流现值	10 950.67	17 353.04	18 768.48	20 044.77	21 209.97	191 456.44
企业现金流评估值	279 783.37					

WBD 制药的整体价值包括现金流现值、非经营性资产价值与溢余资产价值。而企业的股权价值是企业的整体价值扣除付息债务价值与少数权益之后的价值。WBD 制药的股权价

值计算过程如表 15 所示。

表 15　　WBD 制药股权价值计算　　单位：万元

项目	金额
现金流现值	279 783.37
非经营性资产价值	5 621.92
溢余资产价值	8 558.15
企业整体价值	293 963.44
付息债务价值	23 960.00
少数股东权益	17.03
股东全部权益价值	269 986.41

数据来源：根据 WBD 制药资产评估说明数据整理。

经计算 WBD 的股权价值为 269 986.41 万元，公司账面价值为 64 907.79 万元，评估增值率为 316.95%，原先资产评估说明中计算的评估增值率为 320.75%。2018 年 WBD 制药可比交易案例的评估增值率如表 16 所示。

表 16　　可比交易案例的评估增值率

序号	上市公司	标的公司	评估基准日	评估方法	评估增值率
1	东音股份	罗欣药业	2018 年 12 月 31 日	收益法	153.35%
2	长春高新	金赛药业	2018 年 12 月 31 日	收益法	1 276.44%
3	向日葵	贝得药业	2018 年 12 月 31 日	收益法	161.38%
4	东方新星	奥赛康药业	2018 年 5 月 31 日	收益法	409.82%
5	吉药控股	普华制药	2018 年 6 月 30 日	收益法	170.93%
6	司太立	海神制药	2018 年 6 月 30 日	收益法	251.01%
7	昆药集团	佳宇药业	2018 年 1 月 31 日	收益法	108.57%
8	现代制药	青海制药	2018 年 6 月 30 日	收益法	221.47%
9	新华制药	新达制药	2018 年 2 月 28 日	收益法	67.38%
平均值 313.37%					

数据来源：CSMAR。

根据表 16 可知，2018 年可比交易案例的评估增值率平均值为 313.37%，本次计算的 WBD 制药的股东权益的评估增值率与平均值相比更为接近。而在原先的资产评估说明中计算的评估增值率则要高于平均值。在原资产评估说明中，特有风险确定采用的是经验判断方法，评估人员根据 WBD 制药企业规模、企业的财务风险、企业内部管理及控制机制、对主要客户依赖等因素影响，通过专业判断确定 WBD 制药的特有风险为 2%。而本课题结合盈利能力、偿债能力、企业创新能力、主要客户的依赖程度等因素，通过 BP 神经网络得到 WBD 制药的特有风险为 2.135%。原评估报告中的评估过程具有很大的主观性，而本课题中的评估方法在综合考虑被评估公司财务因素和非财务因素的基础上得到，相对于原评估报告更加客观。

（五）结论、建议与展望

本课题主要对医药企业特有风险这一重要参数的确定方法进行深入研究。在对传统方法的适用性进行对比分析的基础上，提出通过建立 BP 神经网络仿真模型，从而确定特有风险的评估方法，并进一步探讨了该方法相较传统方法的优越性及其不足。本课题研究结论如下：

第一，特有风险是被评估企业独特于其他企业的风险。影响特有风险的财务因素包括企业规模、盈利能力、成长能力、偿债能力、营运能力；非财务因素包括企业的行业地位、区位、主营的产品和服务、市场占有率等。本课题基于一般企业特有风险的影响因素，根据医药行业的特点，引入创新能力、对主要客户的依赖程度的指标，通过因子分析，将指标进行降维。

第二，根据医药企业的特有风险影响因素，建立基于 BP 神经网络的特有风险仿真模型确定的特有风险。该模型在运用时，不需要严格的假设条件，也不需要建立完整的数学表达式，只需要搜集足够的数据资料。根据上述建立的医药企业特有风险的模型，不仅考虑了财务指标，还考虑了非财务指标。该模型结合了医药行业的特点，可以充分、全面地量化特有风险，操作简单，工作效率高，可以为特有风险的确定提供一种新的思路。

第三，BP 神经网络在特有风险的确定中展现了明显的优势，但该方法也存在一定的缺陷。一方面，影响因素的全面性与样本的数量。在建立模型时，对影响因素的考虑是否全面，样本数量是否充足将会直接影响神经网络模型的仿真效果。另一方面，由于参数设置的问题，BP 神经网络容易出现过拟合的情况，过拟合就是说由于训练数据包含抽样误差，训练时，复杂的模型将抽样误差也考虑在内，将抽样误差也进行了很好的拟合，这样造成训练集效果好，测试集效果差，最终造成模型预测结果精度较差。

参考文献

[1] 比尔尼尔，特雷弗麦克尔罗伊．公司理财——基于价值的方法［M］．经济管理出版社，2007.

[2] 弗兰克·C. 埃文斯，大卫·M. 毕晓普著，郭瑛英译．并购价值评估［M］．机械工业出版社，2003.

[3] 汪海粟．企业价值评估［M］．复旦大学出版社，2005.

[4] 王少豪，刘登清．企业价值评估案例［M］．中国财政经济出版社，2004.

[5] 陈健，胡文伟，李湛．中国股票市场投资组合规模的非系统风险分散效应［J］．软科学，2008（2）：39—42.

[6] 陈健，曾世强，李湛．基于非系统风险被定价的资本资产定价模型［J］．管理工程报，2009，23（3）：62—65.

[7] 陈浪南，屈文洲．资本资产定价模型的实证研究［J］．经济研究，2000（4）：26—34.

[8] 陈蕾，马轶芳．基于 APT 的周期性公司估值折现率测算［J］．财会月刊，2017（11）：60—64.

[9] 管伯渊，苏一纯．美国评估界常用的折现率计算方法评析［J］．中国注册会计师，2003（12）：48—49.

［10］郭静，李经路. CAPM 的适用性及其修正：一个文献综述［J］. 金融理论与实践，2015（2）：93—98.

［11］胡晓明，吴铖铖. 我国社会折现率参数测算及使用建议——基于 192 份企业价值评估说明的分析［J］. 财会月刊，2017（27）：72—76.

［12］李秉坤，钱欣. 企业价值评估收益法应用问题及其完善［J］. 哈尔滨商业大学学报（社会科学版），2014（3）：101—110.

［13］李光荣，李风强. 基于几种神经网络方法的公司财务风险判别研究［J］. 经济经纬，2017，34（2）：122—127.

［14］刘伟，周世巍，闫琨琪. 收益法评估与企业价值实务中的问题分析与改进建议——基于问卷调查的研究［J］. 中国资产评估，2016（4）：39—45.

［15］石一兵. 对于收益法评估企业价值中折现率的参数市场风险溢价 RP_m 的探讨［J］. 中国资产评估，2010（4）：35—40.

［16］孙会霞，王冷月，翟进步. 评估实务中特殊风险因子的理论内涵与影响因素研究——基于医疗保健行业数据［J］. 中国资产评估，2019（2）：41—48.

［17］徐爱农，葛其泉. 折现率中股权风险溢价的确定［J］. 中国资产评估，2010（9）：22—26.

［18］叶少锋. 论企业价值评估中的折现率［J］. 江西审计与财务，2000（5）：27—28.

［19］于磊，李璐. 基于价值实现规律的专利资产评估动态收益法改进［J］. 会计之友，2012（27）：33—34.

［20］张志强. 考虑全部风险的资本资产定价模型［J］. 管理世界，2010（4）：177—178.

［21］赵强，苏一纯. 企业价值评估中折现率的估算方法［J］. 中国资产评估，2001（6）：16—19.

［22］汪沧海，周越. 税前折现率及税后折现率两者关系的案例研究［J］. 中国资产评估，2019（10）：45—46.

［23］冯军. 企业价值评估中折现率确定方法的综述［J］. 江苏科技信息，2011（4）：10—11.

［24］赵强. 折现率估算与应用应注意的问题［R］. 北京：北京岳华德威资产评估有限公司，2008.

［25］Asplund，M.，1999，What Fraction of a Capital Investment is Sunk Cost? *The Journal of Industrial Economics*，Vol. 48，No. 3，pp. 287—304.

［26］Fama，E. F. and K. R. French，1998，Value versus Growth：The International Evidence. *Journal of Finance*，Vol. 53，pp. 1975—1999.

［27］Ferreira，M. A. and P. A. Laux，2007，Corporate Governance，Idiosyncratic Risk，and Information Flow. *Journal of Finance*，Vol. 62，pp. 951—989.

［28］Frank，Z. Murray and T. Shen，2016，Investment and the Weighted Average Cost of Capital. *Journal of Financial Economics*，Vol. 119，No. 2，pp. 300—315.

［29］Ibbotson Associates，2006，SBBI Valuation Edition 2006 Year Book.

［30］Lilford，E.，B. Maybee and D. Packey，2018，Cost of Capital and Discount Rates in Cash Flow Valuations for Resources Projects. *Resources Policy*，Vol. 59，pp. 525—531.

［31］Merton，and C. Robert，1987，A Simple Model of Capital Market Equilibrium with Incomplete Information. *Journal of Finance*，Vol. 42，No. 3，p. 483.

［32］Panousi，V. and D. Papanikolaou，2012，Investment，Idiosyncratic Risk，and ownership. *Journal of Finance*，Vol. 67，No. 3，pp. 1—49.

［33］Roll. R.，1988，R^2. *Journal of Finance*，Vol. 43，No. 3，pp. 541—566.

［34］Shannon P. Pratt and J. Grabowski，Roger，2010，Cost of Capital：Applications and Examples：*Wiley*.

数据资产价值评估模型的优化
——以电商企业为例

文　豪　魏永长　王娟娟　梅丽霞　景思棋

摘　要：进入21世纪以来，数字科技对全球政治、经济、文化等领域的影响不断加深，在促进相关产业转型升级的同时，也正在改变人类的生活方式和企业的发展模式。由数字科技推动的以数据资产为核心的互联网企业的崛起（如：电商、社交等互联网企业），使数据资产对相关企业的重要性日益凸显，数据资产已成为企业核心竞争力的重要组成部分，从而使对数据资产价值评估的需求也相应增加。

本课题首先通过对文献的整理，将国内外学者对数据资产的定义、特点和作用，以及数据资产价值构成的相关研究进行了梳理，明确了数据资产的基本概念；其次，通过对数据资产的演进和评估需求增加的现状进行了描述，发现了数据产业的规模正在不断扩大，数据资产化的重要性正在不断加强。随着数据产业的发展，各国也开始制定各类有关数据资产治理的规制，以应对数据资产在流通过程中出现的数据权属问题以及安全与效率均衡的问题。最后整理了目前典型数据资产的评估需求，从而得出数据产业正在不断规范，数据交易也在日益增多，对数据资产价值评估模型的研究迫在眉睫。

为应对上述需求，本课题以电商平台为例，对企业数据资产的影响因素进行了分析。一是对电商企业的定义分类、发展现状和发展模式进行了描述，从而得出电商企业是以用户数据为核心竞争力的企业；二是对影响电商企业数据资产的因素进行了研究，归纳出影响其价值的主要因素，为后文模型的建立奠定了基础；三是分析了传统评估方法在数据资产价值评估时的局限性，并根据互联网企业的发展历程，认为数据资产的周期性值得高度关注，数据资产在企业发展的不同时期有不同的表现形式，因此要运用不同的评估方法对其进行评估；四是尝试将数据资产从现存资产体系中分割的研究，除引入用户黏性系数以及企业规模系数修正梅特卡夫——DEVA模型，使其更适用于电商企业价值评估外，还采用层次分析法，建立数据资产价值评估体系，合理剥离数据资产。本课题以典型电商企业拼多多为例，将上述方法进行了应用模拟。

本课题通过各项数据资产的相关研究，对数据资产评估模型进行了分析和改进，希望能为优化数据资产评估体系提供有价值的思路，以期提高数据资产评估的合理性和说服力。

关键词：数据资产；电商企业；数据资产分割法

作者单位：中南财经政法大学工商管理学院

一、文献综述

（一）数据资产定义及特点

随着互联网企业的崛起和数字化技术的出现，数据被看作是企业资产重要组成部分的概念被越来越多的学者所接受，国内外学者对数据资产的研究大致可以分为以下几个方面：

1. 数据资产的属性

国外文献对于数据资产的研究起步较早，有很多学者和机构对数据资产进行过定义。Michael L. Gargano（1999）就提到了数据的资产特性，认为通过对数据的挖掘可以得到对企业有价值的信息，这符合一个资产的定义；石艾鑫（2017）认为数据资产是指数据经过收集、整理、筛选、分析预期能为机构和个人带来价值的资源。

对于数据资产的财产属性，业内学者已经做过许多研究，其中具有代表性的有林华（2014）、秦珂（2015）提出的邻接权客体说、齐爱明（2015）的财产客体说以及数据资产说等。其中，数据资产说是最为大家所接受的理论之一。

此外数据资产与无形资产一样，是企业不存在实体特征的资产。崔国钧（2006）同样指出数据具备无形资产属性，为企业所有，不具有具体形态，能够为企业未来创造经济价值；康旗（2016）同样认为大数据资产具有客观存在，并且在计量上具有波动性，不具有实物形态的特性。

因此，笔者将数据资产的定义如下：数据资产是由企业过去的交易或者经营所形成的，由企业持有并控制，拥有企业自身特色的，并且可以在未来对企业的发展产生经济效益的一项可以从企业中剥离出来单独进行使用和交易，并具有许可权、转让权等多种权利的以无形资产为主的组合型资产。

2. 数据资产的特点

数据资产作为一种特殊的资产，除了具有资产的特性之外，还拥有与普通资产不同的特点。Russom 等人（2011）认为大数据，从其定义构成角度看，有三个层次的重要特征，即大量（数据集的大小）、高速（数据收集和处 理的速度）、多样（数据的形式如结构化、非结构化）；李然辉（2018）从无形资产的角度出发，将数据资产的特点总结为无消耗性、增值性、依附性和价值易变性。

通用性：资产的通用性是指资产替换使用的程度以及与其他资产结合使用的能力。数据资产与其他实物资产、无形资产相比具有更高的通用性，实物资产往往会由于其形态和功能特征限制了其用途的广泛性；而传统的无形资产，会受到其技术专业性的影响，导致通用性较弱。数据资产可以用于不同的行业、不同的领域，并且其更新速度快的特性会赋予其更多的潜在价值，通过对其潜在价值的挖掘会给予数据资产发展多样性业务的可能性。

外部性：数据除了企业自用以外，还可以打包形成数据产品、数据服务等商品在外部市场进行销售，从而为企业带来收益，产生更大的价值。数据资产外部性的特征，也是数据具有价值的重要体现之一。

集合使用价值更高：首先数据的价值一部分取决数据的应用场景，单一数据的应用场景有限，但是如果将多维度的数据相结合使用，会产生“1 +1 大于 2”的价值。其次数据数量与其价值会呈现指数增加的趋势，也就是说随着数据数量的增加，其数据资产整体的价值会增加得更快。

文献小结：通过对相关文献的研究，发现数据资产属性和无形资产属性的研究已经趋于一致并且比较全面。此外，有关数据资产有别于其他传统资产的特点研究也已经比较充分，这对探究数据资产价值提供了有利的基础。

（二）数据资产的作用及价值构成

1. 数据资产的作用

数据的重要性在企业中日益突出，拥有丰富数据资产的企业相当于拥有了市场变化的前瞻性，在企业内部形成了市场条件，减少了市场信息流通的滞后性和不对称性，为企业带来了多种积极的作用。麦肯锡（2010）在其对全球高管的季度调查中发现，数据资产对创建网络组织，增进员工、客户和商业伙伴的创新活动以及市场份额的增加都起着促进的作用；Logon（2017）认为在企业内部不同部门产生的数据，会在不同部门流通时由于理解不同而产生障碍，数据资产的建立会有效地消除这类屏障，提高企业的工作效率。

2. 数据资产价值构成的相关研究

在数据资产价值构成的相关研究方面，国外学者的研究相对较少，并没有形成较为系统的体系框架，主要注重于研究数据资产产生价值的方式。Jacques（2015）认为数据资产价值由决策所体现，需要将数据与具体的业务相结合，进行使用和流通才能产生价值，并且决策差异导致的数据使用方式的差异，也会导致数据资产价值的不同，并基于该种理论提出了一种大数据价值的评估方法——基于决策估值法（DBV）。

国内学者通过对数据资产的研究，提出了很多有关数据资产价值构成的评估模型，但是大多处于理论阶段，并没有将其与实务相结合。魏永长（2016）认为由于数据资产受控于企业主体，并且需要依附于有形资产，所以其价值会受到数据质量、数据容量、数据取得成本和数据安全等因素的影响。

文献小结：通过对数据资产的作用及价值构成的文献的研究，笔者发现目前数据资产的作用已经被大家所承认，并且认为数据资产与企业生产经营密切相关，也是企业价值的重要组成部分。在其价值构成方面，学者们大致将数据资产的价值构成分为取得成本、运营成本以及数据质量因素三个方面考虑，其影响因素已经比较全面，但是数据资产作为一项无形资产，其成本与价值的关系在企业不同阶段表现并不一致，并且数据质量因素不易量化，使学者们提出的模型难以在实际中使用，因此还需要进一步的研究去完善数据资产的评估体系。

二、数据资产演进引发评估需求

（一）数据产业演进简述

数据资产是“数字经济”发展的必然产物，也是人工智能化进程的必经之路，随着数字经济已经迈向了以数据深度挖掘和融合应用为主要特征的智能化阶段，数据总量开始呈现出了爆发式的增长。从图 1 可以看到，2016 年开始，全球数据总量正在逐渐增加，伴随着以数据为驱动力的互联网企业的崛起，以及云技术、AI、区块链、数字货币等以数据为核心的高新技术的出现，预计从 2019 年以后，全球数据总量将呈指数型增长，在 2025 年全球数据总量将达到 163（ZB）。

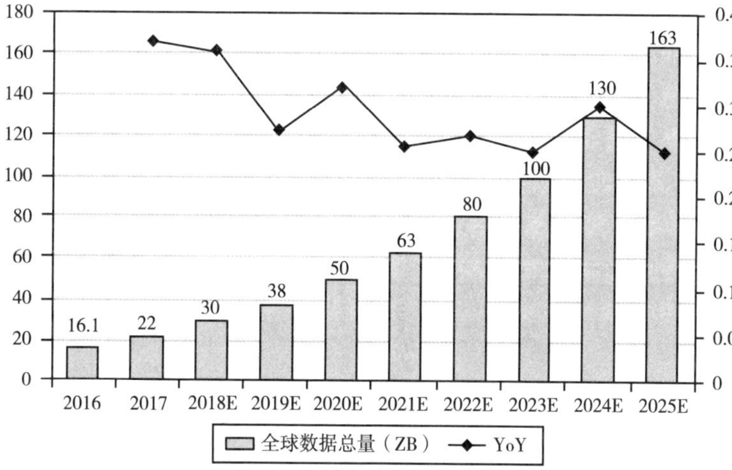

图 1　全球数据总量变化趋势图

数据来源：中国数据中心建设市场深度调研及投资战略分析报告。

我国依托庞大的人口和丰富资源，具有强大的产生数据的能力。随着“数字中国”建设的推进和大数据概念的广泛传播，我国已经在新一轮的“信息化变革”中抢占先机。预计到 2020 年，我国的数据总量将达到 8 000（EB），占据全球数据总量约 20%。如此庞大的数据总量自然会推进我国数据相关技术和产业的迅速崛起。以大数据为例，从图 2 可以看到，自 2016 年开始，我国的大数据产业规模就在逐年上升，构成大数据产业的大数据硬件、大数据软件以及大数据服务等行业的总量也随之增长，说明我国的大数据产业正在迅速且均衡地持续发展。

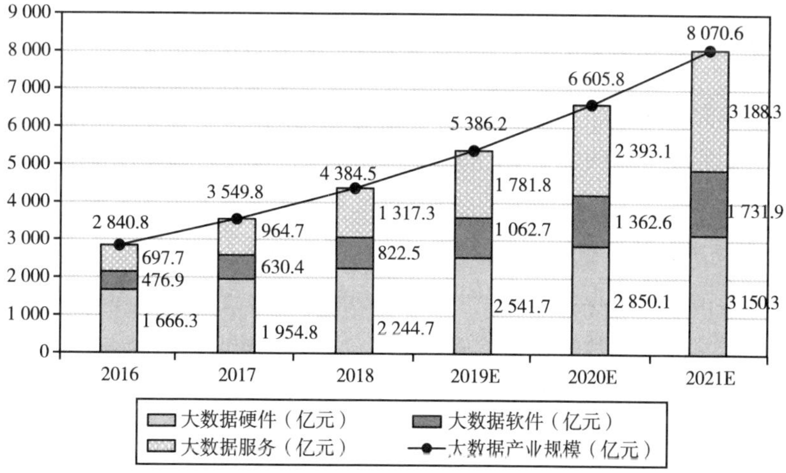

图 2　我国大数据产业及细分产业规模趋势图

数据来源：2019 中国大数据产业发展白皮书。

从大数据的发展态势来看（图3），首先，我国在金融、医疗健康、工业和政府等大数据应用领域的市场规模都在不断扩大，这既说明了我国大数据应用的领域更加广泛，也说明了产业与技术的融合程度正在不断加深；其次，我国在互联网大数据领域发展态势良好，产生了许多在世界范围都名列前茅的互联网企业，这些互联网企业在大数据、云计算、物联网等领域的技术方面都有着明显的优势；再次，我国政务信息化也在不断发展，各级政府正在不断将自己拥有的海量数据应用于政务工作当中，既方便了人民群众，也提高了政府部门自身的工作效率；最后，我国在数据技术创新方面已经打下了坚实的基础，通过前期的国家战略，我国已经突破了在大规模集群计算、芯片和数据处理基础设施等方面的技术壁垒，掌握了一些在数据分析领域的关键技术，为“数字时代”的到来做好了技术储备。

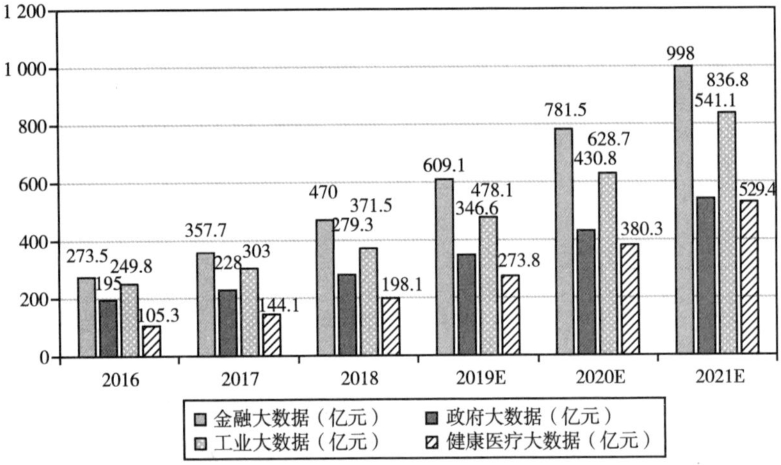

图3　我国大数据应用主要领域规模趋势图

数据来源：2019中国大数据产业发展白皮书。

（二）数据资产的治理现状

随着数据产业的高速发展，数据生态系统也在日趋复杂，数字经济已经成为当今社会发展的必然趋势。如何在不影响数据资产效率的情况下有效地对其进行治理，已经成为各国探索的方向。

1. 各国数据资产有关规制

表1罗列了各国对数据保护的相关规制。其中欧盟的《数据通用保护条例》（GDPR）是世界范围内最严格的个人数据保护条例。在当今信息化的时代，个人数据是一切数据资产的基础，个人数据泄露案件的频繁发生，造成了社会不安情绪的蔓延，个人数据的失范流通也导致了许多数据侵权案件的发生，所以对个人数据的保护，是完善互联网数据行业有序发展的第一步，而GDPR的实施就为世界各国数据信息安全管理体系的建设提供了示范性的标准。

表 1　　各国由于数据治理的相关规制

国家	相关法律法规
中国	《规范互联网信息服务市场秩序若干规定》 《全国人民代表大会常务委员会关于加强网络信息保护的决定》 《中华人民共和国网络安全法》 《数据安全管理办法（征求意见稿）》
欧盟	《数据通用保护条例》（GDPR） 《欧洲 cookie》指令
美国	《自由信息法案》 《隐私权法》 《联邦通讯隐私权法案》 《加利福尼亚消费者隐私法案》（CCPA）
俄罗斯	《俄罗斯联邦信息、信息技术与信息保护法》

资料来源：互联网公开数据整理。

我国在个人信息保护方面也做了许多努力，制定了很多行之有效的法律法规。特别是2016 年 11 月颁布的《中华人民共和国网络安全法》其中明确规定了对个人信息收集、使用及保护的要求，并规定了个人对其个人信息有进行更正和删除的权力。在欧盟 GDPR 的影响下，我国也在进一步完善数据保护体系，2019 年中共中央网信办就发布了《数据安全管理办法（征求意见稿）》，在该管理办法中进一步明确了个人信息和重要数据的搜集、处理使用和安全监督管理的相关标准。

综上所述，GDPR 开启了全球范围内的新一轮的个人数据保护机制建立的浪潮，各国对个人数据保护机制的建立都越来越重视，这不仅可以有效减少个人数据泄露和数据滥用所造成的社会不安情绪的蔓延，还为数据产业健康、有序、合理地发展创造了条件。

2. 数据权利与安全效率

在数据治理体系的建设过程中，必须要解决好的问题就是数据确权与安全流通之间的矛盾问题。数据的产权问题一直是世界各界讨论最激烈的问题之一。数据确权是数据进行交易定价的前提，是否建立数据所有权不仅关系着数据资产所有者的利益问题，同时也和个人数据安全问题有着密不可分的联系，想要确定数据资产属性的地位，必须要有效地解决数据的权属问题。

数据的价值很大程度上体现在它的“流通性”上，对其确权必然会制约数据的流通性和使用效率。并且目前对数据共享开放的需求十分旺盛，近年来人工智能技术的进步都依赖于对海量数据资源的深度分析和挖掘，所以确保数据资产的流通是推进数据行业发展的必要因素之一。但是数据的无序流通和共享，就有可能造成数据安全和隐私泄露方面的风险，必须对其加以规制，寻找到能够使得数据安全流通并且能够保证其使用效率的平衡点。

在对企业数据的权属问题上，还没有明确有效的规定，但是随着数据治理体系的推进，各国也逐渐开始对企业应享有的权利予以认可。从企业数据资产的角度来看，企业在其日常生产经营活动中获取数据以后，会投入大量的分析和整理的成本，通过不同的算法得出符合企业自身利益数据资产。然后企业会利用各种技术手段来保护他们认为有价值、值得保护的数据不被第三方获取，这不仅赋予了数据资产的属性，而且还使这部分数据资产具有了排他性。这样的排他性可以在没有规定所有权的条件下，基于合同对数据资产授予访问权，这样就可以为数据资产使用各方提供有效的保护，也为市场参与者创造了使用数据的便利条件，并且也使得政府对市场参与者侵权的监管显得格外重要。现在各国的法律框架已经禁止与数据驱动型经济相关的侵权行为，在实务中法院最后通常将侵权行为认定为“不正当竞争行为”进行裁决，均承认经聚集后的个人数据有着经济价值，形成商业秘密，需要法律给予保护。在没有设立企业对数据的所有权的情况下，限制市场参与者的某些行为，并通过侵权责任、行政管理或刑事制裁的手段来惩罚这些行为的监管方式，给以数据为核心驱动力的企业带来了许多优势，既保护了数据资产所有者的相关利益，同时也可以使其通过授权的方式将数据资产共享出去，避免造成“信息垄断”，实现行业共同进步。

（三）评估数据资产价值的需求

1. 数据公司的交易行为增多

随着数字经济的推进，数据已经成为许多行业必不可少的基础资产。因此专业收集和分析数据，并提供数据服务和产品的公司日益增多。在国内，各大互联网巨头都在设立大数据业务，依靠自身累计的庞大数据数量，对数据价值进行挖掘和扩展，更好地服务于自身业务和社会各个领域，这其中的典型代表有：阿里巴巴、华为云服务、百度、腾讯等公司。

此外，以浪潮集团为代表的 IT 大数据公司也逐渐崛起，他们通过自身的研究开发，将大数据技术作为产品提供给各个行业中的企业。其涵盖云数据中心、云服务大数据、智慧城市、智慧企业等大数据及智能化服务，为数据经济的发展注入强劲的动力。

最后以商业智能（BI）以及数据可视化为主要业务的大数据应用商也在逐渐增多，以国内领先的数点营销为例，其业务主要包括利用大数据 + AI 技术，帮助企业精准获客；利用企业大数据多方位多维度反向筛选企业数据，涵盖工商信息，企业法人，年报，联系方式等各类信息。

在数据交易事项日益增多的背景下，数据资产交易所也应运而生，以贵阳大数据交易所为例，是全球第一家大数据交易所，通过电子系统面向全球提供数据交易服务。截至 2018 年 3 月，贵阳大数据交易所发展会员数目突破 2 000 家，已接入 225 家优质数据源，经过脱敏脱密，可交易的数据总量超 150PB，可交易数据产品 4 000 余个，涵盖 30 多个领域，成为综合类、全品类数据交易平台。这为数据资产的交易创建了专业的平台，也表明数据已经可以作为一项资产进行交易，在资产评估实务中，对企业价值进行评估时，其数据资产的价值应该得到充分的体现。

2. 应对数据资产侵权诉讼

（1）数据泄露案件频发

2016 年以来随着数据资产的价值凸显，数据泄露案件频繁发生。数据资产存在于各个行业之中，其数据的泄露不仅会给企业自身带来信任危机，同样也会使得用户因个人隐私泄露而惶恐不安。表 2 罗列了 2018 年发生数据泄露案件的典型行业，可以看到，数据泄露案件在各个行业都有发生，并且泄露的信息都是用户或客户的个人数据，这说明企业没有起到保障用户和客户数据隐私的职责。用户选择企业的服务基于对企业的信赖，在为企业带来收益创造价值的同时，企业也应该肩负起保障用户隐私的责任。

表 2　　国外典型行业数据泄露案件

行业		描述	典型案例
国外典型行业数据泄露案件	IT 信息企业	由于储存系统或者数据库系统出错导致数据信息泄露	2018 年 5 月本田汽车由于存储器系统错配泄露客户敏感信息（涉及 5 万客户信息）
	政府机构	政府系统数据库被外部人员非法入侵导致数据信息泄露	2018 年 1 月世界上最大的国营生物识别数据库 Aadhaar 数据库被黑，此前印度政府要求所有印度公民都要在该系统上进行数据输入（波及印度全民数据）
	电信运营商	电信运营商由于短信认证安全问题，导致数据信息泄露	2018 年位于美国的一家通信公司 Voxox，由于服务器没有密码保护，短信认证存在安全问题，用户数据遭受泄露威胁
	互联网	由于企业系统存在漏洞或被黑客攻击导致大量使用者的数据信息泄露	Facebook 多起系统严重漏洞导致用户信息泄露的案件（波及 5000 万用户账号的信息安全）
	交通物流	企业数据库遭受外部人员非法入侵	2018 年 9 月英国航空公司的网站及手机 APP 遭受黑客攻击，导致乘客个人信息泄露（涉及 38 万笔用户交易信息）
	金融业	存储系统发生错配或被外部人员入侵	Delta、Sears 供应商遭网络攻击，客户信用卡信息遭受曝光威胁（涉及数十万客户信息）
	生活服务	企业信息安全系统管理不善	2018 年 6 月，加拿大的健康应用 PumpUp 声称旗下社交应用由于服务器未设密码，无意中暴露了用户隐私和敏感数据（涉及 600 万用户信息）
	其他	企业数据库遭受外部人员非法入侵	美国医疗保健司 Blue Springs Family Care 由于黑客入侵导致近 4.5 万条患者记录遭泄露

数据来源：互联网公开数据整理。

再来看以用户数据为企业核心驱动力的互联网企业，表 3 记录了从 2015 年以来，Facebook 发生过的用户数据泄露案件。Facebook 作为互联网企业的头部企业，在几年时间内接连发生多起数据泄露案件，并且涉及的用户数量都是千万级别，虽然他们最后都受到了相关国家的惩罚性罚单，但是罚金的数额一直存在争议。所以目前的数据泄露赔偿体系还没有真正反映出数据资产的真实价值，但是它依然提供了宝贵的思路。

表 3　　Facebook 主要数据泄露案件汇总

时间	泄露内容	受影响用户数量	承担后果
2015	用户性格测试结果	5 000W	—
2018.03	个人信息	8 400W	50 亿美元罚金、股价下跌 7%
2018.12	用户照片数据	30W	27 万美元罚金
2019.09	账户以及手机号码	5 000W	16.3 亿美元罚金、股价下跌 3%

资料来源：互联网公开数据整理。

（2）数据侵权案件频发

表4是自2016年以来，我国发生过的涉及数据资产侵权的司法案件。从中可以看到，数据资产侵权案件多发生于互联网企业，尤其是互联网巨头企业之间。其侵权的数据类型主要为平台的用户数据，包括用户授权的注册数据以及用户在使用网络平台的服务时所留下的行为数据，比如新浪起诉脉脉一案中用户基础数据、大众点评诉百度一案中的用户评论数据；其次是其他数据产品，这些数据是为了给用户提供专门的服务所搜集或购买到的数据，比如车来了诉酷米客一案中涉及的公交汽车行驶数据。

表4　　　　国内近年主要数据侵权案件汇总

案件双方	起诉时间	侵权内容	侵权方式	判决结果
新浪 VS 脉脉	2016年	用户数据	未授权	新浪胜，获赔200万元
大众点评 VS 百度	2016年	用户评论数据	未经授权	大众点评胜，或赔323万元
淘宝 VS 美景公司	2017年	数据产品	擅自使用	淘宝胜，获赔200万元
今日头条 VS 腾讯	2019年	用户授权	擅自转授	腾讯胜，“头条”终止侵权行为
腾讯 VS 华为	2018年	用户授权	—	腾讯撤诉
车来了 VS 酷米客	2016年	平台公交数据	擅自爬取	酷米客胜，获赔50万元
顺丰 VS 菜鸟驿站	2017年	用户物流数据	—	未起诉，最终和解
贝壳 VS 安居客	2019年	平台数据信息	擅自爬取	索赔近亿元，审理当中
今日头条 VS 百度	2019年	平台数据信息	擅自盗取	互相起诉索赔近亿元，审理当中

数据来源：互联网公开数据整理。

从侵权的方式来看，主要包括数据授权范围外的侵权使用，如新浪诉脉脉一案中，脉脉擅自使用了未被新浪授权的平台用户头像、姓名、朋友圈以及工作等其他数据而构成的侵权，以及非法爬取其他平台相关数据，如大众点评诉百度一案中，百度未经大众点评许可，私自“爬取”大众点评上的用户评论，并用于自己的“百度地图”上而构成的侵权。

在涉及用户数据的授权问题上，新浪诉脉脉一案的判决结果也具有重要价值。对于企业以OpenAPI的方式获得用户信息时，必须遵守“用户授权＋平台授权＋用户授权”的“三重授权”关系。即在授权问题上，在开放平台首先要获得用户授权以取得用户数据和用户授权其数据可以供开放平台再授权给第三方平台；然后第三方平台要取得开放平台的授权才能获取开放平台上的用户数据，不得擅自抓取；最后第三方平台还要再次取得用户授权，由用户进行确认其允许开放平台将自己哪些数据授权给第三方平台，而不能由开放平台私自直接交给第三方平台。这样就构成了完整的三重授权的机制。这种机制促进了开放平台用户数据的合规授权，为数据资产侵权责任的认定设立了一个标准。同时也最大程度上对个人数据起到了保护作用，并且也使开放平台方的利益得到了保障。

3. 服务于数据依赖型公司的收购和重组

表5、表6、表7是谷歌、阿里巴巴、Facebook三家互联网巨头的收购史。从他们的收购史可以看到他们收购的过程都是有以下几个特点。

表 5　　谷歌企业收购历程

被收购公司	业务	并购时间	金额	标的资产
安卓	智能手机系统	2005	5 000 万美元	手机系统技术
YouTube	在线视频	2006.01	16.5 亿美元	视频技术及海量用户
DoubleClick	广告技术	2007.04	31 亿美元	广告技术
Admod	广告营销	2009.11	7.5 亿美元	广告技术
摩托罗拉	智能手机	2011.08	125 亿美元	专利、硬件及手机业务
Waze	导航地图	2013.06	11.6 亿美元	导航技术及数据
DeepMind	人工智能	2014.01	6.5 亿美元	AI 技术
HTC - Pixel	智能手机	2017.09	11 亿美元	硬件和专利技术
Looker	AI 软件、数据分析	2019.06	26 亿美元	AI 技术、海量数据

资料来源：互联网公开数据整理。

表 6　　阿里巴巴企业收购历程

被收购公司	业务	并购时间	金额	标的资产
圆通快递	物流	2005.06	战略合作	物流技术及数据
高德地图	导航地图	2014.02	15 亿美元	导航技术及用户
恒生电子	金融科技	2014.04	5 亿美元	移动互联网技术
UC 优视	移动互联网	2014.06	50 亿美元	移动互联网技术及用户数据
虾米音乐	付费音乐	2015	—	移动互联网技术及用户数据
优酷土豆	视频	2015.11	46.7 亿美元	移动互联网技术及用户数据
Lazada	跨境电商	2016.04	10 亿美元	跨境电商，及海外用户
高鑫零售	零售商超	2017.11	28.8 亿美元	零售业务
饿了吗	外卖		95 亿美元	外卖业务技术及用户数据
Trendyol	国外电商	2018.08	7.5 亿美元	跨境电商，及海外用户

资料来源：互联网公开数据整理。

表 7　　Facebook 企业收购历程

被收购公司	业务	并购时间	金额	标的资产
FriendFeed	社交媒体修饰软件	2009	4 750 万美元	社交功能优化
Instagram	照片社交软件	2012.04	10 亿美元	大量用户和人才储备
Onavo	科技产品	2013	2 亿美元	科技产品以及企业数据
WhatsApp	短信社交软件	2013	190 亿美元	大量用户和短信社交业务
Oculus	VR	2016	20 亿美元	VR 技术
CTRL - Labs	软件开发	2019	10 亿美元	软件技术
Servicefriend	聊天机器人	2019		智能客服技术

数据来源：互联网公开数据整理。

第一，数据资产是该类企业扩张发展的必要因素之一。每一阶段的扩张都是为了更好地服务于原有业务以增加新用户和用户黏性。如：Facebook 收购 FriendFeed 和 Instagram，这两项收购都是基于 Facebook 的核心社交业务，进一步丰富了其社交业务的多样性，通过这两项收购，既获得了被收购企业的用户，也获得了被收购企业的技术，从而提升了自身的用户黏性和留存度；或者是通过收购有前景的新业务和新概念，使其新业务能与自身已有用户结合形成更大的协同收益，吸引更多的用户，从而最终形成互联网生态布局。

第二，有关数据分析和处理技术的收购占到互联网企业技术收购的很大一部分比例。说明数据资产的价值还有再进一步挖掘的可能，并且是互联网企业不断提升价值的关键因素之一。在这三大巨头的收购历程中，有关收购数据分析技术和数据处理技术公司的交易也占到比较大的一部分比例。

第三，溢价收购与被收购企业的数据资产有很大关系。互联网企业的收购案例大都会支付相应的溢价，而这些溢价绝大部分与被收购企业的数据资产有关，因此数据资产对互联网企业是有价值的。

本章小结：本章通过对数据资产的产业化现状、治理现状以及评估需求现状进行了分析，发现了以下几点：第一，数据资产的产业化正在不断扩大，并且在相关科技的推动下呈现迅猛发展的态势；第二，各国对数据资产治理体系的建立也在不断加深，解决了许多制约数据产业化发展的问题，并且更有效地推进数据资产行业的发展；第三，数据税的征收、数据资产侵权案件的频发和更多的数据资产公司的收购和重组案例都反映出了各界对数据资产价值评估的旺盛需求，因此，资产评估界也迫切需要构建一个能更好地反映数据资产真实价值的评估标准。

三、影响电商企业数据资产的因素

（一）电商企业概述

电商企业发展现状。随着互联网概念的不断普及和深入，互联网已经成为生活中不可缺少的一部分。互联网通过信息资源的迅速流通，给人们的生活提供了便利，提高了工作的效率。随之出现的互联网电商行业，也在互联网的驱动下，不断发展壮大。从图 4 可以看到，电子商务行业的交易规模还在不断地扩大，到 2018 年底，其总交易规模已经达到了 32.55 万亿元。虽然增长幅度正在不断放缓，但是依然可以保持在 15% 上下这个较高的增长水平。如图 5 所示，从移动电商的用户规模来看，从 2016 年开始至今，同样也呈现着持续增长的趋势，在 2018 年底我国的移动电商用户规模已经达到 6.08 亿元，并且当年的增长概率达到了 28.5% 。据艾媒咨询的预测，未来两年移动电商的规模依旧会持续增长，在 2020 年有望达到 7.88 亿人口，这说明在我国，互联网电商的普及率已经超过了 50% 。

互联网电商的发展不仅改变了人们的购买方式和支付方式，实现了生活的极大便利，而且还创造了巨大的工作机会，解决了很多人的就业问题。

在电子商务行业中，网络零售行业是发展最迅速也是与人们的生活关系最密切的行业之一。从图 6 中可以看到我国的网络零售总额在已经从 2014 年的 27 898 亿元上升至 2018 年的

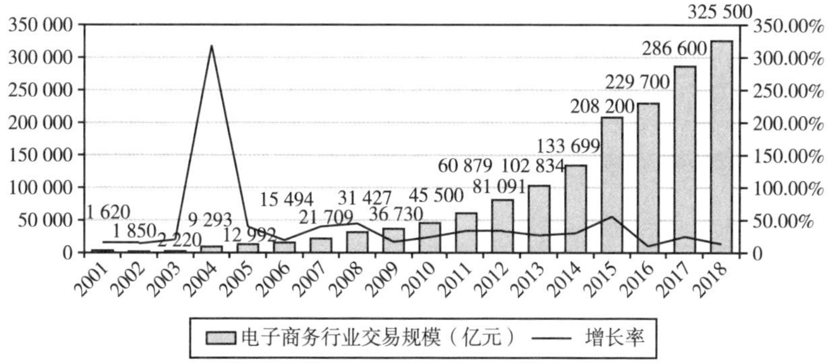

图 4　电子商务行业交易规模变化趋势图

数据来源：电数宝。

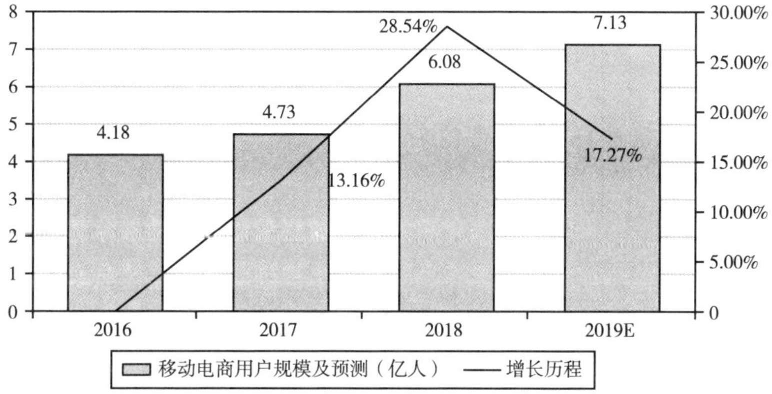

图 5　移动电商用户规模变化趋势图

数据来源：艾媒咨询。

90 065 亿元，其占到社会消费品零售总额的比例，也从 10.6% 增加到了 23.6%。人们更愿意使用网络和手机便捷地购买日常所需的商品，既节省了时间又可以浏览到种类丰富、功能多样的商品，这对于人们的生活来说，是一种极大的进步。

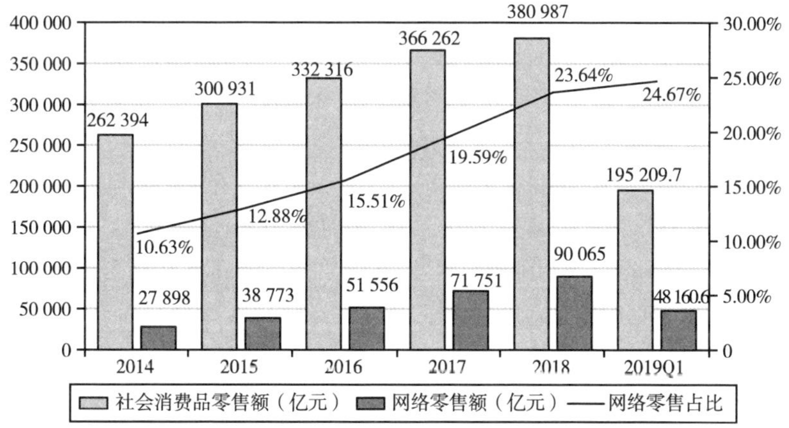

图 6　网络零售占社会消费品零售比例变化趋势图

数据来源：艾媒咨询。

（二）电商企业发展模式

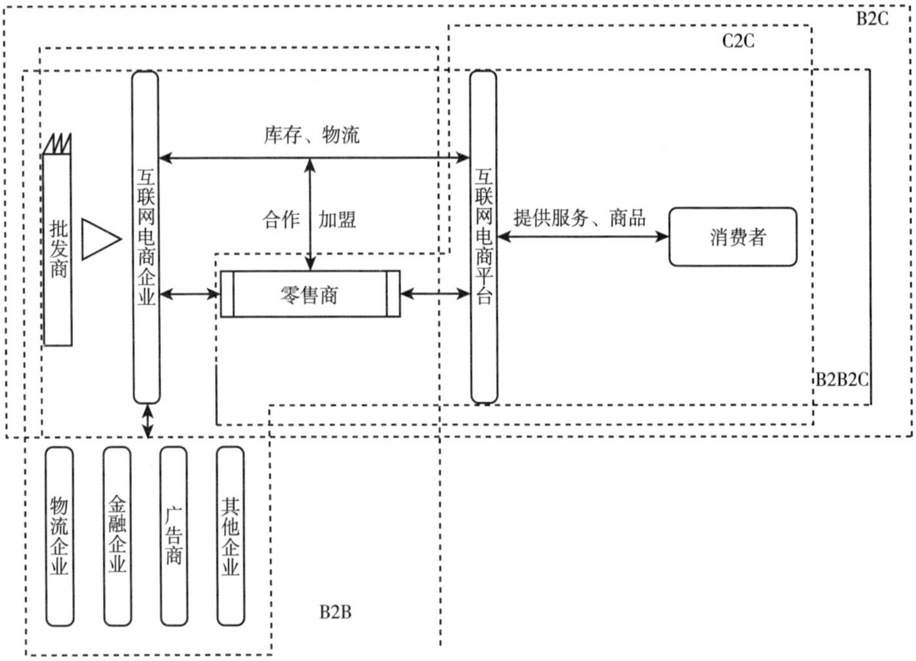

图 7　电商企业典型发展模式图

资料来源：互联网公开数据整理。

图 7 描述了目前在商业实践中最成功的四种互联网零售电商平台的发展模式，这四种模式分别是 B2B、C2C、B2C 以及 B2B2C。

B2B 模式是最初始的一种互联网电商的模式，是通过企业间的数据和信息互通，使得更多的企业加入到互联网交易中来。目前国内和国外的互联网零售电商巨头大多都是从 B2B 的形式发展而来。随着企业业务的不断扩大，可利用开展 B2B 的数据也在不断增多，丰富了 B2B 的模式。在图 7 中，无论是以何种形式发展的零售电商企业都会产生丰富的物流数据、交易数据、行为数据以及其他数据，这就使得企业可以将这些数据与物流企业、金融企业、广告商以及其他企业进行合作，降低企业自身在各个方面的成本，从而也为其他企业带来更多更有效获取收益的途径，实现企业间的协同合作共同发展，因此该模式越来越受到企业的青睐。

C2C 模式是一种直接吸引自由买家和卖家利用平台进行交易的商业模式。从图 7 中可以看到，零售商可以直接借助互联网电商平台将其商品或服务销售给有需求的消费者，这样的形式为零售商降低了营销成本，从而使得其商品价格降低，最终让消费者获益。该模式最早是由阿里巴巴创建的。阿里巴巴最初是由 B2B 模式起家，在 2003 年由于互联网购物领域拥有极大的潜力，再加之 ebay 网络零售策略的成功实施，其创始人马云便决定开始在中国探索中国互联网零售电商的新模式。他创办了“淘宝网”，并利用前期 B2B 经营积攒下的企业资源，完成了零售商的初始布局。加之淘宝的经营特色与中国网民的需求非常符合，因此也吸收到了充沛的资金投入，这都为淘宝网在中国的成功创造了条件。

B2C 模式是一种企业作为卖家利用平台将商品和服务提供给消费者的商业模式。从图 7 中可以看到，企业通过自身与供应商合作、自己部署物流和仓储成为平台上最大的零售商，通过平台向消费者提供商品和服务。该模式的典型代表是京东。京东最初是主营光磁类产品的零售商和供应商，随着互联网电商的崛起，京东也创办了自己的互联网电商平台，开始在线上发展自己的零售服务，形成了 B2C 的商业模式并转型为综合电商并不断扩大自身的经营范围。在企业经营业务扩大的同时，京东也在不断完善自身的物流、仓储以及金融业务，实现了供应链一体化，极大地节省了企业的经营成本并提高了经营效率。

B2B2C 是目前互联网电商巨头的发展模式。企业通过将零售电商业务所积攒的数据和信息进行整理和包装，应用于各个领域，实现了平台间的合作以及自身互联网电商生态的布局。这里典型的企业是阿里巴巴。阿里巴巴通过淘宝网的成功实践，以及积攒的海量用户基础，成为国内最大互联网零售电商。在此基础上，它通过战略投资圆通快递以及创建菜鸟驿站完善了物流，通过支付宝和创办蚂蚁金服开创了金融业务，通过收购优酷和土豆丰富了其内容业务，增强了用户留存度和黏性，最后通过战略投资美团网、丁丁网、饿了么以及收购高德地图等举措完成了其业务的持续扩张，形成了阿里巴巴生态圈，成为行业内最顶尖的互联网电商巨头。

从上述互联网电商平台商业模式的介绍中可以看到，企业无论以何种形式发展，数据资产在其发展过程中都起着非常重要的作用，无论是广告的投放还是业务的有效经营，或是企业的扩张都与数据有着不可分割的关系，因此数据资产会对互联网电商企业的价值产生非常重要的贡献，有必要对数据资产的价值进行评估。

（三）电商企业数据资产的价值影响因素

1. 电商企业数据资产增值因素

数据资产蕴藏着巨大的价值，但是对数据资产价值的挖掘需要依靠更为先进、更有效率的数据处理技术，而当前的技术水平还远远不足，因此，目前在全球范围内各个领域的企业对数据资产的应用依然不够充分。根据 2016 年 Thchnologies 发布的《数据冰山报告》显示，全球企业数据中有 52% 的数据为价值不明确的暗数据，33% 的数据为对企业没有价值的陈旧数据。所以，提升数据处理能力，研究数据处理技术是互联网企业正在不断努力的方向。电商企业是典型的以数据为驱动的企业，因此充分挖掘数据资产的价值，实现数据资产增值是电商企业发展过程中最为关键的因素之一。电商企业的数据资产增值因素，主要分为以下几个方面：

第一，数据的可获得性。数据的海量性和多样性是之后数据进一步分析和应用的基础，而随着数据数量和种类的增加，继续获取大量多样数据的难度也会随之增加。因此企业获取数据资产的持续性，会增加数据资产的价值。企业会通过增加基础型数据获取的渠道和扩宽搜集种类来增加数据的可获得性。比如：阿里巴巴通过其旗下淘宝、天猫、聚划算等多个主要平台有针对性地搜集用户数据，并通过与其他行业的平台进行合作，开放端口以获取更多种类的数据。

第二，数据的互通性与关联性。电商企业主要是通过对平台的运营，实现供给端和需求端的信息互通，减少交易双方的信息不对称性，进而节约双方成本，实现交易的顺利进行，因此数据的互通性和关联性会使数据资产发生增值。企业会搜集用户的交易数据、交流数据以及反馈数据等，通过精确的分析得到用户的消费偏好和购物需求，从而实现数据的有效互通。

第三，数据资产传递效率。数据资产除了链接供需双方外，还要在企业内部各部门进行传递，完成企业的日常经营需求。但是在数据的传递过程中，由于各部门的职责不同，所需求的数据种类和形式不同，常常会造成数据的损耗，影响企业的经营效率。因此，形成企业内部数据资产有效传递体系，是电商企业提高工作效率的重要手段。企业会通过技术研发来提高数据的分析和传递速率，形成符合企业自身特点的数据传递体系（比如：建立专门的数据分析部门对数据进行统一处理，并将其根据部门特点进行分类和传递，以实现数据在企业内部的高效传递）。

2. 电商企业数据资产价值影响因素

通过前文对电商企业数据资产分类和价值贡献以及对数据资产增值因素的描述，笔者将影响互联网平台数据资产价值的因素总结为如下几个方面：

获取成本。在互联网电商平台前期，企业会将大量的资金用于宣传以获取用户流量，形成企业的基础型数据。这部分的投入会很大程度上决定企业用户数据的数量和种类。因此，这些前期所获得的用户数据是平台未来发展不可获取并且至关重要的基础，因此这部分投入会直接影响互联网电商平台数据资产的价值。

营运质量。互联网电商平台的继续发展会依托于对基础型数据以及用户在使用平台时留下的交易型数据和交流型数据的整理和分析，这就使企业的营运成本增加。企业通过提高数据营运质量，增加企业数据的互通性和关联性，并且可以使数据在企业内部高效传递。这不仅能提高企业工作效率，而且还对企业未来发展方向起到指引性和防范性的作用。因此企业数据的营运水平是影响企业数据资产质量、互通性和关联性以及传递效率的关键因素，是企业数据资产价值的重要组成部分。

数据处理技术。随着企业的继续发展，企业数据从数量和种类上都会进一步加大，所以这就需要更为先进和有效的数据处理技术来对更多数据进行更深层次的处理和挖掘，以支撑企业庞大的发展规模，因此数据处理技术的先进性，会对企业海量数据的分析提供基础，是企业数据资产复杂性处理的前提要求。因此技术会对数据资产的价值产生影响。

数据处理人员。数据处理人才对于数据资产的发展起着至关重要的作用，我国相关人才缺口依旧巨大，据相关网站统计，截至 2018 年底，国内数据人才缺口在 60 万左右，随着国家政策的导向和互联网企业依靠 5G、物联网技术的高速发展，这一缺口仍在不断扩大，据估计到 2025 年底，这一缺口将达到 230 万人。数据处理型人力资本的主观能动性是将数据进行更深层次价值挖掘的关键因素，影响着企业数据资产的应用效率和价值。

与业务的协同性。企业所获得的数据资产是企业根据自身经营所取得的，因此其数据资产也要服务于企业的业务经营。同样的一组数据与不同的业务相结合会产生不同的协同效应，而一个企业的数据只有能更为有效地为其业务所服务，才可以被认作为有效数据。同时，企业还会产生一系列合作型数据，这些数据可以跟其他行业相结合，创造更多的价值。因此，企业数据与其业务的协同性会影响数据资产的灵活性和多样性，也是影响企业数据资产价值的因素之一。

本章小结：本章首先介绍了互联网电商平台的定义及分类，然后通过对其发展模式的介绍得到了数据资产是互联网电商平台的主要驱动因素之一，是互联网电商平台价值的重要组成部分。接着又对电商企业数据资产进行了分类并描述了其价值贡献，并结合电商企业数据资产的增值因素和互联网电商平台的发展模式归纳出了影响企业数据资产价值的因素，从而为之后评估模型的建立提供了基础。

四、电商企业数据资产评估路径探究

（一）传统评估方法的适用性分析

传统评估方法市场法、成本法以及收益法在评估网络平台用户数据资产时在理论上具有可行性，但是作为一项无形资产，其在实务中还存在着许多局限性。

一是市场法。对于市场法来说，目前还没有较完善的数据资产交易市场，虽然许多国家已经出现大数据交易平台，但其交易案例仍较少，没有构成足够多的参照样本。并且由于数据资产具有多样性，不同的数据资产其差异也较大，难以找到可比的交易案例和修正指标，因此市场法还不完全适用于对数据资产的评估。但目前已经有许多评估机构发布了数据资产评价模型，将数据资产的评价指标分为颗粒度、复杂度、时效性等多个指标来计算数据资产的强度，相信随着数据资产市场交易量和交易类型的不断增加，市场法将会成为一种可行的评估方法。

二是成本法。对于成本法来说，目前学者大多将数据资产的成本分为取得成本和运营成本两部分。取得成木包括前期获取数据资产所付出人力和投入设备所付出的成本，运营成本包括数据管理和日常维护的成本，以及算法开发、数据库建立等挖掘数据资产价值的成本。但作为一项无形资产，数据资产的成本与收益也存在着弱相关性，单纯从成本出发难以反映数据资产的收益能力，并且目前大多互联网企业在数据资产管理制度上还存在一定的缺陷，没有将数据资产的成本合理的记录，财务报表上的账面价值也只反映了少部分资本化的无形资产，所以成本法实际使用过程还存在着许多缺陷，这些缺陷需要企业、政府和评估机构共同努力才有可能规范数据资产的成本计量。

三是收益法。对于收益法来说，其重点和难点是在对于数据资产收益贡献的预测上，由于无形资产的特性，数据资产对企业收益贡献的权重往往难以确认，这不仅需要企业管理者非常了解自己企业以数据资产为核心的商业模式是如何运作，而且还需要评估人员掌握互联网企业的盈利方式。此外，由于互联网企业会在很长一段时间内处于亏损的状态（尤其是电商平台，淘宝网、京东以及亚马逊都经历过很长一段时间的亏损才实现现在的盈利），因此对于收益法评估数据资产来说，仍然存在着较大的不确定性。

（二）电商企业数据资产评估方法

1. 数据生命周期

数据与企业密切相关，随着企业的发展，数据在通过不断的积累和去粗取精，在形态上也不断地发生着变化，存在着周期性的特征。英国帝国理工学院数据科学研究所所长郭毅，在研究数据经济时将其分为了四个阶段（如图 8 所示）：数据资源阶段、数据产品阶段、数据资产阶段以及数据资本阶段。在数据资源阶段，数据只是反映客观事物的标记或符号，企业通过对各类数据的搜集和整理，提炼出对其有用的数据，作为企业发展的资源在经济活动中所使用；在数据产品阶段，数据被包装成产品或服务提供给消费者，或者与企业自身业务相结合产生协同效应，促进业务的发展，由于产品和服务在数据经济中的多样性，数据作为产品和服务的形态也会发生更多的变化，并且可以给企业带来收益、产生价值；在数据资产阶段，数据伴随着企业生产经营活动的进行已经具备了企业特色，企业由于对数据进行了大量的整理、分析和技术投入对其也具备了控制权，因此这时的数据具备了资产的属性，可以以资产的形式在市场上进行交易、租赁或许可，为企业带来价值；最后，在数据资本阶段，数据经过资产阶段一系列的交易，通过与价值的结合最终成为企业的资本。

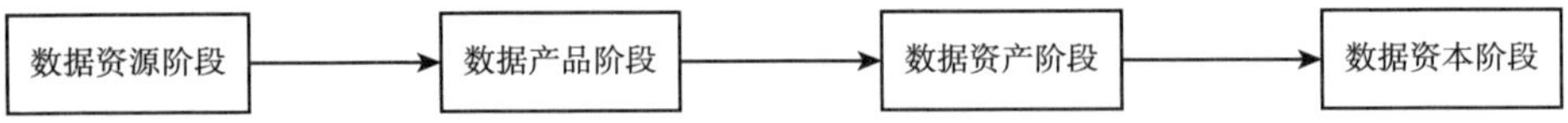

图 8　数据经济中数据周期变化阶段图

根据数据在数据经济中的发展过程，可以知道随着数据数量的不断积累、数据处理技术的不断进步以及与业务结合模式的不断改进，数据的形态会呈现出阶段性的变化。因此可以联想到，在企业发展过程中，随着企业生命周期的不断改变，在每个周期内数据资产的数量、形态以及价值的反应都会有所不同。因此在对数据资产价值进行评估时，要根据企业在不同的生命周期内，数据不同的表现形式，采用不同的方法对其价值进行评估，以更好地反映数据资产的价值。

由于传统方法至今仍然存在局限性，上述方法虽然在理论上可行，但在实际操作中的许多场景下仍然不易使用。相信随着数据资产概念的逐步确定，以及会计、评估行业准则的不断调整，该理论可以为确认数据资产价值做出贡献。

2. 电商企业数据资产评估模型的设计

在企业发展的不同阶段，企业的数据资产都会存在不同的形式，其价值的组成也并不相同。但是数据资产的价值是企业价值（特别是以数据为核心驱动力的互联网企业）的一部分。因此可以从企业整体出发，将数据资产的贡献从中进行剥离，从而得到企业数据资产的价值。例如：在初创期的企业，其数据量级还较低，数据的利用程度也处在初级阶段，因此该类企业的估值也较低，进而剥离出来的数据资产价值也与企业价值较低相匹配。故在其他方法由于指标不易收集而无法测量时，数据资产分割法可以用于各个周期的企业数据资产价值的评估。

此时数据资产分割法的评估模型可以如下表示：

$$P = V \times R \tag{4-1}$$

其中，V 代表此时互联网电商平台企业的整体价值，R 为数据资产分成率。为了更准确地描述该评估模型，笔者对指标进行了详细的定义：

（1）互联网电商平台企业价值

互联网企业不同于传统企业，多以轻资产为主，前期收益也很难准确地反映企业的潜在获利能力，因此传统的资产基础法和收益法都不适用于互联网电商平台企业的评估。但是可以发现，该类企业的价值常常与其用户流量密切相关，因此其价值也可以通过用户流量来进行估算。因此，可以引用梅特卡夫定律和DEVA模型对互联网电商平台的价值进行测算。

①梅特卡夫定律

罗伯特·梅特卡夫（Robert. Metcalfe）认为，互联网的价值在于其连接价值，网络节点越多，整个网络可以实现的连接数越多，价值越高。假设一个网络中有 n 个节点，则网络中的可连接数为 $N\times(n-1)$，近似为 n^2 这一数量级。

由此可推断互联网的价值与网络中节点数量的平方成正比，DEVA模型就是在这样的理论基础上发展而来的，其基本公式如下：

$$P = C \times N^2 \tag{4-2}$$

其中：P 为企业价值或网络价值；C 代表企业投入的单位初始成本；N 代表平台用户价值。

②DEVA估值模型的修正

梅特卡夫定律的理论基础认为网络价值和用户数量的平方成正比也许适用于当时互联网发展的速度，但由于社会的发展，人口增长与用户数量已不再呈此规律变化。所以，在此，我将引入齐普夫定律来修正梅特卡夫定律。齐普夫定律也被称为省力法则，通过不同领域的研究人员验证，齐普夫定律可以描述很多其他领域的统计分布。因此，将其引入到电商企业用户价值的衡量之后，假设企业网络里有 N 个用户，按照用户贡献程度给这 N 个用户进行排序：第一位用户贡献值为1，第二位用户贡献值为1/2，第三位用户贡献值为1/3，以此类推，那么第 $N-1$ 位用户的贡献值为 $1/(N-1)$，他们的贡献值之和接近 $\ln N$。对于企业网络里其他的每一个用户都有 $\ln N$，所以这个用户集合的总贡献值之和为 $N\cdot\ln N$，那么梅特卡夫定律估值模型变为：

$$P = C \times N \times \ln N \tag{4-3}$$

其中：P 为网络价值（用户规模效应）；C 代表单位初始成本；N 代表平台用户价值。

③指标修正

一是平台用户价值。对于单位用户价值，笔者认为应该由平台用户数量乘以单位用户贡献值来决定。在确定平台用户数量时，由于互联网电商平台大多拥有着大量的用户数量，但并不是所有的用户都为互联网电商平台创造了价值，真正能对平台做出贡献的用户只占所有用户中的一部分。因此在对互联网电商平台的用户数量进行评估时，引入了活跃用户来对其进行衡量。非活跃用户中，他们包括较少使用该平台进行交易，或者曾在该平台进行过注册但对其提供的服务不满意后不再使用该平台的沉没用户。这些用户很难为企业带来稳定的收益，在分析中可以假设其为无效用户。而活跃用户是指那些经常使用和浏览互联网平台的用户，并且在使用过程中完成有效操作的用户群（电商平台中多指完成交易）。正是活跃用户的有效操作才给互联网电商平台带来收益，因此这些用户才是为企业创造价值的用户群体，因此选取活跃用户数作为此模型中的用户数量。活跃用户数又可以分为日活跃用户数和月活跃用户数，但日活跃用户会存在偶然性，会受到企业营销活动或者节假日的影响，因此不能很好地反映企业真正的活跃用户数。而月活跃用户相对影响因素较少，因此笔者在这里选取月活跃用户数 MAU（monthly active users）作为此模型中的用户数量。

二是单位用户平均贡献值。在确定单位用户平均贡献值时，笔者选用互联网行业的常用指标 ARPU（Average Revenue Per User）。ARPU 是指单个用户在单位时间内为企业创造的单位平均价值，是描述单个用户对企业收入贡献的指标。其公式可以用以下公式表达：

即：ARPU = 营业收入/平均付费用户，

平均付费用户 = （期初付费用户 + 期末付费用户）/2，

三是用户黏度系数（K），通过上述研究，发现在传统模型中只考虑用户为企业在一定时间内所创造的价值，但没有反映企业的用户黏性等其他因素。付费用户的付费额可能会受到偶然性因素的影响（如：该用户只在该平台上进行过一次较大额度的消费，再无后续的其他消费），这样就不会给企业带来持续的收益，因此用户黏性因素对用户价值和企业价值会产生重要的影响，因此在此处引入用户黏性指标 K = DAU/MAU。该指标也被称作用户活跃度指数，最初在游戏行业中被用来衡量用户黏性，其原理是认为早 MAU 不变时，随着 DAU 的数量不断增加，可以说明用户对该平台所提供的服务和产品的接受程度越来越大，每日的使用频次在不断增加，用户对平台的依赖程度也在不断攀升，用户黏性发生了改变。随着网络游戏不断增加，该指标也更适用于其他以用户流量为核心的互联网企业，因此此处选取 DAU/MAU 作为反映用户黏度的指标。

从以上论述，得到最终计算用户价值的模型为：

$$N = K \times ARPU \times MAU \tag{4-4}$$

四是企业规模调整系数（L）。随着互联网电商企业的不断发展，“马太效应”在该行业表现得越来越强。“马太效应”可以用强者通吃来形容，是描述一个行业的资源、数据等生产要素会更多地流向行业的头部企业，使得头部企业越来越强大，占据越来越多的市场份额，而新兴企业很难与头部企业在资源上进行争夺，因此不易生存下去。正是由于互联网行业具备这种效应，因此企业规模就会对企业价值产生很大影响，头部企业的估值会更高。因此在此引入企业规模系数。

由于互联网电商企业是以用户为驱动和导向的企业，因此选取活跃用户的数量来衡量互联网电商企业的规模。在此将设置一个得分指标将企业规模对企业价值的影响进行量化。具体操作如下：首先将该行业企业规模最大的，也就是活跃用户量最高的企业的规模得分设置为 1，其余企业的规模得分就为 1/头部企业活跃用户数 = L/待估企业活跃用户数，以其得分作为企业规模调整系数。

通过对相关指标的修改和调整，可以得到最后修正的 DEVA 模型为：

$$P = C \times L \times K \times ARPU \times MAU \times \ln(K \times ARPU \times MAU) \tag{4-5}$$

（2）数据资产分成率

通过前文论述，笔者认为互联网电商平台数据资产的价值主要与企业的获客成本、营运质量、数据处理技术以及与商业模式的协同性相关。而目前，大多数学者在建立数据资产价值模型时，通常使用的是将数据资产的价值从无形资产中分离出来的差分法，这些无形资产包括专利、商标、域名、商誉以及数据资产，虽然这样的分类有一定的道理，但是仔细研究不难发现数据资产会与其他无形资产之间存在交叉关系。例如：有关数据处理技术的专利、专有技术会影响企业数据资产的质量，会对其价值产生影响；商标的好坏，会影响企业数据资产的数量，从而对数据资产的价值产生影响。异质性人力资本也影响着企业核心算法的开发，进而影响数据资产价值的深入挖掘；并且电商企业的数据资产也依赖于资金的投入，包括数据库处理器的购置和研发，以及客户引流的营销费用。因此笔者认为电商企业数据资产的价值会受到企业其他无形资产的影响，因此需要将其他无形资产对数据资产价值的贡献进行分析，才能得到企业数据资产的价值。并且无形资产作为交易标的的数据资产，往往是通过企业已经拥有的数据和技术分析过后打包而成的数据产品，以 OpenAPI 接口授权的方式对外进行交易，这样的数据资产往往缺乏自我更新和继续挖掘的能力，所以并不能体现一个企业数据资产的真实价值。故笔者决定从企业数据资产的影响因素出发，将其从对企业的整体价值中的贡献剥离出来，以更好地体现数据资产对企业价值的影响。

传统企业价值贡献理论认为，企业的价值由资金、管理、人力和技术构成，根据互联网电商平台的特点，笔者在此基础上又增加了商业模式这一考量因素。因为对于互联网电商平台或者互联网企业而言，企业因前期营销支出庞大常常会出现大量亏损，所以需要进行外部融资。这时，对于投资者来说，该企业是否值得投资，很大一部分原因取决于该企业的商业模式在目前和未来是否具有先进性和优越性，是否有较大的投资前景。因此，商业模式会决定企业是否能够成功筹得资金，能否生存下去的关键因素，也是很多互联网企业上市定价时必须要考虑的因素之一。

接着根据互联网电商平台资金、管理、技术、人力和商业模式的价值组成，进一步将其进行细分。细分结果如图 9 所示。

在资金方面，电商企业的资金主要投入于平台建立所需的基础设施的建立，以及获取用户的大量的营销和宣传投入和其他维持企业正常经营及投资活动。充沛的资金是互联网企业尤其是电商企业发展最重要的一个因素。

在管理方面，笔者认为能体现互联网相关企业管理模式价值的因素主要包括企业制度是否具有能提高企业经营效率的优越性；其产生的数据在其企业内部是否可以进行有效的流通，形成内部语言并有助于决策的选择；以及企业的管理是否能激发员工的创新活力，因为创新是决定互联网行业发展的必要因素之一。

在人力方面，笔者认为企业家才能是电商企业中发挥重大作用的因素之一，由于电商企业发展模式非常多样，还没有出现一种固定的最优发展模式，而一个企业创始人的能力和才华往往会决定企业的发展方向。因此尤其在互联网行业中，一个企业是否会成功，很大程度上取决于其创始人的才能和战略眼光；其次互联网企业的发展还会依托于各类异质型人才，包括数据处理技术方面异质型人才和其他方面的人才（如：销售宣传人员、策划人员等）。

在技术方面，对于电商企业来说，互联网平台搭建和管理的技术是其企业经营发展的基础；而数据处理技术是主要为企业创造价值，明确发展方向，完善企业业务布局的关键技术之一。而其他相关技术（如：广告投放技术等）是依托于前两者并且也是企业不可或缺的因素。

最后在商业模式中，笔者认为对其价值贡献主要有商业模式的潜力、竞争力以及与企业

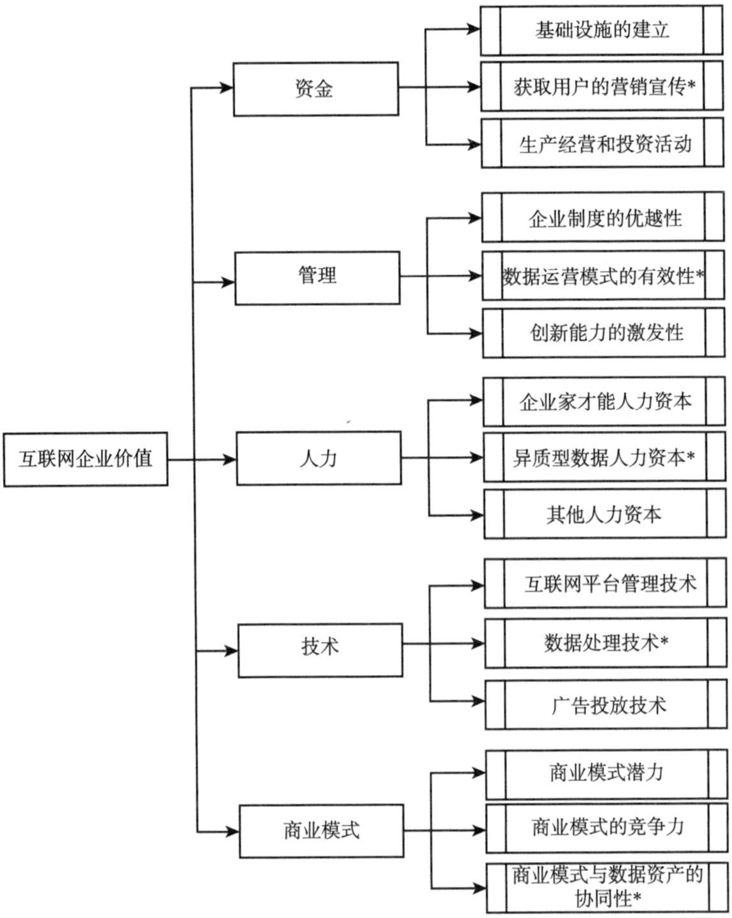

图 9　数据资产分成率构成图

（＊代表数据资产分成率影响因素）

数据资产结合所产生的协同性。前两者是企业融资时，投资方对企业未来前景预测的必要因素，也是体现企业核心竞争力的关键因素之一。而商业模式与电商企业发展的核心驱动力数据结合所产生的协同效应，是企业产生超额收益以及提高企业价值的重要因素。

在此拆分中，资金中的获取用户的营销和宣传、管理中的数据运营模式的有效性、人力中异质型数据类人力资本、技术中的数据处理技术以及商业模式中的与数据资产的协同性均是构成企业数据资产价值的要素，运用 AHP 层次分析法分别将这些要素的贡献的权重进行计算，相加后得到数据资产对于互联网企业价值的分成率，从而求出企业数据资产的价值。因此数据资产分成率的表达式为：

$$R = \beta_1 K_1 + \beta_2 K_2 + \beta_3 K_3 + \beta_4 K_4 + \beta_5 K_5 \tag{4-6}$$

其中：β_1 表示企业资金对企业价值的贡献程度；β_2 表示企业管理对企业价值的贡献程度；β_3 表示企业人力对企业价值的贡献程度；β_4 表示企业技术对企业价值的贡献程度；β_5 表示企业商业模式对企业价值的贡献程度。K_1 表示企业用于获取用户流量而进行的营销宣传对资金的贡献程度；K_2 表示企业的数据运营模式的有效性对企业管理的贡献程度；K_3 表示企业异质型数据人力资本对企业人力的贡献程度；K_4 表示企业数据资产运营技术对企业技术的贡献程度；K_5 表示企业商业模式与数据资产的协同性对企业商业模式的贡献程度。

在所选取五个数据资产分成率贡献指标中，他们反映了数据资产价值因素的不同角度，并且与前文笔者所总结的互联网电商平台的数据资产影响因素相对应（如表 8 所示）。

表 8　　数据资产分成率贡献指标的影响范围

数据资产分成率贡献指标	影响范围
获取用户的营销和宣传	数据可获得性和用户活跃度、参与度
数据运营模式的有效性	数据资产的质量、关联性、传递有效性
异质型数据人力资本	数据的潜在价值
数据处理技术	复杂数据的处理速度和准确性
商业模式与数据资产的协同性	数据的灵活性、多样性

①获取用户的营销宣传

互联网电商平台前期都会进行“烧钱”的营销和宣传来获取用户流量。因此充沛的资金在营销和宣传中的投入会决定数据资产的数量和规模，也就是在增加数据资产的可获得性。并且优秀的营销会给企业树立良好的形象，增加平台用户的参与度，提高平台用户的活跃度。因此，获取用户的营销宣传会影响数据资产的价值。

②数据运营模式和有效性

企业通过管理模式对数据资产实现有效的运营和在企业内部的有效流通，这两点体现了数据资产的质量、关联性和传递的有效性。在互联网电商平台中，企业通过数据运营可以得到用户交易型数据和交流型数据，将这些数据进一步处理和分析可以得到用户的消费偏好、商家的经营状况以及行业竞争对手的情况等结果，随着企业运营水平的提升，其分析得到的结果的准确性和全面性在不断提高，数据资产质量得到提升。同样，运营数据要在企业各个部门进行高效流通来完成企业的日常经营，因此这就要求这部分数据要具有关联性和传递的有效性，才能消除数据在不同部门的流通障碍，达到提高工作效率的作用。

③异质型数据人力资本

数据分析领域仍然属于前沿科技之一，深入挖掘海量数据中的更多价值需要更多的技术人才的努力。因此异质型数据人力资本会对数据资产的价值产生巨大的影响，会提高数据资产的潜在价值，是数据资产价值的外生影响因素之一。

④数据处理技术

随着数据数量和种类的不断增加，对数据处理技术的要求也在不断提高。只有更先进的数据处理技术，才能应对更多更复杂的数据处理过程，提高数据的处理速度以及数据的准确性，为企业的生产经营提供更多帮助。

⑤商业模式与数据资产的协同性

商业模式与数据资产的协同性，描述了数据资产的应用场景。数据资产的通用性决定了数据资产与不同的业务相结合都会体现其价值，但是与不同的业务结合会产生不同的价值。因此在评价数据资产的价值时要考虑它是否会和其商业模式产生协同性，其商业模式是否会增加数据资产的活性以及企业数据是否得到充分利用，为其商业模式的不断完善做出贡献。

本章小结：本章对互联网电商企业数据资产评估模型进行了分析和设计。首先对传统评估方法在评估数据资产时的适用性进行了分析，发现传统评估方法在对数据资产进行评估时仍存在许多局限性，需要进行方法的改进。然后提出了数据资产生命周期观点，认为数据资产在企业的不同阶段有着不同的表现形式，并提出根据其不同的周期所适用的不同方法。最后根据互联网电商平台数据资产的特点对其评估模型进行了研究和设计，建立了数据资产分割模型。

五、案例分析

（一）企业概述

1. 企业简介

拼多多在2015年于上海成立，是一个创新和快速发展的“新电子商务”平台，致力于为买家提供超值的商品和有趣的互动购物体验。与传统电商不同，拼多多虽然主体商业模式以C2C为主，但是在其中推出了一种“团体购买”的新模式，利用社交网络作为买家购买产品和接受服务的有效的工具。具体来说就是买家可以通过其平台或者社交软件对想要的商品发起团购，并邀请朋友加入，组成购物团队。这种方式赋予了商品极具吸引力的价格，并且会吸引买家身边的朋友、家人和社交联系人一同使用拼多多，以裂变的方式迅速增加了其使用人数。

2. 企业发展状况

表9　拼多多主要财务数据

	2017Q1	2017Q2	2017Q3	2017Q4	2018Q1	2018Q2	2018Q3	2018Q4	2019Q1	2019Q2
营业收入（亿元）	0.37	1.05	4.23	11.79	13.84	27.09	33.72	56.54	45.45	72.9
毛利润（亿元）	-0.17	-0.03	2.36	8.05	10.66	23.21	25.98	42.3	36.72	59.95
净利润（亿元）	-0.74	-1.09	-2.21	0.14	-2.01	-64.94	-10.98	-24.24	-18.78	-10.03
GMV（亿元）	677	977	1 577	2 448	2 949	3 436	3 858	4 716	5 574	7 091
活跃用户数（亿）	0.68	1	1.58	2.45	2.95	3.44	3.86	4.19	4.43	4.83
月活跃用户数（亿）	0.15	0.33	0.71	1.41	1.66	1.95	2.32	2.73	2.9	3.66
活跃买家数（亿）	—	0.99	—	—	2.8	3.44	3.78	4.2	4.35	4.77

表9是拼多多从2017年第一季度至2019年第二季度的企业核心财务数据的变化情况。从表中可以看到，拼多多企业属于成长期企业，其用户规模已经比较庞大，但收益指标仍呈现负数，但亏损在逐渐缩小，这说明其数据资产的价值正在逐渐被挖掘。从营业收入来看，其营业收入增长迅速，其收入主要来源于企业的市场在线服务以及商品销售两部分，其中市场在线服务包括营销服务以及佣金。营业收入从2017年第一季度的0.37亿元增长至2019年第二季度的72.9亿元，在短短两年时间内，增加幅度达到1960.27%，说明拼多多发展非常迅速。在企业招股说明书中可以看到，拼多多的在线服务基于企业在平台运营过程中用户产生的各种数据，因此对于拼多多来说，其商业模式非常依赖于数据的使用，数据资产是其企业价值非常重要的一个组成部分。

但从利润来看，其毛利润已经从负转正，并持续增加，而净利润只有两个季度为正其余均为负数，这说明企业这两年的费用还在持续增加，主要是营销费用的巨大投入，并且毛利润的增加也表明企业有能力管控由于用户数增加、企业规模扩大而带来的成本问题，其竞争力在不断提高。

从企业的 GMV（即网站成交金额，包括已经支付的交易以及在购物车中还未支付的交易）、活跃用户数以及活跃买家数的持续增加可以看出，企业的用户流量增长迅速，用户活跃度高，网站成功的交易也在快速增长，这说明企业的营销策略的成功，既完成了用户数量的增加，也增强了用户的黏性，对于获客成本持续增加的互联网电商企业，这是一个很了不起的成就。

（二）拼多多企业价值评估

从拼多多的财务数据可知，拼多多目前仍处于亏损的状况。因此不易采用收益法对其企业价值进行评估。而作为一家互联网企业，其实体资产较少，不能反映企业的整体价值，因此不易采用资产基础法对其进行评估。因此，选用上文修正过的梅特卡夫 DEVA 模型对拼多多的企业价值进行评估。

1. 评估基本事项

评估基准日：通过对拼多多资料的搜集和整理，笔者决定将 2019 年 6 月 30 日作为评估基准日。

评估价值类型：由于此次评估不涉及拼多多企业的交易，只是以企业价值为基础将其拥有的数据资产进行剥离，这样的过程考虑到了该企业数据资产在其经营模式下产生的协同效益，因此其价值是为了更好地理解拼多多数据资产对企业价值的贡献程度，所以价值类型选取投资价值。

评估目的：根据拼多多的相关数据评定企业的价值并将其数据资产进行分割，从企业的驱动力用户流量出发评估其价值，使投资者和公众更好地了解拼多多的价值。

评估思路：将数据资产从企业整体价值中进行剥离以求取数据资产的价值，具体思路如下：

$$P = V \times R$$

其中，P 代表互联网电商企业数据资产的价值，V 代表此时互联网电商企业的整体价值，R 为数据资产分成率。

2. 评估步骤

（1）月活跃用户数（MAU）

图 10 是拼多多从 2017 年第一季度开始至 2019 年第二季度，每季度的平均月活跃用户数量。从图中可以看到，在上市后的两年中，拼多多的月活跃用户数在不断增加，说明企业还处在成长阶段。根据此增长趋势，再考虑到月活跃用户数应与评估时点最新的数量相当，所以此处直接选取 2019 年第二季度拼多多的平均月活跃用户数作为 MAU 的取值，数量为 3.66 亿人。

（2）单位用户平均贡献值（ARPU）

由上文 ARPU 的公式可知：

ARPU = 营业收入/平均付费用户，

平均付费用户 =（期初付费用户 + 期末付费用户）/2，

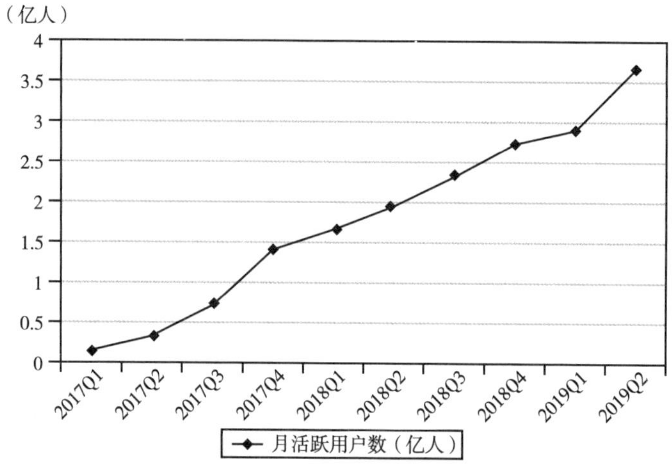

图 10　拼多多月活跃用户数变化趋势图

对于拼多多来说，其付费用户主要是平台的活跃买家。而评估的是 2019 年 6 月 30 日的企业价值，因此笔者在计算单位用户平均贡献值所选取的区间为 2019 年 1 月 1 日至评估基准日。从拼多多 2018 年年报数据以及 2019 年第二季度财务报表的数据可知，拼多多在 2018 年年底的活跃买家数为 4.2 亿人，以此作为期初付费用户；2019 年第二季度的平均活跃买家数为 4.77 亿人，以此作为期末付费用户。根据财务报表中的信息可知，拼多多 2019 年前两个季度的营业收入总和为 45.45 + 72.9 = 118.35（亿元）。将以上数据代入公式可得：

ARPU = 营业收入/平均付费用户 = 118.35/(4.2 + 4.77)/2 = 26.39（元/人）

（3）用户黏性系数（DAU/MAU）

由于拼多多未公布用户日活量（DAU），因此在确定用户黏性系数时，笔者对其进行了修正，将（用户月活量/平台平均活跃用户）作为用户黏性系数。从企业 2019 年前两个季度的财务报告中，得到拼多多第一季度的平台活跃用户为 4.43 亿人，第二季度的平台活跃用户数为 4.83 亿人。取前两个季度的平均平台活跃用户数 = (4.43 + 4.83)/2 = 4.631（亿人）。从而得到用户黏性修正系数：

K = MAU/平台平均活跃用户 = 3.66/4.631 = 79.03%

从月活占平台平均活跃用户 79.03% 的比例，可以推理拼多多的用户黏性很高。

（4）单位用户初始投资成本（C）

在计算单位用户初始投资成本时，如表 10 考虑到拼多多在创办的第一个营业周期中，经历了 A 轮两次和 B 轮 4 次的融资。所以将这 6 轮的融资总额作为拼多多的初始投资成本。其次，在 2016 年 6 月，也就是拼多多第一个一年营业周期内，它宣布其用户数已经突破 1 亿，因此以 1 亿的用户数作为拼多多的初始用户数。

表 10　拼多多初始投资情况

融资轮次	时间	金额（万美元）	投资单位
A－1	2015 年 6 月	66.99	母公司，Chak Man Wu
A－2	2015 年 6 月	800.00	高榕资本，IDG，Chak Man Wu

续表

融资轮次	时间	金额（万美元）	投资单位
B－1	2015 年 9 月	3 333.74	母公司，高榕资本，光速中国。IDG，魔量资本
B－2	2016 年 2 月	437.71	腾讯
B－3	2016 年 3 月	2 300.00	高榕资本，Castle Peak
B－4	2016 年 6 月	5 000.00	Sun Vantage，FPCI Sino－French，Sky Royal Trading
总计融资	11 938.44		

求得拼多多单位初始投资成本 C＝初始投资总额/初始用户数＝11 938.44/10 000＝1.194（美元/人）

通过汇率查询得知 2019 年 6 月 30 日的人民币对美元汇率为 6.85。因此，换算可得拼多多的单位用户初始投资成本为 8.178 元/人。

（5）企业规模调整系数（L）

在求企业规模调整系数时，通过对互联网零售电商行业活跃用户数的调查，如图 11 可知，阿里巴巴的活跃用户数是行业第一，其在 2019 年第二季度的平均活跃用户数达到 7.55 亿，因此将阿里巴巴设为头部企业，其企业规模得分为 1。并且可以看到互联网电商平台的"马太效应"严重，活跃用户基本都存在于头部前三家企业，并且与后面企业的差距巨大。因此头部企业有着更多的资源，企业价值也会更高。

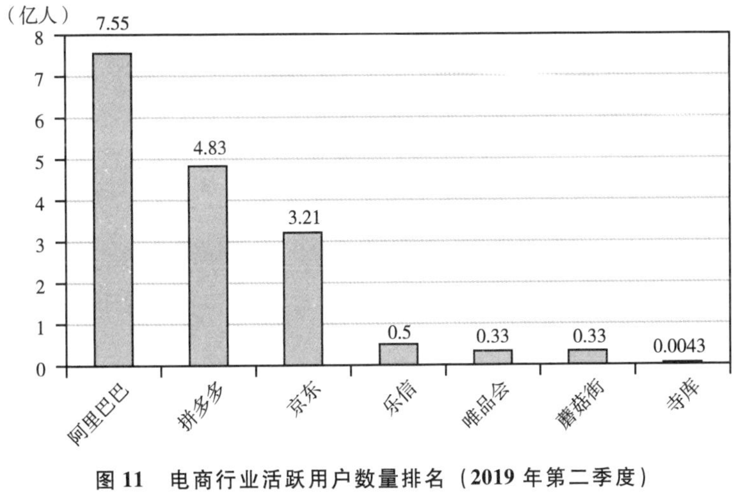

图 11　电商行业活跃用户数量排名（2019 年第二季度）

通过上述数据，得到拼多多的企业规模调整系数为 L＝1/7.55×4.83＝0.638。

（6）拼多多企业价值

将上述指标代入公式（4－6）得：

$$P = C \times L \times K \times ARPU \times MAU \times \ln(K \times ARPU \times MAU)$$

$$= 8.178 \times 0.638 \times 79.03\% \times 26.39 \times 3.66 \times \ln(79.03\% \times 26.39 \times 3.66)$$

$$= 1726.42\text{ 亿元} = 252.03\text{（亿美元）}$$

通过修正后的梅特卡夫 DEVA 模型，得到拼多多在 2019 年 6 月 30 日的企业价值为

252.03 亿美元。通过查询可知，当日拼多多的市值为 239.79 亿美元，相差 12.24 亿美元，误差率为 5%。由于数据获取仅通过互联网公开数据以及企业年报，故必然会存在不准确性，因此笔者认为此误差可以接受。因此取 252.03 亿美元作为拼多多在 2019 年 6 月 30 日的企业价值。

（三）拼多多数据资产价值评估

1. 拼多多企业价值构成因素分析

根据上文介绍的互联网电商平台数据资产评估模型，笔者决定分别从拼多多的资金、管理、人力、技术以及商业模式五个方面对其进行分析。

（1）资金

拼多多在上市之前已经经历过多轮融资，融资金融总计达到 17 亿美元。其资金主要投资于三个方面：企业规模扩大所需的互联网基站建设及宽带费用、研究与开发、营销活动以及日常的企业运营。其中，用于宣传获取用户的投入以及促销用来提高用户黏性的活动投入占到了企业资金非常大的一部分比例，如图 12 所示。

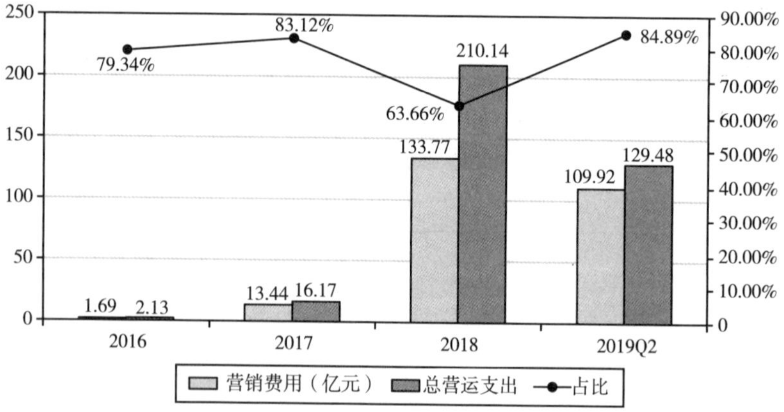

图 12　拼多多营销费用占比变化趋势图

（2）管理

拼多多的管理模式有着先进性。

首先，其管理层建立的“管理伙伴关系”模式，企业每年都会对其合伙人进行提名和选举。凡是能完善企业的管理制度，帮助企业持续进步的拥有不同技能的人才，都可以成为合伙人的候选标准。这极大地激发了企业的创新活力。

其次，企业有着优秀的企业制度。建立了详细的员工奖金制度，使公司的财富可以更公平地分配给每个员工。

最后，拼多多非常重视企业的数据运营，他的企业高层都有着丰富的数据管理的经验，因此企业的运营也是从数据出发，通过大数据分析使企业资源在企业内部更有效率地流通，通过数据指引企业做出更正确的战略方向。

（3）人力

拼多多在人力方面有着非常大的优势。首先，其创始人黄铮有着丰富的互联网领域的经验，他在2011年创立过一家开发和经营网络游戏的新油地工作室，并且也运营过一家B2C平台Ouku.com，因此有着坚实的互联网行业从业基础。其次，他有着独特的电商理念，通过赋予网络购物社交的新模式，创建了“电商新模式”，体现了他勇于创新的精神。而且他对于企业的发展也有着长期的规划，即便企业已经多年未盈利，但他依然决定将更多资金投入在获取用户的营销宣传上，这也体现了他的战略性眼光，认为用户是决定互联网价值的关键。这些优秀的企业家才能构成了拼多多的核心竞争力。

此外，拼多多有着强大的营销团队，这是其可以获取海量用户的基础。并且其还拥有700人的技术团队，技术人才是异质类人力资本，会给企业带来很多无法替代的竞争力。在这700人的团队中，有100多人组成的团队专门进行数据分析的算法设计和开发，这些数据处理方面的异质类人才是互联网企业不可获取并且可以推动其持续进步的保障。

（4）技术

拼多多非常注重对技术的研发投入，从图13可以看到。企业的研发费用正在呈现逐年增加的趋势，并且占收入的比例保持10%上下。尤其是进入2019年以来，其季度的研发投入已经超过5亿元。

根据拼多多财报中披露，其拥有的技术主要在大数据分析、人工智能以及机器学习方面。都是为了对其用户数据进行更好的分析与挖掘，以更好地服务于用户并且实现业务的扩充，因此数据处理技术是拼多多非常注重的技术环节之一。

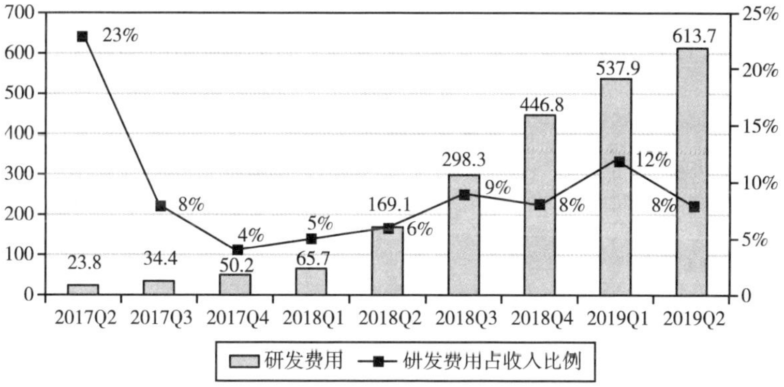

图13　拼多多研发费用及占收入比例变化趋势图

（5）商业模式

拼多多的商业模式有着极大的优越性。在传统电商获客成本逐渐增高，“红利”骤减的情况下，拼多多巧妙地将电商与社交相结合，以分享的模式将“拼团购”在社交平台上迅速扩散，通过社交属性以及极具吸引力的价格为网络购物重新注入了新的活力，迅速吸引了大量的用户，这也为其他商家的加盟创造了条件，从而实现了零售商和消费者之间的联系，达成了资源从供给商到消费者的传递。在此之后，企业利用其平台数据，可以高效地开展广告投放业务，并且进行业务的扩展，逐渐形成社交电商的生态圈。正是在如此有潜力和有竞争力的商业模式的推动下，拼多多才可以在如此短的时间内获得这样的成功。

2. 拼多多数据资产价值

（1）层次分析法模型建立

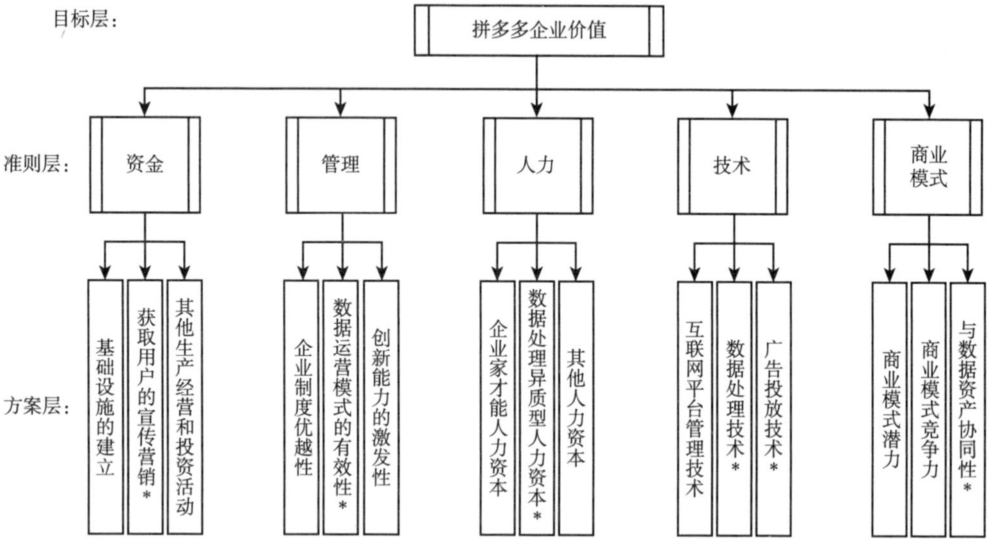

图 14　拼多多数据资产层次分析法分割模型

如图 14 所示，根据上一部分对拼多多企业价值贡献因素的分析，笔者通过问卷调查的模式（受访人包括评估专业人员、相关领域的老师和专家等共计 23 人），对准则层的五个要素及后续方案层的十五个要素进行了打分后，利用层次分析法得到如表 11 所示结果。

表 11　最终各指标贡献权重

目标层	准则层	权重	方案层	权重
拼多多企业价值	资金	33.59%	基础设施的建立	44.91%
			营销宣传*	42.00%
			其他经营和投资活动	13.09%
	管理	23.36%	企业制度优越性	46.11%
			数据运营模式有效性*	32.24%
			创新能力的激发性	21.65%
	人力	12.84%	企业家才能人力资本	63.42%
			数据处理异质型人力资本*	26.85%
			其他人力资本	9.72%
	技术	14.78%	互联网平台管理技术	58.06%
			数据处理技术*	31.35%
			广告投放技术	10.59%
	商业模式	15.44%	商业模式潜力	46.97%
			商业模式竞争力	34.27%
			与数据资产的协同性*	18.76%

（2）数据资产价值的确定

由前文所述，数据资产的价值由资金中的营销宣传、管理中的数据运营模式的有效性、人力中的数据处理异质型人力资本、技术中的数据处理技术以及商业模式中的数据资产与商业模式的协同性所组成。从以下结果可以分别得到以上几项对企业价值的贡献分别为：14.11%、7.53%、3.45%、4.63%以及2.90%。将其加总可以得到数据资产对企业价值贡献的权重为32.61%，即数据资产分成率为32.61%。

再代入公式（4-1）可得，拼多多2019年6月30日的数据资产价值为：

$$P = V \times R = 252.03 \times 32.61\% = 82.19(\text{亿美元})$$

六、结论与展望

随着数据经济的推进，数据已经成为21世纪的新石油，是每个企业都相互争夺的资源，其价值也逐步凸显。数据产业规模的逐渐扩大、各国数据治理体系的逐步完善以及数据资产评估需求的逐年攀升，都体现出了对数据资产价值的评估将是未来面对的重要一环。因此，对于第三方评估来说，尽早建立数据资产评估体系是可以更好地应对有关数据资产交易中的价值评估的必要准备。因此，本课题通过一系列研究得出以下结论：

1. 本课题通过对数据资产演进引发的评估需求的研究，得出了数据资产的价值正在被各个领域所承认，并且为了完善数据市场，各国都在不断制定有关数据资产治理的相关规制，数据已经成为许多交易中必须要评估的一项重要资产。

2. 本课题建立了数据资产分割模型，修正了梅特卡夫—DEVA模型，并以拼多多为例对其进行了实际应用。发现通过该模型求得企业价值与企业当时的实际市值差异率很小，因此该模型具有一定的适用性。通过AHP—层次分析法求得的数据资产分成率为32.61%，对于以数据为核心驱动力的电商企业，也是一个合理的分成比率。因此验证了笔者所建模型的可行性和适用性。

3. 对于在实际操作中对AHP-层次分析法中的指标进行打分时，评估专业人员可以与企业高管进行详细的访谈之后，再通过与专家的讨论，从而最后确定每一指标的得分情况，更好地反映数据资产对企业价值的贡献，在实务中也有较好的应用价值。

数据是一项非常复杂的资产，影响其价值的因素还不止于此。笔者由于能力有限，在本课题中还有着许多不足：第一，由于传统方法仍具有局限性，因此在数据资产生命周期理论中，成本法和收益法的适用性还有待考究。第二，在修正的梅特卡夫—DEVA模型中，计算企业规模因素时，笔者由于数据搜集受限的原因，只选取了用户规模来衡量，而现实中影响企业规模的因素还有很多，因此考虑还不够全面。第三，在数据资产分成率模型中，各项参数的适用性和代表性未经验证，是否仍然存在交叉问题还有待进一步研究，并且打分存在一定的主观性，需要评估人员与企业相关人员详细洽谈，深入了解之后再对其权重进行确认。

此外数据资产仍属于新兴事物，随着各国政策对数据资产边界的逐渐明晰，数据资产的供需将更加明确，这也会在将来成为影响数据资产价值的重要因素，需随着明确数据资产范围的步伐日益更新。对数据资产价值的评估不仅需要评估人员的不断探索和挖掘，更需要各界人士共同努力进行更为深入和长远的研究。笔者也希望本课题可以对今后数据资产评估体系的建立，贡献出一点微薄的力量。

参考文献

[1] 王玉林，高富平．大数据的财产属性研究 [J]．图书与情报，2016 (1)：29—35.

[2] 翟丽丽，王佳妮．移动云计算联盟数据资产评估方法研究 [J]．情报杂志，2016，35 (6)：130—136.

[3] 宣晓．互联网企业客户价值评估方法述评与展望 [J]．商业经济研究，2016 (13)：138—140.

[4] 郜明忠．修正的 DEVA 法在互联网企业估值中的应用研究 [D]．首都经济贸易大学，2016.

[5] 任媛媛．基于生命周期的新三板互联网企业价值评估研究 [D]．北京交通大学，2016.

[6] 左文进，刘丽君．大数据资产估价方法研究——基于资产评估方法比较选择的分析 [J]．价格理论与实践，2019 (8)：116—119.

[7] 刘琦，童洋，魏永长，陈方宇．市场法评估大数据资产的应用 [J]．中国资产评估，2016 (11)：33—37.

[8] 唐莉，李省思．关于数据资产会计核算的研究 [J]．中国注册会计师，2017 (2)：87—89.

[9] 李永红，李金骜．互联网企业数据资产价值评估方法研究 [J]．经济研究导刊，2017 (14)：104—107.

[10] 李雅雄，倪杉．数据资产的会计确认与计量研究 [J]．湖南财政经济学院学报，2017，33 (4)：82—90.

[11] 张平．大数据时代个人信息保护的立法选择 [J]．北京大学学报（哲学社会科学版），2017，54 (3)：143—151.

[12] 林华．大数据的法律保护 [J]．电子知识产权，2014 (8)：80—85.

[13] 秦珂．大数据法律保护摭谈 [J]．图书馆学研究，2015 (12)：98—101.

[14] 程啸．论大数据时代的个人数据权利 [J]．中国社会科学，2018 (3)：102—122.

[15] 王琰．基于修正 DEVA 法的成长期互联网企业价值评估研究 [D]．云南大学，2018.

[16] 郭邑彤．互联网金融企业数据资产价值评估方法研究 [D]．西安科技大学，2019.

[17] 闫晓茹．基于改进的 DEVA 模型对掌阅科技公司估值研究 [D]．兰州财经大学，2019.

[18] 陶怡然．基于 AHP 法的平台数据资产价值评估研究 [D]．中国矿业大学，2019.

[19] 李永红，张淑雯．数据资产价值评估模型构建 [J]．财会月刊，2018 (9)：30—35.

[20] 李泽红，檀晓云．大数据资产会计确认、计量与报告 [J]．财会通讯，2018 (10)：58—59.

[21] 段文奇，宣晓．基于价值创造视角的互联网企业价值评估体系研究 [J]．财贸研究，2018，29 (9)：85—97.

[22] 齐爱民，盘佳．数据权、数据主权的确立与大数据保护的基本原则 [J]．苏州大学学报（哲学社会科学版），2015 (1)：64—70.

[23] 李明惠．京东与阿里巴巴商业模式比较研究 [J]．山东理工大学学报（社会科学版），2018，34 (1)：26—31.

[24] 杨斐．电商企业战略演进过程案例研究 [D]．吉林大学，2017.

[25] 代昌利，李佳颖，刘宇珑．大数据在资产评估领域的应用研究 [J]．中国市场，2019 (14)：51—57.

[26] 范鹏飞．修正的 DEVA 估值模型对“斗鱼直播”的估值研究 [D]．兰州财经大学，2018.

［27］王静，王娟．互联网金融企业数据资产价值评估——基于 B—S 理论模型的研究［J］．技术经济与管理研究，2019（7）：73—78.

［28］李金墙．DEVA 模型在互联网企业估值中的应用研究［D］．上海外国语大学，2019.

［29］孙俐丽，袁勤俭．数据资产管理视域下电子商务数据质量评价指标体系研究［J］．现代情报，2019，39（11）：90—97.

［30］陈剑莎．基于企业生命周期的互联网企业价值评估方法研究［D］．长安大学，2012.

［31］Siew Ann Cheong. Economics and econophysics in the era of Big Data［J］. The European Physical Journal Special Topics，2016，225（17—18）.

［32］Provost Foster，Fawcett Tom. Data Science and its Relationship to Big Data and Data－Driven Decision Making.［J］. Big data，2013，1（1）.

［33］Richard Kemp. Legal aspects of managing Big Data［J］. Computer Law & Security Review：The International Journal of Technology Law and Practice，2014，30（5）.

［34］Matin Dagdeviren. A Fuzzy Analytic Network Process（ANP）Model for Measurement of the Sectoral Competition Level（SCL）［J］. Expert Systems withApplications，2012（37）1005—1014.

［35］Thomas L Saaty. Time Dependent Decision－making；Dynamic Priorities in the AHP/ANP：Generalizing from Points to Functions and From Real to Complex Variables［J］. Mathematical and Computer Modelling，2011（46）.

［36］Danah，Boyd，Kate. Critical Question For Big Data［J］. Information Communication & Society，2012（5）：662—679.

［37］Adrian Gregory. Data governance — Protecting and unleashing the value of your customer data assets［J］. Journal of Direct，Data and Digital Marketing Practice，2011，12（3）.

［38］Tomohiro Yamaguchi. Intangible Asset Valuation Model Using Panel Data［J］. Asia－Pacific Financial Markets，2014，21（2）.

［39］Michael L. Gargano，Bel G. Raggad. Data mining－a powerful information creating tool［J］. OCLC Systems & Services，1999，15（2）：81—90.

［40］Adolph，Martin. Big data，its enablers and standards［J］. PIK－Praxis der Information sverarbeitung und communication，2014，37（3）：197—204.

新财务报表格式中新增报表科目在企业价值评估中的处理研究

徐晓斌　梁　原　陈　蓓　潘　霞

摘　要： 财务报表是企业价值评估中的重要基础性资料，财务报表格式的变化，牵动着企业价值评估中三大基本评估方法在评估实务中具体运用方式的变化。

2017 年至今，财政部多次发文修订一般企业财务报表格式，根据 2017 年印发并实施的持有待售准则和新政府补助准则、2017 年印发并于 2018 年起分阶段实施的新金融准则、新收入准则以及 2018 年印发并于 2019 年起分阶段实施的新租赁准则，对一般企业财务报表格式以及合并财务报表格式进行了更新，新增了多个财务报表科目，包括 11 个资产负债表科目和 5 个利润表科目。

本文以企业价值评估为视角，在系统整理 2017 年至今一般企业财务报表格式及相关会计准则变化的基础上，研究了在资产基础法中对于新增财务报表科目如何进行评估，以及收益法和市场法评估中对于新增财务报表科目在评估模型中如何进行处理，并以具体的案例举例说明了评估实践中对于新增财务报告科目的处理。

本文的研究成果填补了目前国内评估界对于新增财务报表科目评估处理系统研究方面的空白，可以直接指导评估人员在实际评估项目中合理应对新财务报表格式下新增的财务报表科目。

关键词： 企业价值评估；财务报表格式；财务报表科目；新金融准则；新收入准则；新租赁准则

一、引言

（一）选题的目的和意义

财务报表是企业价值评估中的重要基础性资料，财务报表格式的变化，牵动着企业价值评估中三大基本评估方法具体运用方式的变化。

2017 年至今，为配合新发布或新修订的会计准则，财政部多次发文修订一般企业财务报表格式，新增了多个财务报表科目。随着越来越多的企业在编制财务报表时开始执行新发布或新修订的会计准则，评估人员在评估项目中也会更多地遇到新财务报表格式下新增的财务报表科目，而不少评估人员对于新增的财务报表科目在资产评估时如何处理存在疑惑，因

作者单位：金证（上海）资产评估有限公司（原“江苏金证通资产评估房地产估价有限公司”）

此本课题的研究十分必要。

（二）研究的主要内容

本文以企业价值评估为视角，在系统整理2017年至今一般企业财务报表格式及相关会计准则变化的基础上，研究在资产基础法中对于新增财务报表科目如何进行评估，以及收益法和市场法评估中对于新增财务报表科目在评估模型中如何进行处理。

（三）研究方法和技术路线

本文采用的主要研究方法为理论分析、公式推导和案例研究，从会计理论和评估理论相结合出发，通过公式推导等方法分析得出各类新增财务报表科目的处理方法，并辅以案例来说明研究成果的具体应用操作。

（四）创新点

经查询“中国知网”等权威文献数据库，截至2020年10月，国内尚没有对于新增财务报表科目在评估中的处理方法进行系统研究的论文文献，本课题研究具有较强的新颖性和时效性。

二、报告正文

（一）新财务报表格式概况及其准则背景

本部分内容梳理了2017年至今财政部历次发文修订一般企业财务报表格式的相关文件，整理了新增财务报表科目的定义，并介绍了与上述财务报表格式修订相关的会计准则变化背景。

1. 2017年至今一般企业财务报表格式的变化

2017年至今，财政部多次发文修订一般企业财务报表格式，概况如表1所示。

表1　　2017年至今财政部发布的修订一般企业财务报表格式的相关文件

文件名称	文号	发文日期	备注
关于修订印发一般企业财务报表格式的通知	财会〔2017〕30号	2017年12月25日	根据财会〔2018〕15号废止
关于修订印发2018年度一般企业财务报表格式的通知	财会〔2018〕15号	2018年6月15日	根据财会〔2019〕6号废止
关于修订印发2018年度合并财务报表格式的通知	财会〔2019〕1号	2019年1月18日	根据财会〔2019〕16号废止
关于修订印发2019年度一般企业财务报表格式的通知	财会〔2019〕6号	2019年4月30日	
关于修订印发合并财务报表格式（2019版）的通知	财会〔2019〕16号	2019年9月19日	

财政部发布的上述文件中，根据2017年印发并实施的持有待售准则和新政府补助准则、2017年印发并于2018年起分阶段实施的新金融准则、新收入准则以及2018年印发并于

2019 年起分阶段实施的新租赁准则，对一般企业财务报表格式以及合并财务报表格式进行了更新，新增了多个财务报表科目，概况如表 2、表 3 所示。

表 2　资产负债表中主要新增科目概况

科目名称	新增科目的文件	新增原因
持有待售资产	财会〔2017〕30 号	根据 2017 年施行的《企业会计准则第 42 号——持有待售的非流动资产、处置组和终止经营》（财会〔2017〕13 号）新增
持有待售负债		
合同资产	财会〔2018〕15 号	根据 2018 年 1 月 1 日起分阶段实施的《企业会计准则第 14 号——收入》（财会〔2017〕22 号，简称新收入准则）新增
合同负债		
债权投资		根据 2018 年 1 月 1 日起分阶段实施的《企业会计准则第 22 号——金融工具确认和计量》（财会〔2017〕7 号）、《企业会计准则第 23 号——金融资产转移》（财会〔2017〕8 号）、《企业会计准则第 24 号——套期会计》（财会〔2017〕9 号）、《企业会计准则第 37 号——金融工具列报》（财会〔2017〕14 号）（以上四项简称新金融准则）新增
其他债权投资		
其他权益工具投资		
其他非流动金融资产		
应收款项融资	财会〔2019〕6 号	
使用权资产		根据 2019 年 1 月 1 日起分阶段实施的《企业会计准则第 21 号——租赁》（财会〔2018〕35 号，以下称新租赁准则）新增
租赁负债		

表 3　利润表中主要新增科目概况

科目名称	新增科目的文件	新增原因
资产处置收益	财会〔2017〕30 号	根据 2017 年施行的《企业会计准则第 42 号——持有待售的非流动资产、处置组和终止经营》（财会〔2017〕13 号）新增
其他收益		根据 2017 年施行的《企业会计准则第 16 号——政府补助》（财会〔2017〕15 号）新增
研发费用	财会〔2018〕15 号	从“管理费用”项目中分拆“研发费用”项目
信用减值损失		根据 2018 年 1 月 1 日起分阶段实施的《企业会计准则第 22 号——金融工具确认和计量》（财会〔2017〕7 号）新增
净敞口套期收益		根据 2018 年 1 月 1 日起分阶段实施的《企业会计准则第 24 号——套期会计》（财会〔2017〕9 号）新增

2. 新增财务报表科目的含义

持有待售资产：反映资产负债表日划分为持有待售类别的非流动资产及划分为持有待售类别的处置组中的流动资产和非流动资产的期末账面价值。

持有待售负债：反映资产负债表日处置组中与划分为持有待售类别的资产直接相关的负债的期末账面价值。

合同资产：是指企业已向客户转让商品而有权收取对价的权利，且该权利取决于时间流逝之外的其他因素。

合同负债：是指企业已收或应收客户对价而应向客户转让商品的义务。

债权投资：反映资产负债表日企业以摊余成本计量的长期债权投资的期末账面价值。

其他债权投资：反映资产负债表日企业分类为以公允价值计量且其变动计入其他综合收

益的长期债权投资的期末账面价值。

其他权益工具投资：反映资产负债表日企业指定为以公允价值计量且其变动计入其他综合收益的非交易性权益工具投资的期末账面价值。

其他非流动金融资产：反映自资产负债表日起超过一年到期且预期持有超过一年的以公允价值计量且其变动计入当期损益的非流动金融资产的期末账面价值。

应收款项融资：反映资产负债表日以公允价值计量且其变动计入其他综合收益的应收票据和应收账款等。

使用权资产：是指承租人可在租赁期内使用租赁资产的权利。

租赁负债：反映资产负债表日承租人企业尚未支付的租赁付款额的期末账面价值。

资产处置收益：反映企业出售划分为持有待售的非流动资产（金融工具、长期股权投资和投资性房地产除外）或处置组时确认的处置利得或损失，以及处置未划分为持有待售的固定资产、在建工程、生产性生物资产及无形资产而产生的处置利得或损失。

其他收益：反映计入其他收益的政府补助等。

研发费用：反映企业进行研究与开发过程中发生的费用化支出，以及计入管理费用的自行开发无形资产的摊销①。

信用减值损失：反映企业按照《企业会计准则第 22 号——金融工具确认和计量》（2017 年修订）的要求计提的各项金融工具减值准备所形成的预期信用损失。

净敞口套期收益：反映净敞口套期下被套期项目累计公允价值变动转入当期损益的金额或现金流量套期储备转入当期损益的金额。

（二）资产基础法中对于新增财务报表科目的评估处理研究

本部分内容从各新增财务报表科目的概念和性质出发，并借鉴旧财务报表格式中类似科目的评估方法，研究在资产基础法中各新增财务报表科目的评估方法。

1. 持有待售资产和持有待售负债的评估

（1）持有待售资产

由于持有待售资产的持有目的是用于出售，非持续使用，因此评估持有待售资产时需要计算的不是持续使用前提下的价值，而是可回收净值，即以可变现收入扣减处置费用后的净值确定评估值。

根据财政部会计司 2018 年 3 月 14 日发布的《关于持有待售准则有关问题的解读》中关于持有待售资产公允价值确定方法的内容指出，如果企业已经获得确定的购买承诺，应当参考交易价格确定持有待售的非流动资产或处置组的公允价值，交易价格应当考虑可变对价、非现金对价、应付客户对价等因素的影响。如果企业尚未获得确定的购买承诺，如对于专为转售而取得的非流动资产或处置组，企业应当对其公允价值做出估计，优先使用市场报价等可观察输入值。

参考上述方法，持有待售资产的具体评估思路如下：

---

① “研发费用”在《关于修订印发一般企业财务报表格式的通知》（财会〔2017〕30 号）中已从“管理费用”中分拆出来作为单独的利润表报表项目，但在该文件中未对“研发费用”这一报表项目给出正式的定义。“研发费用”这一报表项目的正式定义在《关于修订印发 2019 年度一般企业财务报表格式的通知》（财会〔2019〕6 号）给出。

①如果企业已经获得确定的购买承诺，可按照购买承诺中约定的交易价格确定持有待售的非流动资产的可变现收入，并减去处置费用得到评估值。

②如果企业尚未获得确定的购买承诺，可采用评估技术对其可变现收入进行估计，并减去处置费用得到评估值。其中，可变现收入可参考市场询价得到的报价或参考可比交易案例确定。

（2）持有待售负债

根据《2020 年资产评估师资格全国统一辅导教材·资产评估实务（一）》“评估实践中，负债评估多类似于会计核算审核性质……从评估实践不难看出，负债评估实际上是核实各项负债在评估基准日债务人的实际负债额，其他资产评估常用的市场法、成本法、收益法等评估方法不适用”。因此，对于持有待售负债，评估中原则上应按照核实后的账面值确定评估值，而不是考虑转移该项负债所需支付的金额。

2. 合同资产和合同负债的评估

（1）合同资产

合同资产，是指企业已向客户转让商品而有权收取对价的权利，且该权利取决于时间流逝之外的其他因素。应收账款是指企业在正常的经营过程中因销售商品、产品、提供劳务等业务，应向购买单位收取的款项，是企业拥有的、无条件（即，仅取决于时间流逝）向客户收取对价的权利。

《〈企业会计准则第 14 号——收入〉应用指南（2018）》指出，合同资产和应收款项都是企业拥有的有权收取对价的合同权利，二者的区别在于，应收款项代表的是无条件收取合同对价的权利，即企业仅仅随着时间的流逝即可收款，而合同资产并不是一项无条件收款权，该权利除了时间流逝之外，还取决于其他条件（例如，履行合同中的其他履约义务）才能收取相应的合同对价。因此，与合同资产和应收款项相关的风险是不同的，应收款项仅承担信用风险，而合同资产除信用风险之外，还可能承担其他风险，如履约风险等。

在减值准备的计提方面，《企业会计准则第 22 号——金融工具确认和计量》第四十六条规定，“企业应当按照本准则规定，以预期信用损失为基础，对下列项目进行减值会计处理并确认损失准备：……（一）按照本准则第十七条分类为以摊余成本计量的金融资产和按照本准则第十八条分类为以公允价值计量且其变动计入其他综合收益的金融资产。……（三）合同资产。合同资产是指《企业会计准则第 14 号——收入》定义的合同资产……”虽然合同资产不属于金融资产，但是合同资产的信用风险类似于应收款项，会计上对于合同资产和应收账款计提减值准备的一般原则均为根据《企业会计准则第 22 号——金融工具确认和计量》的规定计算预期信用损失。

可以看出，合同资产和应收账款在性质上均为向客户收取对价的权利，并且会计上计提减值准备的模型均为预期信用损失模型，因此，对于合同资产的评估可以借鉴应收账款的评估方法，即按照核实后的账面余额减去评估风险损失确定评估值，原账面计提的合同资产减值准备评估为零。

关于评估风险损失的确定方法，目前评估实践中对于应收账款的评估风险损失确定思路与会计上确定应收账款减值准备的思路类似，相应地，可参考会计上确定合同资产减值准备的思路，对合同资产评估风险损失的确定思路进行分析。

合同资产评估风险损失的确定思路与应收账款相比较为复杂，不同类别的合同资产的风险特征不同，评估风险损失的确定思路也存在差异。以下以常见的未到期的质保金和已完工未结算资产为例，对合同资产评估风险损失的确定思路进行说明。

①未到期的质保金

未到期的质保金形成的合同资产常见于从事商品销售的企业。企业向客户销售产品时在合同价中包含一部分质量保证金，并且确定质保期，若在质保期内该产品未出现重大质量问题，或出现了重大质量问题但企业履行了质保义务，客户应在质保期结束时支付该质保金。按照新收入准则，企业在确认商品销售收入的同时，将质保金确认为合同资产；在质保期结束时，将相应商品的客户尚未支付的质保金从合同资产结转至应收账款。

对于未到期的质保金形成的合同资产而言，在质保期内，客户没有立即付款的义务，未支付质保金属于正常现象；而在质保期结束客户有立即付款的义务时，相关的合同资产已结转至应收账款。因此，未到期的质保金形成的合同资产的信用风险水平与其账龄的相关程度较低，不宜直接采用迁徙率法确定各账龄合同资产的预期信用损失率并结合各项合同资产的账龄确定评估风险损失，而应结合待评估的合同资产相关的应收账款的预期信用损失率确定合同资产的预期损失率，具体方法如下：

第一，计算类似风险特征应收账款各账龄段的预期信用损失率

采用具有类似风险特征客户的应收账款历史数据，借鉴会计上的“减值矩阵模型”，计算该类信用风险特征客户各账龄段应收账款的预期信用损失率。

新金融准则实施后，金融工具的减值由原准则下的“已发生损失法”变更为“预期信用损失法”。“已发生损失法”将金融资产的账面价值减记预计未来现金流量时不包括尚未发生的未来信用损失，难以及时足额地反映有关金融资产在资产负债表日的信用风险状况。与“已发生损失法”相比，“预期信用损失法”考虑了有关过去事项、当前状况以及未来经济状况预测的合理且有依据的信息，更贴近于经济上的预期信用损失。

以“预期信用损失法”计提金融工具减值，引入了“减值矩阵模型”，是在账龄分析法的基础上，利用迁徙率（或滚动率）对历史损失率进行估计，并在考虑前瞻信息后对信用损失进行预测。采用减值矩阵模型计算各账龄段应收账款预期信用损失率的操作步骤如下：

第 1 步：将具有类似风险特征的客户划分为一个单独的组合。

第 2 步：统计该组合近期较为稳定的经营周期内的应收账款账龄。

以账龄划分为“1 年以内”“1 至 2 年”“2 至 3 年”“3 年以上”四个区间为例，对某账龄组合近四年应收账款的账龄分布情况统计汇总，如表 4 所示。

表 4　　近年账龄分布情况表　　金额单位：万元

账龄	2017 年 12 月 31 日	2018 年 12 月 31 日	2019 年 12 月 31 日	2020 年 12 月 31 日
1 年以内	A1	B1	C1	D1
1 至 2 年	A2	B2	C2	D2
2 至 3 年	A3	B3	C3	D3
3 年以上	A4	B4	C4	D4

续表

账龄	2017 年 12 月 31 日	2018 年 12 月 31 日	2019 年 12 月 31 日	2020 年 12 月 31 日
其中：上年末账龄为 3 年以上，本年继续迁徙部分		B5	C5	D5

第 3 步：计算该周期内应收账款迁徙率及其平均值。

迁徙率是指在一个时间段内没有收回而迁徙至下一个时间段的应收账款的比例。例如，当年迁徙率为上年末该账龄余额至下年末仍未收回的金额占上年末该账龄余额的比重。

计算该组合近四年应收账款的迁徙率及其平均值，如表 5 所示：

表 5　　迁徙率计算表

账龄	2017 年至 2018 年迁徙率	2017 年至 2018 年迁徙率	2017 年至 2018 年迁徙率	三年平均迁徙率
1 年以内	E1 = B2/A1	F1 = C2/B1	G1 = D2/C1	H1 = (E1 + F1 + G1) ÷ 3
1 至 2 年	E2 = B3/A2	F2 = C3/B2	G2 = D3/C2	H2 = (E2 + F2 + G2) ÷ 3
2 至 3 年	E3 = (B4 − B5)/A3	F3 = (C4 − C5)/B3	G3 = (D4 − D5)/C3	H3 = (E3 + F3 + G3) ÷ 3
3 年以上	E4 = B5/A4	F4 = C5/B4	G4 = D5/C4	H4 = (E4 + F4 + G4) ÷ 3

第 4 步：计算历史损失率。

根据该组合各账龄段的迁徙率，计算各账龄段的历史损失率，如表 6 所示：

表 6　　历史损失率计算表

账龄	历史损失率
1 年以内	I1 = H1 × H2 × H3 × H4 = H1 × I2
1 至 2 年	I2 = H2 × H3 × H4 = H2 × I3
2 至 3 年	I3 = H3 × H4 = H3 × I4
3 年以上	I4 = H4

第 5 步：前瞻性信息调整。

评估师可分析与损失率相关的关键驱动因素的主要变化，基于当前可观察以及考虑前瞻因素对前面计算的历史损失率进行调整，以反映并未影响历史数据所属期间的当前状况以及未来状况预测的影响，并且剔除与未来合同现金流量不相关的历史期间状况的影响，最终得到根据前瞻性信息调整后“1 年以内”“1 至 2 年”“2 至 3 年”“3 年以上”四个账龄段的预期信用损失率分别为 J1、J2、J3、J4。

回归法是前瞻性信息调整的一种重要方法，采用回归法进行前瞻性调整的具体步骤如下：首先，分析与损失率相关的关键驱动因素，作为用于前瞻性调整的经济指标；其次，通过回归分析确定经济指标历史上与损失率之间的关系，得到回归方程；最后，取得预测的未来经济指标，并通过刚才得到的回归方程计算确定前瞻性调整数值。

第二，计算综合损失率

将组合中各账龄段应收账款的账面余额与上述计算的各账龄段预期信用损失率分别相

乘，计算各账龄段应收账款的预期信用损失额并加总，然后除以上述应收账款的账面余额，得到综合损失率，计算公式如表 7 所示：

表 7　　综合损失率计算表　　金额单位：万元

账龄	2020 年 12 月 31 日 相关应收账款账面余额	预期信用损失率	预期信用损失
1 年以内	K1	J1	= K1 × J1
1 至 2 年	K2	J2	= K2 × J2
2 至 3 年	K3	J3	= K3 × J3
3 年以上	K4	J4	= K4 × J4
合计	L	综合损失率 = L ÷ M	M

第三，计算合同资产的评估风险损失

将待评估合同资产的账面余额与上述综合损失率相乘，得到待评估合同资产的评估风险损失，计算公式如下：

$$合同资产评估风险损失 = 合同资产账面余额 \times 综合损失率$$

②已完工未结算资产

已完工未结算资产形成的合同资产常见于工程施工企业。企业根据与客户签订的工程施工合同提供工程施工服务，并根据履约进度在合同期内确认收入。客户根据合同规定与企业就工程施工服务履约进度进行结算，并在结算后根据合同规定的信用期支付工程价款。企业根据履约进度确认的收入金额超过已办理结算价款的部分确认为合同资产。上述合同资产待办理结算后将结转至应收账款。

由于工程施工合同中通常会约定定期结算，每次结算的周期通常不超过一年，已完工未结算资产的账龄通常较短。因此，对于正常执行的工程施工合同中已完工未结算资产形成的合同资产，可采用应收账款中类似风险特征的客户最短账龄段的预期信用损失率作为确定评估风险损失时的预计损失率。

（2）合同负债

在新收入准则下，原来在预收账款科目列示的部分款项改为在合同负债科目列示，企业转让商品收到的预收款在合同负债中核算，非转让商品而产生的预收款（例如处置资产产生预收款）仍使用预收账款核算。合同负债科目和原预收账款科目内涵亦存在差别，合同负债科目包括企业已收或应收客户对价而应向客户转让商品的义务，原预收账款科目仅包括企业已收客户对价而应向客户转让商品的义务，合同负债科目内涵更为广泛，更加清晰全面地反映企业在收入确认过程当中应履行的义务。

如前所述，评估实践中，负债评估主要是核实各项负债在评估基准日债务人的实际负债额。由于合同负债科目取代了原报表科目预收账款中因企业转让商品受到的预收款部分，其评估方法也与预收账款类似，以核实后的账面值确定评估值。

3. 债权投资、其他债权投资、其他权益工具投资、其他非流动金融资产的评估

根据安永的总结，新金融准则下金融资产的分类方法概括如图 1 所示。

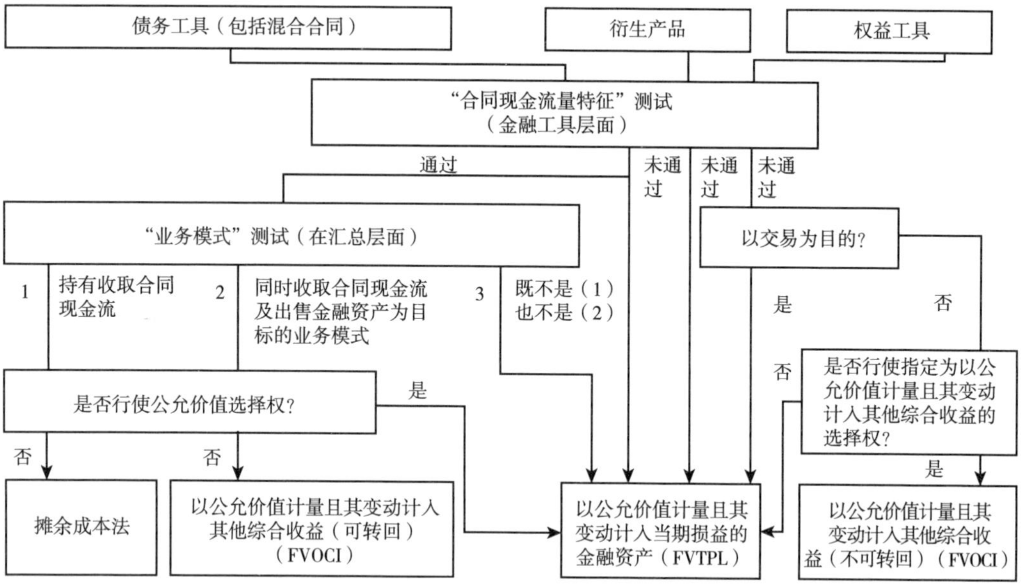

图 1　新金融准则下金融资产的分类方法概括图

根据普华永道的总结①，金融工具分类与报表项目对应关系具体如表 8 所示。

表 8　　金融工具分类与报表项目对应关系表

新金融工具准则			报表项目：流动	报表项目：非流动
金融资产	FVTPL	债务工具	交易性金融资产	其他非流动金融资产
		权益工具		
		衍生工具	衍生金融资产	未明确（建议“其他非流动金融资产”）
	FVOCI	债务工具	一年内到期的非流动资产、其他流动资产	其他债权投资
		权益工具	其他流动资产	其他权益工具投资
	摊余成本	债务工具—债权投资	一年内到期的非流动资产、其他流动资产	债权投资
		债务工具—其他	应收票据、应收账款、其他应收款、一年内到期的非流动资产	长期应收款
金融负债	FVTPL		交易性金融负债	其他非流动负债
			衍生金融负债	
	摊余成本		短期借款、应付票据、应付账款、其他应付款、一年内到期的非流动负债	长期借款、应付债券、长期应付款

① 普华永道. 编制中报时如何运用新金融工具准则及应用指南? [OL]. (2018 - 07 - 18), https: //mp. weixin. qq. com/s/1F3o8WXnTgEPhoIvENfV - w.

注：FVTPL 指以公允价值计量且其变动计入当期损益，FVOCI 指以公允价值计量且其变动计入其他综合收益。

（1）债权投资

债权投资的特征为属于非流动资产类别的以摊余成本计量的债务工具。

企业持有债权投资的目的主要是收取合同现金流量，符合“本金 + 利息”的合同现金流量特征。因此对于预计能按期收回本金和利息的债权投资，评估值的计算应以企业持有该项投资所能获得的本金和利息为基础；对于预计不能按期收回本金和利息的债权投资，评估值的计算应以该笔债权的预计可收回的金额为基础。债权投资的具体评估方法如下：

①对于预计能按期收回本金和利息的债权投资，距离评估基准日一年以内到期的，可以根据本金加上持有期间尚未支付的利息确定评估值；距离评估基准日一年以上到期的，可以根据本利和的现值确定评估值。

以分次付息、到期一次还本债券为例，本利和的计算公式如下：

$$P = \sum_{i=1}^{n} \frac{R_i}{(1+r)^i} + \frac{A}{(1+r)^n}$$

式中：

P——债权投资的评估值；

R_i——第 i 期的预期利息收益；

r——折现率；

A——债权投资面值；

n——评估基准日距到期还本日期限。

②对于预计不能按期收回本金和利息的债权投资，在调查取证的基础上，通过分析预测，根据各笔债权可能收回的金额确定评估值。

（2）其他债权投资

其他债权投资的特征为属于非流动资产类别的以公允价值计量且其变动计入其他综合收益的债务工具。

企业持有其他债权投资既以收取合同现金流量（本金和利息）为目的也以择机出售为目的。因此其他债权投资的评估思路应同时考虑该项投资所能获得的本金和利息以及该项投资当前的市价，即债权投资的具体评估方法如下：

①对于有评估基准日市场价格信息的其他债权投资（例如上市交易的债券），评估值为本利和的现值与评估基准日市价之间的较高值。

$$评估值 = MAX(本利和的现值,评估基准日市价)$$

其中，本利和的现值计算方法见债权投资的评估方法部分，评估基准日市价可采用评估基准日二级市场交易价格确定。

②对于无评估基准日市场价格信息，且预计能按期收回本金和利息的其他债权投资，由于无法取得评估基准日市价，评估基准日的出售价格可认为与本利和的现值接近，因此评估值为本利和的现值。

③对于无评估基准日市场价格信息，且预计不能按期收回本金和利息的其他债权投资，在调查取证的基础上，通过分析预测，根据各笔债权可能收回的金额确定评估值。

（3）其他权益工具投资

其他权益工具投资的特征为属于非流动资产类别的以公允价值计量且其变动计入其他综合收益的权益工具。

企业持有其他权益工具投资是不以出售为目的权益工具。因此其他权益工具投资的评估思路理论上为企业持有该项投资未来所能获取的现金流量，即其他权益工具投资主要适用收益法，具体评估方法如下：

①对于股利分配存在较强规律性的股权投资（较为固定的股息金额或股息率），可采用股利折现模型评估。

②对于股利分配无规律或很少分配股利的股权投资，可采用企业自由现金流折现模型或股权自由现金流折现模型确定标的企业的股权价值，然后结合持股比例确定该项股权投资的评估值。

③对于不具备收益法运用条件的股权投资，只能退而求其次采用市场法或资产基础法评估。虽然市场法或资产基础法的评估思路与其他权益工具投资“不以出售为目的”的持有假设不甚相符，但其评估值可在一定程度上近似收益法的评估值。

（4）其他非流动金融资产

其他非流动金融资产的特征为属于非流动资产类别的以公允价值计量且其变动计入当期损益的权益工具、债务工具或衍生工具。

其他非流动金融资产可能以交易为目的，也可能不以交易为目的，且涉及的具体投资类别较多，涵盖权益工具、债务工具或衍生工具，各类别其他非流动金融资产的评估思路和方法如下：

①对于其他非流动金融资产中的权益工具，可采用企业价值评估的方法（市场法、收益法、资产基础法）确定标的企业的股权价值，然后结合持股比例确定该项股权投资的评估值。

②对于其他非流动金融资产中的债务工具，一般为特殊种类的债务工具，难以采用通常的债券的评估方法，可根据合同约定和标的资产的具体情况预测未来的现金流量并折现，以确定债务工具的评估值。

③对于其他非流动金融资产中的衍生工具，可采用B－S模型、二叉树或蒙特卡洛模拟等方法确定衍生工具的评估值。

4. 应收款项融资的评估

应收款项融资是一种以应收账款和应收票据为工具为企业筹措资金的方式。

（1）应收款项融资（应收票据类）

在新金融工具准则下，如果应收票据大量用于贴现或背书，且符合终止确认条件，则应收票据业务模式符合“既以收取合同现金流量为目标又以出售金融资产为目标”，列报在应收款项融资科目，而是否符合终止确认条件取决于应收票据的贴现或背书是否转移了信用风险。

对于列示在“应收款项融资”科目的应收票据，通常按照评估基准日相关应收票据的公允价值确定评估值。

（2）应收款项融资（应收账款类）

企业具有一定信用期限的应收账款，同时获得银行的授信，可以在需要时随时向银行出售应收账款（通常又称为“应收账款保理”）或者应收票据质押进行融资，而历史上企业经常向银行出售应收账款、质押应收票据且金额重大，出售满足金融资产终止确认的条件，则期末余额列报在“应收款项融资”科目。

对于列示在“应收款项融资”科目的应收账款，通常按照评估基准日相关应收账款的公允价值确定评估值。

5. 使用权资产和租赁负债的评估

（1）租赁负债

根据《企业会计准则第 21 号——租赁（2018 年修订）》（财会〔2018〕35 号），租赁负债应当按照租赁期开始日尚未支付的租赁付款额的现值进行初始计量。其中，租赁付款额是指承租人向出租人支付的与在租赁期内使用租赁资产的权利相关的款项，包括：①固定付款额及实质固定付款额，存在租赁激励的，扣除租赁激励相关金额；②取决于指数或比率的可变租赁付款额，该款项在初始计量时根据租赁期开始日的指数或比率确定；③购买选择权的行权价格，前提是承租人合理确定将行使该选择权；④行使终止租赁选择权需支付的款项，前提是租赁期反映出承租人将行使终止租赁选择权；⑤根据承租人提供的担保余值预计应支付的款项。

如前所述，评估实践中，负债评估主要是核实各项负债在评估基准日债务人的实际负债额。由于租赁负债的账面值已反映了承租人于评估基准日的实际负债额的现值，评估中对于租赁负债应按照核实后的账面值评估。

（2）使用权资产

根据《企业会计准则第 21 号——租赁（2018 年修订）》（财会〔2018〕35 号），使用权资产，是指承租人可在租赁期内使用租赁资产的权利。使用权资产应当按照成本进行初始计量，该成本包括：①租赁负债的初始计量金额；②在租赁期开始日或之前支付的租赁付款额，存在租赁激励的，扣除已享受的租赁激励相关金额；③承租人发生的初始直接费用；④承租人为拆卸及移除租赁资产、复原租赁资产所在场地或将租赁资产恢复至租赁条款约定状态预计将发生的成本。在后续计量中，承租人应当参照《企业会计准则第 4 号——固定资产》有关折旧规定对使用权资产计提折旧，并按照《企业会计准则第 8 号——资产减值》的规定确定使用权资产是否发生减值，并对已识别的减值损失进行会计处理。

可以看出，使用权资产的账面值基本构成如下：

$$使用权资产账面价值 = 账面原值 - 累计折旧 - 减值准备$$

通常企业在会计核算上采用直线法计提折旧，即使用权资产的账面价值在租赁期内每年等额减少，但实际上使用权资产的价值并不是在租赁期内每年等额减少的，因此使用权资产不宜按照核实后的账面值评估，而是应按照假设在评估基准日以市场租金价格和原租赁合同的剩余租赁期和付款方式等条款重新租赁该项资产，重新模拟初始计量使用权资产，得到使用权资产的评估值，具体步骤如下：

第一，模拟重新计算租赁负债

以评估基准日的市场租金价格和原租赁合同的剩余租赁期和付款方式等条款，假设在评估基准日重新租赁该项资产，模拟重新计算租赁负债，计算公式如下：

$$LO = \sum_{i=1}^{n} \frac{F_i + V_i}{(1+r)^i} + C - P$$

式中：

LO——-重新计算的租赁负债；

F_i——未来第 i 期的固定付款额；

V_i——未来第 i 期的可变付款额；

C——购买选择权的期权价值；

P——终止租赁选择权的期权价值；

r——折现率；

n——剩余租赁期限。

上述参数的具体确定方法如下：

固定付款额和可变付款额：根据评估基准日的市场租金价格水平（通过市场询价取得），结合《企业会计准则第 21 号——租赁（2018 年修订）》（财会〔2018〕35 号）中固定付款额和可变租赁付款额的口径确定。

购买选择权的期权价值：《企业会计准则第 21 号——租赁（2018 年修订）》（财会〔2018〕35 号）中的口径是在计算租赁负债时将购买选择权的行权价格直接加到租赁付款额中，实际上是假设到期后行权，没有考虑行权的可能性。在评估中可以将该购买选择权作为一个欧式看涨期权考虑（由于是在租赁期末决定是否行权，故为欧式期权），采用 B－S 模型评估该期权的价值，并加在租赁负债中。

终止租赁选择权的期权价值：《企业会计准则第 21 号——租赁（2018 年修订）》（财会〔2018〕35 号）中的口径是在计算租赁负债时将行使终止租赁选择权需支付的款项直接加到租赁付款额中，没有考虑行权的可能性。在评估中可以将该终止租赁选择权作为一个美式看跌期权考虑（由于是在租赁期内均可行权，故为美式期权），采用二叉树模型、蒙特卡洛模拟等方法评估该期权的价值，并加在租赁负债中。

折现率：《企业会计准则第 21 号——租赁（2018 年修订）》（财会〔2018〕35 号）规定，在计算租赁付款额的现值时，承租人应当采用租赁内含利率作为折现率；无法确定租赁内含利率的，应当采用承租人增量借款利率作为折现率。

租赁内含利率，是指使出租人的租赁收款额的现值与未担保余值的现值之和等于租赁资产公允价值与出租人的初始直接费用之和的利率，实务中一般较难获得。

承租人增量借款利率，是指承租人在类似经济环境下为获得与使用权资产价值接近的资产，在类似期间以类似抵押条件借入资金需支付的利率，实务中一般采用该方法确定折现率。借鉴《国际财务报告准则第 16 号——租赁》结论基础的 BC162 段，可以直接观察到的利率（例如承租人评估基准日近期借款购买与所租赁资产同类型资产时已支付或将支付的利率，或确定不动产租赁适用折现率时的不动产收益率）作为起点进行调整，以确定增量借款利率。

需要注意的是，这里模拟重新计算租赁负债的租赁负债金额只是为了计算使用权资产的评估值，不是资产基础法下租赁负债的评估值。

第二，模拟重新计算使用权资产

参考《企业会计准则第21号——租赁（2018年修订）》（财会〔2018〕35号）中的口径，以当前市场租金价格水平和剩余租赁期重新初始计量使用权资产，作为使用权资产的评估值，计算公式如下：

使用权资产评估值=租赁负债+预付租赁付款额+初始直接费用+复原成本的现值

租赁负债：为前面第一步中模拟重新计算的租赁负债价值。

预付租赁付款额：为截至评估基准日预付的租赁付款额。

初始直接费用：是指为达成租赁所发生的增量成本。增量成本是指若企业不取得该租赁，则不会发生的成本。注意应采用的是按照评估基准日的市场价格水平测算的初始直接费用，而不是该项租赁原始发生的初始直接费用。

复原成本的现值：系在租赁到期时候，为拆卸及移除租赁资产、复原租赁资产所在场地或将租赁资产恢复至租赁条款约定状态预计将发生的成本的折现值。《企业会计准则第13号——或有事项》第六条规定，货币时间价值影响重大的，应当通过对相关未来现金流出进行折现后确定最佳估计数。由于租赁期通常较长①，货币时间价值影响较大，在计算使用权资产时，应将复原成本折现后加到使用权资产价值中，而不是将复原成本本身的金额直接加到使用权资产价值中。

（三）收益法中对于新增财务报表科目的评估处理研究

本部分内容从各新增财务报表科目对于现金流量的影响出发，首先将各新增财务报表科目中的资产负债表科目按性质分为经营性营运资本类、经营性长期资产类、非经营性资产类，将新增财务报表科目中的利润表科目按性质分为经常性损益类、非经常性损益类，然后根据不同性质科目在收益法中的一般处理原则，研究在收益法评估模型中如何体现这些新增财务报表科目对于现金流量的影响。

1. 合同资产和合同负债

根据前文中的分析，合同资产和合同负债在性质上分别类似于应收账款和预收账款，故在收益法评估中对于合同资产和合同负债，可采用与应收账款和预收账款类似的预测方法，按照一定的周转率在营运资本中进行预测。

在周转率类型的选择方面，由于合同资产和合同负债更多的是与营业收入相关而非与营业成本相关，故通常选择与营业收入挂钩的周转率。合同资产及合同负债周转率的计算公式如下：

$$合同资产周转率=\frac{营业收入}{合同资产}$$

$$合同负债周转率=\frac{营业收入}{合同负债}$$

① 根据《企业会计准则第21号——租赁（2018年修订）》（财会〔2018〕35号），对于短期租赁和低价值资产租赁，承租人可以选择不确认使用权资产和租赁负债。因此在资产基础法评估中遇到的使用权资产，一般租赁期较长。

2. 使用权资产和租赁负债

企业价值收益法评估中，经常会遇到租赁资产。在旧租赁准则下，承租人需要区分经营租赁和融资租赁，分别采用不同的会计处理方法，企业的租赁事项大部分为经营租赁，承租人的经营租赁在收益预测中仅体现在预测成本费用的租金支出中，较为简便。而在新租赁准则下，承租人不再将租赁区分为经营租赁或融资租赁，而是采用统一的资产负债表内会计处理模型，收益预测中租赁的处理将变得更加复杂。

使用权资产和租赁负债在收益法评估模型中的处理方法有两种。一种方法是使用权资产作为经营性资产，租赁负债作为经营性负债；另外一种方法是使用权资产作为经营性资产，租赁负债作为付息债务。以下对两种方法分别进行分析。

（1）处理方法一：使用权资产作为经营性资产，租赁负债作为经营性负债

企业价值收益法评估中最常用的评估模型为企业自由现金流折现模型，该模型的主要参数包括企业自由现金流量、折现率，以及在计算股权评估值时从企业价值中扣除的付息债务价值。以下分别研究在自由现金流量、折现率和付息债务价值计算中如何考虑使用权资产和租赁负债的影响。

①现金流量计算中的处理

在使用权资产和租赁负债均作为经营性项目的这种处理方式下，使用权资产和租赁负债的相关现金流量均应在自由现金流计算中进行考虑。

企业自由现金流量的计算公式如下：

企业自由现金流量 = 净利润 + 税后付息债务利息 + 折旧和摊销 − 资本性支出 − 营运资本增加
= 息税前利润 ×（1 − 企业所得税税率）+
折旧和摊销 − 资本性支出 − 营运资本增加

可以看出，上式的计算原理实际上是从权责发生制的会计利润出发，通过调整收付实现制与权责发生制的差异，调整得到企业自由现金流量。因此，为了正确计算租赁的现金流量，需要首先分析租赁对于承租人净利润的影响，然后将其调整为现金流量。

根据新租赁准则，使用权资产和租赁负债初始计量和后续计量的主要会计分录如表9所示。

表9　使用权资产和租赁负债初始计量和后续计量的主要会计分录

会计时点	账务处理内容	会计分录	分录代号
租赁开始日	确认使用权资产和租赁负债	借：使用权资产 贷：银行存款（首期租赁付款额） 租赁负债 预计负债（移除/复原成本）	A
租赁期各年	计提使用权资产折旧	借：营业成本 销售费用 管理费用 研发费用 贷：使用权资产——累计折旧	B

续表

会计时点	账务处理内容	会计分录	分录代号
租赁期各年	支付各期租赁付款额	借：租赁负债 贷：银行存款	C
	计提利息费用	借：财务费用——租赁利息 贷：租赁负债	D
租赁期满	发生拆卸、移除、复原支出（若有）	借：预计负债 贷：银行存款	E

以下逐项分析上述五个会计分录对净利润以及现金流量的影响，进而得出在该种处理方式下从净利润调节为现金流量时需要进行的调整事项。

分录A：该会计分录为承租人在租赁开始日确认使用权资产和租赁负债，对净利润无影响，但有实际现金流出（预付租赁款）。因此，从净利润调节为现金流量时需额外扣除该项首期租赁付款额。企业自由现金流量的一般计算公式中并没有这一调整项目，故需要对模型进行特别调整。由于该项支出与长期资产中的使用权资产紧密相关，笔者建议在企业自由现金流量计算公式"减：资本性支出"的预测中进行该项调整，即调增资本性支出。

分录B：该会计分录为承租人对使用权资产计提折旧，折旧金额视使用权资产用途计入营业成本/销售费用/管理费用/研发费用，减少净利润，但无实际的现金流出。因此，从净利润调节为现金流量时需加回该折旧金额。企业自由现金流量的计算公式中"加：折旧和摊销"这一项中可体现使用权资产折旧的加回，故只要在折旧和摊销预测中将使用权资产的折旧金额纳入，后续计算现金流量时模型即可自动将该项折旧加回。

分录C：该会计分录为承租人支付各期租赁付款额，对净利润无影响，但有实际现金流出。因此，从净利润调节为现金流量时需额外扣除该项租赁付款额。企业自由现金流量的一般计算公式中并没有这一调整项目，故需要对模型进行特别调整。由于该项支出与长期资产中的使用权资产紧密相关，笔者建议在企业自由现金流量计算公式"减：资本性支出"的预测中进行该项调整，即调增资本性支出。

分录D：该会计分录为承租人按照固定的周期性利率计算租赁负债在租赁期内各期间的利息费用，减少净利润，但无实际的现金流出。因此，从净利润调节为现金流量时需加回该项财务费用金额。企业自由现金流量的计算公式中"加：税后付息债务利息"这一项加回的是付息债务利息，而租赁负债通常不作为付息债务处理①，上述利息费用并没有在"加：税后付息债务利息"这里加回，故需要对模型进行特别调整。由于该项利息费用与长期资产中的使用权资产紧密相关，笔者建议在企业自由现金流量计算公式"减：资本性支出"的预测中进行该项调整，即调减资本性支出。

分录E：该会计分录为承租人实际支付为拆卸及移除租赁资产、复原租赁资产所在场地或将租赁资产恢复至租赁条款约定状态发生的支出，对净利润无影响，但有实际现金流出。

① 租赁负债虽然形成利息费用，但与付息债务利息性质有一定差异，也并非实际的利息支出金额，故在收益法评估模型中租赁负债通常不作为付息债务处理，企业自由现金流量计算公式中的"加：税后付息债务利息"不包括租赁负债的利息费用，企业自由现金流折现模型中的"减：付息债务"亦不包括租赁负债金额。

因此，从净利润调节为现金流量时需额外扣除该项金额。企业自由现金流量的一般计算公式中并没有这一调整项目，故需要对模型进行特别调整。由于该项支出与长期资产中的使用权资产紧密相关，笔者建议在企业自由现金流量计算公式“减：资本性支出”的预测中进行该项调整，即调增资本性支出。

综上所述，预测期各年对于租赁事项的资本性支出调整金额（调增为正数）的计算公式如下：

资本性支出调整金额 = 租赁付款额 + 拆卸、移除、复原支出 − 租赁利息费用

上式中的“租赁付款额”包括首期租赁付款额以及租赁期内的其他各次付款额。

对于股权自由现金流折现模型，本节中所述的调整方法同样适用，分析过程类似，本文中不再赘述。

为了更加直观地理解上述调整金额计算公式的原理，以下通过重新整理后的资产负债表从另一个角度推导上述调整金额计算公式。

首先，在会计准则规定的资产负债表基础上，根据核算内容性质将资产负债表科目进行归类，如表 10 所示。

表 10　　科目归类后资产负债表

资产	负债及所有者权益
经营性流动资产（A）	经营性流动负债（D）
经营性长期资产（B）	经营性长期负债（E）
	付息债务（F）
非经营性资产、负债和溢余资产净额（C）	所有者权益（G）

接下来，对表 10 中资产负债表中的部分项目进行移项和合并，得到重分类后的资产负债表，如表 11 所示。

表 11　　重分类后的资产负债表

净经营性资产	付息债务及所有者权益
净经营性营运资本（$H = A - D$）	付息债务（F）
净经营性长期资产（$I = B - E$）	所有者权益（G）
非经营性资产、负债和溢余资产净额（C）	

资产负债表期初左右相等，期末也左右相等，则会计期间内资产负债表各科目的增加金额也应左右相等。设企业本期实现净利润为 J、当期净经营性营运资本增加额为 ΔH、当期净经营性长期资产增加额为 ΔI、当期付息债务增加额为 ΔF，若要使本期资产负债表左右增加金额相等，则所有者权益应增加的金额 ΔG 计算公式如下[①]：

$$\Delta G = \Delta H + \Delta I - \Delta F$$

① 现金流折现模型中，非经营性资产、负债和溢余资产单独评估并与现金流量折现值相加，故在现金流量中不考虑非经营性资产、负债和溢余资产的变化。

若本期实现的净利润 J 中留存于所有者权益的金额必须为 ΔG 才能使资产负债表左右相等，故 J 与 ΔG 的差额应作为股利分配给股东，应分配给股东的金额 K 的计算公式如下：

$$\begin{aligned} K &= J - \Delta G \\ &= J - (\Delta H + \Delta I - \Delta F) \\ &= J - \Delta H - \Delta I + \Delta F \end{aligned}$$

即从资产负债表推导出的股权自由现金流量的计算公式如下：

股权自由现金流量 = 净利润 - 经营性营运资本增加 - 净经营性长期资产增加 + 付息债务增加
= 净利润 - 经营性营运资本增加 -（净经营性长期资产原值增加 - 折旧和摊销）+ 付息债务增加

评估实务中通常采用的股权自由现金流量的计算公式如下：

股权自由现金流量 = 净利润 + 折旧和摊销 - 营运资本增加额 - 资本性支出 + 付息债务增加
= 净利润 -（资本性支出 - 折旧和摊销）- 营运资本增加额 + 付息债务增加

对比上述两个股权自由现金流量计算公式可以看出，资本性支出的内涵不仅包括常见的固定资产、无形资产、长期待摊费用原值净增加，也包括其他经营性长期资产原值和经营性长期负债（例如使用权资产、租赁负债、预计负债）金额的净增加。

对于评估基准日已存在的租赁事项，租赁负债初始金额和使用权资产原值均不会变动，故资本性支出调整金额（调增为正数）计算如下：

资本性支出调整金额 = 使用权资产原值增加额 - 租赁负债增加额 - 预计负债增加额
= 0 -（本期租赁利息费用 - 本期租赁付款额）- 预计负债增加额
= 本期租赁付款额 - 本期租赁利息费用 + 预计负债减少额
= 本期租赁付款额 - 本期租赁利息费用 + 拆卸、移除、复原支出①

对于评估基准日后新增的租赁事项，新增时点仅发生使用权资产、租赁负债以及预计负债初始确认，新增时点资本性支出调整金额（调增为正数）计算如下：

资本性支出调整金额 = 使用权资产原值增加额 - 租赁负债增加额 - 预计负债增加额
=（租赁负债原值增加额 + 首期租赁付款额 + 预计负债增加额）- 租赁负债原值增加额 - 预计负债增加额
= 首期租赁付款额

对于评估基准日后新增的租赁事项，除新增时点以外的其他期间资本性支出调整金额同评估基准日已存在的租赁事项的计算公式。

将上述两个推导出的公式综合，同样可以得出预测期各年对于租赁事项的资本性支出调整金额（调增为正数）的计算公式如下：

资本性支出调整金额 = 租赁付款额 + 拆卸、移除、复原支出 - 租赁利息费用

---

① 对于基准日已存在的租赁事项，“预计负债减少额”即租赁期满发生拆卸、移除、复原支出时预计负债结转为 0。

上式中的“租赁付款额”包括首期租赁付款额以及租赁期内的其他各次付款额。

经过上述分析，在计算自由现金流量时对于使用权资产和租赁负债的操作要点总结如下：

A. 在净利润预测的营业成本、销售费用、管理费用、研发费用科目，根据使用权资产的原值和折旧年限预测使用权资产的折旧。

B. 在净利润预测的财务费用科目，根据租赁负债的余额和利率预测租赁负债的利息费用。

C. 在资本性支出预测中，根据本期发生的租赁付款额、拆卸/移除/复原支出、租赁利息费用调整资本性支出金额。

D. 在计算自由现金流量的“加：折旧和摊销”这一步中将使用权资产的折旧金额加回。

②折现率计算中的处理

在折现率的计算中，由于将被评估单位的租赁负债作为了经营性负债，相应地在计算资本结构时，不应将租赁负债作为付息债务；在计算债务资本成本时，不应考虑租赁的资本成本对债务资本成本的影响。

③评估值计算中的处理

在企业自由现金流量的评估值计算中，由于将被评估单位的租赁负债作为了经营性负债，相应地在从企业价值中扣除付息债务价值得到股权价值时，扣除的付息债务不包括租赁负债。

（2）处理方法二：使用权资产作为经营性资产，租赁负债作为付息债务

①现金流量计算中的处理

在使用权资产作为经营性资产，租赁负债作为付息债务的这种处理方式下，租赁可以理解为企业通过租赁负债进行融资而构建了使用权资产，因此在计算企业自由现金流量时，使用权资产资本性支出和折旧的计算方法与固定资产类似，租赁负债在财务费用和折现率中的考虑方法与银行借款类似，具体操作要点如下：

第一，在净利润预测的营业成本、销售费用、管理费用、研发费用科目，根据使用权资产的原值和折旧年限预测使用权资产的折旧。

第二，预测本年使用权资产将达到的规模，并根据本年使用权资产的账面原值与上年账面原值的差异，计算本年使用权资产的资本性支出。若本年发生了使用权资产相关的拆卸/移除/复原支出，也应在资本性支出预测中考虑相关的现金流出。

第三，在净利润预测的财务费用科目，根据租赁负债的余额和利率预测租赁负债的利息费用。

第四，在计算自由现金流量的“加：折旧和摊销”这一步中将使用权资产的折旧金额加回。

第五，在计算自由现金流量的“加：税后付息债务利息”这一步中将税后的租赁利息费用加回。

②折现率计算中的处理

在折现率的计算中，由于将被评估单位的租赁负债作为了付息债务，相应地在计算资本

结构时，也应将租赁负债作为付息债务；在计算债务资本成本时，也应考虑租赁的资本成本对债务资本成本的影响。

③评估值计算中的处理

在企业自由现金流量的评估值计算中，由于将被评估单位的租赁负债作为了付息债务，相应地在从企业价值中扣除付息债务价值得到股权价值时，扣除的付息债务包括租赁负债。

（3）两种处理方法的比较和总结

对上述两种处理方法的异同点总结如表 12 所示。

表 12　两种处理方法的异同点总结

对比项目	方法一	方法二
使用权资产归类	经营性资产	经营性资产
租赁负债归类	经营性负债	付息债务
折旧预测	按企业的折旧政策正常预测	按企业的折旧政策正常预测
资本性支出预测①	按本期实际支付的租赁付款额 扣除租赁利息费用预测	按本年使用权资产的原值增加额预测
财务费用预测	按会计口径的租赁利息费用正常预测	按会计口径的租赁利息费用正常预测
企业自由现金流量计算中 “加：折旧和摊销”步骤	加回使用权资产的折旧	加回使用权资产的折旧
企业自由现金流量计算中 “加：税后付息债务利息”步骤	不加回租赁的利息费用	加回租赁的利息费用
折现率中的资本结构	不将租赁负债作为付息债务	将租赁负债作为付息债务
折现率中的债务资本成本	不考虑租赁的资本成本 对债务资本成本的影响	考虑租赁的资本成本 对债务资本成本的影响
从企业价值计算到股权价值时 扣除的付息债务价值	扣除的付息债务中不包括租赁负债	扣除的付息债务中包括租赁负债

3. 应收款项融资

应收款项融资是以公允价值计量且其变动计入其他综合收益的应收票据和应收账款，虽然名称带有“融资”二字，但其性质通常是经营性的，因此在收益法中一般不作为非经营性资产单独评估，而是采用与应收票据和应收账款类似的预测方法，按照一定的周转率在营运资本中进行预测。若被评估单位应收款项融资金额较小或金额起伏变化较大，也可与应收票据或应收账款科目合并，按照一定的周转率在营运资本中进行预测。应收款项融资周转率的计算公式如下：

$$\text{应收款项融资周转率}=\frac{\text{营业收入}}{\text{应收款项融资}}$$

4. 持有待售资产和持有待售负债

持有待售资产和持有待售负债针对的是拟处置的资产和负债，与企业的日常经营活动无

① 为表格中对比方便，本表格中忽略拆卸、移除、复原支出。

关，在未来收益预测中一般不进行预测，因此在收益法中通常的处理思路是作为非经营性资产和负债单独评估。

持有待售资产和持有待售负债在收益法中还有一种处理思路，即不作为非经营性资产和负债单独评估，而是在未来收益预测中预测相关的处置收益，即确定持有待售资产和持有待售负债在未来拟进行的处置时间和处置收益的金额，并在拟处置年份的“资产处置收益”科目中预测相应的处置收益。

5. 债权投资、其他债权投资、其他权益工具投资、其他非流动金融资产

对于非金融企业，债权投资、其他债权投资、其他权益工具投资、其他非流动金融资产是企业日常经营活动以外的金融资产投资，其未来的投资收益存在较大的不确定性，在未来收益预测中一般不进行预测，因此在收益法中通常的处理思路是作为非经营性资产单独评估。债权投资、其他债权投资、其他权益工具投资、其他非流动金融资产的单独评估方法详见本报告的“（二）资产基础法中对于新增财务报表科目的评估处理研究”部分。

6. 研发费用

研发费用原为利润表中管理费用下的一个二级科目，2017 年起自管理费用分拆出来作为单独的利润表报表项目，只是在利润表中的列报方式发生变化，核算的内容并无实质变化，因此研发费用在收益法中的预测方法与之前作为管理费用下二级科目时的预测方法并无变化。

7. 信用减值损失、资产处置收益、其他收益和净敞口套期收益

（1）信用减值损失

信用减值损失系对各项金融工具计提减值准备形成。企业计提信用减值损失的常见原因包括对应收款项计提坏账准备，以及对金融投资类资产计提减值准备。

对于应收款项形成的信用减值损失，由于发生存在较大偶然性，难以预测，且并不影响企业实际的现金流量，另外未来营运资本预测中对上述应收款项按扣除坏账准备后的净值预测，故未来收益预测中通常不对应收款项形成的信用减值损失进行预测。

对于金融投资类资产形成的信用减值损失，由于金融投资类资产与企业日常经营活动无关，在收益法中通常作为非经营性资产单独进行评估，在作为非经营性资产单独评估中已考虑了其可能存在的减值，故未来收益预测中通常不对金融投资类资产形成的信用减值损失进行预测。

（2）资产处置收益

由于拟处置的资产与企业的日常经营活动无关，在收益法中通常将其作为非经营性资产单独评估，故相应地在未来收益预测中资产处置收益一般不进行预测。

（3）其他收益

计入其他收益的政府补助通常为与企业日常活动相关的政府补助，具有一定的可持续性，可根据收集的补助政策和政府下发的补助文件和进行预测。

（4）净敞口套期收益

对于非金融企业，可能形成净敞口套期收益的套期工具与企业的日常经营活动无关，在收益法中通常将其作为非经营性资产单独评估，故相应地在未来收益预测中净敞口套期收益一般不进行预测。

（四）市场法中对于新增财务报表科目的评估处理研究

本部分内容从各新增财务报表科目对于价值比率分子和分母的影响出发，研究在价值比率的计算和运用中如何考虑这些新增财务报表科目的影响。

1. 价值比率计算中对于新增财务报表科目的处理

市场法评估中价值比率由分子和分母两部分构成。

$$\text{价值比率}=\frac{\text{股权或企业整体价值}}{\text{与价值相关的指标}}$$

在计算价值比率时，需要将相关的非经营性资产和负债科目从分子中剔除，将相关的非经营性损益科目从分母中剔除。

2. 评估值计算中对于新增财务报表科目的处理

市场法评估中，评估值主要由以下两部分构成：①经营价值；②非经营性资产、负债和溢余资产价值。其中经营价值根据价值比率和标的企业的相关指标计算得到。

若采用股权口径的价值比率，评估值计算如下：①

$$\text{评估值}=\text{价值比率}\times\begin{matrix}\text{标的企业}\\\text{相关指标}\end{matrix}+\begin{matrix}\text{非经营性资产、负债}\\\text{和溢余资产价值}\end{matrix}$$

若采用全投资口径的价值比率，评估值计算如下：

$$\text{评估值}=\text{价值比率}\times\begin{matrix}\text{标的企业}\\\text{相关指标}\end{matrix}-\text{付息债务}+\begin{matrix}\text{非经营性资产、负债}\\\text{和溢余资产价值}\end{matrix}$$

在运用价值比率计算标的公司评估值时，与价值比率相乘的标的企业相关指标中需要剔除相关的非经营性资产和负债价值科目（若选取的是资产类价值比率）或非经营性损益科目（若选取的是盈利类价值比率）；对于相关的非经营性资产和负债价值科目，在计算评估值时需要单独评估并加回。

（五）评估案例

（因出版篇幅限制，本部分从略）

（六）研究总结

本文以企业价值评估为视角，在系统整理2017年至今一般企业财务报表格式及相关会计准则变化的基础上，研究了在资产基础法中对于新增财务报表科目如何进行评估，以及收益法和市场法评估中对于新增财务报表科目在评估模型中如何进行处理，填补了目前国内评估领域在新增财务报表科目的评估处理系统研究方面的空白，可以直接指导评估人员在实际评估项目中合理应对新财务报表格式下新增的财务报表科目。

---

① 为方便表述，假设不考虑流动性和控制权对评估值的影响，下同。

参考文献

[1] 财政部．关于修订印发一般企业财务报表格式的通知（财会〔2017〕30号），2017.

[2] 财政部．关于修订印发2018年度一般企业财务报表格式的通知（财会〔2018〕15号），2018.

[3] 财政部．关于修订印发2018年度合并财务报表格式的通知（财会〔2019〕1号），2019.

[4] 财政部．关于修订印发2019年度一般企业财务报表格式的通知（财会〔2019〕6号），2019.

[5] 财政部．关于修订印发合并财务报表格式（2019版）的通知（财会〔2019〕16号），2019.

[6] 财政部．关于印发《企业会计准则第42号——持有待售的非流动资产、处置组和终止经营》的通知（财会〔2017〕13号），2017.

[7] 财政部．关于印发修订《企业会计准则第22号——金融工具确认和计量》的通知（财会〔2017〕7号），2017.

[8] 财政部．关于印发修订《企业会计准则第23号——金融资产转移》的通知（财会〔2017〕8号），2017.

[9] 财政部．关于印发修订《企业会计准则第24号——套期会计》的通知（财会〔2017〕9号），2017.

[10] 财政部．关于印发修订《企业会计准则第37号——金融工具列报》的通知（财会〔2017〕14号），2017.

[11] 财政部．关于印发修订《企业会计准则第16号——政府补助》的通知（财会〔2017〕15号），2018.

[12] 财政部．关于修订印发《企业会计准则第14号——收入》的通知（财会〔2017〕22号），2017.

[13] 财政部．关于修订印发《企业会计准则第21号——租赁》的通知（财会〔2018〕35号），2018.

[14] 财政部会计司．关于持有待售准则有关问题的解读，2018.

[15] 中国资产评估协会．2020年资产评估师资格全国统一考试辅导教材 资产评估实务（一）[M]. 中国财政经济出版社：2020.

[16] 丁静．浅析新金融工具准则下的金融资产分类示例与列报基本模型[J]. 中国注册会计师，2020(10)：85—89.

[17] 王其超，洪洋．新金融工具准则下金融资产减值准备计提的审计思考[J]. 中国注册会计师，2020(9)：84—86.

[18] 邓蕊竺，靖一婧，曾琢等．迁徙率法在应收账款坏账准备计提应用[J]. 新会计，2020(7)：43—46.

[19] 赵菁．新租赁准则调整及会计处理实务分析[J]. 财会通讯，2020(5)：90—93.

[20] 陶腊梅．新旧金融工具准则金融资产会计分类差异及其影响探析[J]. 审计与理财，2020(1)：33—34.

[21] 邓杰芳，王建军．合同资产与合同负债的会计处理探析[J]. 财务与会计，2018(21)：30—31.

[22] 范勋．新金融工具准则指南发布："好账"也有"坏账"准备？[J]. 金融会计，2018(8)：34—38.

[23] 普华永道．编制中报时如何运用新金融工具准则及应用指南？[OL].（2018-07-18）. https://mp.weixin.qq.com/s/1F3o8WXx1gEPkolvSNfV-w.

[24] 林小驰. 新收入准则研究 [OL]. (2019-03-26). https://mp.weixin.qq.com/s/VJDPebGNd-veLAQj4nzvdDQ.

[25] 北京注册会计师协会专业技术委员会. 北京注册会计师协会专业技术委员会专家提示 [2020] 第1号—金融准则新旧衔接中注册会计师的特别关注 [OL]. (2020-01-09). http://www.bicpa.org.cn/dtzj/zxgg/B15794181161112.html.

[26] 北京注册会计师协会专业技术委员会. 北京注册会计师协会专业技术委员会专家提示 [2020] 第3号—对新金融准则下减值准备的关注 [OL]. (2020-05-25). http://www.bicpa.org.cn/dtzj/zxgg/B15903912099325.html.

Black－Scholes 模型在数据资产价值评估中的应用

杨铭伟　潘　霞　邓　文

摘　要： 数据的价值迎来了革新，数据已经发展为如同水与空气一般重要的必需品，个人、企业与政府的发展已经无法离开各类数据的支撑。数据资产已成为世界领先企业最核心的资产之一。具备可利用和符合合法开发条件的数据资源有超过八成掌握在官方。

数据资产具有价值易变、有增值性、无消耗性、依附性等特征，而政府数据资产还具有更大的不确定性及因承担部分社会职能而导致投入产出的弱相关性，这些特征使得一般常用的评估方法难以评估政府数据资产的价值，这也是导致政府数据资产利用率偏低的一个重要原因。通过从数据资产特别是政府数据资产的特性入手，设置了可以直接利用的标准数据资产衡量指标，将一般数据修正到可以直接利用的标准数据资产，再运用实物期权法中 Black－Scholes 模型进行评估。本课题的研究，可以增加实务中评估方法的可操作性和评估结论的可理解性；为交易各方、各类型投资者、监管机构以及社会公众提供客观、合理的数据资产价值；让数据资产价值被交易各方所利用、加快数据的共享、让数据价值得以释放，促进社会经济的高速发展；可以通过分析模型的运用从一定程度上减少估值的风险，更好地反映市场价值的实质，维护国家的经济秩序，市场稳定。

关键词： 数据资产；政府数据；实物期权法；Black－Scholes 模型

一、引言

（一）选题的目的和意义

数字经济是未来的发展方向，数据将会变成一种新形式的资产类型。我国政府掌握八成以上的符合资产化标准的数据资源，且整体利用率较低。数据资产一般常用的评估方法难以评估其价值。实物期权法从动态估值的角度，用期权的模式解决不确定性的问题，增加实务中评估方法的可操作性和评估结论的可理解性；提供客观、合理的数据资产价值。

作者单位：开元资产评估有限公司

（二）研究的主要内容

本次研究的项目是 Black－Scholes 模型（以下简称“B－S 模型”）在数据资产价值估值中的应用，主要针对的是当前尚未取得稳定的现金流、但未来具备良好运用前景的数据资产，特别是政府数据资产。从数据资产特别是政府数据资产的特性入手，研究分析通过将一般数据标准化成为可以直接利用的标准数据资产，再运用实物期权法中 B－S 模型进行评估。

（三）创新点

本项目拟将估值模型运用到评估实务中进行验证。通过设置标准数据资产衡量指标，将一般数据修正到可以直接利用的标准数据资产，再运用 B－S 模型对数据资产进行估值，采用矩阵数据分析法、主层次分析法等针对各个参数进行具体分析。

二、报告正文

（一）理论基础

1. 什么是数据资产

数据的价值迎来了革新，数据已经发展为如同水与空气一般重要的必需品，数据资产可以看成新的石油，如图 1 所示。

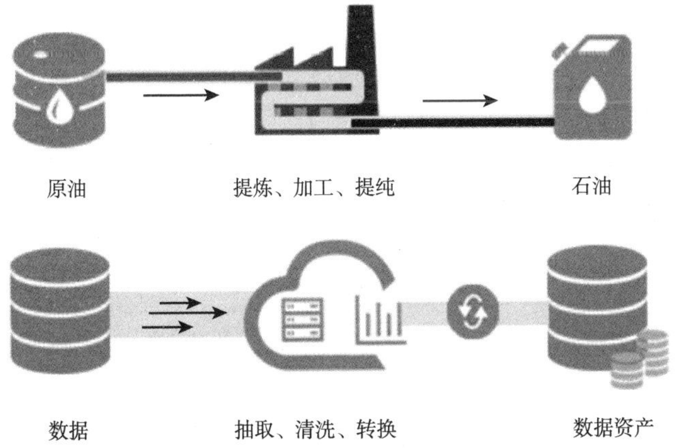

图 1　数据资产＝新石油

2. 数据资产的特征

数据资产，特别是政府数据资产在法律性质上具有财产的属性，在实践中具有可交易性的特点，是一种财产性权利。数据资产具有价值易变、有增值性、无消耗性、依附性等特征，而政府数据资产还具有更大的不确定性及因承担部分社会职能而导致投入产出的弱相关性。这些特征使得数据资产的价值难以较为准确地评估，这也是数据资产利用率偏低的一个重要原因。

3. 政府数据

政府数据如文化、农业、气象、统计、社保、地理、交通、国防等数据如图2所示。

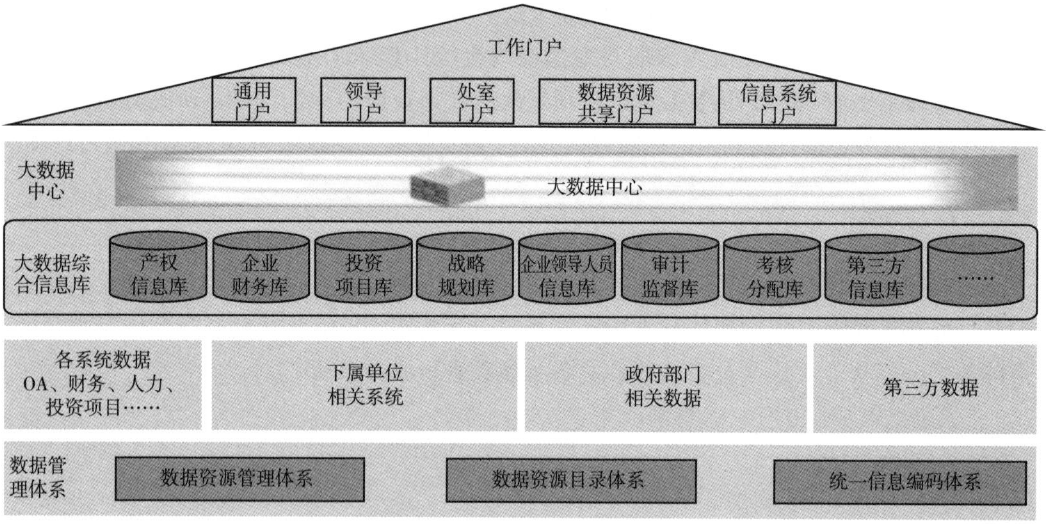

图2 政府数据体系简图

（二）文献综述

数据资产作为一种新型核心资产越来越受到全社会的高度关注，目前国内的研究主要集中在互联网企业的数据资产。对政府数据研究不多，特别是对政府数据估值的研究更为稀少。

表1　　2010—2020年数据资产主题文献统计

项目	报纸文献	会议文献	博硕士论文	其他文献	获取期刊论文	合计
数量（篇）	120	61	87	69	728	1 065

表2　　政府大数据文献统计

作者	主要研究内容及观点
徐漪	从无形资产的角度出发，在目前情况下将一般将数据资产看作无形资产来对待，可以参考无形资产的计量方式，使用收益法、市场法和成本法对数据资产的价值进行计量。
殷剑	认为大数据深刻改变着政府的治理模式，使传统政府向智慧政府发展演进成为可能也成为必然。在智慧政府模式下，通过大数据技术，政府得以“感知”社会的发展变化需求，行政决策更加科学化、公共服务更加精准化、资源配置更加合理化。
崔露方 朱晓峰 赵柳榕	在大数据背景下，政府作为一个信息公开主体，他的行为更加容易被计量、分析和预测。

表1、表2文献研究表明：目前还缺乏对政府数据资产估值的深入研究。可从相关数据资产的特征、政府数据资产的开放及平台的建设、实物期权法估值的适用性等方面展开进一步研究。

（三）政府数据资产价值评估中评估方法的适用性分析

1. 传统主流评估方法的适用性分析

针对数据资产特点，资产评估专业人员结合目前实际操作中的部分难点和要点来对数据资产的价值进行评估，主要涉及的评估方法包括成本法、收益法和市场法三种基本方法及其衍生方法。

2. 实物期权法的运用

如表 3 所示，实物期权法作为一种从动态的角度出发的估值方法，可以弥补传统评估方法的不足。将数据资产的不确定性当作一种选择权，赋予它期权的性质，通过对期权的定价来衡量不确定性创造的价值。

表 3　　实物期权法计算模型对比

代表模型	B－S 模型	二项式模型（如二叉树）
类型	连续时间型	离散时间型
方法	闭合式方程法	多项式网格法
优势	计算简化、直接清晰	易操作、容易理解与接受
不足	假设限制、应用受到限制	模型规模大

通过上述的对比分析，结合数据资产的特征，从理论上合理、应用上方便的原则综合考虑，本课题主要是研究选择实物期权法中的 B－S 模型对数据资产价值进行评估。

（四）运用实物期权法评估政府数据资产

我国致力于创新，政府管理模式和社会治理方式，打造以电子化、移动化、开放化和数字化为特征的智能化政府，为社会提供更加便捷规范高效的公共服务。并进入“中台”时代。一般较为更多的是双中台，业务中台＋数据中台，如图 3 所示。

中台的构建，促进了数据的标准化，也使得一般的政府数据与标准化数据存在可比性，其差异有了数字化计量的可能。运用实物期权评估的基本思路为：通过设置标准数据资产衡量指标，将一般数据修正到可以直接利用的标准数据资产，再运用 B－S 模型对数据资产进行估值，采用矩阵数据分析法、主层次分析法等针对各个参数进行具体分析。

1. 标准化的数据

数据标准化首先是理解数据标准化的需求，要和战略规划及需求紧密地结合；其次就是制定数据标准的体系与规范，做到这些需要一些数据标准化的管理工具。标准化的数据标准，一般可以分为基础类数据标准以及指标类的数据标准。数据标准化最终体现在数据质量的要求，标准化的数据干净以及结构清晰，可以提高数据应用和服务的水平。标准化会有相对应的付出成本，标准化数据质量管理应该将过程中成本考虑进去。

2. 委估数据标准化

委估数据标准化流程如下：第一步，设计调查问卷邀请专家构建标准数据资产的衡量指标体系；第二步，邀请专家对指标的相对重要性程度进行打分，资产评估专业人员应用层次分析法、模糊综合评价法，确定各指标权重；第三步，对被评估的数据资产的各项指标进行

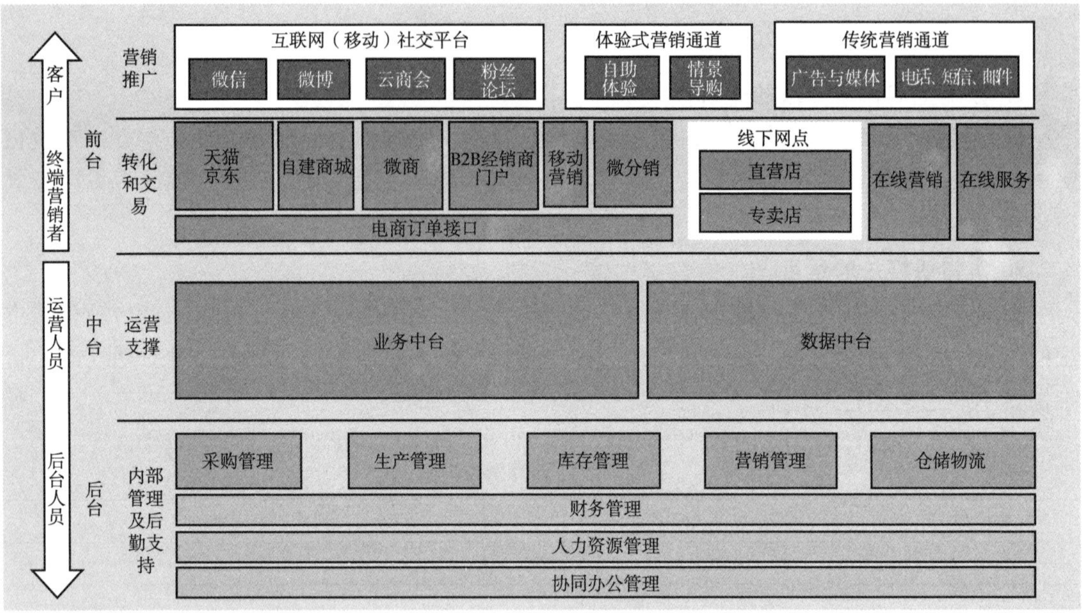

图 3　典型的中台架构

评价、获取各个指标的评价结果。

（1）设计可以直接利用的标准数据资产的衡量指标体系

评估人员运用多种分析法，确定标准化数据资产的指标，取得指标之间的关联系数并计算出其权重。

①设置评价指标体系

用 A 表示整个数据标准化评价体系，并按照不同的影响因素分为若干类，称为一级指标，用 $A=\{A_1, A_2, A_i\cdots, A_n\}$ 表示，其中 n 为一级指标的个数。每个一级指标下设置多个二级指标，以此类推，每级指标都下设多个下级指标，直到末级指标。

综合数据资产运用业务特点识别出标准化的影响因素，设置如表 4 所示的三级指标体系（不同业务模式、应用领域对应的因素是不同的）。

表 4　　数据标准化评价指标体系

一级指标	二级指标	三级指标	评价点
A_1	A_{11}	A_{111}	…
		A_{112}	…
	A_{12}	A_{121}	…
		A_{122}	…
A_2	A_{21}	A_{211}	…
		A_{212}	…
	A_{22}	A_{221}	…
		A_{222}	…
…			

②构造判断矩阵，由判断矩阵计算各个衡量指标的相对权重

对应不同的标准化数据需求设立评语集 X，举例如：将评语定义为 $X = \{X_1, X_2, X_3, X_4, X_5\}$ = {非常重要，重要，比较重要，不太重要，不重要}。按照 1—9 级评价标准逐级对重要性的相对大小进行打分，并据此建立判断矩阵 $A = (a_{ij})\ nn$，对比打分情况如表 5 所示。

表 5　　1—9 级评价标准含义

重要程度比较	a_{ij} 含义
1	两个指标有相同的重要性
3	一个指标比另一个指标稍微重要
5	个指标比另　个指标明显重要
7	一个指标比另一个指标强烈重要
9	一个指标比另一个指标极端重要
2、4、6、8	指标之间重要性在上述描述之间
上述数值倒数	一个指标比另一个指标不重要的上述描述

运用层次分析法计算时需要判断矩阵的最大特征根和相对应的特征向量，根据公式 $Aw = \lambda maxw$，运用 *excel* 计算出矩阵的最大特征值 λmax 和特征向量 w。基于对各个影响因素进行比较时存在主观性，故在判断得到各影响因素权重后，需要进行一致性检验，CR 的计算公式为：

$$CR = CI/RI$$

$$CI = (\lambda \max - n)/(n - 1)$$

其中 RI 为平均随机一致性指标，n 为矩阵阶数，CI 为一致性指标。若 $CR < 0.1$，代表矩阵具有一致性；反之，判断矩阵具有矛盾，需要进行修正。其中 RI 1—8 阶的平均随机一致性指标如表 6 所示。

表 6　　1—8 阶判断矩阵的一致性指标

n	1	2	3	4	5	6	7	8
RI	0.00	0.00	0.58	0.90	1.12	1.24	1.32	1.41

经统计得到相应的判断矩阵及权重。再根据各层指标权重逐级加权汇总得到末级权重，具体计算方式为一级指标权重与二级指标权重相乘，再与三级指标权重相乘，按照该方法计算其权重。

（2）模糊综合评价

在实务中这 ·步骤因涉及特殊专业知识和经验，资产评估专业人员应邀请政府数据管理部门、数据专家、中介机构专家、机构研究学者等专家，在深入剖析影响数据资产标准化的指标关系后，根据指标分层情况设计调查问卷，依据被评估的数据资产的情况对各个指标进行评价。再依据评价对应的分值进行整体评分，在对指标进行评分的时候引入木桶原理，为

了应对数据质量中的极端情况，适当地扩大指标评分的下限可以改善模糊评价的结果，说明数据在某方面存在重大缺陷时会影响数据的正常使用。通过汇总打分的结果，计算每项末级指标平均得分。末级指标模糊综合评价结果 $Vi = Wi \times Ri$，Wi 为每项末级指标对应的权重，Ri 为末级指标对应的模糊评分。

模糊综合评价结果为 $V = \sum WiRi$。

通过对被评估的数据资产的模糊综合评价结果，最后得到模糊综合评价结果为 XX，表明被其标准化的程度。资产评估专业人员依据量化后的后续投入以期达到符合条件的标准化数据资产。

3. 运用 B－S 模型估值

B－S 模型（Black－Scholes Model）看涨期权价值的模型公式为：

$$C = SN(d_1) - Xe - rtN(d_2)$$

$$d_1 = \frac{\ln(\frac{S}{X}) + (r + \frac{\sigma^2}{2}) \times t}{(\sigma\sqrt{t})}$$

$$d_2 = d_1 - \sigma\sqrt{t} = \frac{\ln(\frac{S}{X}) + (r - \frac{\sigma^2}{2}) \times t}{(\sigma\sqrt{t})}$$

在本次研究中公式中：

S：本来代表标的资产价格，本次研究是指数据资产开始有稳定的变现能力、开始盈利时点其股权现金流现值在基准日所表现的市场价值；

X：本来代表期权执行价，本次研究是指从现阶段到运用数据资产开始有稳定的变现能力、开始盈利时点所需要的投入，按投资年限计算投资的终值；

$N(d_1)$ 和 $N(d_2)$：分别代表在标准正态分布下，变量小于 d_1 和 d_2 时的累计概率；

r：代表无风险收益率；

t：本来代表期权限制时间，本次研究是指从基准日到运用数据资产开始有稳定的变现能力开始盈利所需要的时间；

σ：本来代表股票波动率，本次研究采用运用数据资产的同行业上市公司的股权波动率；

e：为常数，$e = lim(1 + 1/n)^\wedge n, n \to +\infty$。

（五）数据资产价值评估案例分析

1. 案例背景

B 县当地政府在工作中积累了大量的数据信息。A 金融机构拟计划与 B 县开展数据合作，需要对 B 县的相关数据资产在基准日的市场价值进行评估，作为合作的作价参考依据。

2. 数据资产标准化分析

采用层次分析理论对互联网金融企业需要标准化数据中影响评估价值的各个影响因素进行权重分配，得到不同影响因素对于数据资产价值的可量化的影响。

（1）设计可以直接利用的标准数据资产衡量指标，建立层次结构。

目标层：可以直接利用的标准数据资产的衡量指标。

指标层：首先分解成数据技术维度、数据质量维度、数据管理维度、数据应用维度、其他维度等一级指标；然后对一级指标进行细化，分解成二级指标，具体如表 7 所示。

表 7　可直接利用的标准数据资产衡量指标

一级指标	二级指标	评价点
数据技术维度	数据库系统建设	数据库系统的标准化建设
	数据获取	抓取数据的能力
	数据存储	存储海量数据的容量
	数据加工	对数据进行加工得到更深层次的数据资源的技术
	数据安全	保护数据库不被随意窃取、破坏的技术
数据质量维度	真实性	如果数据有偏差，那么使用结果可能会差之毫厘失之千里；如果数据造假，更将失去数据统计的意义，真实的数据才具有价值
	准确性	数据的准确程度，准确度越高，数据价值越大
	完整性	数据越完整，数据价值越大
数据管理维度	数据标准管理	统一的数据标准才能实现数据平台的完整、有效、一致与规范。如果数据标准管理做得好的话，很大程度上能够实现企业内部数据的互联互通，可以推动企业外部数据的交换
	数据模型管理	数据模型管理将会使业务人员、应用开发人员和管理人员获得企业内部业务数据的统一完整，能够搭建一个比较好的数据模型的话可以更好地指导数据资产管理一步步地开展
	数据风险管理	数据的价值越大，潜在的风险越大，风险管理越有必要
数据应用维度	数据稀缺性	稀缺数据资源背后潜在的商业信息更加凸显价值
	数据时效性	数据的时效性决定决策在特定时间内是否有效
	数据合规性	数据的合规性决定数据能否使用
	数据安全性	数据资产使用的合法性，是否涉及损害国家安全、商业秘密、个人隐私
	数据共享性	具备能对数据共享扩大数据的使用范围
其他维度	数据政策	数据资产的政策、法律、法规的建设

（2）构造判断矩阵，由判断矩阵计算各个衡量指标的相对权重。

运用层次分析法计算时需要判断矩阵的最大特征根和相对应的特征向量，根据公式 $Aw = \lambda \max w$，运用 excel 计算出矩阵的最大特征值 λmax 和特征向量 w。基于对各个影响因素进行比较时存在主观性，故在判断得到各影响因素权重后，需要进行一致性检验，CR 的计算公式为：

$$CR = CI/RI$$

$$CI = (\lambda \max - n)/(n-1)$$

其中 RI 为平均随机一致性指标，n 为矩阵阶数，CI 为一致性指标。若 $CR < 0.1$，代表矩阵具有一致性；反之，判断矩阵具有矛盾，需要进行修正，具体如表 8—表 13 所示。

表 8　一级指标判断矩阵及权重

一级指标	数据技术维度	数据质量维度	数据管理维度	数据应用维度	其他维度
数据技术和维度	1	1	2	1	3
数据质量维度	1	1	2	1	3
数据管理维度	1/2	1/2	1	1/2	2
数据应用维度	1	1	2	1	3
其他维度	1/3	1/3	1/2	1/3	1
权重	0. 2601	0. 2601	0. 1378	0. 2601	0. 0819
CI	0. 0025				
RI	1. 1200				
CR	0. 0022				
一致性检验	*CR* < 0. 1，具有满意一致性				

表 9　二级指标—数据技术维度—判断矩阵及权重

二级指标—数据技术维度	数据库系统建设	数据获取	数据存储	数据加工	数据安全
数据库系统建设	1	1/2	1/2	1	1/2
数据获取	2	1	1	2	1
数据存储	2	1	1	2	1
数据加工	1	1/2	1/2	1	1/2
数据安全	2	1	1	2	1
权重	0. 125	0. 25	0. 25	0. 125	0. 25
CI	0. 00				
RI	1. 12				
CR	0. 00				
一致性检验	*CR* < 0. 1，具有满意一致性				

表 10　二级指标—数据质量维度—判断矩阵及权重

二级指标—数据质量维度	真实性	准确性	完整性
真实性	1	1	2
准确性	1	1	2
完整性	1/2	1/2	1
权重	0. 4	0. 4	0. 2
CI	0		
RI	0. 58		
CR	0		
一致性检验	*CR* < 0. 1，具有满意一致性		

表 11　　二级指标—数据管理维度—判断矩阵及权重

二级指标—数据管理维度	数据标准管理	数据模型管理	数据风险管理
数据标准管理	1	2	1
数据模型管理	1/2	1	1/2
数据风险管理	1	2	1
权重	0.4	0.2	0.4
CI	0	—	—
RI	0.58	—	—
CR	0	—	—
一致性检验	*CR*<0.1，具有满意一致性		

表 12　　二级指标—数据应用维度—判断矩阵及权重

二级指标—数据应用维度	数据稀缺性	数据时效性	数据合规性	数据安全性	数据共享性
数据稀缺性	1	2	2	3	4
数据时效性	1/2	1	2	2	3
数据合规性	1/2	1/2	1	2	3
数据安全性	1/3	1/2	1/2	1	2
数据共享性	1/4	1/3	1/3	1/2	1
权重	0.3734	0.2464	0.1867	0.1203	0.0732
CI	0.0228				
RI	1.1200				
CR	0.0204				
一致性检验	*CR*<0.1，具有满意一致性				

表 13　　各指标权重汇总表

一级指标	权重	二级指标	权重
数据技术维度	0.2601	数据库系统建设	0.0325
		数据获取	0.0650
		数据存储	0.0650
		数据加工	0.0325
		数据安全	0.0650
数据质量维度	0.2601	真实性	0.1040
		准确性	0.1040
		完整性	0.0520
数据管理维度	0.1378	数据标准管理	0.0551
		数据模型管理	0.0276
		数据风险管理	0.0551

续表

一级指标	权重	二级指标	权重
数据应用维度	0.2601	数据稀缺性	0.0971
		数据时效性	0.0641
		数据合规性	0.0486
		数据安全性	0.0313
		数据共享性	0.0190
其他维度	0.0819	数据政策	0.0819

（3）根据指标权重对B县拟为A金融机构提供的数据资产进行模糊评价，具体如表14所示。

表14　　　　模糊评价分值表

二级指标	权重	对应指标评分	总分数
数据库系统建设	0.0325	70	2
数据获取	0.0650	60	4
数据存储	0.0650	60	4
数据加工	0.0325	40	1
数据安全	0.0650	60	4
真实性	0.1040	75	8
准确性	0.1040	75	8
完整性	0.0520	70	4
数据标准管理	0.0551	85	5
数据模型管理	0.0276	85	2
数据风险管理	0.0551	80	4
数据稀缺性	0.0971	75	7
数据时效性	0.0641	65	4
数据合规性	0.0486	65	3
数据安全性	0.0313	65	2
数据共享性	0.0190	65	1
数据政策	0.0819	70	6
合计	1	—	70

最后得到模糊综合评价结果为70，表明B县目前拥有的数据资产达到可以直接为A金融机构利用的标准化数据资产是70%水平。

3. 运用B-S模型评估数据资产

（1）评估概况简介

本次设定的评估基准日为2019年12月31日。

本次的评估目的是测算B县拟为A金融机构提供的数据资产于2019年12月31日的市

场价值。

（2）参数 t 的测算

考虑到数据库信息核实完善的工作量及开发系统的测试时间，预计前期基础工作完成时间需要 2 年。

（3）参数 S 的测算

①估算贷款利息收入，具体如表 15 所示。

表 15　　　　贷款利息收入计算表

项目	2022 年	2023 年	2024 年	2025 年	2026 年
业务生命周期	成长期	成长期	成长期	成长期	成熟期
贷款人数（万人）	6	6	6	6	6
新增贷款人数（万人）	2	1.5	1.5	1	0
累积贷款人数（万人）	2	3.5	5	6	6
人均贷款额（万元）	2.5	2.5	2.5	2.5	2.5
贷款年利率	4.35%	4.35%	4.35%	4.35%	4.35%
贷款平均使用周期（月）	7	7	7	7	7
贷款利息收入（万元）	1 268.75	2 220.31	3 171.88	3 806.25	3 806.25

②估算收入分成率

本次估算收入分成率是将数据资产对收益的贡献从整体中分割出来。本次应用层次分析法来估算数据资产在贷款利息收入的贡献程度来确定收入分成率，大致步骤如下：

首先分解目标，建立层次结构模型；

目标层：贷款利息收入各影响因素贡献。

指标层：数据资产、技术、资金、管理、风险监控、政策等其他因素。

构造判断矩阵，通过判断矩阵来计算比较因素的相对权重。

运用层次分析法计算时需要判断矩阵的最大特征根和相对应的特征向量，根据公式 $Aw=\lambda \max w$，运用 excel 计算出矩阵的最大特征值 $\lambda \max$ 和特征向量 w。基于对各个影响因素进行比较时存在主观性，故在判断得到各影响因素权重后，需要进行一致性检验，CR 的计算公式为：

$$CR=CI/RI$$

$$CI=(\lambda \max-n)/(n-1)$$

其中 RI 为平均随机一致性指标，n 为矩阵阶数，CI 为一致性指标。若 $CR<0.1$，代表矩阵具有一致性；反之，判断矩阵具有矛盾，需要进行修正，具体如表 16 所示。

表 16　　　　判断矩阵及权重计算表

影响因素	数据资产	技术	资金	管理	风险监控	政策等其他因素
数据资产	1	3	1	2	2	3
技术	1/3	1	1/3	1/2	1/2	2

续表

影响因素	数据资产	技术	资金	管理	风险监控	政策等其他因素
资金	1	3	1	2	2	2
管理	1/2	2	1/2	1	1	2
风险监控	1/2	2	1/2	1	1	2
政策等其他因素	1/3	1/2	1/2	1/2	1/2	1
权重	0.2750	0.0817	0.2750	0.1456	0.1456	0.0771
CI	0.0288					
RI	1.1200					
CR	0.0257					
一致性检验	*CR*<0.1，具有满意一致性					

经计算上述判断矩阵通过一致性检验，即数据资产的权重为0.2750，也即数据资产对贷款利息收入的分成率为27.5%。本次估算假设违约率为2%。数据资产分成收入估算见表17。

表17　　　　数据资产分成收入计算表

项目	2022年	2023年	2024年	2025年	2026年
贷款利息收入（万元）	1 268.75	2 220.31	3 171.88	3 806.25	3 806.25
违约率	2%	2%	2%	2%	2%
数据资产收入分成率（万元）	27.5%	27.5%	27.5%	27.5%	27.5%
数据资产收入（万元）	341.93	598.37	854.82	1 025.78	1 025.78

③估算折现率

本次折现率采用社会平均收益率模型来估测适用的折现率。即：折现率=无风险报酬率+风险报酬率。具体计算过程见表18。

表18　　　　风险报酬率计算表

一级指标	二级指标	三级指标	权重	风险评分	评分×权重	风险率（%）
管理风险	管理者素质	管理者能力	0.1	10	1	1.45
		管理者知识水平	0.1	10	1	
		管理者品德	0.15	10	1.5	
	内部环境	组织架构	0.05	10	0.5	
		权责分配	0.05	30	1.5	
		财务管理	0.1	50	5	
		人力资源管理	0.1	50	5	
	企业文化	企业文化	0.1	20	2	
	管理过程	计划因素	0.1	40	4	
		控制因素	0.15	50	7.5	

续表

一级指标	二级指标	三级指标	权重	风险评分	评分×权重	风险率（%）
技术风险	技术转化	技术转化	0.4	40	16	2.1
	技术替代	技术替代	0.3	50	15	
	技术权利	技术权利	0.1	20	2	
	技术安全	技术安全	0.1	60	6	
	技术整合	技术整合	0.1	30	3	
市场风险	竞争风险	市场竞争	1	30	30	4.55
	业务风险	数据合法性	0.4	70	28	
		合作方式	0.3	40	12	
		数据获取的实时更新	0.3	70	21	
资金风险	融资风险	融资风险	0.5	50	25	2.5
	流动资金风险	流动资金风险	0.5	50	25	
其他风险	其他风险	其他风险	1	40	40	2
风险报酬率合计			—	—	—	12.6

通过上述计算可得折现率为 16.7%。

④估算数据资产价值

经过上述计算，标的数据资产价格 S 的计算见表 19。

表 19　　标的资产价格 S 计算表

项目	2022 年	2023 年	2024 年	2025 年	2026 年
数据资产收入（万元）	341.93	598.37	854.82	1 025.78	1 025.78
折现率	16.7%	16.7%	16.7%	16.7%	16.7%
折现期	3	4	5	6	n
折现系数	0.6292	0.5392	0.4620	0.3959	2.3706
数据资产收入现值（万元）	215.14	322.62	394.93	406.10	2 431.73
标的资产价格 S（万元）	3 771				

（4）参数 *X* 的测算

本次是指从现阶段到运用数据资产开始有稳定的变现能力、开始盈利时点所需要的投入。预计总的投入为 5 400.00 万元。

A 金融机构对标准化数据质量管理中包括了成本管理。详见表 20。

表 20　　数据资产标准化比例与后续投入的关系

标准化	后续的投资占总投资的比例
$90 \leqslant V \leqslant 100$	0—30%
$80 \leqslant V \leqslant 90$	20%—35%
$70 \leqslant V \leqslant 80$	35%—50%
$50 \leqslant V \leqslant 70$	50%—70%
$V \leqslant 50$	70%—100%

从70%标准化的数据提升到标准化的数据，A 金融机构需要付出的成本约占总成本的50%。具体测算 X 时，需要按照投入资金、投资年限来计算投资的终值。期权执行价 X 的计算见表21。

表21　执行期权价X计算表

项目	2020年	2021年
投入（万元）	1 500	1 200
折终年限	1.5	0.5
折终率	4.10%	4.10%
执行价X的终值（万元）	1 593.1892	1 224.3529
执行价X的终值和（万元取整）	2 818	

本例中执行期权价 X 的取值为2 818.00万元。

（5）参数 r 的测算

一般认为国债收益是没有风险的，本次选取的无风险收益率为4.10%。

（6）参数 σ 的测算

波动率 σ 本来代表的是股票波动率，本次估值采用同行业上市公司的股权波动率，经计算为49.33%。

（7）期权价值的测算

通过将上述参数代入B－S模型计算公式最终可得期权估值结果。期权价值的计算见表22。

表22　期权价值计算表

项目	估值结果
S（万元）	3 771.00
X（万元）	2 818.00
σ	49.33%
r	4.10%
T（年）	2
期权价值（万元）	1 571.00

综上所述，通过B－S模型对B县拟为A金融机构提供的数据资产于2019年12月31日的市场价值为1 571.00万元。

（六）研究结论与方向

本文通过从数据资产的特性入手，分析了数据资产的标准化问题，研究了实物期权法在数据资产价值评估中B－S模型运用，为以后深入研究打下基础。本文以政府数据资产的价值评估为案例，相对于一般营利组织数据资产，政府数据资产更具权威性、敏感性、市场化程度低，指标的权重分配与一般营利组织有差异。本文通过对数据资产的价值评估方法的研究，可以增加实务中评估方法的可操作性和评估结论的可理解性；为交易各方、各类型投资者、监管机构以及社会公众提供客观、合理的数据资产；让数据资产价值被交易各方所利用、加快数据的共享、让数据价值得以释放，促进社会经济的高速发展；可以通过分析模型的运用从一定程度上减少估值的风险，更好地反映市场价值的实质，维护国家的经济秩序，市场稳定。营利性组织的数字数据资产在开发应用的初期也适用于本课题的评估方法的运用。

参考文献

[1] 王静，王娟．互联网金融企业数据资产价值评估——基于 B—S 理论模型的研究［J］．技术经济与管理研究，2019（7）．

[2] 李永红，李金骜．互联网企业数据资产价值评估方法研究［J］．经济研究导刊，2017（14）．

[3] 黄乐，刘佳进，黄志刚．大数据时代下平台数据资产价值研究［J］．福州大学学报：哲学社会科学版，2018（4）．

[4] 中国资产评估协会．资产评估专家指引第 9 号——数据资产评估［S］．中评协〔2019〕40 号．

[5] 德勤 & 阿里研究院．数据资产化之路——数据资产的估值与行业实践［R］．2019.

[6] 中国信通院云计算与大数据研究所．数据资产管理实践白皮书 4.0［R］．2019.

产教融合背景下资产评估专业课程体系建设研究

陶传彪　韩伟亚　谢广霞　范伟杰　刘思远

摘　要： 为推进资产评估行业健康、平稳、可持续地发展，适应市场对专业人才的现实需求，资产评估专业应根据资产评估专业学科特色，探索与研究最符合行业发展的人才培养模式，构建合理的课程体系，以培养符合时代要求的创新型、应用型人才。

本课题首先通过文献梳理，并结合资产评估专业的特点，确定了资产评估专业的培养目标，再通过调查了解资产评估专业学生在专业知识、专业技术和职业素养的现状，以及评估机构对资产评估学生能力和素养的评价，以此作为课程体系建设的起点，构建出“四个维度”的理论课程体系和“五位一体”的实践教学课程体系，提出了基于“1+X”证书制度的课证融通办法，并针对以上课程设置，对课程体系的师资队伍建设提了几点建议，最后为检验课程体系的时代性，构建了一套以行业专家、校内教师、毕业学生、在校学生为主体的评价指标体系。

关键词： 产教融合；课程体系；培养目标；课程设置；课证融通；评价指标

一、研究现状分析

（一）课程体系建设

目前，关于课程体系的定义主要有以下观点，施良方（1996）将课程体系分为：宏观层次（专业设置）、中观层次（课程体系）、微观层次（指教材体系）。罗尧成（2005）认为课程体系是经动态整合形成的课程系统，整合对象是为实现不同专业培养目标而制定的课程系统的各项结构要素。冯颖、李悦铮（2007）同样将课程体系定义为一个知识整合体系，在具备某些特殊功能的同时，兼有结构特色化与开放性等特点。原婷婷（2015）认为课程体系需要围绕事先制定的人才培养目标逐步实施，并确保整个过程的科学性和完整性。钱立豪（2019）通过文献梳理探讨中观层次的课程体系，包含培养目标以及课程体系的内容、结构、实施等。

作者单位：重庆大学城市科技学院

本课题基于上述分析，结合专业特点，认为培养目标是课程体系的核心和起点，课程设置、师资队伍是目标实现的保障，评价指标体系是检验课程体系时代性的标准。

（二）深化产教融合改进课程体系的路径研究

赵红等（2016）通过进行情境教学模式的设计与实践实施产教融合课程教学改革，教学效果较好。魏巍（2017）以市场营销实务课程为例，从课程目标、内容、实施与评价四方面研讨了课程体系的构建。卢彰诚（2018）为实现产教融合背景下的课程开发，构建了专业教学工作室，通过校企深度合作、建立产教融合的中职专业课程开发和实施路径，对接课程设置与产业需求、课程内容与职业标准、教学过程与生产过程。庄旭升（2019）特别强调教师主导作用，以“推销原理与技巧”课程为例提出新商科“理实一体化”教学方法。

通过梳理文献，目前国内基于产教融合的课程体系建设研究形成了一些理论和实践经验数据，涉及专业众多，但未发现针对资产评估专业产教融合的专项研究，为推进资产评估行业健康、平稳、可持续地发展，适应市场对专业人才的现实需求，切实提高资产评估从业人员的培养质量，探索与研究适应国家产教融合战略背景与目标的高校资产评估专业课程体系建设很有必要。

二、资产评估专业培养目标

（一）资产评估专业培养目标研究成果分析

《中国资产评估协会“十三五”时期资产评估行业发展规划》提出的主要任务是要培养一批具有国际视野和创新能力，能够提供综合性高端服务的复合型人才。通过梳理文献，并结合资产评估专业的特点和实践教学经验，本课题认为资产评估专业的培养目标是：培养具有国际视野和良好职业道德，富有创新意识和实干精神，熟悉财会、工商管理、统计等基本知识，具备资产评估师及相关领域理论基础和专业技能，能够熟练运用资产评估技术与方法，掌握数据处理、评估实务操作、评估报告编辑、资产管理等能力，能从事资产评估业务和管理工作，成为适应世界经济一体化格局，服务国家“一带一路”倡议需要的应用技能型人才，因此资产评估专业学生需要掌握坚实的专业知识、较强的专业技能以及较高的职业素养。

（二）培养目标实现程度调查

1. 资产评估专业学生综合素质调查

本次调查问卷样本数量为 156 份，调查对象为资产评估专业大四及毕业不到一年的学生，通过调查得到如下信息：

（1）学历层次

本次调研的 156 名资产评估专业学生中有研究生 8 名、本科 68 名、专科 80 名，结构比例见图 1。

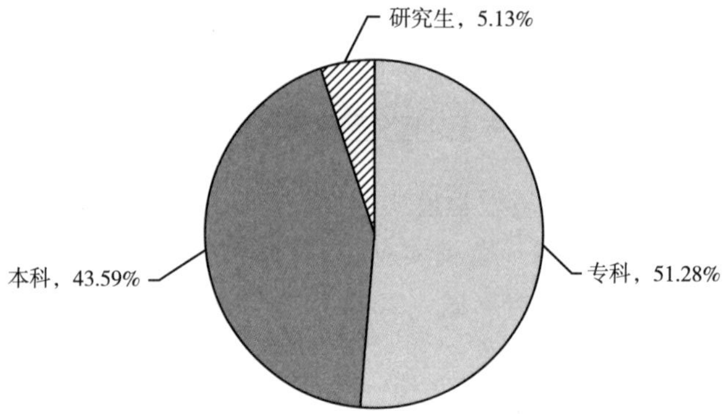

图1　学历层次结构分布

（2）对学校专业能力和职业素质教育的满意度

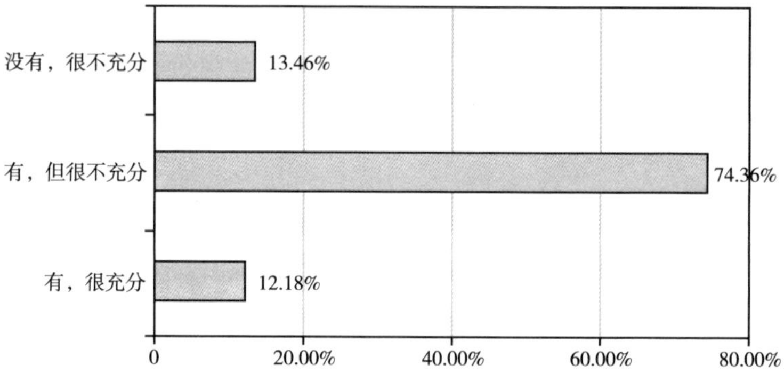

图2　对学校专业能力和职业素质教育的满意度

如图2所示，针对学校专业能力和职业素质教育的满意度，74.36%的学生认为培养了工作中所需的能力和素养，但是不充分；13.46%的学生认为没有培养工作中所需的能力和素养，并且不充分；两者共占87.82%，比例很高，整体满意度不高。

（3）主要欠缺的能力（多选题，任选其三）

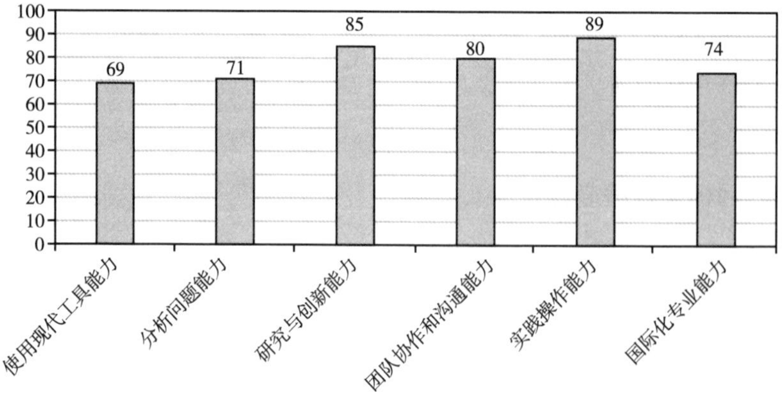

图3　主要欠缺的能力

如图3所示，排名在第一位的是实践操作能力89（57.05%），最后一位的是使用现代工具的能力69（44.23%），相差20票，差距不大，表明高校对专业能力和综合素养的培养均有不足之处。

（4）在校期间想要提升能力和素养的方式（不定项选择）

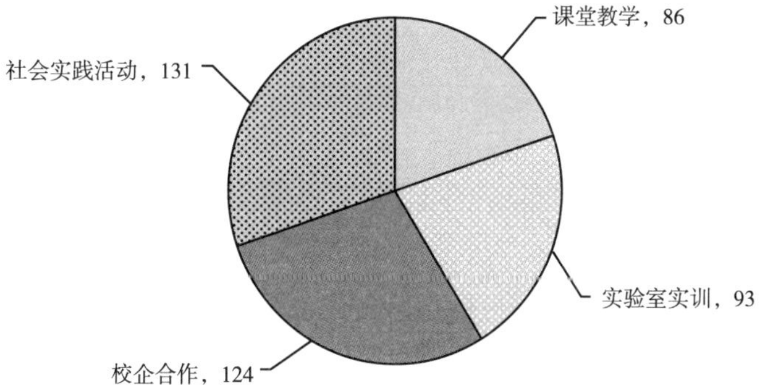

图4　在校期间想要提升能力和素养的方式

如图4所示，被调查人员中有131名学生喜欢社会实践活动，占比83.97%；124名学生选择校企合作，占比79.49%；93名学生选择实验实训，占比59.62%；86名学生选择课堂教学，占比55.13%。学生倾向于通过社会实践和校企合作的方式提升能力，因此高校应加强校企合作，深入产教融合，以培养高技术、高素养的专业人才。

2. 对资产评估学生能力和素养的评价

本次调研对象为180名评估公司的HR、评估部经理、项目经理、审核部人员及经验丰富的评估人员，得到如下信息：

（1）资产评估工作能力需求（多选题，任选其三）

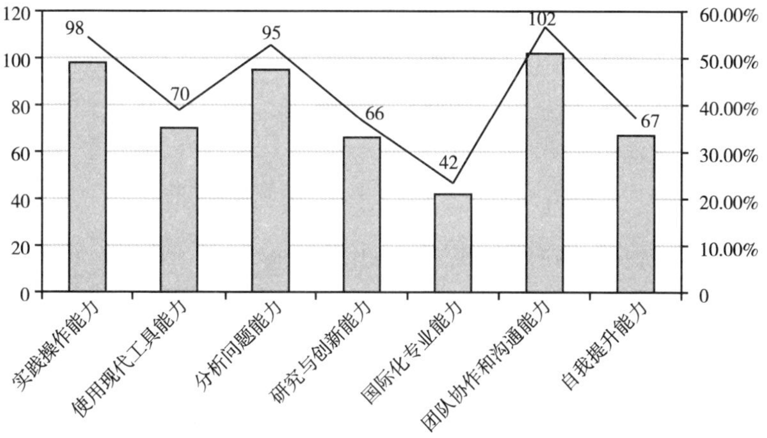

图5　资产评估工作能力需求

如图5所示，经调查，评估工作对能力需求排名在前三位的是：团队协作和沟通能力、实践操作能力、分析问题能力，在设置课程体系时应重点关注这三个能力的提升。

（2）资产评估专业毕业生欠缺的能力（多选题，任选其三）

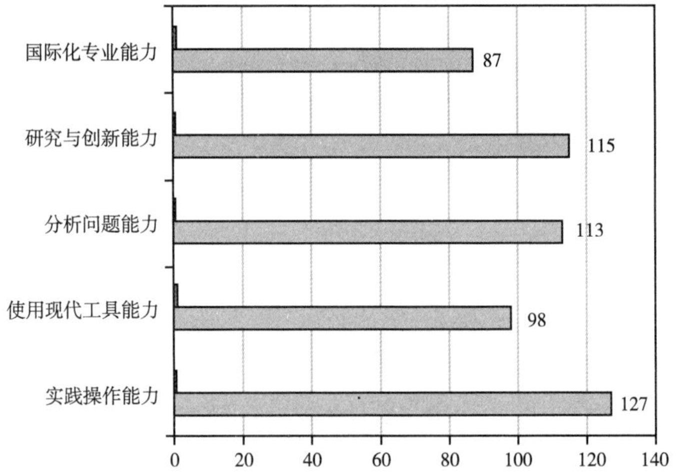

图 6　资产评估专业毕业生欠缺的能力

如图 6 所示，从被调查人员角度，资产评估专业毕业生欠缺的能力排在前三位的是：实践操作能力、研究与创新能力、分析问题能力。高校在设置课程体系时，应注重专业技能实训，以及开设创新创业教育相关课程。

（3）资产评估专业毕业生欠缺的职业素养（单选题）

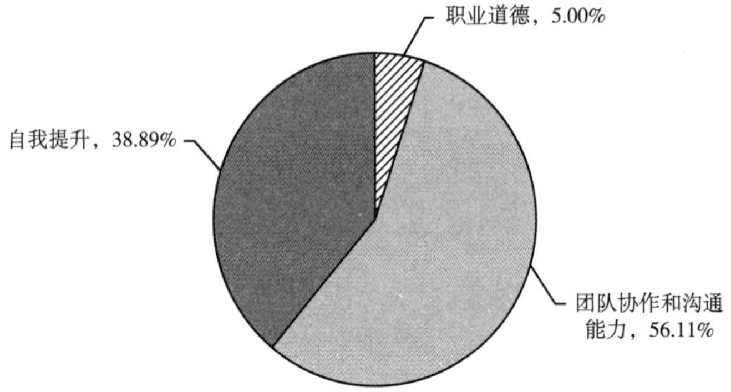

图 7　资产评估专业毕业生欠缺的职业素养

如图 7 所示，在调查中有 87 人选择团队协作和沟通能力，占比 56. 11%，比例很高。高校要想提高资产评估学生的团队协作和沟通能力，除了讲授技巧之外，更重要的是为学生创造团体协作的模拟环境，让学生将技巧应用于具体情境之中。

三、产教融合背景下资产评估专业课程体系建设

本课题基于培养目标以及实践调查，构建出以下课程体系，以保障培养目标的实现：

（一）理论教学课程体系

本课题将理论课程体系分为通识教育、专业基础课、专业核心课及分方向专业选修课四

个维度：

1. 通识教育

资产评估专业学生的通识教育讨论的是学生为下一步研学资产评估专业知识与技能所必备的各学科常识积累以及相应道德修养、体能素质、文艺素养的提升等问题。

2. 专业基础课

资产评估的课程设置应充分考虑评估行业的实际问题，尤其是对从业人员知识广度的现实要求，故而务必将跨学科课程纳入资产评估课程体系中，主要包括：宏微观经济学、国际贸易实务、统计学、初级会计实务、财务报表分析、审计学和管理学等。

3. 构建“课证融通”的专业核心课

专业核心课程是资产评估理论课程体系的核心部分，也是后文设置专业能力提升实践课程的依据。资产评估师考试囊括了资产评估专业的核心知识点，可将专业核心课与证书考试相融合，详见表1。

表1　　课证融通的专业核心课

资产评估师考试科目	核心课程
资产评估基础	资产评估学、中国资产评估准则、国际评估准则（双语）
资产评估实务一	机器设备评估、建筑物及在建工程评估、森林资源评估、矿产资源评估、以财务报告为目的的评估
资产评估实务二	企业价值评估、无形资产评估
相关知识	经济法、税法、财务管理、中级财务会计

4. 分方向专业选修课

资产评估专业高校可依托学校资源，设置选修课程以满足学生的“自由性”与“个性化”发展。本模块可施行总学分制，由学生自主选择，具体方案如表2所示。

表2　　分方向专业选修课

<table>
<tr><th>方向</th><th>选修专业课</th><th>要求</th></tr>
<tr><td rowspan="4">机电设备评估</td><td>机器设备设计制造</td><td rowspan="9">总学分制，至少选修2门课程</td></tr>
<tr><td>汽车经纪与评估</td></tr>
<tr><td>机器设备的诊断检验与鉴定</td></tr>
<tr><td>汽车构造</td></tr>
<tr><td rowspan="3">知识产权评估</td><td>知识产权法总论</td></tr>
<tr><td>知识产权评估与鉴定</td></tr>
<tr><td>知识产权管理</td></tr>
<tr><td rowspan="2">珠宝首饰评估</td><td>珠宝鉴定与评估</td></tr>
<tr><td>珠宝评估实务</td></tr>
</table>

续表

方向	选修专业课	要求
证券业评估	证券投资学	总学分制，至少选修2门课程
	投资分析与组合管理	
	金融学	
	风险管理原理与方法	

（二）实践教学课程体系

本课题设置了“五位一体”的实践课程体系：

1. 构建“五位一体”的实践教学课程体系

构建以综合实训为核心、以专业素养认知实训为基础、以专业课程实训为手段、以国际化专业能力训练为辅助、以提升就业竞争力为目的的“五位一体”“立体化”资产评估专业实践实训教学体系。具体介绍如下：

（1）专业素养认知实训

资产评估专业认识实训其主要目的是让学生了解专业的性质、发展方向、职能、岗位设置、基本工具、基本素质要求等，通过授课、讲座、实训等多种方式强化学生对本专业了解程度和专业基本工具的熟识，为进一步学习本专业的基础知识、操作技能做准备。

（2）专业能力提升实践

本课题以“专业基础课程”“专业核心课程”为导向，设置实训教学方案，为让学生了解资产评估业务之间的关联性，可将综合课程与各类辅助的课程相结合，初步构建专业课程一体化实训平台。

（3）国际化专业能力训练

经济全球化背景下，评估行业也面临着与日俱增的跨国业务往来，跨文化沟通的素养和能力将非常重要。高校可通过商务英语应用能力训练、专业英语模拟训练、云留学等方式来培养学生的国际化专业能力。

（4）校内综合实训

校内综合实训基于“把企业搬进校园”的实训理念，让学生在真实企业的业务、数据以及资质、章、证的模拟环境中进行任务演练。我校建造的“大经管生态圈”实验实训基地即为这种模式，下面对其教育模式进行简单介绍：

①校内综合实训的构成

校内综合实训以制造企业群为核心，设置上游企业供应商，下游企业商贸企业、连锁企业、进出口公司、招投标中心，并且开设物流公司、金融机构、事务所、综合服务公司、政府机构（工商、社保、税务、海关）作为外围服务机构，是一个以法律为准绳的相互依存、相互制约的社会生态系统，使学生在这个生态系统中初步体验社会系统运转的流程，训练实践操作能力和职业素养，其运行模式见图8。

②资产评估在综合实训中的作用

在综合实训教学过程中，本课题组创造性地将资产评估公司加入实训体系的外围服务机

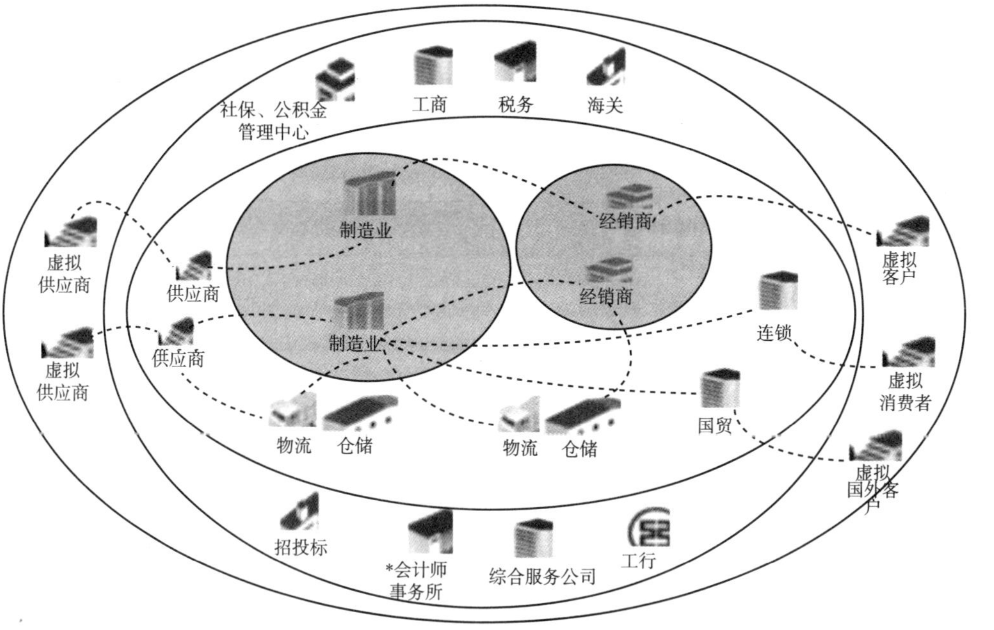

图 8　大经管生态圈运行模式图

构。教师根据资产评估专业学生参训人数，设置评估机构数量，机构之间相互竞争。评估机构由总经理、人力资源部、财务部、评估部、审核部组成，各岗位职责详见表 3。

表 3　评估机构各岗位职责

岗位	主要职责
总经理	主要负责企业文化、工作环境、业务洽谈、岗位分工、沟通协作、制度制定等事务
人力资源部	招聘、考核、制定薪酬激励制度以及薪酬核算，包括基本工资、业务提成、社保、公积金以及个人所得税
财务部	主管公司所有的财务往来
评估部	承接各类评估业务
审核部	由实训指导教师中的评估专业教师担任，负责监控评估报告的质量

在整个实训中，资产评估作为外围中介机构，可以为实体企业（制造业、供应商、商贸企业、连锁企业）的抵押贷款（机电设备、房地产）、破产清算、企业兼并、股权投资、股权激励等项目提供专业服务。教师作为虚拟端（虚拟商、虚拟客户、虚拟国外客户）可以委托评估机构进行无形资产评估、汽车评估或国际评估等业务，使学生在校内就能完全体验资产评估的工作流程，锻炼核心业务技能，从根本上解决了资产评估专业学生“校内实习”的难题，缩短学生毕业后的岗位适应期。

（5）就业竞争力实践

就业竞争力实践使学生深入了解资产评估行业，并对自身进行阶段性检验，在提高自身专业知识和技能的同时，发现自身不足，为将来的学习明确方向，做好学习和职业规划，主要包括：创新创业教育、职业生涯规划与就业指导、假期实践、社会调研、毕业实习。

2. 资产评估专业产教融合实践教学方案

根据上文叙述，构建资产评估专业产教融合实践教学方案，详见表4。

表4 资产评估专业产教融合实践教学方案

能力模块	课程名称		能力指标
专业素养认知能力训练	认识实习		社会认知能力和专业初步认识
	语言工具运用类课程	办公自动化实训、微视频制作与传播	使用现代工具
	管理沟通与写作		团队协作沟通能力、分析问题的能力
专业能力提升实践	学科专业发展前沿讲座		专业知识、自我提升
	专业基础课实训	金融证券模拟、财会实训、财务报表分析实训、审计学实训、企业经营管理模拟实训	专业知识、实践操作能力、分析问题能力、研究与创新能力、自我提升
	专业核心课程实训	房地产评估实训、机电设备评估实训、无形资产评估实训、企业价值评估实训	专业知识、实践操作能力、分析问题能力、自研究与创新能力、自我提升、职业道德
国际化专业能力训练	专业英语模拟训练、商务英语应用能力训练、云留学		国际化专业能力、沟通能力、自我提升
校内综合实训	校内综合实训		专业知识、实践操作能力、分析问题能力、研究与创新能力、职业道德、团队协作沟通能力、自我提升
就业竞争力实践	创新创业教育		研究与创新能力
	职业生涯规划与就业指导		自我提升
	社会调研		分析问题能力、研究与创新能力、自我提升
	假期实践、毕业实习		专业知识、实践操作能力、分析问题能力、研究与创新能力、职业道德、团队协作沟通能力、自我提升

（三）基于“1+X”证书制度的课证融通

《国家职业教育改革实施方案》提出从2019年开始，在职业院校、应用型本科高校启动“学历证书+若干职业技能等级证书”制度试点（“1+X”证书制度试点）工作，是深化产教融合的重要制度设计创新。

1. 资产评估职业技能等级标准

资产评估专业也应抓住“1+X”证书制度机遇，开展试点工作，将评估方向按照技能要求设置初级、中级、高级职业技能等级证书，以稳步提升学生的专业技能，为行业培养高素质的应用型人才。课题组以房地产评估为例划分职业技能等级标准，进行“1+X”证书试点，详见表5。

表 5　　房地产评估职业等级标准

等级	工作内容	职业技能要求
初级	确定评估基本事项	委托方和相关当事方基本状况 资产评估目的 评估对象及权益的基本状况 价值类型及定义 资产评估基准日 评估限制条件和重要假设 其他需要明确的重要事项
	签订房地产评估业务约定书	根据基本事项签订业务约定书
	勘查现场	模拟操作勘查现场流程
	收集资料（产权资料和评估资料）	产权资料应准确齐全，根据评估需要在系统中选择收集评估资料
	利用市场法、收益法、成本法评估房地产价值	根据价值类型确定公允的评估值
中级	利用假设开发法、路线价法、基准地价修正系数法评估房地产价值；撰写资产评估报告	评估公允的房地产价值，保证资产评估报告的完整性、规范性
高级	报告审核工作	房地产评估报告审核，找出案例错误并改正

2. 课证融通

"1 + X"证书制度需要融入课程体系之中，目前主要有以下两个方案：

（1）将职业技能等级证书融入课程体系，同步评价

将职业技能等级证书培训与专业课程体系相融，将课程考试与职业技能等级考试相统一，根据职业技能等级证书的考试内容和要求，优化相关课程的教学大纲、日历和教案，真正做到课程融合。

（2）参与"学分银行"建设，进行学分置换

获得职业技能等级证书的学生在接受相关专业学历教育时，依据高校在学分银行备案的标准兑换学分，免修相应课程或模块。例如获得房地产职业技能等级证书的学生可以申请免修房地产评估理论与实务、房地产评估实训、建筑工程评估、建筑工程评估实训。

（四）课程体系师资保障

高校应不断提高专业教师"双师"素质，努力建设一支结构合理、素质优良的"双师型"教学团队：

1. 教师深入企业，进行工程实践

工程实践即鼓励高校教师深入企业、实习基地、生产一线进行实践锻炼，让教师及时了解所从事专业现状和发展趋势，掌握在生产实践中应用的新知识、新技能、新工艺、新方法，加深对专业知识的理解，增强教师的自身素质和实践能力，同时丰富教学内容和案例，改进教学方法，提高教育教学质量和人才培养质量。

2. 引培结合，提高"双师型"教师数量

为提高人才培养质量，高校应针对资产评估专业的"应用型人才"的培养定位，突出

学生关键应用能力培养，并按此标准整合师资队伍。一是通过引进具有丰富经验的资产评估人员承担授课任务以确保人才培养的应用能力；二是通过对现有师资进行线上+线下的培训以提高其专业技能。

3. 组建校企合作教研组，构建发展机制

高校和企业共同组建资产评估专业教研组，由行业专家和学科带头人为组长，实现“岗位标准—课程标准—人才标准”对接，帮助教师制订发展规划，从政治思想、教学基本功、现代教育观念与技能、教学特长等多方面细化要求，通过考核、奖励等机制激励教师发展。教研组通过定期沙龙活动，让教师了解行业发展，丰富授课案例，创新教学手段，提升教学能力。

4. 依托“1+X”证书制度，开展教师培训

依托“1+X”证书制度，落实教育部关于“双师型”教师队伍建设的要求，鼓励高校教师参加职业等级证书培训，培育一批能够胜任职业技能等级证书培训的“双师型”教师。

四、构建课程体系评价指标体系

为检验课程体系的时代性，发现不足及时调整，本课题构建以下评价指标体系：

（一）评价课程体系的思路

课程体系评价主体由行业专家、校内教师、毕业学生、在校学生组成。培养目标作为课程体系的起点，如果目标定位不准确，不符合时代要求，则需要重置整个课程体系，所以要先评价培养目标，再评价培养目标的实现性。评分实行百分制，各类评估主体打分人员应不少于5人，得分取算数平均数，培养目标或培养目标实现性的最终得分为：

$$S = S_1 \times W_1 + S_2 \times W_2 + S_3 \times W_3 + S_4 \times W_4$$

S——课程体系目标或培养目标实现性的总得分

S_1——行业专家打分的平均值

S_2——校内教师打分的平均值

S_3——毕业学生打分的平均值

S_4——在校学生打分的平均值

W——各评估主体所占的权重

公式中的权重可以利用层次分析法求取，另外，还要设置培养目标或培养目标实现性的评价标准，将最终得分与评价标准相比较，以确定该部分的质量。

（二）评价课程体系

1. 培养目标评价

学校设定的培养目标要符合新形势的发展，符合国家标准及社会、个人的发展需要，同时也要充分利用学校资源，体现学校办学特色和专业学科特色。评价指标见表6。

表 6　　课程体系目标评价指标

一级指标	二级指标
课程体系的目标	符合社会发展需要（20）
	符合个人发展需要（20）
	符合相应的国家标准（20）
	体现学校办学特色与目标（20）
	体现专业学科特色（20）

各二级指标按照 20 分（好）、15 分（较好）、10 分（及格）、5 分（较差）、0 分（差）进行打分，如果 S≥90，则课程体系目标无须调整；如果 80≤S<90，则需要轻微调整，分析低分因素，然后与评价主体沟通，共同完善培养目标；如果 S<80，则说明培养目标存在很大问题，需要召集所有评价主体共同重新定位培养目标，然后重新设置课程体系，以保障培养目标的实现。

2. 培养目标的实现性

为了保障培养目标能够顺利实现，首先要以培养目标为中心，设置理论 + 实践的课程体系，并配备优质的师资队伍去执行。培养目标的实现性评价指标见表 7。

表 7　　培养目标的实现性评价指标

一级指标	二级指标	三级指标
培养目标的实现性	课程体系功能（50）	实践操作能力（5）
		专业知识结构（5）
		使用现代工具能力（5）
		创新能力提升（5）
		实践能力提升（5）
		分析问题能力（5）
		国际化专业能力（5）
		职业道德（5）
		研究能力（5）
		沟通能力（5）
	师资队伍（30）	教师专业学科背景（5）
		教师队伍年龄结构（5）
		教师队伍学历结构（5）
		师生比例（5）
		双师型教师（5）
		教师的教学能力（5）
	课程考核（20）	考核方式符合课程性质（5）
		考核体系符合专业特征（5）
		考核要素全面（5）
		考核各部分权重合理（5）

各三级指标按照 5 分（好）、4 分（较好）、3 分（及格）、2 分（较差）和 1 分（差）打分，最后汇总得分。如果 S≥90，则说明能够实现培养目标；如果 80≤S<90，则说明培养目标实现性的某些因素有待提高，层层分析至三级指标，找出原因，根据具体问题对症下药；如果 S<80，则说明存在很大问题，需要召集所有评价主体，重新设置各因素内容。

五、结论

本文以在产教融合背景下构建资产评估课程体系为研究基础，通过文献研究、问卷调查、典型案例分析得出了以下主要结论：

1. 确定资产评估专业培养目标

通过梳理文献，并结合资产评估专业的特点和实践教学经验，提出培养目标的三要素：专业知识、专业技能、职业素养。

2. 创新设置理论课程的理念

理论课程体系分为通识教育以及专业基础课、核心课、方向选修课四个部分，其中以资产评估考试为基础，构建了课证融通的专业核心课，以校内优势资源为依托设置方向专业选修课。

3. 构建五位一体的实践教学体系

构建以综合实训为核心、以专业素养认知实训为基础、以专业课程实训为手段、以国际化专业能力训练为辅助、以提升就业竞争力为目的的“五位一体”“立体化”资产评估专业实践实训教学体系，并创造性地将评估机构加入综合实训体系中。

4. 基于“1+X”证书制度实现课证融通

基于“1+X”证书制度设计理念，本课题以房地产评估为例划分职业技能等级标准，尝试性地提出了适合资产评估专业的课证融通方案。

5. 构建课程体系评价指标体系

为检验课程体系的时代性，构建了一套以行业专家、校内教师、毕业学生、在校学生为主体的评价指标体系。

参考文献

[1] 施良方. 关于现行三年制中师教学方案的思考 [J]. 华东师范大学学报（教育科学版），1996 (30)：47—51.

[2] 罗尧成. 我国研究生教育课程体系研究 [D]. 华东师范大学，2005.

[3] 冯颖，李悦铮. 中日旅游管理专业本科课程体系比较研究——以南开大学和立教大学为例 [J]. 科技信息（科学教研），2007 (31)：184—213.

[4] 李柏文，路遥. 基于课程论的旅游课程体系综述研究 [J]. 旅游研究，2009 (03)：88—92.

[5] 原婷婷. 中英旅游管理本科教育课程体系比较研究 [D]. 沈阳师范大学，2015.

[6] 钱立豪. 基于满意度的本科课程体系评价研究——以 B 大学公共管理专业为例 [D]. 北京化工大学，2019.

[7] 赵红，吴萌，陈孝强. 市场营销策划课程情境教学模式的实践研究：以湖北工业职业技术学院市

场营销专业为例［J］. 湖北工业职业技术学院学报，2016（5）：99—102.

［8］魏巍. 产教融合背景下的职业院校市场营销实务课程体系建设［J］. 青海师范大学民族师范学院学报，2017（11）：84—89.

［9］卢彰诚. “互联网 +”时代产教深度融合的新商科人才培养模式研究［J］. 科教文化，2018（1）：95—97.

［10］庄旭升. 新商科“理实一体”课程教学在“产教融合”中的实施——以“推销原理与技巧”课程为例［J］. 山东商业职业技术学院学报，2019（3）：45—49.

产教融合背景下资产评估专业课程体系建设研究

覃小兵　陈　娴　陈远明　田茂志　冯　芮

摘　要： 通过厘清"政、校、行、企"多部门之间的产教融合合作机制，并对《普通高等学校本科专业类教学质量国家标准》和《高等职业学校专业教学标准》中针对资产评估专业的教学标准，中评协发布的《中国资产评估行业人才培养及队伍建设规划》以及资产评估师职业资格考试中对资产评估执业人员的素质及专业技能要求进行梳理分析，并结合在全国24个省市区域对400多位资产评估人员、200多家资产评估机构的业务情况的调查结果，得到符合政府、行业协会、资产评估机构要求的资产评估专业教学标准，进而根据教学标准的相关要求构建了资产评估专业课程体系，并对课程体系中课程的组织安排进行规划建议，也对该课程体系的科学性和系统性以及合理性进行了分析，得出：（1）产教融合机制是由政府统筹推进，行业协会协助引导及管理的以高等院校和企业为主体的"四位一体"的有机协调机制，政府的统筹协调是整个机制有效运行的关键；（2）本课题设置的产教融合背景下资产评估专业课程体系不仅能够符合资产评估专业教学质量国家标准，而且也能满足中国资产评估协会对人才培养的素质及专业知识要求，还能达到资产评估机构对资产评估人员的专业技能要求，具有较强的科学性、系统性和普适性。

关键词： 产教融合；资产评估专业；课程体系

一、产教融合背景下资产评估专业课程体系建设问题的提出

根据《中国资产评估行业发展报告（2019）》显示，资产评估行业收入年均增长超过15%，资产评估这一现代高端服务业行业综合实力不断增强。此外，资产评估机构数量增幅达到63.67%，然而，资产评估师的数量增长较为缓慢，仅为4.86%，这与经济业务增长和机构数量增长是不相符的，行业人才需求缺口较大。遗憾的是，报告中还显示出资产评估师的年龄结构极不合理，40岁以上的资产评估师占全行业的比例就达到85.19%，而评估主力军及后备人才，即30岁以下的评估师占比仅为2.48%，因而，加大对资产评估人员的培养已是一项迫在眉睫的重要工程。

作者单位：覃小兵、陈娴，西南财经大学天府学院；陈远明，四川利均房地产土地资产评估有限公司；田茂志，四川永正资产评估房地产土地估价有限公司；冯芮，银信资产评估有限公司四川分公司

另外，陈鹏和周越（2020）研究指出，从实际执业情况来看，高校人才培养效果与资产评估行业现实需求之间的矛盾仍然比较突出，主要体现在：专业知识储备不够，资产评估相关知识面较窄，工作上手较慢、融入相对困难等。而这些问题的解决是需要完善的课程体系建设才能实现的。而课程体系的建设，是根据人才培养目标来设定的。而人才培养目标的设定，又是根据《本科专业类教学质量国家标准》和资产评估行业标准以及社会市场需求共同决定的。由此可见，高等教育是在符合国家标准、行业标准以及满足市场需求的基础上开展的。满足市场需求是高校培养人才的目标追求，因而，市场行业信息需求的准确获取，是保证人才培养合格的前提，而要保证这一前提的实现，则需要高校和企业产生联动，共同培养资产评估人才，也就是产教融合。因此，在产教融合的背景下开展资产评估专业课程体系的建设具有较强的实际意义。

二、产教融合背景下资产评估专业课程体系建设研究思路

为完成产教融合背景下的资产评估专业课程体系建设，本课题研究的基本思路如图 1 所示。

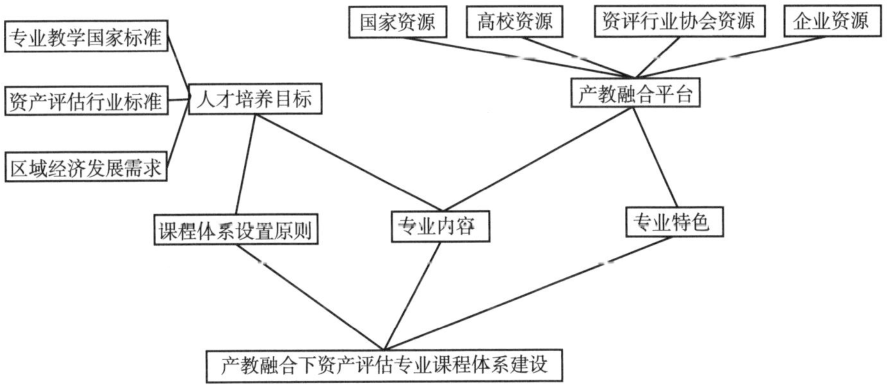

图 1　产教融合背景下资产评估专业课程体系建设思路

要达到研究目的，需要明确以下关键事项：

1. 厘清产教融合的机制原理，探讨“政、校、行、企”多部门之间的合作机制；
2. 探讨政府、行业及企业在高校人才培养中的角色和作用；
3. 明确行业真实需求及各产教融合主体的资源配置；
4. 明确国家、行业协会及资评机构对于资产评估人才培养的人才质量标准，进而依据此标准进行课程体系建设；
5. 论证所构建的资产评估专业课程体系的系统性、科学性及普适性。

三、产教融合背景下资产评估专业课程体系建设过程

1. “政、校、行、企”多部门之间的合作机制

（1）“统筹协调，共同推进”，发挥好政府部门在产教融合中的政策引导和改革推力作用

根据《国务院办公厅关于深化产教融合的若干意见》的要求，深化产教融合的主要目标，在于逐步提高行业、企业参与办学的程度，全面推行校企协同育人……而要实现该目标，则必须要从政府的层面给予政策引导，同时提供相应的激励措施，促使行业、企业加入校企合作协同育人当中。因而，政府在制定产业政策和经济政策时，要在顶层设计上就将产教融合考虑进去，通过健全产教融合与经济社会发展同步联动规划机制，将产教融合发展作为基础性要求融入相关政策，同步提出可操作的支持方式、配套措施和项目安排，如搭建产教融合平台，引导行业机构和企业加入合作平台中，让其发挥自身资源禀赋的优势，为高校人才培养提供师资支持、实训实习基地建设以及师资培训等相关服务，同时在具体实施过程当中，给予参与产教融合的行业和企业相应的组合投融资和财政等政策激励，并确保落实相关激励政策，进而发挥好其政策引导和改革推力的作用。与此同时，教育部门在制定教育发展规划、教育教学改革及颁布相关教育教学政策时，将产教融合纳入考核标准，引导各个高校积极参与其中，同时鼓励高校购买企业的实训课程、师资培训等服务，并提供专项财政支持，同时，鼓励高校与企业展开深度合作，如共同建立产业学院，为企业提供订单式培训和培养工作，发挥好高校和企业自身的优势，进而推动产教融合、协同育人目标的实现。这样，对于高校资产评估专业的课程体系建设而言，在教育教学中就能够实现模块式教学，灵活式教学，实现弹性培养机制。

（2）“协调引导，督促自律”，发挥好行业协会等相关机构在产教融合中的协调推动和公共服务的作用

行业协会，作为引导本行业技术发展，同时肩负着监督本行业业务开展责任的重要组织，负责制定和规划本行业的发展目标，与此同时，行业协会还需受到政府、业务主管部门的监督和指导，是连接政府及行业企业的关键纽带。因而，行业协会在制定发展规划的时候，也应该将产教融合考虑进去，将产教融合机制及业务形式融入行业发展规划之中，引导行业企业加入产教融合。同时，增加行业协会与相关高校的联系，可以通过发布行业前沿研究课题，并针对高校开放一定名额，同时再将研究成果用于行业培训，反哺行业发展。此外，行业协会还可以将具有一定建树的资产评估专业的教授学者纳入其行业专家库，成为其行业培训的专家师资，并定期开展专家座谈会或相关培训，增强行业协会和高校之间的互通性。同时还可以协助政府部门搭建产教融合平台，引导高校和企业通过产教融合平台合作，实现校企各类需求精准对接常态化、制度化，组织各类产教融合对接活动，推动院校向企业购买技术课程和实训教学服务。

（3）“技术主导，校企联盟”，发挥好企业在产教融合中的重要主导作用

企业作为市场经济活动的重要主体，不仅是高校人才培养质量的检验官，同时也是高校人才质量的接受者。高校人才培养质量的高低将直接决定企业用人成本的高低，一个合格的毕业生，能给企业节约不少的人力培养成本。因而，企业应该利用自身技术优势，积极参与产教融合，将自身的技术优势带到高校的人才培养中，甚至可以通过校企合作等方式，构建规范化的技能评价标准体系，开展实习实训服务，提升专业技能教学和实习实训能力，提高企业职工教育培训覆盖水平和质量，对技术技能型人才，开展制度化的企业实训，从而实现以需求为导向的人才培养结构动态调整机制，由此建立与产业链、服务创新链有着紧密联系的学科专业体系，从而使培养的技术型人才符合企业的实际需求。

（4）“转型改革，引企入教”，发挥好高校在产教融合中的重要支撑作用

根据《国家产教融合建设试点实施方案》的明确要求，深化产教融合机制，推进教育链、人才链、产业链以及创新链的有机衔接，在对人才资源进行供给侧结构性改革时，坚持把深化产教融合改革作为其首要的战略性任务，并试探性地推进突出产教融合导向的教育评价体系，尤其是对于高职院校、应用型本科高校、“双一流”建设高校等各类院校在积极融入本地区与相关产业发展的时候，提供政策支持，由此推进产教融合创新。因而，职业院校及应用型本科院校等，作为人才培养的供给端，需积极探索并努力开展实施产教融合机制，引企入教，可以通过产教融合平台购买企业及行业协会提供的实训实验服务、师资培训服务等相关服务，提升学生培养的实习实训能力。此外，高校也可以和企业或行业协会以共建实训实践基地、共建产业学院等方式，扩展产教融合渠道，同时高校也可以组织资产评估专业专职教师积极参与行业协会发布的科研课题研究以及加入行业协会的专家智库，为行业培训提供师资，或是根据企业要求开展订单式培养，发挥好高校在产教融合中的重要支撑作用。

综上所述，在对政府、行业、企业以及高校各自的职责和资源禀赋进行分析之后，可以根据其四者的统筹关系，构建资产评估专业课程体系，并凭借其“四位一体”的有机协调机制，在学生的培养过程中充分发挥各个主体的相对优势，提升人才培养质量。“政、校、行、企”多部门之间的合作机制如图2所示。

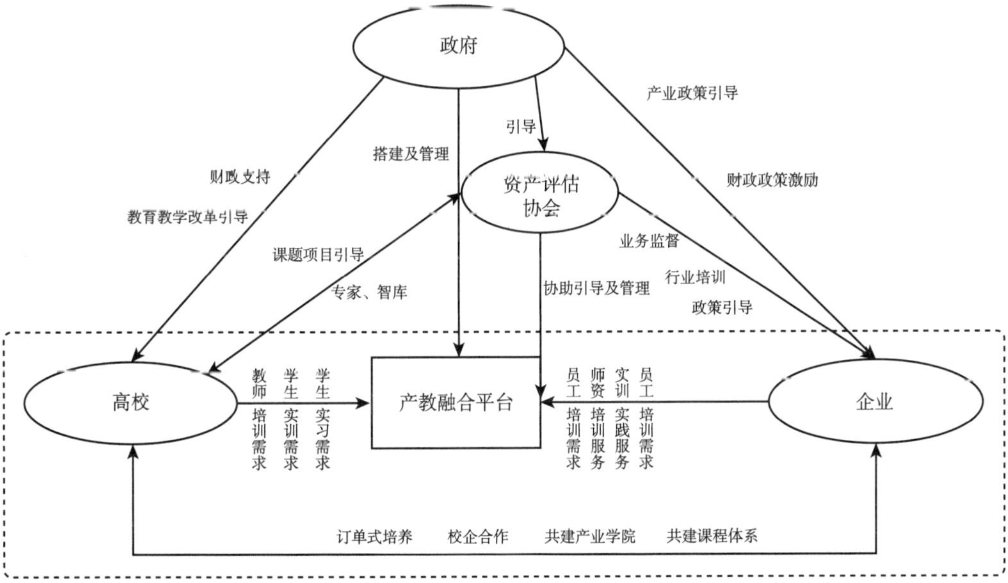

图2 产教融合机制

2. 资产评估行业对资产评估人才的实际需求

为探究资产评估行业对资产评估人才的实际需求，项目组成员通过问卷调查的形式，在全国24个省份发放了450份问卷，问卷实际收回442份，回收率98.2%，剔除掉不合格问卷后，得到实际有效问卷，总计438份。限于篇幅限制，此处仅展示业务需求相关结果，其他问卷分析结果可向课题组索要。

通过调查分析得出：（1）资产评估机构的主要评估业务集中在权益类评估业务、不动

产评估业务、机器设备评估业务以及以财务报告为目的的评估业务这几类之中。(2) 股权转让类评估业务与其他权益类评估业务相比，占据主要优势，其次是股权改制类评估业务和增资扩股类评估业务，而 IPO 评估业务最为稀少。(3) 资评机构在不动产评估业务中主要的评估业务来自房地产评估，其次是土地评估业务，建筑工程评估业务份额较少，在其他业务类型中，道路评估业务占比较大。(4) 就无形资产评估类业务而言，专利权评估业务是资评机构最主要的评估业务，商标权评估业务次之，而著作权和软件评估业务相对较少。此外，特许经营权评估业务也是资评机构的一大业务事项，对于无形资产评估中的其他评估业务而言，商誉评估业务占比较大。以上业务需求则是企业对资产评估人员的技能要求。

3. 符合国家、行业协会及资产评估机构的资产评估专业的人才培养质量标准

2018 年教育部颁布了《普通高等学校本科专业类教学质量国家标准》，并在 2019 年颁布了《高等职业学校专业教学标准》，这两项国家标准，是国家对资产评估专业以及资产评估与管理专业的人才培养质量标准的要求。

同时，中评协对资产评估执业人员的行业标准，主要体现在对资产评估执业人员的素质及专业素养要求上。根据《中国资产评估行业人才培养及队伍建设规划》，资产评估协会对于资产评估人员的要求主要在职业道德、专业素养、执业精神和创新能力这几方面，其中更多的是对评估人员的专业素养的要求，对于评估人员专业素养的要求则体现在资产评估师职业资格证书考试的考纲中。

于是，综合上述分析，结合资产评估专业教学国家标准，中评协对资产评估人员执业标准及调查所得资评机构所需业务标准，得到资产评估专业人才培养的相关知识、素质及能力需求标准，如表 1 所示。

表 1　　资产评估专业教学标准

项目	要求
素质	1. 坚定拥护中国共产党领导和践行社会主义核心价值观 2. 崇尚宪法、遵纪守法、崇德向善，具有社会责任感和社会参与意识 3. 具有一定的审美和人文素养，能够形成 1—2 项艺术特长或爱好 4. 具有健康体魄、心理和健全人格，养成良好的健身与卫生习惯以及良好的行为习惯 5. 具有质量意识、环保意识、安全意识、信息素养、工匠精神、创新思维 6. 具有自我管理能力、职业生涯规划的意识，有较强的集体意识和团队合作精神
知识	1. 熟悉与本专业相关的法律法规以及环境保护等知识 2. 掌握小企业会计核算、财报分析、财务管理基础知识 3. 掌握资产评估的基本概念、基础知识和评估程序、评估准则、评估报告与档案等知识 4. 掌握国有资产评估的概念、形成、分类、资产产权界定、登记、核资、统计，国有资产效益评价、监督管理等基本知识 5. 掌握企业价值评估的概念，评估程序以及收益法、市场法、资产基础法等价值评估基本知识，掌握企业并购，股权转让，清产核资等相关知识 6. 掌握无形资产评估的概念、评估假设以及收益法、市场法、成本法等无形资产评估的基础知识，掌握专利权评估、商标权评估及特许经营权评估相关知识，熟悉矿业权、软件、专有技术评估相关知识

续表

项目	要求
知识	7. 掌握不动产评估的相关概念、评估程序及相关评估方法，掌握土地评估、房地产评估、建筑物评估相关知识，熟悉建筑工程评估，道路、桥涵评估相关知识
	8. 了解国家最新经济社会建设、金融市场和财税改革相关知识
能力	1. 具有探究学习、终身学习、分析问题和解决问题的能力
	2. 具有良好的语言、文字表达能力和沟通能力
	3. 具有文字、表格、图像的计算机处理能力，以及本专业必需的信息技术应用能力
	4. 具有审读评估对象的财务分析、财务报告的能力
	5. 具有评估方法选用、评估方法运用、评估报告撰写、档案整理的能力
	6. 具有国有资产产权界定、分类、登记、核资以及资产投资效益评价、监督管理的能力
	7. 具有对企业价值、流动性资产、无形资产、长期性投资资产、不动产等相关资产进行评估的能力

4. 产教融合背景下资产评估专业课程体系建设

基于上述的教学标准，首先确定课程体系的基本构成，其基本构成可设置为如图 3 所示。

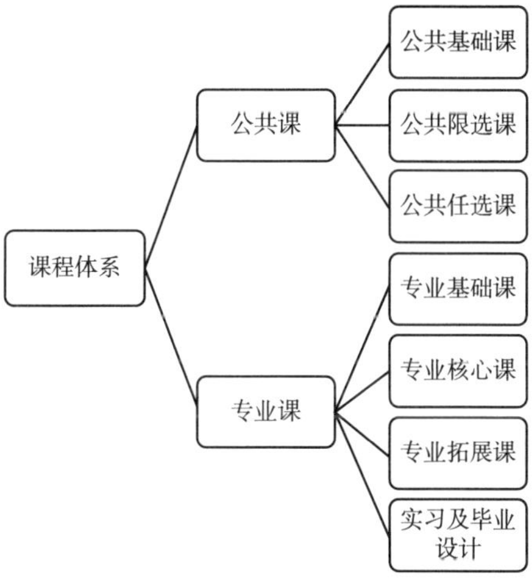

图 3　资产评估专业课程体系

在确定了资产评估专业课程体系的基本构成之后，我们需要设置相应的具体课程以满足各方需求对资产评估专业人才的培养质量要求。

（1）公共课程设置标准及原则

公共课程设置为公共基础课程（必修课程），公共限选课程以及公共任选课程。公共课程设置主要是培养资产评估专业学生的基本素质、运用英语及计算机技术的基本能力以及创新思维和社会主义思想意识的培养，此部分内容按照《普通高等学校本科专业类教学质量国家标准》和《高等职业学校专业教学标准》开课即可。

（2）专业课程设置标准及原则

专业课程是区别不同学科的主要根据，其设置原则，可以根据该门专业课程知识运用范围的广度以及能否凸显专业特色的标准，还有该专业人才培养层次所需的课程深度，将专业课程分为，专业基础课程，专业核心课程及专业拓展课程。①专业基础课的设置，专业基础课是反映该类学科需具备的专业通识知识，为开展专业核心课程及专业拓展课程做铺垫。资产评估专业属于工商管理类学科，其专业基础课程与其他同属工商管理类学科的相关专业相一致，可以根据资产评估专业课程国家标准开设。②专业核心课程的设置，专业核心课程是体现该专业区别于同学科类别不同专业的显著标识，是凸显专业特色的重要手段，也是该专业人才必须掌握的专业知识及应用技能。对于资产评估专业而言，其专业核心课程的设置，则需根据资产评估专业课程设置国家标准、中评协所要求的行业标准及资评机构业务需求标准来开设。③专业拓展课程的设置，专业拓展课程是为拓宽本专业学生眼界或考虑到该课程的难度对于该层次的人才培养不是必需，但可以作为为学有余力的同学拓展学科知识所开设的课程，此类课程通常具有方向拓展性抑或是能反映本专业的学科前沿研究，具有探讨及发展的性质。此处，在设置该类课程时，主要考虑的是中评协的发展规划中涉及的学科前沿和资评机构业务中所要求的较难部分，此外还有专业发展方向的考虑。

（3）产教融合背景下资产评估专业课程体系构建结果

综上，根据以上分析和课程设置原则，完成资产评估专业课程体系设置，其最终设置结果如表2所示。

表2　　资产评估专业课程体系

课程性质	课程类别	课程名称	说明
公共课	公共基础课	入学教育	必修
		形势与政策	
		大学体育	
		毛泽东思想与中国特色社会主义理论体系概论	
		思想道德修养与法律基础	
		军事理论	
		军事技能	
		大学生心理健康教育	
		大学生职业生涯规划	
		就业指导	
		创业与创新教育	
		计算机应用基础	
	公共选修课	信息技术实践	计算机类选修
		思维导图及原型设计	
		数据分析与挖掘实践	
		商业智能与数据展示	
		经济数学	数学类选修
		概率论与数理统计	
		高等数学	
		线性代数	

续表

课程性质	课程类别	课程名称	说明
公共课	公共选修课	大学英语	英语类选修
		英语听力	
		词源故事	
		英语国家文化	
		英语应用文写作	
		英语情景会话	
	公共任选课	人文语言类	根据学校特色开设任意选修
		经济管理类	
		科学技术类	
		艺术体育类	
		健康发展类	
专业课	专业基础课	经济学基础	必修
		管理学	
		经济法	
		会计学	
		财务会计	
		财务管理	
		金融市场学	
		商务礼仪	
		财政学	
	专业核心课	资产评估学	必修
		国有资产管理	
		资产评估综合法务	
		资产评估实务	
		不动产评估实务	
		无形资产评估	
		资产评估综合实训	
		财务信息分析及企业价值评估实训	
	专业拓展	公司金融	选修
		计算机财务管理	
		财经公文写作	
		金融服务营销	
		投资学	
		建筑工程评估	
		金融统计基础	
		资产评估前沿专题	
	实习及毕业设计	顶岗实习	必修
		毕业设计	

（4）产教融合背景下资产评估专业课程体系设置的合理性及系统性分析

此外，对资产评估专业教学标准的支撑情况进行了展示，以凸显本项目研究设置的专业课程体系的合理性和科学性。专业课程体系对资产评估专业教学标准的支撑情况如表3所示。

表3　专业课程体系对资产评估专业教学标准支撑情况

项目	要求	支撑课程
素质	1. 坚定拥护中国共产党领导和践行社会主义核心价值观	1. 中国特色社会主义思想概论 2. 军事理论 3. 军事技能 4. 形势与政策
	2. 崇尚宪法、遵纪守法、崇德向善，具有社会责任感和社会参与意识	1. 思想道德修养与法律基础 2. 中国特色社会主义思想概论 3. 入学教育
	3. 具有一定的审美和人文素养，能够形成1—2项艺术特长或爱好	1. 公共任选课 2. 商务礼仪 3. 艺术体育类任选课
	4. 具有健康体魄、心理和健全人格，养成良好的健身与卫生习惯以及良好的行为习惯	1. 大学生心理健康教育 2. 大学体育 3. 艺术体育类任选课 4. 健康发展类任选课
	5. 具有质量意识、环保意识、安全意识、信息素养、工匠精神、创新思维	1. 创业与创新教育 2. 计算机应用基础 3. 入学教育
	6. 具有自我管理能力、职业生涯规划的意识，有较强的集体意识和团队合作精神	1. 入学教育 2. 大学生心理健康教育 3. 大学生职业生涯规划
知识	1. 熟悉与本专业相关的法律法规以及环境保护等知识	1. 经济法 2. 资产评估综合法务
	2. 掌握小企业会计核算，财报分析，财务管理基础知识	1. 会计基础 2. 财务会计 3. 财务管理 4. 财务信息分析及企业价值评估实训
	3. 掌握资产评估的基本概念、基础知识和评估程序、评估准则、评估报告与档案等知识	1. 资产评估学 2. 资产评估实务 3. 不动产评估实务 4. 资产评估综合实训
	4. 掌握国有资产评估的概念、形成、分类、资产产权界定、登记、核资、统计，国有资产效益评价、监督管理等基本知识	国有资产管理

续表

项目	要求	支撑课程
知识	5. 掌握企业价值评估的概念，评估程序以及收益法、市场法、资产基础法等价值评估基本知识，掌握企业并购、股权转让、清产核资等相关知识	1. 财务信息分析及企业价值评估实训 2. 资产评估学 3. 公司金融 4. 投资学 5. 金融统计 6. 财务会计
	6. 掌握无形资产评估的概念、评估假设以及收益法、市场法、成本法等无形资产评估的基础知识，掌握专利权评估、商标权评估及特许经营权评估相关知识，熟悉矿业权、软件、专有技术评估相关知识	1. 无形资产评估 2. 资产评估综合实训 3. 资产评估学 4. 资产评估实务 5. 资产评估前沿专题
	7. 掌握不动产评估的相关概念、评估程序及相关评估方法，掌握土地评估、房地产评估、建筑物评估相关知识，熟悉建筑工程评估，道路、桥涵评估相关知识	1. 不动产评估实务 2. 资产评估学 3. 资产评估综合实训 4. 建筑工程评估 5. 资产评估前沿专题
	8. 了解国家最新经济社会建设，金融市场和财税改革相关知识	1. 财政学 2. 经济学基础 3. 金融市场学 4. 金融服务营销
能力	1. 具有探究学习、终身学习、分析问题和解决问题的能力	1. 就业指导 2. 创业与创新教育 3. 入学教育
	2. 具有良好的语言、文字表达能力和沟通能力	1. 大学英语 2. 英语听力 3. 英语应用文写作 4. 英语情景会话 5. 财经公文写作 6. 人文语言类公共任选课
	3. 具有文字、表格、图像的计算机处理能力以及本专业必需的信息技术应用能力	1. 计算机应用基础 2. 计算机财务管理 3. 信息技术实践 4. 商业智能与数据展示 5. 思维导图及原型设计
	4. 具有审读评估对象的财务分析、财务报告的能力	1. 财务管理 2. 财务会计 3. 财务信息分析及企业价值评估实训 4. 公司金融 5. 金融统计基础
	5. 具有评估方法选用、评估方法运用、评估报告撰写、档案整理的能力	1. 资产评估学 2. 资产评估实务 3. 资产评估综合实训 4. 无形资产评估 5. 不动产评估实务 6. 财务信息分析及企业价值评估实训

续表

项目	要求	支撑课程
能力	6. 具有国有资产产权界定、分类、登记、核资以及资产投资效益评价、监督管理的能力	国有资产管理
	7. 具有对企业价值、流动性资产、无形资产、长期性投资资产、不动产等相关资产进行评估的能力	1. 资产评估学 2. 资产评估实务 3. 资产评估综合实训 4. 无形资产评估 5. 不动产评估实务

由表3所示的结果来看，本次设置的课程体系能够满足《普通高等学校本科专业类教学质量国家标准》和《高等职业学校专业教学标准》，同时也能满足由中评协颁布的《中国资产评估行业人才培养及队伍建设规划》对于资产评估执业人员的知识、素养及创新能力的要求，也能够满足资产评估机构对于资产评估人员开展资产评估业务所需的技能及知识的要求。因此，本课题设置的产教融合机制下的资产评估专业课程体系具有一定的科学性和合理性，可为其他高校资产评估专业开设课程体系提供参考借鉴。

5. 产教融合背景下资产评估专业课程体系实施

课程教学的授课安排也是课程体系设置中的一部分，而且是影响整个课程体系是否能够有效运行的一个重要因素。对于公共课程的安排可以根据各个高校公共课程开设的情况进行，此处主要阐述专业课程的开课安排。各专业课程安排的逻辑如下：考虑到公共课通常安排在学生入学的前两年，且逐渐减少。所以，前4学期的专业课程安排主要是专业基础课，后续专业课主要集中在第5—6学期，但考虑到学生学习的效果和进度，每学期专业课不宜超过5门。因此，在第1学期安排了经济学基础，让学生初识经济。在第2学期安排管理学和会计基础，让学生了解企业运行及业务事项，为第3学期开展财务会计、财务管理做准备。同时还开设经济法，这样学生就可以在第3学期参加《资产评估相关知识》科目的考试。第4学期开设金融市场学、财政学、资产评估学和国有资产管理这4门课，为第5学期开设资产评估实务、资产评估综合法务以及不动产评估实务做准备。这样学生可以在第5学期参考《资产评估基础》和《资产评估实务一》科目的考试，以及补考《资产评估相关知识》。此外，在第5学期还可以选修投资学基础和金融统计基础，为第6学期开展不动产评估和选修公司金融、计算机财务管理做准备。公司金融和计算机财务管理课程是为第7学期开展财务信息分析及企业价值评估做准备。这样学生就可以在第7学期参加《资产评估实务二》科目的考试，以及补考其他三门未通过的考试，如果每门考试都能顺利通过，则学生就可以在毕业时取得资产评估师职业资格证书，走上资产评估师的工作岗位。此外，考虑到第7学期学生就要开始找工作和实习，所以，在第7学期只安排两门实训课程，将拓展选修课的建筑工程评估和资产评估前沿专题放在第6学期，同时也是为第7学期的资产评估综合实训打基础。以上为课程开课建议，各课程开课安排如表4所示。

表 4　　各专业课程开课安排建议

课程性质	课程类别	课程名称	说明	开课学期
专业课	专业基础课	经济学基础	必修	1
		管理学		2
		会计基础		2
		经济法		3
		财务会计		3
		财务管理		3
		金融市场学		4
		财政学		4
		商务礼仪		7
	专业核心课	资产评估学	必修	4
		国有资产管理		4
		资产评估综合法务		5
		资产评估实务		5
		不动产评估实务		5
		无形资产评估		6
		资产评估综合实训		7
		财务信息分析及企业价值评估实训		7
	专业拓展	投资学基础	选修	5
		金融统计基础		5
		公司金融		6
		计算机财务管理		6
		财经公文写作		6
		金融服务营销		6
		建筑工程评估		6
		资产评估前沿专题		6
	实习及毕业设计	顶岗实习	必修	8
		毕业设计		8

四、结论

本课题首先厘清了“政、校、行、企”多部门之间的产教融合合作机制，随后基于产教融合背景，结合国家、行业协会、企业对资产评估专业学生的要求，得到资产评估专业教学标准，进而根据教学标准构建资产评估专业课程体系以及对课程体系中课程的组织安排进行规划建议，还对该课程体系的科学性和系统性以及合理性进行了分析，得出以下结论。

第一，产教融合机制是由政府统筹推进、行业协会协助引导及管理的以高等院校和企业为主体的“四位一体”的有机协调机制，政府的统筹协调是当前整个机制有效运行的关键。

第二，本课题设置的产教融合背景下资产评估专业课程体系不仅符合资产评估专业教学质量国家标准，而且也满足中评协对人才培养的素质及专业知识的要求，还能达到资评机构对资产评估人员的专业技能要求，具有较强的科学性和系统性。

第三，本课题设置的课程体系可实现课证融合，高校资产评估专业根据此课程体系，参考专业课程开课安排，学生可在第7学期通过资产评估师职业资格的全科考试，使其在毕业离校时即可从事资产评估师相关工作。

参考文献

[1] 中国资产评估行业发展报告（2019）[J]. 中国资产评估，2020（01）：4—26.

[2] 陈鹏，周越. 资产评估本科专业人才培养方案优化研究——从实务角度出发[J]. 中国资产评估，2020（04）：62—67.

[3] 国务院办公厅. 国务院办公厅关于深化产教融合的若干意见[OL]. 2017.12.19. http://www.gov.cn/zhengce/content/2017-12/19/content_5248564.htm.

[4] 发改委. 关于印发国家产教融合建设试点实施方案的通知[OL]. 2019.10.10. http://www.gov.cn/fuwu/2019-10/10/content_5438011.htm.

[5] 教育部高等学校教学指导委员会. 普通高等学校本科专业类教学质量国家标准（上、下册）[M]. 北京：高等教育出版社，2018：844—848.

[6] 教育部职业教育与成人教育司. 高等职业学校专业教学标准[OL]. 2019.7.30. http://www.moe.gov.cn/s78/A07/zcs_ztzl/2017_zt06/17zt06_bznr/bznr_gzjxbz/gzjxbz_cjsmdl/cjsmdl_czswl/.

[7] 中国资产评估协会. 中评协关于印发《中国资产评估行业人才培养及队伍建设规划》的通知[OL]. 2014.2.21. http://www.cas.org.cn/gztz/44341.jsp.

大数据在无形资产评估中的应用研究

陆韵韵　谢　平　廖明星　郑安琪

摘　要：高速发展的信息社会，科技不断地创新进步，市场经济蓬勃发展，大数据已经渗透到各行各业，资产评估行业中的大数据运用也有了初步尝试，但大数据在无形资产评估中的应用却基本是空白。由于无形资产在企业价值中扮演的角色越来越重要，因此无形资产评估的地位也越来越高。《资产评估执业准则——无形资产》的颁布，为无形资产的评估提出了更加具体的指导意见、指导方法、指导细节。但实际操作中无形资产漏评、错评、滥评的现象时有发生，本文研究引入大数据的技术和手段，解决交易数据缺乏、评估人员主观因素过强等问题，有利于评估过程的公开、公正和评估结论的合理。

本文重点提出了一种无形资产评估信息服务平台的设计，对无形资产评估涉及的信息来源、信息的分层设计、信息的分类、实现功能点进行详细的说明；详细论述了无形资产信息的智能搜索和智能推荐技术，特别是行业专家智能推荐的方法和思路，最后结合智能推荐方法和AHP层次分析法进行无形资产评估的实际应用。

关键词：大数据；层次设计；智能检索；智能推荐；层次分析法

一、无形资产评估信息服务平台的设计

无形资产评估信息服务平台以大数据技术为支撑，以专利、商标、著作权、企业工商信息、论文、期刊、专家信息、资产评估案例、知识产权历史交易案例等无形资产评估相关基础数据的加工和整合为抓手，实现无形资产相关数据归类、检索、统计分析、综合管理、行业专家推荐、全流程一体化服务等服务应用。无形资产数据库子平台，包括无形资产评估案例数据库、无形资产交易信息库、专利数据库、商标数据库、著作权数据库、企业工商信息数据库、行业专家数据库等。平台为无形资产评估工作人员提供无形资产评估相关数据的归类、查询、修改等基本功能，并提供多种无形资产数据分析工具和评估业务相关工具，例如相关评估案例工具、行业分析工具、行业专家推荐工具等。这些工具和应用以无形资产数据库为数据基础，通过各类算法，从海量数据中计算、提取出有价值的信息，供用户参考和使用。

作者单位：陆韵韵、廖明星、郑安琪，湖北众联资产评估有限公司；谢平，上海新炬网络技术有限公司

（一）层次设计

无形资产评估信息服务平台可以分为三个层次，分别为原始资料层、数据层和功能模块层，其中的原始资料层和基础数据层即为无形资产数据库。这两个层次之间主要区别是存储类型不同、信息有序度不同、分类依据不同和功能需求不同。无形资产评估信息服务平台层次结构图如图1所示：

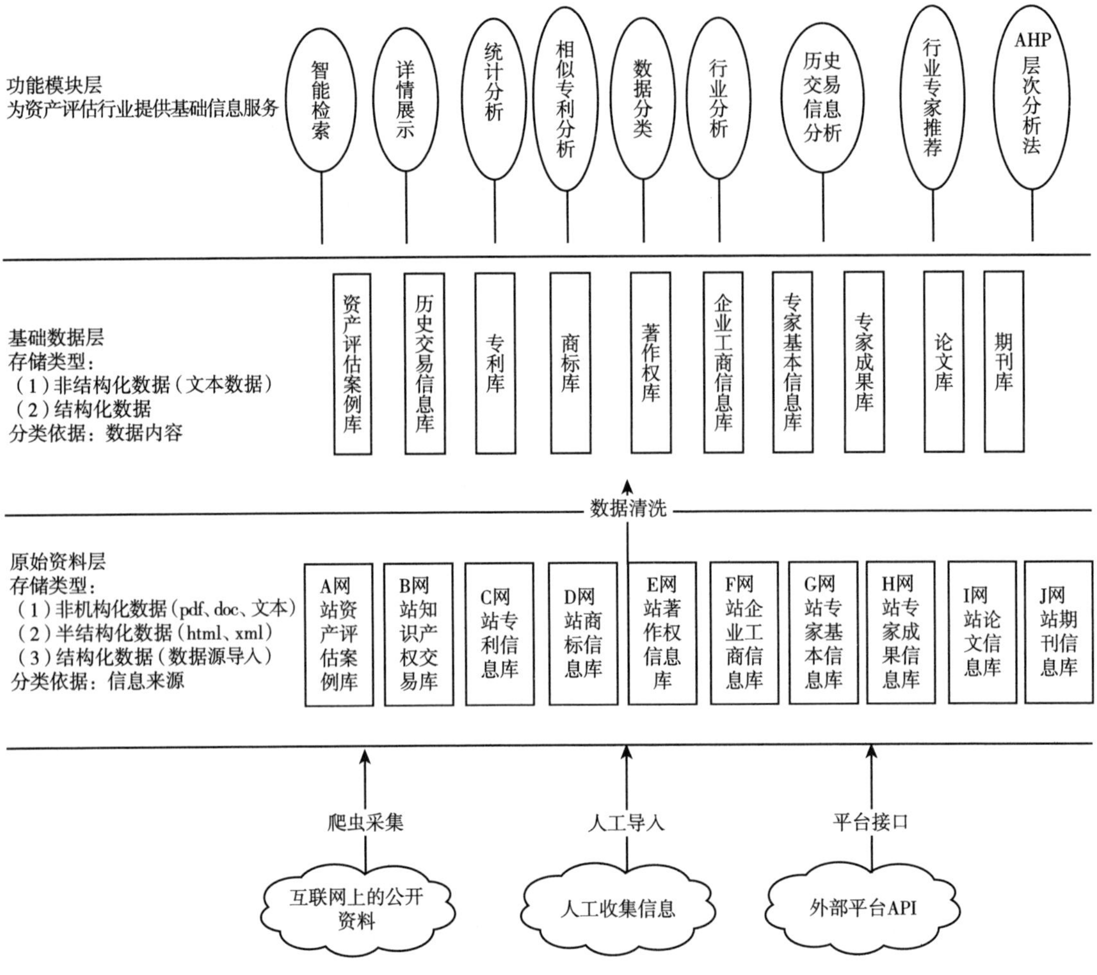

图1　无形资产评估信息服务平台层次结构图

以上三层的设计主要是基于数据的流向、数据的有序度和读写的频率形成的。

从数据的流向看，通过信息采集，将从各种来源获取的信息录入原始资料层，然后经过初步的信息处理和数据清洗进入基础数据层，最后功能模块层将与基础数据层的各个数据库进行交互并读写数据，功能模块层中的各模块负责对外提供服务能力。

从数据的有序度看，从原始资料层，到基础数据层，到功能模块层，数据经过清洗加工后将会变得越来越有序，也有益于更高效地进行数据查询和提供数据服务。

从读写的频率看，从原始资料层，到基础数据层，到功能模块层，对数据的读写频率逐步增高。原始资料层的数据是不定时更新的，当我们得到一个新的来源（文本、文档、网页或者数据源 API 接口）后，将其资料导入到原始资料层的对应数据库中，从而更新原始资料层的数据；当原始资料层数据变动后，基础数据层将对增量的变动数据重新进行信息的整合分析，数据清洗处理后更新基础数据层的数据；功能模块层的数据，一方面来源于基础数据层自动处理的数据，另一方面来源于各功能模块分析加工生成的数据，其读写频率最高。

（二）本章小结

无形资产评估信息服务平台的功能非常强大，涉及面广，本章只是从原理上阐述平台的设计思路，并进行简略的案例展示，由于文章的篇幅有限，不能对每个功能模块进行展开描述，在后面几个章节对智能检索、行业专家智能推荐及 AHP 层次分析法应用进行重点分析研究。

1. 平台优点

无形资产评估信息服务平台优点如下：

（1）数据全面

资产评估专业人员可以利用知识产权数据库信息，获取评估对象的详细资料，并获得相关行业的技术市场数据、有无法律诉讼等信息，将市场监管、知识产权局的信息进行了数据集成，减少了各大网站检索及数据筛查的过程，提高了工作效率。

（2）数据分析能力强

强大的数据库分析功能，可以提供相似度分析、行业分析、历史交易信息分析，更加容易做到不重不漏，仅靠评估人员个人操作很难实现。

众所周知，无形资产评估中要收集和分析行业状况和发展前景，通过大数据进行行业信息归集，建立完备的行业技术脉络及市场分布。以行业技术数据和行业市场数据分析其技术效果，从技术及市场发展态势预判其市场前景，依据市场和行业数据分析，为核算无形资产的经济价值提供强有力的信息数据支撑。

（3）数据公开化

无形资产评估信息服务平台的建立、推广及使用，可以不断地充实基础信息。信息的公开化，既有利于知识产权的转让、质押时价格的公允，也方便资产评估专业人员做出合理的价格判断，突破技术局限性瓶颈，保障评估过程的客观与准确。

2. 建设平台的难点

随着大数据相关技术的日趋成熟，无形资产信息服务平台的上述功能均能通过大数据的技术手段实现，但由于无形资产涉及行业范围广，进行专业化的技术脉络梳理要求很高，所需人力物力巨大。所以从规范引导无形资产评估、促进资产评估行业创新的角度出发，需要相关政府部门和资产评估行业协会联手牵头进行技术梳理，才具备建设这一平台的能力。

二、无形资产信息平台的智能检索方法

（一）智能检索的意义

资产评估的评估对象涉及各行各业，通常需要资产评估人员对企业运营、市场状况等的

判断，企业运营可以通过历史财务信息来判断分析，但市场行业状况分析就要耗费大量的时间，资产评估人员从承接项目到项目结束，由于时间的问题，无法对行业展开详细深刻的了解，行业的相关信息通常来源于企业或者互联网的收集，这些信息的来源要么单一，要么杂乱，不利于评估工作的开展。

因此，智能检索可以解决相关数据的整合及信息快速获取的问题。

（二）智能搜索技术的应用

1. 方法思路说明

无形资产评估过程中相关文档及数据要实现整合及信息快速获取，需要应用基于大数据的智能搜索技术，整合平台内外用户服务相关系统和数据，实现搜索引擎、站内搜索、文档文件搜索等全文检索场景，为无形资产评估行业提供定制化的无形资产相关的文档信息产品。通过平台互联网化，建设统一大数据处理平台作为支撑平台，以技术创新带动无形资产评估的业务创新。

用户通过输入检索关键词，对无形资产数据库中的信息资源进行检索。并且实现多种检索方式，包括简单检索、高级检索、法律检索、批量检索、分类号检索等多种检索方式。例如：

（1）通过搜索企业 A 的名称，可以检索出企业 A 所持有的专利、商标、著作权、域名等知识产权的信息。

（2）通过搜索关键词（例如专利号、商标名称等），查找同类型专利或商标或著作权的历史交易信息。（交易对象、交易价格、交易时间、交易双方）

（3）对检索结果提供详情展示，包括摘要、附图、权利要求、说明书、法律信息等信息展示。并提供原信息来源链接，供查询真伪。

（4）通过搜索关键词，支持 office、txt、pdf 等格式文档文件，基于互联网的全文检索和在线展示，一处维护多处查看。很好地解决了海量文档时查找文档和信息困难的情况。

2. 构建全文搜索的基本流程

使用 Elasticsearch 可以实现对 word、excel、ppt、pdf、txt 等格式文件的全文内容检索。

（三）本章小结

本章分析了大数据的智能搜索技术在无形资产信息平台的应用，提出了在大数据的基础上，整合平台内系统和数据，实现搜索引擎、站内搜索、文档全文检索等应用场景，为无形资产评估行业提供定制化的信息服务。通过平台互联网化，建设统一的大数据处理支撑平台，解决无形资产评估过程中相关数据的整合及信息快速获取的问题。

本章中实现的无形资产智能检索系统仅从技术角度进行了可行性功能验证，随着文档规模的扩大及系统复杂度的不断提高，本文实验中的文档检索系统还可以进行优化，例如：

1. 数据分析模块、数据展示模块、数据检索模块均为独立模块进行开发，很方便进行水平分布式扩展和部署；

2. 后端系统利用 hadoop 中的 hdfs 作为海量文件服务器，也可以根据文档承载规模进行水平扩展。

三、无形资产信息平台的智能推荐方法

（一）智能推荐的意义

无形资产评估中，涉及专利、专有技术、商标等评估时，特别需要行业专家对产品性能、无形资产的先进性等做出专业判断。目前无形资产评估中，鲜有行业专家智能推荐的研究和应用。

因此，行业专家智能推荐可以解决专家去哪里找的问题，通过专家帮助解决：行业分析调研咨询；应用产品优缺点分析咨询，可替代产品分析咨询；技术先进性分析咨询，替代性技术分析咨询；参与评估指标体系构建；参与层次分析法打分等等。

（二）行业专家库的建设思路

行业专家库系统是一个综合信息管理平台，主要功能包括专家信息动态维护，行业分类检索。

1. 数据采集

可信数据源的数据采集，主要采集内容如下：

（1）来自科研管理系统成果登记系统、专家库、各类统计系统等科研管理信息系统的开放数据。

（2）来自中外文期刊硕博士论文、中外专利科技报告等文献资源的数据。

（3）来自互联网的可信学术社交媒体的数据等。

2. 建设内容

（1）收录社会科学、自然科学、技术领域、经济领域等各个领域的专家名人信息，收集各专家在其相关研究领域内的研究内容及其所取得的研究进展，对数据进行分类加工，为评估人员提供检索服务，有助于评估人员快速获取和掌握相关行业研究领域的前沿信息。专家表的主要字段内容包括：姓名、性别、教育背景、工作单位、工作职务、专业领域、研究方向、研究成果、专家荣誉、获奖情况、发表的专著和论文等多个字段。

（2）对专家的类型进行科学评估，选取权威、标准的信息来源渠道。

（3）检索结果按照专业领域、地区、技术职称等自动聚类，方便查找。

（4）通过相关专家链接、相关发表文献等功能，能清晰了解该领域专家的情况。

（5）核心算法是通过规则提取并应用文本处理的常规算法如 TF－IDF、降维、文本相似度计算等，根据评估项目中给出的文本信息，与知识库中的专家论文等成果进行文本相似度分析对比，依据相似度来进行专家推荐。

（三）行业专家的智能推荐方法研究

1. 方法思路说明

行业专家推荐的关键问题是根据评估项目中给出的文本信息，与知识库中的专家进行分析对比，选择出与研究相关的人作为行业专家。本文中专家推荐分为三个阶段步骤：第一

步，根据评估项目的文本信息在数据库中找到相关专家的研究成果；第二步，根据专家的研究成果可以得到候选专家的推荐列表；第三步，对候选列表中的专家进行分析筛选生成专家的推荐结果。

2. 文本数据处理

（1）文本向量化。即把文本表达为可以让计算机来理解的向量（数组）形式。20 世纪 70 年代，Salton 等人提出向量空间模型（VSM：Vector Space Model），并将其应用到 SMART 文本检索系统。该模型认为，文本特征之间具有相互独立性，对文本内容的处理可以简化为向量空间中的向量运算，即将文本信息转化为向量表示，用向量空间上的相似度来表示文本内容之间的语义相似度。评估项目文档 P 有关键字集合 $KW = \{k_1, k_2, \cdots k_n\}$，数据库中文档 P_i 有关键字集合 $KW_i = \{k_{i1}, k_{i2}, \cdots k_{im}\}$，把关键字的集合先合并然后去重，就得到了词袋 $C = \{k_{w1}, k_{w2}, \cdots k_{wi}\}$，其中（$l \in [\min(n, m), n+m]$）。关键字集合与词袋内关键字进行字符匹配，得到向量 $\overrightarrow{KW} = KW_1, KW_2, \cdots KW_l$、$\overrightarrow{KW}_i = KW_{i1}, KW_{i2}, \cdots KW_{il}$，余弦计算公式如下所示：

$$Sim(KW, KW_i) = \frac{\overrightarrow{KW}\ \overrightarrow{KWi}}{|KW||KW_i|} \qquad \text{公式 1}$$

（2）计算文本相似度。计算两篇文章文本相似度的一般方法如下：第一步，根据 TF－IDF 算法，提取待比较的两篇文章中的关键词；第二步，每篇文章各取出若干个关键词（例如 30 个），合并成一个关键词的集合，算出每篇文章出现在这个集合中的词的词频或者相对词频；第三步，生成两篇文章各自的词频向量；最后一步，计算出这两个向量的余弦相似度，余弦相似度的结果值越大就表示越相似。

（四）本章小结

本章分析了大数据的智能推荐在无形资产信息平台的应用，提出了通过计算文本余弦相似度来推荐行业专家，解决了人工选择寻找行业专家效率较低以及主观选择行业专家等问题。

随着文档规模的扩大及系统复杂度的不断提高，本文实验中的余弦相似度算法还可以进行优化，例如：

1. 在统计词频时，由字符完全匹配改进为使用编辑距离的模糊匹配方法，即采用基于模糊匹配的文本相似度计算方法；

2. 对于关键字的语义范围相互交叉的情况，采用基于语义扩展的文本相似度计算方法，根据专业领域内的专有名词建立领域词典，加入专有名词语义关系来提高语义扩展的相似度。

四、AHP 层次分析应用

（一）层次分析法简介

层次分析法（The analytic hierarchy process，AHP），它由美国运筹学家托马斯·塞蒂

（T. L. saaty）提出。它是一种定性和定量相结合的分析方法，具有系统性、层次性的特点。它能有效地处理复杂的决策问题，目前应用于经济、交通、医疗、环境、农林牧业、教育等行业。

（二）层次分析法的基本步骤

采用层次分析法来解决问题，一般为如下 4 个步骤：

1. 建立递阶层次结构
2. 构造两两比较判断矩阵
3. 层次单排序及一致性检验
4. 层次总排序及一致性检验

（三）层次分析法主要功能

1. 层次分析法建模

在 AHP 系统中构建评估的指标体系，操作者可非常轻松快速地在系统中建模和排版。指标体系的设计是否科学、完备、具有可操作性，可通过调查问卷的方式，根据专家提出的意见修改。操作上，AHP 系统可以提供 AHP 快速建模功能，无须再手动画图、分层次，强大的自动排版功能，简化了后期图文制作的时间。

2. 专家打分数据的 excel 导出和导入

建模完成后，从行业专家推荐系统中，挑选出相关专家，通过 AHP 系统生成一个指标打分表，导出后可提供给相关专家。专家打分后，再将相关数据导入系统。在系统中，使用者可以直观地对比每个专家的打分情况，如需修改打分，也能在系统中通过工具栏表格点选、表格下拉及表内直接修改等方式，优化数据录入方式。

3. 专家矩阵一致性检验

4. 专家矩阵一致性修正和补全

由于打分存在一定的主观性，有时候会出现一致性检验不能通过的情况，AHP 系统就能在录入页面直观地反映出该问题，提示使用者进行修正。

5. 详细的过程计算数据导出

测算的底稿，需要罗列详细的计算过程，AHP 系统可按照模板自动生成 word 文档并导出。

（四）本章小结

1. 层次分析法应用到无形资产评估中的优点

（1）实用：通过定性与定量相结合，处理传统的评估方法不能解决的问题，例如：①构建无形资产对企业价值贡献的评价指标体系，确认无形资产整体的贡献程度。②确认各无形资产要素的贡献程度，建立组合无形资产的价值分割模型，运用该模型可以便捷、有效地确定组合无形资产中的各单项无形资产的价值。

（2）简洁：结果明确，便于决策者直接了解和掌握。

2. 层次分析法实际应用中的难点

（1）合适的标度，这是一个关键点，国内许多学者研究发现，解决问题时采用不同的标度，会得到不同的方案排序和权重结果。

（2）计算量大，步骤烦琐。层次单排序权值的计算方法有4种，不同的计算方法，结论会有些偏差。特别是特征向量法和最小二乘法，当矩阵的阶数高于4阶时，计算难度增加且易出错，还费时间，通过常用的程序语言，系统实现自动后台运算。

（3）数据的反复调整。当计算结果不满足一致性检验，就需要调整数据重新计算，实际操作中，在构造高阶矩阵时，往往需要反复调整数据。采用软件，就能发现矩阵数据不一致和残缺的问题，提示使用者注意该问题。

因此，通过开发层次分析法，简单、便捷、高效地展现不同标度及不同计算方法的结果，既可以节省时间，避免人工计算的差错，又能避免结论偏差对评估值的影响。运用层次分析法进行无形资产评估将使评估结论更有效、更全面、更可靠。

五、总结

（一）主要的研究成果

1. 构建无形资产评估大数据服务平台，从技术层面分析平台构建的框架层次、实现方案和功能。通过实验项目验证了原始数据采集、基础数据清洗、功能需求模块划分的可行性，具有实践借鉴意义。

2. 探讨基于无形资产评估信息服务平台的智能检索技术，并介绍在无形资产大数据智能检索中采用的主要方法和相关技术。通过实验项目验证了在无形资产信息平台中，实现全文检索系统的关键技术和关键功能具有可行性。

3. 探讨基于大数据的行业专家推荐方法，阐述系统框架，运算法则，解决无形资产评估过程中行业专家去哪里找的实际问题。通过实验项目验证了在无形资产信息平台中，采用计算文本余弦相似度推荐行业专家具有可行性。

4. 研究了AHP层次分析法中的方法和步骤，通过评估案例展示，采用AHP层次分析法对组合无形资产进行评估，推荐行业专家，并将运算软件用于无形资产评估计算，高效得到评估结论。

（二）研究中存在的问题和不足

1. 构建大数据平台，需要解决的问题：一是打破各类数据持有者之间的壁垒。国家知识产权局、税务机关、市场监督管理机构、银行等金融机构的数据如能实现数据共享，将大大加快大数据平台的建设，数据越是全面分析结果就越有价值；二是法律问题，敏感数据信息不能公开。中国资产评估行业协会建立行业管理平台，评估项目报备这个功能模块就能实现评估报告的数据采集，通过爬虫技术，实现对数据库相关内容的抓取，并整理出评估对象、评估方法、评估价值等重要信息，但是由于评估机构有保密义务，故唾手可得的数据不能公开使用；三是专业人才的储备，计算机人才、数据分析师等，收集数据并对数据进行分析，保障数据真实可靠，去伪存真；四是推广应用，只有大数据平台投入运转才能发挥其大数据的强大功效，指导具体资产评估。

2. 行业专家推荐系统的算法有待实际使用过程中的进一步验证，需要根据使用的效果，在分词词库以及语义扩展等方面进行调整和优化。研究中收集的文档资料数量有限，且缺少一个标准的测试数据集用来训练推荐系统的算法模型，只是简单地测试了可行性，但在实际运用中还要根据文档数据库的不断完善，专家相关研究成果等相关文档的积累和规模扩大，完善推荐系统的算法模型，保障推荐的专家更符合要求。

3. 开发层次分析法软件非常有意义的，它能简便运算，能融合行业专家推荐系统，完善平台功能。由于时间和技术人员的问题，本文介绍层次分析法的方法、分析总结层次分析法在无形资产评估中的优点和难点，未能进行具体的功能模块开发。

4. 可辨认的无形资产种类非常多，实际操作中，能运用大数据参与评估的种类有限，还会受到评估方法的制约。未来，随着大数据在资产评估行业的不断深入，无形资产评估理论、评估手段将不断成熟、完善。

参考文献

[1] 姜秀华，王玉霞，陈旭灿．基于内容的检索技术与系统实现［J］．北京广播学院学报（自然科学版），2003（01）：18—26.

[2] 孙晓山．SMART信息检索系统剖析、改进和中文移植研究［D］．2005.

[3] 郑伟，季铎，蔡东风等．基于文本互为最小相似度的中心选取方法［J］．广西师范大学学报：自然科学版，2008，26（3）：198—201.

[4] 许树柏．实用决策方法：层次分析法原理［M］．天津大学出版社，1988.

[5] 郭金玉，张忠彬，孙庆云．层次分析法的研究与应用［J］．中国安全科学学报，2008，18（5）：148—153.

高校专利评估指标构建与评估方法的研究

熊　袁　方中秀　李志铎　王雨晨　何　坤

摘　要： 近年来教育局对高校科技成果转化制度政策的优化，在鼓励高校专利技术转化背景下，高校作为国内知识产权申请量、授权量及拥有量最大的组织系统，更是需要对知识产权的价值进行有效识别及评估。

故本课题以高校专利权作为研究对象，首先，从高校专利的现状分析出发，揭示高校专利评估的必要性，挖掘高校专利价值内涵；其次，基于资产评估的视角，筛选专利并判断其有效性，以产业化条件为基准对高校专利价值内涵进行再定义，初步界定高校专利各种价值属性；再次，通过对不同价值内涵的高校专利设计价值评估参数指标采用合适的无形资产评估模型进行价值评估，以此形成一套完整的高校专利价值评估系统。最后，进行评估实务举例，加深对该评估系统的应用及理解。

本课题希望通过资产评估的视角，对高校专利价值予以初步区分，为高校专利相关管理人员提供专利价值判断的基本标准，便于对高校专利进行价值分类及梳理，并通过对无形资产评估模型的整理，建立高校专利价值评估指标，从而形成目前符合专利经济价值评估要求的评估系统，期冀为评估实务工作带来一定参考和建议。

关键词： 高校专利价值内涵；评估指标；评估方法；评估系统

一、引言

（一）选题的目的和意义

1. 促进高校完善专利的管理及运营

本课题将提出一套专利评价体系及对应评估方法的运用，评价体系的应用可以让高校人员对专利价值做到初步判断，能够在专利申请前做出有无必要申请专利的事先判断，可对现有高校专利进行分类管理，亦能够更好地帮助高校人员优化专利决策。

作者单位：熊袁、何坤，武汉顺海资产评估有限责任公司；方中秀，华中师范大学经济与工商管理学院中南财经政法大学企业价值研究中心；李志铎、王雨晨，中南财经政法大学工商管理学院

2. 响应高校专利评估的潜在需求

若一项资产的价值能够准确、合理地被量化，那么其带来的未来收益、产生的现金流以及交易成本都可一一确定，而这就能够为不同投资者或利益方的相关决策提供可靠依据。当前，高校的专利成果正受到包括各类投资基金和高科技企业在内的相关机构的重点关注，在知识产权受到高度保护的时代大背景下，为此类高校专利进行合理定价将会促生大量的资产评估需求。

3. 创新高校专利价值的评估体系

本课题结合定性评价与定量评估，整体设计为三级指标模式，通过不同维度的评价，确定不同价值属性的专利，并根据不同价值属性的高校专利提供适宜的评估方法，形成一套完整的评估体系。

4. 推动高校专利制度的深化改革

国家有关深化高校知识产权管理改革的相关规制强调赋予高校和科研人员更多处置和经营存量专利的权利。通过对高校专利的系统研究，构建高校专利价值甄别与价值分析的理论框架，利于相关专利管理人员专利运作方面的决策，为制定或出台相关高校专利评估指导性文件或者相关准则提供有价值的参考依据。

（二）研究的主要内容

本课题通过分析高校专利价值内涵，再从资产评估的视角，对高校专利价值进行区分，并采用评估指标的构建与评估方法的实务应用研究，构建为一种高校专利评估系统。

本课题研究的主要内容有以下四个方面：

第一，研究高校专利价值内涵。分析高校专利的特点，按照资产评估的视角定义不同类型高校专利价值内涵；

第二，构建高校专利价值评估系统。通过评估指标的构建及评估模型的应用形成具有实务借鉴意义的高校评估系统。

第三，分析高校专利价值属性适用评估模型。通过对无形资产的评估方法的收集，根据高校专利的各类价值属性特点如专利应用类型等选择适宜的评估模型。

第四，案例分析。引用应用该评估系统进行实务操作的例子，加深对本课题评估系统应用的理解。

（三）研究方法和技术路线

1. 基本思路

本课题研究的基本思路为：发现本课题研究的必要性—分析研究对象相关属性—构建可操作的评估体系—形成应用该体系的评估案例。

2. 具体方法

第一，文献分析法。主要指搜集资料、鉴别有用信息、整理文献，通过对文献的研究形成对事实的科学认识。对相关文献的研究为本课题的实践研究提供了理论依据。在理论的指导下，更加严谨地对相关问题进行研究。

第二，归纳演绎法。描述性研究法是将已有的现象、规律和理论通过自己的理解和验证，给予叙述和解释。本课题拟通过归纳我国高校专利权的定性评价和定量估值，演绎出一套完整的高校专利评价指标体系。

第三，案例分析法。本课题通过评估实务的案例，采用该评估系统进行模拟评估。为评估实务提供高校专利评估的一种解决思路。

3. 技术路线

本课题对高校专利价值内涵，通过资产评估视角，根据高校专利的应用类型、价值内涵的判断，进行再分类，再根据不同内涵的专利，选择不同的评估路径，从而构建各种评估指标。具体技术思路流程如图 1 所示。

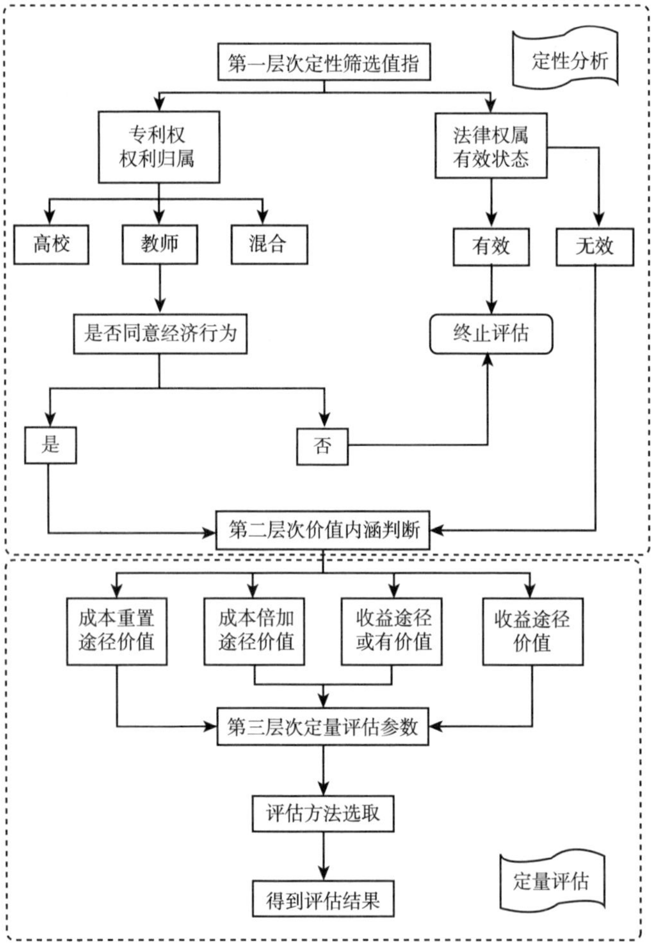

图 1　技术思路流程图

（四）创新点

本课题研究的创新点主要有如下：一是本课题研究的评估体系为评估思路的创新；二是对高校专利进行分类；三是提供了适用于高校专利评估的优化模型。

二、报告正文

（一）高校专利现状

1. 研发情况

近三年高校专利研发情况如表 1 所示。

表 1　　2017—2019 年高校专利研发情况列示表　　（单位：个）

项目	2017 年				2018 年				2019 年			
	专利申请数		专利授权数		专利申请数		专利授权数		专利申请数		专利授权数	
	数量	占比（%）	数量	占比（%）	数量	占比（%）	数量	占比（%）	数量	占比（%）	数量	占比（%）
综合大学	67 783	30	42 280	29	76 953	29	46 104	28	88 475	29	53 171	29
工科院校	120 122	52	76 054	53	143 071	54	87 574	54	165 583	53	96 079	52
农林院校	13 722	6	8 831	6	14 501	5	9 030	6	18 211	6	11 122	6
医药院校	6 829	3	4 507	3	8 540	3	5 394	3	9 903	3	6 367	3
师范院校	16 933	7	9 736	7	18 552	7	11 739	7	21 724	7	13 978	8
其他	4 069	2	2 967	2	4 801	2	3 316	2	6 380	2	4 217	2
合计	229 458	100	144 375	100	266 418	100	163 157	100	310 276	100	184 934	100

资料来源：教育部《2017 年高等学校科技统计资料汇编》《2018 年高等学校科技统计资料汇编》《2019 年高等学校科技统计资料汇编》。

2017—2019 年申请数量逐年上升，高校对研发专利的积极性正在逐步提升。

2. 利用状况

高校专利利用情况分为实施专利和未实施专利两大类。高校有效专利实施率为 13.8%，远低于企业的 63.7%。未实施专利中，高校大部分专利用于完成专利评审、考核指标或获得奖励，其他用于技术储备、塑造形象、宣传效用。

3. 经济效益

通常把高校专利能带来经济效益的过程称为转化，实质为技术以及市场两个层面的整合。

在我国知识产权保护制度和鼓励转化政策越来越强力的情况下，高校专利技术转化制度也日益完善，高校专利的转化才能真正体现其经济价值，也能利于学校的发展、刺激教师的研发热情。

4. 问题及原因

（1）高校专利体量大但转化率低。

（2）高校专利管理和运营的问题。

（3）高校专利布局受考核政策因素影响偏高。

（4）缺乏完善的高校专利价值评估标准。

（二）高校专利评估的必要性

1. 宏观方面

高校专利不乏高精尖技术，也有一些具有社会需求，并对社会进步起到推动作用，甚至这些高校专利的转化将直接影响国家生产力，促进经济效益成倍地增加。

2. 微观方面

第一，高校专利价值的量化可使高校对于专利价值具有更深层次的认识。

第二，改变高校对专利技术的管理方式，补充高校经费。

第三，调动科研人员的积极性。

（三）高校专利价值内涵属性

本课题研究的高校专利价值评估主要从狭义的专利评估角度出发，对涉及具体转化（经济行为）条件下对高校专利进行定价或估价。通过对高校专利转化条件及实施方式（经济行为）对高校专利价值内涵进行分类。将高校专利价值类型分为成本途径重置价值、成本途径倍加价值、收益途径或有价值及收益途径在用价值。

（四）高校专利评估指标的构建

本课题高校专利评估指标通过定性指标与定量参数指标相结合的方式进行设计，定性指标为筛选判断类指标，定量参数指标结合判断结果来进行设计。

1. 定性判断指标的构建

本课题将影响高校专利的评估因素分为两个层次。第一层次为初步筛选；第二层次为判断价值内涵属性。

（1）第一层次定性筛选指标

法律因素判断指标由经济行为有效性指标及专利权属有效性指标构成。

法律因素判断指标设计如表 2 所示。

表 2　　法律因素判断指标调查表

一级指标	二级指标	三级指标	判断情况（是）（否）
法律因素判断指标	经济行为有效性	经济行为的实施是否符合高校制度	
		各专利权人是否同意经济行为	
	专利权属有效性	专利申请文件是否符合初审要求	
		专利申请人在申请公布时是否撤回	
		专利申请人是否存在无正当理由逾期不答复的情况	
		是否未在我国申请专利保护	
		专利权人是否按期缴纳费用	
		是否存在发明专利申请案被驳回的情况	
		是否存在专利授权前的撤回申请或专利权被宣告无效的情况	
		是否存在专利权人自动放弃专利权的情况	
		保护期是否届满	

作为评估工作流程需要，制定如下专利权人意见表作为该指标的补充判断。表格设计如表3所示。

表3　　专利权人意见表

专利权人	专利权人贡献	是否是专利权人	是否同意经济行为	备注
高校				不同意经济行为时，评估终止
教师				不同意经济行为时，评估终止
其他机构（名称）				不同意经济行为时，评估终止
…				

（2）第二层次价值内涵判断指标

①第二层次价值内涵判断指标设计

指标设计如表4所示。

表4　　第二层次价值内涵判断指标

一级指标	二级指标	三级指标	判断情况（√）
技术判断指标	代替技术	无代替技术	
		优于代替技术	
		与代替技术相当	
		劣于代替技术	
	技术成熟度	理论实验阶段	
		小试阶段	
		中试阶段	
		小批量阶段	
		工业化阶段	
产业化判断指标	市场需求度	有市场需求	
		无市场需求	
	转化条件	不可转化	
		可转化难转化	
		可转化易转化	
	产业化计划	无产业化计划	
		有产业化计划	

②指标应用解释

第二层次判断指标根据技术判断指标及产业化判断指标的单一或多个指标的选取，以此来确定高校专利价值内涵属性。具体判断标准如下。

成本途径重置价值判断标准范围如表5所示。

表 5　　成本途径重置价值判断标准

三级指标	代替技术	技术成熟度	市场需求度	转化条件	产业化计划
指标选取范围	劣于代替技术	理论实验阶段	无市场需求	不可转化	无产业化计划
	与代替技术相当				

成本途径倍加价值判断标准范围如表 6 所示。

表 6　　成本途径倍加价值判断标准

三级指标	代替技术	技术成熟度	转化条件	产业化计划
指标选取范围	与代替技术相当	小试阶段	可转化难转化	无产业化计划
	优于代替技术	中试阶段	可转化易转化	

收益途径或有价值判断标准范围如表 7 所示。

表 7　　收益途径或有价值判断标准

三级指标	代替技术	市场需求度	转化条件	转化计划
指标选取范围	优于代替技术	有市场需求	可转化易转化	有转化计划
	无代替技术			

收益途径在用价值判断标准范围如表 8 所示。

表 8　　收益途径在用价值判断标准

三级指标	代替技术	技术成熟度	市场需求度	产业化计划
指标选取范围	优于代替技术	小批量阶段	有市场需求	有产业化计划
	无代替技术	工业化阶段		

以上高校专利价值判断指标及判断范围需要特别说明如下。

四种途径价值判断标准范围的设定仅涵盖了主要几种典型情况，并未涵盖高校专利第二层次价值内涵判断的不同指标全部选择的多种可能性。如果出现非典型情况，本课题研究人员认为价值属性评估标准应该从产业化计划指标出发。

2. 定量参数指标的构建

对不同价值内涵专利评估定量参数指标进行单独设计，详细如表 9 所示。

表 9　　不同价值内涵专利评估定量参数指标表

价值内涵	成本途径重置价值指标	成本途径倍加价值指标	收益途径或有价值指标	收益途径在用价值指标
定量参数指标体系	活劳动成本	活劳动成本	标的资产价格	产业化数据
	物化劳动成本	物化劳动成本	执行价格	分成率指标
	资金成本	科研劳动倍加系数	无风险利率	折现率
	合理利润	科研风险系数	行权时间	经济使用年限
	贬值率	机会成本	标的资产标准差	其他特定指标
		贬值率	标准正态分布值	

（五）高校专利评估方法

鉴于专利资产的垄断性和可比性差的特定，本课题不去分析市场途径的适用性，故主要按照价值评估途径分为两类，即成本途径及收益途径。

通用专利评估方法介绍如下所述：

1. 成本途径

成本途径价值主要采用成本法进行评估，可根据其创造性智力劳动的高低和材料的收集情况采用成本核算途径与成本倍加途径评估高校专利资产的价值。

（1）成本途径核算价值

成本核算途径方法多用于评估仅显现学术价值且无法产业化的高校专利，该模型公式如下：

$$专利资产评估值 = 重置成本 \times (1 - 贬值率)$$

（2）成本途径倍加价值

成本倍加途径方法多用于评估在显现学术价值的基础上也表现出技术价值，具有产业化可能的高校专利。

成本途径倍加价值采用倍加系数法模型，该模型公式如下：

$$专利资产评估值\ P = (C + R) \times (1 - 贬值率)$$

式中：P——专利技术的评估价值；

C——专利技术的开发成本；

R——专利技术的投资合理利润。

2. 收益途径或有价值

收益途径或有价值的高校专利技术目前虽未转化，但有产业化计划，具有潜在的预期盈利能力，该资产的未来盈利能力具有某些期权的特征，可运用期权定价模型评估其价值。

计算公式如下：

$$C = SN(d_1) - Xe^{-rt}N(d_2)$$

其中

$$d_1 = \frac{\ln(S_0/X) + (r + a^2/2)T}{\sigma\sqrt{T}}$$

$$d_2 = d_1 - \sigma\sqrt{T}$$

式中：C——当前的看涨期权价格；

S——标的资产的当前价格；

$N(d)$——标准正态分布小于 d 的概率；

X——执行价格；

r——连续复利的无风险利率；

T——到期时间；

ln——自然对数函数；

σ——标的资产价值波动的标准差。

3. 收益途径在用价值

采用收益法评估专利资产一般是通过测算该项专利资产所产生的未来预期收益并折算成现值，借以确定被评估专利资产的价值。

收益法基本模型：

$$专利资产评估值 = \sum_{t=1}^{n} \frac{R_t}{(1+r)^t}$$

其中：

R_t——第 t 年专利资产预期收益；

r——折现率或资本化率；

n——收益年限。

根据上文评估收益指标的确定方式及收集情况，收益法基本模型可以演变出如下模型：

（1） 直接法

直接法适用于能够获取高校专利增量指标的情况，具体模型介绍如下：

①增量收益法

增量收益法计算公式为：

$$专利资产评估值 = \sum_{t=1}^{n} \frac{R_t}{(1+r)^t}$$

其中：

R_t——第 t 年专利资产预期增量收益；

r——折现率或资本化率；

n——收益年限。

②超额收益法

超额收益法计算公式为：

$$专利资产评估值 = \sum_{t=1}^{n} \frac{R_t}{(1+r)^t}$$

其中：

R_t——第 t 年专利资产预期超额收益；

r——折现率或资本化率；

n——收益年限。

（2） 间接法

①许可费节省法

$$专利资产评估值 = Y + \sum_{t=1}^{n} \frac{KR_t}{(1+r)^t}$$

其中：

Y——入门费/最低收费额；

K——专利资产分成率，即许可费率；
R_t——第 t 年分成基数（考虑税收影响后）；
t——许可期限；
r——折现率。
②要素贡献法

$$P_1 = \sum_{i=1}^{t} \frac{Q \cdot S_i}{(1+r)^i}$$

式中：

P_1——委估专利收益贡献现值；
Q——采用 AHP 估算的委估专利收益贡献权重；
S_i——第 i 年专利产品销售净利润；
r——折现率；
n——专利技术经济受益年限。

4. 针对高校场景各途径评估方法优化建议

（1）针对成本途径优化建议
根据高校场景，重置成本 = 活动劳动成本 + 物化劳动成本 + 资金成本 + 合理利润
活动劳动成本计算成如下公式：

$$\text{活劳动成本} = \sum(\text{各教师级别} \times \text{现行工资水平} \times \text{有效研发时间}) + \sum(\text{各学生级别} \times \text{现行工资水平} \times \text{有效研发时间})$$

物化劳动成本计算成如下公式：

$$\text{物化劳动成本} = \sum(\text{各类器械使用费} \times \text{使用时间}) + \sum(\text{各类消耗品数量} \times \text{现行价格}) + \text{研发场地面积} \times \text{现行租金水平} + \text{其他费用}$$

（2）针对收益途径优化建议
①基于产业化辅导的专利转让价值

$$\text{专利转让价值} = \text{技术培训费} + \text{收益法评估值}$$

②高校专利许可使用类价格评估
计算公式如下：

$$P = \left\{ a\left[N \cdot \sum_{t=1}^{m} C_t (1+j)^t \cdot (1+\beta_1) \right] + C_b + C_d + K \cdot \sum_{t=1}^{n} \frac{R_t}{(1+i)^n} \times (1-\beta_2) \right\} \times (1-T)$$

式中：

P——专利技术许可使用价格；

a——技术综合评价系数，一般在0.5～2。技术开始出现陈旧，有无形损耗时，取<1，最近取得的新技术，根据领先水平，取$1 \leqslant a \leqslant 2$，高新领域前沿技术取值还可略高一些；

N——技术成本分摊系数，若技术许可次数为S，则N值在1～$1/S$间取值，转让次数可以为已转让次数和预计转让次数之和；

C_t——技术在创制过程中每年支付的成本费用；

m——技术创制形成的经历时间；

j——技术研制所在行业平均资金利润率或银行贷款利率；

β_1——技术研制开发风险（可取8%—15%，对难度大、风险大的高新技术取值应高一些）；

C_b——技术供方为交易付出的费用，如技术服务费，培训费等；

C_d——技术转让机会成本，指由于技术转让而使技术供方失去应用技术的市场份额或销售机会而可能造成的损失；

K——技术供方对受方技术增值利润的分成率（%）；

R_t——技术受方在合同规定使用年限内应用技术所获增值利润；

n——技术转让合同年限；

β_2——技术受方应用技术的风险，可在1%—10%中选取；

i——折现率；

T——技术交易中的完税率。

③考虑技术摊销的高校专利价值评估模型

计算公式如下：

$$V = X_1(R_t - V/L)(1 - T) + X_2(V/L) + X_3(V/L)(1 - T)$$

式中：V——专利技术节约资本化价值；

R——专利技术节约额或年收益；

L——专利技术经济受益年限；

X_1——专利技术收益期的收益现值系数；

X_2——专利技术收益期内技术摊销现值系数；

X_3——专利技术剩余期的技术摊销现值系数；

T——所得税率。

（六）评估案例分析

[案例] 成本路径案例

本课题评估体系的应用过程有以下几个步骤。

1. 步骤一：第一层次有效性筛选指标

此处运用前文评估指标对该评估对象进行筛选，判断其经济行为可行性与有效状态，确定该评估工作能否开展，经济行为与有效状态调查情况如下所示。

专利权人意见表如表10所示：判断为有效。

表 10　专利权人意见表

专利权人	是否是专利权人	是否同意经济行为	备注
高校	是	是	不同意经济行为时，评估终止
教师	否		不同意经济行为时，评估终止
其他机构（名称）	否		不同意经济行为时，评估终止

法律因素判断指标调查表如表 11 所示：判断为有效。

表 11　法律因素判断指标调查表

一级指标	二级指标	三级指标	判断情况（是）（否）	判断状态
法律因素判断指标	经济行为有效性	经济行为的实施是否符合高校制度	是	有效
		各专利权人是否同意经济行为	是	有效
	专利权属有效性	专利申请文件是否符合初审要求	是	有效
		专利申请人在申请公布时是否撤回	否	有效
		专利申请人是否存在无正当理由逾期不答复的情况	否	有效
		是否未在我国申请专利保护	是	有效
		专利权人是否按期缴纳费用	是	有效
		是否存在发明专利申请案被驳回的情况	否	有效
		是否存在专利授权前的撤回申请或专利权被宣告无效的情况	否	有效
		是否存在专利权人自动放弃专利权的情况	否	有效
		保护期是否届满	否	有效

经上述初步判断及筛选，确定委估专利有效且该经济行为可行。

2. 步骤二：第二层次专利价值内涵判断指标

根据前文设计指标对委估专利的价值内涵进行判断，进而确定评估方法，对专利进行评定估算。本次委估对象各因素对应情况及判断情况如表 12 所示。

表 12　第二层次价值内涵判断指标

一级指标	二级指标	三级指标	判断情况（√）	判断结果
技术判断指标	代替技术	无代替技术		成本途径重置价值
		优于代替技术		
		与代替技术相当		
		劣于代替技术	√	
	技术成熟度	理论实验阶段	√	
		小试阶段		
		中试阶段		
		小批量阶段		
		工业化阶段		

续表

一级指标	二级指标	三级指标	判断情况（√）	判断结果
产业化判断指标	市场需求度	有市场需求		成本途径重置价值
		无市场需求	√	
	转化条件	不可转化	√	
		可转化难转化		
		可转化易转化		
	产业化计划	无产业化计划	√	
		有产业化计划		

根据高校专利价值内涵的区分，该专利技术判断结果为成本途径重置价值。

3. 步骤三：成本途径指标

定量参数指标的选取及计算过程如下所示。

（1）活/物化劳动成本

调查统计表如表13、表14所示。

表13　　活劳动成本调查表

人员水平	参与人员数量	工作量	人员工资水平
教师	1	5个月	5 000元/月
本科生	1	5个月	2 000元/月

表14　　物化劳动成本调查表

物料名称	规格型号	物料数量	使用时间	物料单价（元）
玻璃反应釜	50L	1台		16 000
消耗材料		1批		4 000
燃料动力				5 000
租金	实验室场地	$20m^2$	5个月	10元·月/m^2

（2）成本途径重置价值定量评估参数指标汇总

具体如表15所示。

表15　　成本途径重置价值定量评估参数指标

价值内涵	成本途径重置价值指标	计算公式及取值依据	计算结果
定量参数指标体系	活劳动成本	$\sum$（各教师级别×现行工资水平×有效研发时间）+$\sum$（各学生级别×现行工资水平×有效研发时间）	35 000元
	物化劳动成本	$\sum$（各类器械使用费×使用时间）+$\sum$（各类消耗品数量×现行价格）+研发场地面积×现行租金水平+其他费用	26 000元

续表

价值内涵	成本途径重置价值指标	计算公式及取值依据	计算结果
定量参数指标体系	资金成本	（活劳动成本 + 物化劳动成本）× 利率 × 合理研发周期 /2	620 元
	合理利润	（活劳动成本 + 物化劳动成本）× 合理利润率 × 合理研发周期 /2	635 元
	贬值率	已使用年限 /（已使用年限 + 尚可使用年限）	45%

4. 步骤四：评估方法

根据前文对价值因素的判断，采用成本法对委估专利的价值进行评估。

基本公式：　　委估专利评估值 = 委估专利重置成本 ×（1 − 贬值率）

委估专利重置成本的估算：

重置成本 = 活动劳动成本 + 物化劳动成本 + 资金成本 + 合理利润

活动劳动成本计算成如下公式：

$$\text{活劳动成本} = \sum(\text{各教师级别} \times \text{现行工资水平} \times \text{有效研发时间}) + \sum(\text{各学生级别} \times \text{现行工资水平} \times \text{有效研发时间})$$

物化劳动成本计算成如下公式：

$$\text{物化劳动成本} = \sum(\text{各类器械使用费} \times \text{使用时间}) + \sum(\text{各类消耗品数量} \times \text{现行价格}) + \text{研发场地面积} \times \text{现行租金水平} + \text{其他费用}$$

5. 步骤五：评定估算

根据以上基础数据与特定数据的测算，按照成本法计算公式，委估专利评估过程如下：

$$\begin{aligned}\text{委估专利评估值} &= (\text{活动劳动成本} + \text{物化劳动成本} + \text{资金成本} + \text{合理利润}) \times (1 - \text{贬值率}) \\ &= (35\ 000 + 26\ 000 + 620 + 635) \times (1 - 45\%) \\ &= 34\ 240(\text{元})\end{aligned}$$

故委估专利的评估值为 34 240 元。

（七）研究结论

通过上述研究，本课题从资产评估视角出发，对高校专利价值内涵进行分类并再定义，并从资产评估模型中选取适应的无形资产评估模型，再根据对高校专利价值影响因数的分析结合各模型参数设计高校专利评估指标，同时，通过定性的评价过渡到评估的量化过程，形成一套完整的实务评估系统。该课题研究结论主要分为如下几个部分：

一是通过判断类指标对高校专利进行初步的有效筛选，排除无效专利，选择有效的专利资产；二是把高校专利价值内涵按照资产评估视角，将高校专利价值内涵分为成本途径重置价值、成本途径倍加价值、收益途径或有价值及收益途径在用价值四种分类，并对四种分类进行再定义，助力高校人员加深对专利价值的认知；三是通过定量参数指标的设计以及对高校专利评估方法的优化建议，最大程度上的贴合高校专利价值内涵。

本课题受限于团队人员能力、视角、时间等方面的约束，仍然存在一些考虑不全的地方及值得思考的方面，如对不具有经济行为限制下高校专利的评估、高校专利学术价值及技术价值的评估、专利价值的权属对专利价值的量化影响等。特别是高校专利中，未转化专利学术价值及技术价值的识别与评估，虽然本课题通过资产评估视角出发，对经济价值进行再分类，并通过评估前提条件的约束，才能对未转化专利的经济价值进行评估，但实际通过与高校教师访谈中，认知到高校老师很多时候对专利技术价值的执着，特别是不具有经济行为限制条件下的高校专利的评估，而并非是我们狭义的专利价值的认定的识别及估值。如何对高校中未转化专利技术价值进行合理的估值，也是值得深思及研究的内容。期冀本课题的研究成果能够为高校专利实务价值评估提供一种思路及方法，并抛砖引玉，让更多实务人员及研究人员对高校专利的价值研究做出更深一步的理解和研究，特别是对未转化的专利技术的价值进行研究，寻找一种更合适的方式去量化未转化专利技术价值。

参考文献

[1] 程媛．高校科技成果转化的促进机制研究［D］．浙江大学，2012.

[2] 陈向阳．高校专利技术产业化影响因素研究［D］．郑州大学，2015.

[3] 王东武，杨峰．高校专利技术转化价值评估及其法律问题探析［J］．西南农业大学学报，2007，5（5）：150—153.

[4] 巴晓燕．基于专利价值分析的多元专利价值评估方法探讨［J］．中国发明与专利，2020，2：67—72.

[5] 常旭华．我国高校科技成果转化的主导模式、共性问题及对策分析［J］．世界科技研究与发展，2018，40（05）：519—527.

[6] 张学梅．专利技术转化的评估方法［J］．财会月刊，1996（7）：38—39.

[7] 国家知识产权局．2019 年中国专利调查报告［R］.

[8] 中华人民共和国教育部科学技术司．2019 年高等学校科技统计资料汇编［M］．高等教育出版社，2020.

[9] 中华人民共和国教育部科学技术司．2018 年高等学校科技统计资料汇编［M］．高等教育出版社，2019.

[10] 中华人民共和国教育部科学技术司．2017 年高等学校科技统计资料汇编［M］．高等教育出版社，2018.

[11] 国家知识产权局专利管理司、中国技术交易所．专利价值体系分析操作手册［M］．知识产权出版社，2012.

[12] 北京资产评估协会．知识产权资产评估及案例分析［M］．经济科学出版社，2015.

[13] 姜楠．无形资产评估［M］．中国财政经济出版社，2015.

[14] 余炳文．无形资产评估案例［M］．经济管理出版社，2017.

[15] 高等院校与科研院．中国科技成果转化 2019 年度报告［R］．中华人民共和国科学技术部，2019.

[16] 刘伍堂，王晓冉，肖霖之等．科技成果知识产权评估指标体系及评估方法［J］．中国资产评估，2019（6）：30.

[17] 公鑫蒙．倍加系数法评估无形资产　　以专利技术为例［J］．经济管理 2019（16）：19.

IT 技术在商业银行企业价值评估中的应用

刘　辉　吕　斌　张国丽　吴程锦　刘　斌

摘　要：资产评估本质是数据服务，评估人员依据评估准则将特定对象个性化的相关数据，转化为经济和社会主体可识别的、通用的、市场价值数据。利用大数据、人工智能等 IT 技术全面推进资产评估行业的转型升级，是目前行业发展迫切需要解决的课题。

商业银行是我国金融体系中的重要组成部分，对金融市场稳定性发展具有至关重要的作用。2019 年 8 月人民银行发布了《金融科技（FinTech）发展规划（2019—2021 年）》，商业银行已经开始搭建“科技金融发展体系”，不断加快数字化和智能化进程。2020 年新冠疫情暴发以来，在“零接触”服务方式推广下，金融科技得到了更加广泛的重视和应用，推动了整个金融行业数字化转型。

本课题主要研究在目前商业银行信息化、评估可依赖的工具更加智能化的前提下，在商业银行评估中将传统评估方法与 IT 技术相结合，对商业银行资产的资产评估程序履行、核查验证实施以及评定估算中的应用。希望提供一套针对银行资产评估的 IT 技术解决方案，以期对行业内进行商业银行评估时提供可供参考借鉴的思路，服务于业内评估人员。并期望能够带来更多评估专业人士对 IT 技术应用于资产评估的探索，进而推动评估行业信息化、智能化转型升级的发展。

关键词：资产评估；商业银行；IT 技术

一、引言

（一）选题的目的和意义

在商业银行企业价值评估中，评估人员面对商业银行业务系统中的千亿级以上的资产、成千上万笔资产，以及在合同背后的抵质押物等担保品，如何高效组织清查、快速识别资产特点，如何借助技术手段获取价值判断的重要参数及其支撑依据，这对资产评估执业从操作层面和技术层面提出了挑战，具体分析如下：

1. 商业银行信贷资产的“衍生物”—应收利息是银行资产的重要组成部分，主要包含对公贷款、零售贷款等生息资产所产生的应收利息，其信息数据更以十万、百万级数量为基

作者单位：中联资产评估集团有限公司

准，而且银行计息系统计息规则复杂，如何科学高效地判断银行系统计息的准确性以协助完成对利息资产的清查核实及评定估算，是银行资产评估中面临的问题。

2. 商业银行对公信贷资产评估中，评估方法选择一般遵循三段论，即：借款人的还款能力—抵押物的价值—保证人的还款能力，因此对于正常、关注类之外的不良类资产借款人还款能力较差，评估一般以第二还款方式为主，即根据担保方式不同确定不同的评估方法。一般银行抵押资产中主要是房地产资产，评估中以市场法评估为主。如何通过技术手段快速地对数以万计的房地产进行清查分析，如何获取可比市场案例、获取合理的变现折扣参数及其支撑依据，以判断抵押物价值，是信贷资产评估中亟待解决的难点。

3. 商业银行对私信贷资产评估中，由于零售贷款一般具有客户数量众多、数据量大、单笔贷款金额相对较小的情况，评估中如像对公贷款那样进行单笔评估、逐项核实，从时间成本上可操作性较弱，一般会采用迁移模型测算贷款的预期损失金额，进而判断基准日时点的信贷资产价值，如何与银行科技部门对接并提取信贷系统数据库的原始数据，如何对大量的信贷原始数据进行加工处理以得到模型测算所需数据，是评估师进入现场需面临的事项。

综上，传统作业模式搭建评估模型的工具常见的是使用 Excel，部分采用 python 或者数学软件 matlab 进行编程处理，但单一采用某项技术在效率和质量上不能充分满足银行资产评估的需要，只有综合运用各类 IT 技术相结合的途径和方法才可以提供相对优化的解决方案。目前，一般国内的审计机构均有自己的 IT 审计团队在审计过程中提供技术支持和专业意见，评估行业内尚缺乏将 IT 技术与商业银行评估相结合方面的研究，机构也没有建立自己的 IT 技术评估团队。

本项研究将提出 IT 技术在商业银行资产评估程序履行、核查验证实施以及评定估算中应用的探索和实践，抛砖引玉，并期待有更多专业人士对此领域有更深入和更广泛的研究探索。

（二）研究的主要内容

1. 研究对象

本课题的研究对象为 IT 技术在商业银行资产评估中的应用，具体包括：应收利息的清查核实、信贷资产对公贷款的不良类资产的抵质押物评估、对私贷款减值损失模型。

2. 总体框架

第一部分 研究背景分析

第二部分 IT 技术在商业银行资产评估中的应用

（1）IT 技术在信贷资产利息清查核实中的应用；

（2）IT 技术在信贷资产不良资产评估中的应用；

（3）IT 技术在对私信贷资产评估中的应用。

第三部分 建议及展望

（三）研究方法和技术路线

本课题立足于资产评估中商业银行评估业务实践，采用基于实践操作出发，解决问题并总结经验的总体思路。首先进行现状梳理，然后从商业银行资产评估实践出发，研究如何采用 IT 技术手段履行清查核实程序，如何使用银行数据进行信贷资产的评估。

1. 经验总结法。收集归纳 IT 技术与评估相结合的相关信息，通过分析整理，为 IT 技术在商业银行评估应用的相关研究提供理论参考。

2. 案例研究法。通过某商业银行评估案例，对在该案例中使用的 IT 技术手段进行技术拆分研究，并着重寻求改善方法。

（四）创新点

本课题主要创新之处在于使得 IT 技术与商业银行评估相结合，主要创新点如下：

1. 提出了 IT 技术包括但不限于 SQL、python 等编程语言在对银行应收利息核查验证中的使用，同时提供评估人员与商业银行科技部门对接的方法建议；

2. 提出了一种通过爬虫技术等对商业银行不良类信贷资产的评估技术，并梳理出一套基于真实交易数据的全国范围内各主要地市的抵质押物变现折扣体系；

3. 提出使用迁移模型对商业银行对私贷款评估的具体 IT 操作方法，分析迁移模型所需的大量信贷数据如何加工和提取并进行测算。

二、研究背景分析

（一）商业银行的科技化进程及监管策略影响评估实务操作

近年来，我国银行业信息化建设继续呈现出快速发展的势头。2020 年新冠疫情暴发以来，在“零接触”服务方式推广之下，金融科技得到了更加广泛的重视和应用，推动了整个金融行业数字化转型呈加速化趋势。对于商业银行，我国执行以资本约束为核心的审慎监管政策。目前我国商业银行主要受央行与银保监会两大主体的监管。其中银保监会的监管主要从资本充足率、流动性风险、资产质量、盈利状况四个系列来进行，根据监管要求，银行均需按期报备非现场监管报表即“1104 报表”。

基于商业银行监管手段信息化、科技化与银行业务的科技化发展方向相匹配的特点，资产评估在对商业银行的企业价值进行评估时，应因地制宜，对于商业银行此类信息化程度极高，同时受强监管约束的标的，在符合资产评估执业准则的要求下，应当采用与之相匹配的科技手段，例如，通过其信息科技系统提取 1104 报表相关信息，或者经科技部门协助，从存款、贷款核心系统、押品管理系统等，提取其业务数据，结合现场访谈尽调，对数据进行分析、处理，以满足资产评估尽调要求并加工出评估所需数据。评估人员应充分利用商业银行信息化带来的便利，提升工作效率，而如何使用这些数据信息，为评估工作提供一个切实有效的操作方案，便成为目前亟待解决的问题。

（二）IT 审计的应用及评估的经验借鉴

金融企业尤其是商业银行的业务流程都已经电子化，其每日的交易数量已经可以达到十万至百万级别，传统的审计方法已经无法控制审计的出错风险。因而，现在已经越来越重视甚至依赖 IT 审计的结果。即，如果信息系统审计得到的结果是有效的，那么审计师可以节省大量的工作，直接依赖于系统生成的数据和报告来进行审计。具体说来，一般 IT 审计分为信息技术一般控制审计（ITGC）和应用层面控制审计（ITAC）。当 ITAC 和 ITGC 都有效时，审计员就可以依赖于这个软件，而不需要每一单都去核对，利息计算的准确与否，通过 ITAC 审计，可以给审计师节省大量的时间。IT 审计是一个获取并评价证据的过程，是监视和评审 IT 控制措施的执行情况和有效性的主要手段之一，可以围绕数据提供报告用于合规性评估，降低遵从成本。

评估与审计均为数据服务，相似之处为均需对企业的财务状况、资产状况做核查验证，所以均需要对银行信息系统的有效性进行验证，IT 审计中称之为计算机辅助审计技术，评估也可以将其定义为计算机辅助评估技术。在对商业银行企业价值评估所涉及的相关资产的评估实践中，面对数以万计的抵质押物、信贷资产，通过线下核实及进行估值计算已不可能满足实务操作的要求，因此，评估同样需要 IT 技术解决评估模型搭建的难题，如：通过技术手段提取银行存、贷款核心系统原始数据，对生成报表数据的系统做系统有效性验证；通过人工智能算法对资产进行估值；通过数据库提取数测算零售类信贷资产的损失率；通过操作数据库数据验证其计息系统的有效性等等，最终经 IT 评估的资产，出具相关核查验证结果，并给出相关建议。

三、IT 技术在商业银行资产评估中的应用

经过前述分析，我们确认 IT 技术在商业银行评估中有着广泛的应用场景，本部分主要从三个方面对商业银行评估中使用 IT 技术解决的场景进行分析，具体如下：

第一，商业银行应收利息资产核查中的应用；

第二，搭建不良类贷款的房地产类抵押物评估自动估值模型；

第三，通过技术手段提取数据并使用迁徙模型测算对私贷款的估值。

（一）IT 技术在商业银行应收利息资产核查中的应用

商业银行业务主要分为三类：负债业务、资产业务和中间业务。针对三类业务，银行信息系统搭建了复杂的应用系统对业务进行支撑。基于银行数据的保密性和复杂性，IT 技术团队需在银行科技部配合下，通过数据中心在贷款核心系统提取数据。评估人员首先与银行科技部产品经理了解计息系统的计息规则，与其确认并提供贷款核心系统、计息系统的相关数据字段，请银行科技部协助提供现场办公环境，通过数据仓库对贷款信息数据链进行提取到本地数据库，数据库内直接写 SQL 语言操作测算或经过委托人允许通过系统搭建 Python 环境编程验算。通过 IT 技术对贷款利息进行了清查核实，为贷款本金及利息的评估打下基础。

由于各家银行信息系统的差异，本文以某商业银行案例为例进行说明，该商业银行的核算系统包括业务系统和财务系统。由于评估人员是针对信息系统生产数据的真实性、可靠性的验证，因此本次介绍主要集中在银行的业务系统。

以贷款业务为例，该银行贷款业务系统流程如图 1 所示。

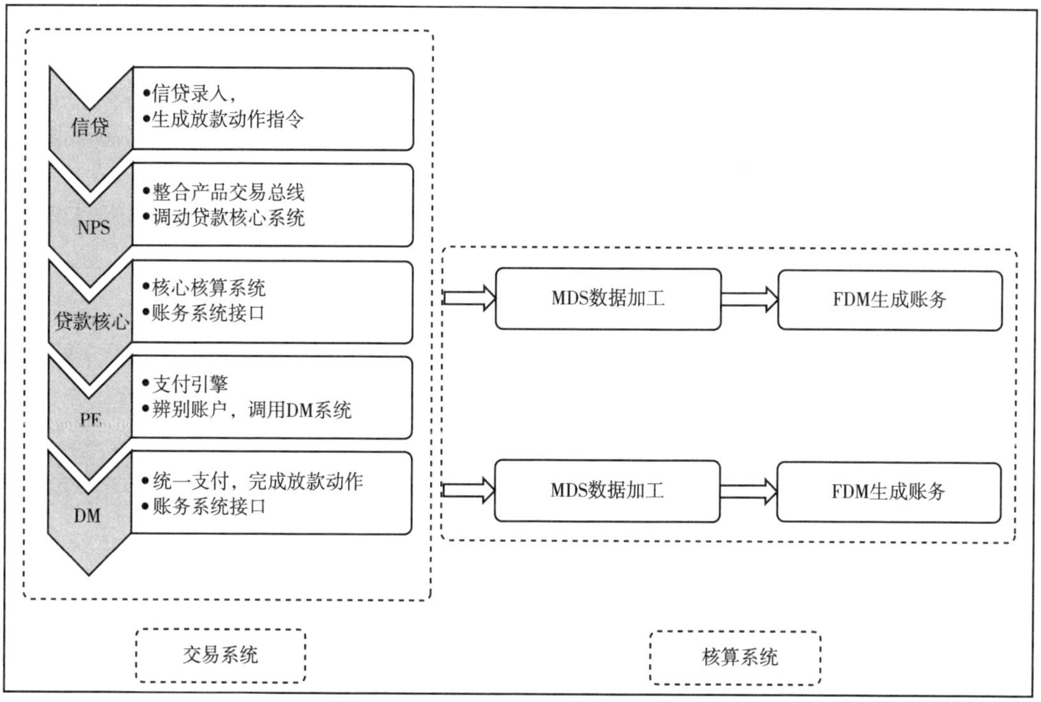

图 1　银行贷款业务系统流程图

由于该银行对公贷款应收利息和单位存款的应付利息占相应科目余额的比率最高，因此本次以对公贷款应收利息的核查验证、通过数据库直接写入 SQL 操作数据库为案例进行说明，同时附件提供通过 python 环境写入脚本操作数据库对单位存款应付利息的核查验证的案例代码。

对公贷款应收利息测算流程如图 2 所示。

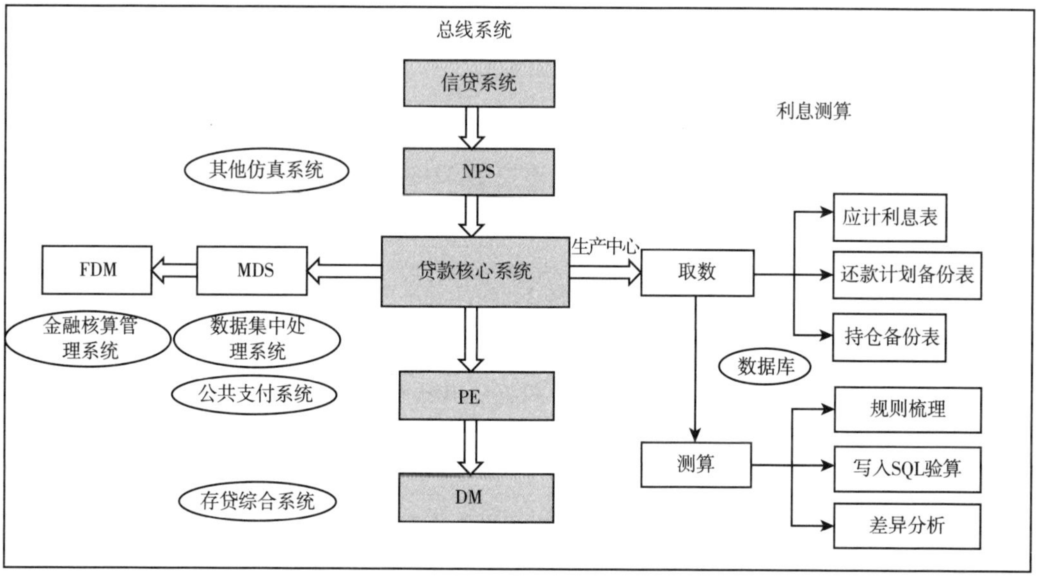

图 2　对公贷款系统应收利息测算流程图

1. 获取数据

利息计息数据由科技部生产中心从核心贷款系统提取。评估人员提出需配置的系统环境并提出数据需求，通过科技部生产中心取数，在科技部提供的 ctrix 虚拟桌面登录其开放给评估 IT 团队的数据库平台测算，对公贷款应收利息测算通过 SQL 操作数据库（数据库数据为科技部导出，非银行原始计息系统）写入规则验算。

根据 IT 团队提出的数据需求，科技部提供应收利息表、还款计划备份表、对公贷款主数据表相关数据表。

2. 计息模式梳理

由于对于对公贷款存在较多不同类型的还款方式，为便于通过程序统一实现，需先进行计息模式的梳理。经过梳理，按照还款计划结合数据信息提取方式，划分为未还本金 429 条、多次还本 32 条、一次还本 22 条和不规则还本若干四种计算规则进行验证。这样通过 SQL 写入操作数据库数据表可以快速得到验证结果。

3. 案例测算

以客户在计息期间未还本金为例：

（1）计息公式：

应计利息 =（计息截止日期 - 计息开始日期）× 初始本金 × 利率/计息模式/100 - 计息期间的客户还息金额

（2）操作步骤

第一步，查询用户的所有还款计划，按照 predice_start_date 升序排序；

第二步，获取计息开始日期、计息截止日期；

第三步，利率获取：通过 client_id 在贷款主数据表中查询结果；

第四步，计算应计利息，并查询银行系统的原始数据核对结果是否一致。

案例示例：

借据号 Tran_no = 123456（虚拟），其 2019 年 3 月 28 日贷款，初始本金为 444 000 000 元，年利率为 7.2%，截至基准日尚未还过本金，计息模式为全年 360 天，截至基准日前的还款日为 2018 年 3 月 28 日，

应计利息 =（2019/03/28 - 2018/03/28）× 444 000 000 × 7.2/360/100 = 32 500 800（元）

在应计利息表中查得截至基准日的应计利息为 32 500 800 元，验证无误。

详细测算规则可参考附件 4 代码。

4. 清查结果

（1）一般情况账实相符，但个别发现误差

发现系统计息计算时当一笔贷款在一天内出现多笔还款的情况下，系统只会进行一次检索去确定当日是否有还款，如有就立即停止检索，并用检索到的第一笔还款金额作为当日还款金额，导致包括本金已经还清，系统继续计息的情况。这个漏洞会导致计息不准确，报表虚增资产。

（2）贷款应收利息计算差错，经过和线下业务人员确认，产生差异的原因是企业多次支付过利息，系统未计入导致数据有差异。

（3）原系统进行了升级，从原系统向新系统的迁移过程中，由于原系统交易类型字段

与新系统计息逻辑不匹配，出现了类似买入返售金融资产存在影子账户应计利息情况，影响了业务及财务数据的准确性和完整性。

5. 处理方案

（1）系统测算发现的关于重复计息问题，估值进行调整；

（2）单位贷款利息差异问题，估值进行调整；

（3）买入返售金融资产应收利息影子账户的问题，估值进行调整。

以上信息均共享给审计师参考。

（二）IT 技术在商业银行信贷资产评估中的应用

一般情况下，信贷资产评估遵循三段论：借款人的还款能力—抵押物的价值—保证人的还款能力。对于风险等级划分为次级、可疑和损失类，该三类统称为“不良资产”，评估中主要是考虑第二还款来源，即抵质押物的评估值与信贷资产本息和孰低的原则作为信贷资产的评估值，此处的评估值相当于“迫售价值”：

即：迫售价值 = 正常市场评估价值 × 变现折扣

通常，银行信贷资产中不良资产的评估难点主要为抵质押物分布范围广泛、单项评估需要投入大量成本、抵质押物折扣系数尚未建立统一的参数体系，评估人员对每个项目和不同评估机构都会使用自己的一套经验数据去判断，导致对同一项资产有不同的判断标准。而我们在评估实践中发现可以从两个方面解决这个问题：

1. 2017 年开始，《押品情况统计表》正式纳入银行业“1104”监管报表，商业银行需按监管要求填报统计，这样，我们在评估时可以获取全套抵质押物信息，对主要抵押物的房地产进行分类梳理，规范字段信息，比如用途、坐落位置、面积、朝向、楼层等，然后通过算法从主流房地产交易信息平台提取可比案例并进行数据清洗，之后再对特性因素比较修正，批量得出交易市场活跃地区的房产估值，减少了大量人工操作。此操作为搭建房地产自动估值体系。

2. 近两年不良资产处置的平台增多，如中国执行信息公开网（http：//zxgk. court. gov. cn/sfpm)、阿里拍卖—司法拍卖（https：//sf. taobao. com/），京东拍卖—司法拍卖（https：//auction. jd. com/sifa. html），通过这些公开的交易信息可以获得各个省市的拍卖情况，我们可以通过爬虫技术，统计出各个地区、城市近几年的拍卖、流拍情况从而确定成交价格和评估价格的差异，进一步量化变现折扣系数，给抵押物评估的快速变现折扣体系提供支撑依据。

（1）房地产批量自动估值的技术思路——以住宅用途房屋为例

我们可以根据押品中房地产报表的信息梳理标的房屋的地址、面积、楼层、建筑年代、户型、朝向等信息，通过构建估值逻辑，搜寻可比案例，采用市场法，进行比较修正得到标的估值。

①自动估值逻辑图如图 3 所示。

②IT 技术实现过程如下：

1）房屋数据采集的技术实现

我们用 python 中的 selenium 函数库程序模拟人工浏览器访问搜房网、58 同城等二手房

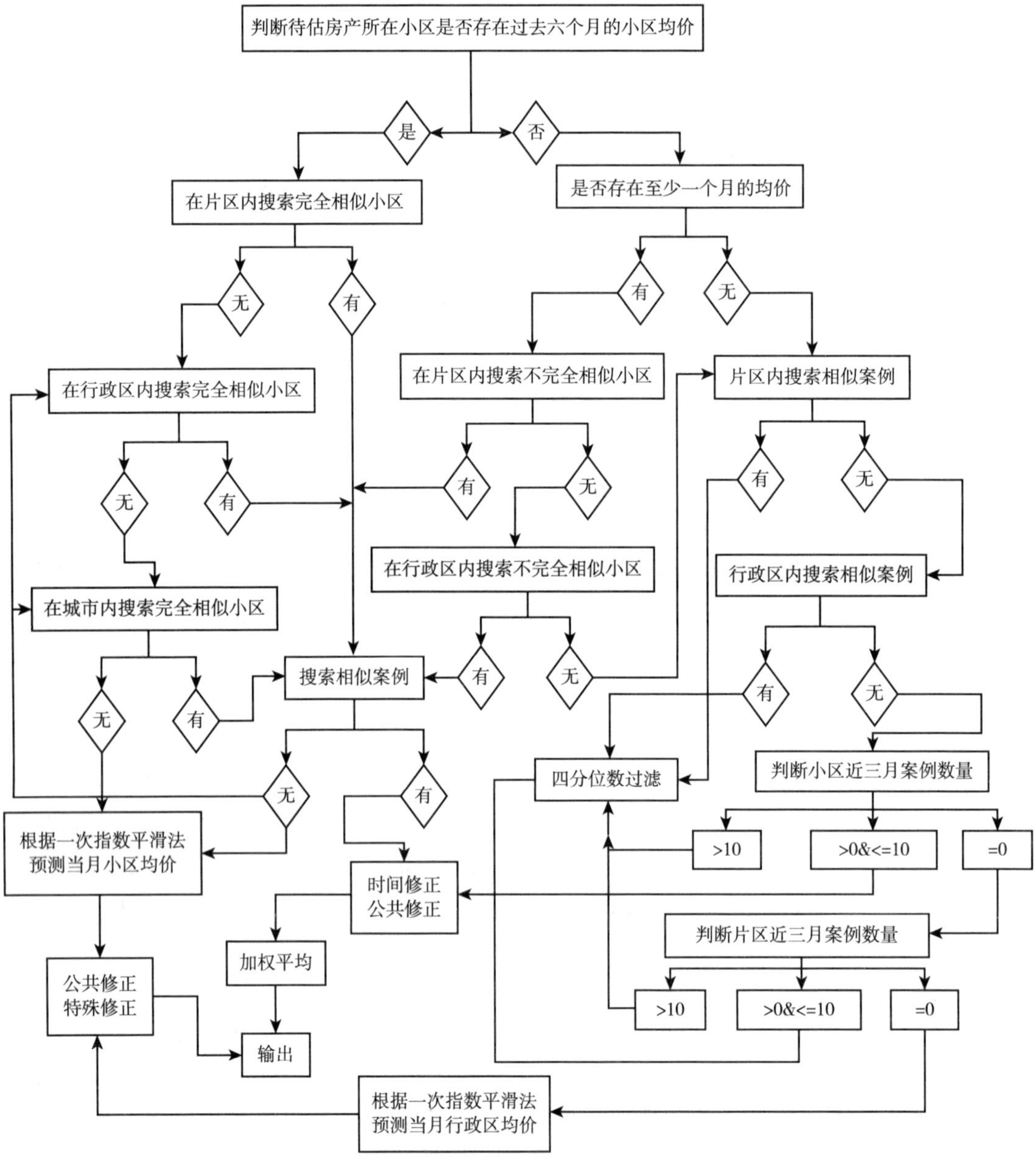

图 3　自动估值逻辑图

交易网站，选择标的类型、所在地，访问列表页，对列表页的数据模拟点击，用程序解析 html 和 JavaScript 渲染出的文字，包括地址、面积、楼层、建筑年代、户型结构、朝向、挂牌时间等特征，保存到 Mongodb 数据库，重复执行采集。

2）房屋数据清洗入库处理

对第一步爬取的数据使用 python 进行数据清洗，主要步骤包括：纠正错误、删除重复项、统一规格、修正逻辑、转换构造、数据压缩、补足残缺/空值、丢弃数据/变量、存入 mysql 数据库中。

3）房屋数据应用于自动估值算法

基于以上房屋数据案例的处理，进一步构建房屋自动估值核心估值算法，可采用微服务架构 java spring boot，此架构可应对高并发批量估值业务场景，构建高可用的微服务异地多活应用，同时采用 ngnix 前端负载均衡处理。通过 java web 构建房屋估值基础参数管理，然后，选用评估市场法的直接法进行测算，该过程可使用 java 语言构建房屋估值体系。

综上，通过上述构建的自动估值系统，输入银行房产抵押物的用途、房产位置、面积、楼层、朝向，可快速得到该房屋的正常市场估值，而操作中可以通过将银行“1104”报表中抵押物信息字段标准化，实现一次导入自动估值，评估人员仅对个别交易量不活跃地区的抵押物估值结果进行单独验证，大大缩减房屋评估的时间，提升工作效率。

（2）房地产批量评估的折扣体系建设

由于不良资产的抵质押物是处于迫售状态下的价值，因此应当考虑相应的折扣，以反映快速变现的价值贬损。我们参考京东法拍网的信息，用 python 提取自 2016 年来的全部房屋、土地的法拍成功案例的成交价、评估价作为折扣体系测算的参考。具体 IT 技术实现过程为：使用爬虫技术，用程序模拟人工浏览器访问 https：//auction. jd. com/sifa. html（京东司法拍卖首页），选择标的物类型、所在地（省市），然后访问的是列表页，列表页的每条数据可以模拟点击，用程序解析 html 和 JavaScript 渲染出来的文字，保存到数据库。

爬取的数据举例如表 1 所示。

表 1　　全国各省份住宅类房屋变现折扣统计表

序号	区域	成交价	评估（市场）价	样本量	折扣
1	安徽	1 735 096. 72	1 928 027. 07	12 920	10. 01%
2	北京	5 872 039. 15	7 554 440. 03	9 909	22. 27%
3	福建	698 952. 39	933 038. 59	3 323	25. 09%
4	甘肃	572 305. 96	671 309. 44	16	14. 75%
5	广东	5 171 893. 13	3 585 359. 28	45 812	-44. 25%
6	广西	849 244. 50	1 067 565. 90	5	20. 45%
7	贵州	610 020. 95	820 561. 18	12	25. 66%
8	海南	861 119. 39	1 048 944. 53	11	17. 91%
9	河北	1 756 357. 44	1 855 175. 76	6 754	5. 33%
10	河南	1 487 791. 08	1 792 641. 96	3 346	17. 01%
11	黑龙江	610 336. 52	696 462. 10	72	12. 37%
12	湖北	1 666 028. 60	2 065 604. 36	9 777	19. 34%
13	湖南	753 690. 29	583 184. 73	6 475	-29. 24%
14	吉林	760 158. 69	751 147. 26	3 209	-1. 20%
15	江苏	1 323 703. 95	1 412 343. 78	17	6. 28%
16	江西	1 080 562. 81	1 376 807. 37	257	21. 52%
17	辽宁	657 980. 07	702 973. 41	16 793	6. 40%
18	内蒙古	233 000. 00	362 835. 00	1	35. 78%

续表

序号	区域	成交价	评估（市场）价	样本量	折扣
19	青海	1 508 300.00	1 535 284.00	1	1.76%
20	山东	1 707 990.35	2 478 430.99	3 354	31.09%
21	山西	207 085.71	256 845.71	7	19.37%
22	陕西	769 874.70	800 095.21	24	3.78%
23	上海	5 303 029.09	4 689 738.87	3 260	-13.08%
24	四川	2 197 870.90	2 259 723.46	6 783	2.74%
25	天津	1 404 463.13	1 593 585.00	14	11.87%
26	新疆	457 435.00	641 250.00	4	28.67%
27	云南	1 448 160.89	1 602 473.02	29	9.63%
28	浙江	1 239 161.30	990 909.00	4	-25.05%
29	重庆	1 066 566.43	1 230 701.04	11	13.34%
30	总计	3 099 546.14	2 748 420.38	132 200	-12.78%

注：受限于上表统计的数据仅来自京东法拍，部分省市折扣率数据可能出现误差。

综上，经过自动估值和折扣体系的爬取，便可以得到抵押物的“迫售价值”。

（三）IT 技术在商业银行对私信贷资产评估中的应用

商业银行采取组合方式对贷款进行减值测试的，可以根据自身风险管理模式和数据支持程度，选择合理的方法确认和计量减值损失，比如迁移模型法、滚动率模型法等。我们以迁移模型法为例介绍实务中如何测算对私信贷资产的拨备及估值。

由于对私贷款典型特点是单笔数额相对小，但是总体笔数巨大，因此实务中更适合用迁移模型法进行估值处理。

迁移率模型整体逻辑如下：

第一步，根据逾期时间的长短，以 30 天为间隔定义逾期的周期 C0—C6，其中没有逾期的（含已偿还最低还款额的透支）定义为 C0，逾期 1—29 天的定义为 C1，逾期 30—59 天的定义为 C2，以此类推，逾期 180 天以上的定义为 C7。

第二步，根据上一个周期拖欠余额中进入下一个周期的发生额，计算出每个周期的坏账分期迁移率。坏账分期迁移率为当月该周期应收账款余额除以上月上周期应收账款余额。

第三步，对最近 6 个月的坏账分期迁移率进行平滑处理，计算出 6 个月的平均坏账分期迁移率和坏账回收率。

第四步，计算净坏账损失率。C0 变化至 C7，需经过 C0—C1、C1—C2、C2—C3、C3—C4、C4—C5、C5—C6、C6—C7 这 7 次迁移，相应的其毛坏账损失率就应等于这些月底平均迁移率的乘积。

由此得到每一级逾期天数相应的损失金额，进而得到贷款的估值。

对私贷款评估考虑采用迁徙率模型测算，这涉及每个月度递延余额数据的提取，以信用卡为例，累计数据样本高达几十万至数百万条信息，为同时验证银行贷款数据真实性，采用通过现场沟通方式，从贷款系统提取原始数据，并协调银行提供 python 环境下，用程序将原始数据加工为模型所需的月度余额进行迁移率的测算，进一步得到贷款的损失率和损失额。

信用卡计算过程案例如下：

1. 以20190630为基准日，提取近半年信用卡月度递延余额，具体如表2所示。

表2　　信用卡月度余额表　　金额单位：元

Year	20190131	20190228	20190331	20190430	20190531	20190630
M0	6 298 998 936	6 343 746 348	6 260 231 393	6 283 999 208	6 197 108 739	6 028 854 092
M1	196 920 251	203 717 028	192 425 201	195 310 347	150 969 446	160 792 909
M2	129 913 653	136 602 236	110 169 090	90 602 344	116 926 445	111 808 281
M3	65 602 970	86 564 907	88 667 089	53 355 444	51 665 411	97 873 750
M4	45 383 072	26 882 818	39 092 600	38 519 148	42 039 312	47 931 697
M5	22 513 415	32 324 533	25 856 374	37 101 077	35 808 745	40 540 380
M6	19 415 392	22 281 013	31 231 798	24 701 347	36 087 444	34 652 505
M7	16 085 295	19 058 987	21 771 313	30 651 277	23 988 451	35 379 615
M7 +	612 918 542	627 987 028	645 195 830	667 177 347	696 113 638	718 629 275
合计	7 407 751 524	7 499 164 899	7 414 640 688	7 421 417 538	7 350 707 631	7 276 462 504

2. 计算月度迁移率，具体如表3所示。

表3　　信用卡月度迁移率计算结果表

Year	20190228	20190331	20190430	20190531	20190630	平均迁移率	净损失率
M0	3.23%	3.03%	3.12%	2.40%	2.59%	2.88%	0.58%
M1	69.37%	54.08%	47.08%	59.87%	74.06%	60.89%	20.17%
M2	66.63%	64.91%	48.43%	57.02%	83.71%	64.14%	33.13%
M3	40.98%	45.16%	43.44%	78.79%	92.77%	60.23%	51.65%
M4	71.23%	96.18%	94.91%	92.96%	96.43%	90.34%	85.76%
M5	98.97%	96.62%	95.53%	97.27%	96.77%	97.03%	94.93%
M6	98.16%	97.71%	98.14%	97.11%	98.04%	97.83%	97.83%
M7	100%	100%	100%	100%	100%	100.00%	100.00%

3. 计算基准日估值，具体如表4所示。

表4　　信用卡基准日估值结果表　　金额单位：元

Year	20190630	净损失率	净损失额	估值
M0	6 028 854 092	0.58%	34 990 366.27	5 993 863 725.70
M1	160 792 909	20.17%	32 438 431.48	128 354 477.30
M2	111 808 281	33.13%	37 042 991.73	74 765 288.90
M3	97 873 750	51.65%	50 555 315.01	47 318 435.15
M4	47 931 697	85.76%	41 107 228.25	6 824 469.11

续表

Year	20190630	净损失率	净损失额	估值
M5	40 540 380	94.93%	38 485 064.83	2 055 314.78
M6	34 652 505	97.83%	33 901 964.85	750 540.05
M7	35 379 615	100.00%	35 379 615.32	—
M7 +	718 629 275	100%	718 629 274.99	—
合计	7 276 462 504		1 022 530 252.73	6 253 932 250.99

由上述计算得到估值。

（四）小结

经过前述分析可知，评估人员通过对银行业务及其信息系统的理解，结合相关 IT 技术的综合使用，可以在对银行企业价值评估中充分发挥 IT 技术优势，对此类数据集中化、规范化、同质化较强的业务，通过智能化评估、程序化操作，对数据进行分析处理得到合理的评估结果，减少大量人工复核的时间成本，降低差错率，该类技术手段对商业银行的资产清查及评估方法与时俱进，适应数字化时代的需求。

四、建议及展望

本文仅从商业银行资产清查核实角度、从评估实操业务出发，进行商业银行评估实务操作的 IT 技术使用探讨，而一般对于商业银行的价值评估实务中更多使用收益法、市场法来进行判断，但资产的清查核实是进行价值判断的前提，实务中执业人员较少对商业银行的信贷资产进行完整的清查核实，因此，本文针对此提出相应的解决方案，以期能对实务操作有一定的借鉴意义。

近几年来，评估行业一直推动加快资产评估业务与信息技术的融合，提升评估执业现代化水平，因此，IT 技术不仅适用于商业银行的评估，也应能应用于更大更广阔的场景。随着评估行业互联网建设的推进，今后评估的作业的工具、作业的方式将会有大的改变，我们作为从业人员应做好适应新环境的准备，不断学习和提高，让自己专业更强、技术更精。评估行业的科技化水平提升，可使得行业地位和话语权提升，使得评估行业在服务于社会经济发展中功能增强，在金融风险防范中的作用加强。

参考文献

[1]［德］Yves Hilpisch 著．姚军译．Python 金融大数据分析［M］．北京：人民邮电出版社，2020.4.

[2] 王宇涛，房宇亮，肖金鑫．Python 金融大数据挖掘与分析全流程详解［M］．机械工业出版社，2019.8.

[3] 马宁，潘文泳．资产评估领域大数据技术应用浅析［J］．法制与经济，2020（8）：52—53.

[4] 孟潭．不良资产网络司法拍卖成交价分析［J］．国有资产管理，2019（12）：12—15.

[5] 叶其双．不良资产收购中的房地产评估探讨［J］．中国产经，2020（4）：162—163.

［6］王莹莹，杨琪．论数字经济背景下非标准化不良资产的互联网模块化处置［J］．西北民族大学学报（哲学社会科学版），2020（1）：104—113.

［7］轩芳玉．迁移率模型在信用资产管理中的应用研究［J］．华北金融，2009（02）：6—9.

［8］商业银行押品管理指引（银监发〔2017〕16 号）.

［9］中国银监会关于印发商业银行内部控制指引的通知（银监发〔2014〕40 号）.

机器学习在B－S模型金融工具评估中应用的改进研究

张　懿　赵　林　曾艳玲

摘　要：随着金融工具评估的市场需求逐渐增多，市场对金融工具的评估模型、参数等也提出了更高的要求。利用B－S模型对金融工具进行评估的方法无论在理论还是实践中都相对成熟，计算方法上也比蒙特卡洛模拟、二叉树法等更为简便，是目前的主流计算方法。但B－S模型基于严格的假设，部分假设与实际金融市场相差较大。同时B－S模型主要适用于欧式期权，员工期权等金融工具其实在一些情况下更应归类为美式期权或百慕大期权，单纯使用B－S模型评估也存在过度简化的风险。实证研究也显示，B－S模型与实际市场价格比较时，会出现系统性偏差。机器学习算法是近年来发展较快的用于研究不依赖于传统参数的期权定价方法，在理论界已经取得了较为客观的进展。

本选题通过研究利用机器学习算法对B－S模型在金融工具评估中应用进行改进，从波动率、欧式期权、美式期权以及可转换债券四个方向建立模型，并以转换债券为案例进行演示和对比，为将机器学习算法与B－S模型结合并应用到评估实践中提供一种思路，从而减少现有模型中系统性偏差，提升专业服务能力，更有效地服务金融市场；也增加评估领域对金融工具评估的智能化技术储备，对评估行业具有一定的理论价值和现实意义。

关键词：机器学习；B－S模型；金融工具

一、引言

近年来，我国的金融工具有了较快的发展，公允价值在金融工具实务计量中的应用越来越广泛，一系列新规则的实施，导致按公允价值计量的金融资产范围扩大、规模增加，提高了公允价值评估管理重要性，也对估值技术和模型提出了更高的要求。如何采用可靠的估值模型合理确定金融工具的公允价值，亟待评估行业进一步深入研究。

评估实务中，对于员工期权、可转债、优先股等金融工具，常用估值方法为将其划分为期权部分与非期权部分，对于期权部分通常采用B－S模型进行数值求解。该方法目前适用性广、可操作性强。但B－S模型基于严格的假设，抽象理想化的假定在现实市场中通常很

作者单位：张懿、赵林，北京中同华资产评估有限公司；曾艳玲，北京资产评估协会

难满足。理论界实证研究也显示，B－S 模型与实际市场价格比较时，会出现系统性偏差。

机器学习是一门多领域交叉学科，涉及概率论、统计学、逼近论、凸分析、算法复杂度理论等多门学科。机器学习研究通过计算的手段利用经验来改善系统自身性能，将未知参数视为随机变量，参数在学习之前的不确定性由先验概率描述，学习之后的不确定性由后验概率描述，通过机器学习来消除中间的不确定性，完成模型预测和选择的任务。机器学习是人工智能的核心技术之一，其理论和方法已被广泛应用于解决各领域的复杂问题。

国内外学者为避免传统参数期权定价模型缺陷，已经开始利用机器学习算法研究不依赖于传统参数的期权定价理论和概念市场数据驱动模型，并取得了较为可观的进展，而资产评估行业在此类研究中仍处于滞后状态。

本文的主要研究内容包括：

对金融工具评估、B－S 模型和机器学习的基本原理进行梳理，对用机器学习技术对 B－S 模型评估金融工具进行改进的可行性和方向进行分析，并提出具体的改进方案。

分别从改进 B－S 模型中关键参数——波动率，对欧式期权、美式期权进行评估，以及应用于具体金融工具——可转债的评估三大方向进行实证。波动率、欧式期权、美式期权、可转债均采用公开市场上实际交易数据进行建模、训练和测试。并利用训练好的模型，以可转换公司债券为案例对传统 B－S 模型和改进后的模型测算过程、结果进行对比分析，展示了新模型的适用性与性能优化。

二、金融工具评估方法及机器学习应用分析

（一）金融工具评估原理

基于金融工具评估的意义、内涵和假设，在金融工具评估过程中使用最普遍的无套利定价方法、风险中性定价法和结构化分析技术。

在为金融工具评估时最常见的方法是构建一个组合使其合成定价产品，即使该组合在任何时期的现金流与被定价产品相同或相似。例如，在买入一份看涨期权同时卖出一份看跌期权来模仿股票或期货的多头；或者通过买入一份看跌期权和卖出一份看涨期权来合成股票或期货的空头。一般做法是：按照风险规避要求构建以远期、期货、期权、互换以及无风险证券等为基本元素的金融组合，使其与被模仿的金融工具具有相同或相似的现金流，根据应用无套利原理，即可得到金融工具评估结果。

风险中心定价是金融工具定价方法中一个重要且富有特色的定价方法。风险中性定价主要推导于 B－S 模型，可是由于该模型没有融合主观风险偏好存在关联的变量，故而主观风险偏好不会影响到期权价格。根据该发现，B－S 模型做出了风险中性世界的假设。

在为复杂金融工具评估时，需要用到结构化分析技术，即对金融工具进行结构分解或合成。分解技术通常是对复杂风险暴露进行结构定位，并按不同性质应用对应的工具对特定风险进行定制的技术方法。合成技术则是分解技术的逆向操作，通常用于创新型金融工具的评估。合成分解技术，也被部分学者称之为“积木分析法”，即以不同类型的金融工具为对象，予以分解及组合，从而有效化解金融问题。

（二）应用 B－S 模型对金融工具进行评估时常见问题

1. 假设的合理性

B－S 模型对标的资产价格的运动方式进行了呈几何布朗运动的假设，这个假设方便了对模型进行后续的数学推导，相当于限定了标的资产的收益率分布方式必须是正态的，交易资产的价格在未来将呈对数正态分布。但真实市场上标的资产的价格实际并不是按照几何布朗运动。模型的假设会导致低估市场上黑天鹅事件出现的概率，对虚值期权的价格也会低估。

B－S 模型中还隐含了标的资产价格会连续变动的假设。但实际有些市场经常会出现跳空的情形，B－S 模型低估了流动性不好、跳空频出的标的资产的期权价格。

B－S 模型假设完整的无摩擦的资本市场。相比前两个假设来讲，这一假设可能更为接近实际。但如果是在资本市场发展还不够成熟的国家，这一假设也会导致 B－S 模型求解的期权价格和市场价格产生较大偏离。比如在没有卖空机制的市场里，看跌期权的价格往往会高于 B－S 模型求解的价格，从而弥补期权卖方无法利用卖空有效对冲标的资产价格下跌的风险。这部分的溢价，也可以看作是对资本市场不成熟的补偿。

2. 波动率确定

B－S 模型的参数中，只有标的资产价格波动率需要估计，其他参量的值都可以从市场上较为准确地获得。

资产价格的波动率是资产年收益率的标准差，这里的资产收益是按连续复利计算的。估计标的资产价格的波动率要比估计无风险利率困难得多，也更为重要。估计资产价格波动率有两种常见方法：历史波动率和隐含波动率。

所谓历史波动率就是从标的资产的价格数据中计算出价格收益率的标准差。

一般来说，数据越多，获得的精度越高。但 σ 随时间变化，太长远的历史数据对于预测将来的历史数据可能不起作用。选取历史数据的两种常用方式分别为：使用近 90—180 天的每日收盘价格数据，或设定度量波动率的时期等于期权的到期期限。

从 B－S 期权定价模型本身来说，公式中的波动率指的是未来的波动率数据，这使历史波动率始终存在较大的缺陷，隐含波动率被认为是一种解决该缺陷的方法。但隐含波动率取得的前提条件是可以获取市场期权报价，在实际评估中往往无法获取该报价。而即便测算得出隐含波动率，也存在微笑曲线等问题。

在 B－S 期权定价模型中，波动率是影响期权价值的关键因素，鉴于上述历史波动率和隐含波动率的缺陷，寻找一种更为合理的确定波动率的方法，对优化 B－S 模型的测算结果将起到重要作用。

B－S 期权定价模型除了假设严苛，与真实市场存在较多不相符之处，以及波动率难以有效获取外，还存在数值解为欧式期权和在具体衍生金融工具评估过程中步骤较为复杂等问题。例如，在可转换债券评估中，需要将可转换债券价值拆分为纯债价值、转换为股权的期权价值和赎回义务承担的负债期权价值，拆分和测算过程可能存在失误或歧义，进而加大实际应用中的误差。

（三）机器学习原理及工作流程

机器学习所关注的问题是使用正确的对象来构建正确的范畴以完成既定的任务。为完成某个实际任务，需要借助各种学习方法和来自相应任务领域的样本所构造的模型。因此，从现代数学的角度看，机器学习可以概括为“使用正确的对象来构建正确的映射，以建立既定的自由模型下的范畴”。现实中，这里的正确的对象由特征（feature）来体现，范畴由数学模型来体现。一旦获得对问题域中对象的某种正确的特征表示，通常不再去关注这些对象本身，而把这种正确的特征作为机器学习的研究对象。

机器学习的通用工作流程主要为定义问题、收集数据、选择指标、确定评估方法、准备数据、构建模型、扩大模型规模及模型的正则化与调节超参数。

在定义问题和收集数据阶段，需要明确输入输出以及所使用的数据，此阶段隐含了两个前提，即假设输出是可以根据输入进行预测的，以及假设可用数据包含足够多的信息，足以学习输入和输出之间的关系。

指标选择则直接影响后续损失函数的选择以及模型优化的方向，同时指标与目标应保持一致。

确定评估方法阶段是选择对机器学习模型进行评估的方法。机器学习的目的是得到可以泛化的模型。可靠地对模型的泛化能力进行评估是机器学习过程中一个关键步骤。常见的评估方法主要有留出验证集、K 折交叉验证和重复的 K 折验证。大多数情况下，留出验证集为可以满足要求的常用做法。

在确定了训练目标、优化目标和评估方法后，机器学习训练模型的关键要素已经基本齐备。数据准备阶段主要是将收集的数据格式化为张量，标准化并进行特征工程。

构建模型阶段需要选择三个关键参数，即激活函数、损失函数和优化器配置。得到具有统计功效的初步模型后，可以通过扩大模型规模，开发一个过拟合的模型来尽可能地将模型理想化。通过得到的过拟合模型，进行模型调节、训练、在验证数据上评估、再次调节模型，并不断重复这一过程，直到模型达到最佳。

（四）B－S 模型的机器学习改进适用性及方向

1. 适用性

B－S 模型在评估应用中的主要问题主要集中在关键参数准确获取难度较大，假设前提在实际市场中难以满足，数值解仅能解决欧式期权问题以及应用于复杂金融工具时步骤较多，评估人员容易在评估过程中出现误操作。

机器学习研究通过计算的手段利用经验来改善系统自身性能，将未知参数视为随机变量，参数在学习之前的不确定性由先验概率描述，学习之后的不确定性由后验概率描述，通过机器学习来消除中间的不确定性，完成模型预测和选择的任务。通过机器学习算法可以有效提高 B－S 模型中关键参数精度，并解决假设前提严苛和只能得到欧式期权数值解的问题。同时机器学习模型的主要工作量在于模型建立、训练和优化上，而对于已经建立好的模型进行运用的过程十分简单，只需要在配置环境的终端输入指定参数值即可，不易产生操作失误。

2. 改进方向

针对 B－S 期权定价模型应用中的问题，可以通过机器学习算法从以下角度进行优化：

（1）建立 B－S 期权定价模型中的具体参数——波动率求解模型，利用机器学习算法优化波动率指标，从而提高模型整体精度；

（2）将 B－S 模型输入参数作为机器学习模型输入自变量，期权价值作为因变量，建立期权价值的机器学习模型；

（3）以 B－S 模型测算具体衍生金融工具价值的参数作为机器学习模型输入自变量，金融衍生工具价值作为变量，建立该金融衍生工具的机器学习模型。

保存上述经训练的模型，评估人员可以通过指定语句输入模型参数后，获取波动率、欧式期权、美式期权和可转债的市场价值。

三、机器学习算法在金融工具评估中的应用

（一）利用机器学习算法确定波动率

B－S 模型的参数中，只有标的资产价格波动率需要估计，其他参量的值都可以从市场上准确获得。

实际评估中，如果标的资产无历史价格数据，通常是采用与标的物相似的其他公司/商品的历史价格数据，但这种测算方法直接采用可比资产波动率，缺少对标的资产和可比资产之间的修正。而若要对可比资产波动率进行修正，又缺少修正的具体依据。通过建立波动率测算的机器学习模型，可以将可能影响波动率的各项指标均考虑在模型中，从而得到修正后的可比波动率。下面以沪深上市公司波动率为例建立波动率测算模型。

1. 数据来源

在 iFinD 金融数据终端中的沪深数据浏览器中选取截至 2020 年 11 月的沪深股市全部 A 股上市公司，剔除其中上市不足 5 年的上市公司以及在 5 年内有过借壳上市的公司。共 2212 家上市公司符合筛选条件，进一步在 iFinD 金融数据终端中提取上述公司的波动率和分析指标。

2. 指标选取

对于需采取可比资产波动率确定标的资产波动率的情况，调整可比资产波动率的思路可以参考市场法中对价值比率的调整。本项目中标的资产设定为公司股票，则其波动率调整内容涉及指标可以参考《资产评估实务二》中对市场法价值比率调整的内容，即主要调整指标可以从财务绩效调整、规模及其他风险因素差异调整、成长性差异调整和其他风险因素调整，其中财务绩效调整又可以从盈利能力、运营能力、偿债能力和成长能力四个方面具体调整。

波动率影响因素选取主要参考资产评估教材并兼顾指标的可获取性，建立波动率特征指标。以选取的 2 212 家上市公司为对象，将每家上市公司自 2015 年 1 月 1 日至 2020 年 9 月 30 日期间每 90 天的波动率作为因变量，共获取 48 576 条数据，取其中 90% 作为训练数据，10% 作为校验数据。

首先对实验数据中的缺失数据进行处理。本项目中指标选取时虽然已经考虑了指标的可获取性，但因不同公司在不同时点的披露数据详细程度存在差异，数据中仍存在一些缺失数据。删除法会导致样本数据量大幅减少，不处理所需要的算法复杂度较高，算法维护代价大，当任一对象中缺失数据量较大时，存在指数爆炸的危险。因此本次采用填补法对缺失数据进行处理。

预处理的另一个关键步骤是数据的标准化。机器学习算法中目标函数的某个特征的方差如果比其他特征大几个数量级，那么它就会在学习算法中占据主导位置，导致学习器无法按照预期从其他特征中学习。对数据进行标准化可以让不同维度之间的特征在数值上有一定比较性，从而提高分类器的准确性。Python 中常用的机器学习模块 Scikit-learn（sklearn）中的 preprocessing 提供了几种标准化的方法，常用的为 StandardScaler、MinMaxScaler 和 RobustScaler。其中 StandardScaler 在避免不同量纲对方差、协方差计算的影响中表现很好，但对离群值较为敏感，离群值可能会导致转换后的特征分布完全不同的情况，需要先对离群值进行处理；MinMaxScaler 在不涉及距离度量时表现较好，但易受离群值和新加入数据的影响；RobustScaler 则适用于异常值很大的情况。鉴于 StandardScaler 的优势，本项目采用先对指标异常值进行处理，然后使用 StandardScaler 函数进行标准化。

（1）随机森林

Scikit-learn 中内置了多种机器学习算法，本项目为方便多种机器学习模型试验，编写了通用实验函数，在生成模型对象后，传入函数，即可进行模型的训练和绘图。

随机森林是传统机器学习算法的一种，在 Scikit-learn 中通过 RandomForestRegressor 类封装，利用本项目编写的通用实验函数可以直接调用实现。

波动率预测样本数据 48 576 条，经过编码后特征数增加到 239 个，采用随机森林拟合时间过长，说明数据不适用随机森林算法进行处理，应采用更复杂的算法进行预测。

（2）神经网络

目前常用的神经网络框架分别为由 Facebook 开发的 PyTorch 和 Google 开发的 TensorFlow，由于 TensorFlow 更新比较频繁，且目前的两个版本兼容性不佳，故本项目采用数据科学领域使用量较大的 PyTorch 进行神经网络模型构建。

使用 Python 中的 PyTorch 构建神经网络模型通常有三种方式：使用 nn. Sequential 按层顺序构建模型，继承 nn. Module 基类构建自定义模型，继承 nn. Module 基类构建模型并辅助应用模型容器进行封装。本次选择使用 nn. Sequential 按层顺序构建模型。PyTorch 通常需要用户编写自定义训练循环，有 3 类典型的训练循环代码风格：脚本形式训练循环，函数形式训练循环，类形式训练循环。本次选择混合形式，即上述三种训练循环均有采用，以方便调试运行。神经网络模型中可调节参数主要有神经网络层数、神经元个数、学习率、batchsize（每次训练时取的数据量）、epochs（训练批次）。在模型构建中，需要根据实际效果不断调节上述参数，以获得较好的拟合结果。

波动率预测的神经网络模型运行结果如图 1 所示。

训练集和验证集误差在训练第二轮就快速收敛，但在后续轮次收敛缓慢，模型还有进一步优化的空间。

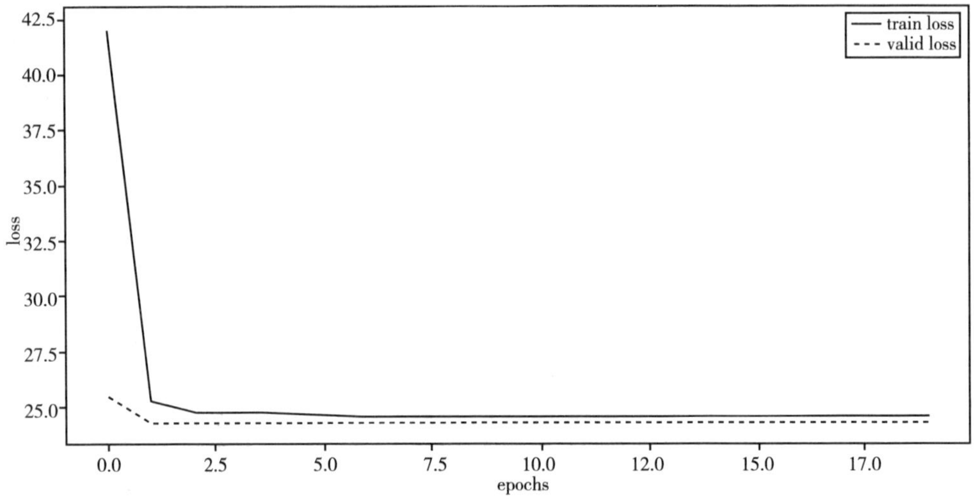

图1　波动率神经网络拟合结果

（二）机器学习算法对B－S模型整体改进

目前国内可以获取公开数据的流通期权有股指期权和期货期权两大类。股指期权分别为上交所的50ETF期权，300ETF期权，深交所的300ETF期权和中金所的沪深300指数期权。期货期权主要为大商所、郑商所、上期所的各类期权。

其中，股指期权均为欧式期权，期货期权中欧式期权和美式期权两种行权方式均存在，大多数为美式期权。

本项目在对B－S模型整体改进时，分别采用欧式期权和美式期权实际交易数据，基于B－S模型参数，建立机器学习模型。在选择欧式期权和美式期权实际交易数据时，分别采用上证50ETF期权与大商所的豆粕期权。

建模过程略。

模型建立并拟合后，欧式期权的随机森林模型和神经网络模型拟合结果基本接近，美式期权的神经网络模型结果优于随机森林。而所选欧式期权和美式期权的机器学习算法评估结果的差异率（与市场实际价格）均值小于B－S模型评估结果。

（三）可转换债券评估改进

1. 可转债简介

金融市场中常见的金融产品有五大类型：利率金融产品、股权金融产品、实务金融产品、衍生金融产品和混合金融产品。其中混合金融产品中最典型和最重要的代表就是可转换公司债券。可转换债券是一种介于债券和股票之间的可转换融资工具，它同时具有债券、股票和期权的某些特性。

可转换公司债券是指持有人依照法定程序、在一定时期内依据约定条件可以转换成股票的公司债券。可转债由普通的公司债券与股票的买入期权复合而成，同时具有公司或企业债券、股票和期权的有关特性。可转债发行时还会设计一些约束性的附加条款，使可转债的特性结构更加复杂。可转债位于融资系列的中间位置，既可以使其带有更多的债券特点，也可以使其具有更多的股权特点。通过加上卖出期权、变更票面利率或赎回价格等手段还可以设计不同的可转换公司债券。

实务中常用B－S模型对可转换债券进行评估的基本方式为：将可转换债券价值拆分为纯债价值、转换为股权的期权价值和赎回义务承担的负债价值。

其中纯债价值部分为将可转换债券视作一个普通债券并采用现金流折现法评估其市场价值。转换为股权的期权价值和赎回义务承担的负债价值部分采用B－S模型进行评估。转换为股权的期权是一个看涨期权，基础资产为可转换债券对应的基准股票。赎回义务承担的负债价值为看跌期权，基础资产为该转换债券发行机构的债权。

2. 基于机器学习算法的B－S模型评估可转换债券改进

本项目选取2020年9月1日至2020年9月30日可转换债券交易市场的可转换债券活跃交易数据，选取参数与B－S模型参数一致，分别为：正股波动率（历史90天）、正股收盘价、剩余期限（年）、转股价格、纯债价值、赎回价格、无风险收益率、债券波动率以及债券收盘价。

2020年9月1日至2020年9月30日符合筛选标准的可转换债券数据共6441条取其中90%作为训练数据，10%作为校验数据。

可转债的随机森林模型和神经网络模型拟合结果如图2和图3所示，神经网络模型结果优于随机森林。

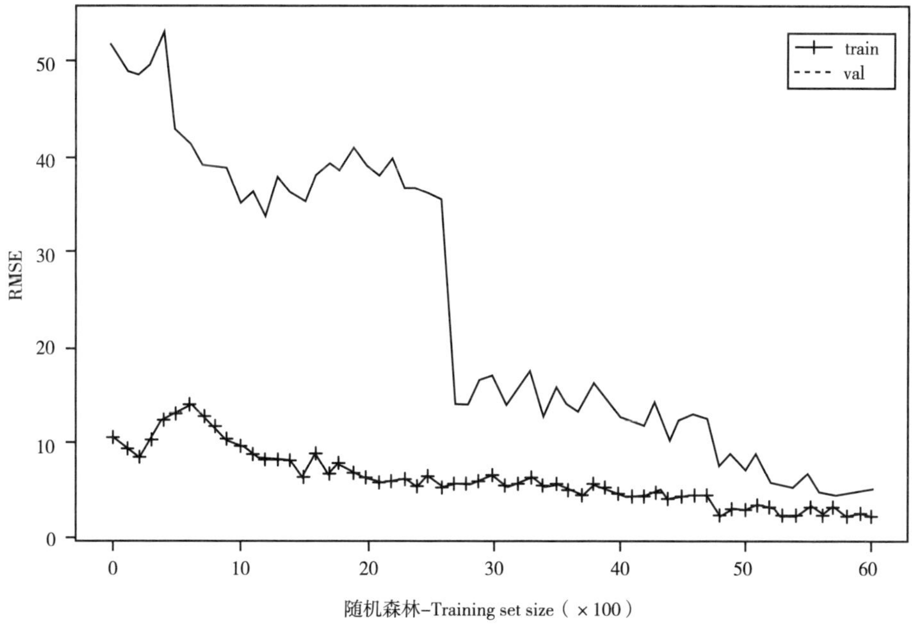

图2 可转换债券随机森林结果

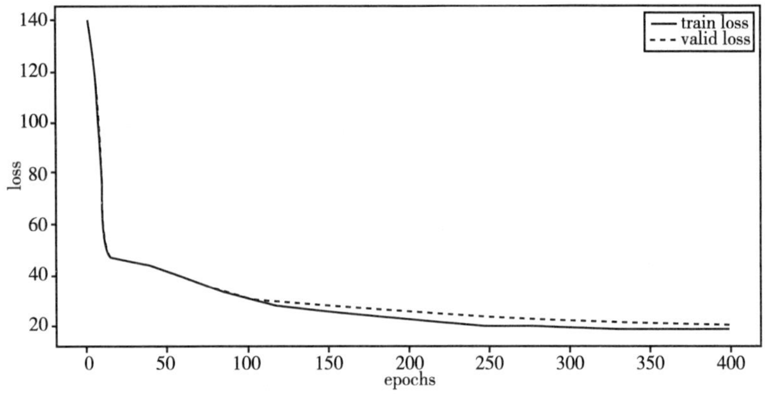

图 3　可转换债券神经网络结果

四、案例分析——可转债

本文以可转债评估为案例说明 B－S 模型的机器学习改进应用场景，实际应用场景不限于案例所示情况。

某公司因财务报告需要，需对 2020 年发行可转换债权在 2020 年 10 月 31 日的公允价值进行评估，其基本条款如下：

票面价值 100 元/张，发行期限 6 年（2020 年 7 月 15 日到 2026 年 6 月 14 日），于评估基准日可转债剩余期限为 5.6192 年。

票面利率第一年 0.4%、第二年 0.6%、第三年 1%、第四年 1.5%、第五年 1.8%，第 6 年 2%，发行当日起每 12 个月支付利息一次；2020 年 10 月 31 日，该债券纯债价值为 90.8734 元。

可以转换股权价格为 14.9 元/股，可转换日期为发行 6 个月后开始，直至到期日。

赎回价格为 102 元/张，可赎回时间为发行后 6 个月开始，直至到期日。

2020 年 10 月 31 日公司的股权价格为 17.31 元/股。

无风险收益率 3%，市场同类债权的期望回报率 5%；该公司债权年投资回报率标准差为 5%，无风险收益率 3%，公司属于纺织服装—服装家纺—其他服装行业。

财务指标表（略）。

估算该可转债的公允价值。

机器学习测算过程：

步骤一，将预处理后的公司财务数据导入波动率神经网络模型，求得波动率，如图 4 所示。

```
# 预测
y_pred = net(torch.tensor(pd.DataFrame(all_features).values).float()).data
y_pred
```

```
tensor([[12.5988],
        [10.3923]])
```

图 4　案例波动率神经网络模型测算结果

步骤二，在可转债输入界面输入可转债测算各项指标，运算后得出公司可转换债券市场价值，如图 5 所示。

```
[111]: # 预测
       y_pred = net(torch.tensor(pd.DataFrame(df_case.loc[:, '正股波动率':]).values).float()).data
       y_pred

[111]: tensor([[127.5424]])
```

图 5　案例可转债神经网络模型测算结果

可转债神经网络评估结果为 127.54 元。

B－S 模型测算过程：

步骤一：测算纯债价值 V1

案例中已经给出纯债价值为 90.8734 元。如未给出，则需按照债券持有至到期债权人所得现金流折现回评估基准日，以确定纯债价值。

步骤二：测算转换为股权的期权价值 V2

$$d_1=\frac{\ln(\frac{S_0}{L})+(r+\frac{\sigma^2}{2})T}{\sigma\sqrt{t}}=\frac{\ln(\frac{17.31}{14.9})+\left(0.03+\frac{0.1260^2}{2}\right)\times 5.6192}{0.1260\times\sqrt{5.6192}}=1.2158$$

$$d_2=d_1-\sigma\cdot\sqrt{t}=1.2158-0.1260\times\sqrt{5.6192}=0.9171$$

$$C=S_0N(d_1)-L\cdot e^{-rt}N(d_2)=17.31\times N(1.2158)-14.9\times e^{-0.03\times 5.6192}N(0.9171)$$
$$=5.0426$$

$V2=5.0426\times 100\div 14.9=33.84$ 元

步骤三：测算赎回义务承担的负债价值 V3

$$S_0=V_1+V_2=90.8734+33.84=124.71$$

$$d_1=\frac{\ln(\frac{S_0}{L})+(r+\frac{\sigma^2}{2})T}{\sigma\sqrt{t}}=\frac{\ln(\frac{124.71}{102})+\left(0.03+\frac{0.05^2}{2}\right)\times 5.6192}{0.05\times\sqrt{5.6192}}=3.18$$

$$d_2=d_1-\sigma\cdot\sqrt{t}=3.18-0.05\times\sqrt{5.6192}=3.06$$

$$P=L\cdot e^{-rt}N(-d_2)-S_0N(-d_1)=102\times e^{-0.03\times 5.6192}N(-3.06)-124.71\times N(-3.18)$$
$$=-0.0071\text{元}$$

步骤四：测算可转债价值

可转债公允价值 $=V1+V2-V3=90.8734+33.84-(-0.0071)=124.72$ 元

该可转换债券在 2020 年 10 月 31 日的收盘价为 127 元，结果差异对比如表 1 所示。

表 1　　可转债测算结果对比表

可转换债券	实际	神经网络模型	B－S 模型
价格/评估值（元）	127	127.54	124.72
差异额（元）		0.54	－2.28
差异率		0.43%	－1.80%

机器学习算法结果与市场价值更为接近，且测算过程简便。

五、未来工作展望

本文通过机器学习算法对 B－S 模型进行优化，探索将其应用于评估实践；并结合具体金融工具——可转换债券给出机器学习应用于评估实践的操作步骤。

基于已有工作，未来可以从下列方面着手进行改进：

第一，神经网络模型拟合结果仍有进一步优化空间，可以从扩大训练数据量、优化网络模型参数等方面进一步研究；

第二，将参数标准化及模型测算过程封装，提高评估人员操作友好度；

第三，将模型扩展到其他金融工具。

参考文献

[1] 方照．金融工具中公允价值计量存在的问题及解决对策［D］．武汉理工大学，2013（10）．

[2] 吴可．金融工程理论与方法（第二版）［M］．北京：清华大学出版社，2016（4）．

[3] 郭恒烨．基于神经网络的优化 Black－Scholes 期权定价模型数值求解［J］．哈尔滨，哈尔滨师范大学自然科学学报，2016. Vol. 32No. 4，41—44．

[4] 陈海虹．机器学习原理及应用［M］．成都：电子科技大学出版社，2017（7）．

[5] 林强．机器学习、深度学习与强化学习［M］．北京：知识产权出版社，2019（5）．

[6]（美）伊恩·古德费洛著．赵申剑，黎彧君，符天凡等译．深度学习［M］．北京：人民邮电出版社，2017（7）．

[7] 周志华．机器学习［M］．北京：清华大学出版社，2016（1）．

[8] 朱顺泉．经济金融数据分析及其 Python 应用［M］．北京：清华大学出版社，2018（11）．

[9] 姜礼尚，徐承龙，任学敏等．金融衍生产品定价的数学模型与案例分析（第 2 版）［M］．北京：高等教育出版社，2013（11）．

[10] 宋斌，乔志敏．可赎回可转换债券研究：理论、模型与实证［M］．北京：中国金融出版社，2016（5）．

基于 BP 神经网络的交通运输行业 PPP 项目绩效评价研究

鹿海峰　张　蜇　杨　樵　张文霞　刘　颖

摘　要：根据全国 PPP 综合信息平台管理库项目 2019 年年报，2019 年交通运输行业 PPP 项目净入库投资额和累计项目投资额分别为 7 332 亿元和 45 796 亿元，均居各行业第一。交通运输行业 PPP 项目具有建设运营周期长，资金投入规模大，利益相关者多等特点，为保证项目建设运营目标的实现和提高资金使用效率，就需要对其进行全生命周期的绩效评价。在此背景下，本文对交通运输行业 PPP 项目绩效评价体系和绩效评价模型展开研究，以期丰富实务中绩效评价指标体系和模型的选择，助益于项目绩效管理的提升。

本文首先运用文献研究法、专家访谈法等，从利益相关者理论和关键成功因素理论出发，提炼出涉及交通运输行业 PPP 项目立项准备、招投标、协议签署、建设施工、运营维护和项目移交六个阶段的 47 个关键成功因素；其次运用问卷调查、专家打分法等，对关键成功因素进行模块分析，构建涉及项目投入、项目过程、项目成果和项目影响四个方面，包含 24 个绩效评价指标的全生命周期绩效评价指标体系；最后本文采用 python 语言构建基于 BP 神经网络的交通运输行业 PPP 项目绩效评价模型，通过模型训练，该模型预测准确率达到 95% 以上，有效提高了绩效评价的效率，具有较高的应用价值。

关键词：交通运输行业；PPP 项目；绩效评价；BP 神经网络

一、引言

（一）选题的目的和意义

2020 年 3 月，中共中央政治局常务委员会召开会议提出，加快 5G 网络、数据中心、城际高速铁路等新型基础设施建设进度。鉴于目前的经济形势，全国各地已兴起新一轮的交通运输设施建设浪潮。PPP 模式作为交通运输项目建设的主要运作模式，具有建设运营周期长，资金投入大等特点，因此亟须构建覆盖交通运输行业 PPP 项目全生命周期的评价指标体系，并运用合理的方法进行绩效评价，有效提高项目质量和资源配置。

作者单位：鹿海峰、张文霞、刘颖，山东管理学院；张蜇，北京交通大学；杨樵，台州中天资产评估有限公司

本课题将运用成功关键因素法建立交通运输行业 PPP 项目全生命周期的绩效评价指标体系，构建基于 BP 神经网络的 PPP 项目绩效评价模型，并利用具体案例进行验证分析。期望通过为交通运输行业 PPP 项目构建更为行之有效的绩效评价体系，一方面能够对完善 PPP 项目绩效评价方法提供理论依据；另一方面能丰富实务中绩效评价指标体系和模型的选择。

（二）研究方法和技术路线

1. 研究方法

第一，运用文献研究法、案例分析法等，结合数理统计工具，对 PPP 项目绩效评价相关的理论和实务研究进行归纳。

第二，运用文献研究法并通过模块分析对交通运输行业 PPP 项目绩效评价指标进行识别，然后采用问卷调查法等对指标进行优化完善，建立绩效评价指标体系。

第三，运用专家打分法、问卷调查法等，确定模型样本数据，构建基于 BP 神经网络的交通运输行业 PPP 项目绩效评价模型。然后通过案例分析对模型的有效性进行验证。

2. 技术路线

本课题研究思路可以用图 1 所示。

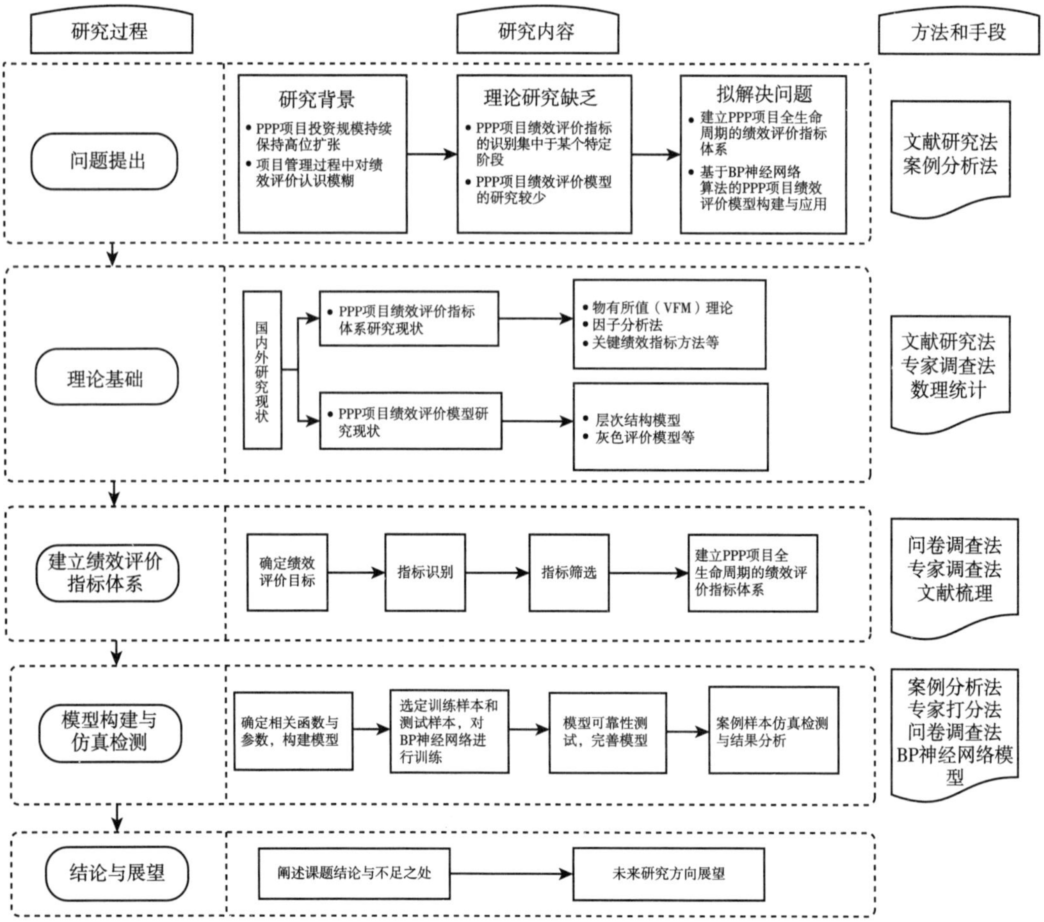

图 1　技术路线图

二、报告正文

（一）文献综述

1. PPP 项目绩效评价指标体系的相关研究

Al－azemi（2014）认为 PPP 项目绩效评价影响因素还包括项目收益、融资能力、创新能力等，Hossain（2019）运用问卷方法得出最重要的关键绩效领域是融资，其中关键绩效指标包括项目的可行性，项目全生命周期评估和监督以及最优风险分配。袁竞峰（2012）从财务融资、进程控制、市场发展等五方面识别出 PPP 项目绩效评价 31 个较为重要的指标。吴小军（2016）基于物有所值（Value for Money，VFM）角度，从财务、效率及风险等方面，提出了绩效评价的 15 个代表性指标。高辉、郑望雪（2018）采用因子分析法，从运营管理、价格机制、产品服务质量等五方面，提出运营阶段污水处理项目的 13 个绩效评价指标。

2. PPP 项目绩效评价方法的相关研究

Vyas 等（2013）从效率和效能的角度提出了基于 KPI 方法的 T－A 模型，对 PPP 项目进行绩效评价。韩喜艳等（2019）运用关键绩效指标方法，并借鉴公共项目绩效评价的"3E"准则，从经济性、效率性、公平性等五个层面，构建了包含 39 个一级指标的 PPP 项目绩效评价指标体系。蔺书东（2020）从灰色聚类分析角度，建立灰色评价模型，并利用熵权法对指标进行客观赋值，有效消除主观因素的影响。

3. 研究现状评述

通过对有关文献梳理，当前关于 PPP 项目绩效评价的研究主要集中于指标的识别，对评价方法的研究主要集中于关键绩效指标法、层次分析法等传统方法。这些传统绩效评价方法的模型参数依赖专家经验，使得评价结果具有一定的主观随意性。近年有学者尝试从灰色聚类分析角度建立灰色评价模型，并利用熵权法对指标进行客观赋权以克服主观随意性，但赋权结果依赖数据质量和数量。此外，当前专门分类、分行业进行 PPP 项目绩效评价研究的较少，导致绩效指标的设定较为笼统，缺乏针对性，进而影响了评价结果的准确性和可实施性。

基于前述，本文拟对交通运输行业 PPP 项目绩效评价进行研究，构建交通运输行业 PPP 项目绩效评价指标体系，并尝试把 BP 神经网络算法运用于评价模型的构建，试图避免现有评价方法存在的指标人工赋权带来的主观随意性，提高绩效评价的质量和效率。

（二）相关理论基础

1. PPP 项目绩效评价相关概念

PPP 项目绩效评价是指评价主体从利益相关者角度出发，依据选定的绩效评价指标、标准和方法，对 PPP 项目立项、招标、建设、运营、移交等过程中的某一阶段或全过程的管理工作和目标完成程度进行公正的评价。

利益相关者是指在 PPP 项目实施及运营过程中，能对项目产生影响，并承担项目风险，获取相应收益的个人或机构。对于交通运输行业 PPP 项目，其利益相关者主要包括政府部门、社会资本方、公众群体。

关键成功因素（Critical Success Factors，CSF）是指影响 PPP 项目利益相关者绩效目标实现的关键因素。

2. 交通运输行业 PPP 项目绩效评价阶段划分

根据 PPP 项目的运作流程，同时考虑行业特点，可将交通运输行业 PPP 项目整个运作过程分为 6 个阶段：立项准备阶段、招投标阶段、协议签署阶段、建设施工阶段、运营维护阶段、项目移交阶段。

3. BP 神经网络

BP 神经网络是一种按误差逆传播算法训练的多层前馈人工神经网络，其通过模拟人类的学习认知过程，具备较强的自学习能力、适应能力以及自我纠错能力。将其引入绩效评价，既能充分考虑专家的工作经验，又能有效降低评价过程中不确定因素的影响。

（三）交通运输行业 PPP 项目绩效评价指标体系建立

1. 利益相关者绩效目标识别

本文从利益相关者理论出发，并综合考虑交通运输行业 PPP 项目绩效评价各阶段的特点，识别出如下利益相关者绩效目标及对应项目阶段，如表 1 所示。

表 1　　交通运输行业 PPP 项目利益相关者绩效目标

利益相关者	绩效目标	项目阶段
政府部门	解决财政预算不足	立项准备阶段
	缓解交通资源的紧缺	立项准备阶段
	促进地方经济发展	立项准备阶段
	项目整体风险最小化	协议签署阶段
	符合预算要求	建设施工阶段
	工程质量可靠	建设施工阶段
	项目按时完工	建设施工阶段
	避免安全事故	建设施工阶段、运营维护阶段
	提供安全、便捷的交通运输服务	运营维护阶段、项目移交阶段
	项目全生命周期成本最小化	全生命周期
社会资本方	获取政府的资助保障和优惠政策	协议签署阶段、运营维护阶段
	符合预算要求	建设施工阶段
	工程质量可靠	建设施工阶段
	项目按时完工	建设施工阶段
	避免安全事故	建设施工阶段、运营维护阶段
	获取长期稳定的收益	运营维护阶段
	项目全生命周期成本最小化	全生命周期

续表

利益相关者	绩效目标	项目阶段
公众群体	工程质量可靠	建设施工阶段
	项目按时完工	建设施工阶段
	避免安全事故	建设施工阶段、运营维护阶段
	满足交通方式选择的多样性	运营维护阶段
	提供安全、便捷的交通运输服务	运营维护阶段、项目移交阶段

2. 关键成功因素识别

本文从利益相关者绩效目标出发，并结合国内外相关文献研究，同时考虑交通运输行业自身的特点，最终提炼出交通运输行业 PPP 项目的关键成功因素，并按照 PPP 项目全生命周期分阶段汇总，如表 2 所示。

表 2　　交通运输行业 PPP 项目全生命周期关键成功因素

PPP 项目阶段	关键成功因素
立项准备阶段	项目必要性、资金价值、宏观经济环境、发达的资本市场、政府补贴和优惠政策、发起人 PPP 项目经验、公众群体支持
招投标阶段	规范的招投标流程、投标主体的综合实力、清晰的招投标文件、项目技术方案的经济性、项目技术方案的先进性、项目需求预测、合适的收费水平
协议签署阶段	合理的风险分担、清晰的特许权授予协议、良好的政银企关系、多边融资担保、限制性竞争、特许经营权授予期限、定价合理性
建设施工阶段	合同风险分担、建设单位项目管理能力、设计标准化、合同管理、进度控制、投资控制、施工安全、质量控制、环境影响、良好的政企关系、项目征地拆迁进度控制
运营维护阶段	政府监管、政府信用、多边沟通协调机制、交通服务质量、项目运营管理、设施维护管理、运营安全、定价合理性、项目收益、社会效益、环境影响
项目移交阶段	运营状况、维修担保、移交范围标准程序、技术转移

3. 关键绩效评价指标识别

基于 CSF 理论，本文初步梳理出交通运输行业 PPP 项目的 47 个关键成功因素。以上得出的关键成功因素数量众多，且存在着非关键性和无法量化的要素，因此，本文通过对项目各阶段关键成功因素进行模块分析优化，最终提炼出可量化的绩效评价指标，汇总如表 3 所示。

表 3　　各阶段关键绩效评价指标识别

绩效评价阶段	关键绩效评价指标
立项准备阶段	交通运输项目需求度 X_1、项目资金价值 X_2 财政对项目支持力度 X_3、发起人 PPP 项目经验 X_4 社会公众支持度 X_5

续表

绩效评价阶段	关键绩效评价指标
招投标阶段	清晰的招投标文件 X_6、招投标程序的竞争性 X_7 投标人的实力 X_8、设计方案合理性 X_9
协议签署阶段	风险分担合理程度 X_{10}、特许经营权期限设定的合理性 X_{11} 融资结构的合理性 X_{12}、合理的定价补贴机制 X_{13}
建设施工阶段	项目综合管理水平 X_{14}、项目工期进度管理 X_{15} 项目工程质量管理 X_{16}、项目安全施工率 X_{17} 项目成本控制 X_{18}、项目资金到位及时性 X_{19} 地区生态环境影响 X_{20}
运营维护阶段	政府监管程序落实情况 X_{21}、项目运营收入水平 X_{22} 项目资本收益率 X_{23}、运营安全事故率 X_{24} 社会公众使用满意度 X_{25}、地区交通出行改善程度 X_{26}
项目移交阶段	运营状况达标度 X_{27}、维修担保服务满意度 X_{28} 技术交接达标度 X_{29}

4. 构建交通运输行业 PPP 项目绩效评价指标体系

以上基于交通运输行业 PPP 项目各阶段关键成功因素得出 29 个关键绩效评价指标。但这 29 个指标中存在部分指标关联性较强，各阶段的不同指标存在一致性等问题，为此本文通过专家问卷调查方式对上述指标进行优化。

（1）问卷调查信息收集

本次问卷调查主要是邀请专家对项目绩效评价指标的重要程度进行打分，最低分 1 分，最高分 5 分。

（2）绩效评价指标优化

本文选用隶属度分析法对绩效评价指标进行优化。根据隶属度的思想，本文隶属度函数的论域 U 即为交通运输行业 PPP 项目绩效评价指标体系，29 个绩效评价指标则作为元素构成一个模糊集合。本次问卷调查实际取得有效问卷 42 份，针对 29 个绩效评价指标 X_i（i = 1，2，……，29），本文将对第 i 个指标即 X_i的评分为 3—5 分的调查问卷份数记为 N_i，则该指标的隶属度计算公式为 $R_i = N_i/42$。R_i越接近 1，隶属度越高，评价指标的重要性越高；R_i越接近 0，隶属度越低，评价指标的重要性越低。

①计算各绩效评价指标隶属度

根据上述方法计算出 29 个绩效评价指标的隶属度，结果见表 4。

表 4　　绩效评价指标的隶属度

绩效评价指标	隶属度	绩效评价指标	隶属度
X_1	0.381	X_{16}	0.976
X_2	0.571	X_{17}	0.881

续表

绩效评价指标	隶属度	绩效评价指标	隶属度
X_3	0.929	X_{18}	0.952
X_4	0.833	X_{19}	0.810
X_5	0.571	X_{20}	0.833
X_6	0.833	X_{21}	0.810
X_7	0.905	X_{22}	0.833
X_8	0.357	X_{23}	0.810
X_9	0.857	X_{24}	0.810
X_{10}	0.952	X_{25}	0.833
X_{11}	0.905	X_{26}	0.857
X_{12}	0.881	X_{27}	0.929
X_{13}	0.833	X_{28}	0.857
X_{14}	0.929	X_{29}	0.548
X_{15}	0.952		

②指标筛选优化

将所有绩效评价指标隶属度与筛选基准值对比，共有 5 个指标的隶属度值低于平均隶属度水平，分别为：交通运输项目需求度、项目资金价值、社会公众支持度、投标人的实力和技术交接达标度。将以上 5 个指标从绩效评价指标体系中剔除，最终筛选出 24 个有效可靠且独立性较高的指标。

（3）构建绩效评价指标体系

为避免按 PPP 项目各阶段划分指标会出现个别指标同属于多个阶段问题，本文基于各指标之间的内在逻辑关系，将 24 个评价指标分为项目投入、项目过程、项目成果和项目影响 4 类。经重新梳理后的交通运输行业 PPP 项目绩效评价指标体系如表 5 所示。

表 5　　　　交通运输行业 PPP 项目绩效评价指标体系

第一层指标	第二层指标
项目投入 A	融资结构的合理性 A_1
	风险分担合理程度 A_2
	财政对项目支持力度 A_3
	清晰的招投标文件 A_4
	设计方案合理性 A_5
	项目资金到位及时性 A_6
	特许经营权期限设定的合理性 A_7
	发起人 PPP 项目经验 A_8

续表

第一层指标	第二层指标
项目过程 B	项目综合管理水平 B_1
	项目安全施工率 B_2
	招投标程序的竞争性 B_3
	项目工期进度管理 B_4
	项目工程质量管理 B_5
	项目成本控制 B_6
	运营安全事故率 B_7
	项目运营收入水平 B_8
	政府监管程序落实情况 B_9
项目成果 C	社会公众使用满意度 C_1
	项目资本收益率 C_2
	维修担保服务满意度 C_3
	运营状况达标度 C_4
	合理的定价补贴机制 C_5
项目影响 D	地区生态环境影响 D_1
	地区交通出行改善程度 D_2

（四）基于 BP 神经网络的交通运输行业 PPP 项目绩效评价模型构建

本部分将采用 python 语言构建交通运输行业 PPP 项目绩效评价模型，并尝试对模型的有效性进行分析验证。

1. 数据采集与处理

本文从 PPP 项目库随机选取了 100 个交通运输行业 PPP 项目作为研究样本。对于样本定量指标，从《物有所值评价报告》等材料中提取、计算确定；对于样本定性指标，邀请 4 位专家对样本指标进行打分，取值区间为 0—10 分，然后对各指标的评分结果进行简单算术平均处理，计算出每个指标的量化结果。

为消除交通运输行业 PPP 项目绩效评价指标体系中各指标取值范围和量纲不同的影响，需要对样本数据进行归一化处理，其公式如下：

$$y = \begin{cases} 1 & x \geqslant x_{max} \\ \dfrac{x - x_{min}}{x_{max} - x_{min}} & x_{min} \leqslant x \leqslant x_{max} \\ 0 & x \leqslant x_{min} \end{cases}$$

其中，y 为标准化值，x 为原始值，x_{max} 和 x_{min} 为指标设定的上限和下限。经归一化处理后的部分样本数据见表 6。

表 6　　归一化处理后的部分样本数据

样本序号	A1	A2	A3	A4	A5	……	C5	D1	D2
1	0.85	0.875	0.95	0.925	0.825	……	0.925	0.825	0.975
2	0.9	0.9	0.975	0.95	0.85	……	0.775	0.425	0.375
3	0.925	0.85	0.975	0.95	0.85	……	0.875	0.9	0.775
4	0.875	0.725	0.875	0.85	0.7	……	0.75	0.75	0.75
5	0.9	0.9	0.825	0.825	0.65	……	0.925	0.525	0.75
6	0.85	0.95	0.9	0.95	0.9	……	0.725	0.35	0.75
7	0.925	0.875	0.825	0.875	0.925	……	0.625	0.525	0.925
8	0.8	0.8	0.875	0.85	0.875	……	0.75	0.375	0.825
9	0.625	0.725	0.825	0.8	0.675	……	0.65	0.275	0.75
10	0.7	0.575	0.85	0.75	0.65	……	0.675	0.575	0.825

2. BP 神经网络模型构建

（1）BP 神经网络结构设计

BP 神经网络模型主要有输入层神经元数、输出层神经元数、隐含层的层数以及隐含层神经元数构成。BP 神经网络模型结构如图 2 所示。

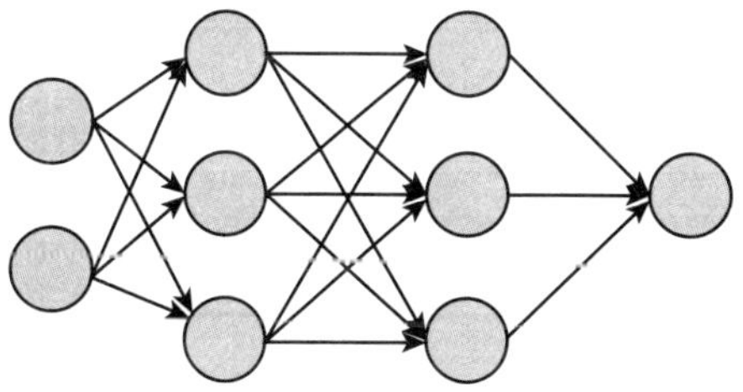

图 2　BP 神经网络模型结构

①输入层神经元数

输入神经元数量为影响因子的个数，本文构建的绩效评价指标体系共有 24 个指标，因此神经元数为 24 个。

②输出层神经元数

本文中每个样本输入均对应有一个绩效评价等级，评价等级共五级，分别是：优秀、良好、一般、较差、差，因此输出层神经元数为 5 个。

③隐含层数确定

为解决样本较少带来的噪声多、非线性程度低等问题，本文选用双隐含层的四层网络来构建绩效评价模型。

④隐含层神经元数

隐含层神经元数量的选取是神经网络构建的关键，其直接影响网络的收敛性。隐含层神经元数量确定的经验公式为：

$$S = \sqrt{0.43mn + 0.12m^2 + 2.54n + 0.77m + 0.35} + 0.51$$

其中 m 为输出层神经元数，n 为输入层神经元数。

本文构建的 BP 神经网络模型的输出层神经元数为 5 个、输入层神经元数为 24 个，经计算确定隐含层神经元数为 11 个。

（2）BP 神经网络算法选择

①激活函数（Activation functions）

常用激活函数主要包括 Sigmoid 函数、ReLu 函数、Softmax 函数等。通过对比尝试，本文选择 ReLu 作为隐含层激活函数，并采用 Softmax 函数作为输出层激活函数。

②训练函数（train function）

训练函数主要有 fit、fit_generator 等。其中 fit 函数适合训练数据量比较小的情况下使用。由于本次训练的数据样本数量较少，因此选择 fit 为训练函数。

③损失函数（loss function）

损失函数是将随机事件或其有关随机变量的取值映射为非负实数以表示该随机事件的“风险”或“损失”的函数。常用的损失函数有三种，本文通过尝试调整，选择分类交叉熵函数作为损失函数。

（3）BP 神经网络参数设置

①网络权值

本文在运用 python 语言实现模型时，由系统随机生成初始权值，然后通过多次训练，最终确定初始权值。

②学习率和目标精度

学习率的取值范围一般为 0.01 到 1 之间的任意数值，学习率越小，神经网络的收敛就越慢，相应的损失函数值的振幅也越小，由于本文选取的样本数量较少，因此选择的学习率为 0.01，目标精度为 10^{-6}。

③迭代轮次和梯度更新样本数

通过多次训练，本文设置的迭代轮次为 1000 次，梯度更新样本数为 24 个。

（4）样本分组

本文共选取了 100 个交通运输行业 PPP 项目作为研究样本，需要将其划分为训练样本和测试样本两个部分。通常训练样本和测试样本的比例分别为 80% 和 20%，因此本文随机选取 80 个 PPP 项目作为训练样本，剩余 20 个作为测试样本。

3. BP 神经网络模型实现

（1）模型训练

本文首先将训练样本引入到初始化神经网络模型中进行训练，然后基于损失函数值和准确率对参数进行调整，确定最终的网络结构。在修正后的神经网络结构下，网络在训练 931 次时达到收敛，损失函数值为 0.2570，正确率为 0.9747，训练曲线如图 3 所示。

（2）有效性检验

为保证网络的泛化性能，避免出现“过度拟合”问题，对训练好的神经网络，还需要通过测试样本进行有效性检验。本文将 20 个测试样本引入训练完成的网络，样本测试准确率为 0.95，测试样本验证结果如表 7 所示。

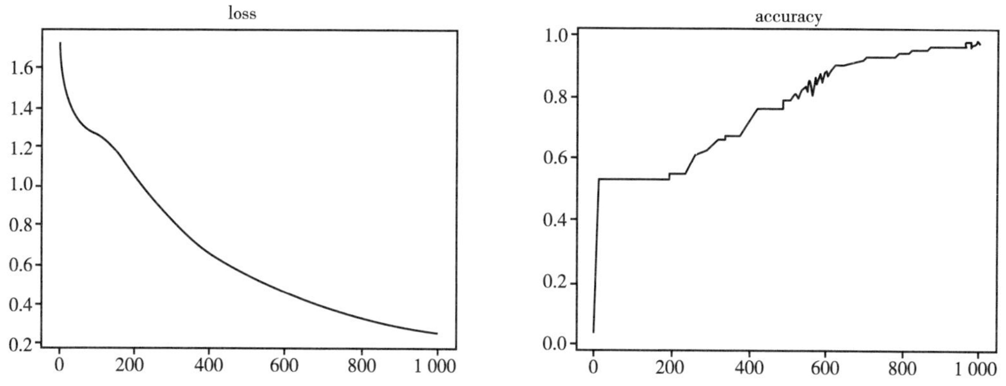

图 3　BP 神经网络训练曲线

表 7　测试样本有效性验证结果

编号	实际输出	期望输出	编号	实际输出	期望输出
1	5	5	11	5	5
2	3	3	12	3	3
3	5	5	13	3	3
4	4	4	14	3	3
5	3	3	15	4	4
6	4	4	16	3	3
7	4	4	17	3	3
8	3	3	18	5	4
9	3	3	19	2	2
10	3	3	20	3	3

4. 案例分析

本部分选取 3 个案例进行绩效评价，并根据评价结果来进一步验证本文所构建的绩效评价指标体系与绩效评价模型的有效性。

（1）案例项目绩效评价

本文采用与样本项目相同的数据采集与处理方法，计算确定 3 个案例的绩效评价指标，并进行数据归一化处理，经处理后的 3 个案例的数据如表 8 所示。

表 8　归一化处理的案例数据

第一层指标	第二层指标	案例 1	案例 2	案例 3
项目投入 A	A_1	0. 875	0. 9	0. 775
	A_2	0. 85	0. 925	0. 875
	A_3	0. 95	0. 95	0. 975
	A_4	0. 925	0. 95	0. 925
	A_5	0. 875	0. 9	0. 925
	A_6	0. 94	0. 95	0. 94
	A_7	0. 775	0. 875	0. 825
	A_8	0. 725	0. 9	0. 775

续表

第一层指标	第二层指标	案例 1	案例 2	案例 3
项目过程 B	B_1	0.925	0.9	0.85
	B_2	0	0.07	0.13
	B_3	0.8	0.85	0.925
	B_4	0.723	0.675	0.64
	B_5	0.759	0.677	0.721
	B_6	0.31	0.57	0.611
	B_7	0.07	0.13	0.13
	B_8	0.612	0.85	0.81
	B_9	0.8	0.575	0.725
项目成果 C	C_1	0.825	0.9	0.95
	C_2	0.471	0.875	0.723
	C_3	0.8	0.8	0.8
	C_4	0.85	0.85	0.85
	C_5	0.9	0.875	0.85
项目影响 D	D_1	0.65	0.75	0.6
	D_2	0.925	0.9	0.9

将以上 3 个待评价 PPP 项目处理后的数据输入到训练好的 BP 神经网络，得到 3 个案例的绩效评价结果如表 9 所示。

表 9　　　　待评价案例绩效评价结果

案例	输出结果	绩效评价结果
案例 1	4	良好
案例 2	5	优秀
案例 3	4	良好

（2）案例项目绩效评价结果分析

①项目投入绩效分析

从 3 个案例的项目投入绩效评价指标看，案例 1 的各项评分普遍低于案例 2 和案例 3，特别是“发起人 PPP 项目经验”指标，案例 1 明显低于案例 2 和案例 3，主要原因是案例 1 始建于 2004 年，是境内第一条真正意义上的采用 PPP 模式的轨道交通运输项目，项目建设过程中各方面都处于探索阶段，政府部门的项目经验较少，对项目的理解掌握程度方面欠缺经验，这也导致案例 1 在“设计方案合理性”“特许经营权期限设定的合理性”等指标的评分低于案例 2 和案例 3。

此外案例 2 的各项评分则普遍高于案例 1 和案例 3，主要是案例 2 中由社会资本方全额出资负责项目的设计、施工和运营维护，当地政府出资很少，极大地减轻了政府的财政负担，因此案例 2 的“融资结构的合理性”“风险分担合理程度”等指标评分高于案例 1 和案例 3。

②项目过程绩效分析

从项目过程绩效评价指标看，3 个案例各指标评分互有优劣，案例 1 的评分整体略好。其中案例 1 的“政府监管程序落实情况”“项目工期进度管理”和“项目工程质量管理”指标评分明显高于案例 2 和案例 3，主要原因是作为境内首次采用 PPP 模式的轨道交通运输项目，当地政府对项目高度重视，为保障项目按时完工，全程参与了整个项目建设运营过程，切实加强了对项目的监管。但案例 1 的“项目成本控制”和“项目运营收入水平”指标评分明显低于例 2 和案例 3，主要原因是案例 1 的总投资偏高，且单位工程造价分别是案例 2 和案例 3 的 1.6 倍和 1.4 倍。虽然案例 1 在项目成本控制方面有待提高，但在“政府监管程序落实情况”“项目工期进度管理”“项目工程质量管理”“项目安全施工率项目进度”等方面表现优于案例 2 和案例 3，从整体上看案例 1 的项目过程绩效评价最高。

③项目成果绩效分析

在项目成果绩效中，案例 2 的各项指标评分最高，案例 3 的各项指标评分次之，案例 1 的最低。其中案例 1“项目资本收益率”一项明显低于其余两个案例，主要原因是该项目总投资偏高，单位工程造价远高于案例 2 和案例 3。在“社会公众使用满意度”方面，案例 2 和案例 3 开始运营时间较晚，在运营模式、票价定价等方面都充分借鉴了案例 1 的经验，因此公众满意度高于案例 1。在“合理的定价补贴机制”“维修担保服务满意度”和“运营状况达标度”三项绩效评价指标评分上，由于三个案例的定价补贴基本相似，并且项目运营方均具有丰富的运营维护经验，三项评分相差不大。

④项目影响绩效分析

项目影响绩效方面三个案例的各项指标评分相差不大，案例 2 得分略高，主要体现在对地区生态环境影响方面表现较好。在“地区交通出行改善程度”指标评分上，由于 3 个案例均为当地较早开工的轨道交通项目，对地区交通出行改善都带来较大的影响，评分均较高。

以上分析结果与 BP 神经网络模型计算的 3 个案例项目的绩效评价结果相符，进一步验证了本文构建的神经网络具有较高的绩效评价能力，是一种有效的交通运输行业 PPP 项目绩效评价方法。

（五）结论

1. 交通运输行业 PPP 项目绩效评价指标体系建立。本文以利益相关者理论和项目关键成功因素理论为基础，并结合 PPP 项目的特点，提炼出交通运输行业 PPP 项目的 24 个指标，构建了项目全生命周期的绩效评价指标体系。

2. 构建基于 BP 神经网络的交通运输行业 PPP 项目绩效评价模型。本文采用 python 语言进行程序编码设计，并选取 100 个行业内 PPP 项目作为研究样本对模型进行训练，并基于训练结果调整参数值，提高了模型预测的准确性。

3. 对构建的绩效评价模型，选取 3 个案例项目进行案例分析，进一步验证了本文构建的绩效评价模型的有效性。

但本文的研究是在较为理想的状况下进行的，因此在样本选择和模型构建等方面还存在一定不足，需要进一步优化。

参考文献

[1] Al - azemi KF, Ran B, Salman AFM. Risk Management Framework for Build, Operate and Transfer (bot) Projects in Kuwait [J]. Statyba, 2014, 20 (3): 415—433.

[2] Hossain Mohammad, Guest Ross, Smith Christine. Performance indicators of public private partnership in Bangladesh: An implication for developing countries [J]. International Journal of Productivity and Performance Management, 2019, 68 (1): 46—68.

[3] 袁竞峰，季闯，李启明．国际基础设施建设 PPP 项目关键绩效指标研究 [J]. 工业技术经济，2012 (06): 109—120.

[4] 吴小军 . PPP 项目的绩效评价体系研究 [D]. 西安：西安建筑科技大学，2016.

[5] 高辉，郑望雪．污水处理 PPP 项目绩效指标研究 [J]. 科技促进发展，2018，14 (06): 487—491.

[6] Vyas S, Kulkarni S. Performance indicators for construction project [J]. International Journal of Advanced Electrical & Electronics Engineering, 2013 (1): 61—66.

[7] 韩喜艳，刘伟．基于 KPI 方法的公私合营 (PPP) 项目绩效综合评价研究 [J]. 建筑经济，2019 (01): 45—50.

[8] 蔺书东，邓小娟，李义祥等．基于熵权法的投资项目绩效审计评价研究 [J]. 中国注册会计师，2020 (02): 39—41.

[9] 王建波，刘芳梦，有维宝等．基于 DPSIR 与物元分析的城市轨道交通 PPP 项目绩效评价 [J]. 隧道建设 (中英文)，2018 (07): 1100—1107.

[10] 袁竞峰，季闯，李启明等．基于虚拟标杆的基础设施 PPP 项目绩效评价体系构建 [J]. 现代管理科学，2011 (07): 12—14.

[11] 黄亚江，孙洋冰，王艺璇等．基于 BSC 和 ANP 理论的 PPP 项目绩效评价体系研究 [J]. 项目管理技术，2018 (04): 14—20.

[12] Caroline Low, Daniel Hulls, Alan Rennison, Public Pribate Partnerships in cotland and Evaluation of Perfoemance [J]. Expert Systems with Applications, 2005 (03): 13—23.

[13] Ost í ek J. Value for money drivers in PPP projects - impact on the czech VFM methodology [J]. Acta Universitatis Bohemiae Meridionalis, 2012, 14 (1): 89—100.

[14] 谢丽娟．准经营性基础设施 PPP 项目绩效评价研究 [D]. 重庆：重庆大学，2016.

[15] 宗君振．城市轨道交通 PPP 项目绩效评价研究 [D]. 成都：西南交通大学，2018.

[16] 刘英杰，孙丽云，杨凯 . PPP 模式下综合管廊绩效评价研究 [J]. 人民珠江，2017 (10): 105—108.

基于 Python 的数据分析在上市公司比较法中的应用研究

张嵩　刘明涵　祁娇

摘　要：市场法是企业价值评估主要的方法之一，当前环境下，市场法的使用条件日趋成熟，市场法的使用场景也更加丰富。可比公司或交易案例选取是市场法应用的重要环节。虽然在可比公司选择方面有一定的原则性要求，但在实务中，确定可比性和相似性的具体标准依然比较模糊，不同人员的理解、操作仍然存在差异，一致性较差。针对这个难点，本课题结合市场法的特点和 Python 数据分析中的数据可视化、聚类分析等数据分析技术，构建了具有较强操作性、较好解释性的可比公司筛选方法和规范的工作流程，尝试通过信息化工具辅助评估专业人员的决策，提高可比公司选择的效率和规范性、一致性。课题还以"百货商店"行业的某上市公司为例，对本课题构建的可比公司筛选流程进行了实证研究。

关键词：市场法；数据分析；聚类分析

一、引言

（一）选题的目的和意义

1. 研究目的

市场法是企业价值评估的三种主要方法之一。随着行业的发展，近年来市场法应用条件逐步成熟，在实务中的应用得到广泛的关注和重视。

由于公司、行业和市场都是比较复杂的实体，特征繁杂多变，仅仅对上市公司的行业分类，不同的机构的分类标准也不尽相同，而且公司、行业和市场的状况以及分类标准也会随着时间发生改变，这种情形下，对这些复杂实体做出合理的判断是有很大的难度的。鉴于这个现状，本课题将探索如何将数据分析融入市场法可比公司的选择环节中，在提高可比公司选择环节的客观性的同时，保持结论的可解释性和操作上的灵活性。

2. 研究意义

本课题将数据分析中的数据可视化技术和机器学习技术充分和市场法的工作流程结合，为增强评估实务中工作决策的客观性和一致性方案提供参考。

作者单位：张嵩、刘明涵、祁娇，中通诚资产评估有限公司

（二）研究的主要内容

本课题研究内容主要包括以下几个方面：

1. 市场法理论研究

通过对相关市场法和数据分析著作、文献和实践经验的研究，总结市场法的理论基础和研究应用现状，并提出基于数据分析下的市场法可比公司筛选流程的改进方案。

2. 财务指标构建

关于某行业上市公司的财务指标可视化展示和统计分析，形成某行业上市公司的分组财务指标。

3. 可比公司的选择

用主成分分析对分组财务指标进行预处理，在此基础上聚类分析对该行业上市公司进行分组，并形成分组标记。然后，使用支持向量机模型对聚类分析形成的分组结果进行学习，形成分组模型，并对被评估公司的组别进行判别，客观合理地缩小被评估公司的可比上市公司的选择范围。

4. 案例分析

以“百货商店”的上市公司为例，采用上述流程对上市公司“鄂武商 A”进行案例分析，最终确定可比上市公司为“首商股份”“大商股份”和“茂业商业”，选取的价值为 PE、PS 和 PB 评估结果的平均值。

5. 主要工具

本课题的数据分析主要用 Python 的相关工具包完成。

（三）研究方法和技术路线

1. 研究方法

本课题主要采用以下研究方法：

（1）文献研究

通过对相关市场法和数据分析著作、文献和实践经验的研究，总结市场法的理论基础和研究应用现状，提出了研究方向和切入点。

（2）专家访谈

访谈资深从业人员，从使用市场法和审核市场法两个角度了解了市场的工作流程和重点难点，并结合数据分析和市场法的特点，提出了改进的市场法可比公司选择流程。

（3）数据分析

运用数据可视化和聚类分析、主成分分析等数据分析技术对上市公司的财务指标数据进行分析和展示，综合上市公司财务指标的数据特征和评估专业人员的专业判断得出可比公司的选择范围，形成有数据支撑的市场法选择可比公司的工作流程。

2. 技术路线

本课题的研究技术路线如图 1 所示。

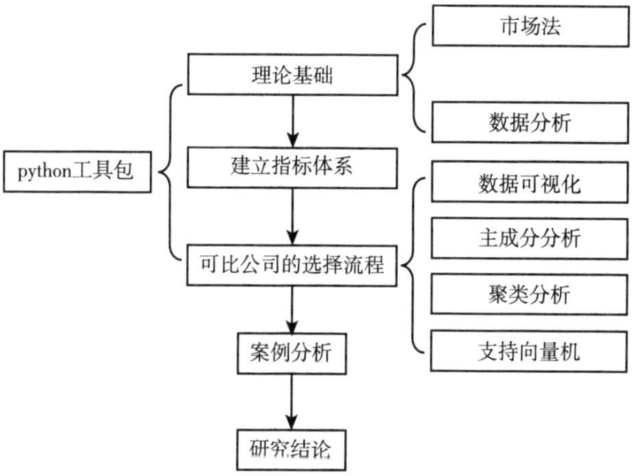

图 1　技术路线图

（四）创新点

本课题的创新点：利用主成分分析、聚类分析、支持向量机等数据分析工具，把上市公司多维度、多指标的数据进行规范化处理，减少人为主观判断的工作量和差异性，能够协助评估专业人员高效、规范地完成可比公司选取。

二、报告正文

（一）文献综述

1. 市场法文献综述

赵邦宏、王哲（2007）对国内 230 家资产评估机构进行了问卷调查，调查结果显示：其中 40.87% 的评估人员认为市场法使用中参照物的寻找具有一定难度；36.08% 的评估人员认为市场法使用的最大障碍在于缺少相关的基础数据。

严绍兵（2000）对市场法评估步骤进行了系统的介绍。刘敏（2007）在选择可比公司时，加入了投资资本指标。胡晓明等（2013）认为构建可比公司指标体系可以增强可比公司选择的可靠性，并运用模糊数学的方法对可比公司不同的指标进行赋权，提高了可比公司选择的客观性。

胡晓明，孔玉生，赵弘（2015）探讨了行业差异对价值乘数的影响，认为行业与价值乘数之间存在双向匹配关系。Liu，Nissim 和 Thomas（2002）以 19 879 家公司作为样本进行分析，得出收益类价值比率中的市盈率指标准确性最高。袁明哲（2009）通过对我国 1996 年至 2005 年 A 股资本市场上的所有公司数据进行分析，发现 P/B 与标的市场价值的相关关系更加密切。

目前可比公司和价值比率选择的研究多倾向于以企业价值理论和当前政策为基础，同时考虑行业对可比公司的选择与价值乘数确定的影响，以统计学和数学模型为手段完成可比公司的选择和价值比率的确定以降低主观因素的影响。

2. 机器学习文献综述

Blum 和 Mitchell（1998）认为机器学习的主要研究内容是如何通过经验来自动实现对算法的改进；Langley（1996）主张机器学习是一种人工智能科学，如何提高特定算法的性能是这一领域主要解决的问题。

McCulloch 和 Pitts（1943）提出了机器学习领域的经典模型——神经网络层次结构模型，彭斯俊和杜伟伟（2006）通过研究指出神经网络对样本依赖性高且容易出现过拟合学习、局部最小解等问题，这些导致神经网络的实际应用领域相对较窄。

Vapnik 等陆续发表了一系列论文，包括 Vapnik 和 Chervoknenkis（1971），Boser、Guyon 和 Vapnik（1992），Cortes 和 Vapnik（1995），提出了 SVM 的理论基础并完善了 SVM，使 SVM 可解决小样本、非线性的机器学习问题。

（二）理论基础

1. 市场法相关理论

（1）价值比率

市场法是指将通过评估对象与可比上市公司或可比交易案例进行比较确定评估对象价值的评估方法，市场法也被称为相对评估方法。通常，被评估公司和一组可比公司之间的相似性表现结果为两者某一价值比率在数值上的近似。

常用的价值比率有 PE、PS 和 PB。

PE 为市盈率，PE 的计算方式为普通股的价格除每股净利润。

PS 为市销率，PS 的计算方式为普通股的价格除每股营业收入。

PB 为市净率，PB 的计算方式为普通股的价格除每股净资产。

（2）可比公司的选择原则

在确定被评估公司的可比公司或者交易案例时，通常需要从可比对象的行业规模、成长、经营效率、财务风险等角度考虑它们之间的相似性和可比性，具体如下：

①行业性质

可比公司应该与被评估公司处于相同或相似的行业。

②企业规模

企业规模大小可表示为营业收入、总资产或其他经济、业务指标的大小，划分标准会因行业特性而不同。

③成长能力

成长能力指企业在总资产、营业收入等方面的成长性。

④盈利能力

盈利能力指企业获利能力，反映了企业在经营成果上的差异。

⑤资本结构

资本结构指企业资本不同划分标准下的构成及其比例关系。

⑥偿债能力

偿债能力是指企业用其资产偿还债务的能力。

⑦营运能力

营运能力指企业经营活动过程中投入与产出之间的关系，一般表现为各个资产的周转率，比率越高，表示企业的营运能力越强。

2. 数据分析相关理论

（1）主成分分析

主成分分析在机器学习领域属于无监督学习算法，主要用于对数据的降维和去噪。降维后生成的数据为原数据的线性组合，且降维后的数据之间独立互不相关。

市场法中，衡量公司经营状况的财务指标具有维度多、相关性高的特点，这在计算量和解释性上都会给分析过程带来困扰，本课题主要采用主成分分析对公司的财务指标进行降维处理，以便提高后续分析过程的建模效率。

（2）聚类分析

聚类分析在机器学习领域属于无监督学习算法，其主要作用是在根据样本数据本身揭示样本数据中存在的某种关系，并据此对样本进行分组。分组后，组内成员是相似的，组间成员是不相似的。聚类效果一般取决于对成员之间距离的定义和聚类算法的类型。

市场法中某行业上市公司之间的相似性可由这些公司财务指标之间的计算距离的大小来描述，这样便可用聚类分析在多个财务指标维度上进行计算，具有某同样特征的公司会被划分为一组，这样以便形成该行业上市公司分组和相应的分组特征，不仅会给可比公司的筛选带来便利，还会形成对该行业上市公司一些基本的认识。

（3）支持向量机

支持向量机在机器学习领域属于有监督学习算法，其基本思路是通过有标记的样本建立一个根据样本标签对样本进行分割的超平面，该超平面可以在将数据进行正确划分的同时满足样本的边界到超平面的间隔最大。

在对某行业上市公司形成分组后，可用分类模型对特征数据和分组标签进行学习后形成分类模型，后续分类模型可根据被评估公司的财务指标数据判别其所属的分组和其相应分组特征，合理地缩小可比上市公司的搜索范围。支持向量机和其他分类器的区别在于它对原始数据的分布不做假设，这使支持向量机较其他分类器在适用性方面表现得更好。

（三）基于数据分析可比公司筛选流程的构建

综合理论基础部分的市场法和数据分析理论，结合实际工作流程，以 Python 的数据分析工具包为基础构建可比公司选择流程。

本课题的财务数据源自同花顺数据终端。行业的分类标准综合考虑了新证监会分类标准和 GICS 的行业分类标准确定某行业的上市公司范围。

1. 行业初步分析

获取该行业上市公司的销售净利率、总资产周转率、资产负债率以及资产规模的数据，其中销售净利率、总资产周转率和资产负债率是形成杜邦分析的关键指标，以这几个数据绘制的散点图可以对该行业的上市公司形成初步认识。

2. 行业上市公司分组财务指标的确定和主成分分析

在完成对某行业的初步分析后，计算各个财务指标数据的变异系数，同时结合评估专业人员的职业判断，选出分组财务指标，并对分组财务指标进行主成分分析。

主成分分析由 sklearn. decomposition 的 PCA 模型完成，该模型的常用参数及参数说明如表 1 所示。

表 1　　主成分分析参数说明表

参数	参数说明
n_components	保留主成分的个数
components_	特征空间的主轴，也是转换矩阵
explained_variance_	保留主成分对应的方差
explained_variance_ratio_	保留主成分的累积方差贡献率

3. 行业上市公司的聚类分析

在完成主成分分析后，通过转换后的上市公司分组财务指标数据的计算完成对上市公司的聚类，以便形成对行业上市公司的分组和分组特征。

聚类分析主要由 sklearn. cluster 的 KMeans 模型完成，该模型的常用参数及参数说明如表 2 所示。

表 2　　聚类分析参数说明表

参数	参数说明
n_cluster	类别的个数
max_iter	最大迭代次数
cluster_centers	质心坐标点
labels_	分类形成的标签
inertia_	各类样本距离其所属质心的聚类总和

另外，聚类效果的好坏通常用 sklearn. metrics 的 silhouette_score 来衡量，该指标也被称为轮廓系数，值越接近 1 表示样本与其所在类内的样本相似度越高。

4. 确定被评估公司分组

完成聚类分析后，有标记的样本数据便可用来训练支持向量机模型，最终用训练好的支持向量机模型依据被评估公司的分组财务数据进行分组，以便确定被评估公司的可比上市公司，并最终确定被评估公司的评估值。

课题中支持向量机的训练由 sklearn. svm 中的 SVC 完成，该模块的常用参数及参数说明如表 3 所示。

表 3　　支持向量机参数说明表

参数	参数说明
kernel	核函数，默认是 rbf，可以选择 linear、poly 或其他
gama	rbf、poly 和 sigmoid 核函数的参数
max_iter	最大迭代次数

续表

参数	参数说明
decision_function_shape	进行多分类时选择的模型训练策略，ovo 为 one versus one 一对一，这时对 k 个类别需要构建 k＊（k－1）/2 个分类器；ovr 为 one versus rest 一对其他，这时 k 个类别只需构建 k 个分类器
predict	输入特征，输出类别。这里完成对被评估公司的分组

（四）案例分析

1. “百货商店”行业初步分析

课题结合证监会行业分类标准和 GICS 行业分类标准选取 31 家 A 股上市公司“百货商店”行业 2019 年度的财务数据进行分析。

将 31 家“百货商店”行业的上市公司财务指标中的销售净利率、总资产周转率、资产负债率、总资产的数值以散点图的形式绘制，如图 2 所示。其中，纵轴为销售净利率，横轴为总资产周转率，散点的面积大小表示总资产规模的大小，资产规模越大则点的面积越大，散点颜色的深浅表示上市公司的资产负债率，颜色越深则资产负债率越低。

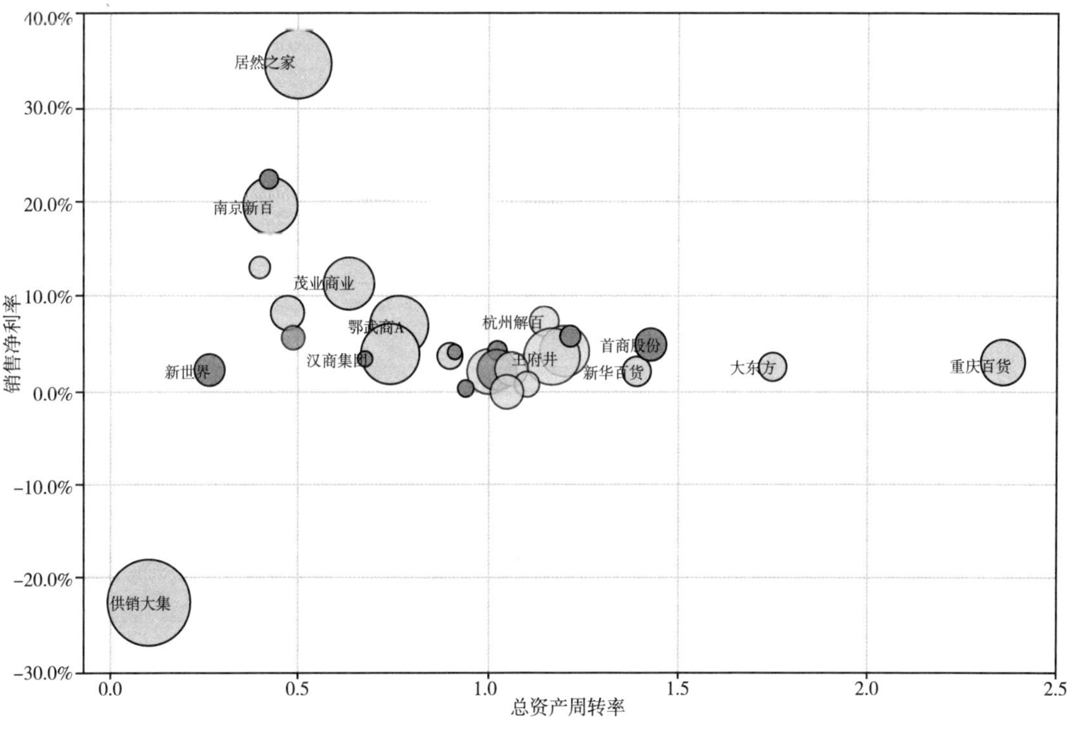

图 2　31 家“百货商店”行业上市公司关键财务指标散点图

评估实务中，为保证被评估公司与可比上市公司之间的相似性建立在反映生产经营方面的财务数据上，尽量避免重大资产重组、业务结构调整等因素导致上市公司财务数据出现波动，需对选择公司相关事件、历史数据等进行调查分析，排除以上因素，初步确定可比公司的选择范围。经分析，最终进入“百货商店”行业财务指标分析的上市公司有 25 家。

2. “百货商店”行业分组财务指标的确定和主成分分析

（1）分组财务指标的确定

如表 4 所示，“百货商店”行业 25 家上市公司在成长能力的指标、盈利能力的指标、偿债能力的指标和营运能力的指标变异系数较大，数据分布的离散度较高。综合考虑“百货商店”行业 25 家上市公司的数据分布情况和其行业特点，本课题选定毛利增长率、净资产收益率、产权比率和存货周转率 4 个财务指标进行下一步的主成分分析。

表 4　财务指标统计数据

指标名称	变异系数	标准差	平均值	极差	最大值	最小值
营业成本增长率	371.49	21.36	0.06	115.82	47.85	-67.98
营业总收入增长率	132.12	19.89	-0.15	101.16	36.81	-64.35
毛利增长率	30.15	17.13	0.57	83.60	35.73	-47.86
利润总额增长率	6.47	58.92	-9.10	287.25	121.83	-165.43
归属母公司净利润增长率	6.47	70.20	-10.86	371.72	110.59	-261.13
净利润增长率	6.16	71.33	-11.58	382.90	110.59	-272.31
总资产增长率	3.47	17.48	5.04	102.26	67.24	-35.02
经营活动产生的现金流量净额增长率	3.39	526.34	155.13	2 370.58	2 181.27	-189.31
净资产收益率	2.53	12.84	5.07	71.77	20.39	-51.38
销售净利率	2.30	6.50	2.83	35.62	13.08	-22.53
应收账款周转率	1.86	684.25	368.03	3 313.45	3 323.06	9.61
产权比率	1.70	3.30	1.94	16.79	17.06	0.27
无形资产周转率	1.60	141.31	88.38	521.60	526.87	5.27
应收账款周转天数	1.53	9.62	6.31	37.37	37.48	0.11
财务费用 / 营业总收入	1.51	2.15	1.43	10.16	9.66	-0.50
存货周转率	1.50	29.29	19.56	116.16	116.85	0.69
存货周转天数	1.40	151.15	108.18	518.51	521.59	3.08
营业周期	1.35	155.11	114.49	552.94	559.07	6.12
总股本	1.29	1 126.46	873.26	5 848.74	6 007.83	159.09
权益乘数	1.13	3.11	2.76	16.14	17.41	1.27
经营活动产生的现金流量净额/总负债	1.04	0.08	0.08	0.30	0.22	-0.08
总资产	1.03	11 017.14	10 710.08	51 075.39	52 454.21	1 378.82
经营活动产生的现金流量净额/流动负债	0.99	0.09	0.09	0.34	0.24	-0.10
非流动负债/总负债	0.98	18.65	18.99	85.52	86.13	0.61
营业总收入	0.96	8 457.80	8 784.14	33 526.01	34 535.61	1 009.60
EBIT / 营业总收入	0.94	5.56	5.89	27.95	21.06	-6.88
投入资本回报率	0.90	4.57	5.09	19.61	13.07	-6.54
总资产净利率	0.86	2.91	3.37	12.17	8.35	-3.82
固定资产周转率	0.72	3.34	4.66	13.01	13.62	0.62

续表

指标名称	变异系数	标准差	平均值	极差	最大值	最小值
保守速动比率	0.71	0.51	0.72	1.81	1.91	0.10
速动比率	0.70	0.50	0.72	1.81	1.91	0.10
净资产周转率	0.64	1.47	2.30	6.67	6.85	0.19
流动比率	0.63	0.81	1.27	3.79	4.05	0.26
EBITDA / 营业总收入	0.63	5.84	9.30	27.13	26.35	-0.78
管理费用 / 营业总收入	0.61	4.84	7.99	18.44	21.14	2.70
总资产报酬率	0.60	3.17	5.30	12.04	10.76	-1.28
流动资产周转率	0.58	1.45	2.49	6.43	6.63	0.20
息税折旧摊销前利润/总负债	0.53	0.09	0.17	0.33	0.33	0.00
总资产周转率	0.51	0.48	0.95	2.25	2.36	0.11
销售费用 / 营业总收入	0.50	4.08	8.16	16.35	18.28	1.93
流动资产/总资产	0.39	16.89	43.36	65.07	74.98	9.91
资产负债率	0.30	15.53	51.23	73.21	94.26	21.05
非流动资产/总资产	0.30	16.89	56.64	65.07	90.09	25.02
销售毛利率	0.27	6.25	22.80	28.10	40.20	12.09
流动负债/总负债	0.23	18.65	81.01	85.52	99.39	13.87
销售成本率	0.08	6.25	77.20	28.10	87.91	59.80

（2）分组财务指标的主成分分析

这里设定“鄂武商 A”为被评估公司，其余 24 家上市公司为可比上市公司。

以选定的毛利增长率、净资产收益率、产权比率和存货周转率 4 个指标对“百货商店”行业 24 家上市公司的数据进行主成分分析。在对上述指标进行标准化处理后，设置 skilearn 的主成分分析模型的参数 n_compents 为 0.8，转换后的主成分的数量是 3 个，累计方差贡献率 97.5%。转换矩阵如表 5 所示，新的主成分是原有指标的线性组合，其中第一主成分在净资产收益率、产权比率上的系数值高些，第二主成分在毛利增长率上的系数值高些，第三主成分在存货周转率上的系数值高些。

表 5　　转换矩阵

指标名称	第一主成分	第二主成分	第三主成分
毛利增长率	-0.095	-0.899	-0.362
净资产收益率	-0.690	-0.014	-0.215
产权比率	0.679	-0.259	0.040
存货周转率	-0.231	-0.352	0.906

3. “百货商店”行业 25 家上市公司的聚类分析

以在主成分分析中转换好的分组财务指标的数据进行聚类分析，设置类别为 3、4、5，分别得出相应的轮廓系数为 0.77、0.54 和 0.44，可以看到只依据轮廓系数看，分 3 类效果较好。结合轮廓系数的值和分组后相应的分组指标之间的差异，最终采用分 4 组的结果。分组结果和分组财务指标如表 6 所示。

表 6　分组结果

股票简称	分组	毛利增长率	净资产收益率	产权比率	存货周转率
合肥百货	3	-21.24	4.13	1.54	4.99
中兴商业	3	70.92	10.92	0.55	34.12
大东方	3	-23.06	7.33	0.73	8.65
东百集团	3	19.22	13.71	2.40	1.19
大商股份	3	-8.27	10.46	1.08	4.24
欧亚集团	3	-1.64	7.54	5.24	4.11
南宁百货	3	110.59	0.47	0.85	12.15
首商股份	3	4.44	9.62	0.56	12.40
重庆百货	3	17.16	16.62	1.38	10.82
兰州民百	3	-84.46	10.65	1.33	0.84
新华百货	3	38.62	8.10	1.61	9.15
益民集团	3	-23.75	3.73	0.27	1.59
茂业商业	3	6.95	20.39	1.68	11.72
宁波中百	3	12.58	9.72	1.14	19.57
王府井	3	-22.92	8.66	1.06	22.06
国芳集团	3	-12.74	6.38	0.52	25.28
利群股份	3	32.22	5.78	1.57	4.57
汇嘉时代	3	-60.41	2.04	1.76	16.13
翠微股份	3	0.47	5.52	0.66	35.18
汉商集团	2	44.84	4.90	1.51	105.34
杭州解百	2	52.94	9.50	0.85	116.85
南京中商	1	-71.70	-51.38	17.06	0.82
供销大集	0	-272.31	-4.00	0.73	0.69
新世界	0	-86.40	0.84	0.52	6.90

4. 确定被评估公司分组

对被评估公司的毛利增长率、净资产收益率、产权比率和存货周转率进行标准化处理后，并做相应的主成分转换，将其输入到支持向量机分组模型得出的分组结果为 3，至此初步地确定了被评估公司的可比上市公司选择范围，如表 7 所示。

此基础上，考虑分组内公司的资产规模的相似性，最终确定可比上市公司为“首商股份”“茂业商业”和“大商股份”，由这 3 家可比上市公司的 PE、PS 和 PB 计算出的被评估公司的股价分别为 13.6 元、11.1 元和 12.5 元，取均值为 12.4 元，与被评估公司基准日收盘价 13.2 元十分贴近。

表 7　　被评估公司的分组

股票简称	毛利增长率（%）	净资产收益率（%）	产权比率	存货周转率	总资产（百万元）	收盘价（元）	每股收益（元）	每股营业总收入（元）	每股净资产（元）	PE	PS	PB
兰州民百	-84.46	10.65	1.33	0.84	3 719.29	4.94	0.32	2.43	2.07	15.49	2.03	2.39
汇嘉时代	-60.41	2.04	1.76	16.13	3 810.69	8.95	0.09	13.19	4.11	95.42	0.68	2.18
益民集团	-23.75	3.73	0.27	1.59	3 181.54	3.44	0.08	1.42	2.35	41.45	2.43	1.46
大东方	-23.06	7.33	0.73	8.65	6 016.79	3.52	0.25	10.58	3.81	13.97	0.33	0.92
王府井	-22.92	8.66	1.06	22.06	24 106.30	13.99	1.24	34.51	14.68	11.30	0.41	0.95
合肥百货	-21.24	4.13	1.54	4.99	10 820.43	4.93	0.20	13.99	5.09	24.08	0.35	0.97
国芳集团	-12.74	6.38	0.52	25.28	2 765.47	5.10	0.17	4.15	2.72	30.00	1.23	1.87
大商股份	-8.27	10.46	1.08	4.24	18 954.78	27.39	3.04	74.52	30.62	9.01	0.37	0.89
欧亚集团	-1.64	7.54	5.24	4.11	22 759.61	17.75	1.50	105.15	16.51	11.83	0.17	1.08
翠微股份	0.47	5.52	0.66	35.18	5 399.80	6.83	0.34	9.42	6.19	20.09	0.73	1.10
标的	0.76	13.80	1.48	4.00	23 595.14	待定	1.60	23.09	12.37	—	—	—
首商股份	4.44	9.62	0.56	12.40	6 975.74	6.12	0.60	15.10	6.50	10.13	0.41	0.94
茂业商业	6.95	20.39	1.68	11.72	19 155.60	4.70	0.73	7.06	3.90	6.46	0.67	1.21
宁波中百	12.58	9.72	1.14	19.57	1 378.82	9.21	0.18	4.50	2.88	51.17	2.05	3.20
重庆百货	17.16	16.62	1.38	10.82	15 147.77	29.85	2.42	84.95	15.48	12.33	0.35	1.93
东百集团	19.22	13.71	2.40	1.19	8 839.86	5.23	0.37	4.56	2.78	13.97	1.15	1.88
利群股份	32.22	5.78	1.57	4.57	12 035.14	5.63	0.31	14.46	5.43	18.16	0.39	1.04
新华百货	38.62	8.10	1.61	9.15	6 062.15	15.02	0.81	33.99	10.51	18.54	0.44	1.43
中兴商业	70.92	10.92	0.55	34.12	2 293.14	6.09	0.37	6.50	3.56	16.46	0.94	1.71
南宁百货	110.59	0.47	0.85	12.15	1 893.07	9.68	0.01	3.41	1.88	1 112.64	2.84	5.14

（五）结论和展望

1. 课题结论

课题主要研究了基于 Python 的数据分析在可比公司市场法中的应用。数据分析中的可视化技术和机器学习可以更直观地、客观地呈现出某行业上市公司的财务指标的数据特点和数据模式，便于评估专业人员从整体性和个体差异性的角度去把握被评估公司和可比上市公司之间的相似性，这样通过信息工具辅助评估专业人员的决策，提高可比公司选择的效率和规范性、一致性，也可以使市场法适用于更复杂的工作场景。

2. 课题展望

本次课题的研究基础上，未来拟从两个方向对市场法评估模型进行深入的探索。

从数据分析和市场法评估的结合上看。本次课题只研究了企业的年度截面数据，其对企业价值反映是有限的，后续将继续深入分析企业持续经营数据以及这些数据之间的关系对企业价值的影响，从更深层去把握影响企业价值的关键因素，并将其反映到可比公司筛选流程中去，从而增强其客观性。

从评估实务上看，还需深入分析数据分析和评估工作流程的结合方式。本课题研究主要针对可比公司选择环节，在实际中评估业务完整的工作流程还包括选定合适的价值比率并经过差异调整确定被评估企业价值。本课题的后续还需要研究数据分析技术在市场法各个环节的应用以及环节之间彼此的关系和影响，以便进一步优化市场法的工作流程。

参考文献

[1] 赵邦宏，王哲．市场法在企业价值评估中的问题与对策［J］．中国资产评估，2007（05）：13—16.

[2] 严绍兵．企业价值评估——直接市场数据法概述［J］．财经问题研究，2000（05）：41—44.

[3] 刘敏．企业价值评估中市场法的新探讨［J］．经济师，2007（04）：205—206.

[4] 胡晓明，赵东阳，孔玉生等．企业异质与可比公司赋权——基于并购的非上市公司估值模型构建与应用［J］．会计研究，2013（11）：53—96.

[5] 胡晓明，孔玉生，赵弘．企业估值中价值乘数的选择：基于行业差异性的研究［J］．审计与经济研究，2015，30（01）：66—73.

[6] Liu J，Nissim D，Thomas J. Equity Valuation Using Multiples. 2002，40（1）：135—172.

[7] 袁明哲．企业价值评估方法的比较——基于我国 A 股市场的实证研究［J］．财会通讯，2009（09）：8—10.

[8] Blum A，Mitchell T. Combining labeled and unlabeled data with co - training［C］//Proceedings of the eleventh annual conference on Computational learning theory. 1998：92—100.

[9] Langley P. Elements of machine learning［M］．Morgan Kaufmann，1996.

[10] McCulloch W S，Pitts W. A logical calculus of the ideas immanent in nervous activity. 1943，5（4）：115—133.

[11] 彭斯俊，杜伟伟．一种改进的 BP 神经网络学习算法及其应用［A］．中国自动化学会系统仿真专业委员会、中国系统仿真学会仿真计算机与软件专业委员会．2006 系统仿真技术及其应用学术交流会论文集［C］．中国自动化学会系统仿真专业委员会、中国系统仿真学会仿真计算机与软件专业委员会：中国自动化学会系统仿真专业委员会，2006：4.

[12] Vapnik V N，Chervonenkis A Y. On the uniform convergence of relative frequencies of events to their probabilities［M］//Measures of complexity. Springer，Cham，2015：11—30.

[13] Boser B E，Guyon I M，Vapnik V N. A training algorithm for optimal margin classifiers［C］//Proceedings of the fifth annual workshop on Computational learning theory. 1992：144—152.

[14] Cortes C，Vapnik V N. Support vector machine［J］．Machine learning，1995，20（3）：273—297.

[15] 李云飞，惠晓峰．基于支持向量机的股票投资价值分类模型研究［J］．中国软科学，2008（01）：135—140.

[16] 曹裕，陈晓红，王傅强．我国上市公司生命周期划分方法实证比较研究［J］．系统管理学报，2010，19（03）：313—322.

[17] 赵蕴华，张静，李岩等．基于机器学习的专利价值评估方法研究［J］．情报科学，2013，31（12）：15—18.

基于剩余价值法的地铁广告经营权评估研究

宋义德　曾维新　张鑫磊　刘沐欣　胡诗怡

摘　要： 地铁作为城市交通发展的基础，在丰富城市轨道交通网络、疏解交通负荷压力的同时，也在推动着城市化的进程，并带动了诸如房地产业、建筑业和广告业等相关产业的发展。尽管地铁广告的市场规模在逐步扩大，但地铁“重建设、轻开发”的现状没有改变；利用效率低下、严重依赖财政补贴的局面并未扭转；实现货币化和资本化进程的阻力仍然突出；评估理论滞后于市场需求的问题亟待解决。

为解决上述问题，扭转地铁运营的不利局面，发挥资产评估的价值发现与价值释放功能就成了一种必要手段。对地铁广告资源价值机理的有效甄别与科学的价值评估，对于发挥地铁广告的经济效能、协调转让方与受让方利益关系与营造公平交易市场环境等方面，具有重要意义。

基于此，本文对传统的评估方法进行了梳理，并对其应用于地铁广告资源的适用性和局限性进行了讨论。结合地铁广告的价值特性和经营特点，对其价值体系进行了多维度多层次的解读，进而形成了针对这一特殊评估问题的分析逻辑和基础；并在剩余价值法的基础上，提出了动态灰色测度和情景分析法的综合预测方法，对地铁广告经营过程中各种不确定性因素进行了较充分考虑，以利于制衡评估人员的主观性问题。本文最后将优化改进的评估方法应用于具体的案例中，通过实际应用解释了该方案的可操作性、合理性及准确性。在一定程度上为地铁广告资源的相关评估实践提供了可资借鉴的思路和方案。

关键词： 地铁广告资源；剩余价值法；灰色测度模型；情景分析法

一、地铁广告资源的价值体系

在经济学理论中，价值是商品能够为消费者所带来效用的表现形式，可以通过货币量的多少来衡量。实现对地铁广告资源的科学评估，有赖于对地铁广告资源价值本质、价值特性和价值影响因素的判断。厘清地铁广告资源的价值因素及其构成既是评估工作的基础和前提，又是交易契约达成的必要和保障。

（一）地铁广告的价值本质

按照西方经济学的观点，价值是公众态度、爱好和行为的主观反映，通过“支付意愿”

作者单位：上海立信资产评估有限公司湖北分公司、中南财经政法大学

来体现。所谓“支付意愿”，其实是指人们为获得某种物品、某种效用而自愿支付的货币资金，由消费者实际支出（即物品价格）和消费者剩余两部分组成，其公式可表示为：

物品的经济价值 - 人们的支付意愿(WTP) = 消费者实际支出 + 消费者剩余

（二）地铁广告的价值特性

1. 价值的虚拟性

地铁广告资源是典型的自然资源和社会公共资源，而非劳动产品。从劳动价值理论的角度来看，地铁广告资源似乎是没有价值的，另外，许多虚幻的价格形式（如未开垦的土地价格）并没有价值，因为形成过程中并没有人类劳动物化在其中。而马克思认为，价格可以完全不是价值的表现，例如诚信、名誉等本身并不是商品，但是也可以被其所有者出卖以换取金钱，并通过它们的价格，取得商品形式。事实上，我们在阐释地铁广告资源资产价格时，不必竭力证明地铁广告资源是劳动产品因而具有价格，而只要说明地租的存在就足够了。因为，地铁广告资源价格的构成实体是地租，而不是价值实体。也就是说，地铁广告资源虽然不是商品，但由于表现为有价格，因而同样体现了商品经济中的生产关系。

2. 价值的个别性

地铁广告资源是一种特殊的商品，不同于批量生产和统一定价的一般商品，地铁广告资源的形成具有不可再造性和不可重复性。原因在于，地铁广告的区位和所处社会经济条件存在差异，且创意内容和广告载体也存在显著不同，使地铁广告作为商品而具有鲜明的异质性，故其价值也不可能取决于社会必要劳动时间所决定的一种平均水平。此外，由于地铁广告资源位置的固定性和不可移动性，因此具有鲜明的地域特征和环境特性，很难形成统一的市场价格。

3. 价值的增值性

一方面，随着城镇化规模的扩张和轨道交通产业的迅速发展，轨道交通客流人数逐年增加，正是在这种条件的驱使下，广告运营商将目光投向地铁并对其进行持续加码成为一种选择。而对地铁广告需求的日益扩大，也拉动其价格逐渐上升。另一方面，地铁广告资源资本开发投入的增加，使地铁广告资源增值速度加快，也推动着地铁广告资源的利用效率日益提高，进而使地铁广告资源资产价格上升。此外，因土地的稀缺性和资源供给的有限性，在需求逐渐扩张而供给难以接续的条件下，也为地铁广告的价值增长带来较高预期。

4. 价值的双重性

地铁广告作为地铁运营公司的一项重要经济资源和增值资源，在拓宽融资渠道，获取开发收益等方面，体现出其作为经营性产品的经济价值；作为一项传播公共事业的文化载体，在树立城市品牌形象和引导正向价值观方面，又充分展现了其社会价值。因此，正确看待地铁广告资源的价值，本质在于如何看待其经济价值与社会价值两者的统一。当然，经济价值的发挥与社会价值的实现并不是对立冲突的，社会价值与经济价值也绝非孤立，地铁广告丧失其公益效能必然会影响其经济价值的有效发挥。

（三）影响地铁广告价值的因素分析

地铁广告资源资产之所以有价格，在于它具有形成经济资源的本质功能与属性，也即对人类社会具有使用价值和物质效用的特性。轨道交通是人类出行的重要交通工具，亦是轨道交通产业经济发展的基础。人类对地铁广告资源的投入，也仅仅是在遵从其轨道交通产业部署的前提下，通过对地铁广告资源的加工和改造，使其所具有的效用更加完善。这是赋予地铁广告资源价格最重要的内在制约因素。而市场变化、行业规制、技术进步等构成了地铁广告资源价值的外在影响因素。地铁广告资源价格的估值，需对内在制约因素和外在影响因素予以充分考虑。

1. 地铁广告资源资产的稀缺程度

轨道交通的垄断性也决定了广告资源的稀缺程度。在现行条件下，地铁广告资源所有权为国家所有，即存在着产生绝对地租的客观条件，这是地铁广告资源定价的构成内容之一。

2. 地铁广告资源的丰度和所处的地理位置

地铁广告资源的丰度及其地理位置上的差异，形成了地铁广告资源开发收益上的级差地租。丰度基本相似但客流条件不同的地铁广告资源，其收益往往存在着明显的差别，这种差别通常取决于其所处地理位置，级差地租的存在也对地铁广告资源价格的形成产生影响。

3. 对地铁广告资源的开发、投建情况

地铁广告资源的开发、投建和维护，需要投入较多的人力、物力和财力，而这些投资有的成为附着在资源上的广告设施设备，有的表现为资源利用条件的改善。这些投资所带来的回报水平，也是确定地铁广告资源价值应当考虑的因素。

（四）地铁广告的价值构成

地铁广告的价值（具体指经济价值）主要取决于收益，是地铁广告资源收益的资本化，但要使其变为可直接利用的资源，需要追加一定的人类劳动，从而形成各种费用，如地铁广告资源开发、运管费用，广告设施设备建设、维护费用等。这些劳动耗费都要求在地铁广告资源转让中得到补偿。因此，地铁广告资源的价值构成包括：

1. 地租本金化价格。地租本金化价格，是根据地铁广告资源的绝对收益（绝对地租）和级差收益（级差地租），按社会平均资金利润率还原成本金的价格。

2. 资产补偿价格。资产补偿价格，是维持地铁广告资源经营或开发新型地铁广告资源，以及补偿地铁广告资源开发、管理与保护的追加劳动所需耗费的价格。主要包括：（1）地铁广告资源开发费用；（2）广告设施设备投资费用；（3）地铁广告资源管理费；（4）新型地铁广告资源的开发费用。

3. 资产底价。资产底价，是剩余超额收益现值价格。它与地租本金化价格不同的是，不是通过地租的本金化，而是以中等（行业平均水平）品级资源为准，通过倒算的方法，在扣除一切耗费、利税、利息及高出中等（行业平均水平）品级的超额收益之后，求得地铁广告资源本身的固有的效用价值的货币价格。综上所述，地铁广告资源资产的价格可表示为；

地铁广告资源的价值 = 地租本金化价格 + 资产补偿价格 + 资产底价

二、传统评估方法的适用性分析

地铁广告资源价格一般表现为地铁广告资源资产在一定期限内的地租价格。地铁广告资源的价格是以地铁广告资源出让为前提的，地铁广告资源价格的形成包含两种形式：一是以效用价值为基础的受供求关系调节的一般商品价格形成形式，比如地铁站中已投建和开发的基础设施（十二封灯箱、梯眉灯箱、梯牌等“刊载式广告”）；二是以其稀缺性和经营垄断性为基础的价格形成形式，比如地铁站里的墙贴、柱贴、屏蔽门贴、场地活动媒体等“贴敷式广告”。正是由于地铁广告资源的特殊性，决定了地铁广告资源价格形成方式的复杂性。一般说来，资产评估的基本方法主要有以下三种：

（一）重置成本法

用现时条件下重新购置或建造一个全新状态的被评估资产所需的全部成本，减去被评估资产实际已经发生的实体性陈旧贬值、功能性陈旧贬值和经济性陈旧贬值，得到的差额作为被评估资产的现时价格，即评估价，或者，估算出被评估资产与其全新状态相比有几成新，即成新率，然后用全部成本与成新率相乘，得到的乘积作为评估价。

成本法一般只适用于开发较完全的地铁站点在出让地铁广告资源时的价格确定，用成本法计算出让地铁广告资源价格时，其价格为地铁广告资源的投入价格与地铁广告资源带来的增值收益之和。其中，增值收益源于“增值地租”，应归地铁广告资源所有者即国家所有，相当于出让金部分。投入成本价格为地铁广告资源使用者在取得地铁广告资源使用权时支付的平均成本。其计算公式为；

$$P = \sum G\mathrm{i} + \frac{R_1 + R_2}{L} \tag{2-1}$$

式（2-1）中，Gi 表示为投入成本指标体系中各种投入要素的评估值；R_1 表示为绝对收益；R_2 表示为级差收益；L 表示为适用本金化率，一般采用银行利率。

然而通过对地铁广告资源价值特性的分析，地铁广告资源的成本具有模糊性、弱对应性和虚拟性等特征，使成本法应用于地铁广告资源的价值评估存在很大局限。

（二）现行市价法

在市场上选择相同或近似的资产作为参照物，针对各项价值影响因素，将被评估资产与参照物进行价格差异的比较调整后，得出被评估资产的评估价。

在我国地铁广告资源的转让在许多方面还待进一步完善和规范，而对其价格的评估还处于探索阶段，其理论和方法需进一步深入研究，特别是应加强理论界和实务界的交流与合作。在实践中来完善其评估方法。然而，由于地铁广告的稀缺性、唯一性和不完全竞争等特点，市场法的应用往往存在一定障碍。

（三）收益现值法

通过估算被评估资产在可以预见到的未来若干年内每年的预期收益，并采用适宜的折现率折算成现值，然后累加求和，得出被评估资产的现时价格，即评估值。

1. 有限期间收益法评估模型

因地铁广告资源经营期有限或其他原因，投资者的实际获取收益的期间有限，从而在评估资产的现值时，要根据有限期间计算资产的价值。

资产收益现值的计算公式如下：

$$P = \sum_{t=1}^{n} \frac{R_t}{(1+i)^t} + \frac{R}{(1+i)^n} \quad (2-2)$$

式（2－2）中，R_t 表示为第 t 年的收益额；R 表示为期末收益；P 表示为被评估资产收益的现值；i 表示为折现率；t 为收益期序号；n 为收益期间数。

当资产经营期间每年的收益额基本稳定或呈现某种周期性波动时，每个周期的平均收益额稳定时，如式（2－3）所示：

$$P = A\sum_{t-1}^{n} \frac{1}{(1+i)^t} + \frac{R_t}{(1+i)^n} \quad (2-3)$$

式（2－3）中，A 表示为资产经营期间内每年（或每周期平均年收益额）

2. 无限期间收益法评估模型

在未来收益是无限期间（即永续经营）的条件下，根据未来收益形式的不同，一般分为永续年金法和分段法。

（1）永续年金法。永续年金法是永续经营且年收益额基本稳定条件下无限期获得收益，并按适当的折现率计算永续年金现值以作为评估值的方法。其计算公式是：

$$P = \frac{A}{i} \quad (2-4)$$

式（2－4）中，A 表示为年收益额；P 表示为被评估资产收益的现值；i 表示为资产的折现率。

（2）分段法。分段法是根据资产收益的特征，把资产永续经营期分为前后两期，分别采用不同方法评估两期的收益折现值；即前期收益现值加永续年金法。其计算公式如下：

$$P = \sum_{t=1}^{n} \frac{R_t}{(1+i)^t} + \frac{R_{n+1}}{i}\frac{1}{(1+i)^n} \quad (2-5)$$

式（2－5）中，n 表示为前需收益期间数；R_{n+1} 表示为第 $n+1$ 年至永续年每年等额的收益现值。

3. 收益法的评价

结合地铁广告的价值特性，收益法可以作为地铁广告资源评估的首选方案。但考虑到地铁广告资源价值及其影响因素的特殊性和复杂性，以传统剩余价值法作为评估方法，难以避免主观干扰和对风险判断不全面等问题，造成价值偏差和评估误差。

三、评估方法的改进研究

本文将在剩余价值法的基础上，对传统的评估方法进行优化与改进，并提出了“基于剩余价值法的动态灰色情景分析模型”作为地铁广告资源评估的理论基础，模型原理及优化过程分述如下。

（一）剩余价值法作为经营权评估的基本方法

剩余法又称假设开发法、倒算法或预期开发法。剩余法是将被估资产开发后的预期价值，扣除正常投入的费用、正常税金及合理利润后，依据该剩余值测算被估资产价值的方法。在评估待开发土地价值时，该方法运用得比较广泛。这一评估技术思路可以用于特许经营权评估。

（二）剩余价值法公式

假设评估对象是某公司无形资产（或特许经营权），设该公司无形资产价值（包括各种影响公司预期收益的无形资产，如专利技术、专有技术、人力资源、创意、软件著作权、特许经营权等）为 V，则：

$$\text{无形资产产品销售收入}-\text{实现销售收入的投入(包括固定资产投资、生产成本和无形资产价值)}-\text{税金}-\text{营业费}-\text{管理费}-\text{利息}=\text{期望利润} \quad (3-1)$$

展开即：

$$\text{产品销售收入}-(\text{主营业务成本}+V)-\text{产品销售附加税}-\text{营业费}-\text{管理费}-(\text{主营业务成本}+V)\times\text{贷款利率}\times\text{产品生产周期}/2=(\text{主营业务成本}+V)\times\text{成本利润率}$$

再次展开：

$$\text{产品销售收入}-\text{主营业务成本}-V-\text{产品销售附加税}-\text{营业费}-\text{管理费}-\text{主营业务成本}\times\text{贷款利率}\times\text{产品生产周期}/2-V\times\text{贷款利率}\times\text{产品生产周期}/2=\text{主营业务成本}\times\text{成本利润率}+V\times\text{成本利润率}$$

解方程，并适当简化，且考虑资金时间价值，将上式中各项收入及成本费用均折现为基准日现值，期望利润率①采用行业平均资金利润率，得到：

$$V=(\text{产品销售收入现值}-\text{主营业务成本现值}-\text{产品销售附加税现值}-\text{营业费现值}-\text{管理费现值}-\text{主营业务成本现值}\times\text{贷款利率}\times\text{产品生产周期}/2-\text{主营业务成本现值}\times\text{成本利润率})/(1+\text{成本利润率}+\text{贷款利率}\times\text{产品生产周期}/2)$$

以上计算得到的 V 即是对企业产品预期销售收入贡献的无形资产（或特许经营权）价值。

（三）剩余法应用地铁广告资源评估

地铁广告资源具有自己的独特的属性，这决定了地铁广告资源价值形成方式不同于一般商品，具有更复杂的一面。由于地铁广告资源的构成中既包括消耗了一般人类劳动价值，又包含了以稀缺性和垄断性为基础的非劳动价值（效用价值等）。

由此，不难看出了地铁广告资源价值与评估土地价值类似，地铁广告资源价值同样表现

① 注：根据评估参数的获取情况，期望利润亦可采用公式：期望利润 = 产品销售收入 × 销售净利率来测算

为开发后的或有价值。因而可根据开发完成后的无形资产带来的预期收益情况适时选择剩余法对其价值进行评估。运用剩余法评估地铁广告资源时，首先要假设利用地铁广告资源能够开展正常的生产经营活动，并估算其开展正常的生产经营活动所获得的预期销售收入，然后在此基础上扣减经营中所花费的成本费用，包括设置和维护成本、销售费用、管理费用、利息、税金、其他费用及期望（合理）利润，最后将剩余额作为委估媒体资源的评估值。

剩余价值法即在约定的经营期内每年将委估媒体资源剩余价值折现，得到评估基准日委估媒体资源的评估值。

具体估算方法：

1. 预测期媒体资源剩余价值（即第 t 年委估媒体资源贡献价值）估计

根据式（3－1）定义：

$$(S_t - C_{1t} - C_{2t} - C_{3t} - R_t - L_t - P_t)(1 - T) = Q_t \tag{3-2}$$

式中：S_t——第 t 年的广告销售收入

C_{1t}——第 t 年广告设置及维护成本

C_{2t}——第 t 年广告销售费用

C_{3t}——第 t 年管理费用

R_t——第 t 年税金及附加

L_t——第 t 年利息

P_t——第 t 年媒体资源剩余价值

T——所得税率

Q_t——第 t 年广告经营期望净利润，采用 $Q_t = S_t \times$ 广告行业平均销售净利率（$\bar{u}$）

则：$P_t = S_t - C_{1t} - C_{2t} - C_{3t} - R_t - L_t - Q_t/(1 - T)$

2. 预测期媒体资源经营权现值估计

$$P = \sum_{t=1}^{n} \frac{P_t}{(1 + r)^t} \tag{3-3}$$

式（3－3）中：P——委估媒体资源 n 年经营权评估值

P_t——第 t 年地铁广告资源剩余价值

r——折现率

（四）引入灰色测度模型优化广告收益预测

灰色测度模型（GM）是一种使用较少量数据或信息建立的数学模型，对数据变化趋势进行预测与计算的方法。具有计算简便、操作性强和克服主观干扰等优势。而地铁广告资源因价值影响因素复杂和不确定性强等特征，使得灰色测度模型的应用成为一种可能。

1. 灰色测度概念介绍

通常，我们将内部信息完全已知的系统称之为白色系统；相应地，内部信息完全未知的系统称为黑色系统。而部分信息已知、部分信息未知的系统则称为灰色系统。因此，灰色预测是对既含有已知信息又含有不确定信息的系统进行预测，即对在一定范围内变化的、与时间有关的灰色过程进行预测。灰色预测通过鉴别系统因素之间发展趋势的相异程度进行关联分析，并对原始数据进行生成处理来寻找系统变动的规律，生成有较强规律性的数据序列，然后建立相应的微分方程模型，从而预测未来发展趋势状况的模型。

2. 灰色预测具体步骤

GM（1，1）模型的构建步骤如下：

（1）原始数据序列 $x^{(0)}=\{x^{(0)}(1),x^{(0)}(2),x^{(0)}(3),\cdots\cdots x^{(0)}(N)\}$ 经过一次累加 $x^{(0)}(i)=\{\sum_{j=1}^{i}x^{(0)}(j)\mid i=1,2,3\cdots N\}$，得到一次性累加序列 $x^{(1)}=\{x^{(1)}(1),x^{(1)}(2),x^{(1)}(3),x^{(1)}(N)\}$

（2）建立变量 x 关于时间 t 的一阶微分方程，即

$$\frac{dx^{(1)}}{dt}+ax^{(1)}=u \tag{3-4}$$

式（3-4）中，t 为时间；a 为发展灰数；u 为内生控制灰数，是对系统的常定输入，此方程满足初始条件的解为

$$\hat{X}^{(1)}(t+1)=(X^{(0)}(1)-\frac{u}{a})e^{-at}+\frac{u}{a}\quad(t=1,2,3,\cdots\cdots,n) \tag{3-5}$$

（3）利用最小二乘法测算参数 a、u

即
$$B=\begin{pmatrix}-\frac{1}{2}[x^{(1)}(1)+x^{(1)}(2)] & 1\\ \cdots & \cdots\\ -\frac{1}{2}[x^{(1)}(n-1)+x^{(1)}(n)] & 1\end{pmatrix}$$

$$\hat{U}=\begin{matrix}\hat{a}\\ \hat{u}\end{matrix}=(B^TB)^{-1}B^Ty；其中，y=(x^{(0)}(2),x^{(0)}(3),\cdots\cdots x^{(0)}(N)\})^T$$

（4）求出
$$GM(1,1)=\hat{x}^{(1)}(i+1)=[x^{(0)}(1)-\frac{u}{a}]e^{-ai}+\frac{u}{a} \tag{3-6}$$

$$\begin{cases}x^{(1)}(1)=x^{(1)}(1)\\ \hat{x}^{(0)}(i)=\hat{x}^{(1)}(i)-\hat{x}^{(1)}(i-1),i=1,2,3,\cdots\cdots n\end{cases}$$

（5）精度检验

检测原始序列 $x^{(0)}$ 的均方差 S_0，

即
$$S_0=\sqrt{\frac{\sum_{i=1}^{n}\left[x^{(0)}(i)-\frac{1}{n}\sum_{i=1}^{n}x^{(0)}(i)\right]^2}{n-1}} \tag{3-7}$$

然后计算残差数列 $\varepsilon^{(0)}(i)=x^{(0)}(i)-\hat{x}^{(0)}(i)$ 的均方差 S_1

$$S_1=\sqrt{\frac{\sum_{i=1}^{n}\left[\varepsilon^{(0)}(i)-\frac{1}{n}\sum_{i=1}^{n}\varepsilon^{(0)}(i)\right]^2}{n-1}} \tag{3-8}$$

方差比 $c=\frac{S_1}{S_0}$ 与小误差概率 $p=\left\{\left|\varepsilon^{(0)}(i)-\frac{1}{n}\sum_{i=1}^{n}x^{(0)}(i)\right|<0.6745\times S_0\right\}$

（6）根据预测精度等级划分表，验证该模型对于预测数据的准确程度：如果 $c<0.5$ 或 $p>0.8$，则可认为该模型预测精度较高，即可以建立灰色测度模型对序列进行预测，反之则不适用。具体情况见表 1。

表 1　　灰度预测精度对照表

等级	好	合格	勉强合格	不合格
p 值	>0.95	>0.8	>0.7	$\geqslant 0.70$
c 值	<0.35	<0.5	<0.65	$\leqslant 0.65$

3. 灰色测度模型的拓展——动态（迭代）灰色测度模型

尽管传统的灰色测度模型在广告收益预测方面克服了主观性干扰，但是在实际运用过程中仍然存在一定不足。原因在于灰色模型的预测精度往往与历史数据，即数列 $X^{(0)}$ 高度相关，以此作为建模的依据。显然距离评估时点越近的预测期往往精确度高于后续预测期，因为较早期的原始数据对于越往后的预测期的作用往往越小。基于传统灰色测度的这一不足，本文拟考虑拓宽该方法的预测空间以使预测结果更加精确。

动态（迭代）灰色测度模型是指为了把更新的广告收益数据考虑进去，可将灰色模型每次新得到的预测结果计算入原始数据中，再重新进行 GM（1，1）预测，即新得到的原始数据为 $x^{(0)}=\{x^{(0)}(1),x^{(0)}(2),\cdots,x^{(0)}(n),x^{(0)}(n+1)\}$。

此后每年增加一个新数据，每年都可建立一个新的灰色预测模型，这样只要反复调用灰色基本模型程序即可。

这一处理的结果尽管增大了预测的工作量，需要反复使用预测运算程序。但是随着时间的推移，旧的数据因不再适应形势的需要而演化为新数列，预测结果会更为精确。

（五）采用情景分析法对不确定性因素进行评价修正

情景分析法是一种基于对风险不同角度的考虑设定假设条件，并在这种假设下通过历史数据的分析，对各种影响广告收益的情况进行合理推演并实现估值的一种方法。最后，根据不同情景发生的概率，综合测算出相应的评估结果。

情景分析法的应用需要设定前提条件，基于科学合理的假设对未来各种可能发生的情景及其影响做出判断，其基本步骤如下：

1. 明确项目背景。首先需要明确决策项目的聚焦问题，了解情景分析法应用于项目中的现实背景、局限性与可行性，建立基本的假设前提。

2. 识别影响因素。在对项目背景的了解与判断基础之上，对影响项目决策的重要因素进行甄别，确定关键的外部影响因子和内部驱动力量的重要性和不确定性，以作为情景方案的主要目标（如图 1 所示）。

3. 构建情景推理。不同影响因素之间存在着相互联系，而不同情景的发展所带来的影响取决于各种因素共同作用的结果。因此，需要构建影响因素之间相互作用的逻辑框架，并对各种情景进行合理合逻辑的推演，帮助我们更好地去理解情景发生的内容与结果（如图 2 所示）。

4. 确定发生概率。构建起情景分析的框架并对各种可能发生的情景进行推演后，需要

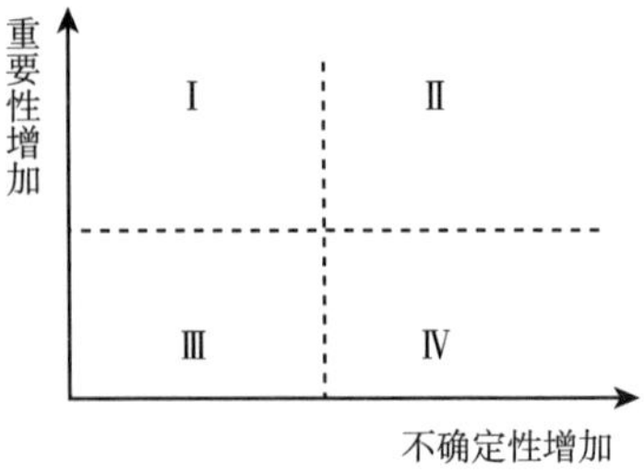

图1 情景分析法中关键影响因素的象限图

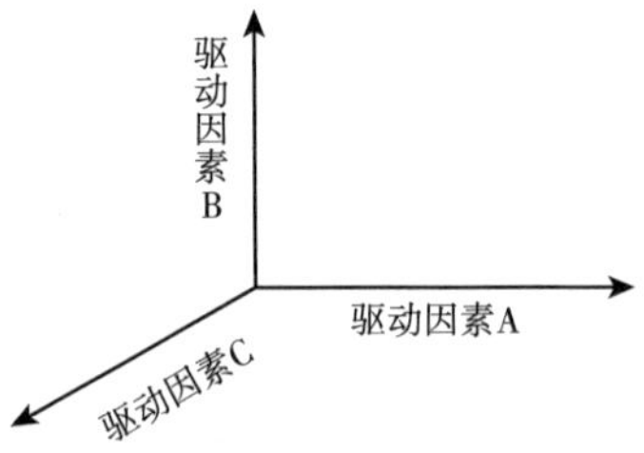

图2 不同情景下各驱动因素关系图

考虑如何确定各种情景发生的概率，通常会利用概率树法、信息分析法和贝叶斯分析法等。

5. 综合分析评价。针对各种情景假设和情景分析的结果与影响做出适当解释，综合评价各种情景下的项目风险因素与项目广告收益，为决策者提供有价值的建议。

6. 改进后的评估技术线路（如图3所示）。

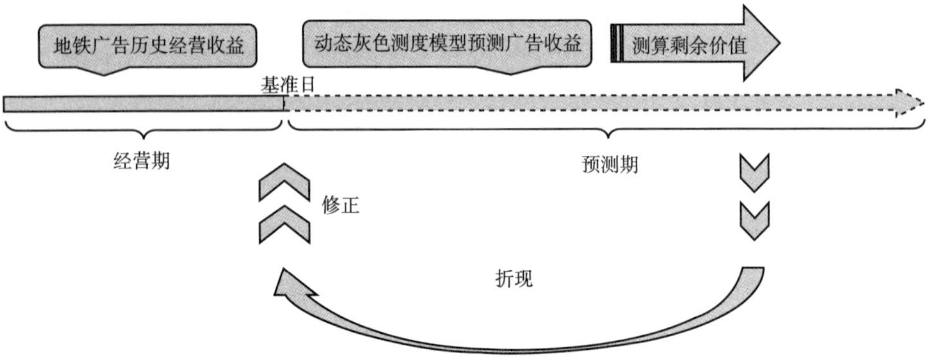

图3 改进后的评估技术线路

四、评估案例分析——以N市轨道交通1号线经营权评估为例

（一）案例介绍

1. 评估对象

N市是国内较早开通轨道交通的城市之一，其轨道交通媒体广告文化也具有一定的发展历史。特别是众多著名品牌广告业主对N市轨道交通媒体广告相对熟悉，在此背景下，针

对N市轨道交通1号线媒体资源经营权招商（开发）项目必然受到各大广告（传媒）经营公司、众多著名品牌商家的密切关注。

2. 经济行为

N市地铁资产经营公司拟携手J公司合资经营。致力于打造地铁媒体广告的高端消费市场，为广大乘客带来舒适温馨的乘车环境和品牌信息的同时，也给商家广告主带去商业利润。因此，N市地铁资产经营公司拟对N市轨道交通1号线广告资源经营权价值进行摸底评估，为日后制定地铁广告资源合资经营方案提供价值参考意见。

3. 评估需求

对N市轨道交通1号线运行列车及站内常规广告位、站内临时性广告位等广告经营权以十年期（2020—2029年）合资经营为目的在2019年12月31日的市场价值进行评估。

（二）评定估算过程

1. 销售收入

（1）历史经营情况

2016—2019年，N市地铁日均客流量分别为32.19万乘次、43.04万乘次、55.45万乘次、62.73万乘次，年均复合增长率高达18.15%。这为地铁广告的投放奠定了客流基础，也为广告的传播创造了条件，公司顺势而为，凭借覆盖N市广告媒体的资源优势、地缘优势和高效运营能力，迅速抢占地铁广告市场、站稳脚跟。四年间，N市地铁常规广告媒体收入分别为7 200万元、7 780万元、8 280万元、7 880万元，年复合增长率为2.28%。历史经营情况见表2。

表2　　2016—2019年N市各类广告销售收入情况　　（单位：万元）

年度收入＼媒体类型		常规媒体			贴附式海报							
		12封广告灯箱	梯眉灯箱	LED显示屏	梯旁广告牌	墙贴	立柱贴	屏蔽门贴	吊旗	梯间贴	列车广告	展览场地
2016年	发布收入	3 642	431	308	195	205	298	568	15	29	583	72
	制作收入	485	59	42	27	28	41	77	2	4	79	10
	小计	4 127	490	350	222	233	339	645	17	33	662	82
2017年	发布收入	3 861	524	326	274	352	182	602	17	37	610	81
	制作收入	506	71	44	37	48	25	82	2	5	83	11
	小计	4 367	595	370	311	400	207	684	19	42	693	92
2018年	发布收入	4 557	493	497	151	90	414	577	20	38	361	94
	制作收入	616	67	68	21	12	56	79	3	5	49	12
	小计	5 173	560	565	172	102	470	656	23	43	410	106
2019年	发布收入	4 273	400	404	213	85	186	686	20	45	541	86
	制作收入	576	55	55	29	12	25	94	3	5	74	13
	小计	4 849	455	459	242	97	211	780	23	50	615	99
合计数	发布收入	16 087	1 849	1 535	833	732	1 080	2 433	73	138	2 095	337
	制作收入	2 194	252	209	114	100	147	332	10	19	286	46
	合计	18 281	2 101	1 744	947	832	1 227	2 765	83	157	2 381	383

（2）动态（迭代）灰色测度模型的应用

本次评估采用动态（迭代）灰色测度模型预测未来年度的地铁广告收入。

①首先，设原始数据序列 $x^{(0)}=\{x^{(0)}(1),x^{(0)}(2),x^{(0)}(3),x^{(0)}(4)\}=\{7\ 200.00,7\ 780.00,8\ 280.00,7\ 880.00\}$。将其进行一次性累加得到新数列 $x^{(1)}=\{7\ 200.00,15\ 130.96,23\ 110.83,31\ 139.94\}$

②建立变量 x 关于时间 t 的一阶微分方程，即

$$\frac{dx^{(1)}}{dt}+ax^{(1)}=u$$

③利用最小二乘法测算参数 a、u，其中，$z^{(1)}(n)=\frac{1}{2}[x^{(1)}(n-1)+x^{(1)}(n)]$

即
$$B=\begin{pmatrix}-11\ 090 & 1\\ -19\ 120 & 1\\ -27\ 200 & 1\end{pmatrix};Y=\begin{pmatrix}7\ 780\\ 8\ 280\\ 7\ 880\end{pmatrix}$$

$\hat{U}=\begin{matrix}\hat{a}\\ \hat{u}\end{matrix}=(B^TB)^{-1}B^Ty$；其中，$y=(x^{(0)}(2),x^{(0)}(3),x^{(0)}(4))^T$，利用最小二乘法得到 $\hat{a}=-0.0061,\hat{u}=-1\ 278\ 528$

④把 $\hat{a}$ 和 $\hat{u}$ 带入时间响应方程求出 $GM(1,1)=\hat{x}^{(1)}(i+1)=1\ 278\ 528\ e^{0.0061i}-1\ 278\ 528$

通常，根据公式我们会得到未来 10 年经营期地铁广告销售收入的模拟预测值。具体计算见表 3。

表 3　传统灰色测度关于 2020—2029 年广告收入的模拟预测

年份	2016	2017	2018	2019	2020	2021	2022	2023	2024	2025	2026	2027	2028	2029
预测值	7 200.00	7 930.96	7 979.88	8 029.10	8 078.63	8 128.46	8 178.60	8 229.05	8 279.81	8 330.88	8 382.27	8 433.98	8 486.00	8 538.35
实际值	7 200.00	7 780.00	8 280.00	7 880.00										
残差	0	-150.96	300.122	-149.10										
相对误差	0.00%	-1.94%	3.62%	-1.89%										

灰色模型的预测精度往往与历史数据的选择有关，一般以原始数列 $x^{(0)}=\{x^{(0)}(1),x^{(0)}(2),x^{(0)}(3),\cdots x^{(0)}(n)\}$ 中某一个数据为基础，按等间隔的要求，取一组数据作为建模数列，例如用前 5 年的收益来预测后 5 年的收益时，在实际中往往是预测第 6 年时比预测第 10 年时的精确度要高，在预测第 10 年收益时，第 1、2 年的原始数据所起的作用就不大了。因此，可考虑改变一下预测的拓扑空间。

动态（迭代）灰色测度模型需要将更新后的地铁广告销售收入预测数据（2020 年）加以考虑，并得到一组新数列，即以 2017—2020 年期（4 年）的广告销售收入数据作为第二组原始数据对 2021 年的地铁广告销售收入进行预测，即，新数列 $X_1^{(0)}=\{X^{(0)}(2),X^{(0)}(3),X^{(0)}(4),X^{(0)}(5)\}=\{7\ 780.00,8\ 280.00,7\ 880.00,8\ 078.63\}$。其测算方法与第一组数列相同，在此不进行赘述。同理，第 3 组数列 $X_1^{(0)}=\{X^{(0)}(3),X^{(0)}(4),X^{(0)}(5),X^{(0)}(6)\}$，依次循环迭代计算，最终得到未来 10 期 N 市轨道交通 1 号线地铁广告销售收入 E_i 依次为 8 078.63万元、7 877.68 万元、7 943.14 万元、7 831.16 万元、7 837.75 万元、7 765.59 万

元、7 746.26 万元、7 692.03 万元、7 661.39 万元、7 615.36 万元。具体计算见表 4。

表 4　　　　动态灰色测度关于 2020—2029 年广告收入的模拟预测值

年份	2016	2017	2018	2019	2020	2021	2022	2023	2024	2025	2026	2027	2028	2029
预测值	7 200.00	7 930.96	7 979.88	8 029.10	8 078.63	7 877.68	7 943.14	7 831.16	7 837.75	7 765.59	7 746.26	7 692.03	7 661.39	7 615.36
实际值	7 200.00	7 780.00	8 280.00	7 880.00										
残差	0	−150.96	300.122	−149.10										
相对误差	0.00%	−1.94%	3.62%	−1.89%										

⑤精度检验

由 $\varepsilon^{(0)}(i) = x^{(0)}(i) - \hat{x}^{(0)}(i)$ 得到残差序列为 $\varepsilon^{(0)}(i) = \{0, -150.96, 300.12, -149.10\}$

相对误差 $\eta = \left|\dfrac{\varepsilon^{(0)}(i)}{x^{(0)}(i)}\right| = \{0, 0.00\%, -1.94\%, 3.62\%, -1.89\%\}$

平均误差为 $\bar{\eta} = -0.00051949$，具有较好的预测精度，故无须进行修正。

检测原始数列 $X^{(0)}$ 的均方差 $S_0 = \sqrt{\dfrac{\sum_{i=1}^{n}\left[x^{(0)}(i) - \dfrac{1}{n}\sum_{i=1}^{n} x^{(0)}(i)\right]^2}{n}} = 386.102318$

然后计算残差数列 $\varepsilon^{(0)}(i) = x^{(0)}(i) - \hat{x}^{(0)}(i)$ 的均方差 S_1

$$S_1 = \sqrt{\frac{\sum_{i=1}^{n}\left[\varepsilon^{(0)}(i) - \frac{1}{n}\sum_{i=1}^{n}\varepsilon^{(0)}(i)\right]^2}{n-1}} = 183.7744997$$

方差比 $c = \dfrac{S_1}{S_0} = 0.475973573 < 0.5$；小误差概率 $p = \left\{\left|\varepsilon^{(0)}(i) - \dfrac{1}{n}\sum_{i=1}^{n} x^{(0)}(i)\right| < 0.6745 \times S_0 = 260.4260135\right\}$，此时 $p = 1 > 0.95$。

⑥根据预测精度等级划分表，验证该模型对于预测数据的准确程度：案例中 $c = 0.48$ 且 $p > 0.95$（通常 $c < 0.5$ 或 $p > 0.8$ 即可认为模型预测精度较高），因此利用灰色测度模型预测精度良好。

2. 经营成本

（1）历史经营情况

2016—2019 年，公司主营业务成本分别为 2 900 万元、3 298 万元、3 418 万元、3 301 万元，年复合增长率为 3.29%。历史经营情况见表 5。

表 5　　　　2016—2019 年 J 公司各项费用情况　　　　（单位：万元）

项目 \ 年度		2016 年	2017 年	2018 年	2019 年
广告经营成本	画面制作费	290	360	382	348
	上刊费	90	110	102	95
	灯箱、梯牌等广告设施媒体维护费	203	255	277	249
	媒体改造投资成本	377	435	480	450
	灯箱电子媒体电费	392	408	416	425

续表

项目 \ 年度		2016年	2017年	2018年	2019年
公司运营成本	人工成本	580	638	609	625
	通讯、交通及其他办公费用	116	98	87	116
	办公场地租赁费	58	58	58	58
	物业管理费	10	10	10	10
	其他运营成本	117	136	162	149
销售费用		348	410	425	388
管理费用		319	380	410	388
合计		2 900	3 298	3 418	3 301

（2）预测估算

根据历史成本支出情况，分析费用发生的必要性及相关性，同时参照同行业水平进行分析预测。具体计算见表6。

表6　N市轨道交通1号线广告2020—2029年经营成本预测表　（单位：万元）

项目 \ 年度		2020年	2021年	2022年	2023年	2024年	2025年	2026年	2027年	2028年	2029年
广告经营成本	画面制作费	355.46	346.62	349.50	344.57	344.86	341.69	340.84	338.45	337.10	335.08
	上刊费	100.17	97.68	98.49	97.11	97.19	96.29	96.05	95.38	95.00	94.43
	灯箱、梯牌等广告设施媒体维护费	201.97	236.33	238.29	234.93	235.13	232.97	232.39	230.76	229.84	228.46
	媒体改造投资成本	323.15	393.88	397.16	391.56	391.89	388.28	387.31	384.60	383.07	380.77
	灯箱电子媒体电费	400.00	408.00	416.00	424.00	432.00	441.00	450.00	459.00	468.00	477.00
公司运营成本	人工成本	600.00	618.00	637.00	656.00	676.00	696.00	717.00	739.00	761.00	784.00
	通讯、交通及其他办公费用	80.79	78.78	79.43	78.31	78.38	77.66	77.46	76.92	76.61	76.15
	办公场地租赁费	60.00	62.00	64.00	66.00	68.00	70.00	72.00	74.00	76.00	78.00
	物业管理费	10.00	10.00	10.00	10.00	10.00	10.00	10.00	10.00	10.00	10.00
	其他运营成本	100.00	103.00	106.00	109.00	112.00	115.00	118.00	122.00	126.00	130.00
合计		2 231.53	2 354.29	2 395.88	2 411.48	2 445.45	2 468.88	2 501.05	2 530.11	2 562.63	2 593.89

3. 费用计算

具体计算见表7。

表7　　N市轨道交通1号线广告2020—2029年费用计算表　　（单位：万元）

项目＼年度	2020年	2021年	2022年	2023年	2024年	2025年	2026年	2027年	2028年	2029年
销售费用	469.00	457.00	461.00	455.00	455.00	451.00	450.00	447.00	445.00	442.00
管理费用	437.00	427.00	430.00	424.00	424.00	421.00	419.00	417.00	415.00	412.00

4. 税金计算

具体计算见表8。

表8　　N市轨道交通1号线广告2020—2029年税金计算表　　（单位：万元）

项目＼年度	2020年	2021年	2022年	2023年	2024年	2025年	2026年	2027年	2028年	2029年
应交增值税	283.00	276.00	278.00	274.00	274.00	272.00	271.00	269.00	268.00	267.00
城建税	19.81	19.32	19.46	19.18	19.18	19.04	18.97	18.83	18.76	18.69
教育费附加	8.49	8.28	8.34	8.22	8.22	8.16	8.13	8.07	8.04	8.01
地方教育附加	5.66	5.52	5.56	5.48	5.48	5.44	5.42	5.38	5.36	5.34
文化事业建设费	121.18	118.17	119.15	117.47	117.57	116.48	116.19	115.38	114.92	114.23
合计	155.14	151.29	152.51	150.35	150.45	149.12	148.71	147.66	147.08	146.27

5. N市轨道交通1号线2020—2029年广告经营权剩余价值计算

根据上述估算，得到N市轨道交通1号线广告2020—2029年销售收入、成本、费用及税金，据此计算N市轨道交通1号线2020—2029年广告经营权剩余价值。具体计算见表9。

表9　　N市轨道交通1号线2020—2029年广告经营权剩余价值计算表　　（单位：万元）

项目＼年度	2020年	2021年	2022年	2023年	2024年	2025年	2026年	2027年	2028年	2029年
销售收入（不含税）	8 078.63	7 877.68	7 943.14	7 831.16	7 837.75	7 765.59	7 746.26	7 692.03	7 661.39	7 615.36
设置及维护成本费用	2 231.53	2 354.29	2 395.88	2 411.48	2 445.45	2 468.88	2 501.05	2 530.11	2 562.63	2 593.89
销售费用	469.00	457.00	461.00	455.00	455.00	451.00	450.00	447.00	445.00	442.00
管理费用	437.00	427.00	430.00	424.00	424.00	421.00	419.00	417.00	415.00	412.00
营业税金及附加	155.14	151.29	152.51	150.35	150.45	149.12	148.71	147.66	147.08	146.27
资金回报	142.57	139.03	140.18	138.21	138.32	137.05	136.71	135.75	135.21	134.40
所得税率	0.25	0.25	0.25	0.25	0.25	0.25	0.25	0.25	0.25	0.25
期望净利润	866.43	844.88	851.90	839.89	840.60	832.86	830.79	824.97	821.68	816.75
广告位广告收益	3 488.14	3 222.57	3 227.71	3 132.27	3 103.74	3 028.05	2 983.07	2 914.54	2 860.89	2 797.80

注：

①以2020年为例，采用剩余价值法公式对各参数进行运算，即（$S_t - C_{1t} - C_{2t} - C_{3t} - R_t -$

$L_t - P_t)(1 - T) = Q_t$

其中，$S = 8\ 078.63$ 万元；$C_1 = 2\ 231.53$ 万元；$C_2 = 469.00$ 万元；$C_3 = 437.00$ 万元；$R = 155.14$ 万元。

利息为 $L = (P + C_1 + C_2 + C_3) \times [(1 + 4.35\%)^{0.5} - 1)]$

根据市场调查和行业的实际情况，确定期望净利润率按销售收入 10.73%计算，企业所得税率按 25%计算。

$8\ 078.63 \times 10.73\% = \{8\ 078.63 - 2\ 231.53 - 469.00 - 437.00 - 155.14 - P - [(P + 2\ 231.53 + 469.00 + 437.00) \times (1.0215 - 1)]\} \times 0.75$ 求解一元方程，得出 $P = 3\ 488.14$ 万元。

即 N 市轨道交通 1 号线 2020 年广告经营权剩余价值为 3 488.14 万元。

②根据上文所确定的折现率 $r = 14.55\%$ 计算十年经营期地铁广告资源的评估现值 $A = \sum_{i=1}^{10} \frac{E_i}{(1+r)^i} = 16\ 078.94$（万元）。

6. 采用情景分析法对估值进行修正

评估人员通过判断和分析，构建出了如图 4 所示的关键驱动因素象限图，从图中可以得到一些信息，即宏观经济发展的不确定性强且重要性强；技术更新进步的不确定性强而重要性弱；行业竞争环境的不确定性弱且重要性弱；不测事件影响的不确定性强而重要性弱。

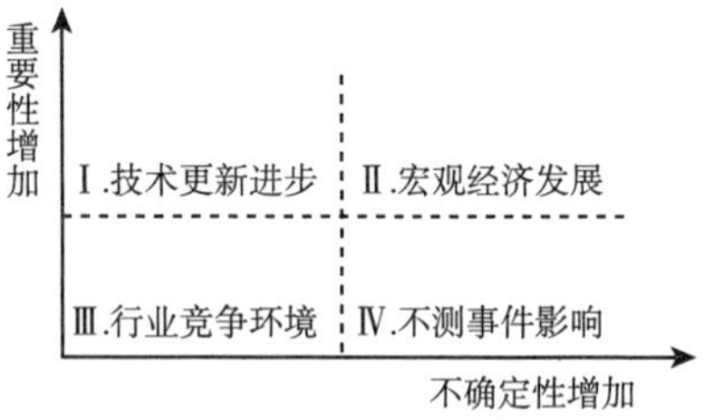

图 4　关键驱动因素象限图

（1）构建情景推理。以上所确定的不同影响因素之间必然存在着相互联系的关系，不同情景也是多种因素共同作用的结果。根据以上判断，我们认为，该线地铁广告在经营过程中可能存在以下情景。具体情况见表 10。

表 10　未来不同情景选择

不同情景	宏观经济发展	技术更新进步	行业竞争环境	不测事件影响
情景 1	景气	发展	缓和	稳定
情景 2	景气	发展	缓和	突发
情景 3	景气	发展	激烈	稳定
情景 4	景气	发展	激烈	突发
情景 5	景气	滞后	缓和	稳定
情景 6	景气	滞后	缓和	突发
情景 7	景气	滞后	激烈	稳定
情景 8	景气	滞后	激烈	突发
情景 9	下行	发展	缓和	稳定

续表

不同情景	宏观经济发展	技术更新进步	行业竞争环境	不测事件影响
情景 10	下行	发展	缓和	突发
情景 11	下行	发展	激烈	稳定
情景 12	下行	发展	激烈	突发
情景 13	下行	滞后	缓和	稳定
情景 14	下行	滞后	缓和	突发
情景 15	下行	滞后	激烈	稳定
情景 16	下行	滞后	激烈	突发

（2）确定发生概率。通常来讲，概率树法、信息分析法和贝叶斯交叉影响分析法等概率确定方法是情景分析中常用的方法。尽管信息分析法、概率树法的计算量不大且方法相对简便，但是各自存在一定缺陷，也难以考虑各因素之间的相互影响，因此本案例将采用贝叶斯分析的交叉影响分析法。

首先，基于评估师的专业分析和判断并结合专家的咨询意见，得到经营过程中不同情景的初始概率值，构建交叉影响矩阵。具体情况见表 11。

表 11　　　　不同因素的交叉影响矩阵表

不同情景	不同表现	初始概率	宏观经济发展		技术更新进步		行业竞争环境		不测事件影响	
			景气	下行	发展	滞后	缓和	激烈	稳定	突发
宏观经济发展	景气	0.60			1	-1	0	0	0	0
	下行	0.40			-1	0	0	0	0	0
技术更新进步	发展	0.70	0	-1			1	0	0	0
	滞后	0.30	-1	1			0	1	0	0
行业竞争环境	缓和	0.80	0	1	0	0			0	0
	激烈	0.20	1	0	2	0			0	0
不测事件影响	稳定	0.90	0	0	0	0	0	0		
	突发	0.10	-2	1	0	1	0	0		

由此得到判断矩阵的交叉影响系数矩阵，记为 $A_1=\begin{vmatrix} 1 & 2 & 0.5 & 1 & 1 & 1 & 1 & 1 \\ 1 & 1 & 0.5 & 1 & 1 & 1 & 1 & 1 \\ 1 & 0.5 & 1 & 1 & 2 & 1 & 1 & 1 \\ 0.5 & 1 & 1 & 1 & 1 & 2 & 1 & 1 \\ 1 & 2 & 1 & 1 & 1 & 1 & 1 & 1 \\ 2 & 1 & 3 & 1 & 1 & 1 & 1 & 1 \\ 1 & 1 & 1 & 1 & 1 & 1 & 1 & 1 \\ 0.33 & 2 & 1 & 2 & 1 & 1 & 1 & 1 \end{vmatrix}$

再将交叉影响系数矩阵每一列元素作归一化处理，得到归一化矩阵

$$A_2=\begin{vmatrix} 0.128 & 0.095 & 0.190 & 0.059 & 0.111 & 0.111 & 0.125 & 0.125 \\ 0.128 & 0.095 & 0.048 & 0.118 & 0.111 & 0.111 & 0.125 & 0.125 \\ 0.128 & 0.048 & 0.095 & 0.118 & 0.222 & 0.111 & 0.125 & 0.125 \\ 0.064 & 0.190 & 0.095 & 0.118 & 0.111 & 0.222 & 0.125 & 0.125 \\ 0.128 & 0.190 & 0.095 & 0.118 & 0.111 & 0.111 & 0.125 & 0.125 \\ 0.255 & 0.095 & 0.286 & 0.118 & 0.111 & 0.111 & 0.125 & 0.125 \\ 0.128 & 0.095 & 0.095 & 0.118 & 0.111 & 0.111 & 0.125 & 0.125 \\ 0.042 & 0.190 & 0.095 & 0.235 & 0.111 & 0.111 & 0.125 & 0.125 \end{vmatrix}$$

特征向量$w^T=(0.118,\ 0.108,\ 0.122,\ 0.131,\ 0.125,\ 0.153,\ 0.114,\ 0.129)$

根据初始概率和测算所得的特征向量，继而可以得到适用概率。具体计算见表12。

表12　　适用概率表

不同情景	宏观经济发展		技术更新进步		行业竞争环境		不测事件影响	
不同表现	景气	下行	发展	滞后	缓和	激烈	稳定	突发
初始概率	0.6000	0.4000	0.7000	0.3000	0.8000	0.2000	0.9000	0.1000
特征向量	0.1180	0.1080	0.1220	0.1310	0.1250	0.1530	0.1140	0.1290
后验概率	0.0708	0.0432	0.0854	0.0393	0.1000	0.0306	0.1026	0.0129
适用概率	0.6211	0.3789	0.6848	0.3152	0.7657	0.2343	0.8883	0.1117

最终，对16种可能发生情景的概率进行综合测算，并由层次分析法①的方式得到4种影响因素对于广告经营权价值（剩余）影响的相对重要性。具体计算见表13。

表13　　不同情景的发生概率及其对广告经营权价值（剩余）影响的修正系数

不同情景	宏观经济发展（0.4）②	技术更新进步（0.3）	行业竞争环境（0.1）	不测事件影响（0.2）	发生概率 P_i	修正系数 k_i
情景1	景气（0.62）③	发展（0.68）	缓和（0.77）	稳定（0.89）	0.2889	1.20
情景2	景气（0.62）	发展（0.68）	缓和（0.77）	突发（0.11）	0.0357	1.12
情景3	景气（0.62）	发展（0.68）	激烈（0.23）	稳定（0.89）	0.0863	1.16
情景4	景气（0.62）	发展（0.68）	激烈（0.23）	突发（0.11）	0.0107	1.08
情景5	景气（0.62）	滞后（0.32）	缓和（0.77）	稳定（0.89）	0.1360	1.08
情景6	景气（0.62）	滞后（0.32）	缓和（0.77）	突发（0.11）	0.0168	1.00
情景7	景气（0.62）	滞后（0.32）	激烈（0.23）	稳定（0.89）	0.0406	1.04
情景8	景气（0.62）	滞后（0.32）	激烈（0.23）	突发（0.11）	0.0050	0.96
情景9	下行（0.38）	发展（0.68）	缓和（0.77）	稳定（0.89）	0.1771	1.04
情景10	下行（0.38）	发展（0.68）	缓和（0.77）	突发（0.11）	0.0219	0.96

① 层次分析法不作为本课题研究重点，且方法阐述所占篇幅较大，故予以省略。
② 括号内采用层次分析法确定各种影响因素在项目评价中所占的权重。
③ 括号内为各单一因素发生的概率。

续表

不同情景	宏观经济发展 (0.4)①	技术更新进步 (0.3)	行业竞争环境 (0.1)	不测事件影响 (0.2)	发生概率 P_i	修正系数 k_i
情景 11	下行（0.38）	发展（0.68）	激烈（0.23）	稳定（0.89）	0.0529	1.04
情景 12	下行（0.38）	发展（0.68）	激烈（0.23）	突发（0.11）	0.0065	0.96
情景 13	下行（0.38）	滞后（0.32）	缓和（0.77）	稳定（0.89）	0.0833	0.88
情景 14	下行（0.38）	滞后（0.32）	缓和（0.77）	突发（0.11）	0.0103	0.80
情景 15	下行（0.38）	滞后（0.32）	激烈（0.23）	稳定（0.89）	0.0249	0.88
情景 16	下行（0.38）	滞后（0.32）	激烈（0.23）	突发（0.11）	0.0031	0.80

（3）综合分析评价。确定各种情景发生的概率及其修正系数后，在动态（迭代）灰色测度模型的基础上确定综合评估结果 = $\sum_{i=1}^{n} P_i \times k_i \times A = 1.081 \times 16\,078.94 = 17\,381.33$（万元）。

参考文献

[1] Martin, D. (1989). Romancing the Brand: The Power of Advertising and How to Use It. New York: American Management Association.

[2] Aaker, D. A. (1996). Building Strong Brands. NewYork: The Free Press.

[3] Silverberg B R. Transit Advertising Revenue: Traditional and New Sources and Structures [J]. TCRP Synthesis of Transit Practice, 1998.

[4] Graham, R. C. Jr and Frankenberger, K. D. (2000). The contribution of changes in advertising expenditures to earnings and market values. Journal of Business Research, 50, 149—155.

[5] Yiannaka, A., Giannakas, K. and Tran, K. C. (2002). Medium, message, and advertising effectiveness in the Greek processed meats industry. Applied Economics, 14, 1757—1763.

[6] 叶浪. 旅游资源经营权论 [D]. 四川大学. 2004.

[7] 陈敏，姜琛，兰雪，吴雨婷，马丽. 探索实现城市地铁广告经济效益和提升城市形象的双赢模式——以合肥市地铁广告投放为例 [J]. 新闻研究导刊，2016，7（07）：283—284.

[8] 尤福永. 试论地铁资源的开发与利用——深圳地铁建设的启示 [J]. 特区经济，2002（08）：50—53.

[9] 鲁圣鹏，骆汉宾，丁烈云. 城市轨道交通广告资源经营管理研究 [J]. 现代城市轨道交通，2005（04）：44—70.

[10] 何炜，万琳丽，贾莉. 深圳地铁龙岗线广告资源开发探析 [J]. 城市建设理论研究，2013（3）.

[11] 孙玉敏. 上海轨道交通融资之路 [J]. 上海国资，2010（07）：27—29.

[12] 冯冲，刘晓静. 中外地铁广告比较研究 [J]. 新闻传播，2013（08）：205—206.

[13] 邱辉. 浅析地铁广告资源整合模式 [J]. 企业改革与管理，2016（16）：215.

[14] 杨岚. 南京地铁广告价值研究 [D]. 南京师范大学，2013.

[15] 梁铧. 公路特许经营权价值评估方法选择的探讨 [J]. 交通财会，2004（04）：18—19.

[16] 肖启亚. 高铁媒体广告价值评估研究 [D]. 南昌大学，2017.

① 括号内采用层次分析法确定各种影响因素在项目评价中所占的权重。

基于随机森林—BP神经网络的专利证券化中专利资产价值评估研究

赵振洋　崔发婧　金玉娜

摘　要：随着我国第一项专利证券化PBS的发行，越来越多的企业尝试利用专利进行证券化融资，因此专利证券化下的专利资产价值评估需求将会不断上升。传统的专利资产价值应当从法律、经济、技术等基本维度进行评估。而专利证券化背景下的专利资产价值评估，不仅需要关注专利本身的法律、经济与技术价值度，而且需要考虑专利客户（被许可方）对相关专利预期超额收益的影响。

为了更科学准确地评估证券化下的专利资产价值，本课题从专利证券化背景下的专利资产价值分析入手，构建了包含法律、技术、经济、专利客户4个一级指标和16个二级指标的专利证券化中专利资产价值评估指标体系，选取2015—2019年新三板市场拥有专利的科技型中小企业作为研究对象，并采用随机森林—BP神经网络方法进行实证研究。

研究表明，本课题构建的评估指标体系能够有效地对专利证券化中的专利资产价值进行评定估测；通过采用随机森林—BP神经网络方法对专利证券化中的专利资产价值进行评估，验证了机器学习方法在专利证券化中的专利资产价值评估中的可行性。研究成果不仅丰富了我国专利资产价值评估的理论研究，而且能够促进我国专利证券化的顺利开展，缓解企业的融资困境，提升专利实施率与产业化率。

关键词：专利证券化；专利资产；价值评估；随机森林；神经网络

一、引言

（一）选题的目的和意义

1. 选题目的

专利作为一种重要的知识产权资产，在企业科技创新和社会经济高速发展中都发挥着越来越重要的作用。国家统计局数据显示，自2015年以来，我国专利申请授权数量不断增加，从2015年的172万项上升到2019年的259万项，尤其是从2017年的184万项骤增到2018年的245万项。专利主要包括发明专利、实用新型专利和外观专利三种，其中发明专利对质

作者单位：东北财经大学

量的要求最为严格，其带来的经济效益最大。我国企业作为专利创造和运用实施的主体，累计持有高质量的发明专利多达22万项，占各类主体发明专利数量总额的51%，是贡献发明专利数量最多的申请主体。虽然我国专利申请授权数量较多，但专利实施和产业化水平较低。根据国家知识产权局调查数据显示，2019年我国有效专利实施率仅为55.4%，这意味着仅有半数的专利成果落地实施，同时我国专利产业化率也仅为38.6%，即仅有38.6%的专利实现专业化生产。困扰企业专利成果实施和产业化的最主要因素是融资难的问题，这是由专利研发资金需求量较大且资金回收周期较长所导致的，我国科技型中小企业普遍存在因资金短缺而导致专利研发与专利成果实施进程难以推进的问题。

专利证券化是将专利未来预期收益作为基础资产，转移给特殊目的机构（SPV），SPV通过自身的运营和管理，将基础资产的风险和收益进行分离与重组，以基础资产为担保向投资者公开或私募发行可流通的权利凭证。国家陆续出台了相关政策推动其发展。早在2016年，《国务院关于印发“十三五”国家知识产权保护与运用规划的通知》明确提出开展知识产权证券化。2019年7月31日，我国第一例专利证券化融资项目——“兴业圆融—广州开发区专利许可资产支持专项计划”成功获批，该单专利支持证券（Patent - Backed Security，以下简称PBS）产品涉及广州高新兴科技集团、万孚生物等11家科技企业，通过该项PBS融资计划，每家参与的企业能够获得300万元至4 500万元不等的融资款项，该项专利证券化通过金融创新切实有效地解决了科技型中小企业的融资难问题。

随着我国第一单专利证券化PBS的发行以及国家政策对金融创新的大力支持，越来越多的企业尝试利用专利进行证券化融资，因此专利证券化下的专利价值评估需求会不断上升。为了更科学准确地评估证券化下的专利价值，本课题拟探讨证券化背景下的专利价值评估指标体系的构建问题，并采用随机森林—BP神经网络方法对专利价值进行评估，为专利证券化中的专利价值评估提供一定的参考和指导。

2. 选题意义

（1）理论意义

目前，理论界的现有研究更多地关注于专利资产价值评估，鲜有文献研究专利证券化中的专利资产价值评估。而专利证券化业务的兴起催生出专利证券化背景下的专利资产价值评估需求，本课题在传统专利资产价值评估指标体系的基础上，增加了专利客户的品牌认可度、经营能力、盈利能力和发展能力等指标，构建了专利证券化背景下的专利资产价值评估指标体系。研究成果丰富了我国专利资产价值评估的理论研究。

（2）现实意义

为更好地服务于实务界对专利证券化中的专利资产的价值评估业务，本课题将人工智能与大数据分析的方法运用到专利证券化中专利资产价值评估领域，能够提高专利估值的准确性，为专利证券化业务中的专利资产定价提供价值参考。助力专利证券化的发展，鼓励科技型中小企业进行专利研发与实施，这对提升我国企业的创新能力具有重要意义。

（二）文献综述

1. 专利资产价值评估指标体系的研究现状

关于专利资产价值评估体系的构建，20世纪70年代美国CHI联合NSF开创全球首个专利评价指标体系，提出了专利数量、专利平均被引用数、当前影响指数等7项经典的专利资产价值评估指标，用来评估地区、企业整体的专利资产价值。国内学者万小丽等（2008）根据广义的专利资产价值内涵，建立了基于技术、法律、市场三要素的专利资产价值评估指标体系。由国家知识产权局专利管理司、中国技术交易所（2012）组织编写的《专利资产价值分析指标体系操作手册》（后文简称“手册”）中明确地将专利资产价值划分为“法律价值度、技术价值度和经济价值度”三个层面并确定了18个二级评价指标，最终形成了一套实务界认可度较高的专利资产价值评估指标体系。李志鹏和夏轶群（2016）在三个基本维度基础上添加了企业维度，建立了用于专利质押融资的四维专利资产价值评估指标体系。

2. 专利资产价值评估方法的研究现状

专利资产价值评估方法中应用最广泛的包括收益现值法、实物期权法以及综合评价法。收益现值法是目前企业评估专利商业价值的主要方法，优点在于能够着眼于专利未来的预期收益，不足之处在于专利剩余经济寿命、分成率等参数的预测难度较大。苑泽明等（2012）采用因子分析法确定评估收益分成率。但该方法在使用时还是受主观判断和不可预见因素较强影响，评估结果的客观性与准确性有较大提升空间。

鉴于B－S期权定价公式来源于金融资产评估，而专利具有独占性和专有性，靳晓东（2011）将被证券化专利视为美式看涨期权并建立其单一专利实物期权定价模型。由此可见，实物期权法评估专利资产价值，不仅考虑了市场的动态性，还充分反映了专利决策的选择权价值，因此评估结果更具合理性和准确性。但该方法同样面临多种假设条件的限制、数学公式复杂难以计算、一些参数估计带有主观性等问题。

综合评价法是一种较为常用的专利资产价值评估方法，通过构建专利资产价值评估指标体系，关键在于分析专利资产价值影响因素，可采用层次分析法、因子分析法、主成分分析法等与模糊综合评价法相互组合，对专利资产价值进行评估。金泳锋等（2015）通过构建专利资产价值评估层次分析模型，结合模糊综合评价法评估专利资产价值。资智洪等（2017）提出采用将定量指标和专家打分的定性指标相结合的二元分类评估方法来评估专利资产价值，即分别得到专利定量、定性指标价值度，再将二者结合即可得到专利的综合价值度。

3. 专利证券化的研究现状

目前学术界主要针对专利证券化的影响因素开展定性研究。袁晓东和李晓桃（2008）通过研究已有的专利证券化的概念，以日本Scalar公司为发起人实施的专利证券化为例，进行分析比较总结出了专利许可费证券化、专利质押贷款证券化和专利信托投资证券化三种专利证券化类型。杨静广（2012）研究了专利证券化的资产池问题，从资产池的构造以及变动对专利价值的影响等方面论述了专利证券化融资。徐成文和李宁（2012）设计了包括核心层、紧密层和支持层三层体系交易结构的专利证券化融资模式。此外，他研究了知识产权证券化的运作流程，运用因子分析法得出知识产权产品特征、知识产权权利特征、被许可人人口特征、被许可人企业特征和知识产权管理人特征等五个知识产权现金流量的影响因素。

（三）技术路线

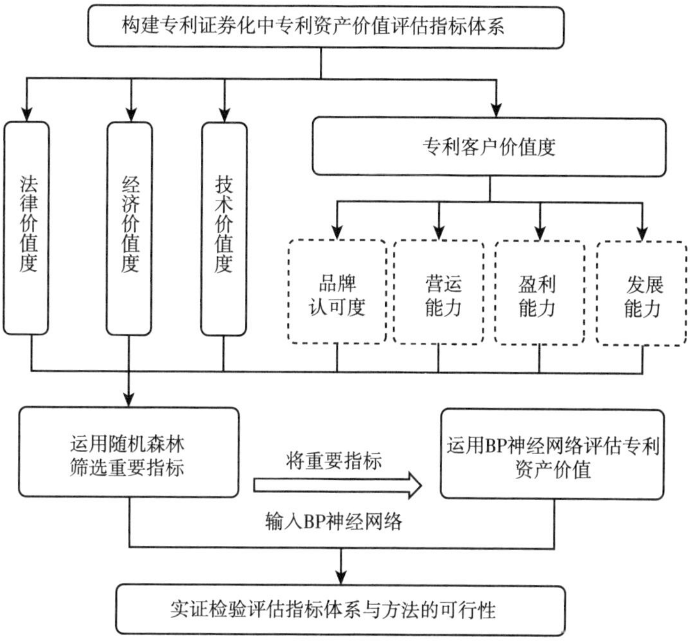

图 1　本课题的总体研究框架结构图

如图 1 所示，专利证券化中专利资产价值评估的研究思路主要分为以下三个部分。

第一，构建专利证券化中专利资产价值评估指标体系。传统的专利资产价值是由法律、经济、技术三个维度构成的，然而专利证券化背景下的专利资产价值涉及专利客户这一主体，即专利权人转让专利许可使用收费权给 SPV 时需要已与专利客户签订专利许可使用合同，且未来的许可使用费很大程度上取决于专利客户未来的经营状况。因此，专利证券化背景下的专利资产价值评估需要额外考虑“专利客户”这一价值维度。

第二，运用随机森林—BP 神经网络，对专利证券化中的专利资产价值进行评估。首先使用随机森林筛选出重要指标，其次将重要指标输入 BP 神经网络进行训练，确定重要指标权重，最后通过训练好的神经网络对特定专利证券化中的专利资产价值进行评估。

第三，实证检验评估指标体系与方法的可行性。收集 2015—2019 年新三板市场上拥有专利的科技型中小企业的专利相关数据，获得 300 家企业的 1 200 个观测值。利用构建的专利证券化中的专利资产价值评估指标体系，通过随机森林—神经网络方法对专利预期收益情况进行预测，再与真实值进行比较。由此可以检验评估指标体系与方法的可行性。

二、构建专利证券化中的专利资产价值评估指标体系

通过归纳已有文献的研究结论，本课题构建的专利证券化中的专利资产价值评估指标体

系的一级指标和二级指标，既涵盖了传统的专利质量决定因素又包含了专利证券化背景下的特有风险，细化的二级指标和具体的衡量方式如下。

（一）法律指标

法律价值度的二级指标选取了稳定性、侵权可判断性、依赖性、剩余有效期和多国申请。稳定性，是指该专利在行使权力过程中被无效的可能性。侵权可判断性，是指该专利被侵权的行为是否容易判断并取证。依赖性，是指该专利是否引用在先专利。若在先专利出现被无效或侵权诉讼的情形，则引用该专利的专利价值也会相应降低。剩余有效期，是指该专利剩余法定有效寿命。多国申请，是指该专利是否在海外申请成功。经营跨国业务的企业如果仅在国内申请专利保护，就可能面临着较大的海外侵权风险，因此可以根据公司年报的重要事项提示判断专利是否进行多国申请。

（二）技术指标

技术价值度的二级指标选取了先进性、行业发展趋势、适用范围、配套技术依存度和可替代性。先进性，是指该专利与本领域其他技术相比的领先程度。行业发展趋势，是指该专利所在技术领域的发展趋势。适用范围，是指该专利是否有多种应用场景。配套技术依存度，是指该专利是否依赖其他技术才可实施。可替代性，是指能够解决相同或类似问题的替代专利技术的多少。

（三）经济指标

经济指标选取该专利所在的市场占有率和市场内的竞争情况作为二级指标。市场占有率，是指该专利的相关产品占市场的份额，用产品年销售收入占行业年产值的比例来衡量。竞争情况，是指市场上该专利相关产品面临的竞争程度，用所处行业中企业的数量来衡量。“操作手册”中的其他指标如市场应用、市场规模前景和政策适应性并未被纳入专利证券化中的专利资产价值评估的指标体系。市场应用，是指该专利是否已经在市场上投入使用，而证券化基础资产要求专利已在市场上投入应用，因此未采用该指标。市场规模前景，是指该专利经过市场推广可能实现的销售收益，因此该指标不纳入指标体系，而是作为专利证券化质量的输出变量。

（四）专利客户指标

专利客户指标选取品牌认可度、经营能力、盈利能力和发展能力作为二级指标。品牌认可度，是指专利客户企业的产品被市场中消费者认可的程度。经营能力、盈利能力和发展能力根据企业财务数据计算获得。

综上，最终构建的专利证券化中的专利资产价值评估指标体系如表 1 所示，其中列示了各指标的具体衡量方式。

表 1　　专利证券化中的专利资产价值评估的具体指标体系

一级指标	二级指标	二级指标含义	二级指标衡量方式
法律指标	稳定性	该专利在行使权力过程中被无效的可能性	专利说明书中“主权利要求”的详细程度 http：//www. patentstar. com. cn
	依赖性	该专利是否引用在先专利	专利说明书中“引用专利” http：//www. patentstar. com. cn
	侵权可判断性	该专利被侵权的行为是否容易判断并取证	专利说明书中“主权利要求”的特征描述 http：//www. patentstar. com. cn
	剩余有效期	该专利剩余法定有效寿命（年）	依据专利说明书中“申请日”，计算剩余有效期 http://www. patentstar. com. cn
	多国申请	该专利是否在海外申请通过	企业年报中是否提及海外申请
技术指标	先进性	该专利与本领域其他技术相比的领先程度	专利研发单位的研发投入率 http：//xinsanban. east-money. com
	行业发展趋势	该专利所在技术领域内的专利申请趋势走高或走低	专利之星检索平台中该行业授权数量的变动率 http://www. patentstar. com. cn
	适用范围	该专利是否有多种应用场景	专利说明书中的“摘要” http：//www. patentstar. com. cn
	配套技术依存度	该专利是否依赖其他技术才可实施	专利说明书中的“技术方案” http：//www. patent-star. com. cn
	可替代性	能够解决相同问题替代专利技术的数量	专利之星检索平台 http：//www. patentstar. com. cn
经济指标	市场占有率	该专利的相关产品占市场的份额	产品年销售收入/行业年产值 http：//data. stats. gov. cn/
	竞争情况	市场上该专利相关产品所面临的竞争程度	该专利所处行业中企业的数量 http：//data. stats. gov. cn/
专利客户指标	品牌认可度	专利客户企业的产品被市场中消费者认可的程度	专利客户企业广告投入额 http：//xinsanban. east-money. com
	经营能力	专利客户企业是否能保证生产不间断地进行和产品有秩序地销售	专利客户的总资产周转率 http：//xinsanban. east-money. com
	盈利能力	专利客户企业的资本增值能力	专利客户的净资产收益率 http：//xinsanban. east-money. com
	发展能力	专利客户企业扩大规模、壮大实力的潜在能力	专利客户的净利润增长率 http：//xinsanban. east-money. com

根据以上对专利证券化中专利资产价值的理论分析，可以得出专利证券化中的专利资产价值评估公式。

$$P = [R(x_1, x_2, \cdots, x_n) \times N \times a\% \times (P/A, r, n) - \pi] \qquad (2-1)$$

式（2-1）中 P 表示 PBS 发行总额，R 表示单项专利的预期收益，x_i表示随机森林筛选出的专利预期收益的重要影响指标，N 表示资产组合中专利的个数，$a\%$ 表示专利许可合同中约定的许可使用费提成率，r 表示信用评级机构对该项 PBS 的评级结果对应的折现率，n 表示 PBS 的期限，π 表示 SPV 等服务机构的合理利润及其他相关税费。专利证券化中的专利资产价值评估指标体系中的法律、技术、经济和专利客户指标用来测度单项专利的预期收益 $R(x_1,x_2,\cdots,x_n)$。

三、实证研究

（一）随机森林分类算法

随机森林分类算法（Random Forest for classification）简称 RFC，能够通过多棵决策树对样本进行回归或分类。由于具有适用于小样本、抗噪声能力强、收敛速度快等优点，被广泛地应用于预测及变量筛选等领域。由于随机森林算法具有较强的稳定性且仅需要较少数据集就能够准确预测和判断，因此适合用于专利证券化质量评价指标的重要性筛选。采用随机森林算法来筛选出预测效果较好的指标的具体操作步骤如图 2 所示。

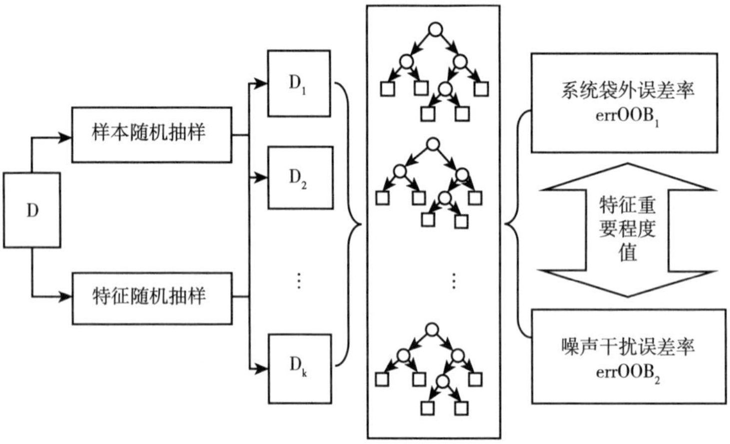

图 2　使用随机森林筛选重要变量流程图

将训练好的 k 棵决策树组成随机森林，并通过袋外数据 OOB（Out-of-Bag）对随机森林的中各特征的重要性进行检测。根据下列操作步骤计算特征 X 的重要性：首先计算随机森林中的每一颗决策树对应的 OOB 的误差，用 $errOOB_1$ 表示，其次随机地对袋外数据 OOB 中，特征 X 在所有样本处的取值加入噪声干扰，即将所有样本在特征 X 处的值设为随机数后，再次计算它的袋外数据误差，用 $errOOB_2$ 表示，用 $\sum(errOOB_2 - errOOB_1)/k$ 来度量重要性。

（二）BP 神经网络模型

BP（Back Propagation）神经网络具有结构简单、工作状态稳定等优点，广泛应用于函数拟合、最优预测等方面。相比于传统回归预测模型，BP 神经网络的预测精确度和效率更高，对噪声的容忍度更高。为提高专利证券化质量评价的准确性，运用 BP 神经网络的监督学习来测度各评价指标的权重，对专利相关产品收入的预测，从而实现对专利证券化的质量评价。

首先运用随机森林筛选出的重要指标作为 BP 神经网络输入变量，将专利证券化质量（PBS 发行总额）作为输出变量。其次通过对大量样本数据的迭代学习，确定神经网络中各神经元之间的连接权值，在此基础上建立专利相关产品收入情况与各重要指标之间的非线性映射关系。在实践中，只要输入待证券化专利的相关指标数据，便能依此得到该专利证券化相关产品的预计年收益额。

（二）实证分析过程

1. 样本选取与数据预处理

由于专利证券化具有信用门槛低、融资成本低、对研发能力的要求高等特点，尤其适合科技型中小企业进行融资，加之目前国内外已有的 PBS 发行实例均为科技型中小企业，因此本课题将缺乏优质抵押物且拥有大量专利资产的科技型中小企业作为研究对象，选取全国中小企业股份转让系统中 2015—2019 年创新层的科技型中小企业的专利及其相关产品的指标数据，共手工搜集获得了新三板市场上 150 家企业的 1 200 个专利观测值。利用构建的专利证券化中的专利资产价值评估指标体系，运用随机森林筛选出重要指标，通过 BP 神经网络确定指标权重进行预测。

需要特别注意的是“先进性”和“品牌认可度”两个二级指标的数据选取。先进性是由专利研发单位的研发投入率来衡量的，由于专利平均研发时间为一年，因此研发投入选取企业专利申请日当年的研发费用与营业收入之比作为先进性的指标数据。品牌认可度是由专利客户企业的广告投入额来衡量的，由于专利产品化至少需要一年的时间，因此选取专利申请第二年的广告投入额作为品牌认可度的指标数据。

2. 实证检验

运用随机森林算法计算专利证券化中的专利资产价值评估指标的重要性。如图 3 所示，随机森林规模达到 800 以后，各指标的 OOB 分类错误率趋于平稳且平均错误率为 16. 48%，即模型预测正确率达到 84%，表明分类效果较好。

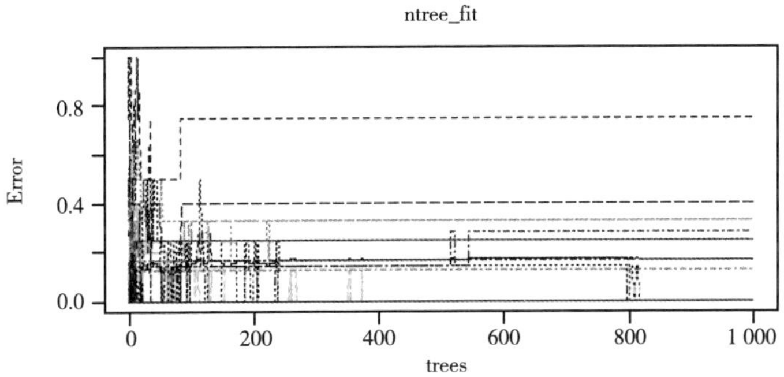

图 3　随机森林规模与误差率的关系

随后，将专利证券化中的专利资产价值评估体系中的19个二级指标数据全部导入随机森林模型中得到的指标相对重要性如图4所示。模型准确率的下降幅度（Mean Decrease Accuracy）或基尼系数降低幅度（Mean Decrease Gini）越大，表明该变量重要程度越高，因此专利证券化中的专利资产价值评估指标体系中重要性排序前四的依次为专利相关产品的市场占有率、专利客户的品牌认可度、专利技术的先进性和可替代性。其余指标的重要程度相对较低并且与以上指标预测效果差距较大，因此仅将前四个指标输入神经网络进行预测。

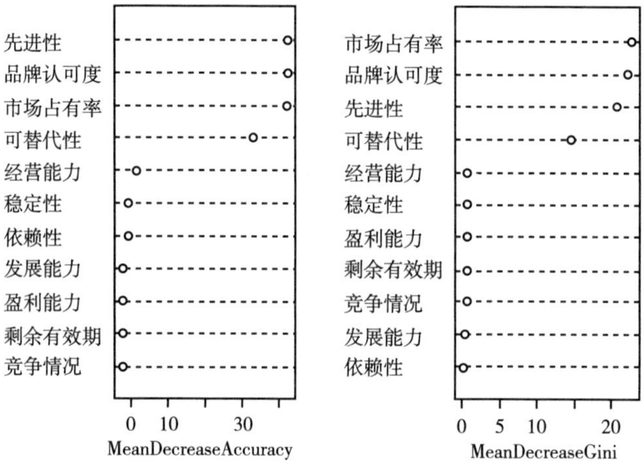

图4 随机森林对指标重要程度的排序结果图

随机森林确定重要指标后，采用BP神经网络确定专利证券化质量的重要指标的权重。将70%的样本数据作为训练数据用于构建模型，15%作为验证数据用于辅助模型构建，15%作为测试集用于检测模型准确性。采用Matlab中的Netural Net Fitting工具箱，将学习算法设置为Levenberg－Marquardt反向传播算法。通过反复实验，得到最优化的BP神经网络结构隐含层节点数为10。训练结果如图5所示，可以看出在所选参数下经过1 000步迭代，模型收敛，且收敛性能较好。

根据随机森林—BP神经网络的预测结果，可以判断出专利证券化中的专利资产价值评估指标体系的预测能力较强，指标设置及衡量方式较合理，适合推广应用于专利证券化中的专利资产价值评估领域。

四、研究结论及应用建议

（一）研究结论

本课题在传统专利质量指标的基础上，添加专利客户指标和证券化交易结构指标，构建了专利证券化中的专利资产价值评估指标体系，并给出了专利证券化中的专利资产价值评估综合公式。选取2015—2019年新三板拥有专利的科技型中小企业及其专利作为研究对象进行了实证研究。采用随机森林—BP神经网络方法对选取的样本数据进行质量评价指标重要

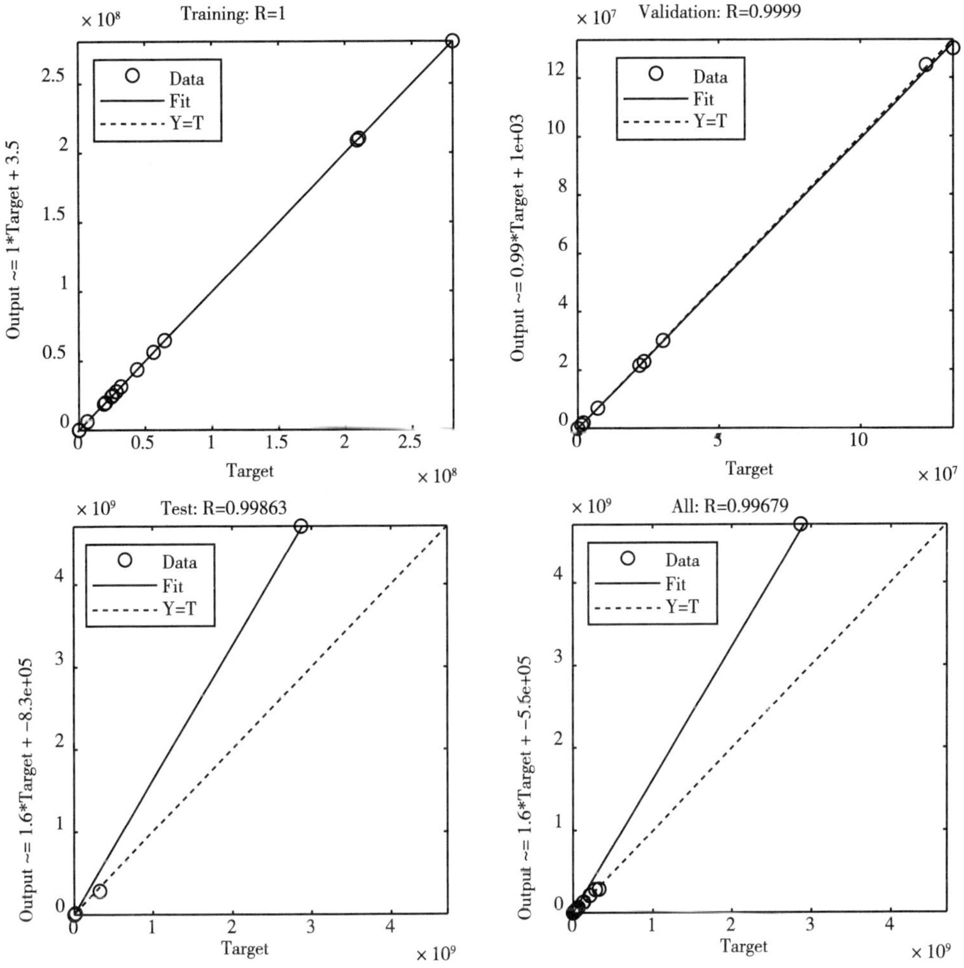

图 5 BP 神经网络预测结果的拟合效果图

性筛选及质量评价结果的测算。研究表明，①本课题构建的评估指标体系能够有效地对专利证券化中的专利资产价值进行评定估测；②通过采用随机森林—BP 神经网络方法对专利证券化中的专利资产价值进行评估，验证了机器学习方法在专利证券化中的专利资产价值评估中的可行性。

（二）应用建议

1. 评估机构采用机器学习方法应当注意模型的确定及数据量的要求

专利证券化中的专利资产价值影响因素众多，通过机器运算评估其价值能够克服传统评估方法主观性强、重要参数难以确定等弊端。然而，这对资产评估机构原始数据的收集量提出了更高的要求。因此评估机构应当加强专利资产等知识产权价值评估的信息化建设，在大量的专利资产相关数据的基础上进行专利证券化中专利资产价值评估，使机器学习模型的计算准确性得以保证。

2. 政府应加大对科技型中小企业通过专利证券化进行融资的政策扶持

专利证券化作为技术创新与金融创新的融合，具有融资风险小、融资规模大等特点，可以帮助企业获得研发及成果转化所需的大量资金，从根本上解决专利实施率及产业化率低的问题。专利证券化既可以为专利原始权益人提供新的融资方式，又可以帮助投资人参与分享企业技术创新的预期收益现金流。专利证券化这一表外融资方式，有助于科技型中小企业开展专利研发。因此政府应加大对科技型中小企业通过专利证券化进行融资的政策扶持，以提升我国整体的科技创新水平。

3. 监管部门应当关注专利证券化中专利资产价值评估各指标数值选取的合理性

本课题中构建的专利证券化中专利资产价值评估指标体系包含 4 个一级指标以及 16 个二级指标，在实务工作中采用该指标体系时应当注意各指标的内涵界定及衡量方法，严格遵循数据收集的规范性。监管部门对专利证券化中专利资产价值评估工作进行监督时也应当重点关注指标数据收集过程的严谨性，是否符合指标内涵及衡量方法，从而保证专利证券化中专利资产价值评估各指标数值选取的合理性。

参考文献

[1] 陈勇．以证券化推进专利实施与产业化［J］．知识产权，2006，16（1）：40—42.

[2] 袁晓东．日本专利资产证券化研究［J］．电子知识产权，2006，25（7）：42—46.

[3] 洪艳蓉．资产信用融资与风险管理：专利许可收费权证券化的新探索［J］．知识产权，2013，34（11）：77—82.

[4] 曾繁华，冯儒．专利资产证券化运行机理及专利技术产业化路径与对策［J］．科技进步与对策，2016，24（2）：109—113.

[5] 汤珊芬，程良友．知识产权证券化探析［J］．科学管理研究，2006，24（4）：53—56.

[6] 靳晓东．基于多层次模糊综合评价法的专利资产证券化中的专利选择［J］．科技进步与对策，2012，29（1）：138—141.

[7] 国家知识产权局，中国技术交易所．专利质量分析指标体系操作手册［M］．北京：知识产权出版社，2012.

[8] 靳晓东．专利资产证券化中专利质量的影响因素分析［J］．商业时代，2011，35（24）：66—69.

[9] 张彦巧，张文德．企业专利质量量化评估模型实证研究［J］．情报杂志，2010，29（2）：51—54.

[10] 李秀娟．专利质量评估的影响因子［J］．电子知识产权，2009，24（5）：64—67.

[11] 万小丽，朱雪忠．专利质量的评估指标体系及模糊综合评价［J］．科研管理，2008，25（2）：185—191.

[12] 肖国华，王春，姜禾等．专利分析评价指标体系的设计与构建［J］．图书情报工作，2008，52（3）：96—99.

[13] 李振亚，孟凡生，曹霞．基于四要素的专利质量评估方法研究［J］．情报杂志，2010，29（8）：87—90.

[14] 苑泽明，金宇，李田．中国上市公司无形资产指数研究报告（2016）［M］．北京：科学出版社，2018：28—29

[15] 胡小君，陈劲．基于专利结构化数据的专利质量评估指标研究［J］．科学学研究，2014，32

(3)：343—351.

[16] 匡海波，杜浩，丰昊月．供应链金融下中小企业信用风险指标体系构建 [J]. 科研管理，2020，41 (4)：209—219.

[17] 吴小林．法学视野下专利价值评估的特殊性一以专利权出资为视角叨．法治与社会，2011 (11)：69—70.

[18] 陈健，贾隽．专利价值的影响因素和评估体系研究综述 [J]. 西安工业大学学报，2013，(7)：517—525.

基于我国半导体行业"稀缺性"溢价的评估研究及实证分析

胡屿冰　刘怡青　杨　婷

摘　要：2014 年 6 月，国务院印发了《国家集成电路产业发展推进纲要》，将我国集成电路产业发展上升到了国家战略地位。同年 9 月，国家集成电路产业投资基金股份有限公司正式设立。在这背景下，国内一级市场半导体企业融资和并购近年日益活跃，交易估值较传统行业也越来越"贵"，给资产评估机构也带来了机遇与挑战。

本课题以我国当前市场背景下半导体行业企业股权交易中资产评估的需求和困难为出发点，梳理了目前我国经典的半导体行业估值及评估案例，创新地提出我国半导体行业存在的"稀缺性"溢价并剖析其评估难点。本课题研究发现，各评估方法对半导体行业都具备一定的适用性，但若不能合理找出我国半导体行业"稀缺性"溢价的核心价值影响因素，将使传统评估方法的运用受到一定限制。本课题在深入剖析我国半导体行业特点后筛选出技术、人力、财务、成长四个价值影响因素指标，然后采用实证分析检验得出技术和成长要素在"稀缺性"溢价中的重要影响。根据重要价值影响因素来调整评估参数中的判断和选择，可在一定程度上破解传统评估方法难以适用于我们半导体行业当前背景下资产评估需求的难题。

关键词：我国半导体行业；资产评估；"稀缺性"溢价；价值影响因素

一、研究背景

（一）我国半导体行业自给率低

根据国际半导体产业协会（SEMI）、前瞻产业研究院等研究机构统计，2017 年中国大陆芯片自给率仅为 14%。根据瑞信（Credit Suisse AG）发布的报告显示，中国科技产品进口占总进口额比例达到 21%，2018 年科技产品进口额高达 4 490 亿美元，同比增长 19%，其中半导体产品进口额占科技产品约 70%，达到 3 110 亿美元。

（二）我国半导体行业成为投资热点，估值攀升

根据 Wind 半导体指数，自 2018 年 4 月以来，中美贸易摩擦引起的短期指数下跌后，我国半导体行业指数一路上涨，疫情引起的短暂恐慌也并没有阻挡我国半导体行业指数的持续

作者单位：胡屿冰、刘怡青，上海东洲资产评估有限公司；杨婷，上海海思半导体有限公司

上涨。截至2020年9月3日，Wind A股半导体指数成分股平均PE倍数约114x，远高于Wind A股其他行业指数成分股平均PE倍数，与费城半导体指数成分股平均PE倍数63x相比，我国半导体行业估值存在较大溢价。

（三）资产评估行业迎来了机遇和挑战

随着近年来国务院出台了集成电路行业支持政策，地方版集成电路规划也相继出台，加上“国家大基金”以及各地地方政府引导基金、产业基金的成立，国内一级市场半导体企业融资、并购的案例一直保持着较高的数量，估值也一直很“贵”。这样的背景下，我国资产评估行业面临着机遇与挑战。

二、我国半导体企业评估、估值案例、难点及方法

（一）证券公司估值案例

1. 寒武纪

中科寒武纪科技股份有限公司（以下简称“寒武纪”）成立于2016年3月15日，是一家人工智能核心处理器芯片研发商。

表1　　3家券商对寒武纪科创板IPO的估值情况　　金额单位：人民币亿元

项目		安信证券	中信证券	国泰君安
相对估值法	动态PS	312.55—357.2（35—40倍）	252—340（20—27倍）	310.11—327.33（36—38倍）
绝对估值法			80.73—98.52	314.66—347.04
估值区间		310—330	300—330	310—347

由于寒武纪在上市前尚未实现盈利，且AI芯片领域属于新兴领域，在相对估值法中，三家券商都采用的是动态PS进行估值，其中S选择的是2020年的收入预测数。

如表1所示，总体三家券商给出的估值区间较为接近，但有一点值得我们关注，中信证券的相对估值法和绝对估值法结果之间有相当大的差异。体现了两者内含价值之间的背离，或者说我国目前半导体行业企业的价格（相对估值法）和价值（绝对估值法）存在一定的差异，这也是我们目前在很多半导体行业评估实务中会遇到的难题之一。

2. 澜起科技

澜起科技股份有限公司（以下简称“澜起科技”）成立于2005年5月27日，是内存接口芯片领域的龙头企业。

表2　　3家券商对澜起科技科创板IPO的估值情况　　金额单位：人民币亿元

项目		国泰君安	中金公司	中信证券
相对估值法	EV/S	322.07（15x）		
	PE	323.08（41x）	220—295（27.5—35.4倍）	246—328（33—45倍）
绝对估值法		298.17—319.46	238—326	272.30
估值区间		298.17—323.08	238—295	246—328

如表 2 所示，由于澜起科技已经是一家高速成长有稳定利润的企业，在相对估值法中，三家券商都采用的是 PE 进行估值，仅国泰君安选择 EV/S 进行佐证。

3. 总结

从上述两个案例对比下来我们可以看到，如果仅从目前财务角度来看，澜起科技的盈利情况以及业绩的增长态势是要远好于寒武纪的，营业收入的规模也是寒武纪的好几倍，但是 3 家券商给出的澜起科技的估值区间却是不约而同得低于寒武纪。具体的原因可能是考虑到企业目前所处的发展阶段和未来发展潜力，澜起科技的产品领域是一个细分小领域，并且已经处于行业龙头地位，寒武纪虽然目前财务表现一般，但是产品属于新兴领域，未来有更广的发展空间。

从券商的估值报告中我们可以看出，他们对企业细分产品、行业地位、竞争力分析等是非常详尽的。对于我国目前半导体企业的估值来看，单纯从财务数据角度，很多估值背后的逻辑是无法解释的，需要更多地去挖掘其核心价值影响因素，这也是本课题需要探究的重点。

（二）资产评估机构评估案例

这部分主要是对半导体行业四个经典的并购重组案例进行了简要的回顾和分析，并在这基础上总结一些评估实务中遇到的难点和监管部门的关注点。

1. 闻泰科技股份有限公司收购 Nexperia Holding B. V.

（1）交易概况

2019 年 6 月，闻泰科技股份有限公司以 199. 25 亿元人民币的交易对价收购了荷兰半导体标准器件供应商 Nexperia Holding B. V. 74. 45% 的股权。

（2）案例的关注点

安世半导体主结论市场法受到了中国证券监督管理委员会（以下简称“中国证监会”）较多的关注：

第一，市场法评估仅选择境内上市公司的原因和合理性以及苏州固锝作为可比上市公司的可比性。

第二，市场可比公司参数修正中的生产经营情况打分与实际情况是否匹配，复核财务指标参数修正时的收入增长率均值等计算的准确性，并分析可比公司系数修正的可靠性和公允性。

2. 上海韦尔半导体股份有限公司收购北京豪威科技有限公司

（1）交易概况

2019 年 6 月，上海韦尔半导体股份有限公司以 130. 23 亿元的交易对价收购了图像传感器供应商北京豪威科技有限公司 85. 53% 的股权。

（2）案例的关注点

上海证券交易所以及中国证监会主要关注的点在于：

第一，北京豪威的收益法预测期研发材料全部费用化与相关会计处理的一致性以及是否影响交易对方应做出的利润承诺金额。

第二，北京豪威因税收筹划可能造成的经营收益长期留存境外（综合所得税率 1. 6%）

是否符合相关税收、外汇监管的要求，是否有利于维护上市公司及中小股东利益。

3. 北京君正集成电路股份有限公司收购北京矽成半导体有限公司

（1）交易概况

2019 年 12 月，北京君正集成电路股份有限公司通过收购直接持有了高端存储芯片供应商北京矽成半导体有限公司 59. 99% 的股权，并同时通过收购上海承裕上海承裕资产管理合伙企业（有限合伙）100% 财产份额，间接持有了北京矽成 40. 01% 的股权。收购完成后，直接以及间接合计持有北京矽成 100% 股权，合计交易对价为 72 亿元。

（2）案例的关注点

深圳证券交易所和中国证监会主要关注的点在于：

北京矽成收益法评估模型选择 2% 永续增长率的原因及合理性。这个问题受到了中国证监会的多次询问。

4. 北京兆易创新科技股份有限公司收购上海思立微电子科技有限公司

（1）交易概况

2019 年 4 月，北京兆易创新科技股份有限公司以 17 亿元的交易对价收购了电容触控芯片和指纹识别芯片供应商上海思立微电子科技有限公司 100% 的股权。

（2）案例关注点

中国证监会主要关注的点在于：

第一，市场法可比案例的下游终端应用领域与标的存在明显差异，该情况是否会影响交易案例的可比性以及评估结果的公允性，并进一步分析采用市场法评估以及选择该 4 个案例的合理性。

第二，核查思立微各项财务指标数据出处，以及盈利能力、运营能力打分是否合理，业务指标中各项细节指标的选取合理性以及打分的合理性。

5. 总结

从上述半导体企业的资产评估案例中我们可以看出，资产基础法、收益法、市场法在半导体企业价值评估中均有被应用，但主结论均为收益法或市场法，具体详见表 3。

表 3　资产评估案例方法对比表　金额单位：人民币亿元

评估方法/被评估单位	安世半导体	北京豪威	北京矽成	思立微
资产基础法	47. 07	49. 56		2. 14
收益法		**141. 31**	**70. 28**	
市场法	**338. 00**		82. 84	**21. 68**
两种评估结果的差异率	618. 01%	185. 13%	17. 87%	913. 08%

注：主结论评估值加粗。

从实务案例中，我们没有发现半导体行业有其专属的评估方法。但从上述四个案例的交易所、证监会问询中我们可以看出，在收益法中，监管部门普遍对未来收益的可实现性、成长性存疑，在市场法中，普遍对案例选择的可比性、案例修正的合理性存疑。诸如此类的问题反映了目前半导体企业评估的一些困境，本课题尝试通过后续的进一步论证来为这些困境提供一个破解途径和分析思路。

(三)我国半导体行业的“稀缺性”溢价

我们分析了中美资本市场的主要半导体公司估值差异，具体详见表4和图1。我们从图中可以看出，在美国资本市场，半导体企业的估值整体相对稳定，基本处于一个离差较小且倍数合理的水平。而我国资本市场的半导体公司，表现出了估值离差大，估值倍数明显偏高，并且在前20大市值的半导体公司当中，还有亏损企业并未列示在内。那么究竟是原因导致我国半导体公司估值倍数高、离差大?

表4　　中美资本市场主要半导体公司PE值

证券简称	PE(LYR)2019	证券简称	PE(LYR)2019
汇顶科技	126.62	台积电	25.37
澜起科技	109.80	英特尔	12.37
三安光电	26.46	英伟达	34.78
兆易创新	162.43	博通	46.65
中微公司	543.87	阿斯麦	42.06
北方华创	184.76	德州仪器	21.66
卓胜微	252.80	高通公司	22.97
紫光国微	88.66	应用材料	20.65
晶晨股份	78.56	亚德诺	32.19
华天科技	52.51	科天半导体	23.91

数据来源：Wind。

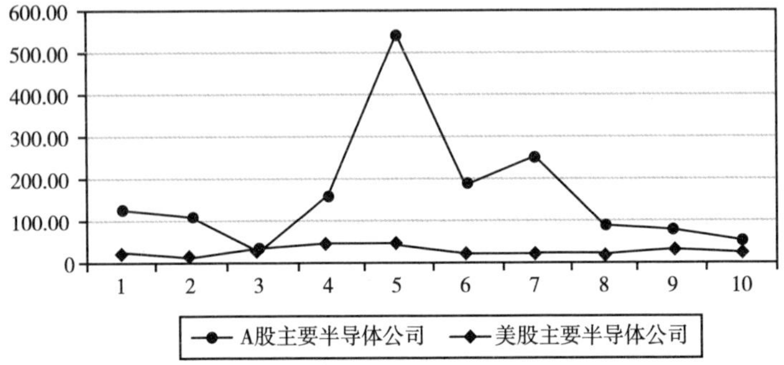

图1　中美资本市场主要半导体公司PE值

数据来源：Wind。

1. 内部供需失衡

中国的半导体产品需求量占到了全球的45%，在这样一个高需求的背景下，我国半导体产品的自给率却非常低。数据显示，我国2019年芯片自给率为30%左右。我国半导体行业表现出了严重的内部供需失衡。

2. 外部环境恶化

2018年4月16日，美国商务部禁止美国所有公司向中兴通讯出售敏感产品，期限为七年。2018 年 6 月，美国商务部称，中兴通讯需要再缴纳 10 亿美元的罚金，并另行拨付 4 亿美元的代管资金，加上中兴通讯根据 2017 年 3 月和解协议向美国政府支付的 8.92 亿美元罚金，中兴通讯因禁运事件向美国政府缴纳的罚金累计高达 22.9 亿美元。2019 年 5 月 16 号，美国商务部工业与安全局将华为列入所谓实体清单。2020 年 8 月 17 日，美国商务部将对华为的禁令进一步升级，凡是含有美国技术设备供应华为的都需要美国批准。

3. 国家政策支持

其实早在 1956 年，我国就出台了《1956—1967 年科学技术发展愿景规划纲要》，把半导体技术列为国家新技术四大紧急措施之一。近年来国家再次不断出具相关政策支持，具体详见表 5。

表 5　　我国近年集成电路产业发展支持政策

时间	部门	政策
2012.02	工信部	《集成电路产业“十二五”发展规划》
2012.07	国务院	《“十二五”国家战略性新兴产业发展规划》
2014.06	国务院	《国家集成电路产业发展推进纲要》
2015.05	国务院	《中国制造 2025》
2016.11	国务院	《“十三五”国家战略性新兴产业发展规划的通知》
2018.3	财政部、发改委、工信部、税务总局	《关于集成电路生产企业有关企业所得税政策问题的通知》
2019.05	国务院	《国务院关于印发进一步鼓励软件产业和集成电路产业发展若干政策的通知》
2020.07	国务院	《新时期促进集成电路产业和软件产业高质量发展的若干政策》

通过上述分析，本课题研究认为，中国半导体企业高估值倍数的根本原因是内部供需失衡、外部环境恶化以及国家政策大力支持三方面引起的，半导体企业在国内市场上较为突出的供需矛盾导致现阶段市场参与者普遍存在支付一定的风险溢价的意愿和行为，本课题称之为“稀缺性”溢价。

（四）我国半导体行业的评估难点

从上述估值案例的分析我们可以看出，对我国半导体企业在具体的评估方法的运用方面都遇到了或多或少的质疑，对评估方法的合理运用带来了很大的阻碍。由于“稀缺性”溢价的存在，我国半导体公司估值显著高于美国资本市场的半导体公司估值，那么我国半导体行业的评估难点到底体现在哪些地方？

1. 早期同质化弱

据统计，公司的生命周期一般会经历初创、成长、成熟到衰退四个主要过程。公司处于的生命周期不同，对于评估方法和评估参数的选择难度也不一样。所以在选择具体的评估方法和评估参数时，最好从企业的生命周期入手，分析每个阶段的特点以及评估当时所会遇到的问题。美国纽约大学商学院金融学教授艾斯沃斯·达摩达兰在《估值：难点、解决方案及相关案例》一书中介绍了企业每一个生命周期阶段评估所遇到的问题，具体见图 2 企业生命周期各阶段的评估问题①。

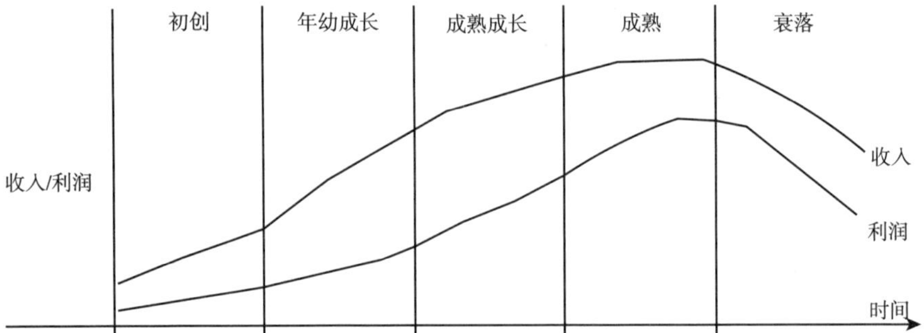

	初创	年幼成长	成熟成长	成熟	衰落
收入/当前营业利润	• 无/低收入 • 负营业利润	• 收入增长 • 利润低/负	• 收入增长 • 利润高增长	• 收入增长放缓 • 营业利润增长	• 收入及营业利润严重下滑
营业历史	• 无	• 很少	• 一些	• 营业历史是可用于估值	• 充足的营业史
可比公司	• 无	• 少量 • 处于同阶段	• 较多 • 处于不同阶段	• 很多 • 处于不同阶段	• 减少 • 多为成熟公司
价值来源	• 全都是未来增长	• 多数是未来增长	• 部分来自现有资产 • 主要来自未来增长	• 更多来自现有资产	• 全部来自现有资产

图 2 企业生命周期各阶段的评估问题

从上图中，我们发现在我国半导体公司融资、并购的案例中，绝大多数企业都符合初创、年幼成长阶段企业的特点，极少数的公司可以步入成熟成长阶段。所以我国半导体行业的评估难点主要是该行业大多数企业都因处于生命周期的早期阶段、发展不成熟而给评估带来的困难。

根据图 3 中 2012—2020 年全球半导体市场销售额统计及增长情况预测看，近年来，全球半导体增长已趋于平稳，从整个行业的角度看，并非是一个早期行业。从表 4 中美资本市场主要半导体公司 PE 值中同样可以看出，全球半导体头部公司估值已相对稳定，处于成熟

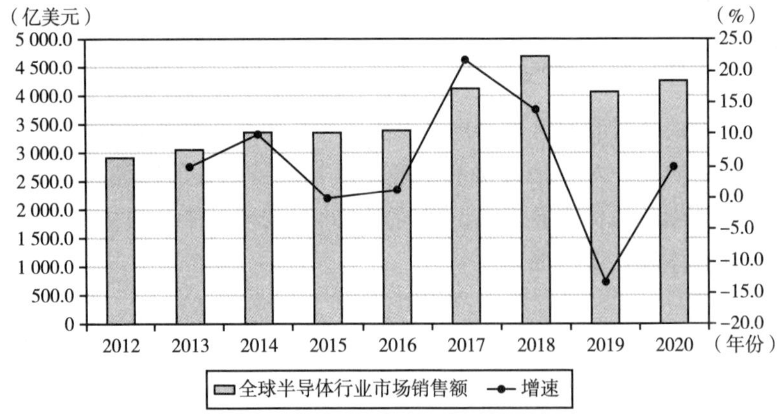

图 3 2012—2020 年全球半导体市场销售额统计及增长情况

① ［美］Aswath Damodaran. 估值：难点、解决方案及相关案例［M］. 机械工业出版社 . 2013.

发展阶段，而中国半导体公司却表现出了离差大、同质化弱、PE 高等早期企业的特点。综上所述，中国半导体企业最大的估值难点是几乎所有早期企业都会遇到的困难，这不完全由于行业引起，更重要的是发展周期引起，所以我们在评估方法和评估参数的选择运用上，需要更关注生命周期的差异。

2. 投资高、周期长

半导体的投资不是短跑、快跑，而是长跑、接力跑。这对于评估人员来说带来了极大的挑战，所谓的早期公司，并非是在半导体行业成立三年、五年的公司，对于一个多年无法盈利的公司，评估人员更加需要调出利润表来研究企业的核心竞争力。

3. 技术更新快

前面说到了半导体行业有投资高、周期长的特点。半导体行业的技术更新是非常快的，尤其是在消费领域，你赶上了这一代产品，但极有可能在下一代产品中失去订单。半导体行业需要不断投入、不断进步也给评估工作带来了极大的挑战。

4. 缺少可比标的

由于国内半导体行业整体发展落后，目前市场各细分领域都渐渐涌现出一些独角兽企业，对于这些企业的估值缺少国内公开可比的案例。评估人员往往所面临的困难是在某细分领域，标的公司可能就是全国最强的，或者说全国唯一量产的。因此，与一些相对同质化行业的评估相比，困难可见一斑。

（五）不同阶段半导体行业的评估方法

根据美国纽约大学商学院金融学教授艾斯沃斯·达摩达兰在《估值：难点、解决方案及相关案例》一书中的观点，在开始评估之前，最好从生命周期的不同阶段入手。

针对半导体行业，一般情况下不同发展周期下适用的估值方法概览性汇总如表 6 所示。

表 6　　不同发展周期下适用的估值方法

发展周期	估值方法
种子期（早期初创）	资产基础法
	重置投资成本加投资回报
起步期至发展期	折现现金流量法
	重置投资成本加投资回报（适用起步期）
	交易案例比较法 行业指标倍数法 最近轮融资价格调整法 上市公司比较法（适用发展期）
稳定期及成熟期	折现现金流量法
	上市公司比较法

三、我国半导体行业“稀缺性”溢价价值影响因素实证分析

首先，基于资产评估现有的理论和研究，我们将传统的财务分析指标作为构建我国半导

体企业价值驱动体系的因素之一。其次，根据前述分析成果，结合半导体行业“人才密集”“技术密集”和“资本密集”的特点，将人力资本、技术资本也纳入构建我国半导体企业价值驱动体系。最后，结合我国当期半导体产品的内部供需失衡、外部环境和内部政策支持激化的强烈国产替代的诉求，我们将半导体企业的成长能力纳入我国半导体企业价值驱动体系。

根据上述分析，我们从财务、人力、技术和成长四个维度构建了我国半导体企业价值驱动体系，然后采用因子分析和回归分析方法实证检验不同因素的合理性和对我国半导体企业价值的影响关联度，找出当前阶段我国半导体企业价值的核心影响因素以及辨识“稀缺性”溢价的主要关注因素。

（一）价值影响因素体系构建假设

本课题从财务、人力、技术和成长四个维度选取了13个代表性指标，构建了我国半导体企业价值影响因素体系，如表7所示。

表7　　我国半导体企业价值影响因素体系

影响因素	指标	名称	指标说明
技术	T1	研发人员数量占比	研发人员数量/员工总人数
	T2	研发支出率	研发支出总额/营业收入
	T3	研发生产率	研发支出总额/净资产
人力	H1	人均薪酬	应付职工薪酬（本期增加值）/员工人数
	H2	人均创利	归属母公司股东的净利润/员工人数
	H3	人均创收	营业总收入/员工人数
财务	F1	销售毛利率	（营业收入－营业成本）/营业收入
	F2	销售净利率	净利润/营业收入
	F3	资产负债率	负债总额/资产总额
	F4	速动比率	（流动资产－存货净额）/流动负债
成长	G1	市场空间	1－市占率
	G2	收入增长率	2022年预计营业收入/当前营业收入－1
	G3	净利润增长率	2022年预测净利润/当前净利润－1

1. 技术指标：半导体企业其特点之一就是技术密集，技术资本也往往被认为是企业竞争力密切联系最有价值的资本，衡量技术的指标往往包括两大类，一类是投入指标，包括科研费用投入和科研人员投入；另一类是产出指标，包括专利数量、非专利技术、新产品、销售收入等。我们选择研发人员数量占比、研发支出率和研发生产率来反映企业技术资本的投入情况，数值越大表明企业越重视技术资本的投入。

2. 人力指标：半导体企业的另一大特点是人才密集，根据内生增长理论，认为技术进步是研发投入和人力资本等诸多因素共同协作的结果。在半导体企业中，人力资本强调的是职工独有的技能、体力、学识以及群体特征，并因此影响着半导体企业的薪酬投入、人员配置等等，人力资本与技术资本在某些方面是共同作用的。我们选择了人均薪酬、人均创利以及人均创收作为人力指标，数值越大，表示企业越重视人力资本的投入。

3. 财务指标：对于绝大多数成熟企业来说，财务指标往往可以反映出一家企业的价值，财务指标也是企业经营成果的量化体现。我们选择销售毛利率、销售净利率来反映企业的盈利质量，通过资产负债率反映企业的资本结构、速动比率反映企业的偿债能力。

4. 成长指标：根据前述的分析，对于我国半导体企业而言，成长指标会尤为关键，在内部供需失衡、外部环境和内部政策支持激化的强烈国产替代的诉求下，目前全球半导体不再会有暴发性增长，但中国的半导体行业依然保持着较高的增长率。我们选择市场空间，收入增长率、净利润增长率来反映企业成长指标。

（二）样本选择和数据来源

为了保证样本数据的公开性、准确性和可比性，我们选择了我国沪深市场 A 股半导体上市公司作为初始研究样本。筛选过程和数据来源如下：

1. 通过 Wind 金融数据终端，根据沪深股票 - Wind 行业类 - 信息技术 - 半导体与半导体生产设备筛选出我国沪深市场 A 股的半导体上市公司。

2. 剔除 ST 公司、因重组等主营业务发生重大变化的公司以及部分数据缺失的公司。

3. 剔除以 2020 年 6 月 30 日为基准日，最近 12 个月净利润亏损的公司。目前我国沪深市场确实存在一些在国内优秀的半导体公司仍处于亏损阶段，例如半导体材料公司沪硅产业等。

4. 本次案例各价值影响因素的相关指标均通过 Wind 金融数据终端搜索的 A 股半导体上市公司公开数据。

（三）模型构建和变量设计

为了检验我国半导体企业价值影响因素体系构建假设，构建如下模型。

$$V = \beta_0 + \beta_1 T + \beta_2 H + \beta_3 F + \beta_4 G + \sum_{1 \leqslant i} \beta_i controls + \varepsilon$$

式中：

1. 被解释变量

V：表示企业价值因素。本研究课题引用前述资产评估案例中价值比率的选择研究成果，采用 *PE* 和 *EV/EITDA* 两个指标。

2. 解释变量

T：表示前述的技术指标。

H：表示前述的人力指标。

F：表示前述的财务指标。

G：表示前述的成长指标。

Controls：表示控制变量，一般来说，任何企业的企业价值与其规模都具有一定的关系，本次课题选择营业收入因素作为其他控制变量，以反映公司价值的基本特征。

ε：表示误差项

各变量具体情况详见表 8。

表 8　　变量定义

因素	变量	名称	变量定义
企业价值	PE	市盈率	总市值/归属母公司股东的净利润
	EV/EBITDA	企业价值比率	企业价值/息税折旧前利润
技术	T1	研发人员数量占比	研发人员数量/员工总人数
	T2	研发支出率	研发支出总额/营业收入
	T3	研发生产率	研发支出总额/净资产
人力	H1	人均薪酬	应付职工薪酬（本期增加值）/员工人数
	H2	人均创利	归属母公司股东的净利润/员工人数
	H3	人均创收	营业总收入/员工人数
财务	F1	销售毛利率	(营业收入－营业成本)/营业收入
	F2	销售净利率	净利润/营业收入
	F3	资产负债率	负债总额/资产总额
	F4	速动比率	(流动资产－存货净额)/流动负债
成长	G1	市场空间	1－市占率
	G2	收入增长率	2022 年预计营业收入/当前营业收入－1
	G3	净利润增长率	2022 年预测净利润/当前净利润－1
控制变量	Rev	营业收入	营业总收入

（四）因子分析

首先，在做因子分析之前，由于四个维度的 13 个原始变量来自不同维度的数据，为了消除不同原值变量之间量纲的影响，对数据进行了 Min－Max 标准化处理，具体详见表 9 标准化处理后的原始变量。

表 9　　标准化处理后的原始变量

公司名称	T1	T2	T3	H1	H2	H3	F1	F2	F3	F4	G1	G2	G3	Rev
北京君正	0.84	0.61	0.17	0.20	0.08	0.10	0.22	0.22	0.31	0.62	0.94	0.55	0.61	0.01
中微公司	0.41	0.75	0.49	0.64	0.09	0.27	0.33	0.35	0.30	0.10	1.00	0.22	0.06	0.05
芯源微	0.33	0.54	0.15	0.10	0.03	0.04	0.48	0.32	0.32	0.16	1.00	0.53	0.12	0.00
神工股份	0.15	0.11	0.06	0.06	0.20	0.11	0.79	0.82	0.01	0.38	0.71	1.00	0.37	0.00
聚灿光电	0.36	0.06	0.23	0.04	0.00	0.08	0.06	0.20	0.98	0.02	0.00	0.13	1.00	0.03
北方华创	0.25	1.00	0.87	0.18	0.02	0.06	0.37	0.32	0.79	0.02	1.00	0.22	0.10	0.12
圣邦股份	0.72	0.55	0.51	0.33	0.16	0.19	0.59	0.50	0.24	0.14	0.94	0.23	0.08	0.02
赛微电子	0.58	0.50	0.08	0.27	0.05	0.06	0.46	0.17	0.25	0.08	0.94	0.36	0.14	0.02
瑞芯微	0.83	0.76	0.84	0.34	0.10	0.18	0.41	0.38	0.13	0.16	0.94	0.17	0.07	0.04
南大光电	0.11	0.70	0.16	0.04	0.03	0.01	0.44	0.75	0.50	0.09	0.71	0.16	0.00	0.01
兆易创新	0.75	0.36	0.28	0.42	0.25	0.39	0.43	0.50	0.07	0.11	0.94	0.22	0.10	0.09

续表

公司名称	T1	T2	T3	H1	H2	H3	F1	F2	F3	F4	G1	G2	G3	Rev
通富微电	0.12	0.23	0.47	0.02	0.00	0.03	0.07	0.21	0.86	0.01	0.59	0.12	0.18	0.24
国科微	0.72	1.00	0.61	0.30	0.05	0.08	0.33	0.00	0.72	0.05	0.94	0.52	0.24	0.01
乐鑫科技	0.78	0.52	0.29	0.39	0.16	0.21	0.45	0.35	0.04	0.76	0.94	0.26	0.09	0.02
韦尔股份	0.56	0.39	1.00	0.48	0.06	0.51	0.31	0.35	0.74	0.02	0.94	0.07	0.14	0.52
华峰测控	0.37	0.40	0.30	0.28	0.15	0.08	1.00	0.90	0.00	0.20	1.00	0.23	0.07	0.01
三安光电	0.17	0.24	0.07	0.02	0.04	0.03	0.29	0.44	0.30	0.04	0.00	0.10	0.16	0.19
澜起科技	0.70	0.50	0.10	1.00	1.00	0.56	0.89	1.00	0.09	1.00	0.94	0.17	0.06	0.05
卓胜微	0.73	0.26	0.33	0.39	0.82	0.77	0.60	0.70	0.11	0.24	0.94	0.19	0.07	0.05
晶方科技	0.22	0.76	0.23	0.05	0.04	0.03	0.54	0.69	0.15	0.22	0.00	0.24	0.11	0.02
富瀚微	0.89	0.94	0.54	0.47	0.12	0.21	0.42	0.42	0.09	0.26	0.94	0.35	0.05	0.01
富满电子	0.37	0.20	0.31	0.02	0.02	0.04	0.20	0.31	0.49	0.03	0.00	0.29	0.20	0.01
全志科技	0.81	0.69	0.60	0.39	0.08	0.23	0.34	0.39	0.10	0.18	0.94	0.18	0.07	0.03
晶丰明源	0.63	0.20	0.22	0.36	0.16	0.44	0.21	0.21	0.18	0.19	0.00	0.12	0.04	0.02
华润微	0.07	0.23	0.30	0.12	0.02	0.04	0.24	0.39	0.34	0.06	0.94	0.06	0.08	0.16
华天科技	0.12	0.09	0.12	0.00	0.00	0.00	0.16	0.29	0.52	0.02	0.59	0.10	0.11	0.20
紫光国微	0.56	0.56	0.61	0.26	0.07	0.14	0.63	0.58	0.44	0.07	0.94	0.11	0.11	0.08
捷佳伟创	0.13	0.09	0.16	0.10	0.06	0.09	0.25	0.36	0.81	0.01	1.00	0.13	0.11	0.08
长电科技	0.26	0.06	0.31	0.11	0.00	0.07	0.06	0.21	0.82	0.00	0.59	0.03	0.06	0.68
捷捷微电	0.12	0.12	0.00	0.02	0.07	0.04	0.50	0.60	0.10	0.32	0.94	0.12	0.06	0.02
中环股份	0.08	0.17	0.21	0.07	0.03	0.16	0.13	0.29	0.80	0.02	0.71	0.19	0.12	0.45
木林森	0.11	0.00	0.15	0.16	0.01	0.06	0.34	0.22	0.94	0.02	0.00	0.07	0.35	0.43
扬杰科技	0.26	0.09	0.11	0.09	0.03	0.05	0.33	0.36	0.37	0.05	0.00	0.11	0.06	0.06
汇顶科技	1.00	0.55	0.77	0.44	0.51	0.42	0.58	0.46	0.23	0.15	0.94	0.13	0.07	0.17
金辰股份	0.28	0.25	0.32	0.08	0.02	0.06	0.32	0.33	0.67	0.03	0.00	0.12	0.13	0.02
晶盛机电	0.27	0.13	0.12	0.06	0.11	0.12	0.28	0.45	0.59	0.04	1.00	0.14	0.09	0.09
纳思达	0.16	0.15	0.69	0.22	0.01	0.10	0.37	0.24	1.00	0.01	0.94	0.00	0.09	0.57
帝科股份	-0.02	0.05	0.53	0.15	0.17	1.00	0.07	0.31	0.49	0.04	0.00	0.34	0.09	0.03
中颖电子	0.87	0.54	0.61	0.33	0.19	0.22	0.43	0.46	0.21	0.17	0.94	0.13	0.07	0.02
博通集成	0.88	0.23	0.32	0.47	0.58	0.84	0.28	0.40	0.09	0.12	0.94	0.12	0.05	0.03
福斯特	0.16	0.03	0.07	0.04	0.18	0.34	0.16	0.37	0.17	0.24	0.00	0.12	0.06	0.17
东软载波	0.73	0.65	0.19	0.18	0.07	0.05	0.57	0.47	0.11	0.31	0.94	0.20	0.06	0.02
天合光能	0.03	0.12	0.45	0.12	0.02	0.17	0.08	0.23	0.87	0.02	0.00	0.23	0.12	0.64
爱旭股份	0.17	0.04	0.35	0.07	0.06	0.16	0.00	0.22	0.95	0.01	0.00	0.27	0.05	0.25
国星光电	0.11	0.04	0.12	0.02	0.03	0.05	0.06	0.23	0.53	0.03	0.00	0.06	0.14	0.10
聚飞光电	0.14	0.09	0.19	0.06	0.04	0.07	0.26	0.38	0.63	0.04	0.00	0.06	0.06	0.06
中来股份	0.20	0.04	0.09	0.05	0.04	0.13	0.16	0.26	0.71	0.03	0.00	0.23	0.12	0.11

续表

公司名称	T1	T2	T3	H1	H2	H3	F1	F2	F3	F4	G1	G2	G3	Rev
隆基股份	0.00	0.10	0.22	0.01	0.06	0.07	0.27	0.49	0.72	0.03	0.00	0.24	0.06	1.00
东方日升	0.19	0.11	0.33	0.00	0.05	0.19	0.13	0.24	0.86	0.02	0.00	0.11	0.08	0.41
晶澳科技	0.05	0.11	0.60	0.01	0.02	0.06	0.18	0.27	0.98	0.02	0.00	0.01	0.01	0.82

其次，我们采用KMO和巴特利特（Bartlett）检验因子分析的适用性。统计学上一般认为，当KMO的检验值大于0.6时，即说明样本数据适合进行因子分析。巴特利特是用来检验变量之间是否不相关。本次课题选择的研究样本中，我国半导体企业的KMO值达到了0.660，大于0.6，巴特利特球形度检验卡方统计值的显著率为0.000，说明所选择的变量适合来做因子分析。详见表10 KMO和巴特利特检验。

表10　　　　KMO和巴特利特检验

KMO取样适切性量数		0.660
巴特利特球形度检验	显著性	0.000

最后，在公因子方面，选择主成分法且方差最大化的旋转方法来进行因子分析，生成四个公因子，生成结果详见表11因子分析结果。

表11　　　　因子分析结果

指标类型	变量	公因子C1	公因子C2	公因子C3	公因子C4
技术	T1		0.696		
	T2		0.875		
	T3		0.723		
人力	H1			0.673	
	H2			0.818	
	H3			0.905	
财务	F1	0.840			
	F2	0.882			
	F3	-0.748			
	F4	0.638			
成长	G1		0.716		
	G2				0.709
	G3				0.816

从表11中各公因子的载荷我们可以看出，销售毛利率、销售净利率、资产负债率和速动比率在公因子C1上有最高的载荷，反映了企业的财务指标，可以称之为财务影响因素。研发人员数量占比、研发支出率和研发生产率在公因子C2上有最高的载荷，形成技术资本。人均薪酬、人均创利、人均创收在公因子C3上有最高的载荷，可以恰当地反映企业人

力资本。预计收入增长率和预计净利润增长率在公因子 C4 上有最高的载荷，可以反映出企业的成长能力。与预期假设有所不一致的是，市场空间因素这个变量没有归入成长维度，而是被列入了技术维度，原因可能在于从市场空间角度，拥有更大的市场空间的芯片领域、半导体设备领域往往拥有更高的技术含量，而半导体领域中如 LED 行业、封测行业，目前我国已经拥有了较高的市占率，同时技术含量相对较低，所以说，对于我国半导体行业，市场空间在一定程度上也反映了企业产品的技术含量，所以，我们接受了这样探索性因子分析的结果，将市场空间这个变量用于测算企业的技术维度。

（五）回归结果分析

因子分析之后，为了证明上述影响因素对我国半导体企业价值的影响程度，我们将各要素因子分析中的公因子带入前述模型进行步进法回归分析。回归结果详见表 12 回归结果。

表 12　　　　回归结果

模型	R	R 方	调整后 R 方	标准估算的误差
1	0.681[b]	0.464	0.441	148.63024
2	0.571[b]	0.326	0.298	199.87182

注：模型 1 的因变量为 PE，模型 2 的因变量为 EV/EBITDA。
两个模型下，预测变量均为常量，C4 和 C2。

与我们预期假设不一致的是，步进法回归分析显示一些变量的显著性大于 0.05，说明对应的影响因素对企业价值不存在显著性影响关系，这些变量详见表 13 排除的变量。

表 13　　　　排除的变量

模型	因子	输入 Beta	t	显著性	偏相关	共线性统计		
						容差	VIF	最小容差
1	C1	-0.023[c]	-0.192	0.848	-0.028	0.807	1.238	0.807
	C3	-0.062[c]	-0.517	0.608	-0.076	0.819	1.221	0.819
	Rev	0.030[c]	0.247	0.806	0.036	0.812	1.232	0.812
2	C1	0.049[c]	0.367	0.715	0.054	0.807	1.238	0.807
	C3	-0.021[c]	-0.158	0.875	-0.023	0.819	1.221	0.819
	Rev	0.002[c]	0.013	0.990	0.002	0.812	1.232	0.812

注：模型 1 的因变量为 PE，模型 2 的因变量为 EV/EBITDA。

从表 13 中我们可以明显看出，无论因变量是 PE 还是 EV/EBITDA，C1 财务维度的显著性、C3 人力维度的显著性和控制变量规模营业收入的显著性都大于 0.05，表现出了与企业价值不存在显著性影响关系，这说明在我国半导体行业当前的发展阶段和发展背景下，收入规模和盈利水平等可能对半导体企业价值的影响较弱。

回归分析保留的变量分析结果详见表 14 保留的变量。

表 14　　保留的变量

模型	因子	未标准化系数		标准化系数	t	显著性	共线性统计	
		B	标准误差	Beta			容差	VIF
1	（常量）	-110.727	47.747		-2.319	0.025		
	C4	615.079	105.718	0.622	5.818	0.000	1	1
	C2	70.126	28.177	0.266	2.489	0.016	1	1
2	（常量）	-146.389	64.209		-2.28	0.027		
	C4	598.018	142.166	0.504	4.206	0.000	1	1
	C2	82.024	37.891	0.259	2.165	0.036	1	1

注：模型 1 的因变量为 PE，模型 2 的因变量为 EV/EBITDA。

从表 14 我们可以看出，C2 技术维度和 C4 成长维度的显著性均小于 0.05，回归结果表示技术维度因素和成长维度因素显著地影响我国半导体企业价值。这在一定程度上体现了我国半导体行业在发展初期和特殊环境背景影响下“稀缺性”溢价的特点，在大多数企业年幼成长、国内市场供需失衡、国产替代意愿强烈、政策大力支持等条件下，静态的技术投入和动态的成长能力更大地影响着我国半导体企业价值。

四、研究结论及展望

从上述我国半导体行业“稀缺性”溢价价值影响因素实证分析结果我们可以看出，对于我国半导体行业的企业价值而言，静态的技术投入和动态的成长能力是最核心的价值影响因素，这也一定程度上体现了半导体行业高投入和我国半导体企业稀缺、国产替代需求强烈的高成长特点

半导体行业的资产评估并没有专属的评估方法，都是通用之法，更重要的是对行业理解后的灵活运用，不能仅仅局限于财务报表，让评估研究成为无源之水、无本之木。本课题研究通过理论研究、行业分析、案例分析找出我国半导体企业高溢价的原因是其“稀缺性”，主要表现在较为突出的供需矛盾导致现阶段的市场参与者普遍存在支付一定的风险溢价的意愿和行为。并通过实证分析总结出当前背景下，我国半导体行业的核心价值影响因素主要在技术维度和成长维度，体现了半导体行业高投入和我国半导体企业稀缺、国产替代需求强烈的高成长特点。一定程度上有助于在通用的评估模型上找到参数调整的突破口，以适应我国半导体行业目前的特点。当然，本课题研究集中于现阶段我国半导体行业的核心价值影响，对于在我国高速成长的行业，随着内外部环境变化、国产化率的提升等，其核心价值影响也是动态变化的，需要持续跟踪研究。此外，本课题研究没有针对市场情绪引起的额外流动性溢价进行分析，这也是有待于后续开展研究的事项。

参考文献

[1] 蔡恩泽．半导体行业吹响国产替代进军号角［J］．产权导刊，2019（9）：5—7.

［2］孟秋．从国家大基金到科创板：中国半导体行业的发展格局变化［J］．中国对外贸易，2019（8）：16—17.

［3］克里斯 M. 梅林，弗兰克 C. 埃文斯．并购估值［M］．机械工业出版社，2018：84—134.

［4］刘俊逸．半导体行业投资价值报告［D］．西南财经大学，2018.

［5］陈颖桦．我国半导体行业跨国并购动因及绩效分析——以长电科技为例［D］．浙江大学，2019.

［6］王乾筝．中美贸易摩擦加剧的影响与应对［J］．经济论坛，2019（8）：80—86.

［7］王龙兴．2019 年中国集成电路产业的状况分析［J］．集成电路应用 2020（1）：1—9.

［8］埃斯瓦斯・达莫达兰．估值难点、解决方案及相关案例［M］．机械工业出版社，2018：1—23，92—134.

［9］李治．芯片国产化背景下上市公司估值案例研究——以士兰微为例［D］．广东财经大学，2017.

［10］李涛．基于自由现金流量模型对科创板上市公司的估值分析——以嘉元科技为例［J］．商业会计，2020（5）：45—48.

［11］李碧璇，文欣薇，柏泽伟，姜勇．基于多元非线性回归的科创板拟上市企业估值［J］．全国流通经济，2019（5）：123—127.

［12］于辉，王宇．成长型企业股权融资估值问题的模型研究［J］．系统科学与数学，2018（3）：318—333.

［13］孙晶．创新型企业价值评估研究［D］．中央财经大学，2017.

基于效益转移法的生态环境价值评估应用研究

黄锦忠　柳子豪　武志平　艾　琦　刘国帅

摘　要： 在我国大力推进生态文明建设的背景下，开展与生态环境价值评估相关的研究已迫在眉睫。相对于传统生态环境价值评估方法，效益转移法是一种更便捷、更经济的生态环境价值评估方法。但是由于多种因素的限制，国内对效益转移应用方面的系统研究相对较少。

本文以湿地这一典型的生态系统为研究对象，对效益转移法的基本概念、优缺点等方面进行了研究与讨论。通过收集国内与湿地生态系统价值评估相关的大量文献，制定文献筛选标准，并建立了价值评估清单数据库；根据建立的数据库，应用Meta分析构建一个含有35个自变量的价值评估模型，并对模型进行了误差检验，通过样本外的检验，该模型的绝对误差范围在2.07%—5.63%，平均误差为3.99%，误差较小；参照资产评估市场法的评估思路，对数值转移法进行了改进，建立相应的修正体系。本文选取三江湿地作为评估对象，用Meta分析建立的评估模型及改进的数值转移模型分别进行了应用案例分析，Meta分析评估模型得出的评估结果为10 440 540.00万元，数值转移模型得出的评估结果为6 545 900.00万元，差异率为37%。研究分析认为，二者之间产生差异的原因在于Meta分析更适用于区域或者流域范围内的生态价值评估，而数值转移法则更适用于单个载体的生态环境价值评估。

关键词： 生态环境；数值转移法；Meta分析法；误差检验

一、引言

（一）研究背景及研究意义

习近平总书记指出“良好的生态环境是最公平的公共产品，是最惠民的民生福祉”。在经济学中，生态环境被视为能够提供一系列服务的综合资产，既能为经济提供原材料和能量，也能为消费者提供物质和服务。开展生态环境价值的评估，有利于国家或者地区进行自然资源保护、利用以及管理等相关的宏观决策；同时也能够为自然资源资产负债表的编制提供价值定量化、为生态损害案件量刑提供价值依据。

作者单位：黄锦忠、艾琦，江苏佳事得房地产土地资产评估测绘造价咨询有限公司；柳子豪，河海大学；武志平，江苏中企华中天资产评估有限公司；刘国帅，厦门市大学资产评估土地房地产估价有限责任公司

由于生态环境价值类型较多，评估时需要采用多种评估方法进行综合评估，而各种方法都有其特定的使用条件和数据支撑，需要耗费较长的时间和较大的成本。因此，学者开始探究是否能有一种简洁而有效的方法，效益转移法也就应运而生。在实务操作过程中，该方法成本花费少，操作简单便捷。因此，系统分析效益转移法在生态环境价值评估中的应用，可以为生态环境价值评估实务提供新的思路和技术支持。

资产评估行业基本方法有成本法、市场法、收益法，主要针对市场价值的评估，而生态环境以非市场价值为主。因此，开展效益转移法在生态环境价值中的应用，对资产评估方法的补充以及未来开展生态环境价值评估实务均具有一定的现实意义。

（二）研究目的

1. 建立包含湿地类型、区域经济发展状况、湿地面积、评估方法、评估结果等因素的价值评估清单数据库。

2. 运用 Meta 分析构建湿地生态系统的价值评估模型；借鉴资产评估中，市场法评估时修正体系的相关思路，对数值转移法进行改进，建立相应的修正体系。

二、文献综述

Krutilla、Fisher（1975）最早利用效益转移法评估美国 Hells 峡谷建造水坝所引起的游憩价值损失。Walsh et al（1992）从多个研究中收集信息，提出 Meta 分析的效益转移形式，并进行户外娱乐需求的效益转移研究。Unsworth、Petersen（1995）共同编写的自然资源损害价值评估手册中，对效益转移法的定义、应用步骤、存在问题及一些研究案例等做了较详细的介绍。Brouwer（2000）对效益转移法在国外的发展现状做了简要回顾，并为该方法的正确应用提出一些指导建议。随着生态环境价值评估文献的增长，Meta 分析作为一种常规的统计手段，在 Bergstrom（1999）、Woodward（2001）、Bateman（2003）关于效益转移法在生态系统价值评估的研究中广泛使用。美国环境总署（EPA）和加拿大环境管理当局于2005 年召开了一个名为“效益转移法和评估数据库”的国际研讨会，并对多达上千篇的专家论文进行了检查、比较和分析研究，阐述了非市场评估数据的状况、效益转移法的理论基础、主要应用和方法比较等。Vera Camacho – Valdez et al（2013）运用 Meta 分析对墨西哥西北部沿海湿地提供的生态系统服务价值进行了评估。

我国针对效益转移法的研究较晚，早期赵敏华（2006）用效益转移法评估了陕北煤炭、石油开发中的环境损失。赵玲（2011）基于 Meta 分析评估了自然资源价值，比较完整地阐述了 Meta 分析应用的思路，并且提出由于我国环境价值评估文献质量参差不齐，纳入效益转移法的解释变量较少，会产生较大的误差。随后，徐贤君（2015）、李敏（2018）、朱晓磊（2018）、漆信贤（2018）运用 Meta 分析分别对湿地、海洋、湖泊、森林生态系统价值进行了评估。

国内的研究缺少效益转移法的应用理论、方法体系的深入分析，多数研究尚停留在方法介绍和引进的阶段，对效益转移法应用的有效性、可靠性的研究并未全面展开。对于数值转移形式的应用，国内多数研究均是就单一指标直接引用他人的研究结果，未做相应的修正或调整；而 Meta 分析在生态环境价值评估中的应用较少，且对其有效性及可靠性的研究尚未全面地开展。

三、效益转移法的分类

（一）效益转移法概念

效益转移法又称为成果参照法，即基于特定的地区或国家，利用已有研究区域的研究成果，通过适当的调整，以此作为待评估对象的评估结论。

（二）效益转移法的分类

1. 数值转移

数值转移又分为点对点的转移、集中趋势转移和官方认定值，我国目前还没有相应的官方认定值，因此不做官方认定值的讨论。

（1）点对点的转移

点对点转移其前提条件是收集的研究案例与评估对象在资源类型、人口特征、经济发展水平等方面是极为相似的，其基本公式为：

$$V_1=\frac{V_2}{A_2}\times A_1$$

其中，V_1为评估对象价值，A_1表示影响评估对象相关价值影响因素，V_2表示可比案例的价值，A_2表示影响可比对象价值相关价值影响因素。

（2）集中趋势指标转移

集中趋势转移是根据不同文献中多个研究结果的平均值、中位数或者其他集中趋势指标进行评估，其基本公式如下：

$$V_3=\frac{\bar{V}_4}{\bar{A}_4}\times A_3$$

其中，V_3为评估对象价值，A_3表示影响评估对象一系列重要因素，$\bar{V}_4$表示收集到的研究案例的在对应的$\bar{A}_4$的相关属性下的平均值、中位数值等。

（3）数值转移的优缺点

数值转移法的优点在于该方法十分简便，在时间和经费都有限的情况下，这种方法可以有效地付出较小的成本，得出较为准确的评估值。

数值转移法的缺点在于其评估结果过分依赖于选取案例的评估质量，可比案例的数据质量越高，得出的评估结果也就越准确。此外，在实务操作过程当中，很难找到与评估对象在地理特征、社会经济特征等方面均相似的案例，可能会差生较大的误差。

2. 函数转移

函数转移是指通过效益函数方式将研究地资源的估计价值转移到评估对象，评估出评估对象的生态环境价值，该方法的实现通常需要建立一个包含评估对象价值影响因素的关系模型。函数转移分为需求函数转移和基于 Meta 分析的函数转移，由于需求函数转移在实务操作中很难实现，因为本文只讨论 Meta 分析转移。其基本公式如下：

$$y = \beta_0 + \beta_1 X_1 + \beta_2 X_2 + \beta_3 X_3 + \cdots + \beta_n X_n + \varepsilon$$

其中，$y = \begin{pmatrix} y_1 \\ \vdots \\ y_n \end{pmatrix}$，表示被解释变量；$X_1 \cdots X_n = \begin{pmatrix} X_{11} & \cdots & X_{1n} \\ \vdots & \ddots & \vdots \\ X_{n1} & \cdots & X_{nn} \end{pmatrix}$，表示解释变量；$\beta = \begin{pmatrix} \beta_1 \\ \vdots \\ \beta_n \end{pmatrix}$，代表估计的参数；$\varepsilon = \begin{pmatrix} \varepsilon_1 \\ \vdots \\ \varepsilon_n \end{pmatrix}$，表示扰动项。

Meta 分析优点在于可以将资源类型、评估方法、社会经济状况等因素作为自变量，在一定程度上降低数值转移在评估案例相似性的要求；由于相似性要求的降低，会使更多的实证研究被纳入价值评估清单数据库，可以获得更多的信息，也会使得该方法更加科学。

Meta 分析的缺点在于该方法需要比数值转移收集的案例更加全面，且评估结果的质量依赖于原始研究的质量；同时可能存在研究空间的异质性、研究偏倚的问题，例如学术界对 Meta 分析的批评是将“风马牛不相及的”研究之间的数据合并，他们认为无法理解将评估对象、评估方法等不同的诸多研究结果进行合并，得出的结果是否有用。但是 Meta 分析法的支持者则认为在实际操作过程当中合并不同的研究结果与对一个研究中的多个结果进行平均没有什么区别，两种观点的学者无法达成共识。

四、价值评估清单数据库的建立

（一）文献的筛选

本文选取湿地作为研究对象，开展价值评估清单数据库的建立，其他生态系统也可以参照本文的建库思路。

为了减少评估者的偏倚，本文采用“双人独立提取法”进行文献检索和数据录入，即两名课题组成员分别独立的以“主题”“关键词”的方式在中国知网（https：//www.cnki.net/）检索与湿地生态环境价值评估相关的文献。检索完成后由两名成员同时将数据录入，录入完成后，双方进行数据校对，存在也不一致的情况进行协商，协商不成的由课题负责人裁定。建库完成后，由课题负责人和两名数据收集人员共同制定如下文献筛选标准：（1）删除评估对象为无法区分具体湿地类型的文献；（2）删除评估对象为湿地非使用价值的文献；（3）删除使用能值分析法和效益转移法的文献；（4）删除评估对象为湿地的某单一价值类型或者几个价值类型的文献；（5）删除部分湿地生态系统评估价值较大的文献；（6）删除重复发表的文献。

（二）文献统计结果

本文期初共收集到 89 篇相关文献，经过筛选，最终选取了 40 篇文献作为本次 Meta 分析的样本，选用“留出法”，留出10%的样本进行样本外检验，将36篇文献纳入Meta分析。将收集到的文献的数据信息中进行收集和录入，录入的信息主要包括题目、作者、出版年份、评估基准年、出处、湿地面积、湿地类型、评估方法、价值类型、评估结果、评估单价等。

（三）变量的选取

本文以国外的相关研究选取的变量指标为基础，结合我国现有运用Meta分析评估生态价值时变量选取的指标作为自变量。

五、基于Meta分析的效益转移法模型构建

（一）Meta分析效益转移模型的构建

1. Meta模型构建

根据建立的价值评估清单数据库，将自变量采用对数的形式进行变换，这样可以减小原始数据的波动程度和非对称性对结果的影响，也可以较好的解决湿地生态系统价值偏移的问题，减少异方差，提高模型的准确性。本文构建的Meta回归模型变量信息如表1所示。

表1　　Meta回归模型变量信息

变量	变量描述	均值	标准偏差	价值观察值数量
因变量（lnV）	湿地生态系统服务价值（自然对数形式）			
湿地每公顷价值		2.6101	0.6830	36
自变量				
（1）湿地类型变量				
近海及海岸湿地	如果属于近海及海岸湿地，取值为1，否则为0	0.0600	0.2320	2
河流湿地	如果属于河流湿地，取值为1，否则为0	0.1900	0.4010	7
湖泊湿地	如果属于湖泊湿地，取值为1，否则为0	0.5600	0.5040	20
沼泽湿地	如果属于沼泽湿地，取值为1，否则为0	0.0600	0.2320	2
库塘湿地	如果属于库塘湿地，取值为1，否则为0	0.1400	0.3510	5
（2）位置变量				
华东	如果资源所在地为华东地区，取值为1，否则为0	0.3100	0.4670	11
华南	如果资源所在地为华南地区，取值为1，否则为0	0.0000	0.0000	0
华中	如果资源所在地为华中地区，取值为1，否则为0	0.1700	0.3780	6
华北	如果资源所在地为华北地区，取值为1，否则为0	0.1400	0.3510	5
西北	如果资源所在地为西北地区，取值为1，否则为0	0.2500	0.4390	9
西南	如果资源所在地为西南地区，取值为1，否则为0	0.0300	0.1670	1
东北	如果资源所在地为东北地区，取值为1，否则为0	0.1100	0.3190	4

续表

变量	变量描述	均值	标准偏差	价值观察值数量
(3) 评估方法变量				
市场法	如果使用的价值评估方法为市场法，取值为1，否则为0	1.0000	0.0000	36
影子工程法	如果使用的价值评估方法为影子工程法，取值为1，否则为0	0.9400	0.2320	34
替代价格法	如果使用的价值评估方法为替代价格法，取值为1，否则为0	0.7500	0.4390	27
碳税法和造林成本法	如果使用的价值评估方法为碳税法和造林成本法，取值为1，否则为0	1.0000	0.0000	36
旅行费用法	如果使用的价值评估方法为旅行费用法，取值为1，否则为0	0.7200	0.4540	26
机会成本法	如果使用的价值评估方法为机会成本法，取值为1，否则为0	0.0300	0.1670	1
支付意愿法	如果使用的价值评估方法为支付意愿法，取值为1，否则为0	0.2200	0.4220	8
生态价值法	如果使用的价值评估方法为生态价值法，取值为1，否则为0	0.3600	0.4870	13
模糊数学法	如果使用的价值评估方法为模糊数学法，取值为1，否则为0	0.0600	0.2320	2
生产成本法	如果使用的价值评估方法为生产成本法，取值为1，否则为0	0.0300	0.1670	1
专家评估法	如果使用的价值评估方法为专家评估法，取值为1，否则为0	0.0800	0.2800	3
(4) 生态系统服务类型变量				
水资源产品	如果有此项生态系统服务，取值为1，否则为0	0.9400	0.2320	34
植物产品	如果有此项生态系统服务，取值为1，否则为0	0.9200	0.2800	33
动物产品	如果有此项生态系统服务，取值为1，否则为0	0.9400	0.2320	34
旅游资源	如果有此项生态系统服务，取值为1，否则为0	0.8600	0.3510	31
水力发电	如果有此项生态系统服务，取值为1，否则为0	0.0300	0.1670	1
航运	如果有此项生态系统服务，取值为1，否则为0	0.0000	0.0000	0
吸收二氧化碳	如果有此项生态系统服务，取值为1，否则为0	1.0000	0.0000	36
释放氧气	如果有此项生态系统服务，取值为1，否则为0	1.0000	0.0000	36
释放甲烷	如果有此项生态系统服务，取值为1，否则为0	0.2200	0.4220	8
气候调节	如果有此项生态系统服务，取值为1，否则为0	0.1400	0.3510	5
净化空气	如果有此项生态系统服务，取值为1，否则为0	0.0600	0.2320	2

续表

变量	变量描述	均值	标准偏差	价值观察值数量
地下水调剂与补给	如果有此项生态系统服务，取值为1，否则为0	0.0300	0.1670	1
洪水调蓄	如果有此项生态系统服务，取值为1，否则为0	0.9200	0.2800	33
污水净化	如果有此项生态系统服务，取值为1，否则为0	0.8300	0.3780	30
削浪护岸	如果有此项生态系统服务，取值为1，否则为0	0.0600	0.2320	2
促淤造陆	如果有此项生态系统服务，取值为1，否则为0	0.0600	0.2320	2
土壤保持	如果有此项生态系统服务，取值为1，否则为0	0.2500	0.4390	9
维持生物多样性	如果有此项生态系统服务，取值为1，否则为0	0.9400	0.2320	34
（5）湿地面积变量				
湿地面积公顷（万公顷）	数值型变量	5.8233	7.7435	36
（6）湿地所在区域经济状况变量				
区域经济发展状况人均 GDP（万元）	数值型变量	3.2796	2.1607	36
（7）区域人口密度变量				
区域人口密度（百万人）	数值型变量	46.1954	22.5139	36

2. Meta 回归模型结果

运用 SPSS21.0 对 Meta 回归模型变量信息表中的因变量和自变量采用向后消去法进行线性回归，得到回归模型中各变量的回归结果。根据回归结果，保留了除常数项外的 35 个自变量。回归模型的 R^2 为 0.997，调整后的 R^2 为 0.971。由于替代价格法、气候调节等 4 个自变量的显著性水平大于 0.05，这些自变量对因变量的影响不具有显著，因此剔除。SPSS 回归模型结果如表 2 所示。

表 2　　Meta 分析结果

变量	非标准化系数	标准误差	t	Sig.
常数项	6.995	0.626	11.172	0.000
湿地面积（万公顷）（X_1）	0.091	0.011	8.106	0.001
区域经济发展状况人均 GDP（万元）（X_2）	-1.059	0.067	-15.716	0.000
区域人口密度（百万人）（X_3）	0.128	0.008	15.867	0.000
近海及海岸湿地（X_4）	11.538	0.788	14.649	0.000
河流湿地（X_5）	10.159	0.662	15.340	0.000
沼泽湿地（X_6）	31.902	1.939	16.451	0.000
库塘湿地（X_7）	5.724	0.401	14.275	0.000
华中（X_8）	-5.001	0.325	-15.411	0.000
华北（X_9）	2.362	0.256	9.218	0.001
西北（X_{10}）	0.718	0.141	5.095	0.007

续表

变量	非标准化系数	标准误差	t	Sig.
西南（X_{11}）	7.145	0.495	14.420	0.000
东北（X_{12}）	-4.985	0.375	-13.298	0.000
影子工程法（X_{13}）	38.939	2.375	16.397	0.000
碳税法和造林成本法（X_{14}）	-6.259	0.534	-11.729	0.000
旅行费用法（X_{15}）	-0.386	0.110	-3.525	0.024
机会成本法（X_{16}）	-27.893	1.766	-15.798	0.000
支付意愿法（X_{17}）	8.568	0.620	13.829	0.000
生态价值法（X_{18}）	2.825	0.199	14.167	0.000
模糊数学法（X_{19}）	-15.793	1.017	-15.522	0.000
生产成本法（X_{20}）	-28.026	2.014	-13.917	0.000
专家评估法（X_{21}）	-8.108	0.535	-15.161	0.000
水资源产品（X_{22}）	-33.768	2.073	-16.289	0.000
植物产品（X_{23}）	-2.712	0.341	-7.943	0.001
动物产品（X_{24}）	-3.016	0.406	-7.433	0.002
旅游资源（X_{25}）	3.635	0.317	11.466	0.000
水力发电（X_{26}）	-7.507	0.618	-12.142	0.000
释放甲烷（X_{27}）	0.950	0.151	6.296	0.003
净化空气（X_{28}）	13.204	0.832	15.865	0.000
地下水调剂与补给（X_{29}）	-5.051	0.471	-10.719	0.000
洪水调蓄（X_{30}）	-2.171	0.237	-9.146	0.001
污水净化（X_{31}）	0.468	0.147	3.180	0.034
削浪护岸（X_{32}）	-5.817	0.368	-15.799	0.000
促淤造陆（X_{33}）	7.146	0.466	15.346	0.000
土壤保持（X_{34}）	-4.736	0.317	-14.938	0.000
维持生物多样性（X_{35}）	-6.061	0.427	-14.206	0.000

根据上表中 Meta 分析价值转移模型的回归信息，建立湿地生态系统价值转移估算模型如下：

$$
\begin{aligned}
\ln(V) = {} & 6.995 + 0.091X_1 - 1.059X_2 + 0.128X_3 + 11.538X_4 + 10.159X_5 + 31.902X_6 \\
& + 5.724X_7 - 5.001X_8 + 2.362X_9 + 0.718X_{10} + 7.145X_{11} - 4.985X_{12} \\
& + 38.939X_{13} - 6.259X_{14} - 0.386X_{15} - 27.893X_{16} + 8.568X_{17} + 2.825X_{18} \\
& - 15.793X_{19} - 28.026X_{20} - 8.108X_{21} \quad 33.768X_{22} - 2.712X_{23} \\
& - 3.016X_{24} + 3.635X_{25} - 7.507X_{26} - 0.950X_{27} + 13.204X_{28} \\
& - 5.051X_{29} - 2.171X_{30} + 0.468X_{31} - 5.817X_{32} \\
& + 7.146X_{33} - 4.736X_{34} - 6.061X_{35}
\end{aligned}
$$

（二）效益转移模型误差检验

本文主要从三个方面检验建立模型的有效性：检验研究结果与评估之间的差异率；检验研究结果与评估均值的差异率；检验研究结果与评估值分布的一致性。为实现上述一致性的检验，主要通过误差检验、配对 T 检验以及单样本 K－S 检验来实现。

1. 误差检验

$$TE = \left[\frac{CS_{PV} - CS_{AV}}{CS_{AV}} \right] \times 100\%$$

公式中，TE 为效益转移的误差率；CS_{PV} 为效益转移的评估结果；CS_{AV} 为样本的研究结果。因此，在运用效益转移法评估生态环境价值时，需要进行误差检验。

2. 配对 t 检验

$$H_0: V_{评估值} - V_{实际值} = 0$$
$$H_1: V_{评估值} - V_{实际值} \neq 0$$

对二者进行配对 t 检验，以此来决定是接受还是拒绝原还原假设 H_0，如果接受原假设，就代表评估结果是有效的。

将误差检验样本的参数信息输入模型后，得到评估对象的评估值如表 3 所示。

表 3　基于 Meta 分析的效益转移结果及误差

序号	作者	研究结果 CS_{AV}	评估结果 CS_{PV}	效益转移误差
1	买尔燕古丽_阿不都热合曼	3.23	3.05	5.63%
2	郑红	11.62	11.38	2.07%
3	张晓惠	7.38	7.06	4.34%
4	陈睿哲	5.05	4.85	3.92%

根据分析结果，基于 Meta 分析模型的绝对误差范围为 2.07%—5.63%，平均误差为 3.99%，误差较小，国外生态环境价值效益转移法误差在 20%—40% 都是合理的。从配对 T 检验的结果来看，t 值为 7.600，$p = 0.061 > 0.05$，不能拒绝原假设，说明在 95% 的置信区间内，评估值与研究结果的均值在统计上没有显著不同。K－S 检验中，Asymp. Sig. 的值分别为 0.999，0.998，均大于 0.05 的显著性水平，说明研究结果和评估值的分布相同，都服从正态分布。

六、基于改进的数值转移法的应用研究

（一）案例的选取

通过前文 Meta 分析确定的湿地的价值影响因素，本文认为可以以这些价值影响因素为切入点，结合资产评估中市场法的思路，选取三个案例作为可比对象。

（二）修正体系的建立和具体指标的选取

选取合适的案例后，根据被评估对象与可比案例的差异进行调整。假设价值影响因素和价值之间是独立的相关关系，将修正因素分为湿地生态系统内部因素和外部因素，并将这些因素进行具体指标量化。

1. 外部因素

外部因素及具体量化指标，如表 4 所示。

表 4　外部因素的修正因子

调整因子	具体指标	数据来源
社会经济状况	人均 GDP	Wind
受益人口数量	常住人口数量	Wind
与城市距离	距离城市距离	百度测距
时间因素	CPI	Wind

2. 内部因素

湿地的内部影响因素主要可以对湿地面积和湿地的生态功能强度进行修正。湿地面积可以参照土地的修正方式进行修正；生态功能强度采用有关专家对中国各地生物多样性评价中的生物多样性指数（BI）的等级进行修正，具体如表 5 所示。

表 5　各省份的生物多样性指数和评级等级

序号	地区	生物多样性指数	等级	序号	地区	生物多样性指数	等级
1	云南	97.21	优	17	河南	39.32	一般
2	四川	74.26	优	18	安徽	36.89	一般
3	广西	67.15	优	19	山东	34.27	一般
4	贵州	58.52	良	20	山西	32.46	一般
5	湖北	56.63	良	21	河北	31.05	一般
6	广东	55.04	良	22	北京	30.05	一般
7	湖南	53.24	良	23	吉林	29.90	差
8	重庆	51.93	良	24	内蒙古	28.34	差
9	福建	49.91	良	25	上海	27.24	差
10	西藏	47.18	良	26	辽宁	25.79	差
11	江西	46.59	良	27	宁夏	25.55	差
12	浙江	45.40	良	28	青海	25.28	差
13	海南	44.12	良	29	江苏	24.48	差
14	甘肃	42.53	良	30	黑龙江	22.27	差
15	新疆	41.32	良	31	天津	20.31	差
16	陕西	40.58	良				

七、应用案例研究

（一）评估对象

本文以2019年为评估基准年，选取三江湿地为评估对象进行案例研究。

（二）基于Meta分析的模型的价值评估

Meta分析在进行赋值时，不能单纯地按照1和0进行赋值，这样会造成价值的重复评估。在对评估方法变量进行赋值时，采取均值更加合理，具体取值详见表1。对于价值类型变量，我们根据沼泽湿地来进行赋值，由于沼泽湿地没有宽阔的水域，也没有较大的势能，因此航运和水力发电赋值为0；三江湿地内的植物以苔草为主，净化空气和地下水补给功能基本可以忽略，因此赋值为0；促淤造陆价值是海岸近海岸湿地特有的价值类型，因此赋值为0。同时从价值评估清单数据库评价方法变量可以看出，市场法并没有纳入分析体系，而经过文献统计分析发现，上述指标均是以市场法进行评估的，因此赋值为0能够更加贴合Meta分析模型。如表6所示。

表6　三江湿地的评估参数

自变量	数值/赋值	自变量	数值/赋值
评估基准年	2019	支付意愿法	0.22
地点	黑龙江	生态价值法	0.36
湿地面积（万公顷）	19.8	模糊数学法	0.06
区域经济发展状况人均GDP（万元）	3.62	生产成本法	0.03
区域人口密度（百万人）	37.73	专家评估法	0.08
近海及海岸湿地	0	水资源产品	1
河流湿地	0	植物产品	1
湖泊湿地	0	动物产品	1
沼泽湿地	1	旅游资源	1
库塘湿地	0	水力发电	0
华东	0	航运	0
华南	0	吸收二氧化碳	1
华中	0	释放氧气	1
华北	0	释放甲烷	1
西北	0	气候调节	1
西南	0	净化空气	0
东北	1	地下水调剂与补给	0
市场法	0	洪水调蓄	1
影子工程法	0.94	污水净化	1

续表

自变量	数值/赋值	自变量	数值/赋值
替代价格法	0	削浪护岸	1
碳税法和造林成本法	1	促淤造陆	0
旅行费用法	0.72	土壤保持	1
机会成本法	0.03	维持生物多样性	1

将表中信息带入 Meta 分析建立的评估模型，得出三江湿地 2019 年单位面积湿地生态系统的价值为 52.73 万元/hm^2，生态系统总价值为 10 440 540.00 万元。

（三）基于数值转移模型的价值评估

从价值评估清单数据库中选取三个案例，作为可比案例。具体评估过程如表 7、表 8、表 9 所示。

表 7　　因素条件说明

比较因素		评估对象	可比实例 A	可比实例 B	可比实例 C
湿地名称		三江湿地	石佛寺湿地	扎龙湿地	辽宁双台河口
湿地所在行政区		黑龙江	辽宁	黑龙江	辽宁
湿地面积（万公顷）		19.80	0.21	22.50	12.80
案例价值（元/hm^2）			335 106.38	301 951.11	168 453.13
交易时间		2019 年	2012 年	2011 年	2010 年
区域因素	人均 GDP（元）	36 182.77	57 191.00	36 182.77	57 191.00
	常住人口数量（万人）	3 773.10	4 191.90	3 773.10	4 191.90
	与城市距离（km）	30.00	38.60	30.80	77.10
个别因素	湿地面积（万公顷）	19.80	0.21	22.50	12.80
	生物多样性指数	差	差	差	差

表 8　　比较因素条件指数

比较因素		评估对象	可比实例 A	可比实例 B	可比实例 C
湿地所在行政区		黑龙江	辽宁	黑龙江	辽宁
湿地面积（万公顷）		19.80	0.21	22.50	12.80
案例价值（元/hm^2）			335 106.38	301 951.11	168 453.13
交易时间			CPI 指数	CPI 指数	CPI 指数
区域因素	人均 GDP（元）	100	96	100	96
	常住人口数量（万人）	100	102	100	102
	与城市距离（km）	100	100	100	90
个别因素	湿地面积（万公顷）	100	100	102	94
	生物多样性指数	100	100	100	100

表 9　　因素比较修正系数表

比较因素		可比实例 A	可比实例 B	可比实例 C
湿地所在行政区		辽宁	黑龙江	辽宁
湿地面积（万公顷）		0.2068	22.5	12.8
案例价值（元/hm^2）		335 106.38	301 951.11	168 453.13
交易时间		1.14	1.17	1.23
区域因素	人均 GDP（元）	1.04	1.00	1.04
	常住人口数量（万人）	0.98	1.00	0.98
	与城市距离（km）	1.02	1.00	1.11
个别因素	湿地面积（万公顷）	1.00	0.98	1.06
	生物多样性指数	1.00	1.00	1.00
比准价格（元/hm^2）		397 339.72	345 316.40	249 190.90
单位面积湿地价值（元/hm^2）		330 600.00		
三江湿地总价值（万元）		6 545 900.00		

（四）两种模型评估结果对比

本文基于湿地生态环境价值的两种效益转移模型进行了评估，Meta 分析模型的评估结果为 10 440 540.00 万元，数值转移模型的评估结果为 6 545 900.00 万元，差异率为 37%。由于两种方法的基本原理和调整参数的不同，得出的结果也存在一定的差异。本文认为即使在类似的地理环境下，由于湿地各自的群落结构不同，以及所选案例评估方案和价值类型的不同，都可能造成差异，这就使得在选择效益转移法之前，应根据评估对象自身的特点、适用性进行调查，以便进行合理、客观、准确的评估。

八、结论

第一，通过 Meta 分析，构建了评估模型；参照资产评估行业中市场法的思路，对效益转移法中的数值转移法进行了改进，并构建了修正体系。

第二，选取三江源湿地进行了实证分析，阐述了在评估过程中如何进行赋值和修正。分析两种方法评估结果，认为 Meta 分析更适用于行政区域或者流域范围内的生态系统价值评估，而数值转移法则更适用单个生态系统的价值评估。

参考文献

[1] Stale Navrud, Richard Ready. Review of Methods for Value Transfer [A]. Stale Navrud, Richard Ready. Environmental Value Transfer: Issues and Methods [C]. Netherlands: Springer, P. O. Box 17, 3300 AA Dordrecht, 2007.

[2] Walsh R G, Donn M J, McKean J R. Benefit Transfer of Outdoor Recreation Demand Studies [J]. Water Resources Research, 1992, 28 (3): 707—713.

[3] Unsworth R E, Petersen T B. Secondary Methods for Natural Resource Valuation: Benifits Transfer [M] America: Division of Economics Fish and Wildlife Service, 1995: 69—95.

[4] Brouwer Roy. Environmental Value Transfer: State of the Art and Future Prospects [J]. Ecological Economics, 2000, 32 (1): 137—152.

[5] Bergstrom J C, De Civita P. Status of benefits transfer in the United States and Canada: a review [J]. Canadian Journal of Agricultural Economics – Revue Canadience D Agroeconomie, 1999, 47 (1): 79—87.

[6] Woodward R T, Wui Y S. The economic value of wetland services: a meta – analysis [J]. Ecological Economics, 2001, 37 (2): 257—270.

[7] Bateman I J, Jones A P. Contrasting conventional with multilevel modeling approaches to meta – analysis: expectation consistency in UK woodland recreation values [J]. Land Economics, 2003, 79 (2): 235—258.

[8] Vera Camacho – Valdez, Arturo Ruiz – Luna, Andrea Ghermandi, Paulo A. L. D. Nunes. Valuation of ecosystem services provided by coastal wetlands in northwest Mexico [J]. Ocean and Coastal Management, 2013, 78.

[9] 赵敏华，李国平．效益转移法评估石油开发环境中环境价值损失的实证研究 [J]. 工业技术经济，2006，25 (11)：96—99.

[10] 赵玲．基于 Meta 分析的自然资源效益转移法的实证研究 [J]. 资源科学，2011，33 (1)：31—39.

[11] 徐贤君．基于 Meta 分析法的滇池湿地价值评估 [D]. 云南大学，2015.

[12] 张玲，李小娟，周德民，张翼然．基于 Meta 分析的中国湖沼湿地生态系统服务价值转移研究 [J]. 生态学报，2015，35 (16)：5507—5517.

[13] 李敏．基于 Meta 分析的沿海地区生态价值评估 [J]. 内蒙古煤炭经济，2018 (03)：51—52.

[14] 漆信贤，黄贤金，赖力．基于 Meta 分析的中国森林生态系统生态服务功能价值转移研究 [J]. 地理科学，2018，38 (04)：522—530.

[15] Brouwer R. 2000. Environmental value transfer: State of the artand future prospects. Ecological Economics, 32: 137—152.

客户关系类无形资产评估的概率方法及评估所需相关资料研究

张　睿　涂　静　唐珑洋

摘　要： 并购中收购价格超过被并购方净资产的部分计入商誉。但其中往往还有需要识别的其他无形资产。在最近的评估实务中，这类无形资产的识别、评估显得愈加重要。客户关系类无形资产就是典型的这类一般在并购之前不入账的无形资产。证监会发审委在审核相关 IPO 文件中对相关客户关系无形资产提出的主要问题为“结合经销协议的签订方式、签订期限、保障措施等，谨慎判断经销商网络作为客户关系是否符合无形资产的定义，其摊销年限是否合理”。

实践中创业板、科创板中已经有不少公司确认了客户关系类无形资产。这部分业务虽然比例较小，但却是 IPO 文件中不可缺少的资料，也是证监会、交易所监管问询的重点对象。

概率方法在客户关系无形资产评估中主要用以解决预测客户关系的收益和客户关系的寿命两个问题。概率方法不能从根本上改变客户关系主要评估方法。概率方法对客户关系评估成本法影响不大，概率方法可以部分运用于市场法评估客户关系。在多期超额收益法中概率方法只能影响模板的第一行。从这个意义上说，概率方法不能改变客户关系评估的基本程序。

本文的创新之处在于为一类有合同背景的客户关系（物业公司）在离散续约概率下如何计算客户关系价值的问题建立了一个可行的模板。

关键词： 客户关系评估；PPA 评估；多期超额收益法

一、客户关系概述

因双方产生并购，一方以超过另一方净资产的价格收购这家公司。其超过的部分计入商誉。但是其中也许还有需要识别的无形资产，在现在的评估实务中，这类无形资产的识别、评估显得愈加重要。对并购方而言，正确地识别未入账的无形资产可以帮助并购方减少商誉，而客户关系可以摊销、商誉不能摊销。对评估机构而言，这项业务需要新的评估方法，面临新的监管。

如果一项经济利益由合同确认，可以有效和其他资产分离、辨认，企业对该资产有充分

作者单位：四川天健华衡资产评估有限公司

的控制权，未来的经济利益可以充分计量，则此项资产可以确认为一项无形资产。

会计准则要求非同一控制下的合并价格需要在取得被购买方各项可辨识的资产和负债之间进行分配，相关评估成为 PPA（Purchase Price Allocation 合并对价分摊）评估。此项评估中客户关系也是需要重点关注的可能未识别资产。在企业未识别的无形资产中，评估师需要对企业经营模式和资产状况有相应的了解。

客户关系的合理评估会促使企业在财务报告中引入客户资产。目前我国《企业会计准则讲解（2010）》认为企业需要能够控制客户资源才能够认定无形资产。然而事实上，客户资产在很大程度上关系着企业的经营收益和整体价值。在 21 世纪初美国证券交易委员会就建议，上市公司披露的信息当中应该包含客户资产。事实上，从美国回归的不少中概股其财务报表中都含有客户关系。

证监会培训中声明：对于客户资源或者客户关系，只有在合同或者其他法定权利支持，确保企业在较长时间内获得稳定收益且能够核算价值的情况下，才能确认为无形资产。如果企业无法控制客户关系、人力资源带来的未来经济利益，则不应确认为无形资产。

二、客户关系评估的概率方法

（一）客户关系评估的多期超额收益法与成本法

现有与客户关系相关的评估报告评估客户关系主要使用的是多期超额收益法。但是需要注意的是多期超额收益法并不是评估客户关系的唯一方法。

多期超额收益法（Multi - Period Excess Earning Method，简称 MPEEM）是一种特殊的收益法。当客户关系是企业主要的无形资产或者虽然其他无形资产占主要部分但是可以被很好地估值时仍然可以使用多期超额收益法估值客户关系无形资产。多期超额收益法估计一个包含客户关系的最小资产组的现金流收益再减去资产组中其他资产的贡献最后折现得到客户关系的折现值。

以下我们讨论多起超额收益法实施的具体步骤。

第一步，将被评估无形资产与其他相关资产组成一个业务资产组。

这一步与商誉减值评估类似，注意其中的溢余资产与非经营资产，湖南证监局曾经处罚过一个评估公司，认为其计算周转率的问题时没有考虑应收账款中的非核心资产，导致周转率计算错误。

组成资产组是要注意能力溢余的概念，所谓能力溢余，即资产组的产能或销售由其短板决定。这也意味着可能存在预测了不能实现的生产或销售。

本文计算预期收益的起点都是评估基准日企业所拥有的客户资源，未来可能获得的客户资源不考虑在内。这样一来，如果历史数据不能显示单个客户资源有明确的增长或者有明确的合同依据其会有明确的增长，则未来收益预测总是向下的。因而在客户关系评估中既然其自带客户流失率，我们不用再考虑衰减率。考虑到现有客户关系评估中常见 10% 的客户流失率，由前一段分析可知，这等价于一种等比衰减。

评估师需要考虑客户关系是基于合同还是其他。证监会明确规定客户关系需要基于合同。这样从微观数据的观点，假如某公司的客户关系以个人为基础，则产生客户关系的基础是某某电信服务合同，某某会员制合同，某某专项医院的医疗合同等等①。已经有评估报告评估苏宁会员的客户关系价值。

客户关系评估最常用的统计方法是绘制客户历史生存曲线然后用诸如 Iowa 分布，Weibull 分布，或者其他分布拟合客户生存曲线。APB VFR Valuation Advisory NO. 2 认为如果数据允许，概率统计的方法是最为各方接受的方法，是估计客户关系基础数据的首选方法。

有时管理层预测也被作为预测的基础。继峰股份评估中管理层及评估师即由讨论得出关键评估参数。

第二步，计算各类资产的贡献率（CAC）。

第三步，折现率及现金流折现。

本文使用税前折现率，不考虑税金影响。

（二）客户关系寿命问题

由前面收集的案例可知，客户关系的寿命问题是证监会、交易所重点的问询对象。评估公司受获取数据质量的限制，在不能充分使用统计模型估计寿命的情况下，下面是一些估计客户关系寿命的经验法则，其中一些方法评估公司已经在证监会问询下使用过。

这个数据是 H 公司 20 大客户 2016—2020 年 1—10 月的销售情况。

如表 1 所示，从历史上看：

2016 年公司前 20 大客户销售占总销售的 87.42%。

2017 年公司前 20 大客户销售占总销售的 85.95%。

2018 年公司前 20 大客户销售占总销售的 81.85%。

2019 年公司前 20 大客户销售占总销售的 86.61%。

2020 年 1—10 月公司前 20 大客户销售占总销售的 87.45%。

表 1　H 公司 20 大客户 2016—2020 年 1—10 月的销售情况表　单位：万元

客户名称	2016 年	2017 年	2018 年	2019 年	2020 年
CQCA	3 535.86	3 212.08	4 130.17	3 525.32	3 599.56
GCWL	1 915.43	760.40	1 139.33	915.77	3 802.49
BFGJ	1 536.14	1 062.14	606.03	2 221.98	1 207.42
XLDL	1 120.97	1 647.92	1 935.74	1 237.99	716.74
KKDD	1 097.55	984.50	1 242.33	1 805.04	1 806.33
CJTZ	1 086.10	0.00	0.00	0.00	0.00
HNYJ	866.07	1 075.67	1 301.19	665.75	153.31
YCXF	799.90	895.44	870.08	1 007.0	646.70
XAHTDL	671.91	382.58	768.75	943.89	358.20

① 本文专项医疗合同指口腔医院，眼科，肛肠科等专科连锁医院。如通策医疗，爱尔眼科，马应龙医院等等。一般做这类专业医院的客户黏性很大，而客户需要的医疗服务又往往难以在短时间完成。

续表

客户名称	2016 年	2017 年	2018 年	2019 年	2020 年
CQJLTZ	659.62	746.09	495.83	498.14	771.92
JZJH	539.33	326.23	93.66	0.00	0.00
HTCN	342.42	125.41	0.00	0.00	0.00
YTXNY	308.01	337.84	418.71	579.26	705.27
WFJP	269.89	243.87	61.88	0.00	0.00
SSOW	247.28	467.64	0.00	991.00	568.78
SHWXD	228.45	106.69	345.92	315.30	182.60
CDRKD	214.24	200.80	242.00	108.91	146.54
BZYJS	205.28	23.78	152.32	21.69	0.00
HAHX	195.86	345.26	204.50	195.67	297.18
HTHX	195.50	27.50	69.00	135.48	82.50

我们用这个数据可以用一些相对简单方法计算评估公司常用的各项参数，这种处理是最简单的，但是操作性很好，是一种实用的方法。

方法 1，我们可使用几何平均或者算数平均来计算客户流失率，如表 2 所示。

表 2　　　　用简单的方法估计客户流失率

	Time -5	Time -4	Time -3	Time -2	Time -1
2016 年前 20 家客户贡献金额	16 035.8	12 971.8	14 077.4	15 168.2	15 045.6
年度损失率		-19.11%	8.52%	7.75%	-0.81%
几何平均	-1.58%				
算术平均	-0.91%				

其中 Time -5 指 2016 年，16 035.8 是 2016 年前 20 家客户的销售总额。

从中可见，H 公司客户几何平均的年度损失率仅仅只有 1.58%，这是一个真实的案例，这个案例的损失率低于大部分所见文献数值。

由此可以看出，如果某公司在一个快速成长的行业中，其用这种历史数据计算的客户流失率可能就根本不会衰减。这也暗示了，客户关系评估，其企业生命周期需要达到成熟期，如表 3 所示。

表 3　　　　客户流失率计算法 2

	Time -5	Time -4	Time -3	Time -2	Time -1
现有客户总收入	16 035.8	14 949.7	14 824.3	14 762.4	14 740.7
年度失去的收入		1 086.1	125.4	61.9	21.7
客户流失率		6.77%	0.84%	0.42%	0.15%
算数平均	-2.04%				
几何平均	-2.08%				

此处年度失去的收入，在 Time－4 是 CJTZ 公司 2016 年的销售额 1 086. 1 万元，在 Time－3 是 HTCN 公司 2017 年的销售额 125. 4 万元，其余的以此类推。

估计增长率，计算此类增长率的口径和一般收入增长率的口径略有不同，此处是使用 2016 年至 2020 年的数据，如表 4 所示。

表 4　　H 公司各阶段估计增长率

	Time－5	Time－4	Time－3	Time－2	Time－1
留存客户收益	13 592. 8	12 252. 5	13 769. 6	15 146. 5	15 045. 6
增长率		－9. 9%	12. 4%	10. 0%	－0. 7%
几何平均	2. 6%				
算术平均	3. 0%				

客户关系预计如图 1 所示。

	Year1	Year2	Year3	Year4	Year5	Year6	Year7	Year8	Year9	Year10
期初客户收益	15 045.6	15 110.9	15 176.5	15 242.4	15 308.6	15 375.1	15 441.9	15 509.0	15 576.3	15 644.0
客户收益增长率	2.6%	2.6%	2.6%	2.6%	2.6%	2.6%	2.6%	2.6%	2.6%	2.6%
客户衰减率	-2.08%	-2.08%	-2.08%	-2.08%	-2.08%	-2.08%	-2.08%	-2.08%	-2.08%	-2.08%
期末客户收益	15 110.9	15 176.5	15 242.4	15 308.6	15 375.1	15 441.9	15 509.0	15 576.3	15 644.0	15 711.9

图 1　客户关系预计图

还有一种简单的估计客户关系寿命的方法，在中国评估实务中也常常可见。例如华熙生物。其简要概述如下，当某客户关系预测年度的现金流现值小于现值总和的 5% 时即预计寿命结束，比如华熙生物，其累计折现于第十年小于 5%，则预期其寿命为十年，摊销年限为九年。即便这样一个简单的方法，文献上也有三种不同的百分比计算操作方式，如表 5 所示。

表 5　　估计客户关系寿命三种不同百分比计算操作方式表

评估基准日客户关系价值	100			
折现率	15%			
客户流失率	10%			
年度	现金流现值	累积现值百分比	现值增量百分比	现值/累积超额收益
1	83. 93	21. 9%	21. 9%	93. 3%
2	65. 68	39. 0%	17. 1%	38. 4%
3	51. 40	52. 5%	13. 4%	21. 1%
4	40. 23	63. 0%	10. 5%	13. 0%
5	31. 48	71. 2%	8. 2%	8. 5%
6	24. 64	77. 6%	6. 4%	5. 8%
7	19. 28	82. 6%	5. 0%	4. 1%
8	15. 09	86. 6%	3. 9%	2. 9%
9	11. 81	89. 7%	3. 1%	2. 1%
10	9. 24	92. 1%	2. 4%	1. 6%

续表

年度	现金流现值	累积现值百分比	现值增量百分比	现值/累积超额收益
11	7.23	94.0%	1.9%	1.2%
12	5.66	95.4%	1.5%	0.9%
13	4.43	96.6%	1.2%	0.7%
14	3.47	97.5%	0.9%	0.5%
15	2.71	98.2%	0.7%	0.4%
16	2.12	98.8%	0.6%	0.3%
17	1.66	99.2%	0.4%	0.2%
18	1.30	99.5%	0.3%	0.2%
19	1.02	99.8%	0.3%	0.1%
20	0.80	100.0%	0.2%	0.1%
现金流现值求和	383.19			

表5中累积现值百分比第二年计算方式为（83.93+65.68）/383.19；

现值增量百分比第二年计算方式为65.68/383.19；

现值累积超额收益百分比第二年计算方式为65.68/（未折现的前两年超额收益和）。

三、上市公司客户关系分类及评估案例无形资产以客户关系为主的公司（物业企业）

我们可以以客户关系对企业的重要程度对公司进行划分。但是本文只讨论客户关系最简单的公司，即物业管理公司。

蓝光发展的控股子公司蓝光嘉宝服务是一家全国性的大型物业企业。蓝光嘉宝服务于港股上市，在本文撰写时其每年约使用6亿元用于与物业公司有关的并购，由于蓝光发展对蓝光嘉宝服务并表，所以中国证监会也会问询蓝光发展有关蓝光嘉宝服务的问题。

《蓝光发展：关于回复上交所对公司2019年年报信息披露监管工作函的公告》显示：上海证券交易所曾经问询，年报显示，公司2019年末无形资产7.19亿元，同比增加41.26%。其中包含1.59亿元客户关系，占比22.11%。请公司结合客户关系的形成背景，说明将其计入无形资产的原因及合理性，以及相关会计处理依据。请公司年审会计师发表意见。

蓝光发展年报审计师信永中和答复："公司2019年末无形资产7.19亿元，其中包含1.59亿元客户关系，该客户关系是公司下属子公司四川蓝光嘉宝服务集团股份有限公司（以下简称蓝光嘉宝股份，2019年H股公开发行上市）陆续收购7家物业公司时形成。在物业公司股权收购过程中看中的是被收购物业公司的现有物业管理资源（即物业管理合同），收购对价主要取决于被收购方管理的物业面积和物业管理资源质量所带来的利润。"

信永中和答复的主要依据是《香港财务报告准则》及《企业会计准则第20号——企业合并》相关条款。"公司对外购买物业公司时，根据过往公司经验及行业标准，判断被收购公司的在管物业合同预估合同期在8到10年"。"在无形资产—客户关系的公允价值确认及预计可使用年限的确定时，蓝光嘉宝股份分析并使用了独立评估机构的评估结果。其中：

（1）公允价值按照超额多期收益法进行估值。（2）预期使用年限的确认考虑到大部分被收购公司的现有物业服务合同具有明确的到期日，该等服务合约的合约期限为一至五年，而剩余合约无明确的到期日期；基于过往经历及物业管理行业的一般情况，与业主委员会的物业管理合约的终止或不续订时有发生；因此蓝光嘉宝股份估计可使用年限并确定客户关系摊销期限为 100 至 120 个月。”

研究物业公司客户关系一个重要的内容就是我们需要根据续签率倒推客户流失率。看过上述蓝光嘉宝服务和信永中和的披露，我们不难发现其中有两个关键参数，客户留存率 90% 与客户关系 100—120 个月。一个自然的问题是我们能够根据一般的尽职调查数据得出这两个参数吗？

蓝光嘉宝服务预期客户关系寿命为 100—120 个月，为简便起见，我们取整数 8—10 年。很多并购案例假设收购物业公司一年后收缴率会达到 90%，考虑到我们只在存量客户的基础上预期计算客户关系价值。我们只在原始数据基础上考虑。

物业公司层面大致面对两种合同，一种是物业公司获得某某小区项目的合同，另一种是业主与物业公司的合同。当然，第一种合同是关键的，他事关收益有无。第二种合同只是对收入多少有影响。

我们假设是否有小区业主委员会对物业合同签约是至关重要，如果一个小区有业主委员会则会降低物业公司续约的概率。

与前面披露不同，物业公司大多数物业合同签订的期限是 3—5 年，很多小区从成立伊始就没有更换过物业公司。

我们用以计算物业公司客户关系的物业项目简介如下：SDZC 物业是一家成立于 2010 年 6 月 30 日物业管理公司，公司成立时注册资本为 500.00 万元人民币。ZC 物业经营业务为物业管理服务，实际开展业务包括物业管理、停车场管理、公共区域场地出租、广告位租赁等。物业管理类型以运营住宅物业为主。本次纳入估值范围内的是 10 个物业项目，均分布于山东省济南市。

我们假设项目 3 年一续签，很明显，年份越低客户关系估计越保守。假设物业项目合同续签概率 90%，项目留存率 90%，具体如图 2 所示。

项目名称	类型	可收费面积 总收费面积	收费标准 收费单价	实际收入-不含税 2021年	2022年	2023年	2024年
H项目-一期	住宅	201 440.02	2.20	4 343 196.47	4 343 196.47	4 343 196.47	4 343 196.47
	商铺	14 580.49	5.00	542 135.45	542 135.45	542 135.45	542 135.45
H项目-二期	住宅	159 084.50	2.20	3 004 864.80	3 004 864.80	3 004 864.80	3 004 864.80
	商铺	11 036.82	5.00	363 400.23	363 400.23	363 400.23	363 400.23
D项目	住宅	126 665.20	1.70	2 154 053.40	2 154 053.40	2 154 053.40	2 154 053.40
	商铺	1 944.67	3.00	50 535.99	50 535.99	50 535.99	50 535.99
LD-A区	住宅	130 878.27	1.60	2 073 575.91	2 073 575.91	2 073 575.91	2 073 575.91
	商铺	2 320.16	4.00	92 501.14	92 501.14	92 501.14	92 501.14
LD-B区	住宅	140 202.96	1.60	2 269 934.71	2 269 934.71	2 269 934.71	2 269 934.71
	商铺	6 325.80	4.00	249 871.41	249 871.41	249 871.41	249 871.41
LD-C区	住宅	165 284.79	1.60	2 694 453.94	2 694 453.94	2 694 453.94	2 694 453.94
	商铺	12 603.44	4.00	498 206.20	498 206.20	498 206.20	498 206.20
T项目	别墅	45 793.43	2.64	985 405.49	985 405.49	985 405.49	985 405.49
	多层住宅	118 668.55	1.57	1 366 739.28	1 366 739.28	1 366 739.28	1 366 739.28
	高层住宅	268 420.19	1.72	3 386 834.80	3 386 834.80	3 386 834.80	3 386 834.80
	商业	10 788.03	4.50	395 696.80	395 696.80	395 696.80	395 696.80
DD项目	公寓	74 026.80	3.00	2 197 896.43	2 197 896.43	2 197 896.43	2 197 896.43
	商业、写字	37 927.34	1.80	609 194.80	609 194.80	609 194.80	609 194.80
F项目	公寓	26 849.52	1.60	437 217.63	437 217.63	437 217.63	437 217.63
	写字楼	3 322.13	2.60	88 005.10	88 005.10	88 005.10	88 005.10
	商业	2 958.89	3.00	90 441.54	90 441.54	90 441.54	90 441.54
合计		156.11		**2 789.42**	**2 789.42**	**2 789.42**	**2 789.42**

图 2　物业项目预估收入图

基本编程模拟思想介绍如下：

Step 1：产生随机数判断 2021 年后第几年要续签

Step 2：产生随机数判断 2021 年后每一年续签成功的概率

Step 3：如果签约成功，则下 3 年收益同上一年相同，直至下一次签约时间

Step 4：折现并与简单衰减估计相比较

				1	2	3	4	5	6	7	8	9
		判断是否续签	0	1	1	1	1	1	1	1	1	1
		检查是否1 4 7		1	0	0	1	0	0	1	0	0
		检查是否2 5 8		0	1	0	0	1	0	0	1	0
		检查是否3 6 9		0	0	1	0	0	1	0	0	1
		H1检查签约日		0	0	1	0	0	1	0	0	1
H项目-一期	81.70253386	2	4 885 331.91	4 885 331.91	4 885 331.91	4 885 331.91	4 885 331.91	4 885 331.91	4 885 331.91	4 885 331.91	4 885 331.91	4 885 331.91
		H2检查签约日		0.00	1.00	0.00	0.00	1.00	0.00	0.00	1.00	0.00
H项目-二期	37.47702056	1	3 368 265.03	3 368 265.03	3 368 265.03	3 368 265.03	3 368 265.03	3 368 265.03	3,368,265.03	3 368 265.03	3 368 265.03	3 368 265.03
		D检查签约日		1.00	0.00	0.00	1.00	0.00	0.00	1.00	0.00	0.00
D项目	23.15651309	0	2 204 589.39	2 204 589.39	2 204 589.39	2 204 589.39	2 204 589.39	2 204 589.39	2 204 589.39	2 204 589.39	2 204 589.39	2 204 589.39
		LDA检查签约日		0.00	1.00	0.00	0.00	1.00	0.00	0.00	1.00	0.00
LD-A区	56.54907951	1	2 166 077.05	2 166 077.05	2 166 077.05	2 166 077.05	2 166 077.05	2 166 077.05	2,166,077.05	2 166 077.05	2 166 077.05	2 166 077.05
		LDB检查签约日		0.00	0.00	1.00	0.00	0.06	1.00	0.00	0.00	1.00
LD-B区	76.37037418	2	2 519 806.12	2 519 806.12	2 519 806.12	2 519 806.12	2 519 806.12	2 519 806.12	2 519 806.12	2 519 806.12	2 519 800.12	2 510 806.12
		LDC检查签约日		1.00	0.00	0.00	1.00	0.00	0.00	1.00	0.00	0.00
LD-C区	24.50879151	0	3 192 660.14	3 192 660.14	3 192 660.14	3 192 660.14	3 132 660.14	3 192 660.14	3 192 660.14	3 192 660.14	3 192 660.14	3 192 660.14
		T检查签约日		0.00	0.00	1.00	0.00	0.00	1.00	0.00	0.00	1.00
T项目	88.93003878	2	6 134 676.36	6 134 676.36	6 134 676.36	6 134 676.36	6 134 676.36	6 134 676.36	6 134 676.36	6 134 676.36	6,134,576.36	6 134 676.36
		DD检查签约日		0.00	1.00	0.00	0.00	1.00	0.00	0.00	1.06	0.00
DD项目	63.49514679	1	2 807 091.23	2 807 091.23	2 807 091.23	2 807 091.23	2 807 091.23	2 807 091.23	2 807 091.23	2 807 091.23	2 807 091.23	2 807 091.23
		F检查签约日		0.00	1.00	0.00	0.00	1.00	0.00	0.00	1.00	0.00
F项目	51.23460407	1	615 664.28	615 664.28	615 664.28	615 664.28	615 664.28	615 664.28	615 664.28	615 664.28	615 664.28	615 664.28
			2021	2022	2023	2024	2025	2026	2027	2028	2029	2030
			1	2	3	4	5	6	7	8	9	10
			0.5	1.5	2.5	3.5	4.5	5.5	6.5	7.5	8.5	9.5
			0.9428	0.8381	0.7449	0.6622	0.5886	0.5232	0.4651	0.4134	0.3675	0.3266
		年度总和	27 894 161.50	27 894 161.50	27 894 161.50	27 894 161.50	27 894 161.50	27 894 161.50	27 894 161.50	27 894 161.50	27 894 161.50	27 894 161.50
		年度总和衰减计算	27 894 161.50	25 104 745.35	22 594 270.82	20 334 843.74	18 301 359.36	16 471 223.43	14 824 101.08	13 341 690.97	12 007 521.88	10 806 769.69
		折现值1	26 298 867.67	23 376 771.26	20 779 352.23	18 470 535.32	16 418 253.62	14 594 003.22	12 972 447.3	1 1531 064.27	10 249 834.91	9 110 964.361
		折现值2	26 298 867.67	21 039 094.14	16 831 275.31	13 465 020.25	1 077 2016.2	8 617 612.959	6 894 090.367	5 515 272.294	4 412 217.835	3 529 774.268
		折现值1总和	163 802 094.16									
		折现值2总和	117 375 241.29									
		需要至少求10000次										

图 3　物业项目合同续签模拟编程图

如图 3 所示，第一次的结果是用原始数据为 163 802 094. 16 这个数据是在 10 年内都签约的折现值，用简单估计，每年留存 90%，为 117 375 241. 29。明显基于原始数据得出的收益额较大。考虑到 90% 的留存率，明显 163 802 094. 16 这个值占所有随机估值的主要部分。

观察上述图表，所有合同均延续，但是这不是普遍情况根据随机数的不同，还有可能有合同没有续签的情况。

		判断是否续签	1	1	0	0	0	1	0	1	1	1
		检查是否1 4 7		1	0	0	1	0	0	1	0	0
		检查是否2 5 8		0	1	0	0	1	0	0	1	0
		检查是否3 6 9		0	0	1	0	0	1	0	0	1
		H1检查签约日		0	0	1	0	0	1	0	0	1
H项目-一期	96.63024092	2	4 885 331.91	4 885 331.91	4 885 331.91	0.00	0.00	0.00	0.00	0.00	0.00	0.00
		H2检查签约日		0.00	0.00	1.00	0.00	0.00	1.00	0.00	0.00	1.00
H项目-二期	94.98587339	2	3 368 265.03	3 368 265.03	3 368 265.03	0.00	0.00	0.00	0.00	0.00	0.00	0.00
		D检查签约日		0.00	1.00	0.00	0.00	1.00	0.00	0.00	1.00	0.00
D项目	37.09006176	1	2 204 589.39	2 204 589.39	0.00	0.00	0.00	0.00	0.00	0.00	0.00	0.00
		LDA检查签约日		0.00	0.00	1.00	0.00	0.00	1.00	0.00	0.00	1.00
LD-A区	66.97072751	2	2 166 077.05	2 166 077.05	2 166 077.05	0.00	0.00	0.00	0.00	0.00	0.00	0.00
		LDB检查签约日		0.00	0.00	1.00	0.00	0.00	1.00	0.00	0.00	1.00
LD-B区	97.2865693	2	2 519 806.12	2 519 806.12	2 519 806.12	0.00	0.00	0.00	0.00	0.00	0.00	0.00
		LDC检查签约日		1.00	0.00	0.00	1.00	0.00	0.00	1.00	0.00	0.00
LD-C区	8.325000698	0	3 192 660.14	3 192 660.14	3 192 660.14	3 192 660.14	0.00	0.00	0.00	0.00	0.00	0.00
		T检查签约日		0.00	1.00	0.00	0.00	1.00	0.00	0.00	1.00	0.00
T项目	60.66119329	1	6 134 676.36	6 134 676.36	0.00	0.00	0.00	0.00	0.00	0.00	0.00	0.00
		DD检查签约日		1.00	0.00	0.00	1.00	0.00	0.00	1.00	0.00	0.00
DD项目	3.369637393	0	2 807 091.23	2 807 091.23	2 807 091.23	0.00	0.00	0.00	0.00	0.00	0.00	0.00
		F检查签约日		0.00	1.00	0.00	0.00	1.00	0.00	0.00	1.00	0.00
F项目	61.73857325	1	615 664.28	615 664.28	615 664.28	0.00	0.00	0.00	0.00	0.00	0.00	0.00
			2021	2022	2023	2024	2025	2026	2027	2028	2029	2030
			1	2	3	4	5	6	7	8	9	10
			0.5	1.5	2.5	3.5	4.5	5.5	6.5	7.5	8.5	9.5
			0.9428	0.8381	0.7449	0.6622	0.5886	0.5232	0.4651	0.4134	0.3675	0.3266
		年度总和	27 894 161.50	27 894 161.50	19 554 895.75	3 192 660.14	0.00	0.00	0.00	0.00	0.00	0.00
		年度总和衰减计算	27 894 161.50	25 104 745.35	22 594 270.82	20 334 843.74	18 301 359.36	16 471 223.43	14 824 101.08	13,341,690.97	12 007 521.88	10 806 769.69
		折现值1	26 298 867.67	23 376 771.26	14 567 136.81	2 114 067.555	0	0	0	0	0	0
		折现值2	26 298 867.67	21 039 094.14	16 831 275.31	13 465 020.25	10 772 016.2	8 617 612.959	6 894 090.367	5 515 272.294	4 412 217.835	3 529 774.268
		折现值1总和	66 356 843.30									
		折现值2总和	117 375 241.29									
		需要至少求10000次										

图 4　物业项目合同未续签模拟编程图

如图 4 所示，物业项目就有很多没有续签。一次的结果是用原始数据为 66 356 843. 30 出现这种情况的原因仅仅是 2023 年、2024 年、2025 年、2027 年的随机数都产生了 0。计算这种概率为（0. 9 ×0. 9 ×0. 1 ×0. 1 ×0. 1 ×0. 9 ×0. 1 ×0. 9 ×0. 9 ×0. 9） =0. 005314%。一个很小的概率。可以用简单估计，每年留存 90%，为 117 375 241. 29 不变。但是原始数据得出的值仍然比简单估计的大。我们很容易计算值会产生变化的概率，从 2022—2030 年共 9 年，不改变的概率为 0. 9^9 =38. 74%。即所有结果中有 38. 74% 的概率直接从原始数据得到的值为 163 802 094. 16。也即合同均续签的概率是 38. 74%。

明显的，要想完整的从概率上估计何时原始数据得到的值比简单估计得到的值高，需要使用随机模拟，Excel 不适合做大规模大表格的这种操作。我们使用 R 语言模拟这种操作 10 000 次。

运行 10 000 次得到均值 14 566. 08 万，标准差 2 390. 48 万。

直方图如图 5 所示。

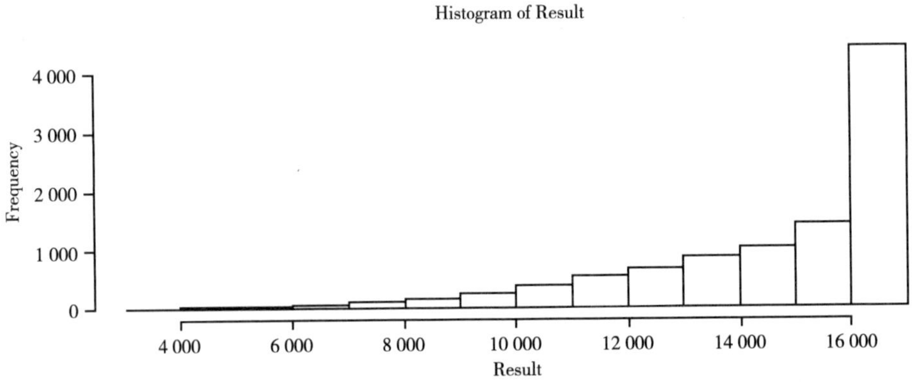

图 5　10 000 次模拟直方图

最高那个直方就是最常出现的值 163 802 094. 16。

运行 100 000 次得到均值 14 531. 81 万，标准差 2 415. 38 万。其中出现 1 638 万次，概率为 39. 38% 与前面计算的 38. 74% 相差不大，可见模拟程序有一定的可靠性。

直方图如图 6 所示。

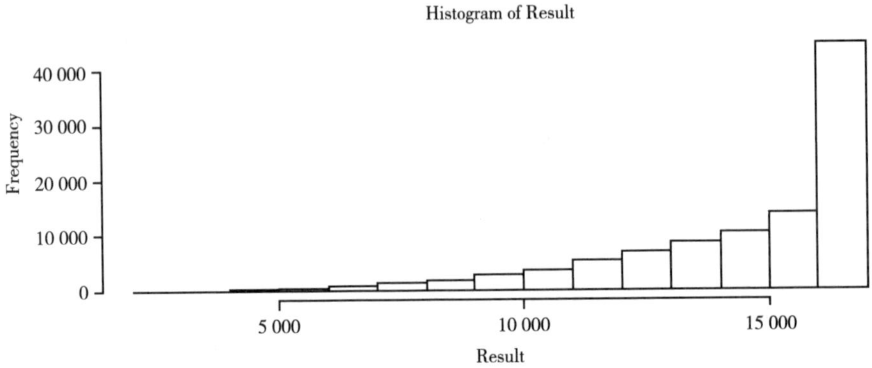

图 6　100 000 次模拟直方图

最高那个直方就是最常出现的值 1 638 万。

运行 1 000 000 次得到均值 14 538. 38 万，标准差 2 419. 10 万。

直方图如图 7 所示。

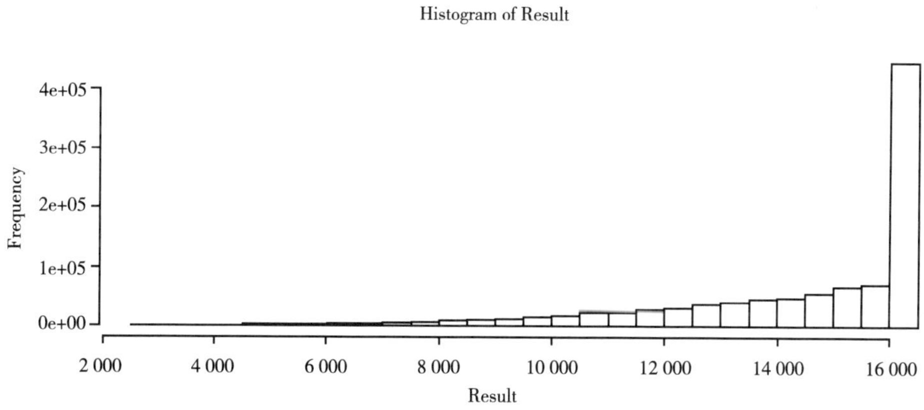

图 7　1 000 000 次模拟直方图

最高那个直方就是最常出现的值 1 638 万。

可见，1 万次与 100 万次均值与标准差均相差不大。我们直接使用 1 万次的数值即可。用 100 万次模拟数据分析，离散数据均值及一个标准差范围为［12 119. 28　16 957. 48］，这个范围还是远远大于 90% 留存率简单计算得出的 11 737. 52 万元。

考虑到用超额收益法计算客户关系中其他要素很难说全部是流动的，[①] 所以我们可以调高留存率，使得其和签约率得到的均值接近，这样就可以使用 Excel 计算客户关系，这样的操作符合评估师的习惯。

我们以上述案例以 10 000 次做模拟，我们调整留存率到 96. 57%，得到简单双肩的折现值为 14 538. 32，其均值与 14 538. 38 万元较为接近，因此我们可以使用 96. 57% 的留存率。

由于这个案例中签约的物业合同小区都没有业主委员会，其合同没有固定期限，所以从上述分析可以得知，某上市公司使用 90% 留存率其实有所低估，但也同时说明其取 90% 留存率是有充分的依据的。从签约合同年限来看，我们使用的是 3 年一签的最短期限，无疑是非常保守的。[②] 因为直观上可以看出，签约期限越长，客户关系价值越大。本文只分析了 10 年的影响，本文的编程方法、模型不难扩展到任意年度的情形。

得到上述基础数据我们就可以使用多期超额收益法计算物业公司客户关系。

我们先剥离与客户关系无关的资产负债，如表 6 所示。

① 比如如果某年没有签约，则销售收入为 0. 这时直接套用链接，则对应的其他贡献也会是 0. 现实中显然不会这样，固定资产，人员，关系费用等成本不会一下消失。所以为简便起见，使用某种对应的留存率模型是有意义的。

② 物业合同通常 3—5 年一签。1，2 年指的是物业合同剩余 1—2 年。

表 6　　剥离与客户关系无关的资产负债结果表

科目	账面值	评估值	备注
应收账款	1 894.88	1 894.88	按权责发生制统计的历史积欠物业费。
其他应收款	822.80	822.80	主要为关联方往来款项、押金及备用金等。
小计	**2 717.68**	**2 717.68**	
固定资产 - 股东个人车辆	64.97	64.97	股东个人购买的办公家具、车辆等固定资产，以账面值列示。
小计	**64.97**	**64.97**	
应付职工薪酬	87.98	87.98	
应交税费	152.94	152.94	
其他应付款	2 444.24	2 444.24	主要为代收代缴水电费、公区收益、关联方往来款及股东借款等，本次估值以账面值列示。

在收益法预测期内主营业务成本按收益法一般测算标准计算，预测期外按上一期的主营业务成本×留存率。

物业公司财务报表销售费用很少，甚至很多时候记为 0。我们假设物业公司维持现有客户的费用约为客户关系预期值的 1.5%，并且随着留存率衰减。这部分费用中有很大一部分是法律费用。

以上经营成本，管理费用预计中都是不含折旧摊销的。

经过以上计算得到客户关系计算表的 EBITDA 如图 8 所示。

		2021	2022	2023	2024	2025	2030
全部销售收入（万元）		3 769.10	3 755.40	3 168.70	3 164.60	3 164.60	3 164.60
客户关系收入（万元）		**2 789.42**	**2 693.74**	**2 601.34**	**2 512.12**	**2 425.95**	**2 037.48**
客户关系/销售收入		74.0%	71.7%	82.1%	79.4%	76.7%	64.4%
销售成本扣除人工成本		3 377.70	3 337.70	2 833.90	2 807.30	2 711.01	2 276.89
客户关系成本		**2 499.75**	**2 394.12**	**2 326.49**	**2 228.49**	**2 078.23**	**1 465.94**
现有技术维持研发费用							
未来新技术研发投入							
商标广告费							
现有客户市场维持费	2.5%	69.74	67.34	65.03	62.80	60.65	50.94
未来客户市场开发费							
管理费用		270.00	269.50	249.30	249.20	240.65	202.12
客户关系管理费用		199.82	193.31	204.66	197.82	184.48	130.13
经营期间费用合计		**269.56**	**260.66**	**269.70**	**260.62**	**245.13**	**181.07**
EBITDA		**20.11**	**38.96**	**5.16**	**23.01**	**102.59**	**390.47**

图 8　客户关系计算表的 EBITDA 值

其中因为表格太长，此处未显示 2026—2029 年的数据。

超额收益法就是需要扣除营运资金回报（CAC），固定资产回报（CAC），劳动力回报（CAC），以上的 CAC 初次计算，均为销售收入的一定比例。

考虑到物业公司的特殊性，物业公司项目一旦形成，就比较稳定。并且中小型物业公司的营运资金中有很多关联交易科目。因此，我们不考虑营运资金 CAC 贡献，如图 9 所示。

			第1年	第2年	第3年	第4年	第5年	第6年	第7年	第8年	第9年	第10年
	固定资产账面价值	折旧年限	2021	2022	2023	2024	2025	2026	2027	2028	2029	2029
	55.9	10	5.59	5.59	5.59	5.59	5.59	5.59	5.59	5.59	5.59	5.59
CAPEX 第1年	5	10	0.25	0.5	0.5	0.5	0.5	0.5	0.5	0.5	0.5	0.5
CAPEX 第2年	7	10		0.35	0.7	0.7	0.7	0.7	0.7	0.7	0.7	0.7
CAPEX 第3年	7	10			0.35	0.7	0.7	0.7	0.7	0.7	0.7	0.7
CAPEX 第4年	8	10				0.4	0.8	0.8	0.8	0.8	0.8	0.8
CAPEX 第5年	9	10					0.45	0.9	0.9	0.9	0.9	0.9
CAPEX 第6年	10	10						0.5	1	1	1	1
CAPEX 第7年	10	10							0.5	1	1	1
CAPEX 第8年	12	10								0.6	1.2	1.2
CAPEX 第9年	13	10									0.65	1.3
CAPEX 第10年	14	10										0.7
		折旧合计	5.84	6.44	7.14	7.89	8.74	9.69	10.69	11.79	13.04	14.39
		折旧合计/销售收入	0.15%	0.17%	0.23%	0.25%	0.28%	0.31%	0.34%	0.37%	0.41%	0.45%
		期初固定资产	55.9	55.06	55.62	55.48	55.59	55.85	56.16	55.47	55.68	55.64
		资本支出	5	7	7	8	9	10	10	12	13	14
		折旧	5.84	6.44	7.14	7.89	8.74	9.69	10.69	11.79	13.04	14.39
		期末固定资产	55.06	55.62	55.48	55.59	55.85	56.16	55.47	55.68	55.64	55.25
			第1年	第2年	第3年	第4年	第5年	第6年	第7年	第8年	第9年	第10年
	劳动力公允价值	摊销年限	2021	2022	2023	2024	2025	2026	2027	2028	2029	2029
	1036.5	10	103.65	103.65	103.65	103.65	103.65	103.65	103.65	103.65	103.65	103.65

图 9　2021—2029 年劳动力成本摊销表

劳动力公允价值取期初的劳动力成本 1036.5 万作为公允价值的替代变量，按十年摊销。此处的摊销仅仅做计算上的名词，并非它在会计上真的可以摊销。

补偿回报（Return of）	第1年	第2年	第3年	第4年	第5年	第6年	第7年	第8年	第9年	第10年
项目名称	2021	2022	2023	2024	2025	2026	2027	2028	2029	2029
存量固定资产租金回报	6.84	6.84	6.84	6.84	6.84	6.84	6.84	6.84	6.84	6.84
资本性支出	5	7	7	8	9	10	10	12	13	14
第1年	0.61	0.61	0.61	0.61	0.61	0.61	0.61	0.61	0.61	0.61
第2年		0.86	0.86	0.86	0.86	0.86	0.86	0.86	0.86	0.86
第3年			0.86	0.86	0.86	0.86	0.86	0.86	0.86	0.86
第4年				0.98	0.98	0.98	0.98	0.98	0.98	0.98
第5年					1.10	1.10	1.10	1.10	1.10	1.10
第6年						1.22	1.22	1.22	1.22	1.22
第7年							1.22	1.22	1.22	1.22
第8年								1.47	1.59	1.71
第9年									1.59	1.59
第10年										1.71
补偿回报合计TotalReturn Of	7.45	8.31	9.17	10.14	11.25	12.47	13.69	15.16	16.88	18.71
固定资产全部贡献率（CAC）	0.20%	0.22%	0.29%	0.32%	0.36%	0.39%	0.43%	0.48%	0.53%	0.59%

图 10　2021—2029 年固定资产全部贡献率表

如图 10 所示，使用租赁回报法计算固定资产 CAC，2021 年存量固定资产租金回报公式是 = -PMT(4.8%,10,55.9,0,1)。它的含义是假设利率为 5 年期 LPR，10 年期，初始值 55.9 万的固定资产残值为零，期末付款，则其年金现值为 6.84。以上其余数值也是使用这个式子计算得到。

项目名称	前一年	第1年	第2年	第3年	第4年	第5年	第6年	第7年	第8年	第9年	第10年
销售收入		3 769.1	3 755.4	3 168.7	3 164.6	3 164.6	3 164.6	3 164.6	3 164.6	3 164.6	3 164.6
增长率（%）		0.0%	0.0%	0.0%	0.0%	0.0%	0.0%	0.0%	0.0%	0.0%	0.0%
期初余额		103.7	103.7	103.7	103.7	103.7	103.7	103.7	103.7	103.7	103.7
劳动力税前投入(1)		0.0	0.0	0.0	0.0	0.0	0.0	0.0	0.0	0.0	0.0
期末余额	103.65	103.7	103.7	103.7	103.7	103.7	103.7	103.7	103.7	103.7	103.7
平均值		103.7	103.7	103.7	103.7	103.7	103.7	103.7	103.7	103.7	103.7
投资回报 (税前r=16%)	16.0%	16.6	16.6	16.6	16.6	16.6	16.6	16.6	16.6	16.6	16.6
劳动力贡献率（CAC）		0.44%	0.44%	0.52%	0.52%	0.52%	0.52%	0.52%	0.52%	0.52%	0.52%

图 11　2021—2029 年劳动力贡献率表

如图 11 所示，我们假设劳动力的投资回报和商誉的投资回报相同均为 16%，就得到劳动力的 CAC。

EBITDA		**20.11**	**38.96**	**5.16**	**23.01**	**102.59**	**390.47**
营运资金回报（CAC）		0.00%	0.00%	0.00%	0.00%	0.00%	0.00%
营运资金回报（Return On）		0.00	0.00	0.00	0.00	0.00	0.00
固定资产全部（CAC）		0.20%	0.22%	0.29%	0.32%	0.36%	0.59%
固定资产全部回报（Return Of）		5.52	5.96	7.52	8.05	8.62	12.05
劳动力投资（CAC）		0.44%	0.44%	0.52%	0.52%	0.52%	0.52%
劳动力全部回报		12.27	11.90	13.61	13.16	12.71	10.68
超额收益		**2.32**	**21.10**	**-15.98**	**1.79**	**81.25**	**367.75**
折现率	12.50%						
间隔年限		0.5	1.5	2.5	3.5	4.5	9.5
折现系数		0.94	0.84	0.74	0.66	0.59	0.33
客户关系现值		2.19	17.69	-11.91	1.19	47.82	120.12
客户关系现值求和		589.16					

图 12　客户关系估值表

最后通过把 EBITDA 减去固定资产、劳动力的贡献得到超额收益，再把超额收益按 12.5%①的折现率年中折现得到客户关系的评估值 589.16 万，如图 12 所示。②

假设公司的实际交易价格是 1 500 万元。该公司评估基准日净资产只有约 150 万元。则其并购产生的商誉为 1 350 万元。如果收购方以 589.16 万元客户关系入账，则商誉减小为 760.84 万元。商誉入账时减少了 43.64%。

我们估计这样计算得到的值和上市公司公告具有可比性。

四、评估客户关系所需资料及注意事项

第一，向委托方充分了解客户关系无形资产这一科目的评估目的以及如何使用评估报告。

第二，向管理层了解客户关系与其他无形资产共同发挥作用的方式，了解客户关系的经济寿命及拟对客户关系无形资产使用的摊销年限，了解企业经营模式，了解销售情况，了解企业资本结构，行业发展状况。

第三，与客户关系相关的合同，如购销合同，重要客户合同，证监会明确要求客户关系产生于合同。

第四，如果被评估企业有 CRM 系统需要 CRM 系统中的客户数据。

第五，财务系统中历年客户销售名单、数据。评估师以其获得的数据数量，微观/财务程度质量选择评估方法，使用概率方法需要的数据量一般而言财务数据难以满足。

第六，客户关系成本法资料。特别关注人力成本和间接性成本，注意成本数据需要与客户关系对应的资产组范围一致。

---

① 物业公司商业模式十分简单，很多物业公司财务报表上没有销售费用，固定资产几乎为零。此处我们在其收益法估值的 WACC 基础上加 2%，我们认为 12.5% 的客户关系折现率虽然比很多文献小，但是用在物业公司客户关系上是合适的。

② 我们使用了北京资产评估协会《资产评估实用手册（二）》的模板，此模板也是赵强在中评协举办的培训中使用的模板。注意客户关系评估模板并不是唯一的，美国评估协会使用的就与此不同。《资产评估实用手册（二）》模板中一些参数也是为了方便设定的。

五、结论

评估公司处于评估行业的大背景下，评估公司需要选择的是实用、具有可操作性的方法。评估实践中无论是企业价值评估还是无形资产评估问题部分来自评估公司过于依赖客户所提供的预测数据，其中又以财务部门所提供的数据为主，而其他销售、技术部门的数据并没有被有效利用。

评估公司在实际选择的时候需要考虑到效率、监管和满足客户需求等等约束。上述与概率相关的方法在时间紧迫的时候也许并不实用，但是它剔除了观察客户关系这一科目的另一个视角。

概率方法在客户关系无形资产评估中主要可以解决预测客户关系的收益和客户关系的寿命两个问题，概率方法不能从根本上改变客户关系主要评估方法。概率方法在多期超额收益法中只能影响模板的第一行。从这个意义上说，概率方法不能改变客户关系评估的基本结构。

本文未解决的问题是：如果一个企业同时有客户关系、专利/专有技术、商标，该如何划分其收益分配？

参考文献

中文专著

[1] 北京资产评估协会．2015—2017 北京地区资产评估执业质量检查案例集［M］．经济管理出版社，2019.

[2] 北京资产评估协会．资产评估操作程序实用手册（一）［M］．经济科学出版社，2014.

[3] 北京资产评估协会．资产评估操作程序实用手册（二）［M］．经济科学出版社，2014.

[4] 刘桂良，夏传文．资产评估教学案例精选［M］．湖南大学出版社，2020.

招股说明书

华熙生物：首次公开发行股票并在科创板上市招股意向书。

中评协培训 PPT

[1] 沈一妮，《无形资产评估培训 V4》

[2] 赵强，《专利资产评估疑难问题讲解》

[3] 赵强，《无形资产许可费节省法，超额收益法评估实务》

美国资产评估基金会

02 – APB VFR Valuation Advisory 2 Valuation of Customer

评估师在收益预测中的作用及收益预测模型构建研究

康峻山　朱　瑞　吴金国　陈　宣

摘　要： 随着我国市场经济逐步完善，企业改制、资产重组、中外企业合作、产权买卖、出租、抵押等经济活动日益繁荣且内容愈渐复杂，资产评估行业进一步得到国家和社会的广泛认可，在我国市场经济活动中的作用愈发重要。在资产评估行业发展的同时，收益法也得到了更多人的认可，但是对比西方国家，收益法在我国的发展还比较短，在收益法运用过程中还存在诸多问题，特别是收益预测缺乏理论依据。

本文旨在研究评估师在收益预测中的作用以及探寻收益预测模型构建方法，通过分析目前收益预测面临的问题，分析影响企业未来盈利预测的主要因素，比如宏观环境因素、行业环境因素、被评估单位内部因素等对未来收入的影响，分析评估师在收益预测中应该发挥的具体作用，而后探索收益预测模型的构建，通过分析收益预测模型的分类和特点，选择回归模型并初步分析其适用性，最后通过实际案例检验收益预测模型构建的准确性和适用性。

通过上述研究，说明评估师在收益预测中的重要作用和具体体现，探索收益预测模型构建，增强收益预测程序的有效性及评估结论的合理性，从而推动我国资本市场的健康发展，促进资产评估行业的科学发展。

关键词： 收益预测；评估师；收益预测模型

一、报告正文

（一）选题的背景和意义

随着我国市场经济逐步完善，企业改制、资产重组、中外企业合作、产权买卖、出租、抵押等经济活动日益繁荣且内容愈渐复杂，资产评估行业进一步得到国家和社会的广泛认可，在我国市场经济活动中的作用愈发重要。与此同时，收益法的运用在国内也得到了十分迅速的发展。但是在收益法的实际运用中，还存在诸多问题。

作者单位：银信资产评估有限公司四川分公司

收益法是最能反映企业价值的方法，收益法评估企业价值比其他方法更具有说服力，因为收益法评估不仅是依靠现有的财务数据对未来的收益进行预测，还要对企业进行综合考量，比如管理团队、客户关系、内部风险等难以在财务报表中体现的因素。企业的价值是综合的，如果不考虑综合的优势和风险，就无法科学合理地评估一个企业真正的价值。

虽然我国收益法发展的阻碍有一部分外部因素，比如外界人员对评估结果的干预、信息的不对称等。但最主要的原因还是由于我国现阶段评估人员的水平参差不齐，无法准确地运用收益法对企业价值进行评估，导致一些收益法的评估报告质量不高，难以被报告使用者和市场所接受，评估人员也无法给出合理的解释，最终导致的是市场对收益法的信任危机，限制了收益法的发展。

作为一名评估师，如果无法全面清晰地掌握和分析企业、行业、宏观政策及各种特殊因素、无法正确处理客户需求和实际结果的差异就随意修改收益法参数、违背职业道德、无法正确构建收益预测模型，就会造成评估机构和收益法公信力的流失。

收益法的推广和发展，不仅要依靠评估人员和评估机构对收益法理论的研究，更要吸收实践经验。评估师在收益预测中扮演着重要角色，正确地运用收益法，合理地构建收益预测模型，不仅是提升评估师自身素质的要求，对评估行业和收益法的发展也具有重要意义。本文主要是想通过阐释评估师在收益预测模型中的作用并分析总结收益预测模型的构建来提高我国收益法在企业价值评估中的合理性、科学性，推动收益法在我国的科学发展。

（二）国内外文献综述

20 世纪初美国耶鲁大型教授 Irving Fisher 提出了资本价值理论，认为企业经营中未来的收入是确定的，然而在现实中高度不确定的经营环境是难以实现的。1958 年，Modigliani、Miller 发表著名的《资本成本、公司理财与投资理论》，认为企业在均衡的状态下，企业的市场价值应该等于预期收益的资本化后的价值。Ball and Brown 对 1946—1966 年的公司收入数据和股票价格进行了分析，得出企业未来会计收益可以预测股票价格变化的结论。Ou and Penman 对基于来自财务报告信息而采用不同交易策略的盈利能力进行了调查，得出结论，财务报表中包含了可预测公司未来收益变化的信息。

周丽俭、程长通过分析国内各项文献总结收益法中各项指标确认目前国内应用收益法进行企业价值评估中存在的各项弊端，目前我国使用收益法进行评估各参数口径取值不一致等使得评估风险较高，评估结果可靠性较低，较大程度上限制了收益法在应用和理论上的发展。因此国内对收益法在企业价值评估中的相关研究仍任重道远，对收益法评估中具体参数的规范需要加强，相关数据的获取需要建立可靠可查通道，同时适当借鉴国外的研究成果并深入实务评估工作中仍有一定必要性。

姚佳妮选取 2012—2015 年我国深圳、上海证券交易所上市公司公开披露的评估说明为研究样本，分析评估说明中预测值与实际结果的偏离状况，对影响收益预测的合理性因素进行分析，利用统计数据分析各项因素影响值大小，公司所在的行业、所处阶段、国家政策等因素会对公司净利润产生不同程度的影响，不可一概而论。

张志红、王露露、李静基于信息不对称和贝叶斯信念调整理论，以 78 名评估师为实验对象，通过设计 2 ×2 被试间实验，研究股票价格和未来收益的不确定性是否会对评估师的盈利预测产生影响，并检验了评估师信心的中介作用。结果表明，未来收益不确定性越高，股价对评估师盈利预测的影响越大：评估师信心是中介变量，未来收益的不确定性通过评估师信心对股价和评估师的盈利预测产生影响。进一步分析结果表明，评估师在进行盈利预测时会根据股价变动来修整自己的最初预测值，且研究结果不会因评估师对管理层盈利指导的可靠性的不同认知而发生改变。

陈雷、古梦迪利用蒙特卡罗模拟对周期性公司进行收益法估值的应用研究，探询以概率和统计理论为基础的收益预测模型的构建方法，通过确定未知参数恰当的波动范围，得出收益预测结果的波动范围和最可能的值，从而降低收益预测中不确定因素对最终结果的影响。

（三）研究思路和方法

1. 基本思路

第一部分为评估师在收益预测中的作用概述。这部分首先介绍收益预测理论依据；其次介绍了评估师对企业经营资料的收集及分析、市场情况的分析、收益预测模型的构建与运用。

第二部分是收益预测模型的构建研究。这部分根据收益预测模型和特点对收益预测模型进行论述。

第三部分为收益预测案例分析。本部分以 A 公司为例，将构建的收益预测模型运用到其价值的评估。首先是对 A 公司的简介；其次是评估师对 A 公司的经营数据和市场状况进行分析，并利用收益预测模型对 A 公司的收益进行预测；最后，对收益预测结论进行验证和分析。

第四部分为研究结论与展望。主要通过前文的分析以及对案例的实际应用，对可行性进行论证，最后得出研究成果，并进一步提出建议，指出此次课题研究中存在的不足以及未来的展望。

2. 研究方法

（1）文献综述法：通过对历史研究文献的总结分析以及互联网数据的查询，深入了解评估师在收益预测中的作用，以及收益预测模型的最新研究动态。

（2）案例研究法：以 A 公司为案例，通过评估师对 A 公司的经营数据和市场环境分析，采用收益预测模型对其未来收益进行预测，并通过其他方法对收益模型进行验证。

（3）图表分析法：将各项指标数据以及测算过程以图表的形式进行分析，直观地反映各指标的变化情况，便于分析预测模型的适用性。

（4）定量与定性相结合的研究方法：通过定性的分析评估师在收益预测中的作用，运用公式，确定各项参数指标，定量地分析收益预测模型。

二、评估师在收益预测中的作用

（一）收益预测的理论概述——收益预测的影响因素分析

1. 环境影响因素

（1）国家政策。在采用收益法进行企业价值评估时，评估师需要考虑国家政策的出台对企业发展的影响：企业自身应该熟悉国家政策的变化，分析政策的变化趋势，就可以更直观准确地知道政策的导向，同时可以探索市场的范围。

（2）宏观经济。宏观经济对企业发展的影响主要有几个方面，宏观经济的变化直接影响企业未来收益的基础数据，需要评估师关注宏观经济变化与企业未来发展的联系。

（3）法律法规。市场经济发展的前提是市场经济是作为法治经济存在的，所以每一个企业发展都必须遵守法律规定，从创造收入的角度上看利用好法律法规，企业可以保护自身的权益，保护自己的核心技术，更好地维持企业的经营，可以创造更多收入。但是，某些法律法规的出台，对企业未来发展是有限制的。

（4）行业发展。行业自身的属性对企业的发展影响是决定性的，另外行业环境、行业发展不同的生命周期、行业发展态势、行业的利润率水平高低、行业竞争激烈程度都会对企业的发展产生影响。

（5）特殊因素。除了常规的环境影响因素，企业未来的收入也会受到一些特殊因素的影响，如突发的大规模传染疾病、战争、地质灾害、国家之间的贸易战等因素。在对企业未来的收益进行预测时，评估师无法预测未来这些不可控因素是否发生，但是评估基准日或基准日之前发生的各项特殊情况，可能会对企业未来经营造成持续的影响，评估师需要分析这些特殊事项对企业未来经营的影响程度和持续时间，分析这些事件带给企业的经营风险或是利好。

2. 被评估单位影响因素

（1）经营状况。企业发展中发挥核心作用的资源，比如公司的专利、专有技术、商标、客户基础、管理团队、特许经营权、企业文化等都会对企业经营产生重要的影响；同时，通过获取和分析企业的历史经营情况，对企业未来的经营发展也具有一定的参考性，通过企业的财务数据，可以分析企业的各项财务指标和经营能力，评估师可以分析历史经营数据，得到企业发展过程中各项能力的发展趋势；企业的经营跟管理团队的能力也是息息相关的，管理团队对企业发展的各项决定导致了企业经营的现状。

（2）竞争能力。在市场中具备竞争能力，是企业未来保持一定利润率的基础，企业必须拥有核心竞争力，包括产品质量、成本控制、核心技术、管理团队、市场占有率、不可替代性等多个方面的能力。

（3）未来的发展规划。企业未来的经营规划、营销策略、产能计划，对企业未来发展也有影响，未来发展规划的合理性、可实现性也体现了一个企业对于自身的认知程度和对环境变化的敏感程度，评估师必须分析企业未来规划的合理性和可实现性。

3. 评估师判断影响

（1）专业能力。企业价值的整体评估，需要评估师具备较高的专业水平，评估师不仅需要掌握充足的理论知识，还需要在面对不同企业时将理论应用于实际。评估师需要不断提高自己的理论知识，不断加强实际应用的能力，提高自己的专业胜任能力，才能准确地得到企业价值评估结果。

（2）职业道德。评估师在接触委托人以及被评估单位时，可能会收到来自被评估单位或委托人对于企业价值的要求，这时需要评估师遵守资产评估职业道德，拒绝委托人或被评估单位的不合理要求，保持自身的独立性，否则评估结果就会受到人为操控。

（二）评估师在收益预测中的作用

1. 评估师对企业经营资料的收集及分析

（1）内部信息的收集

评估师在对内部资料进行收集时，需要做到仔细全面，主要包括财务类资料、管理类资料以及其他资料，评估师还必须关注企业是否能够提供其他与经营活动相关的资料，比如企业自身的竞争地位、独特的盈利方式、竞争对手情况、管理人员介绍、以往资产评估报告等，这些资料需要评估师在现场收集内部信息时不断挖掘。

评估师在搜集公司内部信息时，一定要关注特殊情况，如抵押担保、融资租赁、股权特殊变动、接受捐赠、经济诉讼、或有负债等，需要评估师了解各项特殊情况的具体内容后妥善处理。

（2）外部信息的收集

企业是一个对外开放的系统，企业发展需要不停地需求外部的资源，而且企业本身也受到外部环境的制约。企业所处的环境，包括国家政策、宏观经济、法律法规、行业发展和一些特殊情况，都对企业未来收益情况产生影响，评估师需要搜集这方面的资料对外部环境进行分析，判断这些因素对企业未来经营的影响程度。宏观经济需要评估师去搜集当前宏观经济形势、经济增长趋势、全球经济态势等信息；行业发展需要评估师掌握行业特点、进入门槛、市场占有情况、竞争情况等信息。

（3）现场查看

在搜集完公司内部资料和外部资料后，评估师需要对企业进行现场查看以验证书面资料的真实性、了解企业历史情况、了解企业实际运转方式，在现场查看后往往可以发现更多需要验证的问题，进一步地夯实未来收益预测的基础。从收益预测角度看，评估师的现场查看更应该关注每一项资产的产生收入的能力以及对经营的有效性。关注资产是否存在闲置现象及其设计产能、产能利用率和对企业收入的贡献能力，这些信息对收入预测十分关键。

（4）人员访谈

评估师通过访谈企业工作人员获取更多的信息，了解公司的优势和劣势、公司未来发展规划、不同员工对同一事物的看法是否一致、公司的核心盈利手段等信息。评估师在访谈过程中，不应该过分关注被访谈人员的职位。根据不同的行业，评估师应该在不同的职位上选择访谈对象，有时一线员工可能掌握更多更真实的信息。

2. 评估师对市场情况的分析

（1）宏观经济分析

宏观经济分析主要包括宏观环境分析和区域因素分析，宏观环境因素包括人口因素、经济环境、自然环境、技术水平、政治和法律环境、文化环境等，企业所生产的产品未来能产生多少收入，与宏观环境息息相关，不同的宏观因素对不同行业的影响因素不一样，比如文化行业的企业生产的产品需要考虑文化环境对产品的接受程度，也需要考虑政治和法律因素是否导致产品受限。

（2）行业分析

评估师首先需要了解企业所在行业的基础信息，分析行业产业链和行业上下游关系，分析行业经营模式、行业发展区域性、周期性、季节性，通过这些因素分析企业所处行业的优势和劣势因素，考虑这些因素对企业未来收益的影响。行业的分析还需要考虑行业政策因素，行业政策主要是考虑政府的监管、行业协会的监管、行业法律法规的监管。

（3）内部分析

①产品或服务用途、经营模式

评估师需了解企业生产的产品或提供的服务主要用于什么方面，产品或服务自身的特点、优势劣势、价格变化、成本变化、主要材料构成、生产或者定价是否受限等因素。了解企业所拥有的资源，如专利、专有技术、商标、客户基础、管理团队、企业文化等，了解企业的核心竞争力，针对企业与同行业的产品进行差异化调整，对被评估单位进行准确定位。

②经营状况、行业地位、优势劣势

通过对企业经营状况和行业发展状况的了解，掌握企业在所处行业中的地位，分析企业自身的优势劣势状况，对企业未来发展面临的收益和风险进行考虑。通常可以使用SWOT分析对企业的优劣势情况进行分析。

③发展经营战略

了解企业为了实现经营目标和提高竞争能力而在经营管理、投融资决策、资源分配上的规划和实现情况，对企业的战略规划进行分析，分析其实现的可能性。一家好的企业应该对行业和自身的发展有清晰的认知，未来战略规划应该详尽地考虑企业未来可以抓住的机遇和可能会遭受的挫折，以及在遇到机遇和挫折时企业应该采取何种措施来帮助企业更好地发展。通过战略规划分析企业解决问题的能力和战略规划的可实现性。

3. 评估师在收益预测中的定位

评估师在运用收益法进行评估时，应明确被评估单位为收益预测的主体，评估师根据收集到的信息分析被评估单位收益预测的合理性，并以此与被评估单位进行沟通讨论，最终形成合理有效的收益预测。

三、收益预测模型构建研究

评估师通过对被评估单位经营状况、市场状况进行分析后，根据企业所在行业特性以及企业自身状况构建收益预测模型，本文研究采用多元线性回归模型构建收益预测模型，具体模型如下：

$$y = B_0 + B_1 x_1 + B_2 x_2 + \cdots + B_k x_k + \varepsilon \qquad (3-1)$$

式（3－1）中，0，B_1，B_2，…，B_k 是模型的参数；ε 为误差项；x_1，x_2是模型的因变量。

该收益预测模型通常需要评估师经过对企业历史数据以及市场数据分析后，得出影响收益预测的相关因素，选择与收益变动相关的指标，并将各项指标与收益进行相关性分析，以与收益显著相关的指标确定预测模型中的自变量，在此基础上，利用 SPSS 导入历史数据，构建分析得出多元线性回归模型。指标的选取通常分为宏观指标、行业指标、自身指标。

四、A 公司收益预测案例分析

（一）A 公司简介

A 公司成立于 2003 年，注册资本约 10 亿元，主要经营定制衣柜及全屋配套定制家具，是一家集研发、生产和销售为一体的家具生产企业。

（二）A 公司的收益预测

根据前文所述的多元线性回归模型，对于 A 公司的盈利预测主要通过以下几个方面来实现：1. 提取 A 公司历史经营数据并对其进行盈利能力分析、偿债能力分析以及经营状况分析，从各个角度判断 A 公司的整体经营状况；2. 分别从宏观以及行业状况两个角度对 A 公司所处的市场状况进行分析，分析国内整体经济运行宏观状况，同时了解掌握 A 公司所处的行业发展状况以及未来前景，从而判断 A 公司经营大背景以及整体发展趋势；3. 通过分析后，选择与收益相关的指标与收益进行相关性分析，并构建盈利预测模型，预测 A 公司的未来收益，并进行检验，验证结论的有效性。

评估师通过 SPSS 来分析各项指标与收入的相关性，通过回归线性分析确定各项指标与收入的相关性，从而在考虑各项指标对收入的影响时可以根据相关程度对各项指标的影响因素进行分析和量化。

（三）A 公司收益预测结论分析

运用 SPSS 对各项指标进行验证、分析后，我们得到如下结论：

1. A 公司的收入增长率与营业成本增长率和销售费用增长率呈现正相关的关系，这个结论与我们通常的认识是一致的。

2. GDP 增长率和行业增长率对 A 公司收入增长率的影响不大。从 GDP 增长率来看，GDP 是一个很宏观的指标，对于具体行业并不会有明显的指导作用，在对家具行业企业收入进行预测时，可不作为影响因素考虑。而家具行业厂商收入分散的客观因素，以及我们采用的历史年度的数据，是家具行业整合集中的年份，而作为头部企业的 A 公司享受到了行业集中带来的红利，这导致了行业规模的增减与我们的研究对象 A 公司的收入增长没有直接联系。

但我们认为本研究对象中 A 公司的收入增长率与行业增长率关系不密切并不一定能推广到其他行业，而需要根据研究对象和所在行业的具体情况具体分析。

3. 总资产增长率、净资产增长率、固定资产增长率和管理费用增长率与 A 公司收入增长率无线性关系，不可以作为 A 公司收入预测的基础数据。

五、研究结论与展望

（一）研究结论

经过本文的分析与案例的实际应用，得出以下研究结论：

1. 评估师在收益预测中通过主观了解结合客观数据的分析发挥着重要作用，主要体现在信息收集、市场状况分析以及对收益预测模型的构建等方面；

2. 收益预测模型可采用多元线性回归模型，通过对宏观、行业以及企业自身的分析选择与收益相关的指标进行相关性分析后，选择合适的指标，采用 SPSS 构建收益预测模型；

3. 根据对 A 公司的分析，选取了与其收入相关的指标，并经过了相关性检验，最终构建收益预测模型，通过验证发现，A 公司的收入增长率与营业成本和管理费用增长率呈现正相关的关系，同时多元线性回归模型对于 A 公司的收益预测是有效的；

4. 不同的公司在构建收益预测模型时，与其收益相关的因素不同，各因素的影响程度也不同，需要评估师发挥其作用，充分分析企业的状况，包括宏观环境、行业发展状况以及企业自身状况，将评估师的主观性与数据处理的客观性相结合，使得最终的收益预测模型更加有效。

（二）研究不足

本文的研究还存在很多的不足：

1. 收益预测模型的应用根据不同的企业所反映出的效果是不同的，本文只选取了一家上市公司作为案例进行分析研究，所得出的研究结论并不能直接应用至所有企业的收益预测。

2. 采用多元线性回归模型需基于大数据，但目前能够获取的公开资料有限，故本文研究中所采用的数据有限，在一定程度上对于盈利预测模型的构建造成了影响。

（三）研究展望

本文首先对评估师在收益预测中所发挥的作用分别从资料的收集与分析、市场状况的分析以及收益预测模型的构建与运用三个方面进行了阐述，并以此为基础提出了以多元线性回归模型构建收益预测模型，通过评估师的分析，选择与收益预测相关的指标，在进行相关性分析后构建收益预测模型，并以 A 公司为案例进行了分析，最终得出结论：A 公司的收入增长率与营业成本和管理费用增长率呈现正相关的关系，同时多元线性回归模型对于 A 公司的收益预测是有效的。本文通过以上研究期望为评估师在收益预测中发挥有效作用并构建有效收益预测模型提供一定的思路，使得评估师在进行收益预测时更加客观有效，从而更加利于收益法在评估实务中的应用。

参考文献

[1] 李宁宁 . S 航运公司航线收益预测研究与应用 [D]. 上海交通大学，2013 (5).

[2] 卢茜 . 基于财务基本信息的我国上市公司未来收益预测研究 [D]. 吉林大学，2009 (4).

[3] 杨花平．基于收益法的矿业企业价值评估中基本参数的分析确定 [D]．云南财经大学，2015 (5).

[4] 姚佳妮．收益法企业价值评估的收益预测合理性研究 [D]．浙江财经大学，2016 (12).

[5] 杨晓君．我国企业价值收益法评估模型的应用研究 [D]．首都经济贸易大学，2006 (3).

[6] 齐岩．林农复合经营综合收益预测与分析研究 [D]．北京林业大学，2011 (4).

[7] 马骁．MX 热电厂企业价值评估中收益预测案例研究 [D]．辽宁大学，2018 (5).

[8] 刘雪瑶．宝武钢铁集团并购重组每股收益预测研究 [D]．大连海事大学，2017 (4).

[9] 周建波．基本财务信息、盈利质量与未来盈利—来自中国 A 股上市公司的经验证据 [J]．中国会计与财务研究，2004 (1).

[10] 陆璇，陈小悦．中国上市公司财务基本信息对未来收益的预测能力 [J]．2001 (1).

[11] 能超，委托方对估值的影响：兼论评估师职业道德 [D]．山东财经大学，2013.

[12] 权忠光，肖翔．收益法在企业价值评估中的应用研究 [J]．中国资产评估，2004 (05)：8—11.

[13] 俞小江，周杨．企业并购中目标企业价值评估方法的创新模型分析 [J]．统计与决策，2013，(12)：171—175.

[14] 尉京红，资产评估质量评价与控制研究 [M]．中国财政经济出版社，2008：18—29.

[15] 周松，冉渝，管理层能力与企业价值关系研究 [J]．财会通讯，2018 (21)：49—54.

[16] 兰道彬，李铮，上市公司价值评估中自由现金流量预测问题研究 [J]．商展经济，2020 (8).

[17] 陈蕾，古梦迪，蒙特卡罗模拟在周期性公司收益法估值预测中应用研究 [J]．财会通讯综合，2013 (6).

企业价值评估中房地产税收问题探讨

蔡　源　汪昱新　肖　钰

摘　要：近年来，随着我国社会和经济的不断繁荣发展，企业增资、股权转让、企业合并分立等经济行为频繁发生。对于企业产权交易，由于其交易价格并不像资产交易价格具有可直接获得性和可比性，因此需要对企业价值进行评估。由于企业持有房地产目的的不同以及房地产交易税负的时间性差异，在企业价值评估中需要对房地产相关税负进行考虑，而目前行业内对于企业价值评估中房地产税务处理方面存在较大争议。

企业价值评估中房地产税收问题较为复杂，一方面涉及的税种及会计科目较多，税种包括增值税及附加税、土地增值税、所得税、契税、房产税、印花税、城镇土地使用税等，会计科目包括存货、投资性房地产、在建工程—土建、固定资产—房屋建筑物、无形资产—土地使用权等，并且对于同一个科目里的房地产税负方面也会具有差异性。另一方面，通过股权收购的方式取得被评估企业的新股东并不会对评估增值的房地产进行账务处理，从而造成评估增值无法改变资产原有的计税基础或税盾效应，因此企业价值面临贬值或折价。

本研究项目经多方面综合分析，企业价值评估中对于房地产在考虑其自身价值的基础上，应充分考虑溢价部分税费的影响。

关键词：企业价值评估；房地产；税收

一、企业价值评估及相关概念

（一）企业价值评估

企业价值评估是评估人员在评估基准日特定目的前提下对企业整体价值及股东全部权益价值等进行评估。企业价值评估主要是为企业的产权交易提供价值参考。

企业产权交易是企业整体要素的转移，是实现社会资源优化配置的一种形式，是市场经济发展的产物。企业产权交易的权利依据来自出资者所有权，交易的对象是企业产权，产权交易的主体是投资者和权利人，交易的结果是改变企业产权关系及企业出资者结构，交易的价格是通过企业的价值体现出来。对于企业产权交易与普通资产交易最大的区别是，一方面，普通资产交易主要是资产自身的转移，其体现的价值通常为资产自身的价值，而企业产

作者单位：蔡源、肖钰，上海立信资产评估有限公司；汪昱新，中城联行（上海）房地产土地评估有限公司

权的交易主要是权利的转移，而权利的价值主要体现在不同的资产及负债的组合所体现的价值，且各组合未来可以带来不同的利益；另一方面，资产往往由于存在大量类似资产的交易，其交易价格可以在市场上较为直接地取得，而对于企业产权的交易，尤其对于非上市公司，由于其资产状况、经营情况的差异，难以直接确定其交易价格，进而需要评估人员对其价值进行评估。

在企业价值资产评估中，存在着股权转让、股权收购、增资、清算、以财务报告为目的不同的评估背景，因而对应的评估目的也不尽相同。不同的目的涉及的价值类型也不同，分为市场价值、清算价值、可收回金额等。根据不同的评估目的及价值类型，评估师也会采用不同的评估假设和评估思路，而对企业各项房地产价值评估中税率的考虑也会存在着差异。本次研究项目主要针对股权转让、股权收购、增资等产权交易行为背景下的企业价值评估中的房地产税务问题，对应的价值类型为企业的市场价值。

（二）资产基础法的经济学含义

市场法、收益法、成本法（资产基础法）是企业价值评估的三种基本方法。理论上三种方法的价值内涵应该是一致，在税务处理上应保持一致，对于企业价值评估中房地产税收问题主要体现在资产基础法的评估中。

对于企业价值评估，资产基础法是指在评估基准日以被评估单位的资产负债表为基础，评估被评估单位表内及表外各项资产和负债价值，从而确定被评估单位价值的评估方法。根据以上定义，评估实务中很多评估人员理解成了简单的各项资产加和，即把企业所有的各单项资产、负债通过不同的评估方法计算各自价值后加总确定为股东全部权益。这种理解是片面的，很多时候企业中各项资产本身的市场价格和它们对于企业的权益贡献并不完全等价。

在企业价值评估中，各执业准则也多对此有所规范，例如《资产评估执业准则—企业价值》第三十七条，该条款从评估准则的角度明确规定了采用资产基础法评估需要考虑各项资产在企业价值中的贡献，其房地产价值体现在对企业的贡献程度，并不完全是其自身价值。《资产评估执业准则——不动产》第二十八条以及第二十九条，该准则明确规定了需要关注不动产实际的使用方式，例如对于同一个办公房地产，针对出售和出租两种不同的使用方式，企业在经营过程中需要缴纳的税费也是不同的。

资产基础法的理论基础之一是替代原则。替代原则是指要求评估人员以买者的身份对包括被评估资产在内的市场上各种同类资产，对各种资产的价格进行比较，以较低价值作为被评估资产的评估价值。替代原则也是采用重置成本法进行评估的一个重要理论依据。资产评估的过程是模拟一项资产在公开市场上的交易价格。如果公开市场上有可以替代的类似产品，则投资者会做出选择；因此，对于可以替代的资产的销售价格不应高于同类产品的价格，同理也不应高于重新购置相同资产的成本。

综上，资产基础法与替代原则具有一致性，均为以较低值作为被评估资产的评估价值，不应超过评估基准日购建该项资产的现行成本。对于企业价值评估，现行构建成本不仅包含各项资产的成本，还应包含整个企业的构建成本。因此，企业价值评估中，不仅要考虑该项资产的构建价格是否合理还应从整体角度考虑评估结果的合理性。企业中各项资产不能独立于企业而存在，在测算中也不能不考虑它们对于企业价值的贡献。

二、企业价值评估中房地产评估需考虑因素

（一）产权交易税基不调整增加新股东税费负担

企业价值评估中房地产评估涉及的主要税种有增值税及附加税、土地增值税、房产税、契税、企业所得税、城镇土地使用税、印花税等。

企业可以取得房地产的方式有两种，一种可以通过购买股权的方式间接取得资产，一种可以通过购买资产方式直接取得。但对于股权交易的形式会存在一个问题，由于不涉及资产交易，无需缴纳交易过程中相关税费，也会造成评估中不考虑相关税费。以所得税为例，评估中不考虑评估增值对于企业价值的所得税纳税影响，会造成评估评估增值存在未实现的资本利得税折价，也就是由于评估增值无法改变资产原有的计税基础或税盾效应而面临的贬值或折价，简言之就是评估增值无法在税前抵扣，不具备税盾效应，因而，与其自身的市场价值相比存在贬损、折价，这方面是评估中容易忽视的。

除了企业所得税外，房地产交易过程中还需要缴纳增值税、土地增值税等，均会存在评估的溢价且新股东并不对账务进行处理，从而增加后续销售过程中的税负。因此，需要在股权交易涉及的评估过程中对溢价部分税费进行充分考虑，以减少新股东在后续转让过程中的损失。

（二）企业价值评估涉及房地产的主要会计科目及组成

房地产是一个具有综合性且较为复杂的概念，从实物形态看，它是由建筑物与土地共同构成，主要分为建筑物、土地、建筑物及土地三种形态。在对企业价值评估中涉及的各个科目进行了梳理的基础上，总结企业价值评估中涉及房地产的主要会计科目有存货—开发产品及开发成本、固定资产—房屋建筑物、投资性房地产、无形资产—土地使用权、在建工程—土建。

（三）房地产市场价值中的税费组成

资产基础法以资产负债表为基础，采用资产基础法评估企业价值，需要分别确认报表中涉及的各项房地产的价值。各项资产的价值通常在其市场价值的基础上考虑其他价值影响因素。

对房地产采用市场法评估主要涉及交易所涉及的各种税费谁来支付的情况，并需要将交易案例调整至按照税法规定的税费各付的情况。交易价格调整至税费各付的交易价格，主要涉及可比实例是否含税以及最终的比准单价是否含增值税，应根据实际情况对增值税进行是否剔除的考虑。收益法主要从未来收益的角度进行评估，净收益应根据有效毛收入减去运营费用确定。运营费用包括销售及管理费用、维修费用、税金等。企业获得租赁收益，需要缴纳增值税及增值税附加，对于企业自有的房屋，在经营过程中需要缴纳印花税、房产税、城镇土地占用税、所得税等。成本法主要从重置的角度进行考虑，对于土地使用权取得后需要缴纳契税，并考虑房屋建筑物重置价值，从而确定房地产的含增值税市场价值或不含增值税

市场价值。

除此之外，较为常用的还有假设开发法，通常根据开发完成后的价值扣减后续开发的必要支出的基础上确定评估值，后续开发的必要支出包括后续经营所发生的各项成本、费用和税金。

正如前文所述，在对于企业价值评估中，不仅要考虑该项资产的构建价格是否合理还应从整体角度考虑评估结果的合理性，不仅需要考虑其市场价值，也应考虑其对企业价值的贡献。

三、目前企业价值评估中房地产评估税收问题分析

根据以上介绍，我们得到的结论是企业价值评估中的资产无论对于何种房地产、对于房地产采用哪种方法进行评估，结论都应该考虑资产对企业的贡献，并需要考虑溢价部分税费的影响。然而正如问卷调查的结果所示，目前评估行业并未如此执行，而针对目前问题主要分析如下：

（一）历史遗留问题

中国的资产评估行业源于20世纪80年代末期和90年代初期，是跟随着改革开放大潮诞生的。在发展的初期主要为国有企业改革服务，国有企业在改革之初主要的产权变动是改制和股权转让，早期资产评估多以资产基础法作为评估结论，且资产基础法长期占有优势。

从我国资产评估行业发展历史看，资产基础法长期占有优势地位是有原因可循：行业起步于国有资产管理，过往交易的国有企业经营状况大多较差，因而采用资产基础法更可靠；传统行业评估中，资产基础法结论较易为监管方接受；资产基础法评估有实物资产作为“依据”，易于报告使用者理解。但是，在市场经济发展迅速的情况下，资产基础法的局限性也越来越明显。

早期的土地使用权主要以划拨方式取得且房地产取得价格相对较低，故在房地产评估产生较大增值的前提下，如果考虑扣除溢价部分的土地增值税、所得税等，势必降低企业估值，而评估师存在被扣上“国有资产流失”帽子的风险。而随着行业的逐步发展，这样的操作就一直保留到现在。除此之外，在资产基础法评估中，重置整个企业的股权价值从不会在重置的资产负债表上考虑最终的相关利润，也不扣除相关评估增值的税费影响，故会造成溢价部分税费对评估结果无较大影响的错觉。

但曾经的交易是以国有资产改制或者国有股东股权转让为主，近年来，国有资本收购民营资本也在不断增加。从国资收购民营资本的角度来说，不考虑房地产溢价部分的税费，会增加国有资本收购成本，尤其是土地增值税税率采用超额累进制，且税率最高达到60%，可对资产评估结果产生较大影响，如果不扣除税费影响，会导致高估企业价值，后期进行资产交易时的价格可能低于股权交易时的评估值，造成国有资产的损失。

（二）房地产价格的高速增长

近年来，房地产一直处于一个快速增长阶段。正是因为自20世纪末开始房地产总体处

于一个快速增长阶段，而企业取得房地产持有一段时间后，即使企业要面临较大的交易税费，但由于房地产价格的上涨，企业仍可以达到盈利。随着近几年出台的房地产调控政策以及市场行业等因素影响，房价上涨已明显变缓，如果在企业产权交易的过程中仍不考虑溢价部分的税费的影响，可能导致企业面临较高的税负，企业最终到手的价格可能低于企业支付的价格。随着未来房地产价格增长幅度逐步降低，该问题将会日益凸显。

（三）忽略单项资产评估与企业价值评估的差异

对于单项房地产评估业务中，在价值类型是市场价值的基础上，通常仅需要考虑是否含增值税，并在评估报告中提醒报告使用人，无须考虑其他税费的影响。而在企业价值评估中，由于不同房地产在企业中发挥作用的方式的差异，故需要充分考虑其经营方式的差异对评估结果的影响，例如作为存货待出售的商品房，企业持有其用于销售赚取收益，故在后续销售过程中需要缴纳增值税、增值税附加、土地增值税、所得税等，因此在评估过程中需要考虑相应税费的影响。

根据《房地产估价规范》，对于收益法和假设开发法以未来收益作为测算依据的评估方法均没有要求扣除所得税。而该规范所涉及的估价目的为抵押、涉税、征收征用、变卖拍卖等，均是针对单项房地产评估的。而该规范作为国家标准，部分评估师在实务中不考虑实际情况严格执行，因此，对于房地产收益法评估中考虑扣减所得税，会提出该做法与国家标准规定的评估方法不统一。

房地产估价规范主要针对的估价对象为单项房地产，其价值定义是公开市场下的资产价值；企业价值评估的评估对象是股东权益，其中资产的价值定义是一项能够为股东权益做出贡献的权益价值。这两者既有区别也有联系，相同点都是以房地产自身的价值作为测算的基础，不同点是权益价值还需要额外考虑资产重建过程的增减值而无法对账务进行处理，进而对于企业价值的影响，因此就需要考虑增值部分税费的影响。

（四）其他因素影响

在部分评估报告中会在特别事项中有这样的描述“我们未对委估资产的重估增、减值额作任何纳税准备。”以及“在评估股东全部权益价值时，被评估单位所拥有的土地使用权相对于账面值发生了较大的增值。本次评估我们没有考虑与基准日之前所业已形成的增值相对应的土地增值税×××万元对评估结果的影响，提请报告使用者关注”。

从该条款中可以看出，评估师已充分关注到了溢价部分税费的评估结果的影响，但根据目前评估的习惯性做法，并未考虑相关税费的影响，仅提醒报告使用者关注，以此作为免责条款。然而资产存在评估增减值必然会对于股东权益价值产生潜在的税费产生影响，而该免责条款仅是将责任给到委托方，是无法说服交易各方的。

四、企业价值评估中各科目税收问题处理建议

根据以上分析，企业价值评估中对于房地产在考虑其自身价值的基础上，应充分考虑溢价部分税费的影响。对于用于出售或者出租的房地产，其对于企业价值贡献体现的是未来变

现后的净收入，变现过程中需要根据税法规定缴纳各种税费，故其评估过程中应扣除经营过程中的各种税费，应根据其未来给企业带来的权益进行评估；对于作为企业生产资料的房地产，应该从重置的角度进行考虑，考虑到其溢价部分税费因无法调账给企业后续经营带来额外的税负问题，故也应在基准日扣除溢价部分税费影响。对于各科目税费处理问题建议如下：

（一）固定资产－房屋建筑物

1. 固定资产—房屋建筑物税收处理探讨

根据不同房屋建筑物形态、用途及其实际情况，通常对其采用市场法、收益法及成本法等方法确定其价值。考虑到房屋建筑物主要作为企业的生产资料，股东取得主要为其企业经营提供必要的生产经营场所，故应从重置的角度进行考虑，主要指评估基准日取得房屋建筑物达到基准日状态所发生的成本，故应在市场价值的基础上再加上契税确定委估资产评估值。

对于一般纳税人，由于进项税可以抵扣，企业并未实际支付该项成本，故其评估结果应不包含增值税；对于小规模纳税人，由于其进项税不可以抵扣，是企业实际支付的成本，故其评估结果应包含增值税。

由于评估是从评估基准日重新购置的角度考虑，故契税测算方法为计征契税的房地产的不含税市场价值乘以契税税率。自建房屋建筑物不属于房屋建筑物转移的情况，故无须缴纳契税，因此评估过程中也无需加计契税。

2. 不同评估方法下固定资产－房屋建筑物税收问题探讨

对于房屋建筑物（部分含土地使用权）考虑其形态、用途及自身状态，可以采用市场法、收益法、成本法进行评估，各种方法涉及税务处理的情况如下：

（1）市场法

采用市场法评估房地产时，通常选取一定数量的可比实例，可比案例可以分为含增值税价值或不含增值税价值，经比较分析后，确定委估资产含增值税市场价值或不含增值税价值，在此基础上确定是否扣除增值税及是否加计契税。

（2）收益法

房地产净收益为房地产有效净收入扣除房地产总费用，房地产有效净收入为不含税收入，房地产总费用通常包括销售及管理费、维修费、保险费、税金等。

收益法主要从企业来出租或经营房地产的角度进行考虑，对于税金包括房产税、增值税附加、印花税、城镇土地使用税、所得税等。若房地产有效净收入为含税收入，应扣除增值税。

（3）成本法

重置成本或重建成本一般包含前期工程费用、工程综合造价、建设单位管理费、资金成本等。

成本法主要从成本构成的角度考虑房地产开发中的相关税负，包括土地取得过程中的契税，房屋建筑物建造过程中主要为增值税，由于增值税可抵扣，故不考虑增值税影响。

（二）投资性房地产

投资性房地产通常是为了赚取租金、资本增值，也有在一定年限赚取租金后出售资本获得增值。基于以上原因，对于投资性房地产最常用的方法是市场法及收益法。

1. 市场法

市场法是考虑到投资性房地产用于资本增值的属性，该类投资性房地产视同产品销售。评估思路是在确定市场价值（不含增值税）的基础上，扣销售费用、增值税附加、土地增值税、所得税及利润折让等确定评估值。

2. 收益法

收益法是考虑到赚取租金的属性，该类房地产可以采用收益法评估，对未来每年房地产净收益折现进行评估。具体同固定资产收益法评估过程。

对于兼有赚取租金和资本增值属性的投资性房地产，可以根据企业计划采用持有加转售模式进行评估，持有过程测算同收益法测算情况，转售过程测算同市场法测算的情况，并须将转售获得的净收益进行折现。

3. 成本法

当收益法及市场法不适用时，评估师可采用成本法对投资性房地产进行评估。采用成本法进行评估时，评估师应充分考虑投资性房地产在企业经营中的作用，如果后续用于出售也应在确定不含税市场价值的基础上扣除后续销售过程中需要缴纳的税费。

（三）无形资产—土地使用权

对于企业价值中无形资产—土地使用权评估，考虑到其作为生产资料，主要为企业提供经营场地，其思路同固定资产—房屋建筑物（外购），在确定不含税市场价值的基础上加上契税确定最终评估值。除此之外，还需考虑溢价部分税费影响，对于溢价部分税费影响可参考固定资产部分。

具体计算公式如下：

土地使用权评估值 = 土地使用权市场价值 + 契税 − 溢价部分税费影响

（四）在建工程—土建

对于在建工程也应区分一般纳税人和小规模纳税人分别进行考虑。如果企业是一般纳税人，对于仅有土建的情况，评估过程中通常采用成本法评估，对于税费的处理同固定资产—房屋建筑物成本法评估，最终确定在建工程不含税价值；对于包含土建和土地使用权的情况，土地使用权评估过程同无形资产评估—土地使用权，在建房屋建筑物评估过程同固定资产—房屋建筑物成本法评估，最终确定不含税价值。

如果企业是小规模纳税人，对于仅有土建的情况，评估过程中通常采用成本法评估，对于税费的处理同固定资产—房屋建筑物成本法评估，最终确定在建工程含税价值；对于包含土建和土地使用权的情况，土地使用权评估过程同无形资产评估—土地使用权并考虑契税，在建房屋建筑物评估过程同固定资产—房屋建筑物成本法评估，最终确定含税价值。

除此之外，对于溢价部分税费影响可参考固定资产部分。

（五）存货——开发产品、开发成本

对于不同的业态存货，通常采用不同的评估方法进行评估。涉及的房地产存货主要分为开发产品和开发成本。考虑到房地产开发企业通常为一般纳税人，故对于存货科目不考虑小规模纳税人的情况具体分析确定。

五、结论

企业价值评估中房地产税收问题较为复杂，一方面涉及的税种及会计科目较多，并且有时同一个科目里的资产也会具有差异性。另一方面，通过股权收购的方式取得被评估企业的并不会对评估增值的资产进行账务处理，从而造成评估增值无法改变资产原有的计税基础或税盾效应而面临贬值或折价。

根据上文分析，企业价值评估中对于房地产在考虑其自身价值的基础上，应充分考虑溢价部分税费的影响。对用于出售或者出租的房地产，其对企业价值贡献体现的是未来变现后的净收入，变现过程中需要根据税法规定缴纳各种税费，故其评估过程中应扣除经营过程中的各种税费，应根据其未来给企业带来的权益进行评估；对于作为企业生产资料的房地产，应从重置的角度进行考虑，考虑到其溢价部分税费因无法调账而给企业后续经营带来额外的税费负担，故也应在基准日扣除溢价部分税费影响。

由于企业对房地产未来是否处置、何时处置均存在不确定性，这也是为什么在调查过程中存在一半以上的人员认为不应考虑增值的税费影响。但是如果说该房产明确期后存在处置，因而需要考虑相关增值部分的税费影响，而另一种情形是明确期后不处置故不考虑增值部分的税费影响，则按照评估的处理原则，一个在期后可处置的资产所在的公司股权价值反而低于一个资产在期后“无法”进行处置的股权价值，在逻辑上显然是不合理的。

因为增值部分未调整账面所形成的税基确实存在时间、处置发生的概率、税收筹划等多种因素的影响，故而存在国资在收购时往往很谨慎地要求考虑该部分税费影响，而在出售时则通常不允许考虑该部分的税费影响的现象。当该部分金额巨大时，理性的交易双方往往将税务问题作为博弈谈判的重点。

对于评估机构而言，需要看到该部分税费对交易对价所造成的重大影响，同时提醒委托方在交易过程中关注其影响，无论在结果中是否扣除该部分的溢价影响，均需要在特别事项中对其进行充分披露。伴随着未来交易方向变化、房地产市场变化、税收筹划空间缩减、市场认知的变化，在未来的交易过程中，相信房地产增值部分税收的处理能慢慢被市场、监管部门所认同和接受。

参考文献

［1］畅品菊．房地产税费问题浅议［J］．时代经贸，2007（63）：112—113.

［2］蒋骁．企业价值评估中房地产税务问题的处理思路探析［J］．中国资产评估，2012（10）：38—39.

[3] 崔建平. 浅议企业价值评估中房地产评估的税负影响 [J]. 上海国资，2014（5）：76—77.

[4] 袁晓曼. 房地产评估中的涉税问题研究 [D]. 华中科技大学，2016.

[5] 丁建强. 资产基础法评估房地产开发企业价值时土地评估有关问题思考 [J]. 不动产评估，2019（7）：42—50.

[6] 李兰萍、车文斌. 以资产基础法评估企业价值时的递延所得税问题 [J]. 辽宁经济，2010（10）：26—27.

[7] 张佑民. 企业价值评估中企业所得税相关问题探讨 [J]. 中国资产评估，2010（4）：40—44.

关于企业价值评估中市场法修正体系的应用研究

王　永　王丽丽　王光辉　张晓丽　刘　璐

摘　要：随着我国市场经济的迅猛发展，催生了大量的金融、科技、网络等类型企业产权交易、技术转让、重组收购及 IPO 等评估需求，然而此类企业变化速度相对于传统企业而言过于迅猛，经营存在巨大的不确定性，仅使用收益法及资产基础法已经无法满足该类企业评估的需求。此外，经初步调查，目前国内应用市场法的资产评估报告中，因素修正体系、价值修正因素、因素修正比率或幅度的大小来源等标准缺乏统一性，甚至在同一个公司内也会存在差别，引起了报告使用者及监管者的诟病。

本文基于市场法基本理论，从市场法运用的步骤出发按照选择价值比率、建立可比基础、进行因素修正三方面展开探讨并对可比基础修正体系进行了研究。对企业价值评估中市场法修正体系进行总结，并呼吁行业对市场法运用提供更多的外部政策支持。

关键词：企业价值评估；市场法；修正体系

一、引言

通过对市场法在企业价值评估中的应用现状进行研究，进一步提出完善市场法修正体系的有效措施，选择市场法修正体系的应用研究作为此次研究的切入点能够直面市场法应用的痛点难点，为探讨建立具有行业共识的市场法修正体系提供有益尝试。

本课题的研究对象为企业价值评估中市场法修正体系，通过理论梳理与实证研究，一是对市场法相关理论及市场法在实际评估行业中的运用情况进行分析，找出目前存在的难点及重点；二是对企业价值评估中市场法修正体系进行完善并列举案例进行详细运用。

二、企业价值评估中市场法应用现状

我们从 wind 金融数据端查询了 2018 年至 2020 年 6 月公开披露的并购案例、增资、股权转让等共 1672 份评估报告，并对其中市场法应用总体情况进行了梳理，具体分析如下：

从使用市场法运用数量上看，目前公开披露的并购案例、增资、股权转让等评估报告中市场法运用情况少，作为定价方法更少；不过仍然可以看出 2018—2019 年使用市场法的数量有上升趋势。具体数据见表 1 所示。

作者单位：中发国际资产评估有限公司

表 1　　2018—2020 年公开评估报告中市场法运用情况表

年份	报告总数	使用市场法的报告数量	选取市场法作为定价方法的数量
2018 年	948	25	5
2019 年	582	35	7
2020 年 1—7 月	142	17	2
合计	1 672	77	14

从市场法两种方法使用情况看，市场法中上市公司比较法使用情况多于交易案例比较法，这也符合上市公司比较法案例获取较交易案例比较法更为公开便利的实际情况。具体数据见表 2 所示。

表 2　　2018—2020 年公开评估报告中市场法两种方法使用情况表

年份	交易案例比较法	上市公司比较法
2018 年	9	16
2019 年	8	27
2020 年 1—7 月	8	9
合计	25	52

从主要价值比率类型使用情况看，对市场法运用情况中选定的企业指标进行分析，得到资产类最多、盈利类其次、收入类最少的结论。具体数据见表 3。

表 3　　主要价值比率类型使用情况表

指标类型	数量
收入类指标	3
盈利类指标	11
资产类指标	33
未明确描述	30
合计	77

从主要使用行业统计情况看涉及行业较少，其中，主要行业价值比率选取见表 4。

表 4　　主要行业价值比率选取表

行业	价值比率
可选消费—媒体Ⅱ—媒体Ⅲ	PB、采用特殊指标（视频播放量和粉丝人数对其市场价值进行估算）
信息技术—技术硬件与设备	PB、P/NOIAT、PE、PS
房地产—房地产Ⅱ—房地产管理和开发	PB、EV/EBITDA
日常消费—食品、饮料与烟草—食品	EV/EBITDA、PB
工业—资本货物—建筑与工程Ⅲ—建筑与工程	PB

综上，我们可以得出以下结论：目前行业对市场法的应用情况较少，但呈现逐年上升趋势；在应用行业广度上有待深入使用；在方法选择与指标匹配上仍需进一步研究。

三、市场法价值比率选取及修正体系建立

（一）价值比率选取

在中评协关于印发修订《资产评估执业准则——企业价值》的通知（中评协〔2018〕38号）下发《资产评估执业准则——企业价值》中对市场法规定如下：“第三十四条 价值比率通常包括盈利比率、资产比率、收入比率和其他特定比率”，所以可以把指标分为盈利比率、资产比率、收入比率和其他特定比率。”

表5　　价值比率指标分类表

序号	种类	价值比率
1	盈利比率	PE、EV/EBIT 等
2	资产比率	PB 等
3	收入比率	PS 等
4	其他特定比率	企业绩效评价打分、每千瓦造价等

如表5所示，价值比率的应用分为选择、计算、应用三个阶段，需要考虑的因素有：选取的价值比率是对合理确定评估对象的价值有利的；无论是评估对象还是可比企业，在计算价值比率的时候，所使用的数据口径要一致，同时计算方式也应当保持一致；在三个阶段中，可比企业和被评估单位之间的差异是可以合理调整的。

一般情况下，较常用的为盈利、资产、收入比率，其中，市盈率（P/E）和市销率（P/S）两种指标与收益密切相关，通常更适用于企业的盈利或营收较为稳定，历年波动性不大的行业；市净率（P/B）与净资产密切相关，通常更适用无论行业景气与否，每股净资产变动都不大的行业；企业倍数是基于全投资口径进行测算的，其中 EV/EBITDA 这个指标还具有消除折旧摊销等非付现成本对企业价值的影响。

但是，除了上述盈利、资产、收入比率外，各个行业都有对其自身影响较大的特定比率，我们认为从合理确定评估对象的价值角度出发应该综合考虑选择其适用的价值比率及对上述盈利、资产、收入比率进行测算。

结合我们积累的执业经验，在实践中对于不同的行业结合盈利、资产、收入比率选取了一些特定的价值比率，下面尝试若干按行业来分别进行列举，如表6所示。

表6　　价值比率按行业分类表

序号	行业	常用指标	经验数据
1	火电行业	盈利、资产或收入比率	每千瓦造价
2	光伏发电行业	盈利、资产或收入比率	每 WP 价值
3	风力发电行业	盈利、资产或收入比率	弃风指标、剩余年限
4	水电行业	盈利、资产或收入比率	水库蓄能、年平均发电量、装机容量
5	财产保险行业	盈利、资产或收入比率	保费增长率、赔付率、资金运用率

续表

序号	行业	常用指标	经验数据
6	电商行业	盈利、资产或收入比率	成交总额 GMV
7	互联网视频行业	盈利、资产或收入比率	视频播放量和粉丝人数
8	畜牧业行业	盈利、资产或收入比率	年生猪出栏量

（二）建立可比修正体系

1. 修正因素

本课题研究的对象为市场法修正体系，在中评协关于印发修订《资产评估执业准则——企业价值》的通知（中评协〔2018〕38 号）下发《资产评估执业准则——企业价值》中对市场法规定如下："第三十三条 资产评估专业人员应当关注业务结构、经营模式、企业规模、资产配置和使用情况、企业所处经营阶段、成长性、经营风险、财务风险等因素，恰当选择与被评估单位进行比较分析的可比企业。资产评估专业人员所选择的可比企业与被评估单位应当具有可比性。可比企业应当与被评估单位属于同一行业，或者受相同经济因素的影响。"

根据准则及实践经验尝试从财务指标及非财务指标两方面对修正体系进行丰富和完善，并编制了企业整体比较因素条件说明表，具体如表 7 所示。

表 7　　企业整体比较因素××条件说明表

<table>
<tr><th colspan="3">因素</th><th>指标描述</th></tr>
<tr><td colspan="3">交易名称</td><td>××股权转让项目</td></tr>
<tr><td colspan="3">交易价值（100% 股权定价）</td><td>××万元</td></tr>
<tr><td colspan="3">交易日期</td><td>期日之间价格变化</td></tr>
<tr><td colspan="3">交易情况</td><td>是否包含特殊因素</td></tr>
<tr><td colspan="3">交易附加条件</td><td>无</td></tr>
<tr><td colspan="3">交易地点</td><td>经济发展水平</td></tr>
<tr><td rowspan="10">比较因素</td><td rowspan="6">非财务指标</td><td>业务结构</td><td>市场地位、产品是否单一、竞争情况</td></tr>
<tr><td>经营模式</td><td>涉及业务及范围、成本领先或者差别化模式、是否设计＋生产＋销售一体</td></tr>
<tr><td>企业规模</td><td>业务规模、总资产</td></tr>
<tr><td>经营阶段</td><td>创业阶段、波动阶段、稳定阶段、危机阶段、收缩阶段</td></tr>
<tr><td>成长性</td><td>见财务类</td></tr>
<tr><td>经营、财务风险</td><td>见财务类</td></tr>
<tr><td rowspan="4">财务指标</td><td>盈利能力</td><td>EBITDA 利润率、总资产报酬率</td></tr>
<tr><td>运营能力</td><td>流动资产周转率、总资产周转率</td></tr>
<tr><td>偿债能力</td><td>已获利息倍数、资产负债率</td></tr>
<tr><td>成长能力</td><td>营业收入增长率、资本保值增值率</td></tr>
</table>

在上述企业整体比较因素条件说明表中我们从市场地位、产品是否单一、竞争情况等方面对业务结构进行修正；从涉及业务及范围、成本领先或者差别化模式、是否设计+生产+销售一体等方面对经营模式进行修正；从业务规模、总资产额等方面对企业规模进行修正；从创业阶段、波动阶段、稳定阶段、危机阶段、收缩阶段等对企业经营阶段进行修正；对成长性指标、经营风险和财务风险，由于财务类指标总资产周转率、资产负债率、营业收入增长率等对企业运营能力、偿债能力、成长能力进行了修正，因此不做重复修正；对于资产配置和使用情况、由于未找到更加详细的描述，本次指标体系未采用该因素。

2. 修正幅度

经初步调查，目前国内应用市场法的资产评估报告中，因素修正比率或幅度的大小来源等标准缺乏统一性，甚至在同一个公司内也会存在差别。

在中华人民共和国住房和城乡建设部发布的《房地产估价规范》（2015 年）中对修正幅度有规定如下："4.2.15 进行交易情况修正、市场状况调整和房地产状况调整，可根据具体情况，基于总价或单价，采用金额、百分比或回归分析法，通过直接比较或间接比较，对可比实例成交价格机型处理。"此处规定有一定的借鉴意义。

本课题研究，着眼于 A 股市场 3 756 个上市公司的估价情况，从中选取 5≤PE≤30 的股票中，得到总样本量为 1 146 个"设定样本"。分行业研究主要财务指标的离散程度，与估值指标的相关性，以探索修正幅度的权重及大致范围。

（1）PE 的修正体系

①制造业 PE 估值指标修正体系

通过计算得到制造业及 8 个样本较大的大类行业的 PE 与八大财务指标的相关系数。详见表 8。

表 8　　制造业及各大类行业的 PE 与八大财务指标的相关系数表

项目	制造业 PE	化学原料和化学制品制造业	医药制造业	电气机械和器材制造业	专用设备制造业	汽车制造业	计算机、通信和其他电子设备制造业	非金属矿物制品业 PE	通用设备制造业 PE
净资产收益率 ROE	-8.46%	-6.02%	-18.76%	-20.56%	19.75%	-31.08%	43.19%	-43.84%	-36.18%
总资产报酬率 ROA	-2.59%	-8.53%	-15.19%	3.61%	51.08%	-22.58%	46.69%	-55.67%	-43.61%
总资产周转率	-6.14%	14.81%	-34.02%	-12.66%	4.55%	-19.61%	24.74%	-3.37%	-39.03%
应收账款周转率	-8.10%	-13.53%	-27.96%	-2.29%	18.98%	1.03%	8.70%	-39.02%	-44.74%
资产负债率	-23.24%	-4.29%	-24.23%	-47.57%	-63.38%	0.29%	-16.73%	30.65%	18.37%
已获利息倍数（EBIT/利息费用）	-2.32%	0.79%	-10.71%	19.22%	-13.97%	-7.78%	3.16%	20.35%	-18.84%
销售增长率	7.01%	10.09%	-2.96%	31.49%	8.16%	-30.80%	10.96%	29.67%	30.00%
净资产增长率	1.29%	4.14%	-0.12%	-60.74%	40.85%	-27.06%	22.68%	-15.28%	-5.40%

指标的优化，以及调整范围与权重，可以由评估人员自己设定。本次研究以专用设备制造业为例，进一步说明研究成果。

各指标的调整范围、权重可以根据评估人员的经验以及选择可比公司（案例）时侧重的指标来确定。本次评估按照财务指标的离散程度确定修正幅度、权重，得到表9。

表9　　制造业各指标的调整范围、权重情况表

指标	修正幅度	权重
总资产报酬率	-62%—62%	17%
应收账款周转率	-96%—96%	27%
资产负债率	-68%—68%	19%
净资产增长率	-129%—129%	36%

上述修正幅度比较大。在实务中，选择可比案例的时候，财务指标的相近性也是需要考虑的，所以实务中不会出现上表中的情况（以下出现类似情况，不再赘述）。

②金融业PE估值指标修正体系

通过计算得到金融业估值指标与修正指标的相关系数，如表10所示。

表10　　金融业PE估值指标与修正指标的相关系数表

项目	PE
净资产收益率	-60.29%
总资产报酬率	8.29%
总资产周转率	25.97%
应收账款周转率	-2.80%
资产负债率	-64.88%
已获利息倍数	4.60%
销售增长率	43.85%
净资产增长率	-40.89%

从金融业整体看适用的指标有总资产报酬率、总资产周转率、资产负债率、已获利息倍数、销售增长率。根据同类排除原则，剔除已获利息倍数，推荐指标、调整范围、权重如表11所示。

表11　　金融业各指标的调整范围、权重情况表

指标	修正幅度	权重
总资产报酬率	-328%—328%	60%
总资产周转率	-122%—122%	22%
资产负债率	-15%—15%	3%
销售增长率	-84%—84%	15%

③信息传输、软件和信息技术服务业 PE 估值指标修正体系

通过计算得到行业估值指标与修正指标的相关系数，如表 12 所示。

表 12　　信息传输、软件和信息技术服务业 PE 估值指标与修正指标的相关系数表

项目	PE
净资产收益率	23%
总资产报酬率	73%
总资产周转率	39%
应收账款周转率	8%
资产负债率	-68%
已获利息倍数	30%
销售增长率	43%
净资产增长率	78%

从整体看适用的指标有总资产报酬率、总资产周转率、资产负债率、净资产增长率。指标、调整范围、权重如表 13 所示。

表 13　　信息传输、软件和信息技术服务业各指标的调整范围、权重情况表

指标	修正幅度	权重
总资产报酬率	-470%—470%	66%
总资产周转率	-69%—69%	1%
资产负债率	-132%—132%	2%
销售增长率	-239%—239%	31%

④农林牧渔 PE 估值指标修正体系

通过计算得到行业估值指标与修正指标的相关系数，如表 14 所示。

表 14　　农林牧渔 PE 估值指标与修正指标的相关系数表

项目	PE
净资产收益率	-65%
总资产报酬率	-65%
总资产周转率	-18%
应收账款周转率	5%
资产负债率	60%
已获利息倍数	-28%
销售增长率	-52%
净资产增长率	-62%

从整体看适用的指标有净资产收益率、应收账款周转率、资产负债率、净资产增长率。指标、调整范围、权重如表 15 所示。

表 15　　农林牧渔各指标的调整范围、权重情况表

指标	修正幅度	权重
净资产收益率	-71%—71%	15%
应收账款周转率	-249%—249%	53%
资产负债率	-49%—49%	10%
净资产增长率	-101%—101%	22%

（2）PB 的修正体系

①制造业 PB 估值指标修正体系

通过计算得到制造业及 8 个样本超过 30 的大类行业的 PB 与八大财务指标的相关系数。详见表 16。

表 16　　制造业及各大类行业的 PB 与八大财务指标的相关系数表

项目	制造业	化学原料和化学制品制造业	医药制造业	电气机械和器材制造业	专用设备制造业	汽车制造业	计算机、通信和其他电子设备制造业	非金属矿物制品业	通用设备制造业
净资产收益率	63.55%	51.41%	56.54%	83.89%	67.56%	60.39%	80.53%	45.69%	70.98%
总资产报酬率	63.47%	55.97%	64.32%	81.79%	69.28%	50.65%	78.02%	30.94%	59.57%
总资产周转率	13.54%	8.13%	12.42%	21.90%	25.01%	17.73%	38.38%	26.78%	20.25%
应收账款周转率	9.22%	1.36%	-16.35%	57.28%	38.59%	-3.93%	13.03%	-0.57%	-17.40%
资产负债率	-17.73%	-16.88%	-7.42%	-21.24%	-47.98%	6.19%	-2.05%	10.31%	-20.38%
已获利息倍数	0.58%	17.10%	4.80%	-7.92%	-13.48%	4.01%	0.63%	16.35%	6.74%
销售增长率	26.89%	25.09%	23.39%	7.12%	-1.17%	3.55%	41.84%	16.93%	45.78%
净资产增长率	19.24%	16.69%	31.90%	-16.39%	51.42%	29.06%	22.38%	49.74%	9.22%

还是以专用设备业为例，剔除同类指标、确定修正范围、幅度见表 17。

表 17　　制造业各指标的调整范围、权重情况表

指标	修正幅度	权重
总资产报酬率	-62%—62%	17%
应收账款周转率	-96%—96%	27%
资产负债率	-68%—68%	19%
净资产增长率	-129%—129%	36%

②金融业 PB 估值指标修正体系

通过计算得到金融业估值指标与修正指标的相关系数，如表 18 所示。

表 18　　金融业 PB 估值指标与修正指标的相关系数表

项目	PB
净资产收益率	11.42%
总资产报酬率	1.03%
总资产周转率	47.40%
应收账款周转率	-5.03%
资产负债率	-26.47%
已获利息倍数	2.94%
销售增长率	34.21%
净资产增长率	-1.45%

根据上表中的关系，确定适用的修正指标，然后剔除同类指标、确定修正范围、幅度见表 19。

表 19　　金融业各指标的调整范围、权重情况表

指标	修正幅度	权重
净资产收益率	-36%—36%	14%
总资产周转率	-122%—122%	48%
资产负债率	-15%—15%	6%
销售增长率	-84%—84%	32%

③信息传输、软件和信息技术服务业 PB 估值指标修正体系

通过计算得到行业估值指标与修正指标的相关系数，如表 20 所示。

表 20　　信息传输、软件和信息技术服务业 PB 估值指标与修正指标的相关系数表

项目	PB
净资产收益率	62%
总资产报酬率	46%
总资产周转率	29%
应收账款周转率	45%
资产负债率	-19%
已获利息倍数	15%
销售增长率	8%
净资产增长率	33%

从整体看适用的指标有净资产收益率、应收账款周转率、资产负债率、净资产增长率。指标、调整范围、权重如 21 表所示。

表 21　　信息传输、软件和信息技术服务业各指标的调整范围、权重情况表

指标	修正幅度	权重
净资产收益率	-470%—470%	7%
应收账款周转率	-69%—69%	3%
资产负债率	-132%—132%	5%
净资产增长率	-239%—239%	85%

④农林牧渔 PB 估值指标修正体系

通过计算得到行业估值指标与修正指标的相关系数，如表 22 所示。

表 22　　农林牧渔 PB 估值指标与修正指标的相关系数表

项目	PB
净资产收益率	78%
总资产报酬率	80%
总资产周转率	67%
应收账款周转率	18%
资产负债率	-54%
已获利息倍数	64%
销售增长率	73%
净资产增长率	72%

从整体看适用的指标有总资产报酬率、总资产周转率、已获利息倍数、销售增长率。指标、调整范围、权重如表 23 所示。

表 23　　农林牧渔各指标的调整范围、权重情况表

指标	修正幅度	权重
总资产报酬率	-71%—71%	15%
总资产周转率	-32%—32%	7%
已获利息倍数	-267%—267%	55%
销售增长率	-116%—116%	23%

(3) EV/EBIT 的修正体系

①制造业 EV/EBIT 估值指标修正体系

通过计算得到制造业及 8 个样本超过 30 的大类行业的 EV/EBIT 与八大财务指标的相关系数。详见表 24。

表 24　　制造业及各大类行业的 EV/EBIT 与八大财务指标的相关系数表

项目	制造业	化学原料和化学制品制造业	医药制造业	电气机械和器材制造业	专用设备制造业	汽车制造业	计算机、通信和其他电子设备制造业	非金属矿物制品业	通用设备制造业
净资产收益率	-0.75%	-22.79%	2.39%	-13.97%	18.38%	-5.06%	12.33%	-28.65%	-8.00%
总资产报酬率	0.78%	-29.92%	7.79%	-0.14%	46.95%	6.44%	19.60%	-40.58%	0.08%
总资产周转率	2.96%	-0.48%	-18.26%	-13.97%	5.75%	-21.89%	3.42%	-7.49%	4.38%
应收账款周转率	-0.34%	-12.23%	-9.13%	8.98%	11.30%	-14.31%	5.41%	-32.62%	6.12%
资产负债率	-7.04%	14.45%	-26.69%	-1.12%	-56.61%	-2.07%	-34.20%	21.24%	-20.31%
已获利息倍数	0.43%	-6.60%	6.85%	-6.20%	-11.97%	0.74%	-16.77%	35.11%	-7.49%
销售增长率	2.16%	-0.68%	12.96%	-17.40%	21.73%	20.48%	-10.43%	34.45%	3.46%
净资产增长率	2.67%	0.70%	5.60%	34.42%	44.56%	-1.85%	11.26%	4.08%	-14.47%

还是以专用设备业为例，剔除同类指标、确定修正范围、幅度见表 25。

表 25　　制造业各指标的调整范围、权重情况表

指标	修正幅度	权重
总资产报酬率	-62%—62%	17%
应收账款周转率	-96%—96%	27%
资产负债率	-68%—68%	19%
净资产增长率	-129%—129%	36%

②电力、热力、燃气及水生产和供应业 EV/EBIT 估值指标修正体系

首先，通过计算得到电力、热力、燃气及水生产和供应业的估值指标与修正指标的相关系数，如表 26 所示。

表 26　　电力、热力、燃气及水生产和供应业 EV/EBIT 估值指标与修正指标的相关系数表

项目	EV/EBIT	电力、热力生产和供应业
净资产收益率	61.13%	63.04%
总资产报酬率	20.52%	29.50%
总资产周转率	-13.23%	-13.93%
应收账款周转率	-1.45%	-0.04%
资产负债率	-44.53%	-53.55%
已获利息倍数	7.89%	18.42%
销售增长率	-12.73%	-17.64%
净资产增长率	48.18%	52.34%

根据表 26 中的关系，本研究以电力、热力生产和供应业为例，确定适用的修正指标，然后剔除同类指标、确定修正范围、幅度见表 27。

表 27　　电力、热力、燃气及水生产和供应业各指标的调整范围、权重情况表

指标	修正幅度	权重
净资产收益率	-538%—538%	67%
资产负债率	-32%—32%	4%
净资产增长率	-237%—237%	29%

③信息传输、软件和信息技术服务业 EV/EBIT 估值指标修正体系

通过计算得到行业估值指标与修正指标的相关系数，如表 28 所示。

表 28　　信息传输、软件和信息技术服务业 EV/EBIT 估值指标与修正指标的相关系数表

项目	EV/EBIT
净资产收益率	1%
总资产报酬率	2%
总资产周转率	8%
应收账款周转率	-3%
资产负债率	-4%
已获利息倍数	8%
销售增长率	8%
净资产增长率	0%

从整体看适用的指标有总资产报酬率、总资产周转率、已获利息倍数、销售增长率。指标、调整范围、权重如表 29 所示。

表 29　　信息传输、软件和信息技术服务业各指标的调整范围、权重情况表

指标	修正幅度	权重
总资产报酬率	-470%—470%	87%
总资产周转率	-66%—66%	1%
已获利息倍数	-197%—197%	4%
销售增长率	-442%—442%	8%

④农林牧渔 EV/EBIT 估值指标修正体系

通过计算得到行业估值指标与修正指标的相关系数，如表 30 所示。

表 30　　农林牧渔 EV/EBIT 估值指标与修正指标的相关系数表

项目	EV/EBIT
净资产收益率	-75%
总资产报酬率	-74%
总资产周转率	-90%
应收账款周转率	-19%
资产负债率	48%

续表

项目	EV/EBIT
已获利息倍数	-27%
销售增长率	-61%
净资产增长率	-68%

从整体看适用的指标有总资产报酬率、应收账款周转率、已获利息倍数、销售增长率。指标、调整范围、权重如表31所示。

表31　农林牧渔各指标的调整范围、权重情况表

指标	修正幅度	权重
总资产报酬率	-71%—71%	11%
应收账款周转率	-249—249%	35%
已获利息倍数	-267%—267%	38%
销售增长率	-116%—116%	16%

（4）PS的修正体系

①制造业PS估值指标修正体系

通过计算得到制造业及8个样本超过30的大类行业的PS与八大财务指标的相关系数。详见表32。

表32　制造业及各大类行业的PS与八大财务指标的相关系数表

项目	制造业	化学原料和化学制品制造业	医药制造业	电气机械和器材制造业	专用设备制造业	汽车制造业	计算机、通信和其他电子设备制造业	非金属矿物制品业	通用设备制造业
净资产收益率	13.13%	0.46%	9.79%	26.35%	21.03%	0.88%	10.02%	6.58%	30.26%
总资产报酬率	30.82%	11.79%	23.34%	55.49%	40.28%	43.50%	21.62%	6.42%	43.53%
总资产周转率	-31.95%	-39.40%	-52.53%	-32.77%	-31.87%	-62.61%	-44.05%	-28.59%	-33.48%
应收账款周转率	7.48%	3.22%	-27.85%	33.07%	13.09%	-27.75%	-21.71%	-1.49%	-3.66%
资产负债率	-25.37%	-29.77%	-61.55%	-52.74%	-35.55%	-66.43%	-66.23%	-28.82%	-61.15%
已获利息倍数	0.19%	0.97%	-12.61%	-5.16%	-16.52%	23.84%	-5.22%	16.32%	-4.17%
销售增长率	27.57%	6.08%	-13.18%	10.91%	13.70%	-4.79%	-1.75%	-5.53%	14.96%
净资产增长率	17.99%	10.38%	4.89%	-15.25%	16.56%	-1.95%	23.93%	26.54%	-1.55%

还是以专用设备业为例，剔除同类指标、确定修正范围、幅度见表33。

表 33　　制造业各指标的调整范围、权重情况表

指标	修正幅度	权重
总资产报酬率	-62%—62%	17%
应收账款周转率	-96%—96%	27%
资产负债率	-68%—68%	19%
净资产增长率	-129%—129%	36%

②金融业 PS 估值指标修正体系

通过计算得到金融业估值指标与修正指标的相关系数，如表 34 所示。

表 34　　金融业 PS 估值指标与修正指标的相关系数表

项目	PS
净资产收益率	-20.03%
总资产报酬率	30.14%
总资产周转率	-3.26%
应收账款周转率	2.04%
资产负债率	-19.43%
已获利息倍数	67.83%
销售增长率	-13.37%
净资产增长率	-21.23%

根据上表中的关系，确定适用的修正指标，然后剔除同类指标、确定修正范围、幅度见表 35。

表 35　　金融业各指标的调整范围、权重情况表

指标	修正幅度	权重
总资产报酬率	-328%—328%	20%
应收账款周转率	-727%—727%	45%
已获利息倍数	-561%—561%	35%

③信息传输、软件和信息技术服务业 PS 估值指标修正体系

通过计算得到行业估值指标与修正指标的相关系数，如表 36 所示。

表 36　　信息传输、软件和信息技术服务业 PS 估值指标与修正指标的相关系数表

项目	PS
净资产收益率	-18%
总资产报酬率	8%
总资产周转率	-53%
应收账款周转率	15%
资产负债率	-29%
已获利息倍数	6%
销售增长率	-22%
净资产增长率	2%

从整体看适用的指标有总资产报酬率、总资产周转率、已获利息倍数、销售增长率。指标、调整范围、权重如表37所示。

表37　　信息传输、软件和信息技术服务业各指标的调整范围、权重情况表

指标	修正幅度	权重
总资产报酬率	-470%—470%	66%
应收账款周转率	-69%—69%	1%
资产负债率	-132%—132%	2%
净资产增长率	-239%—239%	31%

④农林牧渔PS估值指标修正体系

通过计算得到行业估值指标与修正指标的相关系数，如表38所示。

表38　　农林牧渔PS估值指标与修正指标的相关系数表

项目	PS
净资产收益率	-15%
总资产报酬率	-13%
总资产周转率	-69%
应收账款周转率	-17%
资产负债率	-21%
已获利息倍数	15%
销售增长率	-10%
净资产增长率	-16%

从整体看适用的指标有总资产报酬率、应收账款周转率、已获利息倍数、销售增长率。指标、调整范围、权重如表39所示。

表39　　农林牧渔各指标的调整范围、权重情况表

指标	修正幅度	权重
总资产报酬率	-71%—71%	11%
应收账款周转率	-249%—249%	35%
已获利息倍数	-267%—267%	38%
销售增长率	-116%—116%	16%

（5）绩效打分修正体系

①修正指标

绩效评价体系是经过长期实践应用总结出来的较为全面分析企业的指标体系。其评价指标即是修正指标，修正指标的取值范围和权重都有详细的规定，所以绩效打分体系修正指标直接采用《企业绩效评价标准值2019》中的指标即可。绩效打分体系中财务绩效有8个基本指标，14个修正指标，管理绩效8个指标，计算过程比较复杂，为了便于计算，也可以

采用本课题中简化的方法，即只取财务绩效中的 8 个基本指标进行打分，其余指标由评估人员在选择可比公司的时候进行判断。

②绩效打分路线的选择

在评估实践中，有一种路线是先用绩效打分对估值指标（PE、PB、PS 等）进行修正，然后再用估值指标乘以对应的利润、净资产、收入等基数得到目标公司的评估值。这种方法增加了一道绩效打分与估值指标呈线性关系的假设，那么这个假设的实际效果如何呢？我们用设定样本的绩效打分与各估值指标进行了相关性计算，得估值指标相关性矩阵如表 40 所示。

表 40　　绩效打分与各估值指标相关性矩阵表

指标	市盈率 PE	市净率 PB（LF）	市销率 PS	EE	绩效打分
市盈率 PE	1				
市净率 PB（LF）	0.440972	1			
市销率 PS	0.125231	0.145577	1		
EE	-0.00242	-0.01283	0.034637	1	
绩效打分	0.033755	0.422533	-0.06113	-0.04562	1

从矩阵可以看出，绩效打分与 PB 的相关性达到 42%，与 PE 只有 3.38%，而与 PS、EE 则是负相关。所以，该路线多计算一道估值指标的结果并非最优路线。

经计算设定样本绩效打分与股价的相关性，绩效打分与股价的相关性较高，可以直接采用绩效打分进行估值计算。表达式如下：

$V1/X1 = V2/X2$

$V1 = V2/X2 \times X1$

V/X：价值比率或价值乘数；

V1：被评估企业的价值；

V2：可比对象的价值；

X：计算价值比率时所选用的经济指标，在此为绩效打分。

举例：

被评估企业用 O 表示，三个可比公司（案例）用 A、B、C 表示，各个公司市场价值及绩效打分如表 41 所示。

表 41　　可比公司市场价值及绩效打分表

公司名称	绩效打分	统计分值	市场价值（万元）
A	55	98	96
B	60	107	102
C	59	105	100
O	56	100	待估

将上述数据代入公式，得到三个可比公司调整后的市场价：

A 调 =98/100 ×96 =94.08

B 调 =107/100 ×102 =109.14

C 调 =105/100 ×100 =105

O 市场价值 =(A 调 +B 调 +C 调)/3 =102.74（万元）

四、总结

通过上述研究，我们认为，在采用市场法计算企业价值时，应首先按照委估对象的行业恰当地选择有利于合理确定评估对象价值的比率，其次应收集计算价值比率的数据，在此基础上，能够应用本次修正体系的研究成果，从财务指标及非财务指标两方面选择适合的因素及恰当的修正幅度对价值比率的差异进行合理调整。

通过企业价值评估中市场法修正体系的研究，我们尝试推广市场法的应用场景，扩大在各类企业价值评估业务中的市场法运用，夯实市场法的运用基础，并通过两个不同行业具体案例进行阐述，对市场法修正体系进行应用。我们认为其他很多行业也可适用该修正体系运用市场法进行测算，如生物医药公司、互联网行业企业、汽车经销企业、文化传媒企业、金融行业企业、科技行业企业等。

为更好地推动资产评估行业理论体系建设，丰富和完善资产评估理论知识，指导资产评估实践操作，促进资产评估报告质量水平提高，我们认为，在市场法的应用上还需要更多的外部政策支持，我们也呼吁行业协会大力推进市场法相关研究以更好地服务社会主义市场经济发展。

参考文献

[1] 中国资产评估协会．企业价值评估指导意见书（试行）讲解［M］．经济科学出版社，2005.

[2] 汪海粟．企业价值评估［M］．复旦大学出版社，2005.

[3] 赵坤，朱戎．企业价值评估方法体系研究［J］．国际商务财会，2010（12）：32—35.

[4] 杨天珍．市场法在企业价值评估中的应用［J］．会计之友，2011（35）：57—59.

[5] 朱军，贾玉．企业价值评估中市场法参数选择研究［J］．中国资产评估，2012（08）：25—30.

[6] 张鼎祖，彭莉．企业价值评估市场法的改进［J］．统计与决策，2006（10）：160—162.

[7] 吴继兴．企业价值评估中市场法价值乘数的分析及改进［J］．商业会计，2013（21）：51—53.

[8] 刘颖．试析市场法评估企业价值的应用实务［J］．当代经济，2011（22）：162—163.

[9] 张洁慧．市场途径中比率乘数及其修正研究［J］．中国证券期货，2011（12）：205—206.

[10] 许贸荃．从价值乘数的驱动因素谈可比公司的选择［J］．中国资产评估，2014（08）：28—29.

商业银行企业价值评估中资本充足率测算方法研究

刘冬霞　刘　琳　白志辉　沈　嫔　鹿　坪

摘　要：在评估领域，近些年与商业银行相关的业务越来越丰富多样，作为在国民经济中地位举足轻重的银行业，如何充分为其提供良好的评估服务及科学合理的估值对其稳步发展起到至关重要的作用。在商业银行企业价值评估中，资本充足率至关重要，它不但是商业银行估值中的约束指标，而且会影响权益变动额的预测，传统测算方法是依据历史数据中“加权风险资产占总资产占比”为基数结合资本充足率的约束性预测未来期间资本净额从而预估未来股权自由现金流，然而仅以历史数据中“加权风险资产占总资产比重”为依据进行预测必然会存在一定的缺陷。目前，国内外对商业银行企业价值评估的研究主要集中在评估方法方面的探究及改进，对于资本充足率的研究则侧重于这一指标如何对银行稳健经营及银行整体价值产生影响，然而对于商业银行评估过程中资本充足率的应用改进则鲜有研究人员涉猎。因此本文从此角度出发对如下问题展开研究：第一，对资本充足率及加权风险资产对银行企业价值评估的影响进行了梳理；第二，以历史数据为基础分析传统测算方法的缺陷与局限性；第三，基于规避传统方法局限性的角度建立优化模型。

关键词：商业银行；价值评估；资本充足率；回归模型

一、资本充足率的概念及影响

资本充足率是银行自身资本和加权风险资产的比率，作为商业银行的重要监管指标之一，其代表了当发生经营风险，在银行相关投资者及客户的资产遭到损失时，银行拥有的承担损失资本的份额。这一指标一定程度上表明了商业银行的资产质量的好坏及银行风险的大小。由于银行的主要利润来源为存贷利差，发放贷款从而获得较高的利息，而其中有一部分存在违约风险，所以该项指标监管目的在于限制银行为了追逐利润而存在高风险资产的情况。一定程度上这一指标代表了商业银行抗风险能力，很多银行为了能够增强抵抗风险能力，也设置了高于监管要求的标准。目前世界一般制定的银行监管标准主要以《巴塞尔协议Ⅲ》为标杆，2013 年我国银监会在第三版巴赛尔协议的框架下发布新的《商业银行资本充足率管理办法》，新办法提出到 2018 年年底，系统性重要银行的资本充足率需在 11.5%以上，非系统性银行资本充足率在 10.5%以上。《巴塞尔协议Ⅲ》发布的直接原因是 2008 年

作者单位：刘冬霞、鹿坪，辽宁大学；刘琳，北京中同华资产评估有限公司；白志辉，北京中企华资产评估有限公司；沈嫔，浙江工商大学杭州商学院

全球金融危机中很多银行由于风险控制不足导致破产，因此不论国内国外，都对资本充足率等涉及银行风险控制指标的监管力度显著提高，我国资本充足率监管要求如表1所示。

表1　资本充足率监管要求

银行类别	项目	2013年底	2014年底	2015年底	2016年底	2017年底	2018年底
系统性重要银行	资本充足率	9.50%	9.90%	10.30%	10.70%	11.10%	11.50%
其他银行	资本充足率	8.50%	8.90%	9.30%	9.70%	11.10%	11.50%

数据来源：wind数据库。

资本充足率对于银行的价值的影响可分为直接影响与间接影响，其直接影响体现在资本充足率作为一个监管指标，同时也是投资者及银行客户群判别银行投资价值以及存贷与否的指标，当这一指标高于监管指标时，表明了银行的资产质量较高，且抗风险能力较好，势必使投资者及客户更愿意投资及购买该银行的股份与产品，使该银行价值进一步提升，反之则会使银行价值降低。

资本充足率对银行的间接影响体现在盈利能力及经营稳健性两方面。一方面，银行的主要收入为息差，以贷款利息与存款利息的息差为主，资本充足率作为强制的约束指标，当这一指标低于要求时，商业银行可采取以下两种策略：（1）降低贷款数额，以此降低风险资产的占比从而使指标上升。（2）增加核心资产的数额，通常上市公司可采用增发股票而非上市公司一般为吸纳新的投资者进入。但无论银行采取哪一种策略，都会使其盈利能力受到影响。另一方面，低资本充足率会使经营稳健性降低，而作为持久经营的企业，长时间的低稳健性会造成银行经营风险持续处于高风险状态，这就使银行的价值受到影响。由于资本充足率分别会影响到银行的盈利能力和经营稳健性，这就使在评估过程中需要对这一指标足够的重视。

二、商业银行企业价值评估中资本充足率的应用流程

资本充足率在商业银行价值评估中应用于收益法作为测算股东权益变动的约束指标，《指引3》的案例2《银行权益变动表预测》指出根据××银行资产、负债规模，结合股本、资本公积、一般风险准备及实现净利润对权益变动表进行预测。按照会计政策提取盈余公积和一般风险准备后，对××银行的资本充足率进行测算，使资本充足率满足监管要求的前提下将利润最大程度进行分配。其中资本充足率根据历史年度风险资本占总资产比重进行测算。

《指引3》中所提到的资本充足率测算方法，也是在实务中被广泛应用的方法，即以前一期的加权风险资产数额所占总资产的比率乘以当期所预计得出的总资产得出当期的加权风险资产数额，在满足当期资本充足率监管要求及银行自身要求的条件下测算出当期资本净额，由于资本净额较前一期的变动等于股东权益的变动，以此框定当期权益变动额，其计算式为：

$$\text{当期加权风险资产} = \frac{\text{前一期加权风险资产}}{\text{前一期资产总额}} \times \text{当期预计资产总额} \qquad (2-1)$$

$$\text{当期资本充足率} = \frac{\text{前一期资本净额} + \text{本期资本净额(权益)变动额}}{\text{当期加权风险资产}} \qquad (2-2)$$

当期资本净额 = 当期加权风险资产 × 当期资本充足率　　(2-3)

当期权益变动 = 当期资本净额变动 = 当期资本净额 - 前一期资本净额　　(2-4)

资本充足率作为一个监管指标，在评估过程中是预测权益变动的约束。一个比率的预测，是对于构成这一比率的分子与分母的预测，而不是对比率本身进行预测，如公式（2-2）这一指标是当期资本净额占加权风险资产的比例，所以对资本充足率的预测实际是对加权风险资产及资本净额的预测。

根据《指引3》及前文所述商业银行资本充足率测算及监管要求，结合评估实践，资本充足率在评估预测期的应用方式可分为两种：

第一，若银行已确定未来留存收益比率，则首先对预测期各年度加权风险资产进行测算；其次预测资本净额变动额，通过预测期各年度净利润及留存收益比率得出预测期各年度资本净额变动额；最后，虽然资本净额变动额等于权益变动额，但这一数额不能直接应用于预测期各期现金流的测算，还需经过资本充足率约束检验，即通过公式（2-2）计算出各期资本充足率，并比较确定是否符合监管及银行自身要求，若高于要求，需调低留存收益比率，反之则调高留存收益比率。

第二，若银行并未确定未来留存收益比率，则首先对预测期各年度加权风险资产进行测算；其次，通过访谈等方式确定未来银行资本充足率要求；最后，通过加权风险与资本充足率相乘得出当期资本净额，与前一期相比得出当期资本净额（权益）变动额，并应用于预测期各期现金流的测算。

通过上述分析可知，应用资本充足率的核心与起点在于对加权风险资产的预测，而对于资本净额的预测无论是以上哪一种方式，都是通过钩稽关系测算，并不需要对其本身进行预测。综上，《指引3》中所说“预测期资本充足率根据历史年度风险资本占总资产比重进行测算”的本质是对加权风险资产的预测，资本充足率预测则是其应用过程的总体性描述，所以本文研究内容为匹配《指引3》所述，仍将内容定义为对资本充足率预测方法的研究。

三、传统方法资本充足率测算过程中存在的问题

加权风险资产是指对银行的资产加以分类，根据不同类别资产的风险性质确定不同的风险系数，以这种风险系数为权重求得的资产。银行业的总资产有很多资产是0风险权重的，有很多风险权重则很高。这个要看每个银行的资产负债结构的配置，一般来说风险权重高的收益也更高。

如上文所提到，资本充足率为资本净额与加权风险资产的比例，评估实践中，使用目标资本充足率或历史资本充足率及预测加权风险资产对资本净额进行测算，并以此为基础确定所有者权益变动额，由于资本充足率为既定值，这就使得对加权风险资产的测算十分重要。

通过加权风险资产的定义可清晰地看出，由于银行的总资产中存在着风险加权为0的资产，所以评估实践中使用评估基准日加权风险资产所占总资产的比例对预测年度加权风险资产进行测算时出现以下两种误差：

第一，当银行有计划提高自身抗风险能力时，在预测年度加大风险权重小的资产配置

时，总资产中加权风险资产占比下降，在仍使用评估基准日两者比例或历史年度平均值的情况下，会高估加权风险资产；

第二，当银行有计划追求更多利润而增大加权风险资产配置时，总资产中加权风险资产占比上升，此时又会低估加权风险资产。

如2013年至2018年，由于新的资本充足率监管指标的提出，我国大多数商业银行都在这一阶段通过降低风险资产占比或增加自身资本净额来符合监管要求，下面我们就浦发银行2013—2018年的历史数据为例对传统方法预测中的误差展开实际说明。2013—2018年浦发银行财报数据如表2所示（含中报与年报）。

表2　　浦发银行历史资本充足率相关数据

时间	2018-12-31	2018-06-30	2017-12-31	2017-06-30
总资产	628 960 600.00	609 175 900.00	613 724 000.00	591 539 500.00
资本净额	58 930 800.00	51 253 600.00	49 088 400.00	46 505 800.00
加权风险资产净额	431 188 600.00	419 331 600.00	408 449 900.00	392 749 100.00
资本充足率（%）	13.67	12.22	12.02	11.84
时间	2016-12-31	2016-06-30	2015-12-31	2015-06-30
总资产	585 726 300.00	537 129 300.00	504 435 200.00	460 374 000.00
资本净额	45 168 100.00	43 274 600.00	41 374 100.00	35 047 200.00
加权风险资产净额	387 874 000.00	355 864 700.00	336 783 400.00	315 437 900.00
资本充足率（%）	11.65	12.16	12.29	11.11
时间	2014-12-31	2014-06-30	2013-12-31	2013-06-30
总资产	419 592 400.00	393 021 700.00	368 012 500.00	346 844 200.00
资本净额	32 490 600.00	27 983 800.00	26 499 500.00	25 031 221.00
加权风险资产净额	286 889 700.00	258 325 200.00	241 459 300.00	221 032 083.00
资本充足率（%）	11.33	10.83	10.97	11.32

数据来源：wind数据库。

根据以上数据，浦发银行在2013年之后，资本充足率不断波动上升，这也与前面提到的银监会关于提高商业银行资本充足率的要求相符合，将浦发银行资本充足率与银监会下发监管要求作比较，可以看出浦发银行在2013年出台新的商业银行资本充足率管理办法后，资本充足率始终保持在监管要求之上，并在每年度都设定了一定的防护缓冲资本，具体缓冲资本比例如表3所示。

表3　　浦发银行防护缓冲资本比例

	2013	2014	2015	2016	2017	2018	平均值
资本充足率高于监管要求值	1.47%	1.43%	1.99%	0.95%	0.92%	2.17%	1.49%

数据来源：作者汇编。

以2013年二季度作为基期，假设其总资产实际总额与预计总额相等，根据传统计算方法测算下一期加权风险资产并以此结果作为下一期预测加权风险资产，以此迭代，设N为

预测期期数，$N=1, 2, 3, 4, 5\cdots\cdots$

$$n=1, 预计加权风险资产 = \frac{基期加权风险资产}{基期资产总额} \times 资产总额_1$$

$$n=2, 预计加权风险资产 = \frac{\frac{基期加权风险资产}{基期资产总额} \times 资产总额_1}{资产总额_1} \times 资产总额_2$$

……

$$N=n, 预计加权风险资产 = \frac{基期加权风险资产}{基期资产总额} \times 资产总额_n \quad (2-5)$$

以传统方法测算资本充足率并且比较测算结果与实际偏差如表4所示。

表4　传统测算方法结果与误差对比　单位（万元）

时间	2013-6-30	2013-12-31	2014-6-30	2014-12-31
总资产	346 844 200.00	368 012 500.00	393 021 700.00	419 592 400.00
资本净额	25 031 221.00	26 499 500.00	27 983 800.00	32 490 600.00
加权风险资产净额	221 032 083.00	241 459 300.00	258 325 200.00	286 889 700.00
资本充足率（%）	11.32	10.97	10.83	11.33
加权风险资产实际比率	63.73%	65.61%	65.73%	68.37%
加权风险资产预计比率		63.73%	63.73%	63.73%
预计加权风险资产总额		234 521 925.00	250 459 442.60	267 392 051.50
预计与实际加权风险资产偏差额		6 937 375.04	7 865 757.36	19 497 648.52
预计与实际加权风险资产偏差率		2.87%	3.04%	6.80%
时间	2015-6-30	2015-12-31	2016-6-30	2016-12-31
总资产	460 374 000.00	504 435 200.00	537 129 300.00	585 726 300.00
资本净额	35 047 200.00	41 374 100.00	43 274 600.00	45 168 100.00
加权风险资产净额	315 437 900.00	336 783 400.00	355 864 700.00	387 874 000.00
资本充足率（%）	11.11	12.29	12.16	11.65
加权风险资产实际比率	68.52%	66.76%	66.25%	66.22%
加权风险资产预计比率	63.73%	63.73%	63.73%	63.73%
预计加权风险资产总额	293 380 786.50	321 459 499.70	342 294 344.30	373 263 569.50
预计与实际加权风险资产偏差额	22 057 113.53	15 323 900.33	13 570 355.68	14 610 430.49
预计与实际加权风险资产偏差率	6.99%	4.55%	3.81%	3.77%
时间	2017-6-30	2017-12-31	2018-6-30	2018-12-31
总资产	591 539 500.00	613 724 000.00	609 175 900.00	628 960 600.00
资本净额	46 505 800.00	49 088 400.00	51 253 600.00	58 930 800.00
加权风险资产净额	392 749 100.00	408 449 900.00	419 331 600.00	431 188 600.00
资本充足率（%）	11.84	12.02	12.22	13.67
加权风险资产实际比率	66.39%	66.55%	68.84%	68.56%
加权风险资产预计比率	63.73%	63.73%	63.73%	63.73%
预计加权风险资产总额	376 968 125.30	391 105 557.20	388 207 206.80	400 815 327.30
预计与实际加权风险资产偏差额	15 780 974.65	17 344 342.79	31 124 393.16	30 373 272.71
预计与实际加权风险资产偏差率	4.02%	4.25%	7.42%	7.04%

数据来源：wind数据库。

通过观察偏差额及偏差率，随着期数增加，以传统方法测算得出的加权风险资产与实际数额的偏差呈波动向上，并且偏差率也不断扩大，在2018年末即第 n = 10 的预测期其偏差率高达7.0%。一般在实务中，预测期宜设定为5年，之后为永续期。以年作为一个会计期间，在预测期的最后一期，2018年中这一节点的偏差率达到了7.42%，且之后的永续期也将保持在这一水平。

预计加权风险资产的偏差较大时，会使资本充足率这一约束指标的分母误差较大，在满足监管要求及银行设定的防护缓冲资本情况下，会造成这一约束指标的分子部分即资本总额的偏差，进而影响对权益变动额的预测，如表5所示，以浦发银行为例（以年度为单位展开说明）。

表5　达到实际资本充足率时相关数据变动与偏差　单位（万元）

时间	2013-12-31	2014-12-31	2015-12-31
总资产	368 012 500.00	419 592 400.00	504 435 200.00
资本净额	26 499 500.00	32 490 600.00	41 374 100.00
加权风险资产净额	241 459 300.00	286 889 700.00	336 783 400.00
资本充足率（%）	0.11	0.11	0.12
预计加权风险资产总额	234 521 924.96	267 392 051.48	321 459 499.67
预计资本净额	25 727 055.17	30 295 519.43	39 507 372.51
实际权益变动额	1 468 279.00	4 506 800.00	6 326 900.00
预计权益变动额	695 834.17	3 170 761.80	6 912 767.13
权益变动额误差率	-52.61%	-29.64%	9.26%
时间	2016-12-31	2017-12-31	2018-12-31
总资产	585 726 300.00	613 724 000.00	628 960 600.00
资本净额	45 168 100.00	49 088 400.00	58 930 800.00
加权风险资产净额	387 874 000.00	408 449 900.00	431 188 600.00
资本充足率（%）	0.12	0.12	0.14
预计加权风险资产总额	373 263 569.51	391 105 557.21	400 815 327.29
预计资本净额	43 485 205.85	47 010 887.98	54 791 455.24
实际权益变动额	1 893 500.00	2 582 600.00	7 677 200.00
预计权益变动额	1 862 213.58	2 377 861.94	7 352 534.57
权益变动额误差率	-1.65%	-7.93%	-4.23%

资料来源：作者汇编。

通过上述数据分析，以年作为会计计量期间，误差率为19.80%，由于权益变动额为银行股权自由现金流的重要组成部分，会造成预测期股权自由现金流的较大偏差从而影响评估值。

造成误差结果的原因：（1）以基期的加权风险资产占资产总额的比例作为测算预测期加权风险资产的指标，由计算式可知会使预测期及永续期每一期的加权风险资产与资产总额的比例都等于两者基期的比例，虽然做到了绝对值的变动，但两者相对值固定。（2）传统计算方法虽然具有一定实用性，但完全使用基期比例来测算未来期，必然会存在一定误差。

(3) 由于银行的总资产中存在着风险加权为0的资产，所以评估实践中使用评估基准日加权风险资产所占总资产的比例对预测年度加权风险资产进行测算时出现上文提到的两种误差。

四、加权风险资产预测改进方法——回归预测法

加权风险资产影响因素主要为资产的风险权重及资产数量，商业银行在测算自加权风险资产时，其构成分为：操作风险、信用风险与市场风险。由于在评估工作中由于工作目标与银行的区别，在预测股权现金流构成要素之一的净利润时，会对利润来源的贷款及投资做重点预测，而这两项也是银行加权风险资产的主要构成要素，参照加权风险资产构成及在预测权益变动前已完成的测算工作，分别选择贷款、投资进行分析。

（一）适用性分析

回归预测建模的前提是被解释变量与解释变量之间存在长期均衡关系而避免伪回归的现象，一般使用协整检验的方法确定变量间的长期均衡关系，而协整检验的不同方法又对变量的平稳性有一定要求。我们将加权风险资产作为被解释变量，将贷款及投资作为解释变量，首先对各变量做单位根检验以此确定数据的平稳性，而后通过数据处理使变量符合协整检验要求，通过协整检验确定其是否存在长期均衡关系。

目前我国有数量众多的已上市商业银行，其中又可大致分为国有商业银行、股份制商业银行及地方银行，由于上市银行的代表性及数据的可获取性，本课题选取其中的共16家商业银行进行改进方法的适用性分析，通过对上述银行变量之间的协整检验，确定建立回归模型的适用性。

由于不同银行所披露数据数量的差异使得各银行样本空间的不同，因此依照不同样本空间的特性，分别选用Jason协整检验及E-G两步法协整检验确定变量间长期均衡关系，各分析对象具体使用方法如表6所示。

表6　　协整检验所使用方法

商业银行	适用性分析所用方法	商业银行	适用性分析所用方法
工商银行	Jason协整检验	浙商银行	E-G两步法协整检验
建设银行	E-G两步法协整检验	中信银行	Jason协整检验
中国银行	E-G两步法协整检验	兴业银行	Jason协整检验
农业银行	E-G两步法协整检验	平安银行	Jason协整检验
光大银行	Jason协整检验	北京银行	E-G两步法协整检验
华夏银行	Jason协整检验	杭州银行	E-G两步法协整检验
民生银行	E-G两步法协整检验	江苏银行	E-G两步法协整检验
浦发银行	Jason协整检验（投资序列存在跳空数据）	南京银行	E-G两步法协整检验

资料来源：作者汇编。

（二）优化预测模型的构建—以工商银行为例

由于中国工商银行作为我国最具代表性且最为成功的银行之一，在我国商业银行中的地位举足轻重，并且在适用性分析中的16个银行对象中，工商银行可获取数据最为全面保障了后续建模的样本空间，故后续研究以工商银行为例，并构建预测模型。

1. 平稳性检验

在适用性分析研究过程中，工商银行的加权风险资产、贷款及投资序列与其他商业银行序列数据特性相仿，在未经处理前，都呈现非平稳状态，经差分处理后，数据平稳，差分后单位根检验结果如图1、图2、图3所示。

Null Hypothesis：JQ1 has a unit root
Exogenous：Constant，Linear Trend
Lag Length：2（Automatic–based on SIC，maxlag=6）

		t–Statistic	Prob.*
Augmented Dickey–Fuller test statistic		–6.040503	0.0002
Test critical values：	1% level	–4.374307	
	5% level	–3.603202	
	10% level	–3.238054	

*MacKinnon（1996）one–sided p–values

图1　工商银行加权风险资产序列差分平稳性检验结果

Null Hypothesis：DK1 has a unit root
Exogenous：Constant，Linear Trend
Lag Length：2（Automatic–based on SIC，maxlag=6）

		t–Statistic	Prob.*
Augmented Dickey–Fuller test statistic		–11.82599	0.0000
Test critical values：	1% level	–4.374307	
	5% level	–3.603202	
	10% level	–3.238054	

*MacKinnon（1996）one–sided p–values

图2　工商银行贷款序列差分平稳性检验结果

Null Hypothesis：TZ1 has a unit root
Exogenous：Constant，Linear Trend
Lag Length：2（Automatic–based on SIC，maxlag=6）

		t–Statistic	Prob.*
Augmented Dickey–Fuller test statistic		–5.720820	0.0005
Test critical values：	1% level	–4.374307	
	5% level	–3.603202	
	10% level	–3.238054	

*MacKinnon（1996）one–sided p–values

图3　工商银行投资序列差分平稳性检验结果

2. 协整检验

对工商银行数据样本建立VAR模型，并确定此模型最大滞后阶数为 $p=3$，最终协整检验表明两者之间具有长期稳定相关性，检验结果如图4及图5所示。

由于通过协整关系可知各变量之间至少存在两个协整关系，为了构建模型的准确性，进一步进行格兰杰因果检验，由于在此之前已经对两组时间序列建立了VAR模型且已得出其

VAR Lag Order Selection Criteria
Endogenous variables：JQ1 DK1 TZ1
Exogenous variables：C
Date：11/01/20 Time：07：16
Sample：2013Q1 2020Q2
Included observations：24

Lag	LogL	LR	FPE	AIC	SC	HQ
0	−1325.321	NA	2.38e+44	110.6934	110.78406	110.7325
1	−1308.169	28.58638	1.22e+44	110.0141	110.6031	110.1703
2	−1293.171	21.24637	7.70e+43	109.5143	110.5451	109.7878
3	−1263.908	34.14022*	1.59e+43*	107.8257*	109.2983*	108.2164*
4	−1257.515	5.860175	2.48e+43	108.0430	109.9573	108.5508

图 4　工商银行预测模型滞后阶数检验表

Date：11/01/20 Time：07：21
Sample（adjusted）：2014Q1 2020Q2
Included observaions：26 after adjustments
Trend assumption：Linear deterministic trend
Series：JQ1 DK1 TZ1
Lags interval（in first differences）：1 to 1

Unrestricted Cointegration Rank Test（Trace）

Hypothesized No.of CE（s）	Eigenvalue	Trace Statistic	0.05 Critical Value	Prob.**
None*	0.738517	82.47841	29.79707	0.0000
At most 1*	0.705197	47.60234	15.49471	0.0000
At most 2*	0.456330	15.84473	3.841466	0.0001

Trace test indicates 3 cointegrating eqn（s）at the 0.05 level
*denotes rejection of the hypothesis at the 0.05 level
**MacKinnon−Haug−Michelis（1999）p−values

图 5　工商银行预测模型协整关系检验结果

最大滞后阶数为 3，故重新建立 VAR 模型进行检验，检验结果如图 6 所示，可看出贷款及投资都显著与加权风险资产形成格兰杰因果关系。

Sample：2013Q1 2020Q2
Included observations：25

Dependent variable：JQ1

Excluded	Chi−sq	Prob.
DK1	9.946160	0.0190
TZ1	8.536866	0.0361
All	17.00317	0.0093

图 6　格兰杰因果检验结果

3. 模型结果

由此建立各序列间的多元回归模型，模型构建结果如图 7 所示。

从输出结果来看回归的拟合度较好为 0.99，且各个参数的显著性 t 检验均通过，在 5% 显著性水平下 P 值均小于 0.05，方程总体线性的显著性检验（F）检验为 0.000，通过检验，所以方程回归成立，回归分析的方程为

$$加权风险资产 = 1.81 \times 10^{8} + 0.7817 \times 贷款 + 0.4980 \times 投资 \quad (4-1)$$

Dependent Variable：JQ	
Method：Least Squares	
Date：10/09/20 Time：05：44	
Sample：2013Q1 2020Q2	
Included observations：30	

Variable	Coefficient	Std. Error	t-Statistic	Prob.
DK	0.781696	0.781696	10.00012	0.0000
TZ	0.497982	0.144130	3.455079	0.0018
C	1.81E+08	318820819	5.682773	0.0000

R-squared	0.992864	Mean dependent var	1.48E+09
Adjusted R-squared	0.992335	S.D. dependent var	2.67E+08
S.E. of regression	23401638	Akaike info criterion	36.86915
Sum squared resid	1.48E+16	Schwarz criterion	37.00927
Log likelihood	-550.0372	Hannan-Quinn criter.	36.91398
F-statistic	1878.237	Durbin-Watson stat	1.103325
Prob（F-statistic）	0.00000		

图 7　回归结果

4. 结果分析

通过最终回归拟合结果我们可以看出，模型未用到总资产这一用传统方法测算出的加权风险资产重要数据，仅以贷款及投资这两个解释变量仍获得了很好地拟合结果，在理论上解决了传统预测方法存在的问题。但这一结果只针对工商银行，由于每个商业银行都有每个商业银行的特点，所以在评估实践中，需根据评估对象的财务数据重新进行回归分析。

五、研究结论

本文通过对资本充足率对商业银行估值方的影响、传统资本充足率预测方法的应用及基于缺陷优化后的模型探讨可以得出以下几点结论：

其一，资本充足率作为评估过程中的约束指标，对权益变动额的预测起到了至关重要的作用，通过资本充足率预测方法的改进可以提高这一指标预测的准确性，并有利于提高估值结果的整体准确性，降低由于估值误差对执业风险的影响。

其二，评估工作是一项整体逻辑紧密、环环相扣的工作，由于资本充足率在评估过程中起到了承上启下的作用，所以对于资本充足率预测，除了自身的预测方法，前期预测数据如净利润、总资产等也会决定这一指标预测的准确与否。在评估过程中，只有做到每一个细节的精准，才能使整体更加完善。

其三，对于不同的商业银行而言，由于银行投资战略的选择上有所差异，所以资本充足率影响因素也有所不同，所以不能在预测变量选择上一概而论，而应具体问题具体分析，发掘数据中呈现出来的问题，从而对评估对象有更好的把握。

参考文献

[1] Admati, Hellwig. The bankers' new clothes [M]. Princeton NY: Princeton. University Press, 2013.

[2] Angelin P, Clerc L, Curdia V. BASEL III: Long term impact on economic performance and fluctuations [M]. Available at SSRN , 2011.

［3］ Beger A N, Klapper L F, Turk - Ariss R. Bank competition and financial stability ［J］. Journal of Financial Services Research, 2010, 35 (2): 99—118.

［4］ Claudio Tiberiu Albulescu. Banks Profitability and Financial Soundness Indicators: A Macro - level Investigation in Emerging Countries ［J］. Procedia Economics and Finance, 2015 (23): 203—209.

［5］ Hassan M, Schneider F. Modelling the Egyptian Shadow Economy: A Currency Demand and A MIMIC Model Approach ［J］. Social Science Electronic Publishing, 2016 (8): 89—92.

［6］ Kopecky, Kenneth J, David Van Hoose. a Model of the Monetary Sector with and without binding capital requirements ［J］. Journal of Banking&Finance, 2017, 28 (3): 633—646.

［7］ 赵燕. 资本充足率对银行稳健性的实证分析 ［J］. 财务与金融, 2019 (02): 8—12.

［8］ 曹晓鸥 . 基于 Ohlson 模型对股权价值评估影响因素的实证分析——以中国上市银行为例 ［J］. 财经界 (学术版), 2016 (3): 28—29.

［9］ 曹晓鸥 . 基于 Ohlson 模型对中国上市银行的股权价值评估研究 ［J］. 中国资产评估, 2019 (05): 34—37.

［10］ 汪航, 董青马 . 中国商业银行资本缓冲周期性研究——基于宏观审慎逆周期监管视角的分析 ［J］. 投资研究, 2018, 37 (01), 114—127.

［11］ 朱欣怡, 葛和平 . 城市商业银行价值评估模型构建与评估 ［J］. 合作经济与科技, 2019 (07): 66—70.

［12］ 彭胜志, 贺平 . 银行债权类不良资产评估方法改进研究 ［J］. 商业经济, 2019 (04): 141—143.

商誉初始计量中的评估研究

郭　昱　骆自玲　麻俐荃

摘　要： 商誉初始计量属于会计和评估紧密联系的交叉领域。若商誉初始计量的理论和实务研究不能与商誉后续会计处理的理论与实务相匹配，则监管方重点关注的商誉减值就好比无源之水，无本之木。本课题将基于商誉的初始计量中涉及评估的相关问题进行系统研究，进一步丰富以财务报告为目的的评估理论，并为规范证券市场评估，提升行业地位贡献绵薄之力。

课题设计中，首先对会计师和评估师展开面对面深度访谈，从两类实务专家的观点交锋中发现商誉初始计量的难点；进而通过 A 股市场数据展开分类统计分析，验证了商誉初始计量时合并对价分摊（PPA）工作的难点；最终选择以无形资产评估增值为主的 PPA 追溯评估作为典型案例进行深度研究。

课题研究发现：无形资产的辨识与评估质量主导了 PPA 质量，我国上市公司购买日 PPA 中，无形资产的增值比例通常较高；监管方的导向，一定程度上决定了报告质量，市场环境和并购主体的差异会导致监管方要求不同，进而导致并购评估报告、PPA、商誉减值测试等专业报告的质量也参差不齐；从工作量和专业性来说，PPA 的难度高于一般的企业价值评估，PPA 质量不高，可能是工作量与收益不对等的结果，因此，合理的 PPA 收费才能够保证更高的专业报告质量。

关键词： 商誉初始计量；合并对价分摊；评估增值；减值测试

一、引言

近几年中国并购潮使得资本市场积累了巨额商誉，为加强并购监管，中国证监会于 2018 年底发布了《会计监管风险提示第 8 号——商誉减值》，随之而来的资产评估机构的商誉减值测试业务明显增加，对应的理论研究也在逐步完善和丰富。而由于近年来经济增速、产业政策的调整，"黑天鹅""灰犀牛" 事件频发，大量并购商誉呈现巨额减值，引发市场对前期并购定价的质疑。随着质疑的明显增加，并购商誉的初始计量将很可能成为后续监管重点。因此，评估业务中涉及商誉初始计量的相关理论和实务亟须完善。

同时，在对商誉减值测试评估中发现，商誉减值中一部分原因是商誉在并购时点的初始

作者单位：郭昱，上海立信会计金融学院；骆自玲、麻俐荃：上海立信资产评估有限公司

计量存在问题，如对商誉的概念界定不清；会计师、评估师、企业管理层等对商誉相关问题的确认责任不明；商誉中涉及的评估内容与交易目的评估业务混淆、评估原理思路不清；影响商誉的资产或负债漏评等。若商誉初始计量的理论和实务研究不能与商誉后续会计处理的相匹配，就好比无源之水，无本之木，商誉后续的会计信息难以客观合理的披露。

商誉的初始计量体现了资产评估与会计两个学科的融合。在商誉初始计量过程中，评估人员需要对会计准则和评估准则的双重规范有清晰的认识，了解其评估原理和评估结果的背后含义，才能更好地为该类业务服务。而目前商誉的初始计量研究主要集中在会计领域，与其相关的评估研究也大多是对并购时点可辨认净资产的公允价值或合并对价分摊中的具体评估操作问题进行研究。通过对现有文献梳理，可以发现，准则调整之后，无论是对计量属性的理论研究还是对经济后果的实证分析，都表明现行商誉减值测试，存在成本问题。目前对商誉减值经济后果的研究越来越多，但是对于商誉初始计量的重要性关注不足。因此，本课题将基于商誉的初始计量中涉及评估的相关问题进行系统研究，以进一步丰富以财务报告为目的的评估理论。

二、求同存异：对注册会计师与评估师的商誉问题访谈

课题组对评估机构、审计机构项目经理以上级别的 14 位专家进行了面对面访谈，具体为：注册会计师 6 人，评估师 8 人，其中访谈机构合伙人 5 人。累计访谈时长 23 小时，访谈原始记录 1.7 万字①。部分简要结论如下②。

购买日的确认。评估师确定购买日，参照注册会计师结论。但在是否做 PPA，如何做上，存在几种处理方式，主要依据注册会计师的要求：若注册会计师没有提出要求，则不做 PPA；若注册会计师要求做，则在商定基础上选择前面并购基准日或交割日的企业价值情况做 PPA；四大会计师事务所要求最严，交割日必须做 PPA。

对商誉高低的理解。注册会计师确认商誉时，除了考虑并购方的意见，对 PPA 的结果，一般是两种态度：有自己的控制标准，对 PPA 结果从技术层面反复商榷；无严格控制标准，直接用评估师提供 PPA 结果，满足风险导向审计证据要求即可。

对 PPA 的理解。实际上是注册会计师、评估师对风险控制的理解。四大普遍对 PPA 进行规范操作，尤其是海外项目。国内评估机构，对 PPA 操作，多数会和注册会计师探讨，尤其是辨识表外无形资产环节。若注册会计师无特定要求，仅需要评估师提供 PPA 结果作为审计底稿，则评估师操作层面也会放松。

商誉减值测试。无论注册会计师还是评估师，都对这类业务风险有了更充分的认识。商誉减值测试中，评估师还有一定的选择权，若认为风险过高，可以拒绝承接业务。但注册会计师无法拒绝，当评估师不出具减值测试相关评估结果时，注册会计师只能自己判断，并承担其中的风险。

无形资产的识别与评估。任何企业都围绕外部价值、资源获取、资源开发和利用这三个

---

① 本次访谈分两期完成，第一期于 2018 年 8 月完成，在 2018 年北注协第 5 号专家提示《运用合并对价分摊评估结果的风险考虑》之前；第二期于 2020 年 10 月完成，以同样的访谈提纲，再次对注册会计师进行了访谈。

② 由于篇幅所限，本文删去了研究报告中每个章节的数据分析内容，仅保留部分结论。

价值创造原点来展开经营活动，但不同核心导向型的企业却有着截然不同的经营逻辑。常规的无形资产如专利或专有技术、商标或品牌、客户关系、采购和销售网络等，在很多企业都会存在。但是不同核心导向的企业，其核心无形资产却有着截然不同的差异。如何识别、采用何种方法、何种参数需要结合企业的特点进行区别对待，这方面则需要专业的知识和智慧。

三、市场证据：并购商誉初始计量的统计分析

课题组选取了2015年至2019年，上市公司作为买方，以支付现金或资产作为结算方式，且交易全部完成的并购案例919个。通过爬虫技术从公开渠道获取与之匹配的并购草案632个，同时获取并购后上市公司的合并报表。按照以下标准筛选本次商誉初始计量研究样本：并购标的为单一公司；并购股权比例超过50%；非同一控制下的溢价并购；合并当年或次年，合并报表中新增该并购产生的商誉；目标公司并购评估方法包括资产基础法；草案中所需目标公司财务数据、评估数据完整。

按照上述标准手工摘录，保证了样本数据满足下列条件：合并报表商誉能与目标公司一一匹配，不存在少数股权折价调整，能够找到对应PPA粗略结果。最终获取能够识别商誉初始计量数据的有效样本129个。最终可以梳理出以下特点：

91.5%的并购中，在会计师确定的购买日，评估师提供了PPA评估结果；但是半数以上的新增商誉确认是在并购次年的合并报表中，应属于交割时间超过一年，只能在次年合并报表确认。

PPA环节，无形资产评估增值明显。79.85%的目标公司无形资产评估增值，其中76%的公司增幅在100%以上，24.8%的公司增幅10倍以上。

PPA环节，全部129家目标公司均拆分出了商誉的增值，但与第一次进入合并报表正式确认的商誉值相比，92.25%的公司调低了商誉并表值，但是80%以上调减幅度在20%以内。按照实务操作经验，商誉确认通常按交割时点的对价扣除交割时点可辨认净资产，两者时间点不一样。正常情况下收购的企业业绩尚可，后续有利润进来，净资产增加，而对价差异不大，所以商誉相应减少。

四、典型案例：商誉初始计量追溯评估

（一）并购背景

B公司于2015年12月现金收购了A公司100%股权，交易对价为人民币6亿元。A公司和B公司均为非国有企业，也非上市公司，但B公司计划拟在A股上市，因此在2019年3月，B公司委托H会计师事务所对B公司的历年财务数据进行审计，而由于B公司收购A公司时未对其商誉进行确认，因此B公司拟委托X资产评估公司对A公司在收购时点2015年12月31日的可辨认净资产的公允价值进行追溯评估，如图1所示。

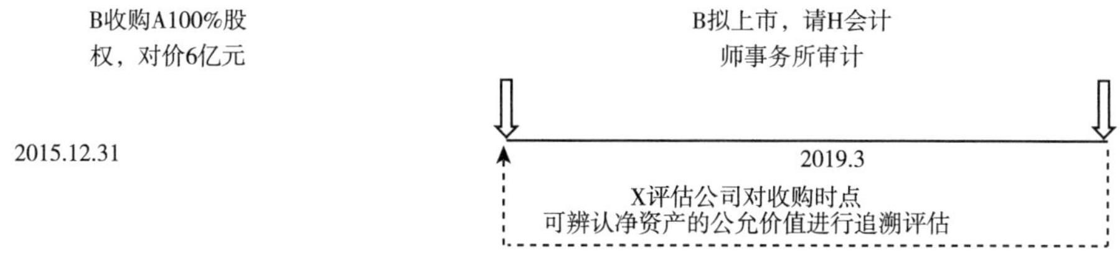

图1　业务背景

（二）评估目的

委托人B公司收购了被评估单位A公司的股权，A公司纳入B公司合并报表范围。B公司依据《中国企业会计准则》进行合并对价分摊，需要对A公司可辨认净资产于评估基准日的公允价值进行评估。本次评估即为上述评估目的中A公司可辨认资产及负债提供公允价值参考意见。

（三）评估对象和范围①

本次的评估对象为A公司可辨认净资产的公允价值，评估范围为A公司在2015年12月31日的可辨认资产和负债。根据该公司评估基准日资产负债表，总资产账面值为50 000万元，负债账面值400 000万元，净资产账面值为100 000万元。委托评估的资产类型包括账面的流动资产（货币资金、应收账款、预付账款、其他应收款、存货），非流动资产（固定资产、在建工程、无形资产、递延所得税资产），流动负债（短期借款、应付账款、预收账款、应付职工薪酬、应交税费、应付利息和其他应付款）；非流动负债（长期借款、其他非流动负债）。

此外，账面未记录的无形资产包括商标7项、发明专利1项、专有技术4项及资质证书3项，上述资产均无账面值。上述资产也属于本次评估的范围。

（四）技术难点与处理思路

随着科创板的开板，注册制的执行，大量的上市公司正在计划或排队上市，而历史收购未形成商誉需进行追溯评估的公司也存在不少。这类评估除了存在通常的账外无形资产评估问题外，还存在追溯评估问题，且厘清追溯评估问题是这类项目的前提。

追溯评估问题。本案例为追溯评估，由于现场工作时间距离评估基准日较远，其现场程序的核查与正常评估存在差异。而又由于评估基准日至评估报告日期间较长，经调查发现同行业市场存在明显变化，A公司后期业绩与本次评估预测口径的匹配性如何考虑是需要关注的问题。

账外无形资产的评估问题。解决了追溯评估的问题，本次评估的重难点在账外无形资产的评估，如何确认商标的贡献率、收益期、折现率，技术类无形资产使用多期超额收益法，涉及技术类无形资产的收入、成本及费用历史期和预测期如何考虑，对应的资产包含哪些、折旧摊销多少，对应的营运资金如何测算，贡献资产如何确认，对应的回报率如何确认等都

① 案例数据进行了技术处理。

是需仔细分析的问题。

评估结果的合理性问题。以财务报告为目的的合并对价分摊通常仅使用一种评估方法，没有其他评估结论做对比分析，如何验证结果的合理性问题也应予以重点关注。

1. 追溯评估中遇到的问题

（1）往来科目

六大往来科目的评估，由于评估现场时间距评估基准日较远，因此除核对企业账目外，还可勘查评估基准日后这些款项的实际收款和支付情况，若无特殊性，可在常规评估程序基础上参考期后实际收回和支付的情况进行确认。

（2）存货

存货在追溯评估中存在现场盘点数据难以与评估基准日相匹配的情形，通常我们仍按正常评估程序进行盘点，核对评估基准日及现场时期的存货管理政策，若无重大变化，可基于盘点结果的合理性确认评估基准日企业提供的存货数量；若存在明显变化，无法判断基准日存货数量的合理性，企业又不能做出合理解释的情况，则需在报告中的特别事项予以披露，并说明对评估结论的影响。存货的单价按照评估基准日水平进行预测。

（3）房屋建筑物、机器设备等在追溯评估中确认重置价和成新率

追溯评估中，资产评估师往往只能观察到评估对象于评估现场勘察日的物理状态，无法获得评估基准日的物理状态。评估时应当结合实际现场勘查情况、相关当事方提供的有关评估对象资料、评估基准日的市场交易案例、相关的报价手册和造价信息、被评估单位或其他第三方的检测报告等，详细了解企业建造、维护、监测、修理等相关记录资料及有关管理制度和操作程序等，进行综合分析判断，合理确定评估基准日时的重置全价和成新率。

在实际无法实现追溯日现场勘察程序的情况下，慎用技术勘查打分法确定成新率。对于存在客观限制时，应判断这些因素是否对评估结论造成重大影响；是否能通过合理披露或采取替代程序，解决程序受限带来的影响，综合判断是否会影响到评估目的的实现；应当做出合理假设并在评估报告中披露执行评估业务过程中受到的限制、无法履行的评估程序和采取的必要措施以及对评估结论的影响。

（4）收益法预测是否应考虑基准日后实际已发生情况

追溯评估报告在采用收益法评估时，应该分析评估基准日后发生的实际数据作为预测数据进行验证的合理性，如存在有特殊情况，在基准日后发生了之前无法预测的事项，则应分析说明差异原因（预测数与实际数存在差异的情况，一般均需要分析说明形成差异的原因）。若无重大变化，评估基准日与未来预测逻辑一致时，资产评估师可以考虑评估基准日后的数据，以及交易双方在评估基准日能够合理预测的趋势进行验证。

A 公司所处行业，在评估基准日之后几个月，出台影响行业销售渠道的《××管理条例》，评估基准日一年后，该条例全面推广。原来产品流通渠道和经销商的利润将会分配给生产商、中间配送商，现在全部归属生产企业，但对应的需自建供应链渠道，这将直接增加企业的生产成本，但对应的推广费会明显下降。但在本案例的评估基准日 2015 年 12 月 31 日是无法预见 2016 年国家将颁布这个新政策的。因此对应的商标、技术类无形资产使用收益法评估时，应按 2015 年的销售模式进行预测。

2. 账外无形资产的评估问题

委估无形资产历史数据口径的调整。委估商标和技术类无形资产均为 A 公司 × × 产品相关无形资产，因此在对这两类无形资产进行收益法评估时，先分析与 A 公司 × × 产品相关的收入、资产情况。历史上存在的非 × × 产品收入、资产，均与委估无形资产无关，应与会计师、A 公司管理人员确认剥离的范围，以剥离后的经营规模为基础分析 × × 产品情况。

（五）PPA 合理性验证

委估各项资产评估完成后还需对评估结果的合理性做整体性核验，核验工作涉及加权资产成本（WACC）、加权平均资本回报率（WARA）以及收购时点的内部回报率（IRR）。通常三者之间的差异应在 1% 的范围内。

在 PPA 评估项目中，通常需要获得收购时点的盈利预测，其对应的折现率通常使用 WACC 模型进行计算。收购时点的评估结果通常作为收购谈判的基础价格，最后的实际交易对价通过谈判确认。以该实际交易对价为收益法的评估结果，倒算该项目的 IRR，若实际交易对价和收购的评估结果一致，则 IRR 等于 WACC。若二者不一致，通常不会超过 1%；若超过 1%，则需了解评估值与实际交易对价的定价基础是否一致，造成差异的原因。

若收购时点仅通过谈判确定未进行评估，则应充分了解谈判时点定价的逻辑，并在做 PPA 评估前，补充一份谈判时点的盈利预测，先按正常口径计算 WACC 对应求得评估值，再通过使用交易对价替换评估值倒算 IRR（通常此时二者的差异也不应超过 1%），该盈利预测作为后续 PPA 评估结果合理性验证的基础底稿。

合并对价分摊中各项资产的评估值确认后，根据各项资产的回报率不同，分别列示各项资产的评估值、回报率，如本案例中：资产可分为营运资金、固定资产、无形资产——土地使用权、商标、技术类无形资产、劳动力、商誉，以上各类资产的公允价值分别乘以各自的回报率，累加即可求得其 WARA 的值，将 WARA 与 WACC、IRR 进行对比，三者的差异若均在 1% 以内，则通过检验，本次评估结果合理。若相差明显，则应仔细分析其中存在的问题，找到问题根源重新调整或评估，直至三个参数差异在 1% 范围内，通过检验，评估结果合理。

（六）小结

在 PPA 评估中，评估范围应获得被评估单位管理层、会计师和评估师的一致确认。获得一致确认的评估范围中的各项资产，使用适当的评估方法进行评估是获得评估结果合理性的前提。在本案例中，商标、技术类无形资产（专利和专有技术）和资质是可辨认的账外无形资产，但三类资产的界定和评估方法明显不同，这是由这几项无形资产在被评估单位的价值贡献差异决定的。在 × × 制造行业，技术是企业价值的核心；知名企业的商标具有一定的超额价值，而普通企业的商标对企业价值贡献很小；资质是企业生产经营的前提，由于其价值属性差异，该类资产通常不单独确认公允价值。因此，这就决定了核心的技术类无形资产使用多期超额收益法进行评估，具有一般贡献价值的商标从销售收入提成率角度进行分析，资质不单独评估。

确认了各项资产的评估方法后，账外无形资产的评估应重点关注资产的权属，使用状态、范围，超额收益的确认。其中超额收益可以从产品的市场占有率、知名度、技术先进性、同行业产品对比等多个角度进行分析；超额收益的期限可以从同行业产品的收益期限进行对比分析判断；各类无形资产折现率的确认可以从投资者预期收益的角度进行考量，通常预期收益高的资产折现率较高。此外，账外无形资产评估中除了考虑超额收益的价值外，还应从会计角度考虑资产的税盾价值。

通常××行业 PPA 评估增值率较高，但由于涉及增值的资产众多，一般从评估师的角度不会单独计提递延所得税负债，但会计师在进行商誉的初始计量确认时，会基于评估师出具的评估结果，整体计提递延所得税负债，从会计角度确认商誉的账面值。

五、总结与展望

（一）无形资产评估质量主导了 PPA 质量

在企业进行并购过程中，并购时的对价通常使用收益法确定评估值，辅助方法如资产基础法若存在账外无形资产未识别或识别不全的情形，则可能造成 PPA 时点对无形资产不评或漏评情形，并购时评估范围认定差异会造成 PPA 环节无形资产在主观或客观上认定困难；若 PPA 环节账外无形资产获得被评估单位、会计师、评估师确认一致，则可能存在对资产的价值贡献认定、合理评估方法选取，具体方法中不同参数的确认等问题，每个环节若不能合理判断，则最终结果的合理性也难以保证。

此外，PPA 环节无形资产的增值比例通常较高，这与不同行业资产的性质和特点是息息相关的，只有充分了解行业、企业、资产的特点，熟练掌握不同评估方法的适用前提和基础逻辑，才能更好地服务企业，为商誉的初始计量提供合理判断的价值前提。

（二）监管方导向决定了实务操作规范性

国内资本市场中，监管方的导向，一定程度上决定了报告质量。无论注册会计师还是评估师，只要提供的结果通过了监管方的要求，就不会对报告质量做进一步的要求。上市公司的信息披露，本意是保护市场中的中小投资者。但现实中信息披露的多少，信息质量的高低，是由监管方的审批态度决定的。以下因素，会影响到监管导向，进而影响注册会计师、评估师的工作质量和工作态度。

2012 年之后，市场并购出现井喷，尤其是以影视、TMT 为代表的轻资产公司，出现了大量高溢价并购，这些公司在后续的合并报表中也出现了高额商誉。监管对此并未做太多规定。市场繁荣，并购大量存在时，并购评估报告中很多参数语焉不详，PPA 或后续减值测试，不一定披露，因此，整个商誉初始及后续计量，都进入注册会计师所谓的“黑箱”。

上述问题累积的风险逐步暴露，2018 年 6 月 5 日，证监会发布《会计监管风险提示第 7 号——轻资产类公司收益法评估》，对收益预测的参数做出了详细规定，这是目前监管层发布的最详细的评估规范提示，对评估行业规范操作产生了很强的约束作用。2018 年 9 月北注协第 5 号专家提示《运用合并对价分摊评估结果的风险考虑》，明确了会计师要关注 PPA 不合理导致的商誉初始计量问题。

（三）评估机构收费合理性决定执业专业程度

从工作量和专业性上，PPA 的难度高于一般的企业价值评估。PPA 既包括完整的企业价值评估，又必须完成对所有可辨识资产负债的单项评估，其中表外无形资产的辨识与公允价值确认是工作的重点与难点。PPA 工作完成后，要进行合理性测试，若合理性测试未通过，需要重新对可辨识资产负债进行评估。因此，PPA 工作量大，专业性高，一般评估师难以完成。但是在国内资本市场中，除了专业评估师清楚其工作难度，一般的注册会计师或其他报告使用者对 PPA 实务操作了解不多，甚至认为在合并报表编制环节，评估师提供一个计算结果即可。

由于对 PPA 了解不够深入，国内对 PPA 业务的付费方式多样：不单独付费，和前面基准日的企业价值评估打包计算；单独付费；不付费。不同方式下，评估师会从时间成本、经济成本角度考量，权衡需要投入的人力物力。若注册会计师没提出太高要求，PPA 报告只要形式通过即可。

综上，国内评估机构 PPA 报告质量高低，不完全是评估师水平高低的问题，在工作量与收益不对等的情况下，降低工作质量在所难免。这也解释了为何有高水平的评估师拒绝给某些会计师事务所出具 PPA 报告，一方面收费不合理提供低质量 PPA 报告影响个人声誉；另一方面注册会计师不关注 PPA 质量是风险意识薄弱的表现，评估师不希望承担转嫁的风险。因此，合理的收费才能够保证更高的专业报告质量。

参考文献

[1] Cheng, Q., Cho, Y. J. and Yang, H., 2018, "Financial Reporting Changes and the Internal Information Environment: EvidenceFrom SFAS 142", *Review of Accounting Studies.*

[2] Dowdell, T. D. and Lim, S. C., 2015, "The Effect of In－Process Research and Development Capitalization On M&A and Purchase Price Allocations", *Research in Accounting Regulation*, 27 (1): 51—56.

[3] Ferramosca, S., Greco, G. and Allegrini, M., 2017, "External Audit and Goodwill Write－Off", *Journal of Management & Governance*, 4 (21): 907—934.

[4] Gu, F. and Lev, B., 2011, "Overpriced Shares, Ill－Advised Acquisitions, and Goodwill Impairment", *The Accounting Review*, 6 (86): 1995—2022.

[5] IASB, 2020, "Business Combinations—Disclosures, Goodwill and Impairment ", *Ifrs © Standards Discussion Paper Dp*/2020/1.

[6] Ji, A., 2017, "Goodwill Impairment Losses and Corporate Debt Maturity", *Journal of Applied Economics and Business Research*, 3 (7): 157—171.

[7] Li, K. K. and Sloan, R. G., 2017, "Has Goodwill Accounting Gone Bad?", *Review of Accounting Studies*, 22 (2): 964—1003.

[8] Lynch, D., Romney, M., Stomberg, B., Wangerin, D. and Robinson, J. R., 2019, "Trade－Offs Between Tax and Financial Reporting Benefits: Evidence From Purchase Price Allocations in Taxable Acquisitions", *Contemporary Accounting Research*, 36 (3): 1223—1262.

[9] Wen, H. andMoehrle, S. R., 2016, "Accounting for Goodwill: An Academic Literature Review and Analysis to Inform the Debate", *Research in Accounting Regulation*, 28 (1): 11—21.

[10] Xu, L., Guan, Y., Fu, Z. and Xin, Y., 2020, "Peer Effect in the Initial Recognition of Goodwill", *China Jour.*

[11] Zhang, I. X. and Zhang, Y., 2016, "Accounting Discretion and Purchase Price Allocation After Acquisitions", Journal of Accounting, Auditing & Finance, 32 (2): 241—270.

[12] 陈汉文，林勇峰，鲁威朝．商誉与商誉减值：基于上市公司现状的深层分析［J］．上海证券报，2017（4）．

[13] 冯卫东，郑海英．企业并购商誉计量与披露问题研究［J］．财政研究，2013（08）．

[14] 傅超，杨曾，傅代国．"同伴效应"影响了企业的并购商誉吗？——基于我国创业板高溢价并购的经验证据［J］．中国软科学，2013（11）．

[15] 高勐，刘文波，邓士丹．PPA 和初始合并商誉计算中递延所得税负债界定浅析［J］．中国资产评估，2019（12）．

[16] 黄世忠等．公允价值计量影响分析：基于财务报告概念框架的视角［M］．经济科学出版社，2019．

[17] 蒋楠．国内外商誉后续计量方式变迁及分析［J］．中国注册会计师，2020（02）．

[18] 李丹蒙，叶建芳，卢思绮，曾森．管理层过度自信、产权性质与并购商誉［J］．会计研究，2018（10）．

[19] 刘萍主编．公允价值计量评估方法与实践［M］．中国财政经济出版社，2014．

[20] 卢煜，曲晓辉．商誉减值的盈余管理动机——基于中国 a 股上市公司的经验证据［J］．山西财经大学学报，2016b（07）．

[21] 谢纪刚，张秋生．股份支付、交易制度与商誉高估——基于中小板公司并购的数据分析［J］．会计研究，2013（12）．

[22] 熊锦秋．商誉减值岂能成为上市公司控制盈余的工具［J］．上海证券报，2017（8）．

[23] 叶建芳，何开刚，杨庆，叶艳．不可核实的商誉减值测试估计与审计费用［J］．审计研究，2016（01）．

[24] 赵立新，刘萍等．上市公司并购重组市场法评估研究［M］．中国金融出版社，2012．

私募股权投资基金价值评估研究

周　汝　许泽想　余杨昕　叶　磊

摘　要： 近几年，私募股权投资基金（以下简称“私募基金”）发展迅速，成为促进创新、推动产业经济发展、服务实体经济的重要资本力量。基金主体的增多，规模的增大，在会计计量、资产交易与管理方面对评估和估值的需求日益增长。由于私募基金预期收益的难以预测性以及证券市场缺乏可比案例，私募基金采用收益法或市场法进行评估存在一定困难，本文按照“自下而上”的方式采用资产基础法进行价值评估。私募基金的主要价值体现在所投资项目上，对项目的评估成为关键点，但投资项目由于所处发展生命周期、行业及技术等均存在不同特征，适用的评估方法各异，因此，本文重在梳理评估实务中常见的投资项目情况及其适用的评估方法、分析项目评估中的重难点问题、提出解决方案，并基于一个基金的评估案例呈现评估计算的过程，通过案例分析使得私募基金价值评估的基本思路更加清晰，更具操作性。

关键词： 私募基金；价值评估；资产基础法；流动性折扣；r－NPV 法

一、引言

私募股权投资基金作为我国资本市场的一支重要力量，对解决中小企业融资困难、促进创新创业、支持企业重组重建、推动产业转型升级起到重要作用。随着基金市场主体的增多，一方面，根据《企业会计准则第22号——金融工具确认和计量》对于执行新准则的私募基金，将私募股权投资划分为以公允价值计量且其变动计入当期损益的金融资产，需要对项目应按照估值技术确定资产有序交易价格进行公允价值计量；另一方面，基金公司股权转让日益活跃，科学的基金价值评估能够为基金投资者进入、退出提供投资和决策依据，有利于基金业绩管理，使基金参与者能够合理判断基金业绩和风险，做出投资判断。

二、私募基金介绍及其价值评估

（一）私募基金评估方法及思路

1. 评估方法的适用性

收益法主要从私募基金预期获利能力来评估企业价值。由于私募基金投资期限不确定，

作者单位：周汝，湖北省资产评估协会；许泽想，文华学院；余杨昕，湖北职业技术学院；叶磊，湖北众联资产评估有限公司

投资项目收益主要取决于被投资企业的实际经营、盈利情况，股利分配同样具有较大的不确定性，因此不具备采用收益法的条件。

市场法评估，主要采用上市公司比较法和可比案例比较法等。目前我国证券交易市场还未有私募基金公司上市的案例，也缺乏私募基金并购案例形成的估值数据体系；私募基金定价市场的欠缺使得市场法评估也不具备条件。

对私募基金来说，其价值主要体现在所投资项目上，一般情况下，基金公司持有的投资项目股权份额体现在可供出售金融资产科目，确定了可供出售金融资产价值，即可确定私募基金的整体价值，因此，一般采用资产基础法评估私募基金价值。

2. 私募基金评估思路

（1）总体思路

可供出售金融资产价值量的大小直接反映着基金公司的价值，也是基金公司投资能力的直接体现，合理确定投资项目股权份额价值是采用资产基础法确定股权价值的关键。因此，资产基础法是一种“自下而上”确定私募基金的方法。

构建公式：私募基金股东全部权益价值 = 可供出售金融资产评估值 + 其他资产评估值之和 – 总负债评估值

$$V = V_F + V_A - V_D$$

$$V_F = V_a + V_b + \cdots + V_n = \sum_{i}^{n} V_i$$

其中：V 为股东全部权益价值；V_F 为可供出售金融资产评估值；V_A 为其他资产评估值之和；V_D 为总负债评估值；V_i 为投资项目 i 的按照持股比例计算的股权价值。

（2）项目评估思路

对可供出售金融资产的评估，即对投资项目的评估，宜根据被投资项目实际情况，合理确定评估方法；一般就是资产基础法、收益法、市场法及三种方法的衍生方法。

（二）私募基金投资项目评估方法的比较

中国证券投资基金业协会基于引导私募投资基金非上市股权投资估值专业化的目的，制定了《私募投资基金非上市股权投资估值指引（试行）》（以下简称“《指引》”），该指引自2018 年 7 月 1 日起施行。

《指引》与资产评估准则界定的评估方法大部分内容保持一致，但在操作思路与方法上存在一些区别。

1. 两种思路的比较

《指引》介绍的估值方法与评估准则界定的评估方法主要有如下区别：

市场法种类更加丰富和灵活：在对非上市股权的公允价值进行估值时，使用的市场法方法种类比评估准则界定的方法要多，包括参考市场乘数法、行业指标法、最近融资价格法；而资产评估准则中界定的市场法是上市公司比较法、交易案例比较法。

成本法称谓上的区别：《指引》将企业价值评估中的成本法称为净资产法；在资产评估准则中的称谓是资产基础法。

2.《指引》中的个别方法介绍

行业指标法是指行业存在特定的指标，可以直接作为判断被评估企业公允价值的依据。行业指标法运用情况有限，更多的是一种验证其他方法的评估结论合理性的方法。适用的行业一般也局限于发展比较成熟的行业。

参考最近融资价格法是根据被投资企业最近一次融资的价格，确定其股权在评估基准日的价值。初创企业虽然通常尚未产生稳定的现金流入，但其融资活动相对比较频繁，相关投资机构都会基于其融资规模，给出一定的投后估值水平，因此，参考最近融资价格法在此类企业的估值中应用较多。在运用参考最近融资价格法时，评估相关人员应当基于如下因素对最近融资价格的公允性做出判断：(1）是否有主要的新投资人参与；(2）最近融资金额是否重大；(3）是否为有序交易，即是否为被迫出售。如果满足上述相关条件，融资价格一般可以作为被投资企业公允价值的最佳估计使用。

三、私募基金价值评估中重难点问题

私募基金所投资项目发展阶段、财务与经营状况、行业及研发实力等因素各不相同，往往给评估带来一定的困难和挑战。本文总结了私募基金价值评估理论和实务中常见问题，提出了相应的评估方法。

（一）项目生命周期与评估方法

从私募基金的投资特点看，往往倾向于投资于初创期、成长期的企业，下面对初创期企业及成长期企业特点及价值评估做介绍。

1. 初创期企业与价值评估

初创期企业拥有一定科技含量的专利技术、实用新型技术等知识产权，产品具有一定的市场空间，但由于成立时间不长，产品处于实验、试产，或初步量产阶段，需要投入大量资金；研发风险，市场开拓风险较大；其价值更多来源于潜在成长性带来的未来获利能力，即期权价值。初创期企业一般可以采用实物期权定价法及最近融资价格法确定企业价值。

2. 成长期企业与价值评估

成长期企业的业务、技术、产品、服务逐步得到市场认可，前期的技术开发、投入及市场开拓，逐渐产生现金流量，企业相比初创期盈利能力提高，但企业为了追求高速发展，投入还在不断地增加，在无形资产的构建、新产品开发、产品市场占有等方面仍需投入大量资金，因此，处于成长期的企业，企业业务模式还未定型，现金流也不稳定，企业的经营风险较大，属于发展的高风险、高收益阶段。成长期企业一般可以采用实物期权定价法、最近融资价格法、市场比较法及收益法确定企业价值。

（二）市场法（上市公司比较法）中关键变量的确定

运用市场法（上市公司比较法）对企业价值评估时，会面临流动性折扣、控股权溢价及少数股权折价、大宗交易折扣等影响价值评估的因素，如何确定这些因素对评估价值的影响，进而量化该影响是评估的关键。本文重点分析运用市场法（上市公司比较法）时，流动性折扣对投资项目价值评估的影响。

缺少流动性就是资产变现时，相比具有完全流动性的资产，会出现一定的变现损失。缺少流动性折扣一般分为两种情况，一是限售股缺少流动性，二是非上市的公司股权缺少流动性。

1. 限售股流动性折扣的确定

限售股流动性折扣一般采用期权定价模型（B－S 模型）计算。具体公式如下：

（1）限售股价值计算公式如下：

$$FV = S \times (1 - LoMD)$$

其中：

FV：评估日被评估限售股价值；S：评估日该上市公司正常流通的股票公允价值；$LoMD$：限售股流动性折扣。

（2）引入看跌期权模型计算流动性折扣：

$LoMD = P/S$，P 是评估日看跌期权的价值。

（3）根据中评协发布的《实物期权评估指导意见》：看跌期权的价值采用“BS”模型确定。

公式模型如下：

$$P_0 = Xe^{-rT}N(-d_2) - SN(-d_1)$$

$$d_1 = \left[\ln\left(\frac{S}{X}\right) + (r + \sigma^2)T\right] / (\sigma T^{1/2})$$

$$d_2 = d_1 - \sigma T^{1/2}$$

其中：

S：评估基准日上市交易股票的当日收盘价；X：到期日股票行权价格；T：剩余限售期，以年为单位；σ：预期年化波动率；r：无风险利率；N：标准正态分布的累积分布函数。

2. 非上市公司股权缺少流动性折扣的确定

基本思路是通过比较非上市公司并购市盈率与上市公司市盈率，计算非上市公司缺少流动性折扣比例。表 1 为根据主流财经资讯软件计算的部分行业的非流动性折扣比例情况。

表 1　　流动性折扣比例（部分行业）

序号	行业名称	非上市公司并购		上市公司		非流动性折扣比例
		样本点数量	市盈率平均值	样本点数量	市盈率平均值	
1	采矿业	9	12.77	77	17.05	25.1%
2	电力、热力生产和供应业	45	13.20	71	17.08	22.7%
3	水的生产和供应业	8	13.23	14	18.33	27.8%
4	房地产业	39	7.55	126	10.66	29.2%
5	建筑业	22	5.45	95	9.28	41.3%
7	运输业	15	13.45	86	18.99	29.2%
9	教育	5	45.67	37	69.71	34.5%
10	货币金融服务	28	5.99	14	6.81	12.0%

续表

序号	行业名称	非上市公司并购		上市公司		非流动性折扣比例
		样本点数量	市盈率平均值	样本点数量	市盈率平均值	
11	其他金融业	14	19.38	14	29.01	33.2%
12	资本市场服务	9	22.65	50	29.24	22.5%
13	科学研究和技术服务业	12	21.79	9	29.86	27.0%

（三）基金中的特别条款对评估的影响

1. 有限合伙制私募基金中对 GP 与 LP 收益约定与价值评估

在合伙制基金中，GP 是公司的普通合伙人，执行合伙事务、进行项目投资、履行管理人职责；由于 GP 与 LP 相比，在执行合伙事务中承担的风险不同、权限不同，在合伙企业章程中，对执行合伙事务的 GP 享有的投资收益一般有特殊的约定。比如当私募基金投资收益超过或达到约定的阈值，私募基金管理人享有超额收益部分的多数收益。所以在私募基金评估时，需明确条款对评估值的影响。

2. 项目增资协议与价值评估

处于初创期和成长期的投资项目，股权融资活动相对比较活跃，每一轮股权融资，相关机构都给投资项目一定的估值水平，因此，该类项目存在所谓的“近期融资价格”。最近融资价格法作为一种估值方法，在非上市股权估值中已被私募股权投资领域广泛应用，但在评估界并未作为一种方法引入，如表 2 所示。

表 2　　不同轮次的企业融资情况

融资轮次	种子轮	天使轮	A 轮	B 轮	C 轮
公司规模	只有一个 idea，没有具体的产品。	有了初步的商业模式，积累了一些核心用户。	产品相对成熟，正常运作了一段时间，有完整详细的商业模式及盈利模式，在行业内拥有一定地位和口碑。	公司经过一轮烧钱后，获得较大发展，商业模式、盈利模式已经有所验证。接下来需要推出新业务、拓展新领域。	公司非常成熟，一般是上市前的最后一轮融资了，这一轮的主要作用就是为上市定一个价值。接下来需要拓展新业务、补全商业闭环、写好故事准备上市。
盈亏状态	亏损	亏损	可能依旧处于亏损状态	一些公司已经开始盈利	已经开始盈利，行业内基本前三把交椅。
融资来源	缺乏初始资金投入	Angel （1）天使投资人 （2）天使投资机构	VC （1）专业的风险投资机构	VC + PE （1）上一轮的风险投资机构跟投 （2）新的风险投资机构加入 （3）私募股权投资机构（PE）加入	PE + VC （1）私募股权投资机构 （2）之前的风险投资机构跟投
投资量级	10 万—100 万元	100 万—1000 万元	1000 万—1 亿元	2 亿元以上	10 亿元以上

资料来源：公开资料。

3. 业绩承诺与价值评估

业绩承诺协议是对被投资方投资进行保护的“兜底”协议，是合理确定基金退出价值的重要参考。常见的补偿形式包括股份补偿和回购：

业绩补偿是指在投资时，投资人和融资方对未来约定的期间实现目标经营业绩的承诺，若承诺方未实现预期的目标业绩，则对投资者需要按照一定的标准和方式进行补偿；补偿形式包括现金、股份补偿等形式。

股权回购是指投资人和融资方约定在某一条件成就时，投资人有权要求缔约对手方按照一定的标准对投资人所持股权进行回购。回购的情形主要有投资公司按照一定的时间进度完成上市、业绩承诺、投资公司违反投资协议约定的承诺或保证等。

（四）创新药企业价值评估——以 r－NPV 法为例

创新性医药企业价值评估具有其特殊性，本文引入 r－NPV 法对创新药企业价值进行评估。创新药主要分为研究阶段和开发阶段。如图 1 所示，研究阶段的四个环节：靶标的确定—模型的建立—先导化合物的发现—先导化合物的优化。开发阶段包括临床前试验、研发中新药申请、临床试验Ⅰ期、临床试验Ⅱ期、临床试验Ⅲ期、新药申请。一般一个新药品从临床一期到成功推向市场的概率仅为 9.6%。

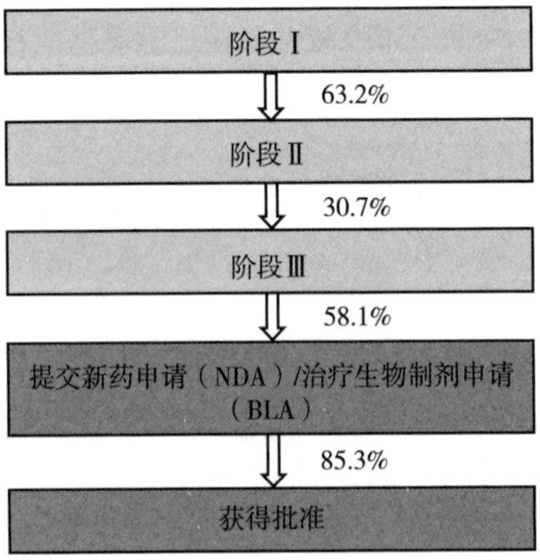

图 1　新药研究各阶段的成功概率

r－NPV 法是以创新型医药企业未来获得的预期现金流为基础进行折现，并根据研发各阶段的开发支出和风险系数进行调整，得到企业价值的一种评估方法，其结合了收益法和期权模型中的选择权的两种特点，是在生物医药等创新药估值领域被广泛采用的方法，具体计算思路如图 2 所示。

r－NPV 法的基本步骤包括：收入预测—现金流预测—风险调整—净现值。

调整的思路是：下一阶段企业价值乘以本阶段的成功概率得到的值，折现到本阶段初期，减去本阶段的开发支出，即为创新药企在该阶段的价值。按照上述思路，计算到评估基准日的价值即为采用 r－NPV 得到的企业价值，具体如图 3 所示。

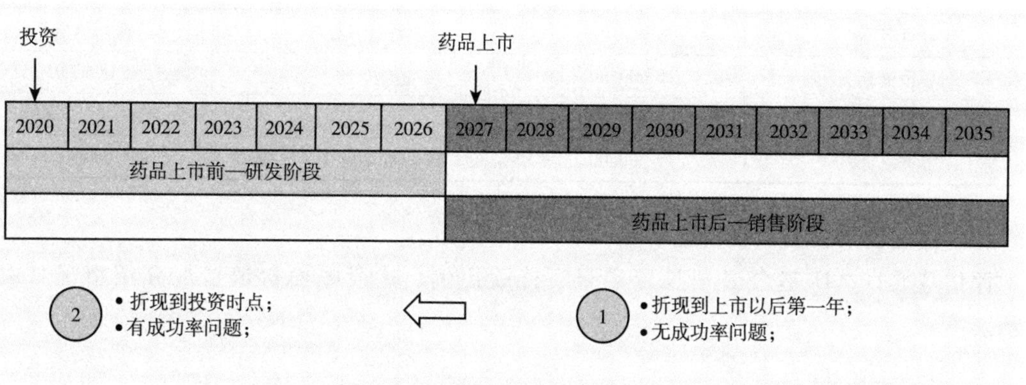

图 2　r－NPV 法计算思路

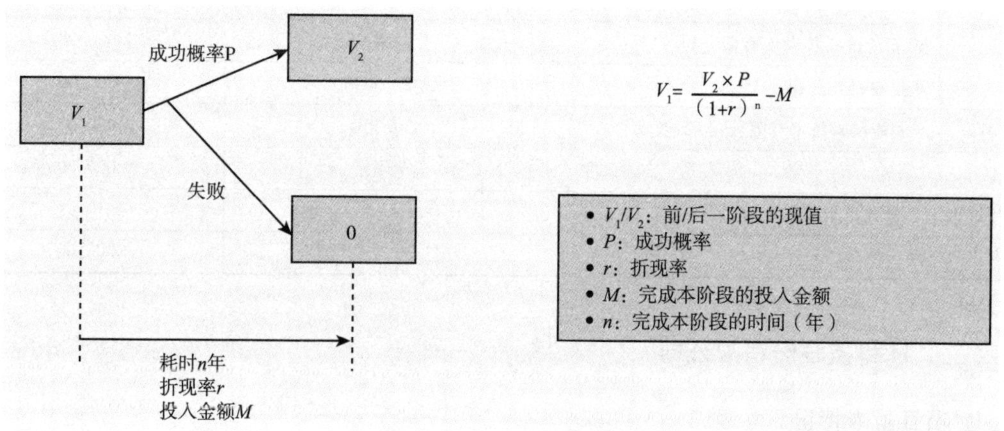

图 3　r－NPV 计算调整公式

四、私募股权投资基金价值评估案例分析——以 H 基金为例

（一）资产评估相关情况介绍

1. H 基金介绍及评估相关事项

（1）公司简介

H 基金公司于 2014 年 10 月注册成立，注册资本 5 亿元，是央企－省级投资平台－地方政府三级共同合作设立的创业投资基金，重点投资于智能制造、生物医药等领域。

（2）评估相关事项介绍

评估目的：某国有投资公司 G 持有 H 基金公司 10% 股权，拟将其全部转让，需对该部分股东权益进行价值评估。价值类型：市场价值；评估基准日：2019 年 12 月 31 日；评估方法：资产基础法。

2. H 基金公司财务状况

H 基金资产及负债情况如表 3 所示。

表 3　　H 基金经审计的资产及负债情况　　（单位：万元）

科目名称	账面价值	科目名称	账面价值
货币资金	10 000.00	总负债	5 000.00
可供出售金融资产	9 000.00		
资产总计	19 000.00	七、净资产（所有者权益）	14 000.00

3. H 基金公司投资项目情况

评估基准日，H 基金公司投资项目、持股比例、持股账面价值情况介绍情况如表 4 所示。

表 4　　H 基金公司投资项目、持股比例、持股账面价值情况

序号	被投资单位名称	占被投资单位持股比例	账面余额
1	R 智能科技股份有限公司	3.00%	3 000.00
2	W 新能源科技发展有限公司	1.50%	2 000.00
3	B 生物科技公司	20.00%	1 000.00
4	S 储能材料技术有限公司	20.00%	3 000.00
合计			9 000.00
减：可供出售金融资产减值准备			0
可供出售金融资产净值合计			9 000.00

（二）R 科技股份有限公司

1. 项目基本情况

R 科技股份有限公司（以下简称“R 公司”）于 2019 年 4 月初在创业板上市，H 基金持有上市公司 3% 股权，对应的股份数为 100 万股，根据相关规定，该部分股权待 R 公司上市满 1 年，方可通过二级市场公开转让，截至评估基准日，限售期还有 3 个月整。R 公司是一家以智能机器人系统解决方案，集研发、设计、生产、服务为一体的高新技术企业。评估基准日，公司股价截至收盘为 76.5 元/股

2. 评估方法的适用性分析

由于该公司已经上市，且股份存在市场公开报价，因此，可以直接根据评估基准日股票交易收盘价确定计算股权价值，在计算时，需考虑评估基准日限售股的流动性折扣对评估值的影响。

3. 评估过程

根据期权定价模型，确定各项参数的取值如下：

评估日在交易所上市交易的股票的市场价格 S 及行权价格 X 均为 76.5 元；剩余限售期 T 为 0.25 年；股票的剩余限售期内的股价预期年化波动率 σ 为 35.5%；市场无风险利率通过查询对应期限的国债到期收益率 r 为 2.08%。

（注：（1）以上数据并非真实的交易数据；（2）对波动率的计算一般直接参考上市公司与剩余到期时间相匹配的历史期波动率数据；若上市公司历史期数据不充分，可参考同类型

上市公司的波动率数据的平均值。)

通过上述数据带入模型，得出看跌期权的价值：

$$d1 = 0.1180; \ d2 = -0.0595$$

$$P = Xe^{-rT}N(-d_2) - SN(-d_1)$$

看跌期权价值 = 5.2 元；限售股的价值 = 市价 - 看跌期权价值 = 76.5 - 5.2 = 71.30（元）；股权价值 = 71.30 × 100 = 7 130（万元）（未考虑大宗交易折扣的影响）；因此，H 基金持有的 R 公司的股权价值为 7 130 万元。

（三）W 新能源科技有限公司

1. 项目基本情况

投资情况

2016 年 1 月 8 日，H 基金与 W 新能源科技有限公司（以下简称“W 公司”）签署《投资协议》，投资方以总金额 2 500 万元进行投资。截至评估基准日，H 基金持有 W 公司股权比例为 1.5%；公司介绍：W 公司是以新能源材料研发、生产、销售为一体的民营高科技企业，公司主要生产汽车锂离子动力电池和储能电池正极材料，主要财务数据如表 5 所示。

表 5 **W 公司主要财务数据** （单位：万元）

项目	2019 年 12 月 31 日	2018 年 12 月 31 日	2017 年 12 月 31 日
总资产	170 000.00	179 000.00	208 000.00
负债合计	70 000.00	72 000.00	107 000.00
净资产	100 000.00	107 000.00	101 000.00
项目	2019 年 1—12 月	2018 年 1—12 月	2017 年 1—12 月
营业收入	98 000.00	91 000.00	59 000.00
营业成本	70 000.00	70 000.00	35 000.00
净利润	6 500.00	5 000.00	12 000.00

2. 评估方法的适用性

公司作为发展相对成熟的企业，拥有良好的现金流和收益预期；同时，拥有细分产品领域的可比上市公司，企业公司各项财务数据与可比企业相比均具备一定的可比性，因此具备采用收益法和市场法的前提条件。考虑到本次评估事项是基金公司的股权资产部分转让，在获取企业的预测期财务数据上存在一定的障碍，历史年度的财务数据较易获得，因此，市场法更符合评估的实际情况。

3. 评估过程

通过对企业所在行业、生产的产品、业务规模等因素分析，选择锂电池行业的相关上市公司作为可比公司，并选择市净率模型作为市场法的评估比较方法。可比企业基准日的市净率如表 6 所示。

表 6　　可比企业的市净率

可比企业	市净率
当升科技	2.96
江特电机	2.30
天齐锂业	2.85

通过比较分析历史年度财务数据，可比企业与被评估企业的各项财务比较得分情况如表 7 所示。

表 7　　评估结果一览表

企业简称	盈利能力	成长能力	营运能力	偿债能力	杠杆水平	总得分
当升科技	17.60	22.90	23.38	22.96	18.62	105.46
江特电机	18.42	14.77	18.40	14.38	27.95	93.92
天齐锂业	19.45	18.56	17.21	19.10	32.73	107.05

根据上述修正系数对市净率进行调整（修正系数 = 总得分/100），如表 8 所示。

表 8　　修正结果一览表

企业简称	总得分	修正系数	可比企业市净率	调整市净率
当升科技	105.46	1.05	2.96	2.80
江特电机	93.92	0.94	2.30	2.45
天齐锂业	107.05	1.07	2.85	2.66
调整平均市净率	2.64			

4. 评估结论

被评估企业价值（未考虑流动性折扣）= 被评估企业评估基准日经审计的归属于母公司净资产 × 市净率 = 100 000.00 × 2.64 = 264 000.00（万元）

非上市公司非流通性折扣比率，取值为 23.00%。因此，考虑流动性折扣后的被评估企业价值 = 被评估企业价值（未考虑流动性折扣）×（1 − 流动性折扣）= 264 000.00 ×（1 − 23.00%）× 1.5% = 3 049.20（万元）

（四）S 储能材料技术有限公司

1. 项目基本情况

投资情况：2018 年 11 月，H 基金与 S 储能材料技术有限公司（以下简称“S 公司”）签署《增资协议》，H 基金认购 S 公司股权，总金额 3 000 万元。截至评估基准日，H 基金对 S 公司持股比例为 20%。

公司情况：S 储能材料技术有限公司（以下简称“S 公司”）于 2016 年 5 月 31 日设立，主要产品：软包电池铝塑膜。经营范围：储能电池领域软膜材料的研发、制造、销售。

财务及融资情况：2019 年 11 月 5 日，N 创业投资公司与 S 公司签署《增资协议》，

N 创业投资公司出资 4 000 万元，增资后持有 S 公司 20% 股权，S 公司投后估值为 2 亿元。

2. 评估方法的适用性

最近融资价格法——适用。公司 2019 年 11 月发生过一笔融资，该笔融资距离评估基准日较近、融资规模相对企业整体规模重大且是企业正常的融资活动，符合采用最近融资价格法的条件，因此可以参考该价值进行评估。

3. 评估过程

根据 2019 年 11 月的《增资协议》，S 公司投资方增资投后估值为 2 亿元人民币；H 基金持有的 20% 比例的股权增资后的持股变更比例为 18%。因此，H 公司持有的 S 公司 18% 股权的价值为 20 000 × 18% = 3 600（万元）

（五）B 生物科技公司

1. 项目基本情况

投资情况：2017 年 6 月，H 基金与 B 生物科技股份有限公司（以下简称"B 公司"）签署《增资协议》，H 基金认购 B 公司股权，总金额 1 000 万元。截至评估基准日，H 基金对 S 公司持股比例为 20%。

B 公司经营情况：B 公司创建于 2014 年，以自主知识产权创新药物的研究和开发为主，在免疫细胞治疗领域的临床研究水平走在前列。主要研发产品为 K 药品；研发进度：2017 年 5 月获得临床批件，目前已完成临床 I 期进入临床 II 期。

K 药品所在乙肝用药市场分析：近年来，我国乙肝用药的市场规模迅速扩大，已从 2011 年的 68.81 亿元增长到 2015 年的 162.76 亿元；医院市场份额为 80%，是肝病药物销售的主要渠道。Global Data 预计我国乙肝用药市场规模远期将达 300 亿元，未来将保持持续高增长态势。作为一款新药产品，K 药品抗乙肝病毒的目标是缩短患者的服用时长，做到短期服药，长期停药的目的，目前设计的疗程周期为 6 个月，即服用 K 药品 6 个月后，到达一定时期，甚至终生停药的结果。

2. 评估方法适用性

r - NPV 法——适用。r - NPV 法是一种基于概率的评估方法，是在收益法现金流折现的基础上额外考虑了现金流能否实现的概率问题，收益法可理解为概率均为百分之一百的决策树。与传统的收益法相比，决策树因为考虑了事件成功的可能性，比收益法更为灵活动态，对于特定评估对象而言，更贴近实际运营情况。因此，本次评估予以采用。

3. 评估过程

简化后的预测数据及计算结果如表 9 所示。

表 9　　预测数据一览表　　（单位：万元）

项目	2025 年	2026 年	2027 年	2028 年	2029 年	2030 年	2031 年	2032 年	永续年
现金收入	20 000.00	50 000.00	80 000.00	130 000.00	100 000.00	90 000.00	85 000.00	80 000.00	80 000.00
净利润	5 134.00	12 835.00	20 536.00	33 371.00	25 670.00	23 103.00	21 819.50	20 536.00	20 536.00
折现率	13.50%	13.50%	13.50%	13.50%	13.50%	13.50%	13.50%	13.50%	13.50%

续表

项目	2025年	2026年	2027年	2028年	2029年	2030年	2031年	2032年	永续年
折现系数	0.8811	0.7763	0.6839	0.6026	0.5309	0.4678	0.4121	0.3631	
现值	4 523.35	9 963.32	14 045.21	20 108.78	13 628.45	10 806.70	8 992.36	7 456.74	55 235.11
净现值	144 760.03								

根据r－NPV法，需对商业化后的净现值进行调整，目前在研新药整体处于临床Ⅱ期，已完成Ⅰ期临床试验，根据项目方提供的相关资料，临床试验的进展及相关费用情况如表10所示（金额单位：万元）。

表10　　临床试验的进展及相关费用情况一览表

项目	临床Ⅱ期	临床Ⅲ	NDA申请
时间	2020.1—2021.12	2022.1—2023.12	2024.1—2024.12
投入费用（万元）	2 500	3 500	

（假设项目费用均发生于每个阶段的期初一次性投入）

对折现到2025年初的企业现金流净现值144 760.03万元，结合临床研究概率、发生的资本性支出，根据前述公式，往前进行逐步调整，最终得到评估时点的企业价值，如表11所示。

表11　　投资时点评估表

项目	NDA申请	临床Ⅲ	临床Ⅱ期
成功率	85.30%	58.10%	30.70%
风险调整后的价值	123 480.31	63 208.86	13 988.96
折现率	13.50%	13.50%	13.50%
折现年期	1	2	2
折现系数	0.8811	0.7763	0.7763
折现值	108 793.22	49 066.63	10 859.09
资本性支出		3 500.00	2 500.00
成功后的折现值	108 793.22	45 566.63	8 359.09

因此，采用r－NPV法后的B生物科技公司的股东全部权益价值评估值为8 359.09万元。

H基金持有的股权价值为：8 359.09×20%＝1 671.82（万元）。

（六）评估结论

根据上述的对H基金投资项目持有的股权价值进行测算后，H基金可供出售金融资产的评估结果，如表12所示。

表 12　　H 基金可供出售金融资产的评估结果一览表

序号	被投资单位名称	占被投资单位持股比例	账面余额	评估结果
1	R 智能科技股份有限公司	3.00%	3 000.00	7 130.00
2	W 新能源科技发展有限公司	1.50%	2 000.00	3 049.20
3	L 材料有限公司	20.00%	3 000.00	3 600.00
4	B 生物科技公司	20.00%	1 000.00	1 671.82
净值合计			9 000.00	15 451.02

H 基金，货币资金及负债的评估值按照账面值列示，因此 H 基金的股东全部权益价值为 10 000 + 15 451.02 - 5 000 = 20 451.02（万元）。

五、结论与展望

本文主要从私募基金的整体价值及其投资项目价值评估两个方面展开研究，覆盖了在评估工作中常见的关于私募基金评估的相关问题。但对私募基金整体价值进行评估采用资产基础法是否公允，对于拥有较多项目资源，较强的投研、管理、募资能力，具有较高知名度的私募基金，对其商誉、客户资源等无形价值如何界定及进行评估，是发掘私募基金价值的重要一环；但使用资产基础法似乎无法合理体现这部分无形价值，进而影响对知名的私募基金进行全面、完整的评估。

参考文献

［1］Markus Freiburg, DietmarGrichnik. Institutional Reinvestmentsin Private Equity Funds asa Double - Edged Sword: The Role of the Status Quo Bias［J］. Journal of Behavioral Finance, 2013 (2).

［2］张志红，庞永悦，王昊. 私募基金非上市股权投资估值方法的运用研究［J］. 中国资产评估，2020 (01): 39—45.

［3］程风朝，张炯. 基于内部评级系统的私募基金价值评估研究［J］. 会计研究，2009 (10).

脱贫攻坚期后扶贫资金绩效评价研究

段洪波　刘　霞　杨素敏　张　岳　赵　颂

摘　要： 现阶段我国已经进入脱贫攻坚全面决胜阶段，“精准扶贫”更有针对性地扶持真正需要帮扶的贫困对象。然而，随着实地扶贫成效考核发现，在精准扶贫的过程中还存在资金使用流程不规范、资金投向不精准等现象。

基于此，为实现对脱贫攻坚期后资金绩效准确评价的目的，本报告引入 BSC 绩效评价模型作为对脱贫攻坚期后扶贫资金绩效评价的主要研究工具，利用 AHP 层次分析法对扶贫攻坚期后的资金使用情况进行指标权重设计，通过将指标数据进行标准化处理，科学地分析扶贫资金的使用情况，从而更加有效地落实绩效评价以提升脱贫攻坚后支农资金绩效。

关键词： 脱贫攻坚；绩效评价；扶贫资金

中国特色社会主义的基本要求是消除贫困，实现贫富无差距。新中国成立以来，我国凭借多方面多层次的巨大优势，大力开展扶贫脱贫工作，贫困地区和贫困人民数量出现了大幅度降低。随着脱贫攻坚工作的有序开展，其成果是令人肯定的。但通过对扶贫成效考核的工作发现，脱贫攻坚期后扶贫资金的配置、使用、管理和绩效评价仍存在诸多不合理。这些问题直接导致各地区当前扶贫工作实施的效果无法达到预期，扶贫资金绩效存在严重不足。因此，本课题以扶贫资金绩效评价为主要研究对象，鉴于当前扶贫工作已经进入最后攻坚克难的特殊时期，结合国家扶贫政策、制度法规，通过对脱贫攻坚期时的扶贫资金使用情况进行研究，运用科学的分析方法，建立一套具体的数据分析模型，对扶贫资金进行绩效评价，推动扶贫资金绩效研究，为优化资金使用打下理论基础。

一、脱贫攻坚期后支农资金可能面临的问题

（一）资金使用流程不规范、资金投向不精准

资金使用中，有些贫困区域资金投入不充足。一些项目工作模式不标准、资金使用不正规。局部市县统筹整合资金支付的速度迟缓。资本监管中，有以非法手段骗取专项工作资金的情况。

作者单位：段洪波、刘霞、赵颂，河北大学管理学院；杨素敏，河北广电信息网络集团审计部；张岳，南京农业大学经济管理学院

（二）相关政策法规不完善

扶贫过程中最重要的环节是对于扶贫款的使用管理，目前缺少对于扶贫款的使用管理与监察制度，因此在实际的使用管理过程中就会暴露如资金闲置、不合理占用等问题。

（三）资金审计独立性不高

在资金投入上，财政专项扶贫资金管理的工作细分规则制订不完善，部分地区没有按实施细则合理标准分派和利用扶贫资金。

在资金拨付上，有关执行单位在取得上级划拨的扶贫资金后没有及时拨款，没有充分落实到具体项目。

在资金监管上，省、市、县扶贫资金分配结果未能做到完全公开透明扶贫资金监督检查制度建设和执行情况存在缺位的问题，并且部分资金存在滞留闲置的问题。

（四）如何实现精准扶贫资金向脱贫攻坚后的扶贫资金转变

如何解决精准扶贫资金向脱贫攻坚后的扶贫资金转变的问题，是新时代下脱贫攻坚成功后需要解决的重点问题。现如今仍然存在着资金利用规模与当地标准相差较大的情况。

二、扶贫资金绩效评价体系的构建

（一）基于 BSC 绩效评价模型构建

为考察各省当前是否存在扶贫措施实施效果没有达到预期，资金使用不合理，扶贫资金利用效率不高等问题，本文基于平衡计分卡理念，并与层次分析法结合，构建了财政专项扶贫资金绩效评价指标体系，借此对调查对象进行绩效评价。

在财政专项扶贫资金绩效评价指标体系的建设中，首先就是要将其需要考察的目标，依照平衡计分卡四个维度的内涵进行模仿化分解，形成既符合平衡计分卡内涵又与财政专项扶贫资金绩效评价目标具有因果关系的新的四个维度，然后再从四个维度中选取合适的指标来进行具体评价。以下将对新的四个维度及相应维度中指标的选取进行具体阐述。

1. 客户维度

客户维度主要考察与客户相关的目标。财政专项扶贫资金客户维度的考察主要在于扶贫对象，可选取扶贫对象对脱贫的满意度以及扶贫机构的服务水平为主要考察目标。

2. 财务维度

在财政专项扶贫资金的财务维度考察中可将主要的考察目标确定为调查对象是否存在扶贫措施实施效果没有达到预期和资金使用不合理的问题，为将这两个目标细化，财务维度可以从经济、社会和生态这三个角度考察财政专项扶贫资金的使用所产生的效益。其中经济效益也就是扶贫对象的经济情况是否得到改善，此方面的具体指标选择贫困人口人均收入增长率、贫困地区人均生产总值增长率和项目质量优良率三个指标；社会效益表现为扶贫对象生产生活条件是否得到改善，此方面的具体绩效指标选择贫困人口减少率、年度举办技术技能培训次数、贫困人口医保报销额增长率和通村公路里程增加率四个指标；生态效益即为被帮扶地点的生态环境是否得到改善，具体绩效指标可选择荒地减少率和有效灌溉面积增加率。

3. 内部流程维度

内部流程维度从资金利用的经济性、效率性、合规性这三个方面来选取考察指标。经济性即为资金在流转过程中是否达到利用的最大化，有无避免浪费，具体绩效指标选择行政成本比和时间成本两个指标；效率性为对资金的运用是否有停滞，是否落实到了实处，是否取得一定效果，具体绩效指标选择资金使用率、资金到位率和项目完成度三个指标；合规性为资金的使用是否符合规范，使用是否合理，具体绩效指标选择预算编制合理性和资金违规率。

4. 学习和成长维度

平衡计分卡中学习和成长维度的核心目标运用到财政专项扶贫资金学习和成长维度的绩效评价中，可以转化为扶贫部门是否在为了更有效的利用扶贫资金而付出努力这一考察目标。对此目标可以从扶贫人员自我提升、扶贫部门硬件提升两方面进行考察。扶贫人员自我提升主要是扶贫人员的学习能力和个人素质的提升，将通过扶贫工作人员对本年新出台政策、法规的熟悉程度这一绩效指标来体现；扶贫部门硬件提升选择扶贫部门用于硬件提升的费用占比这一绩效指标。

综上，从平衡计分卡四个维度出发，将财政专项扶贫资金的绩效具体成各个指标进行评价，所建立的绩效评价指标体系具体如表 1 所示。

表 1　　基于平衡计分卡的财政专项扶贫资金绩效评价指标体系

绩效维度	关键绩效领域	考核指标
客户维度	服务对象满意状况	对扶贫资金使用过程的满意度
		对扶贫资金取得成效的满意度
	服务措施完善情况	信息公开度
		扶贫法规、措施落实情况
财务维度	经济效益	贫困人口人均收入增长率
		贫困地区人均生产总值增长率
		项目质量优良率
	社会效益	贫困人口减少率
		年度举办技术技能培训次数
		贫困人口医保报销额增长率
		通村公路里程增加率
	生态效益	有效灌溉面积增加率
		荒地减少率

续表

绩效维度	关键绩效领域	考核指标
内部流程维度	经济性	行政成本比
		时间成本
	效率性	资金使用率
		资金到位率
		项目完成度
	合规性	预算编制合理性
		资金违规率
学习与成长维度	扶贫人员自我提升	年度扶贫工作人员参加培训比率
		扶贫工作人员对本年新出台政策、法规的熟悉程度
	扶贫部门硬件提升	扶贫部门用于硬件提升的费用占比

（二）利用 AHP 进行指标权重设计

利用 AHP 进行指标权重设计能帮助我们更好地了解各项指标在扶贫工作中相应的重要性。为更好地确定各指标的权重，请到了相关领域的专家来帮助完成此项工作。专家组包含财政、会计领域教授各两名以及两名政府财政部门公务员和扶贫一线工作人员，采用 1—9 标度法来衡量某一指标与另一指标相比的重要性程度，如表 2 所示，经过多次反馈修正，得到最终一致意见。在对最终意见进行确定后，依据 AHP 方法通过计算来确定指标权重，结果如表 3 所示。（具体计算过程见附录）

表 2　　1—9 标度法数值及含义

数值	1	2	3	4	5	6	7	8	9
含义	同等重要		稍微重要		明显重要		非常重要		极端重要

注：2、4、6、8 代表相邻两项的介中选项。

表 3　　财政专项扶贫资金绩效评价指标体系权重

目标层	权重	准则层	权重	指标层	权重	最终权重
客户维度 A	49.67%	服务对象满意状况 A1	66.67%	对扶贫资金使用过程的满意度 A11	33.33%	11.04%
				对扶贫资金取得成效的满意度 A12	66.67%	22.08%
		服务措施完善情况 A2	33.33%	信息公开度 A21	25%	4.14%
				扶贫法规、措施落实情况 A22	75%	12.41%
财务维度 B	21.2%	经济效益 B1	49.34%	贫困人口人均收入增长率 B11	62.50%	6.54%
				贫困地区人均生产总值增长率 B12	23.85%	2.49%
				项目质量优良率 B13	13.65%	1.43%
		社会效益 B2	31.08%	贫困人口减少率 B21	42.35%	2.79%
				年度举办技术技能培训次数 B22	22.71%	1.50%
				贫困人口医保报销额增长率 B23	22.71%	1.50%

续表

目标层	权重	准则层	权重	指标层	权重	最终权重
财务维度 B	21.2%	生态效益 B3	19.58%	通村公路里程增加率 B24	12.23%	0.80%
				有效灌溉面积增加率 B31	80%	3.32%
				荒地减少率 B32	20%	0.83%
内部流程维度 C	19.14%	经济性 C1	24.93%	行政成本比 C11	33.33%	1.59%
				时间成本 C12	66.67%	3.18%
		效率性 C2	59.36%	资金使用率 C21	25%	2.84%
				资金到位率 C22	25%	2.84%
				项目完成度 C23	50%	5.68%
		合规性 C3	15.71%	预算编制合理性 C31	75%	2.26%
				资金违规率 C32	25%	0.75%
学习与成长维度 D	9.99%	扶贫人员自我提升 D1	75%	年度扶贫工作人员参加培训比率 D11	50%	3.75%
				扶贫工作人员对本年新出台政策、法规的熟悉程度 D12	50%	3.75%
		扶贫部门硬件提升 D2	25%	扶贫部门用于硬件提升的费用占比 D21	100%	2.49%

三、扶贫资金绩效评价案例分析

为了解 D 县、N 县和 W 县扶贫工作的落实情况，我校对这三个县进行了调查研究，调查方式主要采取的是入户问卷调查。根据调查结果，分析得出以下结论：

（一）D 县

1. 工作概况

以下将从四个维度出发概述该县的工作情况及取得成效。

客户维度，住房安全政策方面，聘请第三方鉴定公司对全县疑似危房进行安全等级鉴定，对有问题的房屋进行了分类处理。饮水安全政策方面，对全县水质进行了质检，保障了居民用水安全。义务教育政策方面，2020 年“三免一助”学生资助资金累计发放 48 700 元，建档立卡贫困家庭学生资助资金累计发放 164 057.15 元，义务教育“两免一补”发放资金 252 812.5 元，学前教育建档立卡学生补助资金发放 17 500 元。在政府帮助下，2020 年 D 县建档立卡贫困劳动力增加到 1 046 人，其中公益性岗位在职人数达到 187 人，省外务工人数达到 152 人。医疗保障政策方面，D 县共有行政村 447 个，除去 8 个乡镇卫生院驻地村不需要卫生室外，其余 439 个村均建有村卫生室，全部达到村卫生室建设标准，实现了医疗资源全覆盖。生活保障工作方面，供养特困人员照料服务和定期探访，全力帮扶特殊困难居家老年人，切实关爱保护受疫情影响监护缺失儿童，全面落实城乡低保、残疾人“两项补贴”、特困供养、孤儿基本生活保障、高龄老人补贴等政策。学习与成长维度，每周至少召开集中办公、汇报、研讨会议一次，对上周的就业扶贫工作做出总结、找出不足、提出问题，共同研究商讨解决问题的方式方法，对有就业帮扶需求的建档立卡贫困劳动力制定帮扶方案及帮扶安排；财务维度，2020 年建档立卡贫困户三重保障线基本医保提高待遇 13 323 人次，大病保险提高待遇 1 646 人次，医疗救助 6 471 人次，总共提高待遇金额 620. 8 万元。

2. 结论

评估检查结果显示，D 县抽查脱贫户中未发现错退、非建档立卡户中未发现漏评，错退率、漏评率不明显，脱贫质量较高。群众认可度为 98. 23%，群众认可度较高。抽查的脱贫户和非建档立卡户 100% 实现住房安全有保障，稳定实现“两不愁，三保障”。脱贫户、非建档立卡户认可度均在 98% 以上，脱贫攻坚工作得到当地群众的普遍认可。但在慢性病政策宣传、产业扶贫政策落实等方面仍存在不足，影响 D 县脱贫攻坚工作。内部流程维度由于缺少相应数据，在此不做评价。

（二）N 县

1. 工作概况

以下将从四个维度出发，概述该县的工作情况及其取得成效。

内部流程维度，2020 年 N 县所有建档立卡户年人均纯收入都在 6 000 元以上，平均水平高达 10 000 元；客户维度，开展“百企帮百村”活动，实现 312 个村企业帮扶全覆盖。2020 年上半年，全县 84 个驻村工作队帮助贫困村、贫困户销售农副产品金额达 70 余万元。义务教育政策方面，对剩余贫困人口中处于义务教育阶段的（即 16 周岁以下）的人口，强化针对性举措，实行全面帮扶，保障义务教育阶段不会因贫辍学。公益岗位政策方面，政府为贫困人口中的普通劳动力 64 人提供公益岗位，对无劳动能力的 26 户 33 人，统筹落实低保、医保、养老保险、特困救助供养、临时救助等综合社会保障政策，提高收入。同时建档立卡人员提供外出务工的机会，实现外出务工就业 2 235 人，与 2019 年同比增长 5%，其中县外省内就业 153 人，省外就业 141 人。金融扶贫政策方面，2020 年新增发放扶贫小额信贷 165 户 169 笔，金额 240. 4 万元；学习与成长维度，开办扶贫空中课堂，讲授扶贫政策、涉农信息。对驻村干部进行线上培训、学用监督、观摩评比。利用农村党员远程教育网络指挥中心总控平台不定时调度驻村干部在岗情况。依托“南皮党员先锋”“南皮发布”微信公众号，制作微视频、微党课，宣传基层党建典型做法、脱贫攻坚先进典型，提振脱贫攻坚精气神；财务维度，医疗保障政策方面，将大病保险起付线降低 50%，对农村建档立卡贫困人口大病保险各段报销比例提高 5%，全面取消建档立卡贫困人口大病保险封顶线，市县医院住院救助补偿比例上提 10%。

2. 结论

评估检查结果显示，N 县抽查脱贫户中未发现错退、非建档立卡户中未发现漏评，错退率、漏评率不明显，脱贫质量较高。群众认可度为 99. 23%，群众认可度较高。总的来看，精准脱贫攻坚战以来，N 县县委、县政府深入学习领会习近平总书记关于扶贫工作的重要论述，认真贯彻落实党中央国务院脱贫攻坚决策部署，细化实化政策措施，因地制宜深化精准扶贫精准脱贫。抽查的脱贫户和非建档立卡户均实现吃穿不愁，城乡居民基本医疗保险、大病医疗保险实现全覆盖，义务教育阶段因贫失学辍学问题有效解决，100. 00% 实现住房安全有保障，稳定实现“两不愁，三保障”。脱贫户、非建档立卡户认可度均在 98% 以上，脱贫攻坚工作得到当地群众的普遍认可。但在健康扶贫工作、产业扶贫工作等方面存在不足，影响N县脱贫攻坚工作。

（三）W县

1. 工作概况

2019年W县535户、1 234人未脱贫人口中，现已有423户、963人稳定达到“两不愁，三保障”要求，完成年度脱贫任务的107%；14个新识别贫困村全部达到脱贫退出标准。以下将从四个维度出发，概述该县的工作情况及其取得成效。

内部流程维度，自2020年以来，县级扶贫累计投入2 812.02万元，其中安排县级财政专项扶贫资金达到550万元，比去年同期增长21.68%。客户维度，落实金融扶贫政策，按照贫困户自愿和合作、合伙、合营的“一自三合”原则，支持建档立卡贫困户发展家庭脱贫项目，累计发放扶贫小额信贷1 780.8万元、产业发展贷款700万元、扶贫再贷款2 937.8万元。消费扶贫政策方面，全县依托产业，借力电商，大力发展，2018年全县电子商务交易额46.32亿元，其中网络零销额达到23.98亿元，同比增长14.93%。围绕动态调整，印发了《两不愁三保障回头看方案》，2020年，全县未脱贫户535户1 234人，全部享受了产业扶贫、“三保障”等扶贫政策，2019年原计划脱贫900人，现已有423户、963人达到“两不愁，三保障”要求，14个新识别贫困村和原54个贫困村的基础设施建设及亮化工程均已完工，全部达到脱贫退出标准。创新就业扶贫模式，有效激发内生动力。目前，通过扶贫车间吸纳、公益岗位安置、有组织劳务输出、县内企业务工、返乡创业带动等渠道实现就业1 727人，完成市定322人年度任务的536%。住房政策方面逐户走访鉴定并出具鉴定报告，确保无一人住危房。义务教育政策方面，实行全面帮扶，确保“上得起学”。自2020年以来，共资助建档立卡贫困家庭学生1 708人次，扶持资金303.99万元。特别是与国开行合作开办“贫困大学生助学贷款”项目，两年来共资助贫困大学生864人次、698.56万元。兜底保障救助政策方面，全县低保保障率达到3.17%，全县符合补贴条件的困难残疾人2 388人、重度残疾人4 462人，月发放两项补贴43.5万元。农村低保保障标准由3 900元/年提高到4 440元/年，月最低补差由200元提高到230元，实现了分三档标准补助。农村特困人员保障由5 100元/年提高到6 000元/年。学习与成长维度，加大培训引导，自2019年以来，县级层面及乡镇共开展各类培训23次，先后邀请中国人民大学中国扶贫研究院院长汪三贵教授等专家到武邑县授课，就脱贫后干什么、怎么干等相关政策进行培训，着力解决部分干部脱贫后“干什么、怎么干”的问题。财务维度，医疗保障政策方面，对建档立卡贫困人口，全部纳入商业保险，医疗费用报销比例达到90%，自付比例不超过10%。自2020年以来，2 922人次享受商业保险政策，报销医药费总计121.41万元，截至2020年9月底，6 027人次享受县域内定点医疗机构“先诊疗后付费”和“四重保障一站式”即时结算服务，全面落实贫困人口参加城乡居民基本医疗保险个人缴费财政补贴政策，实现了城乡居民基本医保对农村贫困人口全覆盖。

2. 结论

评估检查结果显示，W县抽查脱贫户中未发现错退、非建档立卡户中未发现漏评，错退率、漏评率不明显，脱贫质量较高。群众认可度为98.74%，群众认可度较高。总的来看，精准脱贫攻坚战以来，W 县县委、县政府深入学习领会习近平总书记关于扶贫工作的重要论述，认真贯彻落实党中央国务院脱贫攻坚决策部署，细化实化政策措施，因地制宜深化精准扶贫精准脱贫。抽查的脱贫户和非建档立卡户均实现吃穿不愁，城乡居民基本医疗保险、大病医疗保险实现全覆盖，义务教育阶段因贫失学辍学问题有效解决，100% 实现住房安全有保障，稳定实现“两不愁，三保障”。脱贫户、非建档立卡户认可度均在 98% 以上，脱贫攻坚工作得到当地群众的普遍认可。但在健康扶贫政策落实、产业扶贫政策落实、档案管理等方面仍存在不足，影响 W 县脱贫攻坚工作。

综上所述，所调查的三个县，虽然在整体上表现较为良好，但是普遍在慢性病政策宣传、健康扶贫工作、产业扶贫政策落实工作上存在不足，影响脱贫攻坚工作，尤其 W 县在档案管理方面仍有问题，由此说明各县对这些方面的关注度不够，需要做出相应调整，以更好地达到扶贫攻坚的要求。

四、对策建议

（一）建立健全激励和约束机制

扶贫政策的实施需要投入大量的人力，为了更好地执行扶贫政策，需调动广大一线党员干部的积极性和参与热情，建立激励机制，选用责任心更强、党性更高的干部带头领导工作，充分发挥基层组织团结带领群众的作用。

此外，在扶贫资金的执行过程和落实后还需要建立相应的约束机制，如监督整治机制，对存在的问题进行及时发现和纠正。

（二）改进工作思路，规范工作流程

要做好扶贫工作，就得要求我们改进工作思想，从实际的贫困情况出发，挖掘贫困产生的原因，认真落实脱离贫困的政策。为更有效利用扶贫资金，还应改进工作方法，建立更具体的扶贫攻坚管理体系，规范工作流程。

（三）完善落实扶贫资金使用的相关政策法规

要加强扶贫资金的使用效率，需完善好扶贫资金使用的相关法规，做到有法可依。为避免出现有人钻政策法规的空子，必须及时完善相应的政策法规。另外，在制定政策法规时，要考虑全面，要有可操作性，明确责任。政策法规的完善修订还要与时俱进。

（四）加强扶贫项目后续管理和扶贫资产管理

为更有效使用扶贫资金，需要对扶贫项目“回头看”，检验扶贫成果，及时发现工作中产生的问题。首先要加强扶贫项目后续管理。加快建立扶贫资产登记、收益分派和处置资产等有关管理体制。解决资产权属不明晰、收益分派不标准等问题。其次还要加强有关扶贫资产台账的建立。执行单位除了要设立台账标明资产明细状况，还要按期检测与监督，耐心寻找、提出切实可行的整治方案并立即处理问题。对部分短时间无法整治到位的问题要及时呈

交递送，根据实际情况来确定其整治时限，在完善后续管理体制的基础上保证资产能够持续发挥效益。

参考文献

[1] 史小宁，郝相赟．马克思主义基本原理热点问题研究［M］．北京：中国社会科学出版社，2018.

[2] 薛丹．M设计院绩效评价指标体系优化与应用研究［D］．兰州交通大学，2019.

[3] 张岳，段洪波．基于平衡计分卡的财政专项扶贫资金绩效评价体系设计［J］．经济研究参考，2017（67）：81—88.

[4] 段媛媛．平衡计分卡理论视角下财政专项扶贫资金绩效评价研究［D］．江西师范大学，2019.

[5] 任璇．改革开放以来中国共产党农业产业扶贫政策及其经验启示研究［D］．兰州理工大学，2020.

[6] 王永在．关于完善县级财政支农资金管理的研究［J］．当代农村财经，2019（05）：31—33.

[7] 刘天琦．我国农村财政扶贫资金投入与运行机制的优化问题研究［D］．首都经济贸易大学，2018.

附　　录

以下将以目标层权重的确定为例详细说明 AHP 法计算过程。

1. 依据专家打分最终结果确定目标层的判断矩阵 X，其中元素 $a_{i,j}$ 代表第 i 个指标相比于第 j 个指标的重要性标度，以 X 矩阵元素 $a_{1,4}$ 为例，$a_{1,4}=5$ 代表 A = 5D，认为客户维度（A）相比于学习成长维度（D）要明显重要。

$$X=\begin{bmatrix} & A & B & C & D \\ A & 1 & 2 & 3 & 5 \\ B & 1/2 & 1 & 1 & 2 \\ C & 1/3 & 1 & 1 & 2 \\ D & 1/5 & 1/2 & 1/2 & 1 \end{bmatrix}$$

2. 计算矩阵 X 的特征向量与特征值。本文使用 Matlab R2014a 软件计算得到特征向量 $\alpha=[0.854,0.3646,0.3292,0.1717]^T$，将特征向量 α 中各元素加总得到总和，分别计算各元素数值占总和的比重即为归一化后向量的相应元素，对特征向量进行归一化后得到 $\beta=[0.496,0.212,0.192,0.1]^T$，计算得到最大特征值 $\lambda=4.0155$。

3. 进行一致性检验。一致性检验采用系数 CR = CI/RI，其中 $CI=(\lambda max-n)/(n-1)=0.0052$，四阶矩阵 RI = 0.89（具体数值可查表 4），可得 CR = 0.0058 < 0.1，目标层权重符合一致性标准。因此，向量 β 中的元素即代表相应指标权重，即服务对象维度权重为 49.67%，效益维度权重为 21.2%，资金管理流程维度权重为 19.14%，学习与成长维度权重为 9.99%。本文设计的指标体系中其他指标权重一致性检验结果如表 5 所示。

表 4　　RI 数值

矩阵阶数	1	2	3	4	5	6	7	8	9
RI	0	0	0.58	0.89	1.12	1.26	1.36	1.41	1.46

表 5　　一致性检验结果

<table>
<tr><th>目标层</th><th>CR</th><th>准则层</th><th>CR</th><th>指标层</th><th>CR</th></tr>
<tr><td rowspan="4">服务对象维度 A</td><td rowspan="7">0.0058</td><td rowspan="2">服务对象满意状况 A_1</td><td rowspan="4">0</td><td>对扶贫资金使用过程的满意度 A_{11}</td><td rowspan="2">0</td></tr>
<tr><td>对扶贫资金取得成效的满意度 A_{12}</td></tr>
<tr><td rowspan="2">服务措施完善情况 A_2</td><td>信息公开度 A_{21}</td><td rowspan="2">0</td></tr>
<tr><td>扶贫法规、措施落实情况 A_{22}</td></tr>
<tr><td rowspan="3">效益维度 B</td><td rowspan="3">经济效益 B_1</td><td rowspan="3">0.09</td><td>贫困人口人均收入增长率 B_{11}</td><td rowspan="3">0.032</td></tr>
<tr><td>贫困地区人均生产总值增长率 B_{12}</td></tr>
<tr><td>项目质量优良率 B_{12}</td></tr>
</table>

续表

目标层	CR	准则层	CR	指标层	CR
效益维度 B	0.0058	社会效益 B_2	0.09	贫困人口减少率 B_{21}	0.012
				年度举办技术技能培训次数 B_{22}	
				贫困人口医保报销额增长率 B_{23}	
				通村公路里程增加率 B_{24}	
		生态效益 B_3		有效灌溉面积增加率 B_{31}	0
				荒地减少率 B_{32}	
资金管理流程维度 C		经济性 C_1	0.09	行政成本比 C_{11}	0
				时间成本 C_{12}	
		效率性 C_2		资金使用率 C_{21}	0
				资金到位率 C_{22}	
				项目完成度 C_{23}	
		合规性 C_3		预算编制合理性 C_{31}	0
				资金违规率 C_{32}	
学习与成长维度 D		扶贫人员自我提升 D_1	0	年度扶贫工作人员参加培训比率 D_{11}	0
				扶贫工作人员对本年新出台政策、法规的熟悉程度 D_{12}	
		扶贫部门硬件提升 D_2		扶贫部门用于硬件提升的费用占比 D_{21}	—

4. 计算最终权重。以对扶贫资金使用过程的满意度（A_{11}）为例，该指标最终权重等于服务对象维度（A）权重乘以服务对象满意状况（A_1）权重乘以扶贫资金使用过程的满意度（A_{11}）权重，即 $Q = 49.67\% \times 66.67\% \times 33.33\% = 11.04\%$。其他指标最终权重计算过程从略，结果见表 3。

网络文学作品侵权损害赔偿中的评估研究

程熙鎔　贾君怡　王　瑛　段思瑶　张子昕
李诗怡　黄文琴

摘　要：当前在我国网络文学作品侵权案件中，尚未广泛采用资产评估方法确定损害赔偿数额，并且缺乏成熟的侵权损害赔偿评估理论和流程。因此，对网络文学作品侵权损害赔偿评估理论进行系统研究，细化损害赔偿评估的实务操作，推动资产评估更好地服务于网络文学作品著作权维权，具有较强的理论意义与现实意义。

基于此，本课题对网络文学作品侵权的概念以及侵权的类型、规模和原因进行详细说明，对中国网络文学作品侵权损害赔偿评估的现状及问题进行介绍，对中外侵权损害赔偿评估的做法进行比较，对侵权损害赔偿评估的要素和原理进行细致分析，对其实务操作进行深入探讨，结合《锦绣未央》抄袭案进行说明，最后提出推动网络文学作品侵权损害赔偿评估和中国网络文学版权市场健康发展的建议。

本课题研究发现，在我国网络文学作品侵权案件中，损害赔偿金额应当如何确定既是核心也是难题，但专业资产评估对此涉猎较少，评估方法的运用尚未推广，导致法院裁定的赔偿金额往往远低于损害赔偿评估金额，从而著作权人的权益损失未得到充分合理的补偿。这需要评估协会和评估机构在理论和实践中不断探索，在网络文学作品侵权损害赔偿评估中发挥更大作用，真正维护好著作权人的合法权益。

关键词：网络文学作品；网络文学作品著作权；侵权损害赔偿评估

一、引言

（一）选题的目的和意义

在当下的中国文学中，网络文学是体量最庞大、最具活力的部分。截至 2018 年底，中国网络文学注册作者总数已经超过 1 400 万，各类网络文学作品累计达到 2 442 万部，较

作者单位：程熙鎔、贾君怡、段思瑶、张子昕、李诗怡、黄文琴，北京工商大学经济学院；王瑛，北京市康达律师事务所

2017 年同比增长 48.3%①。截至 2019 年 6 月，中国网络文学用户规模达到 4.55 亿人，占网民总数的 53.2%，半年增长率达到 5.2%②。

目前，网络文学作品面临着严重的侵权损害。由于网络文学盗版平台海量、侵权形式多样、平台主体无法确定等问题，网络文学作品侵权损害超过了现有市场规模的一半。

然而，当前在我国网络文学作品侵权案件中，尚未广泛采用资产评估方法确定损害赔偿数额，并且缺乏成熟的损害赔偿评估规则和流程。

因此，对网络文学作品侵权损害赔偿评估理论进行系统研究，细化损失赔偿评估的操作方法，推动资产评估更好地服务于网络文学版权维权，具有较强的理论意义与现实意义。具体如下：

第一，有助于发掘网络文学作品侵权损害赔偿评估现状背后的问题及原因。

第二，有助于建立网络文学作品侵权损害赔偿评估的理论基础。

第三，有助于构建网络文学作品侵权损害赔偿的评估流程，确定合理赔偿数额。

第四，有助于推动网络文学作品侵权损害赔偿评估在司法鉴定中发挥重要作用。

（二）研究的主要内容

本课题的主要研究内容和重点难点包括：

1. 网络文学作品侵权概述

包含网络文学作品及其侵权的概念、侵权的规模、侵权的形式、侵权的原因等。

2. 我国网络文学作品侵权损害赔偿评估的现状及问题

包括我国网络文学作品侵权损害赔偿评估适用的法律法规、案件审理指南，网络文学作品侵权损害赔偿评估的应用情况，案件最终赔偿数额的分析、当前网络文学作品侵权损害赔偿评估存在的问题等。

3. 中外文字作品版权侵权损害赔偿评估比较

4. （重点/难点）网络文学作品侵权损害赔偿的评估原理

包含对网络文学作品的侵权行为认定、侵权损害的直接损失评估和间接损失评估，以及惩罚性赔偿的原理探讨。

5. （重点/难点）网络文学作品侵权损害赔偿的评估实务操作

结合网络文学、网络文学平台和网络文学产业链的特点，详细说明网络文学作品侵权损害赔偿评估业务的程序及需要重点注意的问题。

6. 网络文学作品侵权损害赔偿的评估案例

针对网络文学作品侵权的各种形式，从中选择在侵权损害赔偿评估方面最具有代表性的案例进行详细说明，并与法律正式的判罚结果进行对比。

7. 关于网络文学作品侵权损害赔偿评估的结论与建议

（三）研究方法和技术路线

本课题的具体研究方法包括：

---

① 数据来源：中国音像与数字出版协会发布的《2018 年中国网络文学发展报告》。

② 数据来源：中国互联网络信息中心发布的《2019 年第 44 次中国互联网络发展状况统计报告》。

1. 文献研究法
2. 对比分析法
3. 半结构访谈法
4. 案例研究法

（四）创新点

本课题尝试做出以下贡献：

1. 从评估的角度对网络文学作品侵权损害赔偿的价值进行深入说明

本课题从评估专业角度对侵权损失价值进行阐释，与已有研究的更多依据法律角度有所不同。

2. 提出网络文学作品侵权损害赔偿的评估理论模型，为合理判断赔偿数额提供依据

相比于过往研究成果，本课题试图提出更为严谨系统的网络文学作品侵权损害赔偿评估理论，使侵权案件最终的赔偿数额更加合理。

3. 对网络文学作品侵权损害赔偿的评估实务操作提出新的要求和设想，助力行业建设

本课题最终以理论助推实践，尝试对侵权损害赔偿的实务操作提出一般性的评估流程和操作重点。

二、网络文学作品侵权损害赔偿评估相关概念界定及文献综述

（一）相关概念界定

1. 网络著作权

网络著作权是各种类型作品的合法权利人，尤其是网络文学作品的著作权人将自己的作品公开上传到网络上供他人参考、阅读、使用，并获取一定收益的权利①。

2. 网络文学作品侵权

网络文学作品侵权按照侵权行为的发生方式分为直接侵权和间接侵权②；按照侵权内容分为侵犯著作权人的人身权和财产权。

直接侵权是指网络服务商未经过著作权人的许可，私自将其网络文学作品复制或者下载到自己管理的网站，供网站用户在线阅读以及转载。间接侵权是指网络管理者或服务商提供渠道帮助侵权人实施侵权行为，侵害人身权是指侵犯其发表权、署名权、修改权、保护作品完整权。侵害财产权是指侵犯文学作品发行、传播（包括复制权与信息网络传播权）、改编、翻译和汇编等权利。

3. 网络文学作品侵权损害赔偿评估

按案件涉及的经济类型分类，司法诉讼中主要涉及三类评估：涉案资产评估、侵权损失

---

① 余炳文．合理使用制度对网络著作权价值评估影响研究［J］．中国资产评估，2017（09）：29—34.

② 彭桂兵．网络文学版权保护：侵权形态与司法认定——兼评近期的几个案例［J］．出版科学，2018（04）：23—27.

评估以及费用损失价值评估[①]。①涉案资产评估针对案件中受到损害或拟用于赔偿的资产，包括有形资产评估和无形资产评估。②侵权损失评估主要针对知识产权侵权行为造成的损失。③费用损失价值评估主要针对实物资产受到破坏或占用等引起的定量价值评估。网络文学作品侵权损害赔偿评估主要是指第二类评估。

（二）文献综述

1. 网络文学作品侵权行为认定

侵权认定是网络文学作品侵权损害赔偿评估的第一步。《北京市高级人民法院侵害著作权案件审理指南》[②] 首先对权利客体的审查提出了要求，即权利客体必须构成作品、具备独创性并且已完成；其次，必须证明权利客体的权利归属，即作品确实属于某权利人。

2. 网络文学作品侵权损害的一般性赔偿

在国内，学者对网络文学作品侵权损失的一般赔偿的研究，主要集中于赔偿金额的分类、赔偿数额的计算方法、侵权损失范围、赔偿制度这四个方面。

3. 网络文学作品侵权损害的惩罚性赔偿

惩罚性赔偿是指由法庭做出的超出实际损害数额的赔偿数额裁定。目前，我国著作权的惩罚性赔偿制度尚未完善[③]。我国学者对于如何完善和实施著作权惩罚性赔偿制度进行了有益的探索，主要聚焦惩罚性赔偿的构成要素（参考文献）和赔偿数额（参考文献）两个方面。

4. 文献评述

通过对上述文献的回顾，可以看出，第一，我国知识产权侵权损失评估的已有研究较少，对侵权损害赔偿数额的计算方法、基本评估路径、部分评估要素进行了初步探索。第二，著作权侵权损害赔偿评估的理论研究尚未细化，无法满足网络文学作品版权纠纷的现实要求。

三、网络文学作品侵权损害赔偿评估相关现状及问题

（一）网络文学作品侵权的现状

1. 网络文学作品侵权的规模

2019 年中国 PC 端网络文学盗版损失规模达到 17.1 亿元，移动端损失规模增加至 39.3 亿元，侵权规模巨大。

2. 网络文学作品侵权的主要类型

（1）盗版网站转载

盗版网站是网络文学作品侵权者最热衷的方式，操作简单，并且“一本万利”，例如“笔趣阁”。

---

① 王景．论司法诉讼中价值评估的分类与特点［J］．中国资产评估，2005（09）：41—42.

② 北京市高级人民法院总结整理以往涉及侵害著作权案件的各项指导文件，并梳理汇总实践中的各类问题，形成了《北京市高级人民法院侵害著作权案件审理指南》，并于 2018 年 4 月 20 日正式对外公布。

③ 新华社新闻：《我国将进一步完善知识产权侵权惩罚性赔偿制度》，2019－04－25，http：//www.gov.cn/xinwen/2019－04/25/content_5385995.htm.

（2）剽窃抄袭

网络文学作品剽窃抄袭的现象屡见不鲜，包括“融梗”和雇佣专业写手批量抄袭等。

（3）大幅篡改

在 IP 影视化的过程中，对小说情节的大幅改编往往会引起版权纠纷问题。

3. 网络文学作品侵权的主要原因

（1）主观原因

①网络文学作品侵权门槛低，成本小。

②网络文学作品侵权所带来的商业价值较高。

（2）客观原因

①科学和网络技术的发展提供了侵权的便利条件。

②相关法律法规尚不完善，侵权惩罚无据可依。

③盗版网站与广告联盟的利益链条难以割断。

④读者的版权意识有待加强。

（二）网络文学作品侵权损害赔偿评估的现状

1. 专业评估在实践中应用较少

网络文学作品的著作权属于比较典型的无形资产，其侵权损害赔偿数额的确定需要但却又很缺乏科学专业的评估程序的加持。

2. 实际损失、侵权所得估算困难

当前，我国进行网络文学作品侵权损害赔偿数额评估和判定主要是运用估算实际损失、侵权所得和法定赔偿等三种方法。以实际损失和侵权所得确定网络文学作品侵权损害赔偿数额是更加合理、公道的选择，但因为二者的证明标准较高，举证难度都很大。

3. 传统的网络文学侵权损害赔偿评估方法相对滞后

我国的知识产权交易市场还比较年轻，同时资产评估在网络文学作品侵权损失赔偿中的应用还不广泛，有一定的滞后性[①]。

（三）网络文学作品侵权损害赔偿评估的问题

1. 界定侵权困难，评估风险性较大

侵权认定是进行网络文学作品侵权损害赔偿评估的前提条件，侵权界定的困难性也使评估业务的风险性上升。

2. 赔偿金额过低

我国《著作权法》第 49 条规定：“权利人的实际损失或者侵权人的违法所得不能确定的，由人民法院根据侵权行为的情节，判决给予五十万元以下的赔偿[②]。”但却并未设置下限，这就可能导致司法实践中自由裁量权的尺度难以掌握，最终确定的赔偿数额通常比较低。

---

① 王春博．浅析网络文学作品的版权评估问题及建议［J］．法制博览，2016（32）：98—99.

② 《中华人民共和国著作权法》，2010 修订版。

3. 同案不同判

在实际需要确定赔偿数额的案例中，著作权案件适用法定赔偿的情况占据绝大多数[①]，使得审判结果具有很大的主观性，不同地区、不同法院对同一案件或相似案件都可能出现不同的审判结果[②]。

4. 评估专业人员缺失

目前我国网络文学作品侵权损害赔偿评估可参考借鉴的案例还很少，这方面的评估专业人员还不多。

5. 评估标准难以统一

该领域尚处于发展的初级阶段，没有形成一套统一的、一般性的评估标准，不同的评估机构对于同一案件的评估步骤和结果存在较大差异。

四、网络文学作品侵权损害赔偿的评估原理

（一）网络文学作品侵权的认定依据及原理

盗版网站转载的判定较为容易，因此本课题主要就剽窃抄袭和大幅篡改的认定依据和原理进行阐释。

1. 剽窃抄袭

判断网络文学作品之间是否存在显著相似，可以遵循以下五种类型的判定依据：（1）专家证言与抽象测试法；（2）一般观察者的“整体判断”测试法；（3）“作品所针对的对象”测试法；（4）“更敏锐的观察者”分析法；（5）“抽象－过滤－比较”测试法。

2. 大幅篡改

在判断是否存在该侵权行为时，首先需要查看合同中是否明确约定改编的必要限度。然而，法律法规并未对改编的限度进行具体的说明，因此，需要在签订授权合同时就对限度进行明确约定，在双方同意且不违反法律的情况下依据合同严格执行。

（二）网络文学作品侵权损害的直接损失评估

按照侵权人实施侵权行为对权利人造成的损失类型，可以将网络文学作品侵权损害分为直接损失和间接损失。

在网络文学作品侵权中，计算直接损失包括计算权利人收入和利润的减少以及应当支付的许可使用费。在计算收入和利润的减少时，当前的做法一般为参照相似文字数与每字稿酬支付标准的乘积以确定原作者的实际损失，并进行合理调整[③]。

当网络文学作品权利人的实际损失难以估算时，也可将侵权人的侵权获利推定为其实际损失额，并需要侵权人提交侵权获利的收据以证明。

---

① 曹新明．我国知识产权侵权损害赔偿计算标准新设计［J］．现代法学，2019，41（01）：110—124．
② 巫霁．著作权侵权赔偿额缘何出现“同案不同判”？［N］．中国知识产权报，2015－12－04（10）．
③ 丁冬．经济参考报社诉网易侵权案判决书摘登［J］．青年记者，2013（15）：22—24．

网络文学作品著作权许可使用费由该著作权的潜在收益和许可费率确定。一般采用经验法、投资收益法、层次分析法等方法进行估算。

（三）网络文学作品侵权损害的间接损失评估

网络文学作品侵权损害的间接损失是指权利人为了维护自身的权益，防止侵权人的侵权行为再次发生所支付的一切合理费用，主要包括两种类型：一是能够以票据证实的权利人与诉讼相关的合理开支，如律师费、取证费、公证费、材料费、差旅费等；二是权利人无法用票据证实的损失，如时间、精力、劳累疲惫、精神压力、隐私曝光和名誉损害等。

（四）网络文学作品侵权损害的惩罚性赔偿

判断网络文学作品侵权损害是否适用惩罚性赔偿，主要考虑以下几点：一是侵权人数量多且不特定；二是确实存在权利人因被侵权而损失的事实；三是存在侵权人的主观故意。

网络文学作品侵权损害的惩罚性赔偿额计算标准主要包括：权利人的实际损害、侵权人能够预见到的损害以及以第三方的角度可预见的损害。一般情况下第三方的损害标准比较客观。

五、网络文学作品侵权损害赔偿的评估实务操作

（一）网络文学作品侵权认定的操作

认定网络文学作品侵权可以遵循以下步骤：一是权利人是否真正拥有有效的著作权，二是侵权人是否真正侵犯权利人的著作权，权利人必须有充分的证据来证实。

对于盗版网站转载的侵权行为，权利人可以收集盗版链接、盗版截图、网站操作过程视频等，通过区块链取证技术固定侵权证据，防止网站关闭证据消失。

对于剽窃抄袭的侵权行为，可采用“抽象—过滤—对比法”，即首先将思想和观点表达分离，而后将原作品中不受法律版权保护的部分过滤出来剔除，最后，将原作品中受到法律版权保护的部分与侵权作品比较，由此判断网络文学作品存在相似性①。

对于大幅篡改的侵权行为，权利人应该根据合同内容，判断侵权人是否在网络文学作品的要素上构成违反合同约定限度、造成著作权人声誉受损、足以造成公众误解等的歪曲篡改。

（二）网络文学作品侵权损害赔偿的评估业务程序

1. 明确网络文学作品侵权损害赔偿评估的基本事项

网络文学作品侵权损害赔偿评估中，评估对象和范围一般是涉及著作权侵权纠纷的网络文学作品及其衍生作品，同时仍需确定评估完成的期限、评估假设等。

2. 签订评估业务委托合同

网络文学作品侵权损害赔偿评估为了更准确合理地确定赔偿数额，经常需要反映资产、

---

① 王渊．美国版权侵权认定标准演化研究［J］．出版科学，2016，24（01）：24—29.

财产、费用、收益的历史价值[①]。

3. 制订评估计划

需要合理考虑取证调查的时间、参与评估人员的著作权法律知识储备和一定程度的文学素养、记录大量网络调研的过程，以此确定合适的评估计划。

4. 现场勘查

评估专业人员需要通过访问网络平台和创作者、检查读者付费情况、监督和追溯侵权行为历史等方式进行现场调查。

5. 收集、整理和分析相关评估资料

评估专业人员主要应重视的资料包括侵权作品和被侵权作品的类型、权利归属、权利证明、可投放的市场、为侵权人和权利人双方所带来的盈利或亏损情况等。

6. 进行评定估算，计算侵权损害赔偿的评估价值

主要是估算权利人的实际损失和侵权人的侵权所得[②③]。实际损失可以通过以下方法估算：（1）侵权行为的发生使权利人利润减少的数额；（2）侵权人以报刊、图书出版或类似方式侵权的，可参照国家有关稿酬的规定；（3）权利人合理的许可使用费、诉讼过程中的合理开支；（4）权利人复制品销量减少的数量乘以该复制品每件利润之积；（5）侵权人侵权复制品数量乘以原告每件复制品利润之积；（6）因侵权人侵权导致原告许可使用合同不能履行或难以正常履行产生的预期利润损失；（7）因侵权人侵权导致权利人作品价值下降产生的损失；（8）其他确定权利人实际损失的方法[④]。随着网络文学著作权的市场化，在网络文学侵权损害赔偿评估中可以采用市场法。

侵权人的违法所得可以从三个方面评估：产品销售利润、营业利润或净利润。其估算主要运用到收益法。

另外，为了进一步减少侵权行为的发生并且缓解创作者在维权中“得不偿失”的窘境，应该在网络文学作品侵权中适度引入惩罚性赔偿制度[⑤]。

7. 完成和提交资产评估报告

8. 评估工作归档

（三）网络文学作品侵权损害赔偿的评估注意点

1. 网络文学作品侵权损害赔偿评估的基准日确定

通常，网络文学侵权诉讼的进行是在侵权发生之后，即侵权人获利之后，因此这一类型的无形资产评估往往以提请侵权诉讼案的时点作为评估基准日[⑥]。

---

① 王景．论司法诉讼中价值评估的分类与特点［J］．中国资产评估，2005（09）：41—42.

② 吴汉东．知识产权侵权诉讼中的过错责任推定与赔偿数额认定——以举证责任规则为视角［J］．法学评论，2014，32（05）：124—130.

③ 杨方程．知识产权侵权损害赔偿数额确定路径探析——以完善诉讼程序为视角［J］．贵州大学学报（社会科学版），2018，36（06）：104—113.

④ 北京市高级人民法院《关于确定著作权侵权损害赔偿责任的指导意见》。

⑤ 张富强，许健聪．完善我国著作权惩罚性赔偿立法的思考——基于法经济学“效益最大化原则”的分析［J］．知识产权，2015（08）：57—62.

⑥ 湛浩．诉讼案——无形资产评估操作标准浅议［J］．中国资产评估，2003（03）：10—12.

2. 网络文学作品侵权损害赔偿评估的方法选择

相比于市场法和成本法，收益法在网络文学作品侵权损害赔偿评估中是相对合适的方法。当然，收益法运用过程中收益口径和折现率的确定和匹配性也是评估专业人员应当关注的问题。

六、网络文学作品侵权损害赔偿的评估案例

本课题接下来就《锦绣未央》抄袭案中的侵权损害赔偿评估进行详细说明。

（一）《锦绣未央》抄袭案简介

2012 年 6 月至 2013 年 12 月，被告周静以“秦简”为笔名在“潇湘书院”网络小说阅读网站上连载名为《庶女有毒》（后改名为《锦绣未央》）的小说。后来，周静将《庶女有毒》改名为《锦绣未央》分别在 2013 年 7 月和 12 月出版了实体小说共六册。

2013 年 8 月，《锦绣未央》顺利卖出影视版权。随后，沈文文等作家以及大批热心志愿者开始了《锦绣未央》抄袭案的联合维权。

2016 年 11 月 11 日，小说《锦绣未央》改编的电视剧《锦绣未央》开播。

2017 年 1 月 4 日，原告沈文文诉被告周静《锦绣未央》抄袭案立案。

2017 年 5 月，华策影视克顿传媒在 2017 年爆品项目合作沟通会上发布爆款 IP，其中包括《锦绣未央》第二部《锦绣长歌》。

2019 年 5 月，北京市朝阳区人民法院就《锦绣未央》涉嫌抄袭侵权案首案做出一审判决，判处被告周静即刻停止《锦绣未央》在各个渠道的发行、传播、销售，并赔偿原告沈文文 12 万元及其主张的维权合理开支 1.65 万元，共计 13.65 万元。实际上《锦绣未央》这部小说涉嫌抄袭 12 位作家的 16 部小说，一系列抄袭案件最终一审判决赔偿总计 74 万元左右。本文仅对首案进行具体说明。

（二）《锦绣未央》抄袭损害赔偿的评估

1. 抄袭认定

法院采用“抽象－过滤－比较”法，对原告沈文文提出的 580 句侵权语句与《锦绣未央》原文进行认真比较，最终认定被告周静创作作品《锦绣未央》确实构成了对原告沈文文《身历六帝宠不衰》著作权的侵权。

2. 抄袭损害赔偿的评估

根据案例特征，评估基准日定为原告沈文文起诉周静侵权立案的时点 2017 年 1 月 4 日。按照本课题提出的网络文学作品侵权损害赔偿的评估原理，此处将采用直接损失评估与间接损失评估相结合的方法，以侵权人的侵权获利为基础计算损害赔偿数额。

“潇湘书院”网站显示，周静在 2012 年 6 月 14 日至 2013 年 12 月 5 日，以“秦简”为笔名创作了《庶女有毒》。该书后改名为《锦绣未央》。2016 年 10 月 26 日，登录 QQ 阅读显示在线付费阅读小说《锦绣未央》“字数 154 万字，价格为千字 5 分，收藏 92 万，推荐

4.6 万”[①]。根据 1 000 人收藏大约 10 人订阅的比例，约有 0.92 万人订阅该小说。根据上述信息，《锦绣未央》的读者订阅费用在 70.84 万元左右。按照读者与平台平分收益计算，折算为 35.42 万元。根据目前的市场行情，《锦绣未央》在“潇湘书院”的打赏约有 3 000 万潇湘币，这部分收益与平台平分，折算为 15 万元。由以上资料，保守估计，侵权人在“潇湘书院”网站上连载小说获益约为 50.42 万元。实体小说《锦绣未央》出版每三册定价 75 元，据周静供述，出版实体书税后获利 6 万元。对于《锦绣未央》的版权价格，根据同类型高热度的网络小说版权价值估算，大约在 1 000 万元[②]。因此，可以大致估算周静通过小说《锦绣未央》在网络平台订阅、实体书出版和版权出售上共获益 1 056.42 万元。

在该案中，被告周静作品《锦绣未央》抄袭沈文文作品《身历六帝宠不衰》共 580 个语句和 2 处情节，未经原告许可使用语句字数近 3 万字[③]，抄袭原告作品比例达到约 1.98%。根据上文计算被告周静的侵权获利，该侵权损害赔偿案的直接损失评估价值约为 20.92 万元。同时，案件中权利人的间接损失主要包括原告沈文文主张的律师费以及公证费共 1.65 万元。

被告周静抄袭他人作品的主观故意明显，大量语句完全相同，侵权情节严重。而且，2016 年电视剧《锦绣未央》开播，截至 2019 年 5 月该剧播放量已达到 200 亿；而 2020 年 7 月已播出的第二部《锦绣南歌》，播放量也突破 30 亿，其中获利难以计量。并且，《锦绣未央》还发布了同名手游，同样收获了庞大的游戏用户群体。基于上述事实，《锦绣未央》已造成侵权程度恶劣，社会不良影响广泛的后果，应当引入惩罚性赔偿。本文参考 2015 年 12 月琼瑶诉于正《宫锁连城》抄袭《梅花烙》最终胜诉，共获赔偿 500 万元一案，结合抄袭比例，估算《锦绣未央》侵权人应向沈文文支付惩罚性赔偿约 10 万元。

最后，以上《锦绣未央》抄袭案中，被告周静应当向原告沈文文支付侵权损害赔偿共 32.57 万元。

（三）评估结果与判罚结果的比较

法院最终裁定的赔偿金额 13.65 万元与本文重新评估的侵权损害赔偿数额 32.57 万元相距甚远。从中可以看出，当前我国网络文学作品的侵权损害赔偿尚未得到科学、合理地评估，从而使著作权人的合法权益未能得到充分保障，侵权人的侵权获利远大于其支付成本，实际上变相鼓励了网络文学作品的侵权行为。

七、关于网络文学作品侵权损害赔偿的评估建议

（一）各部门合作完善知识产权侵权损害赔偿评估制度

知识产权侵权损害赔偿评估指导意见的制定和完善不能仅仅依靠司法部门或政府行政部

---

① 《北京市朝阳人民法院，〈锦绣未央〉涉嫌抄袭案民事判决书》，2019 年 5 月 8 日，统计数据截至 2016 年 10 月 26 日。

② 数据来源：搜狐网站新闻 https：//www. sohu. com/a/346382014_247520.

③ 具体抄袭内容对比可见该案件判决书附表。

门，评估协会和评估机构应当参与其中，以提出更多推动损害赔偿评估的建议。

（二）加强知识产权侵权损害赔偿评估专业人员的培训

我国可充分借鉴美国评估师协会的经验，在侵权界定准备、市场数据资料收集、相关人员调查、取证作证工作等方面对评估专业人员进行培训，不断提升评估专业人员承接知识产权侵权损害赔偿评估业务的综合素质。

（三）在网络文学作品侵权损害赔偿评估中审慎使用惩罚性赔偿

惩罚性赔偿是一把双刃剑，在网络文学侵权损害赔偿评估中，评估机构可以考虑引入惩罚性赔偿，但必须遵循侵害的严重程度与惩罚程度相适应的原则。

八、研究结论

网络文学是近年来蓬勃发展的新事物，正逐渐成为文化产业的中坚力量，却面临着严重的侵权问题。

本课题研究显示，我国网络文学作品侵权案件赔偿数额的确定中资产评估专业的介入很少，而法定赔偿往往过少，难以真正维护好权利人的合法权益。要改变现状，需要评估协会、评估机构及评估专业人员共同努力，加强创新，坚持理论与实践的结合，以更好地促进我国网络文学版权市场的健康发展，更好地维护创作者的合法权益。这也是开展本课题的重要意义。

参考文献

[1] 中国音像与数字出版协会 . 2018 中国网络文学发展报告 [R].

[2] 中国互联网络信息中心 . 2019 年第 44 次中国互联网络发展状况统计报告 [R].

[3] 余炳文 . 合理使用制度对网络著作权价值评估影响研究 [J]. 中国资产评估，2017 (9)：29—34.

[4] 彭桂兵 . 网络文学版权保护：侵权形态与司法认定——兼评近期的几个案例 [J]. 出版科学，2018 (4)：23—27.

[5] 王景 . 论司法诉讼中价值评估的分类与特点 [J]. 中国资产评估，2005 (9)：41—42.

[6] 北京市高级人民法院：《北京市高级人民法院侵害著作权案件审理指南》，2018 年 4 月 20 日正式对外公布。

[7] 马玉凤 . 论惩罚性赔偿在知识产权法中的实施 [J]. 法制与社会，2017 (34)：217—218.

[8] 胡海容，雷云 . 知识产权侵权适用惩罚性赔偿的是与非——从法经济学角度解读 [J]. 知识产权，2011 (2)：70—74.

[9] 罗莉 . 论惩罚性赔偿在知识产权法中的引进及实施 [J]. 法学，2014 (4)：22—32.

[10] 新华社新闻：《我国将进一步完善知识产权侵权惩罚性赔偿制度》，2019 - 04 - 25，http：//www.gov.cn/xinwen/2019 - 04/25/content_5385995.htm.

[11] 王春博 . 浅析网络文学作品的版权评估问题及建议 [J]. 法制博览，2016 (32)：98—99.

[12] 高婷 . 网络文学作品 IP 改编存在的版权问题及对策思考 [J]. 中国出版，2018 (7)：57—61.

[13]《中华人民共和国著作权法》，2010 修订版。

[14] 曹新明．我国知识产权侵权损害赔偿计算标准新设计［J］．现代法学，2019，41（1）：110—124.

[15] 巫霁．著作权侵权赔偿额缘何出现“同案不同判”？［N］．中国知识产权报，2015-12-04（10）.

[16] 丁冬．经济参考报社诉网易侵权案判决书摘登［J］．青年记者，2013（15）：22—24.

[17] 王渊．美国版权侵权认定标准演化研究［J］．出版科学，2016，24（1）：24—29.

[18] 吴汉东．知识产权侵权诉讼中的过错责任推定与赔偿数额认定——以举证责任规则为视角［J］．法学评论，2014，32（5）：124—130.

[19] 杨方程．知识产权侵权损害赔偿数额确定路径探析——以完善诉讼程序为视角［J］．贵州大学学报（社会科学版），2018，36（6）：104—113.

[20] 北京市高级人民法院：《关于确定著作权侵权损害赔偿责任的指导意见》。

[21] 王毅．知识产权侵权时赔偿价值评估的研究［J］．中国资产评估，2008（2）：25—28.

[22] 张富强，许健聪．完善我国著作权惩罚性赔偿立法的思考——基于法经济学“效益最大化原则”的分析［J］．知识产权，2015（8）：57—62.

[23] 徐银波．论计算财产损失的基准时间——对《侵权责任法》第 19 条的反思［J］．北方法学，2015，9（1）：76—84.

[24] 谌浩．诉讼案——无形资产评估操作标准浅议［J］．中国资产评估，2003（3）：10—12.

新财务报表格式中新增报表科目在企业价值评估中的处理研究

——新会计准则下使用权资产和租赁负债科目对企业价值评估的影响

丁　怡　侯旭芳　林美芹　佘　敏　魏　波

摘　要：鉴于2021年就会有大量的企业实施2018年版《企业会计准则第21号——租赁》（CAS21），而“使用权资产”及“租赁负债”2个会计科目因其核算逻辑、参数的确定会对企业价值评估带来一定影响。

本课题研究是通过梳理新旧租赁准则在会计处理模型、租赁的识别、租赁资产和负债的确认计量、折现率等方面的差异点，并在资产评估准则的基础上，总结新租赁准则对财务报表科目的具体影响以及对承租人会计处理的影响，从资产基础法、收益法和市场法三个层面分析，重点关注资产基础法中与租赁准则相关的各科目的实务处理思路；收益法下CAS21对未来现金流预测的影响，并分析得出新租赁准则下采用收益法对承租人进行企业价值评估的相关处理思路，以及市场法中对可比公司之间，可比公司与被评估单位之间的影响、对价值比率的差异的修正，并以实际案例的形式展示理论上的操作要点在评估实务中的应用。

本文通过多种方法，对CAS21在收益法中不同假设模型下的净现金流进行了分析、比对，得出影响差异不明显的结论；对资产基础法下运用3种方法评估使用权资产进行了尝试，对租赁负债中折现率的确定也提出了可行的解决方案；对新旧准则下的被评估单位与可比上市公司在价值比率修正体系上进行研究，并得出修正方向。

关键词：企业价值评估；新租赁准则；使用权资产；租赁负债

一、新租赁准则核心变化

如表1所示，本文主要站在承租人的角度进行讨论，与企业价值评估相关的核心变化主要有以下两点：

作者单位：银信资产评估有限公司

（一）承租人会计处理由“双重模型”修改为“单一模型”

表 1　　新旧租赁准则模型对比

原租赁准则		新租赁准则
区分经营租赁与融资租赁	VS	不区分经营租赁与融资租赁
• 经营租赁与融资租赁会计处理方式不同； • 经营租赁不“入表”，融资租赁“入表”		• 经营租赁与融资租赁会计处理方式相同； • 要求承租人对所有租赁（选择简化处理的短期租赁和低价值资产租赁除外）确认使用权资产和租赁负债，并分别确认折旧和利息费用

（二）折现率的确定方式

在新租赁准则下，规定承租人采用租赁内含利率或增量借款利率，排除了合同约定利率。在原租赁准则下，融资租赁折现率的确定采用租赁内含利率、合同约定的利率、同期银行贷款利率。

二、新租赁准则对承租人财务报表及财务指标的影响

1. 资产负债表。新准则要求披露相应使用权资产和租赁负债，经营租赁资产“表外”纳入“表内”，从结果来看，资产负债表会有扩表的现象，使用权资产上升，租赁负债上升，使企业资产总额上升。以前的“轻资产”行业，可能变成“重资产”行业，相关财务指标也将发生变化。

2. 利润表。从简单的“租金费用”转变为“使用权资产折旧” + “租赁负债利息”。实际支付的租金被分为使用权资产折旧和租赁负债利息两部分，由于租赁负债逐年减少，财务费用呈“前高后低”逐年降低，而使用权资产折旧各年相同。因此，公司的总成本费用呈现“前高后低”的规律，而净利润在租赁开始的最初几年，相比于旧准则的条件下会有所下降。同时，由于部分租赁支出要计入财务费用，从而使企业的融资成本上升。

3. 现金流量表。筹资活动现金净流量减少，经营活动现金净流量增加。新租赁准则下，除低价值租赁和短期租赁外，经营租赁现金支出同融资租赁现金支出一样，计入“支付其他与筹资活动有关的现金”，即筹资活动现金流出较原租赁准则下增加，导致筹资活动现金净流量减少。而企业经营活动现金流出减少，导致经营活动现金净流量较原租赁准则下改善。总体来看，现金流量表内部结构的增减变动，对总的现金流量基本没有影响。①

---

① 钟冰，陆建桥．国际租赁会计准则改革对我国上市公司的财务影响及其对策研究［J］．金融会计，2016（8）：11—23.

三、新租赁准则对相关重点行业的影响

新租赁准则要求承租人资产负债入表并持续核算，因此预期对于某些大量依赖承租资产运营的行业可能存在重大影响。

我们了解到，同行业的不同公司之间，由于存在资产负债规模、业务模式、具体衔接办法等方面差异，可能在相关财务报表科目上体现出不同程度的影响。交通运输、电信、能源等行业中，以基础设施为主业的公司涉及大量租赁资产；零售连锁、文娱教育行业中，经营模式依赖大型资产的公司租赁资产也较多。在交通运输业中，航空、港口、海运的公司受新租赁准则的影响更为突出，航空业主要租赁物是飞机及发动机、房屋和建筑物、其他设备等，港口业主要租赁物是港务设施、库场设施等，海运业主要租赁物是运输船舶、货柜轮、码头租赁等，这些租赁资产价值较高，且与公司经营业务密切相关难以替代，因此租赁期通常较长。①

四、采用收益法对承租人企业价值评估的相关处理

（一）对预期收益的影响

1. 新租赁准则下，承租人在取得租赁资产时，对应确认使用权资产并自租赁期开始日起按月计提使用权资产的折旧，相比原非融资租赁方式下的租赁，租赁费用从直接的现金流出（营业成本或者费用中租赁费用）变为了使用权资产折旧，从直接现金流出变成了需要加回的折旧费用。因此，评估实务中在计算经营活动现金流时应注意将该部分的使用权资产折旧进行加回处理。

2. 新租赁准则下，每一个会计期间支付租赁付款额的同时，对租赁负债——未确认融资费用进行摊销并同步借记财务费用——利息费用，在使用企业自由现金流量进行评估时需要将该部分计入财务费用的利息费用做加回处理。

3. 《根据〈企业会计准则第21号——租赁〉应用指南2019》偿还租赁负债本金和利息所支付的现金，应当计入筹资活动现金流出，可见会计处理时将租赁负债作为付息负债考虑，因此，在采用股权自由现金流对未来现金流进行计算时需要注意租赁负债的支付应作为“付息债务减少”进行扣减，如有新增的租赁负债，则应作为“付息债务增加”考虑。

4. 永续期现金流中的考虑思路建议：

（1）在预测期中使用权资产已提足折旧

①若在预测期中使用权资产已提足折旧，可以假设仍保持当前的租赁模式持续租赁，则需要根据该租赁物在预测期当下市场租金情况、原租赁年限及规则进行重新确认使用权资产并计提折旧，并同步考虑资本性支出。需要注意折旧和资本性支出的匹配问题。

②若在预测期中使用权资产已提足折旧，可以通过简便计算方式，参考原经营租赁下的

① 郭庆．IASB/FASB租赁准则变化及对航运企业的影响分析［J］．交通财会，2014，8（4）：27—30.

方式，在营业成本或费用中以租赁费用现金流出方式直接考虑，同时无须考虑现金流加回及资本性支出。

（2）在预测期中使用权资产未提足折旧

①若剩余年限较短，建议延长预测年限至提完折旧，后参考上述“①”做法进行计算。

②若剩余年限较长，可以参考固定资产永续年更新的方式对资本性支出进行考虑。

（二）对折现率的影响

1. 含财务杠杆的β系数：在获取可比上市公司的剔除财务杠杆的β系数后，通常需要加载标的公司自身的资本结构或者可比上市公司的平均资本结构，在计算资本结构时需要注意付息负债（D）中除了常规的短期借款、长期借款、长期应付款、一年内到期的非流动负债、应付债券等科目外，还应将租赁负债纳入考虑；

2. 在计算加权平均资本成本（WACC）时，需要确定付息负债的比例（D/(D+E)），此处的付息负债（D）也应注意将租赁负债纳入考虑；

从上述来看，新租赁准则下，D/E可能会随租赁负债的增加而增加，从而可能导致折现率有所下降。

股权自由现金流量计算过程中，相比企业自由现金流量的计算，因计算口径的不同，计算过程略有差异。股权自由现金流计算中使用权资产折旧加回同企业自由现金流量计算相同，不同的是，无须考虑财务费用的加回，同时需要考虑付息债务的增加或者减少。

股权自由现金流量计算中，涉及付息债务的增加和减少，除了考虑常规的融资增加或减少外，新租赁准则下，还需要根据租赁负债付款的时点，在对应年度中根据租赁付款额的本金部分需要考虑付息债务的减少。

本文认为采用股权自由现金流量进行评估的实务操作中，在租赁期结束以后的年度基于当下假设考虑，可以不对租赁期结束以后的付息债务增减变动进行考虑。

另外，根据租赁合同的约定，未来可能需要支付的未纳入租赁负债计量的可变租赁付款额（比如按预测期收入百分比等确认的部分），应根据合同条款直接计入预测期的相关成本或者费用科目。

五、采用资产基础法对承租人企业价值评估的相关处理

（一）新租赁准则下“使用权资产”科目的评估

1. 重置成本法

使用权资产首先可以采用传统的估值技术手段求取被评估资产全新价值，再扣除各类贬值后获得被评估资产的价值，但这个方法体现的价值内涵一般是资产全生命周期的所有权价值。对于承租人而言使用权与所有权存在2方面的差异：

（1）仅拥有租赁期内的权利，需要将资产全生命周期的价值扣除租赁协议到期后价值才能得到使用权资产的价值；

（2）租赁期间承租人是没有处分权的，这与我们评估常见的无形资产特许经营权有些类似，目前评估理论上尚无成熟的理论体系可以在所有权价值中准确、清晰的剥离处分权的价值，通常情况下，评估师可以通过假设来规避此瑕疵，即使用权资产只能通过持续经营产生的现金流体现其价值，因此处分权对所有权价值的影响不大，可以忽略不计。

扣减租赁期满后的价值将会是使用权重置成本法评估中最大的难点。对于租赁期满后使用权资产价值的扣减可以采用如下两种方法：

①预估租赁期满时点租赁物价值并折现作为使用权资产的抵减项

从理论上讲估计未来时点资产价值作为扣减项完全合理且可行，但实际中未来时点资产价值变化将受技术发展水平、国家宏观产业政策、金融政策的影响，使预估资产未来时点价值就变得困难重重，租赁到期日距离评估基准日越远，估计的难度将会呈几何级递增。因此，此种方法在实务运用中将会大大受限。

但对于租赁期不长，租赁物行业技术成熟稳定，重置价格变动不大，只存在实体性贬值而不存在明显技术性贬值预期的租赁物仍可采用此种方法进行评估。

②年期修正系数进行调整

可以借鉴土地使用权评估方法中年期修正系数对有限年期使用权资产进行调整。

$$年期修正系数 = [1-1/(1+r)\hat{}n] / [1-1/(1+r)\hat{}m]$$

n——待估使用权资产的使用年期

m——比准价格资产使用年限

r——租赁资产的投资回报率

2. 市场法

市场法也称市场价格比较法（Market Approach），是指通过比较被评估资产与最近售出类似资产的异同，并将类似的市场价格进行调整，从而确定被评估资产价值的一种资产评估方法。市场法的关键点包括确定比准价格和建立修正体系：

（1）比准价格：目前租赁准则尚未全面实施，对于采用市场法求取使用权资产价值而言，最大的难点是直接可视的使用权资产价格案例难以获得，确定比准价格困难。但随着CAS21的推广执行，各类企业将会全面计量使用权资产价值，且租赁准则要求承租人在会计报表附注中披露租赁活动的性质。例如：租赁资产的类别及数量、租赁期是否存在续租选择权等租赁基本情况信息。

（2）修正体系：除了尽可能获得相似使用权资产价格信息外，建立修正体系也是必要的。随着CAS21在上市公司全面推行，使用权资产价格信息数据将大大充实，预计Wind、iFind等国内主流金融数据和分析工具服务商将可能会提供上市公司包括租赁主体地区、所在行业、租赁资产类别、数量、租赁期、租金水平等信息在内的使用权资产相关信息查询检索服务，使得使用权资产修正体系的建立变得具有可操作性。

参照房地产市场法评估修正体系，使用权资产市场法修正体系也应该包括但不限于如下要素：交易日期修正、租赁物位置修正（不动产）、功能修正（动产）、租赁期修正、租赁物规模（不动产面积、动产数量）等。

3. 收益法

（1）未来现金流：考虑到使用权资产是因租赁而产生，都有可观察的租金，租金可视为租赁物的投资回报。在实务工作中可采用同类资产在基准日的租金，并考虑合理的增长率预测租赁期内租金（现金流）。但需要特别注意的是，此时采用的租金应该是评估基准日类似租赁物的客观租金，而非被评估单位租赁合同中约定的实际租金。

（2）收益期：对于使用权资产而言，收益法计算中的收益期就是租赁期，即评估基准日至租赁合同到期日的时间。

（3）折现率：折现率是反映当前市场货币时间价值和资产特定风险的税前利率，该折现率是企业在购置或者投资资产时所要求的必要报酬率。

使用权资产应根据评估基准日的客观收益（租金）计算，评估基准日客观收益可能与租赁开始日存在较大差异，因此使用权资产可能会出现较大幅度的评估增减值。

（二）新租赁准则下“租赁负债”科目的评估

1. 未来现金流的估计：按合同估计的未来应付租金及可能的购买价款，未来现金流金额是约定的客观数据，无须也不能根据基准日客观租金重新估计现金流。

在评估基准日，评估师应以租赁合同中约定的支付日期、金额、方式，作为“租赁负债－未确认融资费用”计算基础。

2. 折现率：根据评估基准日最新折现率进行计算，确定评估基准日租赁负债科目的评估值。

根据 CAS21，在计算租赁付款额的现值时，承租人应当采用租赁内含利率作为折现率，无法确定租赁内含利率的，应当采用承租人的增量借款利率作为折现率。从准则的规定来看，租赁内含利率的优先级高于增量借款利率。

对于评估实务工作而言，在确定评估基准日租赁负债对应折现率时，在租赁内含报酬率难以确定的情况下，可以参考会计准则中增量借款利率的确定方式来计算折现率。

六、采用市场法对承租人企业价值评估的相关处理

企业价值采用市场法评估时，常用的两种具体方法分别是上市公司比较法和交易案例比较法。当资产评估专业人员在已经对市场法的适用性进行过判断且准备采用市场法对承租人进行企业价值评估后，无论是采用上市公司比较法还是交易案例比较法，通常都需要经过以下评估步骤：

（一）恰当选择与被评估单位进行比较分析的可比公司

（二）获取可比上市公司经营和财务数据或获取可比交易案例的买卖、收购及合并案例资料

（三）选择、计算、应用价值比率

（四）在与被评估单位比较分析的基础上，确定被评估对象价值

新财务报表格式中新增报表科目对市场法评估各步骤影响的相关分析及处理如下。

1. 选择可比公司

从目前资产评估准则要求，在选择可比公司的实施，主要是看业务结构、经营模式、企业规模、资产配置和使用情况、企业所处经营阶段、成长性、经营风险、财务风险等因素，而报表使用准则差异并未成为主要因素，故在选择可比公司阶段会遇到如表2所示情况。

表2 执行不同准则情形表

项目	被评估单位	可比公司
情形一	已执行新准则	全部执行新准则
情形二	已执行新准则	全部未执行新准则
情形三	已执行新准则	部分执行新准则、部分未执行新准则
情形四	未执行新准则	全部执行新准则
情形五	未执行新准则	全部未执行新准则
情形六	未执行新准则	部分执行新准则、部分未执行新准则

情形一和情形五通常是资产评估专业人员最希望遇到的情形，因为当遇到这两种情形时，资产评估专业人员无需对被评估单位或者可比公司的财务数据进行调整。但需注意的是，当遇到情形一时，虽然被评估单位和可比公司都已执行新准则，但由于新准则中存在一些含选择的内容，如折现率、是否采用追溯调整法处理等。不同的选择会直接影响到财务数据，不过通过对一些知名会计师事务所访谈以及已经执行新准则的上市公司的公开报告了解到，在执行新准则前，上市公司内部会出现对于一些含选择的内容的激烈讨论过程，但最终执行时所选择的方向几乎都是一致的。

若资产评估专业人员在遇到情形一时，且被评估单位与可比公司在执行新准则时有着不同的参数或方法选择，则在应对策略上，应该在价值比率修正过程中，增加新的修正项，对该差异因素导致的价值比率差异做适当修正。

当遇到情形二和情形四时，资产评估专业人员则需要对被评估单位的财务数据进行适当修正。其中情形二可以将使用权资产和租赁负债调整出被评估单位的资产负债表，同时对损益表进行调整；而情形四则需要调整增加被评估单位资产负债表中的使用权资产和租赁负债科目，同时对损益表进行调整。

当遇到情形三和情形六时，资产评估专业人员则需要对被评估单位及可比公司的资产负债表和损益表同时进行调整，目的就是使得被评估单位与可比公司所执行的准则统一。

2. 选择价值比率

目前评估行业常用的价值比率有股权投资口径的市净率（P/B）、市盈率（P/E）、市销率（P/S）以及全投资口径的价值比率 EV/EBITDA、EV/TA、EV/S 等。

但通过前文研究，我们可以知道新租赁准则下由于利息费用呈现前高后低的走势，故新租赁准则下整体费用也呈现前高后低的走势，所以若企业只有一处租赁物，则其净利润的变化相较于原准则下，应该是前低后高的，而两者之间会有一个交叉点，在交叉点之前，新准则下的净利润金额会低于原准则下的净利润金额，故新准则下的 P/E 更高，同样，在交叉点之后，新准则下的净利润金额会高于原准则下的净利润金额，故新准则下的 P/E 更低。

而新租赁准则下的企业 EBITDA 则肯定会上升，因为 EBITDA 中不再包括租赁费用，而增加的折旧和利息费用都将反映在 EBITDA 之外。但这也使得价值比率 EV/EBITDA 的变化变得很复杂。

$EV_{新}/EBITDA_{新}$ = （$EV_{旧}$ + 付息债务增加额）/（$EBITDA_{旧}$ + 原准则下经营租赁费用）

通过以上分析不难发现，只有当选取的价值比率为 P/S 时，被评估单位与可比公司是否执行新准则是没有影响的，而当价值比率选用盈利价值比率时，则对价值比率的修正难度较大，因为新租赁准则下的企业净利润会因为租赁物所处租赁期不同呈现前低后高的趋势，故对于一般拥有较多租赁物的企业，其盈利价值比率相较于原准则的变化也更复杂，故建议若被评估单位与可比公司之间存在准则差异则尽量不使用盈利价值比率，否则在修正该价值比率时需综合分析被评估单位与可比公司的租赁物所在的不同租赁期，这样的数据获取及数据分析几乎是很难实现的。

只有当选用的价值比率为资产类价值比率或 EV/S 时，且被评估单位与可比公司之间存在准则执行差异，可以在价值比率修正阶段对准则执行差异进行修正。

3. 价值比率修正

若发现被评估单位与可比公司存在执行新准则的差异后，且无法对被评估单位或可比公司的资产负债表及损益表进行调整，就需要对价值比率进行修正。

结合前文对价值比率的分析可以得出对可比公司价值比率的修正方向，如表 3 所示。

表 3　　可比公司价值比率修正方向

价值比率	价值比率	修正方向
被评估单位执行新准则 可比公司未执行新准则	P/S	不修正
	P/B	向上修正
	EV/TA	向上修正
	EV/S	向上修正
被评估单位未执行新准则 可比公司执行新准则	P/S	不修正
	P/B	向下修正
	EV/TA	向下修正
	EV/S	向下修正

七、研究结论

（一）新租赁准则对收益法的影响

1. 对预期收益的影响

新租赁准则的实行，对企业会计利润的影响是租赁前期利润总额低于原租赁准则，租赁后期利润总额高于原租赁准则，但是从整个使用权资产的寿命周期来看，如果不考虑货币时间价值，新旧准则对利润总额几乎没有影响，对预期收益也几乎没有影响。

2. 对折现率的影响

（1）对权益资本成本（Re）的影响

租赁负债增加对权益资本成本的影响主要体现在对 β 值的影响，假设股东全部权益市值不变，租赁负债的增加使 D/E 变大，导致 β_L 变大，从而导致权益资本成本增加。

（2）对加权平均资本成本（WACC）的影响

租赁负债增加会使 Re 及 D/(D+E) 变大，由于付息债务的资本成本 Kd 较 Re 小，因此整体来看，加权平均资本成本会有所下降。

（二）新租赁准则对资产基础法的影响

从评估理论分析，重置成本法、市场法和收益法三种基本方法对使用权资产评估依然适用，但使用权资产只有占有、收益和使用的权利，没有处分权，重置成本法的评估结果是否与使用权资产价值内含完全对应存在争议；市场法评估使用权资产价值对应的价值内含明确，理论上是最合理的评估方法，但在评估实务中短期内缺乏充足的可比价格，即使未来有充分上市公司可比价格供查询，但会计报表附注中对使用权资产信息披露也较有限，缺乏建立合理修正体系的必要参数，市场法在实际运用中也将大大受限；与上述两种方法相比，收益法无论在价值内含一致性，参数选取可行性方面均有较明显的优势。因此在未来评估实务中，建议将收益法作为使用权资产的首选方法，但需要特别注意现金流和折现率的口径。

通过实证研究，我们发现使用权资产由于根据评估基准日的客观收益（租金）计算，评估基准日客观收益可能与租赁开始日存在较大差异，因此使用权资产可能会出现较大幅度的评估增减值。

（三）新租赁准则对市场法的影响

1. 当发现被评估单位与可比公司采用的会计准则不一致时，应该在价值比率修正过程中，增加新的修正项，对该差异因素导致的价值比率差异做适当修正。

2. 只有当选取的价值比率为 P/S 时，被评估单位与可比公司是否执行新准则是没有影响的，而当价值比率选用盈利价值比率时，则对价值比率的修正难度较大，因为新租赁准则下的企业净利润会因为租赁物所处租赁期不同呈现前低后高的趋势，故对于一般拥有较多租赁物的企业，其盈利价值比率相较于原准则的变化也更复杂，故建议若被评估单位与可比公司之间存在准则差异则尽量不使用盈利价值比率，否则在修正该价值比率时需综合分析被评估单位与可比公司的租赁物所在的不同租赁期，这样的数据获取及数据分析几乎是很难实现的。

只有当选用的价值比率为资产类价值比率或 EV/S 时，且被评估单位与可比公司之间存在准则执行差异，可以在价值比率修正阶段对准则执行差异进行修正。

八、不足之处与研究展望

由于目前境内上市公司尚未采用 CAS21，缺少大量的使用权资产及租赁负债的明细数据，也缺乏不同评估机构之间的评估案例，因此本文只能更多地从理论上探讨被评估单位在采用 CAS21 后对企业价值评估的影响，无论是从评估方法的应用层面，比如采用成本法对使用权资产评估时如何分析判断标的资产的技术状态是否稳定、价格变化是否变动不大，还是采用市场法评估时如何筛选可比案例，或是理论基础层面，比如采用成本法对使用权资产评估时是否需要定量区别使用权与所有权之间的差异，上述问题都需要后期大量的实践工作及理论探讨来进一步验证。

本文虽然对新旧准则下如何对被评估单位及可比公司在价值比率修正方向上进行了研究并得出结论，但在具体某些指标如何建立修正指标体系上囿于数据有限，尚没有进行进一步的研究及探讨，希望有识之士可以继续补充、完善。

参考文献

[1] 钟冰，陆建桥．国际租赁会计准则改革对我国上市公司的财务影响及其对策研究 [J]．金融会计，2016 (8)：11—23.

[2] 郭庆．IASB/FASB 租赁准则变化及对航运企业的影响分析 [J]．交通财会，2014，8 (4)：27—30.

新药研发项目资产评估研究

罗峰晖　潘　露　唐森宁

摘　要：一般来说，新药从开始研发到获批上市，必须要经过靶标发现、新药发现、临床前研究以及临床Ⅰ、Ⅱ、Ⅲ期等一系列研究，且每期研究均存在巨大的不确定性，新药研发过程中存在投入资本量巨大、技术难度高等难题。如何合理衡量未盈利新药研发项目价值，是目前亟待解决的问题。本文首先采用文献研究法和逻辑分析法，对新药研发项目的评估理论及框架进行分析和梳理，包括评估基本方法在新药研发项目评估中面临的技术难题及其局限性、B－S期权模型及二叉树期权模型在面临新药研发项目评估时模型假设与现实情况的差异性。接着本文对新药研发项目价值评估进行了理论分析，包括新药及新药研发的概念，新药研发的生命周期，新药研发的特点与风险，新药研发项目价值的影响因素。通过对比分析评估方法，结合新药研发项目中的多阶段性、不确定性高等特性，考虑到研发项目自身和外部两方面的关键价值影响因素，在多重复合期权模型基础上，建立适用于新药研发项目的多重复合期权模型。然后结合实际案例，采用多重复合期权模型对案例进行评估。最后本文将以理论分析为基础，结合案例研究结果，综合评价多重复合期权模型在新药研发项目评估中的适用性及该模型在评估实践中的实用性。

关键词：新药研发项目；资产评估；多重复合期权模型；案例分析

一、研究综述

（一）文献综述

1. 新药研发项目的价值构成

新药研发项目价值评估是一件专业度极高的工作，要求从立体、多层次的角度收集信息、加工信息，总结并最终做出决策，当然基于不同的评估角度或者不同的侧重点，评估结论会有所不同。但总体而言，评估核心都是围绕着标的创新水平和质量、未来商业化前景、未来成功实现的可能性和速度这3个维度进行综合分析的（吴宏中、任春妍，2018）。其中，创新药研发的商业前景取决于市场容量以及市场需求；医药企业研发人员的技术水平和医药企业自身的资源禀赋决定了标的创新的质量；而新药研发完成通过审批达到最后上市

作者单位：罗峰晖，中联国际评估咨询有限公司；潘露，中山大学南方学院；唐森宁，中南财经政法大学

准备阶段时点所要做出决策具备的灵活性也是决定创新药未来成功实现的可能性的关键因素（费嘉等，2006）。

2. 创新药项目价值评估方法

综合现有研究，与其他标的评估类似，有关医药行业相关的评估方法研究，同样分为两个大的板块：一是传统资产评估方法，即成本法、市场法和收益法；二是新兴评估方法，包括 BP 神经网络法（于磊，2010），蒙特卡洛模型（马俊海、张秀峰，2011）。

（二）文献评述

综合现有有关新药项目评估的文献来看：首先，在有关新药研发项目的价值影响因素研究的角度，实务界和学术界有关专家已经对此提出了多元化的探讨，新药研发项目的价值影响因素已经逐步被发掘，并且已有初步的归纳；其次，传统资产评估方法在新药研发项目价值评估中的适用性已经具有科学、完善的研究结论，并且有关学者已经对传统评估方法的应用缺陷形成了系统化的整理；最后，新兴的评估方法已经在新药价值评估中逐渐萌芽，采用符合新药研发项目价值规律的评估方法研究已经成为后续研究的主要方向。

在现有的丰富研究成果中，本文发现，仍有以下问题值得进一步深入探讨：①一般化、普遍化的新药研发项目价值影响因素需要系统的归纳；②相比于其他价值评估项目，新药研发价值评估的最大特点在于高风险和高不确定性，现有文献对于新药研发项目的风险识别有待进一步加深；③在新药研发项目高风险的基础上，如何采用适当的评估方法量化风险是亟待解决的最关键问题。

二、新药研发项目价值评估的理论分析

（一）新药研发项目价值相关概念

1. 新药及新药研发

新药是指不同于现有药品的药物，主要体现在药理作用、药品组分和化学结构方面的不同。根据现有文件，如新《药品注册管理办法》，2007 年 10 月 1 日正式执行，其对新药作了明确解释："未曾在中国境内上市销售的药品，包括已上市药品改变剂型、改变给药途径、增加新适应症的药品"。2017 年，《药品注册管理办法（修订稿）》明确界定了药品概念，指出药品包含化学药、生物制品、中药三大类。该办法也对新药的概念做出了严格的界定，是指未曾在中国境内外上市销售的药品。新药不仅仅局限于中国原创药，其中，还包含另外两类：一是改良型新药，指与已上市药品相比，增加新适应症、改变给药途径、改变剂型等，且具有明显临床优势的新药；二是仿制药，指生产与已上市原研药品或参比药品安全、质量和疗效一致的药品。新药的研发也就是针对上述三种药物的研究与开发。

新药研发项目的核心目标在于获得新的药品，主要包括以下几种属性：一是针对某种疾病，首次研发出相应的治疗药品；二是和现在已有的药品相比较，新药品的疗效更高；三是和现在已有的药品相比较，新药品带来的不良反应更小；四是患者用药的依从性相较于现有

的药品来说，具有更好的依从性。此外，新药研发项目也有可能是为了满足基本医疗需求、占领更大的市场份额、获得市场准入等。

2. 新药研发的生命周期

新药研发的生命周期是指从靶标发现、新药发现、临床试验再到最后上市的整个流程，主要分为研究和开发两个阶段。研究阶段包括：靶标发现、新药发现、临床前研究—安全和药物代谢等；开发阶段包括：临床一期、临床二期试验、临床三期试验、新药注册和上市后安全检测等；不同的药物面临的研发阶段和开发阶段也会存在差异。

（二）新药研发的特点与风险

1. 周期长、阶段性明显

新药研发周期包括最初的靶标发现、新药发现、临床试验，再到最终上市销售阶段。为保证药品的安全性，整个项目研究阶段都需严格把关，特别是后期的临床试验，它是佐证新药有效性及安全性的唯一有效途径，必须要有充足的临床试验时间才能更大限度地降低新药风险，确保其安全，因此新药研发的周期是比较长的。根据现有数据统计显示，新药研发项目要完成整个周期实现上市销售需要的时间平均为 15 年。

2. 不确定性高

新药研发的不确定性主要来源于三方面的风险。第一，行业政策变动风险。我国目前正处于经济发展由高速增长转向高质量发展阶段，医药行业也在发生变革，所处的政策环境面临着巨大的变化，这对新药研发来说就是一种不确定性。主要考虑宏观经济政治、产业政策、监管政策、注册政策、科技政策以及医保支付政策等。第二，技术风险。主要来源于新药研发技术本身的难易程度和研发团队的科学素养（吴宏忠和任春妍，2018）。第三，行业竞争风险。包括企业市场竞争优势，主要体现在整个市场规模和产品容量等因素的不确定性。

3. 阶段价值差异

新药研发初期，原始创新能力薄弱。随着资金的投入、研发项目进程的不断推进，每个阶段研发项目估值存在着差异。例如，将两个最为关键的节点做对比，获批生产上市的新药研发项目价值是获批临床项目价值的 8 到 10 倍（张佳博、徐佳熹，2016）。

（三）新药研发项目价值的影响因素

影响新药研发项目价值的因素主要从两个方面进行分析，一是研发项目自身影响因素，另一个是研发项目外部影响因素。

1. 研发项目自身影响因素

研发项目自身影响因素主要从三个方面进行考虑，分别为研发成本、研发成功率、研发周期及研发进度。

（1）研发成本

新药研发企业属于技术密集型企业，企业需要投入大量的资金以购置各类设备和原料、建设符合 cGMP 标准的新生物药生产设施、聘用各类专业技术人员和生产员工以及进行临床试验。

（2）研发成功率

研发成功率是对新药成功研发上市流通机会的量化。由于新药研发项目的多阶段性，其成功率和新药研发的阶段性具有同步性。对于不同种类的新药研发项目而言，研发成功率有所不同，从新药的类型来看，首创创新药药物的研发成功率低于仿制药和改良药。对于同一新药研发项目而言，每个阶段的成功率也不相同。

（3）研发周期及研发进度

从研发周期来看，新药研发不仅需要较长的研发期，而且还需要较长的试验期和临床试验期。如果不考虑靶点确认阶段，药物研发周期从新药发现到最终上市销售，平均来看不少于13.5年时间，临床前开发需要5.5年时间，临床平均开发需要8年时间。

2. 研发项目外部影响因素

研发项目外部影响是新药研发企业不可控的因素，主要包括市场规模、竞品研发、药物价格、患者支付能力和收益期限。

（1）市场规模

衡量新药的预期市场规模，可以评估该药物的市场容量，初步预测该药物未来市场的潜在价值。在新药研发项目每个阶段决策节点上，企业并非只是考虑技术风险或者技术成功的概率。因为新药研发项目的周期较长，随着研发阶段的推进，越接近新药上市的时间，企业需要更加关注市场对该药物的需求，比如患者池、治愈率、用药频次等（葛锐和张晓辉，2020）。

市场规模可通过预测用药病人数量来确定，可通过如下关系式进行计算，即用药病人数量 = 某地区总认可数量 × 某治疗领域或病情的特定的发病率或患病率 × 有症状的患者的百分比 × 准确诊断的症状患者百分率 × 可及治疗的患者百分比 × 有症状和被诊断病人接受药物治疗的比率（吴宏忠和任春妍，2018）。在其他情况保持不变的条件下，预期药物用药市场规模越大，新药研发项目的潜在价值越高。

（2）竞品研发

根据波特五力模型，企业在行业中的竞争能力可通过以下五个方面进行衡量，分别为产品竞争者现有企业间的竞争、替代品威胁、潜在进入者威胁、供方议价能力和买方议价能力。在可能的市场规模下，药物的竞争力越强，市场占有率越高，越能体现其价值。项目估值不仅要考虑已上市产品的竞争，还需分析在研项目的竞争。

（3）药物价格

价格是影响产品销量的最重要因素，药物定价策略在各个国家具有较大差异，需考虑国家医保政策、带量采购、现有类似药物价格等因素。在其他情况保持不变的条件下，药物价格越高，企业销售收入越多，研发项目潜在价值越高。

（4）患者支付能力

药物在投入临床运用的初期，如果患者有能力支付，那么会促进该药物的临床推广和使用，加大药物上市的概率；相反，如果患者没有能力支付，则会限制该药物的临床推广和使用，降低其上市的概率。由此可见，患者支付能力会影响新药研发项目的推进，进而影响其价值。

（5）收益期限

虽然新药是作为商品在市场交易，但新药是新药项目中所包含的无形资产的转化，因此新药研发项目的收益期的确定应考虑无形资产的收益期限。一般来说，收益期和产品的生命周期曲线是基本吻合的。无形资产的收益期应根据合同性权利或其他法定权利的期限，按照孰低原则来确定。

三、新药研发项目评估方法研究

（一）不同评估方法比较

由于新药研发项目自身的特殊性，应仔细斟酌选择合适的评估方法。对三个基本评估口径和期权口径进行对比分析，如表 1 所示。

表 1　评估口径对比分析

口径类别	成本口径	基本方法途径收益口径	市场口径	期权口径
估值基本思路	考虑研发投入的成本费用	将未来能获得的收益或者现金流进行折现	选取类似可比交易案例进行修正	本质上属于收益口径
优点	能直接反映项目成本发生的真实情况	关注未来获利能力	从市场交易出发直接获取项目价值信息	考虑了研发项目未来市场价格波动产生的收益不确定性
缺点	忽略了新药研发项目自身的高风险以及其成功后能够带来的预期收益	研发阶段不确定性大，难以用量化折现率，同时未考虑到未来上市后价格市场存在收益波动性	市场不活跃，同类交易案例获取难；研发项目具有独特性和差异性，差异因素量化难，不易修正	模型计算复杂，模型假设条件较为苛刻
适用情况	处于前期研发和试验阶段的研发项目	已完成大部分研发工作，并已进入产业化生产或产生收益的研发项目	存在类似交易活跃的研发项目	适用于有开发潜力的研发项目

通过对比分析，考虑到研发项目具有多阶段的特征，每个阶段可能出现不同的结果，每种结果出现的概率也有所不同，这与期权的特性是相符合的，因此，采用期权口径能更好体现新药研发项目的价值。

（二）新药项目评估模型的构建

新药研发项目相对于其他研发项目而言具有显著的阶段性、研发周期长等特点，新药研发项目的不确定性会随着研发进展而逐步降低。对于投资者而言，新药研发项目的价值来源于项目带来的增长机会，新药研发项日本身具有连续性，而投资者在项目研发过程中在每个研发阶段都可以将下一研发阶段视作为一个看涨期权，对于整个新药研发项目来说，就是多个看涨期权的组合。新药研发项日多重复合期权模型示意图如图 1 所示。

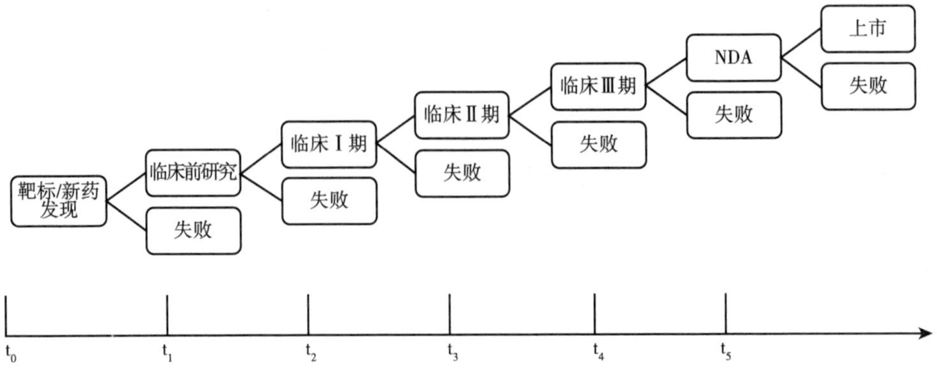

图1　新药研发项目多重复合期权示意图

1. 多重复合期权模型

加州大学洛杉矶分校 Geske 教授在 1979 年在 B－S 期权模型的基础上，研究了存在两个欧式看涨期权的复合期权情形下的多重复合期权模型，Geske 模型中将一个研发项目可划分为三个阶段：初始投资、追加投资、商业化上市，三个阶段紧密相连，当且仅当最后一个阶段完成时才会产生收益，对于投资者而言，只有完成前一阶段的投资目标后才会获得进入后一阶段的机会，因此整个投资项目包括两个欧式看涨期权：初始投资到追加投资、追加投资到商业化上市。两个期权紧密排列，只有前一阶段的期权在行权日被执行，后一阶段的期权才执行，因此后一阶段的期权执行日期等于前一阶段的期权行权期限，前一阶段的期权行权价格是后一阶段期权的价格。

Geske 复合期权模型相较于 B－S 期权模型增加以下 2 条特别重要的假设：

假设 1：只有完成第一阶段的目标才能进入下一阶段，阶段间紧密连接但在时间上不具有重合性；

假设 2：只有进入商业化阶段后，项目才会产生收益。

Geske 复合期权模型如下：

$$P = S_0 N(a_2, a_1; \rho) - X_2 e^{-rT_2} N(b_2, b_1; \rho) - X_1 e^{-rT_1} N(b_2)$$

其中：

$$a_1 = \frac{\ln \frac{S_0}{S_2^*} + (r + \frac{\sigma^2}{2}) \times T_1}{\sigma \sqrt{T_1}}$$

$$a_2 = \frac{\ln \frac{S_0}{X_1} + (r + \frac{\sigma^2}{2}) \times T_2}{\sigma \sqrt{T_2}}$$

$$b_1 = a_1 - \sigma \sqrt{T_1}$$

$$b_2 = a_2 - \sigma \sqrt{T_2}$$

$$\rho = \sqrt{\frac{T_1}{T_2}}$$

$N(*,*;\rho)$ 表示相关系数为 ρ 的标准二维正态分布；

$N(*)$ 表示标准正态分布；

T_1 表示第一阶段期权到期时间；

T_2 表示整个复合期权到期时间；

S_0 表示项目未来项目现金流量现值；

S_2^* 表示标的资产在 T_1 时刻的临界值，即 $F(S_2^*, T_2 - T_1) = X_1$；$F(Y)$ 方程可通过 B - S 期权模型求解；

σ 为价格波动率，在全项目周期内为一个常数；

X_1 表示第一阶段的投资额；

X_2 表示第二阶段的投资额。

Geske 复合期权模型描述了一个简单的两期复合欧式期权，但新药研发项目是典型的多期投资，两期复合期权模型不能解决新药研发项目存在多重复合期权的问题。Lin 在 Geske 复合期权模型的基础上将复合期权模型由两期推广到多期，并给出了欧式多重复合期权解的一般形式：

$$P = S_0 N(a_1, a_2, \cdots, a_m; A^m) - \sum_{i=1}^{m} X_i e^{-rt_i} N(b_1, b_2, \cdots, b_i; A^i)$$

其中：

$$a_i = \frac{\ln \frac{S_0}{S_i^*} + (r + \frac{\sigma^2}{2}) \times t_i}{\sigma \sqrt{t_i}}; b_i = a_i - \sigma \sqrt{t_i}; i = 1, 2, \cdots, m$$

$$\rho_{ij} = \sqrt{\frac{t_i}{t_j}}; i < j$$

S_i^* 是方程 $P_{i+1}(S_0, t_i) = X_i; i = 1, 2, \cdots, m-1$ 的解；且 $S_m^* = X_m$；

σ 为价格波动率，在全项目周期内为 ·个常数；

t_i 为第 i 阶段的到期时间；

X_i 为第 i 阶段的投资额；

$N(a_1, a_2, \cdots, a_m; A^m)$ 表示 m 元标准正态分布，$A^m = (a_{ij}^m)_{i,j=1,\cdots,l}$，其中，$\begin{cases} a_{ii} = 1 \\ a_{ij} = a_{ji} = \rho_{ij,} \end{cases} i < j$。

Geske 复合期权模型和 Lin 多重复合期权模型均假设价格波动率为一个固定的常数，而新药研发项目存在周期长、各阶段具有的不同的风险收益的特性，采用一个固定的波动率难以反映项目在不同阶段所具有的不同风险收益的特性；同时新药研发项目不仅具有研发周期长、投资成本大、阶段性明显等特点，在整个新药项目研发过程中还存在诸多不确定性风险，其主要包括商业市场风险和研发技术风险。商业市场风险主要是指研发标的药品由于市场需求、竞争品等带来的价格不确定性，从而导致项目未来现金流存在不确定性；研发技术风险是指在新药研发项目过程中可能存在的技术失败从而导致整个项目失败的风险。Geske 复合期权模型和 Lin 多重复合期权模型在评估项目价值时项目现金流的不确定性是利用波动率来测度表示，即只考虑了市场风险，并未考虑技术风险，容易导致项目价值高估。

2. 适用于新药研发项目的多重复合期权模型

近年来，国内多位学者开始将变动波动率引入多重复合期权模型（龚朴等，2006；徐舒，2014；黄甫家伟，2019）；对于技术不确定性对于研发项目的价值影响，Pindyck（1993）在“Investments of Uncertain Cost”一文中率先开始区分技术不确定性和市场不确定性对实物期权价值影响；许多学者在Lin多重复合期权模型的基础上将技术不确定性引入模型（Nishihara，2018；王献东等，2019）。同时，考虑到新药研发项目各阶段所需时间会存在明显差异，因此有必要在多重复合期权模型中引入变动无风险收益率用以体现各阶段投资所需时间差异性对投资者带来的不同收益要求。

在与Geske复合期权模型、Lin多重复合期权模型假设一致情况下，并增加以下假设条件：

假设1：技术市场与商业市场相互独立；

假设2：只有在技术成功的前提下，研发项目才具有价值；

假设3：资产价格波动率与项目所处研发阶段相关；

引入变动波动率、变动无风险利率及技术市场概率的多重复合期权模型如下：

$$P = \prod_{i=1}^{m} p_i S_0 N(a_1, a_2, \cdots, a_m; A^m) - \sum_{i=1}^{m} p_1 \cdot p_2 \cdots p_i X_i e^{-r_i t_i} N(b_1, b_2, \cdots, b_i; A^i)$$

其中：

$$a_i = \frac{\ln \frac{S_0}{S_i^*} + (r_i + \frac{\sigma_i^2}{2}) \times t_i}{\sigma_i \sqrt{t_i}}; b_i = a_i - \sigma_i \sqrt{t_i}; i = 1, 2, \cdots, m$$

$$\rho_{ij} = \sqrt{\frac{t_i}{t_j}}; i < j$$

$$\tau_i = t_i - t_{i-1}; i = 1, 2, \cdots, m$$

$N(a_1, a_2, \cdots, a_m; A^m)$ 表示 m 元标准正态分布，$A^m = (a_{ij}^m)_{i,j=1,\cdots,l}$，其中，$\begin{cases} a_{ii} = 1 \\ a_{ij} = a_{ji} = \end{cases} \rho_{ij}, i < j$。

$S_m^* = X_i$，从研发成功后最后一个阶段向前求解：

$$p_m \left\{ S_{m-1}^* N\left[\frac{\ln \frac{S_{m-1}^*}{S_m^*} + \left(r_m + \frac{\sigma_m^2}{2}\right)\tau_m}{\sigma_m \sqrt{\tau_m}}\right] - X_m e^{-r_m \tau_m}\left[\frac{\ln \frac{S_{m-1}^*}{S_m^*} + \left(r_m - \frac{\sigma_m^2}{2}\right)\tau_m}{\sigma_m \sqrt{\tau_m}}\right]\right\} = X_{m-1}$$

p_i 为第 i 阶段的研发成功率；

σ_i 为第 i 阶段的资产价格波动率；

r_i 为第 i 阶段的无风险报酬率。

四、案例研究

（一）案例介绍

B 医药公司拟转让其所有的 A 乙肝新药研发管线（以下简称“A 新药”），评估基准日为 2019 年 12 月 31 日，A 新药主要用于乙肝治疗，是 B 医药公司发明的新化学实体，目前已投入研发成本 2 亿元。目前在国内外尚无同靶点新药上市，属于全新作用靶点。主要研发历程如下：

A 新药于 2011 年取得国家药监局Ⅰ期临床批件；2012 年完成Ⅰ期临床；2014 年底获得国家药监局Ⅱ、Ⅲ期临床的批件；2018 年 10 月启动Ⅱb 期临床，目前处于受试者筛选和入组阶段，预计 2020 年初完成所有受试者入组。

A 新药预计将于 2026 年上市，预计未来研究投入以及时间安排计划如表 2 所示。

表 2　　A 新药预计未来研究投入以及时间安排计划表

时间	所处研发阶段	预计所需投资（万元）
2020 年	Ⅱb 到Ⅲ	7 000.00
2021 年	Ⅱb 到Ⅲ	5 000.00
2022 年	Ⅲ到 NDA	4 000.00
2023 年	Ⅲ到 NDA	3 000.00
2024 年	Ⅲ到 NDA	2 000.00
2025 年	NDA 到上市	1 000.00
合计		22 000.00

（二）多重复合期权模型的评估过程

1. A 新药上市后的未来现金流量现值 S_0

结合目前乙肝同类药物的市场价格情况以及我国乙肝患者的情况，考虑 A 新药上市后的运营成本，经测算，A 新药上市后的未来现金流量现值 S_0 为 134 242.35 万元。

各阶段的开发成功概率确定

根据 BIO（生物技术创新组织）、Biomedtracker 发布的临床试验报告《Clinical Development Success Rates 2005—2016》，委估 A 新药为传染病治疗新药，从临床Ⅰ期到临Ⅱ期的成功率是 69.5%，临床Ⅱ期到临床Ⅲ期的成功率是 42.7%，临床Ⅲ期到 NDA 的成功率是 72.7%，NDA 成功概率是 88.7%。目前 A 新药处于临床Ⅱb 阶段，临床Ⅱ的重大不确定性已在Ⅱa 阶段完成，因此本次评估对 A 新药临床Ⅱb 阶段到临床Ⅲ阶段取值为 82.81%（42.7% + （1 −42.7%）×70%）。

2. 模型计算

第一步，获取相关关键参数，各关键参数如表 3 所示。

表 3

i	开发阶段	t_i	X_i	r_i	p_i	σ_i
1	Ⅱb 到Ⅲ	2	12 000.00	2.36%	82.81%	44.00%
2	Ⅲ到 NDA	5	9 000.00	2.68%	72.70%	44.86%
3	NDA 到上市	6	1 000.00	2.82%	88.70%	44.66%

第二步，求解 S_i^*，$S_{1,2,3}^*$ 是以下方程的解：

$$S_3^* = X_3$$

$$p_3\left\{S_2^* N\left[\frac{\ln\left(\frac{S_2^*}{S_3^*}\right)+\left(r_3+\frac{\sigma_3^2}{2}\right)(t_3-t_2)}{\sigma_3\sqrt{t_3-t_2}}\right]-X_3 e^{-r_3(t_3-t_2)} N\left[\frac{\ln\left(\frac{S_2^*}{S_3^*}\right)+\left(r_3-\frac{\sigma_3^2}{2}\right)(t_3-t_2)}{\sigma_3\sqrt{t_3-t_2}}\right]\right\}=X_2$$

$$p_2\,p_3\left\{S_1^*\ N_2\left[\frac{\ln\left(\frac{S_1^*}{S_2^*}\right)+\left(r_2+\frac{\sigma_2^2}{2}\right)(t_2-t_1)}{\sigma_2\sqrt{t_2-t_1}},\frac{\ln\left(\frac{S_1^*}{S_3^*}\right)+\left(r_3+\frac{\sigma_3^2}{2}\right)(t_3-t_1)}{\sigma_3\sqrt{t_3-t_1}}\right]\right\}$$

$$-X_3\ e^{-r_3(t_3-t_1)}\ N_2\left[\frac{\ln\left(\frac{S_1^*}{S_2^*}\right)+\left(r_2-\frac{\sigma_2^2}{2}\right)(t_2-t_1)}{\sigma_2\sqrt{t_2-t_1}},\frac{\ln\left(\frac{S_1^*}{S_3^*}\right)+\left(r_3-\frac{\sigma_3^2}{2}\right)(t_3-t_1)}{\sigma_3\sqrt{t_3-t_1}}\right]$$

$$-p_2\,X_2\ e^{-r_2(t_2-t_1)} N\left[\frac{\ln\left(\frac{S_1^*}{S_2^*}\right)+\left(r_2-\frac{\sigma_2^2}{2}\right)(t_2-t_1)}{\sigma_2\sqrt{t_2-t_1}}\right]=X_1$$

将相关参数带入模型，利用 Matlab 计算结果如表 4 所示。

表 4

S_1^*	S_2^*	S_3^*
28 764.47	13 351.82	1 000.00

第三步，将相关参数带入多重复合期权模型，求解期权价值：

$$P = p_1p_2\,p_3\ S_0N_3(a_1,a_2,a_3;A^3) - p_1p_2\ p_3\ X_3\ e^{-r_3t_3}\ N_3(b_1,b_2,b_3;A^3)$$
$$- p_1p_2\ X_2\ e^{-r_2t_2}\ N_2(b_1,b_2;A^2) - p_1\ X_1\ e^{-r_1t_1}\ N_1(b_1)$$

其中：

$$a_i = \frac{\ln\frac{S_0}{S_i^*}+\left(r_i+\frac{\sigma_i^2}{2}\right)\times t_i}{\sigma_i\sqrt{t_i}};b_i = a_i - \sigma_i\sqrt{t_i};i = 1,2,3$$

$$A^2 = \begin{pmatrix} 1 & \sqrt{\frac{t_1}{t_2}} \\ \sqrt{\frac{t_1}{t_2}} & 1 \end{pmatrix}$$

$$A^3 = \begin{pmatrix} 1 & \sqrt{\frac{t_1}{t_2}} & \sqrt{\frac{t_1}{t_3}} \\ \sqrt{\frac{t_1}{t_2}} & 1 & \sqrt{\frac{t_2}{t_3}} \\ \sqrt{\frac{t_1}{t_3}} & \sqrt{\frac{t_2}{t_3}} & 1 \end{pmatrix}$$

将相关参数带入模型，利用 Matlab 计算，A 新药评估结果为 57 043.14 万元。

（三）模型评价

将多重复合期权模型的评估结果与考虑技术概率的 B－S 期权模型评估结果进行对比，考虑技术概率的 B－S 期权模型如下：

$$P = p_1 p_2 p_3 [S_0 N(d_1) - X e^{-rT} N(d_2)]$$

其中：
$$d_1 = \frac{\ln \frac{S_0}{X} + (r + \frac{\sigma^2}{2})T}{\sigma \sqrt{T}}; \quad d_2 = d_1 - \sigma\sqrt{T}$$

相关参数取值如表 5 所示。

表 5

参数	取值
r	2.82%
T	6
S_0	134 242.35
X	22 000.00
p_1	82.81%
p_2	72.70%
p_3	88.70%
σ	44.66%

将上述参数带入模型，考虑技术概率的 B－S 期权模型对 A 新药评估结论为 62 130.98万元，与多重复合期权评估结论相比差异 －5 087.83 万元，差异率 8.92%。如果 S_0 上下波动 10%，考虑技术概率的 B－S 期权模型与多重复合期权模型结果对比如图 2 所示。

上图中横轴表示 S_0 变动比例，纵轴表示模型评估结果。从图 2 可以看出，多重复合期权模型相较于考虑技术概率的 B－S 期权模型结果对于 A 新药项目的评估结果会低。从 A 新药项目的评估案例来看，采用多重复合期权模型评估新药研发项目会更加谨慎。

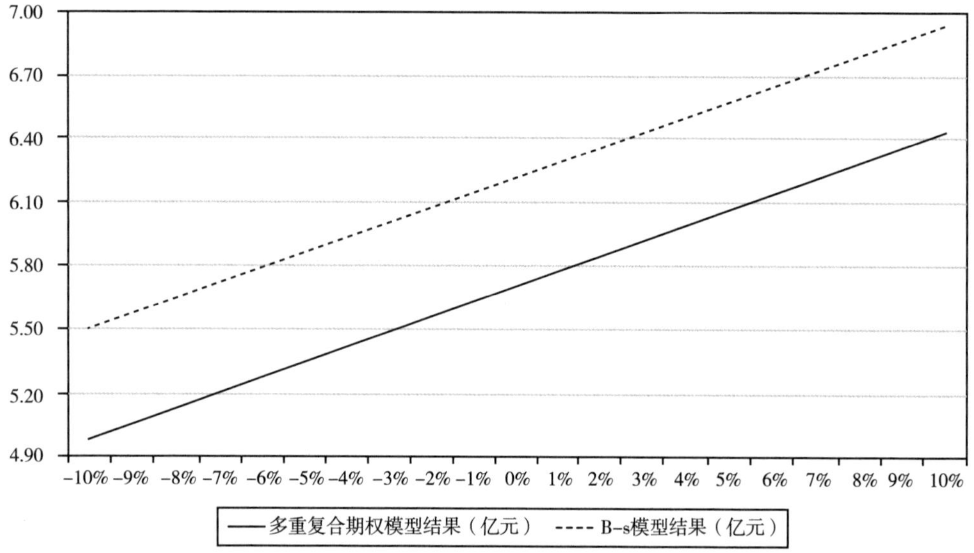

图 2　多重复合期权模型结果与考虑技术概率的 B－S 期权模型对比

五、研究结论及展望

（一）研究结论

第一，通过对国内外现有文献的梳理，在有关新药研发项目的价值影响因素研究的角度，实务界和学术界有关专家已经对此提出了多元化的探讨，新药研发项目的价值影响因素已经逐步被发掘，并且已有初步的归纳；其次，传统资产评估方法在新药研发项目价值评估中的适用性已经具有科学、完善的研究结论，并且有关学者已经对传统评估方法的应用缺陷形成了系统化的整理；最后，新兴的评估方法已经在新药价值评估中逐渐萌芽，采用符合新药研发项目价值规律的评估方法研究已经成为后续研究的主要方向。

第二，通过对新药研发项目阶段的研究，深入分析新药研发项目的特点：周期长、阶段性明显、不确定性高及阶段价值差异，进而从研发项目自身和外部两方面探究其价值影响因素。

第三，通过对比分析传统基本评估方法和期权定价模型，发现期权定价模型更适合新药研发项目评估。结合新药研发项目特点，深入分析期权定价模型，引入变动波动率、变动无风险利率及技术市场概率，构建出适合新药研发项目的多重复合期权模型。

第四，通过实际案例的引入，展现了考虑技术成功概率、变动波动率、变动无风险收益率的多重复合期权模型的具体评估步骤，并将案例评估结论与考虑技术概率的 B－S 期权模型结论对比，结果显示考虑技术成功概率、变动波动率、变动无风险收益率的多重复合期权模型相比于仅考虑技术概率的基础 B－S 期权模型会更加谨慎。通过案例研究发现，考虑技术成功概率、变动波动率、变动无风险收益率的多重复合期权模型更加贴合新药研发项目的现实情况，该模型在理论贴近现实上有一定的优越性且评估结果也更为谨慎。

（二）研究展望

本文探索了将技术市场风险引入评估模型，同时假设技术市场与商业市场相互独立的情况，然而，在现实中技术市场与商业市场往往是交互影响，因此在未来的研究中需要进一步探索技术市场与商业市场的相关关系。本文重点探索了新药研发项目的价值影响因素和评估方法，然而在资产评估实践中新药研发项目的评估操作程序等方面还需要进一步探索。本文探索了将多重复合期权模型应用于新药研发项目的评估中，该模型虽然能更好地贴近新药研发项目的实际情况，但其计算复杂，需要评估人员具有较强的应用数学工具及编程工具的能力，在以后的研究中需要进一步探索既符合新药研发项目的特性又能在一定程度上降低评估人员操作难度的理论评估模型。同时，本文仅探索评估新药研发项目的评估途径，对于具有多条研发管线的、专业从事新药研发工作的、以研发驱动的生物医药企业如何衡量其具有的研发能力价值，仍然值得进一步探索。

参考文献

[1] BLACKF, SCHOLES M. The Pricing of Options and Corporate Liabilities [J]. J Pol Econ, 1973, 81 (3): 637—654.

[2] Geske R. The valuation of corporate liabilities as compound options [J]. Journal of Financial and Quantitative Analysis, 1977, 12 (4): 541—552.

[3] Geske R. The valuation of compound options [J]. Journal of Financial Economics, 1979, 7 (1): 63—81.

[4] Fichman, R. G, Going Beyond the Dominant Paradigm for IT Innovation Research: Emerging Concepts and Methods [J]. Journal of the Association for Information Systems, 2004, 5 (8).

[5] Fichman, R. G, Keil M. and Tiwana, A. Beyond Valuation: "Options Thinking" in IT Project Management [J]. California Management Review, 2004.

[6] Fichman, R. G, Real Options and IT Platform Adoption: Implications for Theory and Practice [J]. Information Systems Research, 2004, 15 (2): 132—154.

[7] Cassimon D, Engelen P J, Thomassen L. et al. The valuation of a NDA using a 6-fold compound option [J]. Research Policy, 2004, 33 (1): 41—51.

[8] Cassimon D, Backer M D, Engelen P J, et al. Incorporating technical risk in compound real option models to value a pharmaceutical R&D licensing opportunity [J]. Research Policy, 2011, 40 (9): 1200—1216.

[9] Lukas E, Mölls S, Welling A. Venture capital, staged financing and optimal funding policies under uncertainty [J]. European Journal of Operational Research, 2016, 250 (1): 305—313.

[10] Nishihara M. Valuation of R&D investment under technological, market, and rival preemption uncertainty [J]. Managerial and Decision Economics, 2018, 39 (2): 200—212.

[11] Nichols, N. Scientific Management at Merck: An Interview with CFO Judy Lewent [J]. Harvard Business Review, Jan-Feb, 1994.

[12] Dimasi J A, Hansen R W, Grabowski H G. 'The price of innovation: new estimates of drug development costs' [J]. Journal of Health Economics, 2003 (22): 141—185.

[13] Smith DL. Valuation of Life Sciences Companies -An Empirical Approach. Hambrecht & Quist Monograph

[J]. 4 January, 1994.

[14] Bennett, S., Parkes, R & Herman, M.. Biotech valuation, An investor's guide. ING Financial Markets [J], December, 2004.

[15] Dimasi J A, Hansen R W, Grabowski H G, et al. Cost of innovation in the pharmaceutical industry [J]. Journal of Health Economics, 1991, 10 (2): 107—142.

[16] Kellog, D, Chames, J. M. Real-options valuation for a biotechnology company [J]. Financial Analysis Journal, 2000, 76—84.

[17] Jacqueline L. Garner, Jouahn Nam and Richard E. Ottoo. Determinants of corporate growth opportunities of emerging firms [J]. Journal of Economics and Business, 2002, 54: 73. 93.

[18] William F. Jacob, Young Hoon Kwak. In search of innovative techniques to evaluate pharmaceutical R&D projects [J]. Technovation, 2003, 4.

[19] Shockley, R. Curtis, S. Jafari, J. Tibbs, K. The option value of an early-stage biotechnology investment [J]. Journal of Applied Corporate Finance, 44—55, 2003.

[20] BOWMAN EH, MOSKOWITZ GT. Real options analysis and strategic decision making [J]. Organ Sci, 2001, 12 (6): 772—777.

[21] Stewart JJ, Allison P N, Johnson R S. Putting a price on biotechnology [J]. Nature Biotechnology, 2001, 19 (9), 813—817.

[22] Daniel Rios-Festner, Gerardo Blanco, Fernando Olsina. Long-term assessment of power capacity incentives by modeling generation investment dynamics under irreversibility and uncertainty [J]. Energy Policy, 2020, 137.

[23] Enrico Pennings, Luigi Sereno. Evaluating pharmaceutical R&D under technical and economic uncertainty [J]. European Journal of Operational Research, 2011, (212): 374—385.

[24] John Lynch and Richard Shockley. Valuation of a Developmental Drug as a Real Option [J]. Journal of Applied Corporate Finance, 2016, 28 (3): 118—126.

[25] Tannista Banerjeea, Ralph Siebertb. Dynamic impact of uncertainty on R & D cooperation formation and research performance: Evidence from the bio-pharmaceutical industry [J]. Research Policy, 2017, (46): 1255—1271.

[26] William T. Lin. Computing a multivariate normal integral for valuing compound real options [J]. Review of Quantitative Finance and Accounting, 2002, 18 (2): 185—209.

[27] Robert S. Pindyck. Investment of Uncertain cost [J]. Journal of Financial Economics, 1993, 34 (1): 53—76.

[28] Michi Nishihara. Valuation of R&D investment under technological, market, and rival preemption uncertainty [J]. Managerial and Decision Economics, 2018, 39 (2): 200—212.

[29] 汪海粟，张世如．资产评估（第三版）[M]. 高等教育出版社，2016：8.

[30] 阿斯沃斯·达摩达兰．投资股价（第三版上册）[M]. 清华大学出版社，2014：7.

[31] 阿斯沃斯·达摩达兰．投资股价（第三版下册）[M]. 清华大学出版社，2014：7.

[32] 张佳博，徐佳熹．我国创新药研发模式与价值评估（Ⅰ）[J]. 药学进展，2016，40（11）：835—847.

[33] 柴倩雯，赵瑞，李云飞等．二叉树模型在新药项目价值评估的参数分析及应用 [J]. 中国新药杂志，2016，25（16）：1820—1825.

[34] 赵瑞，柴倩雯，李云飞等．新药研发项目价值评估方法综述 [J]. 中国新药杂志，2017，26

（11）：1231—1236.

［35］赵振洋，齐舒月，李慧敏．rNPV 在科创板医药行业中的应用——以微芯生物为例［J］．中国资产评估，2019（8）：24—29.

［36］孙国君，冯芳琴，樊俏玫等．新药投资价值评估中实物期权的应用研究［J］．中国新药杂志，2011，20（1）：10—13.

［37］赵振武，鲁春晓．风险投资项目价值评估的多阶段复合实物期权模型［J］．系统管理学报，2011，20（1）：104—108.

［38］骆桦，徐舒．多重复合期权模型在新药研发中的应用研究［J］．浙江理工大学学报，2014，31（9）：539—545.

［39］柴倩雯，赵瑞，李云飞等．二叉树模型在新药项目价值评估的参数分析及应用［J］．中国新药杂志，2016，25（16）：1820—1825.

［40］许群英，曾勇，蔡强．实物期权在新药开发中的应用［J］．运筹与管理，2005（6）：69—76.

［41］费嘉，茅宁莹．实物期权法在新药研发评估与决策中的应用［J］．中国新药杂志，2006（10）：756—759.

［42］孙劼，俞彤，卞呈祥．医药专利权价值评估方法探析［J］．中国管理信息化，2017，20（11）：26—28.

［43］汤姆．科普兰．价值评估［M］．北京：中国大百科全书出版社．1997. 467—498.

［44］茅宁莹．实物期权法在新药研发评估与决策中的作用及对我国医药企业发展的启示［J］．药学进展，2005（8）：377—381.

［45］薛永刚，张明丽．基于神经网络和实物期权的新药研发项目估值模型研究［J］．中国新药杂志，2016，25（4）：370—375.

［46］郭晓日．Black-Scholes 模型在企业研发评估中的应用［J］．中国资产评估，2019（8）：48—53.

［47］马蒙蒙，蔡晨，王兆祥．基于二叉树期权定价模型的企业 R&D 项目价值评估研究［J］．中国管理科学，2004（3）：23—28.

［48］王献东，杨万中．多阶段研发投资项目价值评估的复合实物期权模型研究［J］．中国资产评估，2019（6）：51—55.

［49］张保柱．复合实物期权研究述评［J］．财务与金融，2008（5）：1—7.

［50］段世霞．复合实物期权分类及其定价［J］．统计与决策，2012（9）：156—157.

［51］张越．基于实物期权模型和 EVA 模型的未盈利生物技术企业价值评估［D］．北京交通大学，2019.

［52］吴金美，金治明，凌晓冬．风险投资的多阶段复合实物期权定价方法［J］．数学的实践与认识，2010，40（9）：31—36.

［53］冯冬志．中国新药价值评估方法的构建和应用［D］．上海交通大学，2013.

［54］喻杪雯．风险投资公司对项目的估值案例分析［D］．苏州大学，2013.

［55］马悦．基于多阶段复合实物期权的药品研发项目价值评估［D］．湖南大学，2017.

［56］张怡．基于 Geske 复合实物期权模型的电网建设项目投资决策分析［J］．华东电力，2012，40（12）：2122—2126.

［57］赖石成．不确定环境下研发项目多阶复合实物期权评价及敏感性分析［J］．项目管理技术，2014，12（3）：83—86.

［58］李彦磊．复合实物期权模型在页岩气项目投资中的应用［J］．会计之友，2019（20）：107—112.

［59］郑征，朱武祥．运用复合实物期权方法研究初创企业的估值［J］．投资研究，2017，36（4）：

118—135.

［60］赖石成．技术不确定研发项目多阶复合实物期权定价模型及应用［J］．项目管理技术，2012，10（12）：41—45.

［61］刘凤琴，聂志平，刘利莉．复合实物期权视角的企业 R&D 项目评价模拟计算［J］．统计与决策，2016（23）：166—170.

［62］赖石成．基于复合实物期权的生物技术研发项目投资评价研究［D］．云南财经大学，2012.

［63］赵滟，李金林，冉仑等．决策依赖不确定条件下基于复合实物期权估值的工程系统投资决策研究［J］．数学的实践与认识，2013，43（6）：118—127.

［64］李华斌．风险投资多阶段决策的复合实物期权方法应用研究［D］．哈尔滨商业大学，2015.

［65］蒋琼．基于复合实物期权的风险投资项目决策方法探讨［D］．江西财经大学，2013.

［66］颉茂华，焦守滨．二叉树实物期权的知识产权价值评估定价研究［J］．中国资产评估，2014（4）：20—24.

［67］郑征，朱武祥．运用决策树方法分析实物期权价值［J］．中国资产评估，2018（10）：12—17.

［68］赵伟东，刘敦楠，牛东晓．考量风险价值的微电网投资决策评估研究——基于实物期权模型的实证分析［J］．价格理论与实践，2019（5）：109—112.

［69］葛锐，张晓辉．基于技术和市场双重约束的新药研发项目资产评估［J］．中国资产评估，2020（1）：73—80.

［70］吴宏忠，任春妍．创新医药项目核心价值评估策略［J］．药学进展，2018，42（2）：141—147.

［71］倪亚飞．基于二叉树的实物期权法在新药研发中的应用研究［J］．技术与创新管理，2009，30（1）：70—74.

知识产权质押融资风险评价研究

祝　箭　赵丝璐　段世毅　郑剑新

摘　要：知识产权是我国发展过程中重要的战略性资源，是推动经济发展的核心动力。强化金融为知识产权领域服务，是国家重视和保护知识产权的重要表现。而相关金融风险的把控则是贯穿整个知识产权金融服务过程的核心。

本文对该融资方式的特点及其风险因数进行了分析，明确了本课题的研究对象，确定了本课题的研究方法，并对该方法的必要性与可行性进行了分析。首先，运用 KMV 模型构建了知识产权质押融资风险评价模型；其次，选取了一家非上市公司的知识产权质押融资真实案例，进行了案例分析；最后，分别对违约点与知识产权价值比例和知识产权价值波动率对该融资方式违约概率进行了敏感性分析。最后，对模型的优劣势进行了分析总结，突出了评估思路的新颖性和评估模型的可行性，同时也分析了模型中存在的不足，也为未来模型的改进优化指明了方向。

本课题分析了知识产权质押融资风险的相关因素，并提供了合适的参考案例。一方面可以给该融资方式相关各方对知识产权质押融资风险做一个定量的判断；另一方面也可以为知识产权价值风险回报率的研究提供参考，使评估专业人员在知识产权价值评估过程中，有更多的判断标准。

关键词：知识产权质押融资；KMV 模型；风险评价

一、知识产权质押融资风险分析

（一）知识产权质押融资的定义及特点

知识产权质押融资，是公司的知识产权经评估机构评估后，以符合法律途径所拥有的专利权、著作权、商标权等财产权利作为质押物品，通过在商业银行取得相应贷款的一种融资方式，旨在帮助中小科技型公司解决因没有不动产担保而带来的暂时性资金短缺问题。当前，可用于质押融资的知识产权主要以专利权和商标权为主。

知识产权质押融资主要有如下特点：

1. 普遍认为该融资方式的风险太大，主要体现在知识产权价值评估存在很大的不确定性。

作者单位：万隆（上海）资产评估有限公司

2. 该融资方式具有一定的局限性。由于可以质押融资的知识产权的条件限制，大部分的小型和微型公司则被排除在外。

3. 该融资方式还具有很强的时限性。由于知识产权本身具备一定的时限性，导致该融资方式的期限通常为短期融资。

4. 当该融资方式出现坏账的情况时，还存在知识产权处置难的问题。

（二）知识产权质押融资的风险分析

根据知识产权质押融资定义及特点，该融资方式存在以下风险：

1. 法律风险，缺乏相应的保障；
2. 估值风险，缺乏可靠的评估；
3. 经营风险，缺乏确定的价值；
4. 处置风险，缺乏流通的渠道。

当前知识产权质押融资出现坏账的案例较少，很多地方几乎没有出现过坏账，主要是由于当前金融机构贷款门槛比较高，而且贷款金额也会根据是否有担保和保险等支持做出相应的调整，通常会有较高的安全保障。未来随着国家政策支持的力度加大，知识产权质押融资程序越来越完善，可以进行质押融资的知识产权范围也会随之扩大，贷款金额也会越来越大。从而使该融资方式的风险把控变得越来越重要。

二、风险评价方法的选择

当前常见的违约风险度量模型有 Credit Risk + 模型、Credit Metrics 模型、Credit Portfolio View 模型和 KMV 模型。其中，KMV 模型是将公司的负债当成看涨期权的行权价格，当看涨期权标的资产价值高于行权价格时，债权人就选择行使期权，借款人就不会违约；反之，当看涨期权标的资产价值低于行权价格时，债权人放弃行使期权，借款人就会发生违约。

相较于其他模型，在我国知识产权质押融资市场上，KMV 模型有更好的适用性，主要原因有如下三条：

一是 KMV 模型对数据的要求相对较低，需要输入的参数相对比较易于获取，它不必依赖于历史违约率等这些我国知识产权质押融资市场缺乏的数据；

二是所使用的数据是确定的，比较客观，基本不掺杂个人的主观判断；

三是 KMV 模型需要的财务数据容易获取，资产价值和资产价值波动率相较于上市公司较容易得到。

三、知识产权质押融资风险评价模型构建

（一）基于 KMV 模型的知识产权质押融资风险度量设计

使用 KMV 模型需要输入的参数包括有公司的股权价值、股权价值的波动率、公司的借款金额、无风险利率和债务风险的评估期。

知识产权质押融资过程中，其价值的大小直接影响着融资的规模和风险。由于各方最终都需要了解知识产权的价值，而评估机构对知识产权价值评估是必不可少的程序，所以知识产权价值可以直接对评估机构出具的评估报告进行分析并采用其最终的评估结果。计算非上市公司的知识产权价值波动率则需要通过公司的资产价值波动率进行转化。由于无形资产价值主要由其附加的超额收益贡献形成，所以我们假定被质押的知识产权价值波动率就等于公司无形资产价值波动率，而一个公司的资产价值波动率受该公司的流动资产价值波动率、无形资产价值波动率和其他长期资产价值波动率共同影响，因此，可以认为资产价值波动率是流动资产价值波动率、无形资产价值波动率和其他长期资产价值波动率的加权平均值。而对于非上市公司的资产价值波动率，可以运用行业替代法，参考可比上市公司的平均资产价值波动率。

采用基于行业替代方法的 KMV 模型度量非上市公司知识产权质押融资的违约风险。首先，需要计算同行业可比上市公司的资产价值和资产价值的波动率。由于流动资产和非无形资产的其他长期资产价值波动频率较小，短期内相对稳定，所以对于该融资方式具有短期融资的特点，可以假设流动资产价值波动率就等于流动资产波动率，非无形资产的其他长期资产价值波动率就等于非无形资产的其他长期资产波动率。所以，在计算出可比上市公司的资产价值和资产价值波动率后，再计算出可比上市公司的流动资产波动率和非无形资产的其他长期资产波动率，然后通过加权平均反算出无形资产价值波动率，最后根据可比上市公司的资产价值比例计算加权平均资产价值波动率，作为非上市公司的知识产权价值波动率，使用 KMV 模型计算得到非上市公司知识产权质押融资的违约距离和违约概率。

（二）基于 KMV 模型的知识产权质押融资违约风险测算步骤

1. 模型适用于上市公司知识产权质押融资时的测算步骤

（1）计算股权价值 V_E 和波动率 σ_E。

上市公司的股权价值根据流通股股权价值加上非流通股股权价值进行计算，其中，流通股股权价值等于基准日当日收盘价乘以流通股股数，非流通股股权价值等于基准日当日收盘价乘以非流通股股数，再乘以流动性折扣，具体公司如下：

$$V_E = P \times S_y + P \times S_n \times k \tag{3-1}$$

其中，P 为上市公司基准日收盘价；S_y 为流通股股数；S_n 为非流通股股数；k 为股权交易流动性折扣。

对于波动率，通常使用历史波动率来进行估算。在 KMV 模型中，假设流通股价服从正态分布，并通过日波动率 σ_D 来估算年波动率 σ_Y，公式如下：

$$\sigma_Y = \sigma_D \times \sqrt{n} \tag{3-2}$$

$$\sigma_D = \sqrt{\frac{1}{n-1}\sum_{i=1}^{n}(O_i - \overline{O})^2} \tag{3-3}$$

其中，n 为一年中的交易天数；O_i 为上市公司股票在第 i 个交易日的收益率；$\overline{O}$ 为 O_i 的平均值。

（2）计算上市公司的资产价值 V_A 和资产价值波动率 σ_A。

KMV 模型是以 B－S 期权定价模型为基础，将上市公司的资产当作欧式看涨期权，使用期权定价模型来计算上市公司的整体资产价值。公式如下：

$$V_E = V_A \times N(d_1) - e^{-rt} \times D \times N(d_2) \quad (3-4)$$

$$\sigma_E = [V_A \times N(d_1) \times \sigma_A] / V_E \quad (3-5)$$

$$d_1 = [ln\ (V_A/D) + (r + 0.5\ \sigma_A^2)^t] / \sigma_A \quad (3-6)$$

$$d_2 = d_1 - \sqrt{\sigma_A^t} \quad (3-7)$$

式中，N 为正态分布累计函数；r 为市场无风险利率；t 为设定的信用期限，一般为 1 年，即 $t=1$；D 为公司债务的账面价值，包括流动负债及非流动负债的价值。

在已知V_E、r、t、D、σ_E的前提下，解方程可得出V_A和σ_A。

（3）计算上市公司无形资产价值波动率σ_I。

公司资产价值波动率受流动资产价值波动率、无形资产价值波动率和其他长期资产价值波动率共同影响，因此采用加权平均的计算方式，得到：

$$\sigma_A = \frac{V_f}{V_A} \times \sigma_f + \frac{V_I}{V_A} \times \sigma_I + \frac{V_l}{V_A} \times \sigma_l \quad (3-8)$$

因此

$$\sigma_I = \left[\sigma_A - \frac{V_f}{V_A} \times \sigma_f + \frac{V_l}{V_A} \times \sigma_l\right] \times \frac{V_A}{V_I} \quad (3-9)$$

式中，V_f 为流动资产价值；σ_f 为流动资产价值波动率；V_I 为无形资产价值；σ_I 为无形资产价值波动率；V_l 为其他长期资产价值；σ_l 为其他长期资产价值波动率。

（4）计算违约点 DP、违约距离 DD。

KMV 模型的原理是知识产权价值小于借款金额时会发生违约，由于根据知识产权具有时间有效性的特点，知识产权质押融资通常为 1 年内的短期融资，因此理论上在不考虑担保和保险的情况下，违约点 DP 即是借款总额。

通过设置好的违约点和前述知识产权价值 V_{IPR} 取评估报告评估结果，知识产权价值波动率 $\sigma_{IPR} = \sigma_I$，计算上市公司知识产权质押融资违约距离的公式如下：

$$DD = (V_{IPR} - DP) / (V_{IPR} \times \sigma_{IPR}) \quad (3-10)$$

为了排除不同规模对公司知识产权质押融资违约距离的影响，将该融资方式违约距离用标准化处理。违约距离越大，则该融资方式越安全，相应的违约风险越低；反之则表示该融资方式越危险，违约风险越大。

（5）计算违约概率 P_{IPR}。

根据公式 $P_{IPR} = 1 - N\ (DD)$ 可以计算出知识产权质押融资的违约概率。

2. 模型适用于非上市公司知识产权质押融资时的测算步骤

采用基于行业替代方法的 KMV 模型度量非上市公司知识产权质押融资的违约风险。首先，使用 KMV 模型来计算同行业可比上市公司的资产价值波动率和资产价值。其次，计算出可比上市公司的流动资产波动率和非无形资产的其他长期资产波动率，然后，通过加权平均法算出无形资产价值波动率，最后，根据可比上市公司的资产价值比例计算加权平均资产价值波动率，作为非上市公司的知识产权价值波动率，使用KMV模型计算得到非上市公司知识产权质押融资的违约距离和违约概率。

（1）选取m个可比上市公司；

（2）计算可比上市公司股权价值 V_{Ej} 和波动率 σ_{Ej}（其中 $j=1$、2，…，m）。

同上市公司计算方法如下：

$$V_{Ej} = P_j \times S_{yj} + P_j \times S_{nj} \times k \tag{3-11}$$

其中，P_j 为第 j 个上市公司基准日收盘价；S_{yj} 为第 j 个上市公司流通股股数；S_{nj} 为第 j 个上市公司非流通股股数；k 为股权交易流动性折扣。

（3）计算可比上市公司的资产价值 V_{Aj} 和资产价值波动率 σ_{Aj}。

$$V_{Ej} = V_{Aj} \times N(d_1) - e^{-rt} \times D_j \times N(d_2) \tag{3-12}$$

$$\sigma_{Ej} = [V_{Aj} \times N(d_1) \times \sigma_{Aj}] / V_{Ej} \tag{3-13}$$

$$d_1 = [\ln(V_{Aj}/D_j) + (r + 0.5\sigma_{Aj}^2)^t] / \sigma_{Aj} \tag{3-14}$$

$$d_2 = d_1 - \sqrt{\sigma_{Aj}^t} \tag{3-15}$$

（4）计算可比上市公司无形资产价值波动率 σ_I。

公司资产价值波动率受流动资产价值波动率、无形资产价值波动率和其他长期资产价值波动率共同影响，因此采用加权平均的计算方式，得到：

$$\sigma_{Aj} = \frac{V_{fj}}{V_{Aj}} \times \sigma_{fj} + \frac{V_{Ij}}{V_{Aj}} \times \sigma_{Ij} + \frac{V_{lj}}{V_{Aj}} \times \sigma_{lj} \tag{3-16}$$

因此

$$\sigma_{Ij} = \left[\sigma_{Aj} - \frac{V_{fj}}{V_{Aj}} \times \sigma_{fj} + \frac{V_{lj}}{V_{Aj}} \times \sigma_{lj}\right] \times \frac{V_{Aj}}{V_{Ij}} \tag{3-17}$$

（5）计算违约点DP、违约距离DD。

KMV模型的原理是知识产权价值小于借款金额时会发生违约，由于根据知识产权具有时间有效性的特点，知识产权质押融资通常为1年内的短期融资，因此理论上在不考虑担保和保险的情况下，违约点DP即是借款总额。

通过设置好的违约点和前述知识产权价值 V_{IPR} 取评估报告评估结果，知识产权价值波动率 $\sigma_{IPR} = \frac{1}{m}\sum_{j=1}^{m}\sigma_{Ij}$，根据公式（3-10）计算非上市公司知识产权质押融资违约距离。

为了排除不同规模对公司知识产权质押融资违约距离的影响，将该融资方式违约距离进行了标准化处理。违约距离越大，表示该融资方式越安全，违约风险越低；反之则表示该融资方式越危险，违约风险越大。

（6）计算违约概率 P_{IPR}。

根据公式 $P_{IPR} = 1 - N(DD)$ 可以计算出知识产权质押融资的违约概率。

（三）知识产权质押融资风险衡量

通过以上计算过程就可以得到公司知识产权质押融资的违约概率，根据违约概率将该融资方式的违约风险分为五等，分别如表1所示。

表1

违约概率范围	10%以下	[10%，20%)	[20%，35%)	[35%，50%)	50%及以上
违约风险等价	低	较低	一般	较高	高

四、案例分析

由于涉及公司的保密资料，因此，本文涉及的公司名称由A公司替代。其中，上市公司相关信息和数据来源于Wind资讯金融数据库。

（一）案例背景

A公司创建于1993年，是专业从事混凝土外加剂的研制、生产、销售。公司产品市场占有率非常高，在国内的各混凝土工程都运用了许多公司产品。同时，产品还被众多商品混凝土生产公司所应用。为进一步提高公司发展能力，满足市场经济发展的需求，结合公司的实际情况公司于2018年7月增加了预拌商品混凝土生产项目。

公司拟以2020年3月31日为基准日，将其拥有的四项实用新型专利进行质押贷款，四项专利作为技术组合，共同作用于公司混凝土相关产品中，属于公司的核心技术。根据专业评估机构出具的评估报告，A公司的4项专利组合市场价值评估值为1 215.00万元，最终取得贷款1 000.00万元，贷款期限为1年，贷款成本如表2所示。

表2

利率、费率	银行贷款基准利率4.35%	担保年费率	评估年费率	贷款成本合计
贷款成本	5.655%（利率暂定上浮30%）	2.0%	1%	8.655%
贴息、补贴	3.393%（财政贴息60%）	1%（财政补贴50%）	0.5%（财政补贴50%）	4.893%
贷款实际成本	2.262%	1%	0.5%	3.762%

在不考虑相关担保和保险事项的前提下，对A公司该笔专利组合质押融资风险进行评价。

（二）A公司专利质押融资风险评价

A公司属于非上市公司，根据第（三）节研究设计描述，应该使用基于行业替代法的KMV模型度量A公司知识产权质押融资违约风险，通过使用KMV模型得出同行业可比上市公司的资产价值波动率以及资产价值。然后计算出可比上市公司的流动资产波动率和非无形资产的其他长期资产波动率，然后通过加权平均反算出无形资产价值波动率，最后根据可比上市公司的资产价值比例计算加权平均资产价值波动率，作为A公司的知识产权价值波动率，使用 KMV 模型计算得到非上市公司知识产权质押融资的违约距离和违约概率。

1. 选取同行业可比上市公司

A 公司规模较大，主要从事业务为混凝土外加剂，包括研制、生产和销售，是“中国建筑材料 500 强企业”，在国内混凝土外加剂行业中占有较大市场份额，是该行业中的龙头公司。通过分析选择了可比公司信息如表 3 所示。

表 3

序号	股票代码	股票简称	首发上市日期	所属行业
1	002398. SZ	垒知集团	2010 - 05 - 06	化工建筑材料
2	603916. SH	苏博特	2017 - 11 - 10	化工建筑材料
3	002809. SZ	红墙股份	2016 - 08 - 23	化工建筑材料

A 公司与对比公司财务指标对比如表 4 所示。

表 4

项　目	垒知集团	苏博特	红墙股份	均值	A 公司
一、偿债能力分析					
1. 流动比率	2. 05	1. 43	2. 86	2. 11	2. 22
2. 速动比率	1. 99	1. 35	2. 75	2. 03	2. 01
3. 资产负债率	0. 35	0. 48	0. 31	0. 38	0. 39
二、营运能力分析					
1. 应收账款周转率	1. 97	2. 15	2. 06	2. 06	1. 84
2. 存货周转率	26. 37	9. 30	14. 93	16. 87	73. 53
3. 总资产周转率	0. 84	0. 77	0. 74	0. 79	1. 15
4. 流动资产周转率	1. 21	1. 20	0. 84	1. 09	1. 62
三、盈利能力分析					
1. 净资产收益率	14. 35%	13. 57%	10. 50%	12. 81%	14. 94%
2. 总资产报酬率	11. 79%	12. 07%	9. 22%	11. 03%	11. 03%
3. 销售净利率	12. 27%	11. 61%	11. 07%	11. 65%	7. 93%
4. 成本费用利润率	15. 01%	14. 57%	13. 37%	14. 32%	8. 74%
四、成长能力分析					
1. 主营业务收入增长率	24. 96%	42. 78%	24. 26%	30. 66%	1. 32%
2. 总资产增长率	21. 79%	41. 67%	18. 90%	27. 45%	6. 49%
3. 净资产增长率	14. 55%	14. 68%	12. 00%	13. 75%	6. 49%

2. 计算可比上市公司股权价值 V_{Ej} 和波动率 σ_{Ej}

首先从 Wind 资讯金融数据库获取 3 家可比上市公司于 2020 年 3 月 31 日的收盘价、流通股股数和非流通股股数。根据 wind 数据库，分析 2019 年对比上述两类公司的市盈率数据，得到化学原料和化学制品制造业平均缺少流通折扣率大约为 23%，所以取 23% 作为缺少流通折扣率。根据公式（3 - 11）计算可比公司股权价值，根据公式（3 - 2）和（3 - 3）计算可比公司的波动率，得到表 5 所示数据。

表 5 金额单位：元

	基准日收盘价	流通股股数	非流通股股数	流动性折扣	股权价值	波动率
垒知集团	6.04	522 040 547	0.00	23%	3 153 124 903.88	39.55%
苏博特	16.88	131 062 000	0.00	23%	2 212 326 560.00	39.57%
红墙股份	19.09	70 720 450	0.00	23%	1 350 053 390.50	39.66%

3. 计算可比上市公司的资产价值V_{Aj}和资产价值波动率σ_{Aj}

由于知识产权质押融资通常为短期贷款，所以取信用期限为 1 年，取剩余年限少于等于 1 年的国债利率作为无风险报酬率，根据公式（3－12）—（3－15），得到计算可比上市公司的资产价值 V_{Aj} 和资产价值波动率 σ_{Aj} 的方程组：

$$V_{Ej} = V_{Aj} \times N(d_1) - e^{-rt} \times D_j \times N(d_2)$$

$$\sigma_{Ej} = [V_{Aj} \times N(d_1) \times \sigma_{Aj}] / V_{Ej}$$

$$d_1 = [\ln(V_{Aj}/D_j) + (r + 0.5\sigma_{Aj}^2)^t] / \sigma_{Aj}$$

$$d_2 = d_1 - \sqrt{\sigma_{Aj}^t}$$

根据可比公司的一直参数带入方程组，解方程得到可比上市公司的资产价值 V_{Aj} 和资产价值波动率 σ_{Aj} 如表 6 所示。

表 6 金额单位：万元

	股权价值	附息债务价值	年化波动率	无风险收益率	期限	资产价值	资产价值波动率
垒知集团	315 312.49	155 053.27	39.55%	2.79%	1	419 668.60	29.72%
苏博特	221 232.66	89 628.02	39.57%	2.79%	1	281 562.01	31.09%
红墙股份	135 005.34	17 030.00	39.66%	2.79%	1	146 459.56	36.56%

4. 计算可比上市公司无形资产价值波动率σ_I

公司资产价值波动率受流动资产价值波动率、无形资产价值波动率和其他长期资产价值波动率共同影响，因此采用加权平均的计算方式。由于流动资产和非无形资产的其他长期资产价值波动频率较小，短期内相对稳定，所以对于知识产权质押融资具有短期融资的特点，可以假设流动资产价值波动率就等于流动资产波动率，非无形资产的其他长期资产价值波动率就等于非无形资产的其他长期资产波动率。通过 Wind 资讯金融数据库获取 2018 年和 2019 年每个季度的流动资产和非无形资产的其他长期资产，计算可比上市公司流动资产和非无形资产的其他长期资产的季度波动率，然后再转化为年波动率，计算结果如表 7 所示。

表 7

	流动资产波动率	非无形资产的其他长期资产波动率
垒知集团	7.83%	6.33%
苏博特	11.93%	30.18%
红墙股份	8.20%	15.94%

根据公式（3－17）计算可比上市公司无形资产价值波动率 σ_I，如表 8 所示。

表 8

	σ_{Aj}	V_{fj}	σ_{fj}	V_{Lj}	σ_{Lj}	V_{Ij}	σ_{Ij}
垒知集团	29.72%	311 012.72	7.83%	121 481.66	6.33%	12 410.68	7.468
苏博特	31.09%	323 462.16	11.93%	156 350.12	30.18%	20 960.19	0.085
红墙股份	36.56%	150 892.61	8.20%	16 028.26	15.94%	1 971.22	19.591

5. 计算违约点 DP、违约距离 DD

KMV 模型的原理是知识产权价值小于借款金额时会发生违约，由于根据知识产权具有时间有效性的特点，知识产权质押融资通常为 1 年内的短期融资，因此理论上在不考虑担保和保险的情况下，违约点 DP 即是借款总额，即 A 公司知识产权质押融资的违约点为 1 000 万元。

根据可比公司无形资产价值波动率的算术平均值计算 A 公司的知识产权价值波动率 $\sigma_{IPR} = 9.048$。

根据公式（3－10）计算 A 公司知识产权质押融资违约距离：

$$DD = \frac{V_{IPR} - DP}{V_{IPR} \times \sigma_{IPR}} = \frac{1\,215 - 1\,000}{1\,215 \times 9.048} = 1.96\%$$

为了排除不同规模对公司知识产权质押融资违约距离的影响，将该融资方式违约距离进行了标准化处理。违约距离越大，表示该融资方式越安全，违约风险越低；反之则表示该融资方式越危险，违约风险越大。

6. 计算违约概率 P_{IPR}

根据公式 $P_{IPR} = 1 - N(DD)$ 计算出知识产权质押融资的违约概率：

$$P_{IPR} = 1 - N(DD) = 1 - N(1.96\%) = 49.22\%$$

根据前文知识产权质押融资风险等级判定，A 公司知识产权质押融资风险处于较高水平。

（三）实证结果分析

本文建立的基于行业替代法的 KMV 模型，通过计算非上市公司的知识产权价值、知识产权价值波动率从而得到知识产权质押融资违约距离，可以用来提前预判一家非上市公司知识产权质押融资的违约风险。通过对 A 公司知识产权质押融资的案例进行风险评价分析，得出 A 公司知识产权质押融资风险处于较高水平。这一方面与该行业属性有关，行业风险相对较高，从而该行业的公司风险也同样较高；另一方面，知识产权和其他资产相比较，本身就具有较高风险，所以本文得出的结果和实际情况比较相符。

五、敏感性分析

本文主要考虑违约点与知识产权价值比例和知识产权价值波动率对知识产权质押融资违

约概率的影响。

（一）违约点与知识产权价值比例 DP/V 对违约概率 P 的敏感性分析

违约点与知识产权价值比例就是指知识产权质押融资额占知识产权价值的比例，一般来讲，只要融资金额不超过知识产权的市场价值就可以被认为是安全的，违约点与知识产权价值比例 DP/V 对违约概率 P 的敏感性分析如表 9 所示。

表 9

DP/V	P	ΔDP/V	ΔP	E
97%	49.88%	18.23%	1.34%	0.07
92%	49.66%	12.15%	0.90%	0.07
87%	49.44%	6.08%	0.45%	0.07
82%	49.22%	0.00%	0.00%	
77%	49.00%	-6.08%	-0.45%	0.07
72%	48.78%	-12.15%	-0.90%	0.07
67%	48.56%	-18.23%	-1.34%	0.07
62%	48.34%	-24.30%	-1.79%	0.07
57%	48.12%	-30.38%	-2.24%	0.07
52%	47.90%	-36.45%	-2.69%	0.07

根据表 9 可以得到，只要融资金额不超过知识产权的市场价值，知识产权质押融资的违约概率对违约点与知识产权价值比例并不敏感，所以基本可以认为，只要融资金额在知识产权价值范围内其贷款风险不在于融资金额的多少。

（二）知识产权价值波动率 σ 对违约概率 P 的敏感性分析

知识产权价值波动率 σ 是体现知识产权价值波动的风险因子，通常波动率越高，知识产权价值越不稳定，从而带来的风险就越高，知识产权价值波动率 σ 对违约概率 P 的敏感性分析如表 10 所示。

表 10

σ	P	Δσ	ΔP	E
24.048	49.71%	165.78%	0.99%	0.01
19.048	49.63%	110.52%	0.83%	0.01
14.048	49.50%	55.26%	0.56%	0.01
9.048	49.22%	0.00%	0.00%	
4.048	48.26%	-55.26%	-1.96%	0.04
0.500	36.17%	-94.47%	-26.51%	0.28
0.400	32.91%	-95.58%	-33.14%	0.35
0.300	27.76%	-96.68%	-43.59%	0.45
0.200	18.81%	-97.79%	-61.78%	0.63
0.100	3.84%	-98.89%	-92.20%	0.93

根据表10得出，当知识产权价值波动率小于1时，波动率越小，知识产权质押融资违约概率敏感程度越高，当知识产权价值波动率大于1时，该融资方式违约概率对知识产权价值波动率的变化不再敏感，因此，在计算知识产权质押融资违约概率时，知识产权价值波动率最好使用周波动率或者日波动率，对该融资方式违约概率的度量更加合理。

根据以上敏感性分析，运用知识产权价值周波动率和日波动率分别对A公司知识产权质押融资违约概率进行计算，计算结果如表11所示。

表11

	年化	周化	日化
波动率	9.048	1.255	0.474
违约距离	1.96%	14.10%	37.36%
违约概率	49.22%	44.39%	35.43%

根据表11比较分析，采用年化波动率和周化波动率，A公司知识产权质押融资风险处于较高水平；采用日波动率，A公司知识产权质押融资风险处于一般水平。考虑到A公司知识产权质押融资金额并未超过质押的知识产权市场价值，并且考虑到知识产权价值具有较高时效性的特点，综合考虑，我们认为采用日化波动率更加能体现A公司知识产权质押融资的风险程度。

六、模型评价

（一）模型的优势分析

1. KMV模型运用公司违约风险度量具有成熟性、可操作性和普遍认可性，公司知识产权质押融资风险其本质上和公司信用有很大关系，所以运用KMV模型计算公司知识产权质押融资违约概率具有一定的可行性和可实现性。

2. 知识产权质押融资风险评价的量化研究，可以为评估机构对该融资方式相关评估业务，提供风险考量，可以为知识产权价值报酬率的研究提供参考。

（二）模型的劣势分析

1. 本文在计算非上市公司知识产权质押融资违约概率的时候，采用的是基于行业替代法的KMV模型，虽然，该方法相对简单，可操作性更强，但是在计算知识产权价值波动率的时候，反映的是同行业的知识产权价值波动率，没有考虑非上市公司自身个体的运营对知识产权价值波动率的影响。

2. 通过可比上市公司相关参数计算非上市公司知识产权质押融资违约概率，存在上市公司业务比较复杂，与非上市公司并非完全可比，所以在某种程度上，通过上市公司数据计算的结果存在一定的失真程度。

七、结论

本文首先对知识产权质押融资的风险进行了分析，明确了本课题的研究对象；其次，确定了本课题研究方法，并对该方法的必要性与可行性进行了分析；再次，运用 KMV 模型构建了知识产权质押融资风险评价模型，选取了一家非上市公司的知识产权质押融资真实案例，进行了案例分析；然后，结合 A 公司知识产权质押融资案例，分别对违约点与知识产权价值比例和知识产权价值波动率对该融资方式违约概率进行了敏感性分析；最后，对模型的优劣势进行了分析，突出了评估思路的新颖性和评估模型的可行性，同时也分析了模型中存在的不足，也为之后未来模型的改进优化奠定建立了扎实的基础。本课题运用科学合理的方法及模型对公司违约风险进行了定量分析，可以给该融资方式的相关各方对知识产权质押融资风险做一个定量的判断，也可以为知识产权价值风险回报率的研究提供参考。

参考文献

[1] 彭美红．修正 KMV 模型对上市公司财务信用风险度量的适用性［J］．黑河学院学报，2020，11（02）：62—70.

[2] 鲍新中，谢文静，董文妍．基于改进区间数相似理想解排序法的知识产权质押融资风险评价[J]．科技管理研究，2020，40（04）：198—205.

[3] 南星恒，田静．知识产权质押融资风险分散路径［J］．科技管理研究，2020，40（04）：206—211.

[4] 刘振亚，李红亮，王乐．基于 FMEA 方法的企业知识产权质押融资风险预警模式研究［J］．经济问题，2020（02）：58—66.

[5] Ilayda Nemlioglu. A novelty on unlocking businesses' potential growth：Intellectual Property Securitisation［J］. Procedia Computer Science，2019，158.

[6] 张目，王新谱．大数据企业知识产权质押融资风险评价［J］．科技管理研究，2019，39（21）：61—66.

[7] 国家知识产权局．《关于进一步推动知识产权金融服务工作的意见》（国知发管函字〔2015〕38 号）.

[8] 国家知识产权局．《关于加强知识产权质押融资与评估管理支持中小企业发展的通知》（财企〔2010〕199 号）.

[9] Wind 资讯金融数据库。

资产基础法评估中存货对无形资产收益的影响研究

王逸玮　韩　煜　王　璐　张　娜

摘　要：本文通过研究采用资产基础法评估企业价值的经济学原理，厘清组成企业价值的无形资产与存货价值实现方式的一致性。在此基础上，通过查阅当前评估实务中普遍采用的存货与无形资产的评估方法，说明两者之间存在价值的重合。即，存货的利润中包含了部分由无形资产所创造的收益。随后，通过研究无形资产收益法中的各类具体方法，给出如何在模型中将存货中所蕴含的无形资产贡献扣除，以及如何在保证无形资产价值完整的基础上，从存货中将无形资产价值部分扣除。

在本文的最后部分，笔者选取了典型的案例，进一步说明如何将上述扣除的方法具体应用在评估过程中，以论证存货与无形资产在企业价值中的规模如何影响重合部分的大小。最后，笔者采用批量评估的方式，研究我国上市公司不同行业无形资产与存货价值重叠部分的大小。结果显示，在绝大多数行业中，重合部分很小，约占无形资产价值的 2.66%，占企业价值的 2.25%。但是，在某些行业中，这两项比重均在 10% 以上。

因而，本文在结论部分提出，在实务操作中，应当根据企业实际情况，重点考虑存货与无形资产价值的重叠部分，并在存货或无形资产价值中予以扣除。

关键词：资产基础法；存货价值；无形资产价值；存货与无形资产价值重叠

一、存货与无形资产价值实现方式研究

（一）资产基础法的经济基础

资产基础法的实质是一种以成本途径来评估企业价值的方法。在国际资产评估准则 IVS2020 中，对应资产基础法的阐述应当为成本法中的加和法（summation method），该方法又称为资产基础法（underlying asset method），即将各要素资产单独评估，并将其加和。

资产基础法的经济学基础可以被认为是古典经济学的价值理论，即将资产的价值归因于其成本。在 IVS2020 中也对该经济基础进行了阐述：成本法的假设是，购买者不会以高于其成本的价格来购买一项资产，无论这种资产是以购买或建造方式取得。除非在重置的过程中需要花费很长的时间或者有不便捷之处，抑或者会遭受风险及其他问题。

作者单位：北京中天华资产评估有限责任公司

从国际评估准则对成本法的阐述中，我们发现，成本法的基本思想是如果自行构建的成本低，则购买方就不会以更高的价格去购买。实质上这一方法确定了资产价值的“评判标准”。即，如果购买价格高，自行建造成本低，则其资产价值就为自行建造的成本；如果购买价格低，自行建造成本高，则会采用购买的方式获得资产，那么资产的价值就等于购买的价格。

但是，国际评估准则中还写明了上述原理成立的前提条件，即，在重建过程中，必须满足如下条件：首先不会花费过长的时间，其次所有重建的条件均存在，并且在建造过程中不会遭遇风险或其他问题。因此，如果这些条件不成立，则在构建成本低于购买价格时，购买方也可能会选择购买而不是自行建造来获得该项资产。这也是我们在资本市场中经常看到溢价收购现象的原因。

而上述几个条件，从资产评估理论的角度，则通常体现为财务报表上所显示的资产并不是实现企业真实价值的全部资产。只有那些符合会计准则确认条件的资产，才可以在财务报表中体现，并且体现的方式也需符合会计计量谨慎性的原则。也正是因为企业是以追求利润最大化为目标的组织，具有盈利性。因此，它不同于某一项单独资产的主要特点，便是企业会将各单项资产组合在一起，通过运作，使其产生额外的价值，而这些价值的载体往往被当成“无形资产”，尤其反映在那些随着经营不断优化而产生的无形资产之中，如商标、人力资源、客户关系等。可以说，这些无形资产是在经营过程中逐渐产生的，基于对企业的贡献角度，他们具有价值的原因和前提是企业持续经营并且不断取得优异的经营业绩。因此，这也是为什么潜在的收购方无法自行构建与标的资产完全一致的企业，在构建上就产生了“重建条件不存在”或“花费过长时间”的限制条件，从而促使溢价收购现象的产生。除此之外，我们通常所说包含在商誉中的企业增长能力，也通常是无法简单复制而得到的。

因而，当成本法用以评估企业价值时，其“重建”就不仅仅是对其账面资产的简单复制，而是对其生产能力和获利能力的重建。其中，生产能力位于企业经营的前段，从原材料开始，到产品完工。对生产能力的重置，就是要构建满足生产的一切条件。比如，生产线、原材料、技术类、人力资源等资产；获利能力位于企业经营的后端，即从产成品开始到变现形成企业的利润的全过程。对获利能力的重建则可以理解为如何将企业各项资源组合运作，让他们产生一加一大于二的作用。

也就是说，基于重建角度的资产基础法，其重建的概念并非简单的将各账面资产评估加和，还要考虑这些资产组合在一起所能带来的与标的企业同样的“获利能力”的重建。如果企业各资产组合配比无效，则可能产生资源的浪费，体现为资产无法获得额外的效益。在持续经营和在用续用的假设下，从成本法的评估原理来说，则各项资产应当在重置成本的基础上考虑功能性或经济型贬值。反之，资源配备优良，产生额外的经济效益，则证明其中的部分或全部资产对企业产生了超额的贡献。在企业价值评估中，资产应当增值，体现为“合理利润”。无论哪一项资产增值，最终的出口均体现为企业出售商品或提供劳务所产生，而存货则承担了部分增值效益。

综上，基于资产基础法的经济学原理，我们得出如下结论，这一结论也奠定了本文论述目的的基础。即：从构建与标的企业生产能力、获利能力均相同的角度，各项资产的价值在于它对企业经营的贡献程度，而非简单的购买或自行建造成本加和。

（二）存货价值实现方式及评估方法

1. 存货价值实现方式及在企业价值中的贡献

存货，我们在本文中主要指产成品。产成品是指已经完成全部生产过程，并经过质量检测，并已经办理入库手续的产品。“产成品”账户属于资产类账户，核算企业库存的各种产成品的实际成本。

产成品具有较为鲜明的特点：首先，从企业拥有产成品的目的来看，既不是为了使用，也不是为了消耗，更不是为了继续持有，而是为了出售；其次，企业所拥有的产成品实际上是企业过去生产过程的结果，它既包含了整个生产过程中所转移的价值，又担负着实现企业生产经营利润的转化职责。因此，企业目前的产成品实际上是其成本和利润的物化形式。

产成品价值的实现主要与企业销售相关。日前会计核算中产成品和销售的核算主要分为：产成品完工入库；销售产成品，取得收款的权利，确认收入；结转已销售产成品的成本；收回货款。企业按照规定价格销售产成品取得的销售收入，扣除销售产成品产生的相关税金及费用，最终确定销售利润。

产成品是企业盈利能力最直接的体现。企业生产产品是为了创造价值，销售产品是为了实现价值。在产成品实现销售之前，企业未实现的利润都隐藏在产成品中。企业通过销售产成品实现利润，最终使所有者权益增值。

2. 存货价值的评估方法

产成品可以根据其变现能力和市场可接受的价格进行评估，适用的方法有成本法和市场法。其中，市场法是通过产成品以不含税销售价格减去税金及附加、销售费用、全部税金和一定的产品销售利润后确定评估值。目前在上市公司公告的资产评估报告中，对于产成品的评估主要采用了市场法进行评估。

通过对存货价值实现方式和不同评估方法下存货价值的理论研究，我们认为，无论采用成本法还是市场法，其价值都体现为存货能够给企业带来的合理利润，从而使产成品增值，进而使所有者权益增值。从市场法来看，产成品的销售价格涵盖了所有资产的贡献，只有当产成品的销售价格高于其构成成本、费用时，产成品的增值才会实现。

（三）无形资产价值实现方式研究

1. 商标资产

作为识别某种商品、服务的显著标识，商标具有识别功能、品质证明功能和广告功能。其价值主要取决于其获利能力。即通过对商标的维护与运营，使其达到一定知名度后，商标会对其所依附的商品或是服务形成“价格溢价”，这些“价格溢价”是企业基于商标所能够持续获得的额外利润。作为企业一项重要的无形资产，商标逐渐成为企业参与市场竞争，获取竞争优势的重要方式，对企业价值的提升具有重要的作用。

具体来说，商标价值的实现方式有以下几种，一种是将商标进行许可使用，即商标注册人通过法定程序允许他人使用其注册商标的行为。商标注册人可通过收取一定的特许权使用费来获得收益，商标特许使用费一般为特许使用商标的商品、服务业务收入或业务利润的一个固定比例。

除许可使用外，商标还可以用于自身的产品以产生“溢价”从而给企业带来收入。这些“溢价”体现在以下几个方面。首先商标可以提升其所依附的产品或者服务的价值，在公开市场中，原本是“质优取胜”，产品的价格差异原本由其质量所决定，但随着各个企业科技水平的日趋相同，其产品差异也逐渐缩小，人们对其产品功能性认知也越来越模糊，此时，商标就给该产品带来了额外的附加价值。这是由于消费者对知名商标积累了较高的关注度、满意度、忠诚度，使其愿意支付更高的价格来购买品牌产品。

商标的“溢价”不仅仅体现在提升其产品售价上，也会作用于产品销量上。随着商标的知晓程度逐步提升，其打开市场的能力将得到进一步增强。即使售价可能跟同类商品或服务相同，但销量却远超同类型的可替代商品，从而获得销量“溢价”。

2. 专利资产

在我国，专利分为发明、实用新型和外观设计三种类型。专利权的性质主要体现在三个方面：排他性、时间性和地域性。

与商标类似，专利价值也体现在产品利润的增量上，主要体现在以下几个方面：首先在使用专利后，其价格或是销量会远高于专利使用之前，从而给企业带来利润增长；其次，专利的价值往往还体现在对成本节约效应中，一些专利在提高企业生产效率，控制降低成本，提高产量方面具有较大的作用；同时，由于专利所特有的排他性、独占性，企业在拥有一项专利之后，可以通过关键技术拥有权而将其竞争对手排挤出局，从而达到生产此类产品的垄断权，有助于企业开拓市场渠道，扩张销售网络，提升企业竞争力，以获取利润增值。除利润增值外，相较商标来说，专利价值的实现方式更加多元化。首先，专利技术本身作为一种可转让的商品，随着知识产权运营市场环境逐渐成熟，可以作为商品进行直接交易。如专利转让、专利对外许可、搭建专利池、制定标准、并购、出资、入股、投融资等多种方式实现其商业价值。其次，国家各级政府对专利申请还有众多的扶持政策，对符合条件的企业会基于税收优惠或是政府补贴，从而使企业获取额外的经济效益。

3. 客户关系资产

在当前的评估领域，客户关系类无形资产的评估被当作是较为重要但又是一个新兴研究的领域，尤其是当以合并对价分摊为评估目的时，对于客户关系无形资产的评估问题时常被提出。我们查阅了国内外对于客户关系类无形资产确认和评估的文献，总结了客户关系资产的定义：客户关系类无形资产是企业所拥有或控制的，能够为企业带来预期经济利益并能计量的客户资源。

客户关系类无形资产价值形成的机理同样是创造收益的能力。而客户只有通过购买企业的产品或服务，才可以形成客户资源对企业未来的效益。

国际评估准则 IVS2020 中，对客户相关类无形资产（Customer-related intangible assets）的评估方法进行了阐述。该方法被称为“贡献法（Distributor Method）”，为多周期超额收益的衍生方法。在实际应用时，应当首先通过其他方法将除客户关系类无形资产之外的其他无形资产贡献或价值确定出来，然后再预测现有客户关系资产为企业带来的预期收入，扣减掉其他贡献资产的收益，得到归属于客户关系无形资产的收益。最后通过折现计算为客户关系资产的当前价值。通过上述方法的阐述，我们发现其实质与多周期超额收益法一致，只不过在资产价值的确定上存在先后顺序。

我们认为，无形资产的价值实现方式并不相同，尤其是当其应用能力较强，应用市场较广的情况下。比如，可以许可使用的商标或者技术类无形资产，其为企业带来的收益往往是独立的，并不受企业当前业务组合或者产品组合的影响。然而，在企业持续经营和企业自行使用的前提下，这几类无形资产的价值均体现在其对企业未来的收益增长或成本节约之中。而无论哪种无形资产，均要通过销售企业现有或未来的产品以达到实现其价值的目的。

（四）存货与无形资产收益重叠情况

由于产成品只有通过出售这个行为才能将其价值进行转化，并获得价值的增值。而在大多数情况下，无形资产只有应用于企业的生产经营过程中，并通过产成品出售行为的转化，才能实现其经济价值。因此，在企业持续经营的前提下，产成品的出售几乎是无形资产价值实现的唯一途径。

基于上述分析，我们认为基于古典经济学的理论，在采用资产基础法评估企业价值时，存货对无形资产价值实现是否产生影响，应当分情况讨论：首先，如果现存无形资产的价值实现是通过许可使用或授权使用的方式实现，在这个过程中收益相对独立。则与企业现有存货价值实现过程没有重合，除非存在代加工或者其他因素。在这种情况下，无形资产按照以往的方式进行收益的预测，并不需要考虑存货对其影响；其次，如果现存无形资产的价值实现方式为应用到企业产品的生产和加工过程中，并产生超额收益。则需要考虑现有存货的评估方法中，是否已经包含了无形资产为其增值带来的效益。由于在这种情况下，存货的出售行为为“假定”行为，即在评估时点，该利润并未实现。而同时，无形资产的未来收益预测也为“假定”行为，即未来出售产品中蕴含的无形资产增值效益。因而，这两种“假定”行为在预测时间上存在重合现象，经济利益也因此产生重合。

二、无形资产评估收益法具体方法中收益重叠部分扣除研究

无形资产的价值在于其为企业带来的超额利润。我们总结了无形资产的评估方法，将其进行分类：大体来说，无形资产的收益法具体方法包括许可费节省法和超额收益法两大类。其中，许可费节省法是假定拥有该项无形资产可以节省的支付给他人的许可使用费，所节省下来的费用折现则为无形资产的价值。由于许可费节省法既可以从支付许可费的角度出发，又可以从支付利润的角度出发，因此，许可费节省法就包含两种具体的方法：许可费节省法及利润分成法（Licensor's share on licensee's profit）。超额收益法则是站在企业自身经营的角度，采用各种方法计算出无形资产为企业带来的超过一般水平的收益，并将其折现得到评估值。超额收益法的具体方法包含了直接法、要素贡献法、多周期超额收益法、绿地法（greenfield method）等。本章我们将对几种当前评估中常用的方法进行分析，总结出如何从无形资产中剔除现有存货对其价值的影响。

（一）多周期超额收益法的扣除

多周期超额收益法即考虑无形资产在未来经济寿命内带来的现金流量，用适当的折现率转换为现值来测算无形资产价值的方法。

目前超额收益的确定方法主要有以下两种，第一种是将企业收益分为无形资产收益与有形资产收益，将所有有形资产按照各项收益率进行扣除，从而得到归属于无形资产的收益。第二种则是先确定无形资产所处行业平均收益率，然后计算使用该项无形资产企业的报酬率，两者差额即为无形资产超额收益率。

从上述方法可以看出，多周期超额收益模型在确定超额收益时，将企业自身净利润扣减行业平均净利润作为其超额收益，并在此基础上进行分成。而无形资产实现其价值的主要方式在于应用到企业产品的生产和加工过程中，为其产品增加附加值，产生“溢价”。那么在企业整体评估中，我们需要考虑现有的产成品评估与无形资产评估是否有重复内容，即现有存货的评估方法中，其实已经包含了部分无形资产为其增值带来的效益，在无形资产评估方法中需要分析相关产成品的销售周期，在超额收益中扣除此部分价值。

在进行测算时，我们首先计算出企业净利润中无形资产所带来的超额收益，然后考虑在超额收益中，扣除由现存产成品带来的超额收益部分。由于产成品在2020年会实现销售收益，我们用无形资产超额收益，扣减存货的超额净利润，得到剔除存货影响后的企业超额利润。具体测算如表1所示。

表1　　　　测算表

	2020年	2021年	2022年6月30日
企业净利润	826.91	1 148.28	664.14
行业平均净利润	254.89	254.89	127.45
无形资产超额收益	572.02	893.38	536.69
存货超额净利润	57.06		
剔除存货影响后企业超额利润	514.96	893.38	536.69
超额利润分成率	26.67%	13.33%	3.33%
分成额	137.33	119.12	17.89
折现率	14.19%	14.19%	14.19%
折现期	0.5	1.5	2.25
折现系数	0.9358	0.8195	0.7419
现值	128.51	97.62	13.27
评估值	239.00		

注：以上金额单位均为人民币万元。

需要注意的是，不是所有的产成品都包含无形资产的价值，若企业产成品中是一些残次品，或是已经滞销很久的产品，销售周期不确定，且极有可能降价打折处理，这些产成品的收益是不应当在无形资产超额收益中扣除的。

（二）许可费节省法的扣除

根据国际资产评估准则2020年的表述，许可费节省法的思路是，通过拥有某项无形资产而省去需要从第三方许可获得使用所需支付的成本，将这部分节省下来的成本折现，就成为无形资产的价值。或者，也可以认为是，拥有该项无形资产的主体，通过许可他人使用，获取的许可收益，并将其折现成为该项无形资产的价值。

采用许可费节省法来计算无形资产价值，首先应当获得可用于计算的许可费率。通常的做法是统计市场上类似无形资产对外许可的许可费率，一般根据销售收入的百分比或销售数量等其他单位进行分成。然后预测该项无形资产依附产品的未来销售收入，用分成率计算分成收入，折现计算无形资产价值。

但是，由于许可费节省法认为无形资产的价值实现方式可以有两种理论理解，即通过拥有而节省未拥有情况下所需支付的费用，以及拥有者许可别人使用为其创造的收益。前者的表现形式是成本的节约，而后者的表现则为额外收益的创造。因此，从所有者的角度来说，企业现有存货对其影响则存在不同的情形。事实上，笔者认为，许可费节省法的基本思路是一种“假设”，即上述两种价值实现方式均是假设出来的，并不是无形资产的现实使用和获利方式。回归资产基础法的经济基础，各项资产的价值均是在对企业整体的贡献基础上产生和被衡量。因而，无论如何理解许可费节省法的思路，最终都应当回归到在现实使用方式下，考虑其对企业整体的贡献程度。

比如，某原料药生产销售公司，评估基准日账面显示产成品价值为 1 500 万元。账面无形资产为 68 项专利，账面价值为 0。假设收入分成率为 7.5%。经通过对全行业专利失效情况的统计及该企业自身使用专利的情况，得到上述专利剩余的平均经济耐用年限为 5 年，同时账面产成品的不含税销售收入为 1 822.97 万元。则应当在预测销售收入的基础上，首先扣减账面存货的销售收入，然后再进行分成折现测算专利的价值。

（三）其他方法的扣除

在采用收益法对无形资产进行评估时，多周期超额收益法与基于销售收入的许可费节省法可以说是应用范围最广、最为常见的两种方法。除此之外，基于利润分成角度的许可费节省法，即我们通常所说的“三分法”“四分法”，直接法、要素贡献法、绿地法等，也都可能涉及需要调整存货收益的情况。比如，“三分法”“四分法”的原理是在无形资产许可使用时，许可方会得到被许可方因使用无形资产所获得的利润总额的 25% 或 33%，而现有存货必然组成未来使用该无形资产进行生产而产生的利润。因此，应当在测算企业利润后，先将现有存货的利润扣除，然后再采用三分法或四分法进行分成；再比如，直接法强调优质的无形资产可以带来销售量的增加，或者销售价格的增加，或者单位成本的降低，抑或是三者兼而有之。绿地法强调除被评估无形资产外，其余所有组成被评估企业的资产均是由外购、租用等其他方式取得。如果被评估单位的资产中包含产成品，则在这样一种方法下，产成品的账面价值也应当反映外购成本，则其中已经包含了合理利润。因而，应当通过与多周期超额收益法相同的方法，将无形资产中存货所包含的重叠部分扣除。

（四）存货中无形资产贡献的扣除

同理，也可以保持无形资产的评估方法和思路不变，在存货价值评估时，扣减无形资产为其增值带来的贡献。扣减方式与无形资产扣减存货价值的方式是对应的。

当无形资产采用多周期超额收益法时，首先，按照一般评估存货的方法对产成品进行评估。比如，存货不含税售价为 120 万元，税金及附加为销售收入的 3.3%，销售费用率为

10%，利润率为 20%，所得税率为 25%，存货畅销，则，存货价值如下表示：

存货价值 = 120 ×（1 − 3.3% − 10% − 20% ×25%）= 96.54（万元）

其次，采用多周期超额收益法计算出被评估无形资产对利润的贡献，假设为 50%。则，在存货中扣减无形资产的贡献数额：

扣减额 = 存货不含税售价 × 净利率 × 无形资产分成额

= 120 × 20% ×（1 − 25%） ×50%

= 9（万元）

最后，在存货价值中扣减无形资产的价值部分。即，存货价值 = 96.54 − 9 = 87.54（万元）。

事实上，在企业价值评估中，只需保持“不重不漏”的原则即可。因而，虽本文主要论述从无形资产中扣除存货价值的显现部分，但从存货中扣除无形资产的显现部分也是合理的。

三、结论及展望

当采用资产基础法对企业价值进行评估时，基于贡献原理，应当考虑每一项资产对企业价值的贡献程度，从而通过各种方法将这种贡献程度量化出来。但是，在评估实务中，我们往往忽视某些资产价值实现方式的重合，从而重复计算某些资产的价值。其中，最为典型的代表便是存货与无形资产的价值。

通过本文的研究，我们发现，尽管从整个国民经济产业的角度来看，其价值重叠部分确实较小，但不可忽视的是某些行业，尤其是存货与无形资产贡献程度都比较大的行业，其重叠部分甚至可高达 11%。而对企业价值的影响比重甚至超过了 10%。在我们给出的具体案例中也可以看到，研发生产销售一体化的医药企业存货对无形资产的价值影响为 13%，金额不可小觑。

因此，我们提出，在采用资产基础法评估企业价值时，应根据企业存货与无形资产的实际情况，考虑将存货对无形资产价值的影响部分扣除。无论采用何种方式，这一扣除的考虑无疑有助于提高评估结果的准确性。

参考文献

[1] 中国资产评估协会．资产评估实务（二）[M]. 中国财政经济出版社：北京，2020.

[2] 姜楠．无形资产评估 [M]. 中国财政经济出版社，2015.

[3] 刘玉平．资产评估教程 [M]. 中国财政经济出版社，2010.

[4] 俞明轩，王逸玮．资产评估 [M]. 中国人民大学出版社，2017.

[5] IVSC. International Valuation Standards [Z]. LONDON：Page Bros，2020.

[6] 中国资产评估协会．资产评估执业准则——资产评估方法 [S]. 北京：中国资产评估协会，2017.

[7] 中国资产评估协会．资产评估执业准则——无形资产 [S]. 北京：中国资产评估协会，2017(4).

［8］张复生．产成品评估方法之我见［J］．中州审计．1997（4）．
［9］丁建强．成本法进行企业价值评估时对产成品评估的思考［J］．中国资产评估．2011（12）．
［10］傅桂林．产成品价值评估方法探析［J］．山西财经大学学报．1998（2）．
［11］祝建文．关于产成品等存货资产的评估及方法探讨［J］．中国资产评估．2011（12）．
［12］中国资产评估协会．资产评估实务（一）［M］．中国财政经济出版社：北京，2019：12.
［13］企业会计准则第1号——存货［S］．
［14］中国注册会计师协会．会计［M］．中国财政经济出版社．2020.4.
［15］毛剑锋．资产基础法在企业价值评估中运用的再思考．［J］．中国资产评估．2014（3）．
［16］周淑敏．资产基础法中各单项资产评估的方式方法．［J］．中国资产评估．2003（2）．
［17］朱宾梅．无形资产超额收益的形成及测算［J］．西安建筑科技大学学报，2002，21（4）：64－66.
［18］周江燕．无形资产创造超额收益的经济学分析［J］．会计之友，2011，5：45－47.
［19］孙琦．基于寿命周期模型的客户关系价值评估研究［D］．北京：首都经济贸易大学，2018.

后　记

资产评估行业青年研究项目旨在为资产评估行业研究领域带来新血液、新力量和新思想，搭建属于资产评估及相关行业青年从业者的合作舞台。中国资产评估协会领导高度重视青年研究项目的开展，相关资产评估机构、高等院校和有关个人积极响应并提供了大力支持。自2018年青年研究项目启动以来，已有诸多青年才俊通过这个平台崭露头角，将自己的研究成果向整个行业进行了展示。

2020年已经是青年研究项目开展的第三个年头，大家十分热衷于承担青年研究项目，充分体现了青年人对于研究工作的热情。在总结2018年和2019年经验的基础上，2020年青年研究项目管理流程有了较大的改进，将项目申报拆分为选题推荐和项目申报两部分，尝试以更灵活的方式将具有研究潜力的选题呈现给所有青年研究人员，同时也让更优秀的研究团队脱颖而出。

艰难困苦、玉汝于成。2020年是充满挑战的一年，是中国人民团结一致共抗疫情的一年，也是中国实现“十三五”规划的收官之年。青年研究项目在面对诸多困难与外部不利因素的影响下，依旧在准则管理、企业价值评估、数据资产评估等方面形成了创新性及操作性都可圈可点的研究成果。

为做好研究成果宣传推广，加快研究成果向现实生产力转化，中国资产评估协会组织精编项目成果，委托中国财政经济出版社编辑出版。本书的出版，得到了中国资产评估协会会长耿虹和副会长、秘书长张更华的高度重视；中国财政经济出版社财政分社社长张晓彪为本书的付梓提供了大力支持；青年研究项目团队积极按照编辑出版要求，对项目成果内容进行了精心选编。希望本书的出版能鼓舞行业青年人才不断对行业热点难点问题进行更深入的思考和探索，推动资产评估行业交流不断深入，进一步提高资产评估专业理论和技术水平。需要说明的是，本书内容仅供学术交流参考，是青年研究项目参与人员个人观点，不代表中国资产评估协会的立场。

青年是国家的未来，也是行业的希望。衷心希望行业青年把时代精神化作指路的明灯，把希望理想化作生命的坐标，把创新探索化作前进的风帆，在各自的航程努力奋进，促进行业发展，实现人生价值！

图书在版编目（CIP）数据

青评果：2020 年资产评估行业青年研究项目成果精编 / 中国资产评估协会编．-- 北京：中国财政经济出版社，2021.10

ISBN 978－7－5223－0737－4

Ⅰ.①青…　Ⅱ.①中…　Ⅲ.①资产评估－研究成果－汇编－中国－2020　Ⅳ.①F123.7

中国版本图书馆 CIP 数据核字（2021）第 170727 号

责任编辑：闫　娟　庄　莉　　　　责任印制：刘春年
封面设计：陈宇琰　　　　　　　　责任校对：张　凡

青评果——2020 年资产评估行业青年研究项目成果精编

QING PING GUO——2020 NIAN ZICHAN PINGGU HANGYE QINGNIAN YANJIU XIANGMU CHENGGUO JINGBIAN

中国财政经济出版社 出版

URL：http：//www.cfeph.cn

E－mail：cfeph@cfeph.cn

社址：北京市海淀区阜成路甲 28 号　邮政编码：100142

营销中心电话：010－88191522

天猫网店：中国财政经济出版社旗舰店

网址：https：//zgczjjcbs.tmall.com

中煤（北京）印务有限公司印刷　各地新华书店经销

成品尺寸：185mm×260mm　16 开　27.5 印张　654 000 字

2021 年 10 月第 1 版　2021 年 10 月北京第 1 次印刷

定价：98.00 元

ISBN 978－7－5223－0737－4

（图书出现印装问题，本社负责调换，电话：010－88190548）

本社质量投诉电话：010－88190744

打击盗版举报热线：010－88191661　QQ：2242791300